www.nanumant.com

NCS 국가직무능력표준
National Competency Standards

한국세무사회 국가공인자격시험

ANT 전산회계 1급

2024 개정판

이슬기·윤정훈 저

KcLep[케이 렙]
수험용프로그램 다운로드
license.kacpta.or.kr
기초데이터는 LG U+ 웹하드에서 제공
www.webhard.co.kr [ID:ant6545 / PW:1234]

머리말

회계에 대한 최근의 경향은 기업의 회계 담당자는 물론 생산, 영업 등 다른 업무 담당자들도 회계를 알아야 한다는 것이다. 이에 발맞춰 대부분의 대학이 전공과 무관하게 회계원리 강의를 개설하고 수강을 권유하고 있다. 이처럼 회계에 대한 관심이 커지는 것과 함께 회계와 세무에 대한 업무의 전 과정이 전산화되면서 이론으로만 회계와 세무 업무를 익히던 시대에서 전산 프로그램을 활용한 업무 능력을 요구하는 사회로 변화하였다.

전산의 발전과 사회적 요구의 변화에 따라 한국세무사회는 국가 공인 전산세무회계 자격시험을 도입하였다. 전산세무회계 자격증 제도는 도입 초기의 우려와 달리 수 많은 학생들이 자격증의 획득을 통하여 취업을 하려고 한다. 이에 본서는 회계와 세무에 대한 지적 능력을 향상시키고, 취업에 필요한 자격증의 취득에 최고의 도서가 되려고 준비하였다.

본서의 구성은 수 많은 학생들의 전산 세무회계 검정시험의 충실한 준비를 위하여 회계와 세무에 관한 이론편과 전산 실무편으로 구분하여 구성하였다. 이론편에서는 회계와 세법의 기본이론을 익히고 이를 확인하기 위하여 다양한 구성을 가진 연습문제를 풀어 볼 수 있게 하였다. 실무편은 이론을 배경으로 전산 프로그램의 기본을 학습하고 응용력을 키우는 다양한 문제풀이로 자격시험을 준비할 수 있게 하였다.

본서의 주요 특징은 다음과 같다.

첫째, 국가직무능력표준(NSC)에 충실하게 구성하였다. 직업기초능력의 배양과 교육 현장에서 교육 목표 설정과 수행평가 등을 위한 단계별 안내를 제공하였다.

둘째, 이론편은 전산 세무회계 자격시험이 일반기업회계기준을 원칙으로 하고 예외적으로 한국채택국제회계기준을 일부 적용하는 것에 맞춰서 회계와 세무의 이론을 설명하였고, 자격증의 획득을 위하여 다양한 문제를 수록하였다. 아울러 자격시험의 합격은 물론 취업을 위한 것으로 기업 현장에서 부딪히는 회계 실무에 대하여 현실 적응력을 가질 수 있도록 설명하였다.

셋째, 실무편은 전산에 의하여 회계와 세무의 업무를 하려면 회계 프로그램을 공부하여야 한다. 프로그램을 익숙하게 할 수 있도록 최대한 자세히 설명하는 노력을 하고 자격시험에서 실무편의 점수 비중이 높으므로 많은 문제를 풀어 볼 수 있도록 하였다. 실무 연습문제를 시작으로 자격시험을 직접 응시하는 것과 같이 이론시험 문제와 실무시험 문제를 포함한 실전모의고사 및 기출문제를 수록하여 자격시험 합격을 위한 문제풀이 연습이 충분하도록 하였다.

전산 세무회계 자격시험의 다양한 문제 구성에 따라 본서도 새로운 내용을 채우기 위하여 노력하였고 앞으로도 부족한 부분은 보완할 것이다. 그리고 독자 여러분의 미래를 밝히는 등대가 되기 위하여 더 좋은 교재를 만들기 위한 노력을 할 것이다. 본서를 통하여 회계 및 세무에 대한 이론적 토대가 튼튼해지고, 전산에 의한 업무 능력까지 겸비하여 자격시험과 취업에서 좋은 결과를 얻게 되기를 기원한다.

본서가 만들어지는 과정에는 많은 분들의 수고가 녹아있다. 본서가 출간되기까지 지원을 아끼지 않으신 이윤근 대표와 짧은 기간에도 불구하고 폭발적으로 작업한 편집실에 감사를 드린다.

저자 이 슬 기

CONTENTS

이론편

[PART 01 회계원리]

CHAPTER 01 | 회계의 기초   5

- 01 회계의 개념 ·· 5
- 02 재무제표 ·· 6
- 03 기본가정과 개념체계 ································· 9
- 04 회계의 순환과정 ·· 11

CHAPTER 02 | 당좌자산   22

- 01 현금 및 현금성 자산 ·································· 23
- 02 당좌예금과 당좌차월 ································ 23
- 03 단기투자자산 ··· 23
- 04 매출채권 ·· 26
- 05 기타의 당좌자산 ·· 28

CHAPTER 03 | 재고자산   38

- 01 재고자산의 매입과 매출원가 ···················· 38
- 02 재고자산의 평가 ·· 39
- 03 재고자산감모손실과 평가손실 ·················· 40
- 04 기말 재고자산 포함 여부 ··························· 41

CHAPTER 04 | 유형자산   50

- 01 유형자산의 개념 ·· 50
- 02 유형자산의 종류 ·· 50
- 03 유형자산의 인식과 취득금액 ···················· 53
- 04 유형자산의 감가상각 ································ 53
- 05 유형자산의 취득 후 지출 ··························· 55
- 06 유형자산의 처분 ·· 55

CHAPTER 05 | 무형자산   58

- 01 무형자산의 개념 ·· 58
- 02 무형자산의 취득원가 ································ 58
- 03 무형자산의 종류 ·· 59
- 04 무형자산의 상각 ·· 60

CHAPTER 06 | 투자자산과 기타비유동자산   61

- 01 투자자산 ·· 61
- 02 비유동자산과 기타비유동자산 ·················· 63

| CHAPTER 07 | 부 채 | 72 |

01 부채의 개념 ·· 72
02 유동부채 ·· 72
03 비유동부채 ·· 76

| CHAPTER 08 | 자 본 | 84 |

01 자본의 개념 ·· 84
02 자본잉여금 ·· 85
03 자본조정 ·· 86
04 기타포괄손익누계액 ·· 88
05 이익잉여금 ·· 88

| CHAPTER 09 | 수익과 비용 | 96 |

01 수 익 ·· 96
02 비 용 ·· 98
03 매출원가 ·· 99
04 판매비와 관리비(800번대계정) ······································ 99
05 손익의 구분 계산 ··· 101
06 영업외수익 ·· 104
07 영업외비용 ·· 106
08 법인세비용(법인세등) ·· 107

| CHAPTER 10 | 비영리회계 | 113 |

01 비영리조직 ·· 113
02 비영리회계기준 제정 원칙 ··· 114
03 비영리회계기준의 내용 ··· 115

[**PART 02** 원가회계]

| CHAPTER 01 | 원가에 대한 이해 | 119 |

01 원가의 개념과 특징 ··· 119
02 원가의 분류 ·· 119

| CHAPTER 02 | 원가계산과 원가의 흐름 | 127 |

01 원가계산과 원가흐름 ··· 127
02 요소별 원가계산 ··· 128
03 제조원가명세서의 작성 ··· 131

CONTENTS

CHAPTER 03 | 부문별 원가계산   137
01 부문별 원가계산의 의의 ·········· 137
02 원가의 분류 ·········· 137
03 부문별 원가계산의 절차 ·········· 138
04 보조부문비를 제조부문에 배부하는 방법 ·········· 139

CHAPTER 04 | 개별원가계산과 제조간접비의 배부   144
01 개별원가계산 ·········· 144
02 개별원가계산의 절차 ·········· 144
03 제조간접비 배부방법 ·········· 145

CHAPTER 05 | 종합원가계산   150
01 종합원가계산의 의의 ·········· 150
02 종합원가계산의 절차 ·········· 150
03 기말재공품의 평가 ·········· 151
04 완성품제조원가의 계산 ·········· 151
05 평균법과 선입선출법의 비교 ·········· 152
06 공손과 감손 ·········· 152
07 종합원가계산과 개별원가계산의 비교 ·········· 153

[PART 03 부가가치세법]

CHAPTER 01 | 부가가치세법 총칙   161
01 부가가치세의 개념 ·········· 161
02 부가가치세의 특징 ·········· 161
03 납세의무자 ·········· 162
04 사업자등록 ·········· 162
05 과세기간과 신고납부기한 ·········· 163
06 납세지 ·········· 164

CHAPTER 02 | 과세거래   165
01 일반적인 과세거래 ·········· 165
02 재화 공급의 특례(간주공급) ·········· 166
03 용역의 무상공급 ·········· 167
04 공급시기 ·········· 168

| CHAPTER 03 | 영세율과 면세 | **170** |

01 영세율제도와 면세제도의 개요 ················· 170
02 영세율제도 ··· 171
03 면세대상 재화 또는 용역 ························· 172

| CHAPTER 04 | 거래징수와 세금계산서 | **173** |

01 거래징수 ··· 173
02 세금계산서 ··· 173

| CHAPTER 05 | 과세표준 및 매출세액 | **176** |

01 과세표준의 계산 ······································· 176
02 매출세액 ··· 177
03 매입세액 공제와 납부세액 계산 ············· 179

| CHAPTER 06 | 신고·납부 | **182** |

01 예정신고 납부와 예정고지 ····················· 182
02 확정신고와 납부 ······································· 183

[**PART 04** 전산회계 프로그램의 시작]

| CHAPTER 01 | 전산회계 프로그램 시작 | **199** |

01 프로그램 로그인 ······································· 199
02 전산회계 1급 시작화면 ··························· 201

[**PART 05** 전산회계 실무 따라하기]

| CHAPTER 01 | 기초정보관리 | **205** |

01 환경등록 ··· 205
02 회사등록 ··· 207
03 거래처등록 ··· 211
04 계정과목 및 적요등록 ····························· 214
05 전기분재무상태표 ····································· 217
06 전기분손익계산서 ····································· 220
07 전기분원가명세서 ····································· 223
08 전기분잉여금처분계산서 ························· 227
09 거래처별초기이월 ····································· 230

실무편

CONTENTS

CHAPTER 02 | 전표입력/장부 — 235
01 일반전표입력 ·· 235
02 매입매출전표입력 ·· 252

CHAPTER 03 | 부가가치세 — 273
01 부가가치세신고서 ·· 273
02 세금계산서합계표 ·· 275

CHAPTER 04 | 고정자산과 및 감가상각 — 279
01 고정자산 등록 ·· 279

CHAPTER 05 | 결산/재무제표 — 284
01 수동결산 ·· 284
02 자동결산 ·· 284
03 수동결산 항목 ·· 285
04 자동결산 항목(결산자료입력 메뉴 활용) ··················· 286
05 재무상태표와 손익계산서의 작성 ···························· 289
06 이익잉여금 처분계산서 작성 ·································· 289
07 결산의 오류 정정방법 ·· 290

CHAPTER 06 | 제장부의 조회 — 297

[PART 06 실무시험 연습문제]

제 1 회   실무시험 연습문제 ·· 309
제 2 회   실무시험 연습문제 ·· 315
제 3 회   실무시험 연습문제 ·· 321
제 4 회   실무시험 연습문제 ·· 326
제 5 회   실무시험 연습문제 ·· 331
제 6 회   실무시험 연습문제 ·· 336
제 7 회   실무시험 연습문제 ·· 342
제 8 회   실무시험 연습문제 ·· 348
제 9 회   실무시험 연습문제 ·· 355
제10회   실무시험 연습문제 ·· 362

[PART 07 실전모의고사]

제1회 실전모의고사(이론과 실무) ··· 371
제2회 실전모의고사(이론과 실무) ··· 380
제3회 실전모의고사(이론과 실무) ··· 389
제4회 실전모의고사(이론과 실무) ··· 399
제5회 실전모의고사(이론과 실무) ··· 409

[PART 08 기출문제연습]

제106회 기출문제연습 ·· 421
제107회 기출문제연습 ·· 431
제108회 기출문제연습 ·· 441
제109회 기출문제연습 ·· 451
제110회 기출문제연습 ·· 461
제111회 기출문제연습 ·· 471

[해답편]

- 실무시험 연습문제 해답 ··· 483
- 실전모의고사(이론과 실무) 해답 ····································· 508
- 기출문제연습 해답 ·· 524

시험안내 및 출제유형

Ⅰ. 목 적

　전산세무회계의 실무처리능력을 보유한 전문인력을 양성할 수 있도록 조세의 최고전문가인 세무사로 구성된 한국세무사회가 엄격하고 공정하게 자격시험을 실시하여 그 능력을 등급으로 부여함으로써, 학교의 세무회계 교육방향을 제시하여 인재를 양성시키도록 하고, 기업체에는 실무능력을 갖춘 인재를 공급하여 취업의 기회를 부여하며, 평생교육을 통한 우수한 전문인력의 양성으로 국가 발전에 기여하고자 함

Ⅱ. 자격구분

종목 및 등급		시험구성	비고
전산세무회계	전산세무1급	이론시험 30%(4지선다형)와 실무시험 70%(컴퓨터 프로그램이용)	국가공인
	전산세무2급	이론시험 30%(4지선다형)와 실무시험 70%(컴퓨터 프로그램이용)	
	전산회계1급	이론시험 30%(4지선다형)와 실무시험 70%(컴퓨터 프로그램이용)	
	전산회계2급	이론시험 30%(4지선다형)와 실무시험 70%(컴퓨터 프로그램이용)	

Ⅲ. 시행근거

- 법적근거 : 자격기본법 제19조
- 공인번호 : 노동부 제2007-01호
- 종목 및 등급 : 전산세무회계(전산세무1급·2급, 전산회계1급·2급)
- 자격관리자 : 한국세무사회장

Ⅳ. 검정요강

1. 검정기준

종목 및 등급	검정기준
전산세무 1급	대학 상급수준의 재무회계와 원가회계, 세무회계(법인세 및 부가가치세, 소득세)에 관한 지식을 갖추고 기업체 세무회계담당책임자로서 세무회계프로그램을 이용하여 세무회계 전반에 관한 업무를 수행할 수 있는 능력을 평가함
전산세무 2급	대학 중급수준의 재무회계와 원가회계, 세무회계(부가가치세, 소득세)에 관한 지식을 갖추고 기업체 세무회계관리자로서 세무회계프로그램을 이용하여 세무회계에 관한 업무를 수행할 수 있는 능력을 평가함
전산회계 1급	고등학교 상급 또는 대학 초급수준의 회계원리와 원가회계, 세무회계(부가가치세 중 세금계산서 관련 부분에 한함)에 관한 지식을 갖추고 기업체의 초급관리자로서 세무회계프로그램을 이용하여 세무회계에 관한 기본적인 업무를 처리할 수 있는 능력을 평가함
전산회계 2급	고등학교 수준의 회계원리에 관한 지식을 갖추고 기업체의 세무회계 업무보조자로서 회계프로그램을 이용하여 회계업무를 처리할 수 있는 능력을 평가함

2. 검정방법

종목 및 등급	시험방법		시험과목(평가범위 요약)	평가비율	제한시간	출제방법
전산세무 1급	이론시험	재무회계	당좌, 재고, 유·무형자산, 유가증권과 투자유가증권, 외화환산, 부채, 자본금, 잉여금, 자본조정, 수익과 비용, 회계변경	30%	90분	• 이론시험 객관식 4지선다형 • 실무시험 전산세무회계 프로그램을 이용한 실기시험
		원가회계	원가의 개념, 요소별·부문별 원가계산, 개별·종합(단일, 공정별, 조별, 등급별)원가계산, 표준 원가계산			
		세무회계	법인세법, 부가가치세법, 소득세법(종합소득세액의 계산 및 원천징수부분에 한함), 조세특례제한법(상기 관련세법에 한함)			
	실무시험	재무회계 원가회계	거래자료입력, 결산자료입력	70%		
		부가가치세	매입·매출거래자료 입력, 부가가치세 신고서의 작성			
		원천제세	원천제세 전반			
		법인세무조정	법인세무조정 전반			

시험안내 및 출제유형

종목 및 등급	시험 방법	시험과목(평가범위 요약)		평가 비율	제한 시간	출제방법
전산세무 2급	이론 시험	재무회계	당좌, 재고, 유·무형자산, 유가증권과 투자유가증권 부채, 자본금, 잉여금, 수익과 비용	30%	90분	
		원가회계	원가의 개념, 요소별·부문별 원가계산, 개별·종합(단일, 공정별, 조별, 등급별)원가계산			
		세무회계	부가가치세법, 소득세법(종합소득세액의 계산 및 원천징수부분에 한함)			
	실무 시험	재무회계 원가회계	초기이월, 거래자료 입력, 결산자료 입력	70%		
		부가가치세	매입·매출거래자료 입력, 부가가치세신고서의 작성			
		원천제세	원천징수와 연말정산 기초			
전산회계 1급	이론 시험	회계원리	회계의 기본원리 당좌·재고자산, 유·무형자산, 유가증권, 부채, 자본금, 잉여금, 수익과 비용	30%	60분	• 이론시험 객관식 4지 선다형 • 실무시험 전산세무회계프로그램을 이용한 실기시험
		원가회계	원가의 개념, 요소별·부문별 원가계산, 개별·종 합(단일, 공정별)원가계산			
		세무회계	부가가치세법(과세표준과 세액)			
	실무 시험	기초정보의 등록·수정	초기이월, 거래처 등록, 계정과목의 운용	70%		
		거래자료의 입력	일반전표 입력, 결산자료 입력(제조업포함)			
		부가가치세	매입·매출거래자료 입력, 부가가치세신고서의 조회			
		입력자료 및 제장부 조회				
전산회계 2급	이론 시험	회계원리	회계의 기본원리, 당좌·재고·유형자산, 부채, 자본금, 수익과 비용	30%	60분	
	실무 시험	기초정보의 등록·수정	회사등록, 거래처 등록, 계정과목 및 적요 등록	70%		
		거래자료의 입력	일반전표 입력, 입력 자료의 수정·삭제, 결산자료 입력(상기업에 한함)			
		입력자료 및 제장부 조회				

* 세무 및 회계의 이론과 실무지식을 갖춘 자가 30%의 비중으로 출제되는 이론시험문제(4지선다형, 객관식)와 70%의 비중으로 출제되는 실무시험문제(컴퓨터에 설치된 전산세무회계프로그램을 활용함)를 동시에 푸는 방식
* 답안매체로는 문제USB가 주어지며, 이 USB에는 전산세무회계 실무과정을 폭넓게 평가하기 위하여 회계처리대상회사의 기초등록사항 및 1년간의 거래자료가 전산수록되어 있음
* 답안수록은 문제USB의 기본 DATA를 이용하여 수험프로그램상에서 주어진 문제의 해답을 입력하고 USB에 일괄 수록(저장)하면 됨

V. 합격자 결정기준

종목 및 등급		합격기준	비고
전산세무회계	전산세무 1급	100점 만점에 70점 이상	국가공인
	전산세무 2급	〃	
	전산회계 1급	〃	
	전산회계 2급	〃	

VI. 응시자격기준

응시자격은 제한이 없다. 다만, 부정행위자는 해당 시험을 중지 또는 무효로 하며 이후 2년간 시험에 응시할 수 없다.

VII. 2024년 시험일정 ※ 원서접수 마지막 날, 마감 시간은 18:00시까지임.

회 차	원서접수	장소공고	시험일자	합격자 발표
제112회	01.04~01.10	01.29~02.04	02.04(일)	02.22(목)
제113회	02.28~03.05	04.01~04.06	04.06(토)	04.25(목)
제114회	05.02~05.08	05.27~06.01	06.01(토)	06.20(목)
제115회	07.04~07.10	07.29~08.03	08.03(토)	08.22(목)
제116회	08.29~09.04	09.30~10.06	10.06(일)	10.24(목)
제117회	10.31~11.06	12.02~12.07	12.07(토)	12.26(목)

※ 주의 : 코로나19 등으로 시험 일정이 변경될 수 있으니 **반드시 원서접수 전**, '한국세무사회자격시험' **홈페이지 일정 공고를 꼭 다시 확인**하기 바랍니다.

※ 원서접수비는 30,000원입니다.

VIII. 기 타

궁금한 사항은 홈페이지를 참고하거나 아래 전화로 문의바람
※ **문의** · TEL : (02) 521-8398~9
　　　　· FAX : (02) 597-2940

이론편

PART 01. 회계원리
PART 02. 원가회계
PART 03. 부가가치세법

PART 01

회계원리

CHAPTER 01. 회계의 기초
CHAPTER 02. 당좌자산
CHAPTER 03. 재고자산
CHAPTER 04. 유형자산
CHAPTER 05. 무형자산
CHAPTER 06. 투자자산과 기타 비유동자산
CHAPTER 07. 부 채
CHAPTER 08. 자 본
CHAPTER 09. 수익과 비용
CHAPTER 10. 비영리회계

Chapter 01 회계의 기초

01 회계의 개념

(1) 회계의 의의

회계는 회계정보 이용자들이 합리적인 판단과 의사결정을 할 수 있도록 기업실체(경제적실체)의 경제적 정보를 식별하고 측정하여 정보이용자에게 전달하는 과정이다.

구 분	내 용
회계의 목적	회계정보이용자의 합리적 의사결정에 유용한 정보를 제공
회계정보 이용자	경영자, 주주, 채권자, 정부, 종업원, 미래의 투자자 등

(2) 회계의 분류

구 분	재 무 회 계	관 리 회 계
정보이용자	외부정보이용자(투자자, 채권자)	내부정보이용자(경영자)
보고수단	재무보고서(재무제표)	특수목적보고서(특정한 양식 없음)
정보의 유형	역사적원가정보(과거지향적)	미래예측정보(미래지향적)
회계처리원칙	일반적으로 인정된 회계원칙(GAAP)	특별한 원칙은 없음
보고주기	정기적보고(1년, 반기, 분기)	수시보고(월별, 1년, 장기간)

(3) 회계연도

기업의 경영성과 등을 파악하고 정보이용자에게 보고하기 위하여 구분한 시간 단위를 회계연도 또는 회계기간이라 한다. 회계연도의 시작점을 기초라 하고 종료시점을 기말 또는 보고기간말이라 하며, 그 회계연도는 1년을 초과할 수 없다.

02 재무제표

회계정보를 정보이용자에게 보고하는 핵심적인 수단인 재무제표에는 재무상태표·손익계산서·현금흐름표·자본변동표로 구성되며 주석을 포함한다. 재무제표에 포함되지 않는 이익잉여금처분계산서(또는 결손금처리계산서)는 재무제표 주석으로 작성한다.

(1) 재무상태표

재무상태표란 일정 시점 현재 회사가 보유하고 있는 자산과 부채 그리고 자본에 대한 정보를 제공하는 재무보고서이다.

> 재무상태표 등식 : 자산 = 부채 + 자본

① 재무상태표의 기본구조

재무상태표의 구성요소인 자산, 부채, 자본은 다음과 같이 구분한다. 그리고 자산과 부채는 유동성이 큰 항목부터 배열하는 것을 원칙으로 한다.

자산의 구분		자 산 항 목
유동자산	당 좌 자 산	현금및현금성자산, 단기투자자산, 매출채권, 선급비용
	재 고 자 산	상품, 제품, 반제품, 재공품, 원재료, 저장품
비유동자산	투 자 자 산	투자부동산, 장기투자증권, 지분법적용투자주식, 장기대여금
	유 형 자 산	토지, 설비자산(건물, 구축물, 기계장치, 비품), 건설중인자산
	무 형 자 산	영업권, 산업재산권, 개발비, 기타(라이선스와 프랜차이즈, 저작권, 컴퓨터소프트웨어, 임차권리금, 광업권, 어업권 등)
	기타비유동자산	임차보증금, 장기선급비용, 장기선급금, 장기미수금 등

* 단기투자자산은 기업이 여유자금의 활용 목적으로 보유하는 단기예금, 단기매매증권, 단기대여금 및 유동자산으로 분류되는 매도가능증권과 만기보유증권 등의 자산을 포함한다.
* 비유동자산으로 분류되는 매도가능증권과 만기보유증권을 통합하여 장기투자증권으로 표시할 수 있으며 이들의 금액이 중요하지 않은 경우 기타로 공시한다.

부채의 구분	부 채 항 목
유 동 부 채	단기차입금, 매입채무, 당기법인세부채, 미지급비용, 이연법인세부채
비 유 동 부 채	사채, 신주인수권부사채, 전환사채, 장기차입금, 퇴직급여충당부채, 장기제품보증충당부채, 이연법인세부채

자본의 구분	자 본 항 목
자 본 금	보통주자본금, 우선주자본금
자 본 잉 여 금	주식발행초과금, 자기주식처분이익, 감자차익
자 본 조 정	자기주식, 주식할인발행차금, 주식선택권, 출자전환채무, 감자차손, 자기주식처분손실
기타포괄손익누계액	재평가잉여금, 매도가능증권평가손익, 해외사업환산손익
이 익 잉 여 금	법정적립금(이익준비금, 기타법정적립금), 임의적립금, 미처분이익잉여금

② 자산과 부채의 유동성과 비유동성 구분(1년 기준)

자산은 1년을 기준으로 유동자산과 비유동자산으로 분류한다. 다만, 정상적인 영업주기 내에 판매되거나 사용되는 재고자산과 회수되는 매출채권 등은 보고기간종료일로부터 1년 이내에 실현되지 않더라도 유동자산으로 분류한다.

부채는 1년을 기준으로 유동부채와 비유동부채로 분류한다. 다만, 정상적인 영업주기 내에 소멸할 것으로 예상되는 매입채무와 미지급비용 등은 보고기간종료일로부터 1년 이내에 결제되지 않더라도 유동부채로 분류한다.

③ 재무상태표 항목의 구분과 통합표시

자산, 부채, 자본 중 중요한 항목은 재무상태표 본문에 별도 항목으로 구분하여 표시한다. 중요하지 않은 항목은 성격 또는 기능이 유사한 항목에 통합하여 표시할 수 있으며, 통합할 적절한 항목이 없는 경우에는 기타항목으로 통합할 수 있다.

④ 자산과 부채의 총액표시

자산과 부채는 원칙적으로 상계하여 표시하지 않는다. 매출채권에 대한 대손충당금 등은 해당 자산이나 부채에서 직접 가감하여 표시할 수 있으며, 이는 상계에 해당하지 아니한다.

(2) 손익계산서

손익계산서는 일정 기간 동안 기업의 경영성과에 대한 정보를 제공하는 재무보고서이다.

> 손익계산서 등식 : 비용 + 순이익 = 수익

① 손익계산서의 기본구조

손익계산서는 다음과 같이 구분하여 표시한다. 다만, 제조업, 판매업 및 건설업 외의 업종에 속하는 기업은 매출총손익의 구분표시를 생략할 수 있다.

> • 매출총손익 = 매출액 − 매출원가
> • 영업손익 = 매출총손익 − 판매비와관리비
> • 법인세비용차감전순손익 = 영업손익 + 영업외수익 − 영업외비용
> • 당기순손익 = 법인세비용차감전순손익 − 법인세비용

② 수익과 비용의 총액표시

수익과 비용은 각각 총액으로 보고하는 것을 원칙으로 한다. 다만, 일반기업회계기준에서 수익과 비용을 상계하도록 요구하는 경우에는 상계하여 표시하고, 허용하는 경우에는 상계하여 표시할 수 있다.

(3) 현금흐름표

현금흐름표는 일정기간 동안의 기업의 현금유입과 현금유출에 대한 정보를 제공하는 재무보고서이다. 현금흐름표는 영업활동과 투자활동 및 재무활동으로 구분하여 현금의 흐름과 현금의 증가 또는 감소에 대한 정보를 제공한다.

(4) 자본변동표

자본변동표는 자본의 크기와 변동에 대한 정보를 제공하는 재무보고서이다. 자본의 구성요소인 자본금, 자본잉여금, 자본조정, 기타포괄손익누계액 및 이익잉여금의 증감 변동에 관한 포괄적정보를 제공하여 재무정보의 유용성을 높이는 것이 목적이다.

(5) 주 석

주석은 재무제표의 해당과목 또는 금액에 기호를 붙이고 별지에 동일한 기호를 표시하여 그 내용을 간결하고 명료하게 기재하는 것을 말한다.

(6) 재무제표 작성과 표시의 일반원칙

구 분	내 용
계속기업	경영진이 기업을 청산하거나 경영활동을 중단할 의도를 가지고 있지 아니하거나 청산 또는 경영활동의 중단 외에 다른 현실적 대안이 없는 경우가 아니면 계속기업을 전제로 재무제표를 작성한다.
재무제표의 작성 책임과 공정한 표시 및 주석	재무제표의 작성과 표시에 대한 책임은 경영진에 있으며 경제적 사실과 거래의 실질을 반영하여 공정하게 표시하여야 하며, 일반기업회계기준에 의하여 적정하게 작성된 재무제표는 공정하게 표시된 재무제표로 본다.
재무제표 항목의 구분과 통합표시	중요한 항목은 재무제표의 본문이나 주석에 그 내용을 가장 잘 나타낼 수 있도록 구분하여 표시하며, 중요하지 않은 항목은 유사한 항목과 통합하여 표시할 수 있다.
비교재무제표의 작성	기간별 비교가능성을 제고하기 위하여 전기 재무제표의 계량정보와 비계량정보를 당기와 비교하는 형식으로 표시한다.
재무제표 항목의 표시와 분류의 계속성	재무제표의 기간별 비교가능성을 제고하기 위하여 재무제표 항목의 표시와 분류는 원칙적으로 매기 동일하여야 한다.
재무제표의 보고양식	재무제표는 이해하기 쉽도록 간단하고 명료하게 표시하여야 하며, 일반기업회계기준에 예시된 재무제표의 양식을 참조하여 작성한다. 각 재무제표의 명칭과 함께 ㉠ 기업명, ㉡ 보고기간종료일 또는 회계기간, ㉢ 보고통화 및 금액단위를 기재한다.

03 기본가정과 개념체계

(1) 기본가정

① 기업실체의 가정

기업실체의 가정이란 기업을 소유주와는 독립적으로 존재하는 회계단위로 간주하고 이 회계단위의 관점에서 그 경제활동에 대한 재무정보를 측정, 보고하는 것을 말한다.

② 계속기업의 가정

계속기업의 가정이란 기업실체는 그 목적과 의무를 이행하기에 충분할 정도로 장기간 존속한다고 가정하는 것을 말한다. 즉, 기업실체는 그 경영활동을 청산하거나 중대하게 축소 시킬 의도가 없을 뿐 아니라 청산이 요구되는 상황도 없다고 가정된다.

③ 기간별보고의 가정

기간별 보고의 가정이란 기업실체의 존속기간을 일정한 기간 단위로 분할하여 각 기간별로 재무제표를 작성하는 것을 말한다.

(2) 발생주의 회계

발생기준은 기업실체의 경제적 거래나 사건에 대해 관련된 수익과 비용을 그 현금유출입이 있는 기간이 아니라 당해 거래나 사건이 발생한 기간에 인식하는 것을 말한다. 재무제표는 발생기준에 따라 작성된다. 다만, 현금흐름표는 발생기준에 따라 작성되지 않는다.

(3) 재무회계 개념체계

재무회계 개념체계란 기업실체의 재무보고 목적을 명확히 하고, 이를 달성하는데 유용한 재무회계의 기초개념을 제공하는 것을 목적으로 한다.

개념체계는 회계기준원의 기업회계기준 제정 근거, 재무제표 이용자와 작성자 및 외부감사인 등에게 회계기준이 미비 된 경우 일관된 지침을 제공한다. 개념체계의 내용이 특정 회계기준과 상충되는 경우에는 그 회계기준이 개념체계에 우선한다.

(4) 질적 특성

재무정보의 질적 특성이란 재무제표를 통해 제공되는 정보가 이용자에게 유용하기 위해 갖추어야 할 주요 속성을 말하며, 재무정보의 유용성의 판단기준이 된다. 재무정보가 갖추어야 할 가장 중요한 질적특성은 목적적합성(또는 관련성)과 신뢰성이다. 목적적합성과 신뢰성 중 어느 하나가 완전히 상실된 경우 그 정보는 유용한 정보가 될 수 없다.

① 목적적합성

목적적합한 재무정보는 정보이용자의 의사결정에 차이가 나도록 할 수 있다. 재무정보가 의사결정에 유용하려면 그 정보가 의사결정 목적과 관련되어야 한다.

구 분	내 용
예 측 가 치	정보이용자가 기업실체의 미래 재무상태, 경영성과, 순현금흐름 등을 예측하는 데에 그 정보가 활용될 수 있는 능력을 의미한다.
피 드 백 가 치	제공되는 회계정보가 기업실체의 재무상태, 경영성과, 순현금흐름, 자본변동 등에 대한 정보이용자의 당초 기대치(예측치)를 확인 또는 수정되게 함으로써 의사결정에 영향을 미칠 수 있는 능력을 말한다.
적 시 성	회계정보가 정보이용자에게 유용하기 위해서는 그 정보가 의사결정에 반영될 수 있도록 적시에 제공되어야 한다.

② 신뢰성

정보이용자의 의사결정에 유용하기 위해서는 신뢰할 수 있는 정보이어야 한다.

구 분	내 용
표 현 의 충 실 성	회계정보가 신뢰성을 갖기 위해서는 기업실체의 경제적 자원과 의무, 그리고 이들의 변동을 초래하는 거래나 사건을 충실하게 표현하여야 한다.
검 증 가 능 성	회계정보가 신뢰성을 갖기 위해서는 객관적으로 검증가능하여야 한다.
중 립 성	회계정보가 신뢰성을 갖기 위해서는 편의 없이 중립적이어야 한다.

③ 질적특성간의 상충관계

회계정보의 질적특성은 서로 상충될 수 있다. 예를 들어, 시장성 없는 유가증권에 대해 역사적 원가를 적용하면 자산가액 측정치의 검증가능성은 높으나 유가증권의 실제 가치를 나타내지 못하여 표현의 충실성과 목적적합성이 저하될 수 있다.

④ 비교가능성

기업실체의 재무상태, 경영성과, 현금흐름 및 자본변동의 추세 분석과 기업실체간의 상대적 평가를 위하여 회계정보는 기간별 비교가 가능해야 하고 기업실체간의 비교가능성도 있어야 한다.

⑤ 회계정보의 제약요인

구 분	내 용
비용과 효익	회계정보가 정보이용자에게 유용하기 위해서는 목적적합성과 신뢰성을 가져야 한다. 그러나 정보 제공 및 이용에 소요될 사회적 비용이 정보 제공 및 이용에 따른 사회적 효익을 초과한다면 그러한 정보 제공은 정당화될 수 없다.
중 요 성	목적적합성과 신뢰성이 있는 정보는 재무제표를 통해 정보이용자에게 제공되어야 한다. 특정 정보가 생략되거나 잘못 표시된 재무제표가 정보이용자의 판단이나 의사결정에 영향을 미칠 수 있다면 개념적으로 볼 때 그러한 정보는 중요한 정보이다. 중요성은 일반적으로 당해 항목의 성격과 금액의 크기에 의해 결정된다. 그러나 어떤 경우에는 금액의 크기와는 관계없이 정보의 성격 자체만으로도 중요한 정보가 될 수 있다.

04 회계의 순환과정

> NCS 능력단위 : 0203020101전표관리   능력단위요소 : 01회계상거래 인식하기
> 1.1 회계상 거래를 인식하기 위하여 회계상 거래와 일상생활에서의 거래를 구분할 수 있다.
> 1.2 회계상 거래를 구성 요소별로 파악하여 거래의 결합관계를 차변 요소와 대변 요소로 구분할 수 있다.
> 1.3 회계상 거래의 결합관계를 통해 거래 종류별로 구분하여 파악할 수 있다.
> 1.4 거래의 이중성에 따라서 기입된 내용의 분석을 통해 대차평균의 원리를 파악할 수 있다.

회계의 순환과정이란 회계기록의 대상인 거래를 인식하여 정리하고 회계정보 이용자들에게 제공할 정보의 구체적 수단인 재무제표를 작성하기까지의 과정으로 다음과 같다.

(1) 제1단계 : 거래의 식별

회계처리의 대상이 되는 거래와 대상이 아닌 거래를 식별한다. 회계상 거래는 자산·부채·자본의 증가 혹은 감소를 가져와야 하는 것으로 일상생활에서 흔히 사용되는 거래와 반드시 일치하지는 않는다.

다음은 회계상의 거래와 일반적인 거래의 구분이다.

회계상 거래		일반적인 거래
화재, 분실, 도난, 훼손, 파손, 상품 가격의 하락, 채권의 대손, 고정자산의 감가 등	상품의 매입과 매출, 자산의 취득과 매각, 자금의 차입과 상환, 금전의 수입과 지출, 비용의 지출, 수익의 수입 등	상품주문, 보관, 약속, 고용계약, 각종계약체결, 담보제공 등

(2) 제2단계 : 분개 또는 전표의 작성

분개란 거래를 차변요소와 대변요소로 구분하고 어느 계정에 얼마의 금액을 적어 넣을 것인지 결정하는 복식부기의 원칙에 따른 절차를 말한다.

① 거래의 8요소

모든 회계상 거래는 다음 표와 같이 차변요소와 대변요소의 결합으로 구성된다.

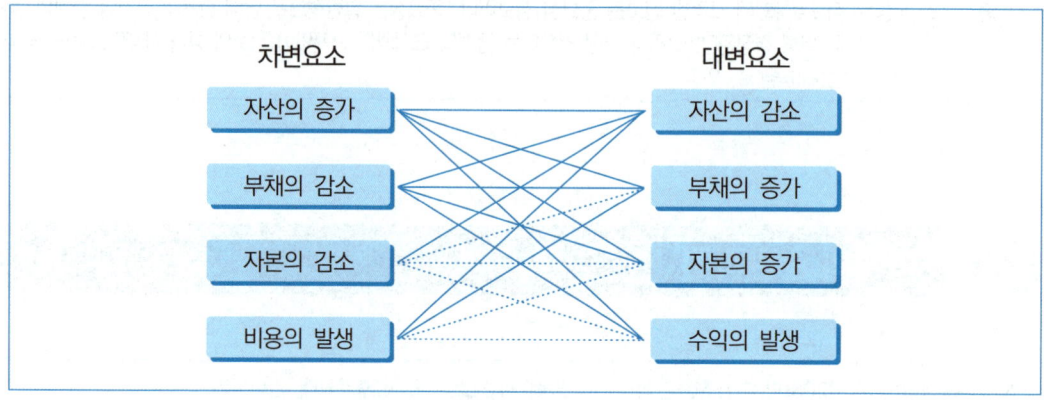

② 거래의 8요소를 이용한 분개와 계정기입 방법

자산의 증가는 차변에, 자산의 감소는 대변에 기입한다.
부채의 증가는 대변에, 부채의 감소는 차변에 기입한다.
자본의 증가는 대변에, 자본의 감소는 차변에 기입한다.
수익의 발생은 대변에, 수익의 감소는 차변에 기입한다.
비용의 발생은 차변에, 비용의 감소는 대변에 기입한다.

(3) 제3단계 : 원장과 보조부 등 장부에 기입(전기)

분개장에 기입된 분개 또는 전표의 내용을 총계정원장으로 옮기는 것을 전기라 한다. 회계상 거래는 반드시 그 원인과 결과를 동시에 가지고 있다. 이것을 거래의 이중성이라고 하고 거래의 이중성에 근거하여 기록하는 방법을 복식부기 방식이라 한다. 복식부기는 거래를 차변요소와 대변요소로 나누어 이를 각각 기록하므로 모든 계정의 차변 금액의 합계와 대변 금액의 합계가 일치하게 된다. 이것을 '대차평균의 원리'라고 하고 이 원리가 회계 기록에 대한 자기검증이 가능하게 한다. 이러한 대차평균의 원리에 의한 자기검증기능을 시산표를 작성하여 확인한다.

(4) 제4단계 : 수정전시산표 작성

회계처리의 검증을 위하여 결산 수정사항을 반영하지 아니한 상태에서 총계정원장의 모든 계정의 차변금액과 대변금액을 한곳에 모아 작성한 표를 수정전시산표라 한다. 수정전시산표의 종류에는 합계시산표, 잔액시산표, 합계잔액시산표가 있다.

(5) 제5단계 : 결산수정사항 분개

총계정원장의 각 계정의 기말잔액은 여러 가지 원인에 의하여 자산 부채 자본의 기말 현재액과 수익 비용의 당기 발생액을 정확하게 나타내지 못한다. 따라서 기업의 재무상태와 경영성과를 정확하게 파악하려면 계정잔액의 수정이 필요하게 된다.

이러한 수정사항을 결산수정사항이라 하며, 그 분개를 결산수정분개 또는 결산정리분개라 한다.

(6) 제6단계 : 재무제표 작성과 모든 장부 마감

① 수익과 비용에 해당하는 계정은 각 계정의 잔액을 손익계정에 대체하여 마감한다.
② 손익계정을 마감하여 자본금계정에 대체하고 마감한다.
③ 자산, 부채, 자본계정의 마감은 차기이월로 마감한 후 그 차기이월액을 모아 이월시산표를 작성한다.
④ 이월시산표를 바탕으로 재무상태표를 작성하고, 손익계정을 바탕으로 손익계산서를 작성한다.

연습문제

01. 다음 중에서 재무제표에 해당하는 것은?
① 주석
② 이익잉여금처분계산서
③ 결손금처리계산서
④ 주기

> 재무제표는 재무상태표, 손익계산서, 현금흐름표, 자본변동표로 구성되며, 주석을 포함한다.
> (일반기업회계기준 2,4)

02. 다음 중 재무회계에 관한 설명으로서 가장 적절하지 않은 것은?
① 재무제표에는 재무상태표, 손익계산서, 자본변동표, 현금흐름표 등이 있다.
② 특정시점의 재무상태를 나타내는 보고서는 재무상태표이다.
③ 기업 내부이해관계자에게 유용한 정보를 제공하는 것을 주된 목적으로 한다.
④ 일반적으로 인정된 회계원칙의 지배를 받는다.

> 관리회계에 관한 설명이다.

03. 다음은 시산표에서 발견할 수 없는 오류를 나열한 것이다. 이에 해당하지 않는 것은?

① 동일한 금액을 차변과 대변에 반대로 전기한 경우
② 차변과 대변의 전기를 동시에 누락한 경우
③ 차변과 대변에 틀린 금액을 똑같이 전기한 경우
④ 차변만 이중으로 전기한 경우

> 차변만 이중으로 전기한 경우, 차변 합계금액이 대변 합계금액 보다 커지므로 오류를 발견할 수 있다.

04. 다음 중 재무제표의 기본요소로 틀린 것은?
① 재무상태표 : 자산, 부채, 자본
② 손익계산서 : 수익, 비용
③ 자본변동표 : 소유자의 투자, 소유자에 대한 분배, 채권자의 투자
④ 현금흐름표 : 영업활동 현금흐름, 투자활동 현금흐름, 재무활동 현금흐름

> 자본변동표 : 소유자의 투자, 소유주에 대한 분배

05. 다음 중 재무상태표가 제공할 수 있는 정보로서 가장 적합하지 않은 것은?

① 경제적 자원에 관한 정보
② 경영성과에 관한 정보
③ 유동성에 관한 정보
④ 지급능력에 관한 정보

💬 경영성과에 관한 정보는 손익계산서에서 제공하는 정보이다.

06. 다음은 재무상태표의 기본구조에 대한 설명이다. 틀린 것은?

① 유동자산은 당좌자산과 재고자산으로 구분한다.
② 비유동자산은 투자자산, 유형자산, 무형자산, 기타비유동자산으로 구분한다.
③ 자산과 부채는 유동성이 작은 항목부터 배열하는 것을 원칙으로 한다.
④ 자본은 자본금, 자본잉여금, 자본조정, 기타포괄손익누계액 및 이익잉여금으로 구분한다.

💬 일반기업회계기준 문단 2.19 : 자산과 부채는 유동성이 큰 항목부터 배열하는 것을 원칙으로 한다.

07. 다음 중 재무상태표에 직접적으로 나타나지 않는 계정은?

① 자기주식처분이익
② 감자차익
③ 선급비용
④ 유형자산처분이익

💬 "유형자산처분이익"계정은 직접적으로 재무상태표에 표시되지 않는 손익계산서계정이다. 그러나 결국은 집합손익계정으로 마감되어 미처분이익잉여금계정으로 대체되어 재무상태표에 표시됨. ①, ② 자본잉여금, ③ 유동자산

08. 아래의 계정과목은 재무상태표 작성시 통합계정과목으로 쓸 수 있는 것이다. 틀리게 된 것은?

① 현금 및 현금성자산 - 현금, 당좌예금, 보통예금
② 투자자산 - 단기금융상품, 정기예금(만기 6개월)
③ 매출채권 - 외상매출금, 받을어음
④ 매입채무 - 외상매입금, 지급어음

💬 투자자산 - 보고자산 결산일로부터 1년 이내에 만기가 도래하지 않은 장기적인 금융 자산이다.

09. 다음 중 일반기업회계기준에서 유동자산으로 분류하도록 규정하고 있지 않은 것은?

① 1년을 초과하여 사용제한이 있는 현금 및 현금성자산
② 단기매매목적으로 보유하는 자산
③ 기업의 정상적인 영업주기내에 실현될 것으로 예상되거나 판매목적 또는 소비목적으로 보유하고 있는 자산
④ 보고기간 종료일로부터 1년 이내에 현금화 또는 실현될 것으로 예상되는 자산

💬 1년 이내에 사용제한이 없는 현금 및 현금성자산이 유동자산으로 분류된다.

10. 다음 설명 중 밑줄 친 부분과 관련 있는 계정과목으로만 나열된 것은?

> 기업이 경영활동을 하기 위하여 소유하고 있는 각종 재화와 채권은 자산에 해당한다.

① 제품, 단기매매증권　　② 미수금, 선급금
③ 재공품, 차량운반구　　④ 건물, 임차보증금

　제품, 재공품, 차량운반구, 건물은 재화에 해당된다.

11. 재무상태표상 자산, 부채 계정에 대한 분류가 잘못 연결된 것은?

① 미수수익 : 당좌자산　　② 퇴직급여충당부채 : 유동부채
③ 임차보증금 : 기타비유동자산　　④ 장기차입금 : 비유동부채

　퇴직급여충당부채는 비유동부채에 해당됨.

12. 다음 중 부채에 대한 설명으로 가장 옳지 않은 것은?

① 부채는 과거의 거래나 사건의 결과로 현재 기업실체가 부담하고 있고 미래에 자원의 유출 또는 사용이 예상되는 의무이다.
② 부채는 1년을 기준으로 유동부채와 비유동부채로 분류한다.
③ 유동성장기부채는 유동부채로 분류한다.
④ 정상적인 영업주기 내에 소멸할 것으로 예상되는 매입채무와 미지급비용 등이 보고기간 종료일로부터 1년 이내에 결제되지 않으면 비유동부채로 분류한다.

　부채는 1년을 기준으로 유동부채와 비유동부채로 분류한다. 다만, 정상적인 영업주기 내에 소멸할 것으로 예상되는 매입채무와 미지급비용 등은 보고기간종료일로부터 1년 이내에 결제되지 않더라도 유동부채로 분류한다. 이 경우 유동부채로 분류한 금액 중 1년 이내에 결제되지 않을 금액을 주석으로 기재한다.

13. 다음 중 유동부채에 해당하는 금액을 모두 합하면 얼마인가?

- 외상매입금 : 50,000원
- 단기차입금 : 200,000원
- 선수금 : 90,000원
- 장기차입금 : 1,000,000원(유동성장기부채 200,000원 포함)
- 미지급비용 : 70,000원
- 퇴직급여충당부채 : 80,000원

① 410,000원　　② 520,000원
③ 530,000원　　④ 610,000원

　유동부채 : 외상매입금, 유동성장기부채, 단기차입금, 미지급비용, 선수금

14. 다음의 계정과목 중 그 분류가 다른 것은?

① 사채
② 장기차입금
③ 퇴직급여충당부채
④ 유동성장기부채

💬 유동성장기부채는 유동부채로 분류한다.

15. 다음 중 유동성배열법에 의한 재무상태표 작성 시 가장 나중에 배열되는 항목은?

① 장기차입금
② 미지급법인세
③ 미지급비용
④ 매입채무

💬 일반기업회계기준에서 매입채무, 당기법인세부채, 미지급비용은 유동부채이고, 장기차입금은 비유동부채이므로 장기차입금이 가장 나중에 작성된다.

16. 다음 중 자본의 분류와 해당 계정과목의 연결이 올바르지 않은 것은?

① 자본금 : 보통주자본금, 우선주자본금
② 자본잉여금 : 주식발행초과금, 자기주식처분이익
③ 자본조정 : 감자차익, 감자차손
④ 이익잉여금 : 이익준비금, 임의적립금

💬 감자차익은 자본잉여금에 해당함.

17. 다음의 회계거래 중에서 자본총액에 변화가 없는 것은?

① 주식을 할인발행하다.
② 이익준비금을 계상하다.
③ 주식을 할증발행하다.
④ 당기순손실이 발생하다.

💬 이익준비금의 계상은 자본총액에 변화가 없다.

18. 일반기업회계기준에서 손익계산서의 작성내용으로 올바른 것은?

① 손익계산서상 영업손익은 매출액에서 매출원가를 차감하여 표시한다.
② 손익계산서상 수익과 비용은 순액에 의해 기재함을 원칙으로 한다.
③ 손익계산서상 매출액은 총매출액에서 매출할인, 매출환입 및 매출에누리를 차감한 금액이다.
④ 손익계산서상 매출원가는 기초상품재고액에서 당기순매입액을 가산한 금액에서 기말상품재고액을 가산한 금액이다.

　💬 ① 순액이 아니라 총액에 의해 기재함을 원칙으로 한다.
　　② 영업손익은 매출총손익에서 판매비와 관리비를 차감하여 표시한다.
　　④ 매출원가는 기말상품재고액을 차감한 금액이다.

19. 다음 중 손익계산서상 구분표시가 다른 것은?

① 복리후생비　　　　　② 유형자산처분손실
③ 기부금　　　　　　　④ 이자비용

　💬 ① 판매비와관리비, ②③④ 영업외비용

20. 기업회계기준에 의한 손익계산서의 작성기준 중 틀린 것은?

① 모든 수익과 비용은 그것이 발생한 기간에 정당하게 배분되도록 처리하여야 한다.
② 수익과 비용은 직접 상계함으로써 전부 또는 일부를 제외할 수 있다.
③ 수익과 비용은 발생원천에 따라 분류하고 각 수익항목과 이에 관련되는 비용항목을 대응 표시하여야 한다.
④ 수익은 실현시기를 기준으로 계상한다.

　💬 총액주의에 의해야 한다.

21. 다음 중 손익계산서에 반영되는 이익에 해당하는 것은?

① 자기주식처분이익　　② 감자차익
③ 매도가능증권평가이익　④ 단기투자자산처분이익

　💬 ①, ②, ③ : 재무상태표에서 자본항목

22. 다음 중 일반기업회계기준에 의한 비용으로 계상되어야 할 계정과목은?

① 영업권　　　　　　　② 산업재산권
③ 연구비　　　　　　　④ 개발비

　💬 ③ : 판매비와 관리비　①, ②, ④ : 무형자산

23. 거래처로부터 받은 판매와 관련된 계약금을 매출액으로 잘못 처리하였다. 이 회계처리가 재무제표에 미치는 영향은?

① 자산이 과소계상, 부채가 과대계상
② 자산이 과대계상, 수익이 과소계상
③ 부채가 과소계상, 자본이 과대계상
④ 부채가 과대계상, 수익이 과대계상

> 맞는 분개 : (차) 현금 ××× (대) 선수금(부채) ×××
> 틀린 분개 : (차) 현금 ××× (대) 매출(수익) ×××
> 부채가 과소계상, 수익이 과대계상되어 이익이 증가했으므로 자본이 과대계상

24. 보유하고 있던 기계장치를 장부금액보다 더 높은 금액을 받고 처분하였다. 이 거래로 인한 영향은?

① 자산과 부채의 감소
② 자산의 증가와 부채의 감소
③ 자산의 증가와 자본의 증가
④ 부채의 감소와 자본의 증가

> 보유하고 있던 기계장치의 장부금액보다 더 많은 현금유입액이 있으므로 자산이 증가되고 그 금액만큼 자본도 증가한다.

25. 회계상 거래가 발생하면 재무제표의 차변과 대변에 동시에 영향을 미치게 되는데, 이는 회계의 어떤 특성 때문인가?

① 거래의 이중성
② 중요성
③ 신뢰성
④ 유동성

> 거래의 이중성의 특성이다.

26. 다음 중 결산 순서가 옳게 표시된 것은?

| ㉠ 거래의 발생 | ㉡ 시산표 작성 | ㉢ 총계정원장 기록 | ㉣ 재무제표 작성 |

① ㉠ → ㉡ → ㉢ → ㉣
② ㉠ → ㉣ → ㉡ → ㉢
③ ㉠ → ㉢ → ㉡ → ㉣
④ ㉠ → ㉡ → ㉣ → ㉢

> 거래의 발생 → 총계정원장 기록 → 시산표 작성 → 재무제표 작성

27. 다음 중 결산분개와 가장 관련이 없는 것은?

① 선수임대료의 계상　　② 법인세비용의 계상
③ 대손충당금의 설정　　④ 단기매매증권의 취득

💬 단기매매증권의 취득은 기중의 회계처리로서 결산과 관련이 없다.

28. 다음 중 빈칸의 내용으로 가장 적합한 것은?

- 선급비용이 (㉠)되어 있다면 당기순이익은 과대계상 된다.
- 미수수익이 (㉡)되어 있다면 당기순이익은 과대계상 된다.

	㉠	㉡
①	과대계상	과소계상
②	과소계상	과소계상
③	과소계상	과대계상
④	과대계상	과대계상

💬 선급비용이 과대계상 되어 있다면 비용이 과소계상 되므로 당기순이익은 과대계상 된다. 미수수익이 과대계상 되어 있다면 수익이 과대계상 되므로 당기순이익은 과대계상 된다.

29. 재무정보의 질적특성인 목적적합성의 구성요소가 아닌 것은?

① 표현의 충실성　　② 피드백가치
③ 적시성　　　　　④ 예측가치

💬 목적적합성은 예측가치, 피드백가치, 적시성으로 구성된다.(재무회계개념체계 41~45)

30. 회사가 소모품을 구입하면서 이를 모두 당기의 비용으로 회계처리 하였을 경우 다음 중 어떤 회계개념을 고려한 것인가? 단, 금액의 대소관계를 고려하지 않음.

① 보수주의　　② 수익비용의 대응
③ 편리성　　　④ 계속성

💬 보수주의 회계개념을 고려한 경우이다.

31. 다음 중 회계상 보수주의의 예로서 가장 거리가 먼 것은?

① 광고비는 미래의 효익이 불확실하므로 무형자산으로 하지 않고 비용으로 처리
② 발생가능성이 높은 우발이익을 이익으로 인식하지 않고 주석으로 보고
③ 회계연도가 이익을 줄이기 위하여 유형자산의 내용연수를 임의단축
④ 연구비와 개발비 중 미래의 효익이 불확실한 것을 연구비(판관비)로 처리

　　💬 유형자산의 내용연수를 이익조정 목적으로 단축하는 것은 회계처리의 오류에 해당한다.

32. 재무정보가 정보이용자의 의사 결정에 유용하기 위해서는 신뢰할 수 있는 정보이어야 한다. 이러한 신뢰성을 얻기 위한 질적특성이 아닌 것은?

① 표현의 충실성　　　　② 검증가능성
③ 비교가능성　　　　　④ 중립성

　　💬 신뢰성을 위한 질적특성에는 표현의 충실성, 검증가능성, 중립성이 있다.

33. 다음의 회계정보의 질적특성 중 성격이 다른 하나는?

① 예측가치　　　　　　② 검증가능성
③ 적시성　　　　　　　④ 피드백가치

　　💬 목적적합성을 위한 질적특성에는 예측가치, 피드백가치, 적시성이 있다. 검증가능성은 신뢰성을 위한 질적 특성이다.

34. 다음은 재무회계개념체계에 대한 설명이다. 회계의 기본가정(공준) 중 무엇에 대한 설명인가?

> 기업실체는 그 경영활동을 청산하거나 중대하게 축소시킬 의도가 없을 뿐 아니라 청산이 요구되는 상황도 없다고 가정된다.

① 연결재무제표　　　　② 기업실체의 가정
③ 계속기업의 가정　　　④ 발생주의 가정

　　💬 계속기업의 가정이란 기업실체는 그 목적과 의무를 이행하기에 충분할 정도로 장기간 존속한다고 가정하는 것을 말한다. (재무회계개념체계 64)

정답									
01. ①	02. ③	03. ④	04. ③	05. ②	06. ③	07. ④	08. ②	09. ①	10. ②
11. ②	12. ④	13. ④	14. ④	15. ①	16. ③	17. ②	18. ③	19. ①	20. ②
21. ④	22. ③	23. ③	24. ③	25. ①	26. ③	27. ④	28. ④	29. ①	30. ①
31. ③	32. ③	33. ②	34. ③						

Chapter 02 당좌자산

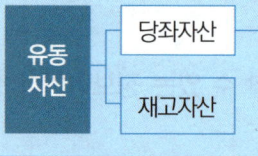
- 당좌자산: 현금과 판매과정을 거치지 아니하고 현금화 가능한 자산
- 현금및현금성자산, 매출채권(외상매출금, 받을어음), 단기금융상품(단기예금), 단기매매증권, 단기대여금, 미수금, 선급금, 미수수익, 선급비용 등

NCS 능력단위 : 0203020102자금관리   능력단위요소 : 01현금시재관리하기

1.1 회계 관련 규정에 따라 당일 현금 수입금을 수입일보에 기재하고 금융기관에 입금할 수 있다.
1.2 회계 관련 규정에 따라 출금 시 증빙서류의 적정성 여부를 판단할 수 있다.
1.3 출금할 때 정액자금 전도제에 따라 소액현금을 지급·관리할 수 있다.
1.4 회계 관련 규정에 따라 입·출금 전표 및 현금출납부를 작성하고 현금 시재를 일치시키는 작업을 할 수 있다.

NCS 능력단위 : 0203020102자금관리   능력단위요소 : 02예금관리하기

2.1 회계 관련 규정에 따라 예·적금을 구분·관리할 수 있다.
2.2 자금운용을 위한 예·적금 계좌를 예치기관별·종류별로 구분·관리할 수 있다.
2.3 은행업무시간 종료 후 회계 관련 규정에 따라 은행잔고를 대조 확인할 수 있다.
2.4 은행잔고의 차이 발생시 그 원인을 규명할 수 있다.

NCS 능력단위 : 0203020102자금관리   능력단위요소 : 03법인카드관리하기

3.1 회계 관련 규정에 따라 금융기관으로부터 법인카드를 발급·해지할 수 있다.
3.2 회계 관련 규정에 따라 법인카드 관리대장을 작성·관리할 수 있다.
3.3 법인카드의 사용범위를 파악하고 결제일 이전에 대금이 정산될 수 있도록 회계처리 할 수 있다.

NCS 능력단위 : 0203020102자금관리   능력단위요소 : 04어음·수표관리하기

4.3 관련 규정에 따라 어음·수표를 발행·수령할 때 회계처리하고 어음관리대장에 기록·관리할 수 있다.
4.4 관련 규정에 따라 어음·수표의 분실 및 부도가 발생한 때 대처하여 해결방안을 수립할 수 있다.

01 현금 및 현금성 자산

구분	내용
현 금	통화 및 통화대용증권
	요구불예금 : 당좌예금, 보통예금 등으로 만기가 없이 수시로 입출금이 자유로운 예금
현금성자산	㉠ 큰 거래비용이 없으면서 현금으로 전환이 용이하고, 이자율 변동에 따른 가치의 변동의 위험이 중요하지 않은 채무증권
	㉡ 취득당시 만기(또는 상환일)가 3개월 이내인 단기금융상품

* 통화대용증권에는 타인발행수표, 자기앞수표, 가계수표, 송금수표, 우편환증서, 국고송금통지서, 만기가 도래한 어음, 만기가 도래한 공사채이자표, 배당금통지서, 대체저금환급증서, 일람출급어음 등이 있다.
* 단기금융상품은 취득일 현재 상환일까지 기간이 3개월 이내인 상환우선주, 3개월 이내에 환매조건인 환매채, 취득일 현재 3개월 내에 만기가 도래하는 정기예금, CD, MMF, MMDA 등을 말한다.

> **필수예제**
>
> 현금 50,000원을 보통예금으로 예금하다.
> (차) 보통예금   50,000   (대) 현   금   50,000

02 당좌예금과 당좌차월

구 분	내 용
당 좌 예 금	은행과 당좌거래약정을 맺고 당좌수표를 발행할 수 있는 예금
당 좌 차 월	당좌예금의 잔액을 초과하여 수표를 발행한 금액으로 단기차입금으로 분류
당좌개설보증금	당좌예금을 개설하기 위해 내는 보증금은 전액 장기금융상품

03 단기투자자산

단기투자자산이란 회사가 단기적인 투자 목적으로 보유하고 있는 단기예금, 단기매매증권, 단기대여금과 유동자산으로 분류되는 1년 이내에 만기가 도래하거나 처분될 예정인 매도가능증권, 만기보유증권 등을 말한다.

(1) 단기금융상품(단기예금)

단기금융상품(단기예금)은 금융회사에서 취급하는 저축성예금, 양도성예금증서, 기업어음 등으로 결산일로부터 만기가 1년 이내에 도래하는 자산이다.

> **필수예제**
> (1) 부천은행에 정기예금(6개월 만기) 50,000원을 현금으로 입금하다.
>   (차) 단기예금(정기예금)   50,000   (대) 현   금   50,000
> (2) 창원상사에 현금 50,000원을 6개월간 빌려주다.
>   (차) 단기대여금   50,000   (대) 현   금   50,000

(2) 단기매매증권

단기매매증권이란 단기간(1년 이내) 내에 매매차익을 목적으로 취득한 유가증권으로 매수와 매도가 적극적이고 빈번하게 이루어지는 것을 말한다. 상장 주식이나 채권이 여기에 해당하며 매수·매도가 빈번하지 아니하거나 시장성이 없으면 매도가능증권이나 만기보유증권으로 분류한다.

① 취득시 회계처리

단기매매증권을 취득하면 제공하거나 수취한 대가의 공정가치로 측정한다. 이때 취득 부대비용을 포함하지 않는다.

| 취득금액 800원, 수수료 100원에 취득한 경우 분개 | (차) 단기매매증권   800
수수료비용   100 | (대) 현   금   900 |

* 단기매매증권은 취득부대비용을 별도의 영업외비용으로 처리하고 매도가능증권과 만기보유증권은 원가에 포함한다.

② 처분시 회계처리

장부금액과 처분금액의 차이를 단기투자자산처분손익으로 처리한다.

| 장부금액 800원의 단기매매증권을 900원에 처분 | (차) 현   금   900
단기투자자산처분손실 100 | (대) 단기매매증권   800 |

③ 기말 평가의 회계처리

단기매매증권은 보고기간 말에 공정가치로 평가하여 장부금액과 차이를 단기투자자산평가손익으로 처리한다.

| 단기매매증권(장부금액 800원)의 공정가치가 500원인 경우 | (차) 단기투자자산평가손실   300 | (대) 단기매매증권   300 |

* 단기투자자산평가손익은 영업외손익이고 매도가능증권평가손익은 기타포괄손익누계액에 해당한다.

④ 이자와 배당금 회계처리

소유하고 있는 채권의 이자를 받았을 때에는 이자수익으로 처리하고, 주식에 대하여 현금배당을 받았을 때에는 배당금수익으로 회계처리한다.

| 배당 결의 | (차) 미수배당금 | 200 | (대) 배당금수익 | 200 |
| 배당금 수령 | (차) 현　　금 | 200 | (대) 미수배당금 | 200 |

* 주식배당이나 무상증자로 인하여 주식을 받은 경우에는 별도의 회계처리를 하지 않는다. 다만, 주식배당이나 무상증자로 인하여 변경된 주식수에 따라 단가를 변경한다.

필수예제

(1) 단기간 내의 매매차익을 목적으로 상장사인 ㈜상장전기 주식 10주를 @8,000원에 구입하고, 매입수수료 5,000원과 함께 현금으로 지급하였다.

　　(차) 단기매매증권　　80,000　　(대) 현　　금　　85,000
　　　　수수료비용　　　 5,000

(2) 단기간 내의 매매차익을 목적으로 보유하고 있던 ㈜상장전기 주식 100주(액면금액 @500원, 장부금액 @800원)를 @900원에 매각하고 그 대금은 전액 현금으로 받아 당좌예금 계좌에 입금하다.

　　(차) 당좌예금　　90,000　　(대) 단기매매증권　　80,000
　　　　　　　　　　　　　　　　　　단기매매증권처분이익　10,000
　　　　　　　　　　　　　　　　　　(단기투자자산처분이익)

* 처분금액 : 100주×900 = 90,000원
　장부금액 : 100주×800 = 80,000원
　처분이익 : 90,000 − 80,0000 = 10,000원

⑤ 유가증권의 분류

계정과목	보유목적	지분증권	채무증권	재무상태표 표시
만기보유증권	만기보유 목적	×	○	투자자산 중 장기투자증권
단기매매증권	단기간의 매매차익	○	○	당좌자산 중 단기투자자산
매도가능증권	단기매매증권이나 만기보유증권 이외	○	○	당좌자산 중 단기투자자산 또는 투자자산 중 장기투자증권
지분법적용 투자주식	피투자회사에 중대한 영향력 행사	○	×	투자자산 중 지분법적용투자주식

필수예제

단기간 내의 매매차익을 목적으로 상장사인 ㈜대성의 주식 50주를 @3,000원에 취득하고, 대금은 수수료 5,000원과 함께 현금으로 지급하였다(단 동 주식은 매수와 매도가 빈번하게 발생하지 않는다고 가정한다).

　　(차) 매도가능증권　　155,000　　(대) 현　　금　　155,000
　　　　50주×3,000+5,000 = 155,000원
　　* 매도가능증권으로 분류하면 취득시 부대비용을 취득원가에 가산하여야 한다.

04 매출채권

　매출채권이란 회사의 주된 영업활동인 상품, 제품의 판매 또는 서비스의 제공으로 발생한 외상채권인 외상매출금과 어음상 채권인 받을어음을 말한다. 외상매출금과 받을어음을 합해서 재무상태표에는 매출채권으로 표시하게 된다.

(1) 외상매출금

　상품, 제품 등을 외상으로 매출하고 발생한 채권을 외상매출금이라 한다. 채권이 발생하면 외상매출금계정 차변에 기입하고 매출처로부터 외상매출금을 회수하면 채권금액이 감소하므로 외상매출금계정 대변에 기입한다.

> **필수예제**
>
> (1) (주)경영에 제품 500,000원을 매출하고 대금은 전액 외상으로 하였다.
>   (차) 외상매출금　　　500,000　　　(대) 제품매출　　　500,000
>
> (2) (주)경영의 외상매출금 중 400,000원을 현금으로 회수하다.
>   (차) 현금　　　　　　400,000　　　(대) 외상매출금　　400,000

(2) 받을어음

　어음은 상품 대금이나 외상매입금의 지급을 위하여 사용되는 것으로 발행인이 수취인에게 약정기일에 약정한 장소에서 어음에 표시한 금액을 지급할 것을 약속하는 약속어음과 어음에 표시된 금액을 어음의 수취인에게 지급할 것을 위탁하는 환어음이 있다.

　상품, 제품 등을 매출하고 발생한 어음상의 채권을 받을어음이라 한다. 어음을 수취하면 받을어음계정 차변에 기입하고, 어음대금을 회수하면 채권금액이 감소하므로 받을어음계정 대변에 기입한다.

　어음의 수취인은 어음의 지급기일이 도래하면 거래은행에 어음대금을 받아 줄 것을 의뢰한다. 이것을 추심의뢰라 하고, 어음대금을 회수하는 것을 추심이라 한다. 추심의뢰는 거래가 아니므로 회계처리를 할 필요가 없지만 추심수수료는 별도의 비용으로 회계처리 하여야 한다.

㉠ 제품을 매출하고 어음을 받으면

(차변) 받을어음	×××	(대변) 제품매출	×××

㉡ 어음대금을 만기일에 추심하면

(차변) 당좌예금	×××	(대변) 받을어음	×××

① 어음의 배서

어음의 배서란 수취한 어음을 어음의 만기가 되기 전에 상품 매입대금이나 외상매입금의 지급을 위하여 제3자에게 양도하는 것을 말한다.

㉠ 제품을 매출하고 약속어음 또는 환어음을 수취하면

| (차변) 받을어음 | ××× | (대변) 제품매출 | ××× |

㉡ 위의 수취한 어음을 외상매입금의 지급을 위하여 배서 양도하면

| (차변) 외상매입금 | ××× | (대변) 받을어음 | ××× |

② 어음의 할인

어음의 할인은 만기일 이전에 만기에 추심할 어음의 액면을 담보로 어음대금을 미리 지급받는 것이므로 만기일까지의 이자를 공제하고 잔액만 받게 된다. 이때 차감되는 이자를 할인료라 한다. 할인료는 이자비용계정으로 하지 않고 매출채권처분손실계정 차변에 기입한다.

> **필수예제**
>
> (1) (주)포항수산에 제품 50,000원을 판매하고 대금은 동사발행 약속어음으로 받다.
>   (차) 받을어음   50,000   (대) 제품매출   50,000
>
> (2) (주)포항수산에서 받은 약속어음 50,000원을 개미은행에서 할인하고, 할인료 1,000원을 차감한 나머지를 당사 보통예금계좌에 입금하다(매각거래).
>   (차) 보통예금   49,000   (대) 받을어음   50,000
>   매출채권처분손실   1,000
>
> (3) 개미은행에 추심의뢰한 (주)포항수산에서 받은 약속어음 50,000원이 추심되어, 추심수수료 1,000원을 차감한 잔액을 당사 당좌예금계좌에 입금하다.
>   (차) 당좌예금   49,000   (대) 받을어음   50,000
>   수수료비용   1,000

(4) 채권의 대손

① 대손상각비의 개요

외상매출금, 받을어음 등의 채권이 채무자의 파산 등의 사유로 회수가 불가능하게 된 경우를 대손이라 한다.

- 외상매출금 50,000원이 회수 불능되다.

| (차변) 대손상각비 | 50,000 | (대변) 외상매출금 | 50,000 |

② 대손충당금의 설정

대손충당금을 설정하는 때에 기말 결산 전에 대손충당금 잔액이 있으면 그 대손충당금 잔액과 대손예상액을 비교하여 차액만 회계처리 하여야 한다.

- 결산 기말에 외상매출금에 대하여 3,000원의 대손을 예상하는 분개

| 대손충당금 잔액 : 1,200원 | (차) 대손상각비 | 1,800 | (대) 대손충당금 | 1,800 |
| 대손충당금 잔액 : 3,500원 | (차) 대손충당금 | 500 | (대) 대손충당금환입 | 500 |

* 대손충당금 설정에 대한 회계처리는 결산일 현재 대손충당금을 상계하고 잔액만 회계처리 하고, 재무상태표에는 대손추산액인 대손충당금 설정액이 표시된다.
* 대손충당금은 평가성항목으로 매출채권에서 차감되는 형식으로 표시하는 것이 원칙이나 해당 매출채권에서 직접 차감하여 표시할 수 있다.

③ 대손충당금이 있는 경우의 대손발생

채권에 대하여 대손이 발생하는 때에 대손충당금 잔액이 있으면 먼저 대손충당금의 감소로 처리하고 잔액을 대손상각비로 처리한다.

- 외상매출금 50,000원의 대손이 발생할 때의 분개

대손충당금 잔액 : 없는 경우	(차) 대손상각비	50,000	(대) 외상매출금	50,000
대손충당금 잔액 : 80,000원	(차) 대손충당금	50,000	(대) 외상매출금	50,000
대손충당금 잔액 : 20,000원	(차) 대손충당금 대손상각비	20,000 30,000	(대) 외상매출금	50,000

④ 대손상각비와 대손충당금환입

대손상각비는 매출채권에서 발생한 것은 판매비와관리비로, 미수금 등의 기타채권에서 발생한 것은 영업외비용으로 처리한다. 그리고 대손충당금환입은 매출채권에서 발생한 것은 판매관리비의 차감으로 표시하고, 기타채권은 영업외수익으로 표시한다.

05 기타의 당좌자산

(1) 미수금

상품, 제품 이외의 자산을 처분하고 대금을 외상으로 하면 자산계정인 미수금계정 차변에 기입하고 상품, 제품 이외의 자산의 매각으로 인한 외상대금을 회수하면 미수금계정 대변에 기입한다.

> **필수예제**
> 여수상사에 비품을 500,000원(취득원가 1,000,000원, 감가상각누계액 700,000원)에 처분하고 대금은 전액 외상으로 하다.
>
> | (차) | 미 수 금 | 500,000 | (대) | 비　　품 | 1,000,000 |
> |---|---|---|---|---|---|
> | | 감가상각누계액 | 700,000 | | 유형자산처분이익 | 200,000 |

* 상품이 아닌 비품을 매각하고 어음을 받으면 받을어음이 아니라 미수금으로 처리한다.

(2) 미수수익

미수수익은 기간손익을 발생주의에 의하는 경우 기간이 경과함에 따라 발생한 수익 중 미회수로 계산된 채권계정이다.

> **필수예제**
> 결산 시 대여금에 대한 기간 경과분 이자 50,000원을 계상하다.
>
> | (차) | 미수수익 | 50,000 | (대) | 이자수익 | 50,000 |
> |---|---|---|---|---|---|

(3) 선급금

상품, 원재료 등을 주문하고 매입하기 전에 착수금이나 계약금 등을 미리 지급하면 자산인 선급금계정 차변에 기입하고 주문한 상품 등이 도착하여 매입대금에 충당하면 선급금계정 대변에 기입한다.

> **필수예제**
> (1) (주)순천상사와 원재료 매매계약을 체결하고 그 대금 중 일부 50,000원을 미리 당점발행 당좌수표로 지급하다.
>
> | (차) | 선급금 | 50,000 | (대) | 당좌예금 | 50,000 |
> |---|---|---|---|---|---|
>
> (2) (주)순천상사에서 원재료 500,000원을 매입하고, 위의 (1)에서 지급한 50,000원을 차감한 나머지는 외상으로 하다.
>
> | (차) | 원 재 료 | 500,000 | (대) | 선 급 금 | 50,000 |
> |---|---|---|---|---|---|
> | | | | | 외상매입금 | 450,000 |

(4) 선급비용

선급비용은 계속적인 용역 공급에 대하여 선지급한 비용 중 기간이 미경과되어 차기이후에 해당하는 부분을 자산으로 대체, 이연처리하는 경과계정이다. 이는 주로 이자비용, 보험료, 임차료 등 관습상 기간 전에 선지급하는 비용에서 나타난다.

> **필수예제**
>
> (1) 9월 1일 강남빌딩의 건물을 6개월간 임차하기로 계약하고 6개월분 임대료 120,000원(월 20,000원)을 현금으로 지급하였다.
>   (차) 임 차 료   120,000   (대) 현   금   120,000
> (2) 12월 31일 현재 결산일이 되다.
>   (차) 선급비용   40,000   (대) 임 차 료   40,000

(5) 가지급금

가지급금이란 금전의 지급이 있으나 그 내용이나 금액이 확정되지 않았을 때 일시적으로 처리하는 자산계정으로 금전을 지급하면 가지급금계정 차변에 기입하고 그 내용이나 금액이 확정되면 해당 계정으로 처리하면서 가지급금계정 대변에 기입한다.

> **필수예제**
>
> (1) 지방출장비 명목으로 직원인 이동학에게 현금 50,000원을 미리 지급하다.
>   (차) 가지급금   50,000   (대) 현   금   50,000
> (2) 위의 이동학이 돌아와 출장 시 사용한 40,000원을 제외한 나머지를 현금으로 반환받다.
>   (차) 여비교통비   40,000   (대) 가지급금   50,000
>   현   금   10,000

실전시험대비 분개연습

01. 신용카드 사용대금의 결제를 위하여 당좌예금계좌에서 보통예금계좌로 500,000원을 이체하였다. 이때 송금수수료 500원이 당좌예금계좌에서 인출되었다.

02. 단기 매매차익을 목적으로 상장회사인 (주)세방의 주식 100주를 주당 15,000원(액면금액 @500원)에 구입하고 매입수수료 50,000원을 포함하여 당사의 보통예금계좌에서 인터넷뱅킹으로 지급하였다(이체수수료는 없음).

03. 단기보유목적으로 20,000,000원(1,000주, 액면 @10,000원)에 취득하였던 상장회사 ㈜상상의 주식 전부를 1주당 25,000원에 처분하고 대금은 보통예금에 계좌이체 되었다.

04. 기중에 단기보유목적으로 상장회사인 (주)코로나의 주식 100주를 1주당 5,000원에 구입하고 매입수수료 1,500원을 지급하였는데 결산일 현재 동사 주식의 공정가치는 1주당 6,000원이다.

05. 나눔상사의 외상매출금 5,000,000원 중 1,000,000원은 현금으로 받고 나머지 잔액은 어음으로 받았다.

06. 신한카드사에서 당월의 신용카드 매출대금 5,000,000원에서 수수료 3%를 제외하고 당사의 보통예금계좌에 입금되었다(단, 카드 매출대금은 외상매출금계정으로 처리할 것).

07. 인천상사에 제품을 매출하고 수취한 어음 5,000,000원에 대하여 부도처리 되었다는 것을 주거래은행인 세방은행으로부터 통보받았다.

08. 매출 거래처인 제일서적에서 받은 약속어음 5,000,000원을 거래은행인 서울은행에서 할인하고 할인료 50,000원을 제외한 금액은 보통예금에 입금하였다(매각거래로 처리할 것).

09. 매출처 (주)삼미의 파산으로 인하여 동사에 대한 외상매출금 5,000,000원 전액을 대손처리하기로 하였다. 대손충당금은 설정되어 있지 않다.

10. 지난달에 대손이 확정되어 대손충당금과 상계 처리하였던 세무상사의 외상매출금 중 일부인 500,000원을 회수하여 보통예금계좌로 입금하였다.

정답

01.	(차) 보통예금 수수료비용	500,000 500	(대) 당좌예금	500,500	
02.	(차) 단기매매증권 수수료비용	1,500,000 50,000	(대) 보통예금	1,550,000	
03.	(차) 보통예금	25,000,000	(대) 단기매매증권 단기매매증권처분이익	20,000,000 5,000,000	
04.	(차) 단기매매증권평가손실	100,000	(대) 단기매매증권	100,000	
05.	(차) 현 금 받을어음	1,000,000 4,000,000	(대) 외상매출금	5,000,000	
06.	(차) 보통예금 수수료비용	4,850,000 150,000	(대) 외상매출금	5,000,000	
07.	(차) 부도어음과수표	5,000,000	(대) 받을어음	5,000,000	
08.	(차) 보통예금 매출채권처분손실	4,950,000 50,000	(대) 받을어음	5,000,000	
09.	(차) 대손상각비	5,000,000	(대) 외상매출금	5,000,000	
10.	(차) 보통예금	500,000	(대) 대손충당금	500,000	

연습문제

01. 다음 중 재무상태표의 현금 및 현금성자산에 포함되지 않는 것은?
① 통화 및 타인발행수표 등 통화대용증권
② 단기매매증권
③ 취득 당시 만기일(또는 상환일)이 3개월 이내인 금융상품
④ 당좌예금과 보통예금

> 단기투자자산은 기업이 여유자금의 활용 목적으로 보유하는 단기예금, 단기매매증권, 단기대여금 및 유동자산으로 분류되는 매도가능증권과 만기보유증권 등의 자산을 포함한다.

02. 다음 자료에 의하여 결산 재무상태표에 표시되는 현금 및 현금성자산은 얼마인가?

| ㉠ 당좌예금 | 150,000원 | ㉡ 보통예금 | 120,000원 |
| ㉢ 자기앞수표 | 500,000원 | ㉣ 양도성예금증서(30일 만기) | 500,000원 |

① 1,270,000원 ② 1,500,000원
③ 620,000원   ④ 270,000원

> 현금 및 현금성자산은 당좌예금, 보통예금, 자기앞수표, 30일 만기 양도성예금증서가 해당한다.

03. 다음 중 은행과의 약정에 의해 당좌예금잔액을 초과하여 당좌수표를 발행하였을 때 대변에 기입하여야 하는 계정과목으로 가장 적절한 것은?
① 선수금   ② 단기대여금
③ 단기차입금   ④ 지급어음

> 당좌예금 잔액을 초과하여 수표를 발행한 경우 은행으로부터의 단기적인 차입에 해당하므로 단기차입금 계정에 기입하여야 한다.

04. 유가증권과 관련한 다음의 설명 중 적절치 않은 것은?

① 유가증권에는 지분증권과 채무증권이 포함된다.
② 만기가 확정된 채무증권을 만기까지 보유할 적극적인 의도와 능력이 있는 경우에는 만기보유증권으로 분류한다.
③ 만기보유증권으로 분류되지 아니하는 채무증권은 매도가능증권으로만 분류된다.
④ 주로 단기간 내의 매매차익을 목적으로 취득한 유가증권으로서 매수와 매도가 적극적이고 빈번하게 이루어지는 것은 단기매매증권으로 분류한다.

> 지분증권과 및 만기보유증권으로 분류되지 아니하는 채무증권은 단기매매증권과 매도가능증권 중의 하나로 분류한다.(일반기업회계기준 6.27)

05. 유가증권에 대한 설명이다. 옳은 것은?

① 유가증권 중 채권은 취득한 후에 단기매매증권이나 매도가능증권 중의 하나로만 분류한다.
② 단기매매증권이 시장성을 상실한 경우에는 매도가능증권으로 분류하여야 한다.
③ 단기매매증권과 만기보유증권은 원칙적으로 공정가치로 평가한다.
④ 매도가능증권은 주로 단기간 내의 매매차익을 목적으로 취득한 유가증권이다.

> 단기보유목적으로 시장성이 있으면 단기매매증권, 시장성이 없으면 매도가능증권이다.

06. 다음은 단기매매목적으로 매매한 (주)삼성전기 주식의 거래내역이다. 기말에 (주)삼성전기의 공정가치가 주당 20,000원인 경우 손익계산서상의 단기매매증권평가손익과 단기매매증권처분손익은 각각 얼마인가? 단, 취득원가의 산정은 이동평균법을 사용한다.

거래 일자	매입 수량	매도 (판매)수량	단위당 매입금액	단위당 매도금액
6월 1일	200주		20,000원	
7월 6일	200주		18,000원	
7월 20일		150주		22,000원
8월 10일	100주		19,000원	

① 단기매매증권평가손실 450,000원   단기매매증권처분이익 350,000원
② 단기매매증권평가이익 450,000원   단기매매증권처분이익 350,000원
③ 단기매매증권평가이익 350,000원   단기매매증권처분손실 450,000원
④ 단기매매증권평가이익 350,000원   단기매매증권처분이익 450,000원

> ① 단기매매증권의 처분손익
> = 150주 × 22,000 − 150주 × 19,000* = 3,300,000 − 2,850,000 = 450,000원
>   * ∵ (200주 × 20,000 + 200주 × 18,000) / 400주
> ② 단기매매증권의 평가이익
> = 평가금액 − 장부금액 = 350주 × 20,000 − 350주 × 19,000 = 350주 × 1,000 = 350,000원

07. 20×1년 6월 1일 은행으로부터 30,000,000원(상환기간 2년, 이자율 12%)을 차입하여 단기간 내의 매매차익을 목적으로 삼성전자(주) 주식을 매입하였다. 주가가 상승하여 20×1년 10월 10일 일부를 처분하였다. 이와 관련하여 20×1년 재무제표에 나타날 수 없는 계정과목은?

① 단기매매증권
② 이자비용
③ 단기매매증권처분이익
④ 단기차입금

> 상환기간이 2년이므로 장기차입금 계정이 나타나야 한다.

08. 유가증권 중 단기매매증권에 대한 설명이다. 다음 보기 중 가장 틀린 것은?

① 단기간 내의 매매차익을 목적으로 매수·매도가 적극적이고 빈번하여야 한다.
② 기말의 평가방법은 공정가치법이다.
③ 기말평가차이는 영업외수익 또는 영업외비용으로 처리한다.
④ 단기매매증권은 유형자산으로 분류된다.

> 단기매매증권은 유동자산으로 분류한다.

09. 유가증권을 보유함에 따라 무상으로 주식을 배정받은 경우 회계처리방법은?

① 배당금수익(영업외수익)으로 처리한다.
② 장부금액을 증가시켜주는 회계처리는 하지 않고, 수량과 단가를 새로이 계산한다.
③ 장부금액을 증가시켜주는 회계처리를 하고, 수량과 단가를 새로이 계산한다.
④ 장부금액을 증가시켜주는 회계처리를 하고, 수량과 단가를 새로이 계산하지 않는다.

> 장부금액을 증가시켜주는 회계처리는 하지 않고, 수량과 단가를 새로이 계산한다.

10. 매도가능증권의 평가에 대한 설명 중 가장 옳지 않은 것은?

① 매도가능증권평가손익은 영업외손익으로 손익계산서에 반영된다.
② 장부금액이 공정가치보다 높을 경우에는 매도가능증권평가손실로 계상한다.
③ 단기매매증권이나 만기보유증권으로 분류되지 않는 유가증권에 대한 평가이다.
④ 시장성있는 매도가능증권은 장부상 금액을 공정가치에 일치시켜야 한다.

> 매도가능증권평가손익은 기타포괄손익누계액으로 분류되므로 손익계산서에 기입할 수 없다.

11. 단기시세차익을 목적으로 상장된 ㈜세무의 주식을 20x1년도에 취득하여 아래와 같이 보유하고 있는 ㈜회계의 20x2년도 손익계산서상 인식할 영업외수익 및 영업외비용은 각각 얼마인가?

> • 20x1년 12월 31일 현재 (주)세무 주식 1,000주를 보유하고 있고 주당공정가치는 5,000원이다.
> • 20x2년 10월 12일 (주)세무의 주식 500주를 주당 4,900원에 처분하고 현금을 받다.
> • 20x2년 12월 31일 현재 (주)세무 주식 500주를 보유하고 있고 주당공정가치는 5,100원이다.

	영업외비용	영업외수익		영업외비용	영업외수익
①	100,000원	100,000원	②	100,000원	50,000원
③	50,000원	100,000원	④	50,000원	50,000원

> 💬 20x2년 10월 12일 처분가액(500주×4,900원=2,450,000원)이 장부가액(500주×5,000원=2,500,000원)보다 50,000원이 낮으므로 영업외비용으로 단기투자자산처분손실 50,000원이 발생한다. 미착상품(도착지인도조건) 50,000원을 제외하고 모두 재고자산에 해당한다.
> 20x2년 12월 31일 기말 공정가액 2,550,000원(500주×5,100원)이 20×년 공정가액 2,500,000원(500주×5,000원) 보다 50,000원 상승하였으므로 영업외수익(단기투자자산평가이익) 50,000원이 발생한다.

12. 다음 중 재무제표상 자산의 차감항목으로 표시되지 않는 것은?

① 상환의무가 없는 정부보조금(국고보조금)
② 감가상각누계액
③ 대손충당금
④ 단기매매증권평가손실

> 💬 단기매매증권평가손실은 손익항목이다.

13. 매출채권에 대한 설명이다. 다음 중 가장 틀린 것은?

① 기업의 일반적인 상거래에서 발생하는 외상대금을 처리하는 계정이다.
② 제품을 매출한 후 제품의 파손, 부패 등의 사유로 값을 깎아 주는 것을 매출할인이라 한다.
③ 제품의 하자로 인하여 반품된 매출환입은 제품의 총매출액에서 차감한다.
④ 매출채권을 매각할 경우 "매출채권처분손실" 계정이 발생할 수 있다.

> 💬 매출할인은 물건의 하자로 인하여 발생하는 것이 아니라 물건대금을 조기에 회수하는 경우 깎아주는 것을 말한다.

14. (주)대성은 채권잔액의 2%를 대손충당금으로 설정한다. 다음 자료에서 20×1년 말 대손충당금 추가설정액은 얼마인가?

20×1.12.31 매출채권잔액	200,000,000원
20×1. 1. 1 대손충당금	1,000,000원
20×1. 5. 1 대손발생	300,000원

① 1,000,000원 ② 4,000,000원
③ 3,000,000원 ④ 3,300,000원

💬 200,000,000 × 2% − (1,000,000 − 300,000) = 3,300,000원

15. 다음 중 대손충당금 설정대상자산으로 적합한 것은?
① 미지급금 ② 대여금
③ 외상매입금 ④ 예수금

💬 대여금은 대손충당금 설정대상자산으로 할 수 있다.

16. 당기초에 영업활동을 개시한 (주)회계는 상품의 매출원가에 30%의 이익을 가산하여 외상판매하고 있다. 당기 중 상품 총매입액이 800,000원, 기말상품재고액이 250,000원, 당기 중 현금회수액이 400,000원이라면 기말에 미회수된 매출채권잔액은 얼마인가?
① 180,000원 ② 254,000원
③ 390,000원 ④ 315,000원

💬 (800,000 − 250,000) × 1.3 − 400,000 = 315,000원

정답 01. ② 02. ① 03. ③ 04. ③ 05. ② 06. ④ 07. ④ 08. ④ 09. ② 10. ①
11. ④ 12. ④ 13. ② 14. ④ 15. ② 16. ④

재고자산

기업의 정상적인 영업활동과정인 판매를 목적으로 보유하거나, 판매할 제품의 생산을 위하여 사용 또는 소비될 자산을 말한다.

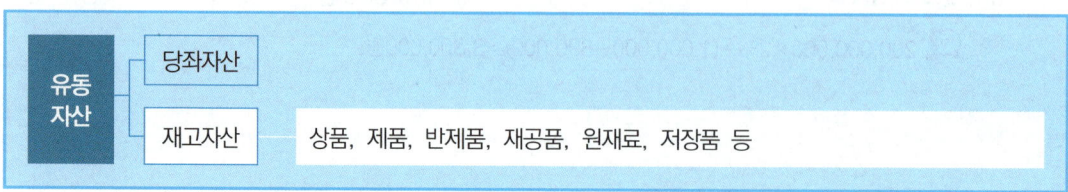

01 재고자산의 매입과 매출원가

(1) 재고자산의 취득

재고자산은 외부로부터 매입하는 재고자산인 상품, 원재료 등과 자가제조하는 제품, 재공품 등으로 구분할 수 있다. 재고자산의 취득원가는 다음과 같이 계산한다.

구 분	취 득 원 가
외부매입	매입금액 + 매입부대비용
자가제조	직접재료비 + 직접노무비 + 제조간접비

* 재고자산의 매입금액이란 총매입가액에서 매입할인액, 매입에누리액 및 매입환출액을 차감한 순매입액을 말한다.
* 매입부대비용이란 매입운임, 매입수수료, 하역비, 보험료 등을 말한다. 이러한 매입부대비용을 판매자가 부담하는 경우에는 취득원가에 가산할 수 없고 판매자의 판매비로 처리한다.

(2) 순매입액과 순매출액의 계산

총매입액에서 매입에누리와 환출액 및 매입할인액을 차감하여 순매입액을 구한다. 순매출액은 일정기간동안 판매한 모든 상품의 판매가격인 총매출액에서 매출에누리와 환입액 및 매출할인액을 차감하여 계산한다.

구 분	취 득 원 가
순매입액	총매입액 – 매입에누리와 환출액 – 매입할인액
순매출액	총매출액 – 매출에누리와 환입액 – 매출할인액

(3) 매출원가의 계산

구 분	매 출 원 가
상품매출원가	기초상품재고액 + 당기매입액 − 기말상품재고액 − 타계정대체액
제품매출원가	기초제품재고액 + 당기제품제조원가 − 기말제품재고액 − 타계정대체액

* 기말재고액은 정상감모손실과 재고자산평가손실을 차감한 잔액을 말한다.

(4) 매출총이익의 계산

매출총이익은 순매출액에서 매출원가를 차감하여 구한다.

> 매출총이익 = 순매출액 − 매출원가

02 재고자산의 평가

기말 재고자산의 평가는 재고자산 수량(실제 수량)에 단위당원가(단가)를 곱해서 구한다. 재고자산의 단가는 취득원가에 의하는 것이 원칙이지만, 재고자산의 시가가 취득원가보다 하락했다면 시가를 적용하여야 한다.

(1) 기말재고자산의 수량 파악

① 계속기록법

계속기록법은 기중에 재고자산의 입출고에 의한 변동을 빠짐없이 기록하여 장부에 의하여 재고자산의 수량을 파악하는 방법이다.

② 실지재고조사법

실지재고조사법이란 입고만 기록하고 재고자산의 수량을 직접 조사해서 재고수량을 파악한 후 판매가능수량에서 차감하여 당기판매수량을 파악하는 방법이다.

(2) 기말재고자산의 단가 산정

① 원가흐름의 가정

원가흐름의 가정이란 매입단가가 계속하여 변동하는 경우에 판매되는 재고자산의 원가를 어떻게 결정할 것인가를 가정한 것을 말한다.

② 단가 산정 방법

구 분	내 용
개 별 법	상품별로 매입단가를 개별적으로 적용하는 방법
선 입 선 출 법	먼저 매입한 상품이 먼저 판매된 것으로 가정하여 원가를 배분하는 방법
후 입 선 출 법	나중에 매입한 상품이 먼저 판매된 것으로 가정하여 원가를 배분하는 방법
가 중 평 균 법	먼저 사온 상품과 나중에 사온 상품이 평균적으로 판매된다고 가정하는 방법
소 매 재 고 법	매출가격환원법이라고도 하는 것으로 판매가격으로 평가한 기말재고금액에 원가율을 적용하는 방법으로 백화점 등의 유통업종에서만 사용할 수 있다.

* 후입선출법은 한국채택국제회계기준에서는 인정하지 않는 방법이다.
* 가중평균법에는 계속기록법에 의한 이동평균법과 실지재고조사법에 의한 총평균법이 있다.

③ 각 방법의 비교

재고자산의 가격이 지속적으로 상승하는 인플레이션 시에 이익과 기말재고자산 금액의 크기는 선입선출법, 이동평균법, 총평균법, 후입선출법의 순서로 되고, 매출원가는 반대로 후입선출법이 가장 크게 나타난다.

03 재고자산감모손실과 평가손실

(1) 재고자산감모손실

기말 재고자산의 실제 수량과 장부상 수량의 차이가 나는 경우 이를 재고자산 감모손실이라고 한다. 정상적으로 발생한 감모손실은 매출원가에 가산하고 비정상적으로 발생한 감모손실은 영업외비용으로 분류한다.

(2) 재고자산평가손실

재고자산의 시가가 장부금액 이하로 하락하여 발생한 평가손실은 재고자산의 차감계정으로 표시하고 매출원가에 가산한다. 저가법의 적용에 따른 평가손실을 초래했던 상황이 해소되어 새로운 시가가 장부금액보다 상승한 경우에는 최초의 장부금액을 초과하지 않는 범위 내에서 평가손실을 환입한다. 재고자산평가손실의 환입은 매출원가에서 차감한다.

- 재고자산평가손실
    (차) 재고자산평가손실   ×××   (대) 재고자산평가충당금   ×××
        (매출원가)
- 재고자산평가손실 환입
    (차) 재고자산평가충당금   ×××   (대) 재고자산평가충당금환입   ×××
                                                            (매출원가)

* 상품, 제품 등의 시가는 순실현가능가치로 정상판매가액에서 추정 판매비를 차감하여 구한다.

04 기말 재고자산 포함 여부

보고기간종료일 현재 기업이 보유하고 있는 재고자산은 모두 재무상태표에 표시하여야 한다. 그러나 보유하고 있지 하더라도 기업의 재고자산인 것이 있고, 가지고 있더라도 기업의 재고자산이 아닌 것이 있다. 그 구분을 다음과 같이 요약한다.

구 분		내 용
운송중인 재고자산 (미착품)	선적지인도기준	선적이 되면 매입자의 재고자산이 됨
	도착지인도기준	매입자가 도착지에서 인도 받는 때에 매입자의 재고자산 보고기간종료일 현재 운송 중인 재고자산은 판매자의 재고자산
저당상품		담보를 제공한 자의 재고자산
할부판매상품		• 인도기준 : 판매시점에 매입자의 재고자산 • 회수기일도래기준 : 회수기일 미도래분은 판매자의 재고자산에 포함
위탁상품(적송품)		수탁자가 가지고 있는 적송품은 위탁자의 재고자산
시송품		매입자가 구매의사를 밝히는 때에 판매가 이루어지므로 구매의사를 밝히지 않은 것은 판매자의 재고자산

실전시험대비 분개연습

01. (주)남도로부터 상품 500,000원을 외상으로 구입하면서 발생한 운반비 50,000원을 현금으로 지급하였다.

02. 수입 상품에 대한 통관수수료 50,000원이 발생하여 인천세관에 현금으로 지급하였다. 해당 상품은 이미 도착하여 창고에 입고하였다.

03. 상품 10,000,000원을 매입하고 대금 중 8,000,000원은 현금으로 지급하고 나머지 금액은 약속어음(만기 3개월)을 발행하여 교부하였다.

04. 파고다실업에서 구입한 상품에 대한 외상매입금 5,000,000원을 조기 지급하므로 약정에 따라 100,000원을 할인받고 잔액은 당좌수표를 발행하여 지급하였다.

05. 주문진상사에 상품을 주문하면서 계약금으로 7,000,000원을 당좌예금에서 이체하였다.

06. 중국 산동상사에서 수입하는 상품 대금 5,000,000원을 보통예금에서 이체하여 지급하였다. 수입은 선적지인도조건이며 해당 상품은 선적되어 운송 중에 있다.

07. 원재료 500,000원을 공장의 기계장치를 수리하는데 사용하였다.

08. 당사에서 생산한 제품(원가 5,000,000원, 시가 6,000,000원)을 관할 구청에 불우이웃돕기 성금으로 기탁하였다(부가가치세는 고려하지 말 것).

09. 당사에서 제조한 제품을 거래처의 선물로 증정하였다. 제품의 원가는 1,000,000원이다 (부가가치세는 고려하지 말 것).

10. 상품 50,000원이 창고 이동 시 부주의로 파손되어 감모손실로 처리하기로 결정하였다.

정답					
01.	(차) 상 품	550,000	(대)	외상매입금 현 금	500,000 50,000
02.	(차) 상 품	50,000	(대)	현 금	50,000
03.	(차) 상 품	10,000,000	(대)	현 금 지급어음	8,000,000 2,000,000
04.	(차) 외상매입금	5,000,000	(대)	당좌예금 매입할인	4,900,000 100,000
05.	(차) 선급금	7,000,000	(대)	당좌예금	7,000,000
06.	(차) 미착품	5,000,000	(대)	보통예금	5,000,000
07.	(차) 수선비	500,000	(대)	원재료 (적요 8 : 타계정 대체)	500,000
08.	(차) 기부금	5,000,000	(대)	제 품 (적요 8 : 타계정 대체)	5,000,000
09.	(차) 접대비	1,000,000	(대)	제 품 (적요 8 : 타계정 대체)	1,000,000
10.	(차) 재고자산감모손실	50,000	(대)	상 품 (적요 8 : 타계정 대체)	50,000

연습문제

01. 다음 중 재고자산의 원가에 대한 설명으로 옳지 않은 것은?
① 매입원가는 매입금액에 취득과정에서 정상적으로 발생한 부대비용을 가산한 금액이다.
② 제조원가는 보고기간 종료일까지 제조과정에서 발생한 직접재료비, 직접노무비, 제조와 관련된 변동제조간접비 및 고정제조간접비의 체계적인 배부액을 포함한다.
③ 매입원가에서 매입과 관련된 에누리는 차감하나 할인은 차감하지 않는다.
④ 제조원가 중 비정상적으로 낭비된 부분은 원가에 포함될 수 없다.

> 재고자산의 매입원가는 매입금액에 매입운임, 하역료 및 보험료 등 취득과정에서 정상적으로 발생한 부대원가를 가산한 금액이다. 매입과 관련된 할인, 에누리 및 기타 유사한 항목은 매입원가에서 차감한다.

02. ㈜세정은 A사로부터 갑상품을 12월 10일에 주문받고, 주문받은 갑상품을 12월 24일에 인도하였다. 갑상품 대금 100원을 다음과 같이 받을 경우, 이 갑상품의 수익인식시점은 언제인가?

날 짜	대 금(합계 100원)
12월 31일	50원
다음해 1월 2일	50원

① 12월 10일 ② 12월 24일
③ 12월 31일 ④ 다음해 1월 2일

> 인도시점인 12월 24일에 수익인식 기준을 충족한다. (일반기업회계기준 16.10)

03. 다음은 재고자산의 인식시점에 대한 설명이다. 다음 중 가장 틀린 것은?
① 적송품은 수탁자가 판매하기 전까지 위탁자의 재고자산에 포함한다.
② 시송품은 매입자가 매입의사표시를 하기 전까지 판매자의 재고자산에 포함한다.
③ 할부판매상품은 인도기준으로 매출을 인식하므로 대금회수와 관계없이 인도시점에서 판매자의 재고자산에서 제외한다.
④ 미착품은 도착지 인도조건인 경우 선적시점에서 매입자의 재고자산에 포함한다.

> 미착품은 도착지 인도조건인 경우 도착시점에 매입자의 재고자산에 포함한다.

04. 다음 주어진 자료로 매출원가를 계산하면 얼마인가?

- 기초상품재고액 : 100,000원
- 기말상품재고액 : 150,000원
- 판매가능상품액 : 530,000원

① 580,000원
② 480,000원
③ 380,000원
④ 280,000원

> 판매가능상품액 = 기초상품재고액 + 순매입액 = 매출원가 + 기말상품재고액
> 매출원가 = 판매가능상품액 – 기말상품재고액

05. (주)조세물산의 손익계산서상 매출총이익이 2,600,000원일 경우, 아래 자료를 보고 매출액을 추정하면? 단, (주)조세물산은 상품도매업만 영위하고 있으며, 아래 이외의 자료는 없는 것으로 가정한다.

- 기초 상품재고액 : 3,000,000원
- 상품 타계정대체액 : 1,000,000원 (※ 접대목적 거래처 증정)
- 당기 상품매입액 : 2,500,000원
- 기말 상품재고액 : 2,000,000원

① 2,500,000원
② 3,500,000원
③ 5,100,000원
④ 6,100,000원

> 매출원가 = 3,000,000 + 2,500,000 – 1,000,000 – 2,000,000 = 2,500,000원
> 2,600,000원(매출총이익) = X (매출액) – 2,500,000(매출원가)

06. 다음 자료를 이용하여 매출총이익을 계산하면 얼마인가?

- 매출액 : 200,000원
- 매입할인 : 5,000원
- 기말재고액 : 5,000원
- 타계정으로 대체 : 20,000원
- 매출에누리 : 30,000원
- 매입액 : 150,000원
- 매출할인 : 20,000원
- 매입환출 : 10,000원

① 30,000원
② 45,000원
③ 40,000원
④ 35,000원

> - 순매출액 = 매출액 – 매출할인 – 매출에누리 = 200,000 – 20,000 – 30,000 = 150,000원
> - 매출원가 = 매입액 – 매입환출 – 매입할인 – 타계정으로 대체 – 기말재고액
>   = 150,000 – 10,000 – 5,000 – 20,000 – 5,000 = 110,000원
> - 매출총이익 = 순매출액 – 매출원가
>   = 150,000 – 110,000 = 40,000원

07. 다음 재고자산의 원가결정방법에 대한 설명 중 옳지 않은 것은?

① 선입선출법은 가장 최근에 매입한 상품이 기말재고로 남아있다.
② 가중평균법에는 총평균법과 이동평균법이 있다.
③ 성격 또는 용도면에서 차이가 있는 재고자산이더라도 모두 같은 방법을 적용하여야만 한다.
④ 기초재고와 기말재고의 수량이 동일하다는 전제하에 인플레이션 발생시 당기순이익이 가장 적게 나타나는 방법은 후입선출법이다.

> 성격 또는 용도면에서 차이가 있는 재고자산에 대하여는 서로 다른 취득단가 결정방법을 적용할 수 있으나 일단 특정 방법을 선택하면 정당한 사유없이 이를 변경할 수 없다.

08. 기말재고자산의 원가흐름가정 구분에 해당하지 않는 것은?

① 실지재고조사법　　　　　② 개별법
③ 평균법　　　　　　　　　④ 선입선출법

> 실지재고조사법은 기말재고자산의 수량의 결정방법이다.

09. 다음은 재고자산의 원가배분에 관한 내용이다. 선입선출법의 특징이 아닌 것은?

① 일반적인 물량흐름은 먼저 매입한 것이 먼저 판매되므로 물량흐름과 원가흐름이 일치한다.
② 기말재고는 최근에 구입한 것이므로 기말재고자산은 공정가치에 가깝게 보고된다.
③ 물가상승시 현재의 매출수익에 오래된 원가가 대응되므로 수익·비용대응이 잘 이루어지지 않는다.
④ 물가상승시 이익을 가장 적게 계상하므로 가장 보수적인 평가방법이다.

> 후입선출법의 특징이다.

10. 물가가 지속적으로 상승하는 경우로서 재고자산의 수량이 일정하게 유지된다면 매출총이익이 가장 크게 나타나는 재고자산평가방법은 무엇인가?

① 선입선출법　　　　　　　② 후입선출법
③ 이동평균법　　　　　　　④ 총평균법

> 물가가 상승하는 경우에는 선입선출법이 매출원가를 가장 적게 계상하므로 매출 총이익은 가장 크게 나타난다.

11. 재고자산 평가와 관련한 다음의 방법 중 그 성격이 다른 것은?

① 선입선출법 ② 후입선출법
③ 계속기록법 ④ 가중평균법

> ③은 재고자산의 수량 결정방법, ①,②,④는 재고자산의 단위원가 결정방법이다.

12. 다음 중 재고자산의 단가결정방법에 해당하는 것은?

① 개별법 ② 실지재고조사법
③ 혼합법 ④ 계속기록법

> 개별법은 재고자산의 단가결정방법이다.

13. 다음은 나눔기업의 재고자산과 관련된 문제이다. 선입선출법에 의하여 평가할 경우 매출 총이익은 얼마인가? (다른 원가는 없다고 가정한다.)

일 자	매입매출구분	수 량	단 가
10월 1일	기초재고	10개	개당 100원
10월 8일	매 입	30개	개당 110원
10월 15일	매 출	25개	개당 140원
10월 30일	매 입	15개	개당 120원

① 850원 ② 2,650원
③ 3,500원 ④ 6,100원

> 매 출 액 = 25개 × 140 = 3,500원
> 매출원가 = 10개 × 100 + 15 × 110 = 2,650원
> 매출총이익 = 매출액 - 매출원가
>   = 3,500 - 2,650 = 850원

14. 기말재고자산가액을 실제보다 높게 계상한 경우 재무제표에 미치는 영향으로 잘못된 것은?

① 매출원가가 실제보다 감소한다.
② 매출총이익이 실제보다 증가한다.
③ 당기순이익이 실제보다 증가한다.
④ 자본총계가 실제보다 감소한다.

> 기말재고자산을 실제보다 높게 계상한 경우에는 매출원가는 실제보다 감소하고, 그 결과 매출총이익과 당기순이익이 증가한다. 당기순이익이 증가하면, 자본총계도 증가한다.

15. 다음은 재고자산의 평가에 대한 설명이다. 틀린 것은?

① 재고자산의 평가손실누계액은 재고자산의 차감계정으로 표시한다.
② 재고자산의 평가손실은 영업외비용으로 처리한다.
③ 재고자산의 감모손실이 정상적인 범위내에 해당하는 경우에는 매출원가에 가산한다.
④ 재고자산의 감모손실이 비정상적인 것으로 판단되는 경우에는 영업외비용으로 처리한다.

> 재고자산의 평가손실은 매출원가에 가산한다.

16. 재고자산의 저가법 적용과 관련하여 다음 중 타당하지 않은 것은?

① 재고자산을 저가법으로 평가하는 경우 상품의 시가는 순실현가능가치를 말한다.
② 재고자산 평가를 위한 저가법은 원칙적으로 항목별로 적용한다.
③ 시가는 매 회계기간말에 추정한다.
④ 재고자산의 시가가 장부금액 이하로 하락하여 발생한 평가손실은 영업외비용으로 처리한다.

> 재고자산의 시가가 장부금액 이하로 하락하여 발생한 평가손실은 재고자산의 차감계정으로 표시하고 매출원가에 가산한다.(일반기업회계기준 문단 7.20)

17. 다음 중 재고자산의 기말평가 시 저가법을 적용하는 경우, 그 내용으로 맞는 것은?

① 재고자산평가손실은 판매비와 관리비로 분류한다.
② 재고자산평가충당금은 비유동부채로 분류한다.
③ 재고자산평가충당금환입은 영업외수익으로 분류한다.
④ 재고자산평가충당금은 해당 재고자산에서 차감하는 형식으로 기재한다.

18. 제품 장부상 재고수량은 200개이나 실지재고조사 결과 180개인 것으로 판명되었다. 개당 원가 200원이고 시가가 180원일 경우 제품감모손실은?

① 4,000원 ② 3,600원
③ 2,000원 ④ 1,600원

> 감모손실 : (장부수량 – 실지수량) × 취득원가
> = (200개 – 180개) × 200 = 4,000원
> 평가손실 : 실지재고수량 × (취득원가 – 시가)
> = 180개 × (200 – 180) = 3,600원

19. 다음 사항 중 매입자의 재고자산에 포함되는 금액은 얼마인가? 단, 미착상품은 모두 매입하는 상품으로 운송 중에 있는 것으로 가정한다.

- 미착상품(도착지인도조건) : 50,000원
- 미착상품(선적지인도조건) : 50,000원
- 위탁상품(수탁자창고보관) : 50,000원
- 시송품(구매의사표시없음) : 50,000원

① 50,000원
② 100,000원
③ 150,000원
④ 200,000원

 도착지인도조건의 미착상품은 도착한 때에 매입자의 재고자산에 포함하여야 한다. 운송 중이면 판매자의 재고자산으로 매입자의 재고자산에 해당하지 아니한다.

정답 01. ③ 02. ② 03. ④ 04. ③ 05. ③ 06. ③ 07. ③ 08. ① 09. ④ 10. ①
11. ③ 12. ① 13. ① 14. ④ 15. ② 16. ④ 17. ④ 18. ① 19. ③

Chapter 04 유형자산

01 유형자산의 개념

유형자산은 재화의 생산이나 용역의 제공, 타인에 대한 임대 또는 자체적으로 사용할 목적으로 보유하고 있으며 물리적형태가 있는 자산으로 1년을 초과하여 사용할 것이 예상되는 자산을 말한다.

02 유형자산의 종류

구 분	내 용
토 지	대지, 임야, 논·밭 등
건 물	회사의 사옥이나 창고, 공장 등으로 냉난방, 조명 및 기타 건물 부속설비를 포함
구 축 물	토지 위에 건설한 건축물 외의 설비로서 교량, 저수지, 갱도, 상하수도, 터널, 전주, 지하도관, 신호장치, 정원 등
기계 장치	사업을 위하여 사용하는 기계장치, 생산설비 등과 기타의 부속설비
차량운반구	영업활동을 위해 사용되는 승용차, 트럭 등
비 품	사업을 위하여 사용하는 일반적인 집기, 비품 등
건설중인 자 산	유형자산의 건설을 위해 지출한 금액으로서 아직 건설이 완료되지 않아 건물, 구축물, 기계장치 등으로 회계처리 할 수 없는 경우 임시로 처리하는 계정 * 해당 자산의 건설이 완료되는 때에 건물, 구축물, 기계장치 등의 해당 계정으로 대체한다.

(1) 토 지

대지, 임야, 논, 밭, 잡종지 등이 있으며 감가상각 대상 자산이 아니다.

> **필수예제**
>
> 가평부동산에서 공장 신축에 사용할 토지를 2,000,000원에 구입하고, 취득세 50,000원을 포함하여 현금으로 지급하다.
>   (차) 토   지   2,050,000   (대) 현   금   2,050,000

(2) 건 물

건물이나, 공장, 창고 및 냉난방, 조명, 통풍 및 기타의 건물부속설비 등을 말한다.

> **필수예제**
>
> 본사 사옥으로 사용하기 위해 가평부동산으로부터 건물을 3,000,000원에 구입하고, 취득세 150,000원과 공인중개사 중개수수료 50,000원을 당좌수표를 발행하여 지급하다.
>
> (차) 건 물   3,200,000   (대) 당좌예금   3,200,000

(3) 구축물

구축물은 토지 위에 건설한 건축물 이외의 설비로서 교량, 궤도, 저수지, 갱도, 정원설비, 침전지, 상하수도, 터널, 전주, 지하도관, 신호장치, 정원 등을 말한다.

> **필수예제**
>
> 본사 건물 앞에 분수대를 설치하고 설치대금 500,000원은 현금으로 지급하였다.
>
> (차) 구 축 물   500,000   (대) 현 금   500,000

(4) 기계장치

기계장치와 운송설비(콘베어, 호이스트, 기중기 등) 및 기타의 부속설비를 포함한다.

> **필수예제**
>
> (1) 제품을 생산하기 위해 군산기계로부터 기계를 5,000,000원에 구입하고, 대금은 설치비 200,000원과 함께 당좌수표를 발행하여 지급하다.
>   (차) 기계장치   5,200,000   (대) 당좌예금   5,200,000
>
> (2) 군산기계로부터 제품 생산에 사용할 기계장치를 500,000원에 구입하고 대금은 약속어음을 발행하여 지급하다.
>   (차) 기계장치   500,000   (대) 미지급금   500,000

* 일반적인 상거래에서 나타난 어음상의 채무 즉, 매입처에 대하여 상품 또는 원재료 매입대금이나 외상매입금에 대하여 약속어음을 발행 지급한 경우에는 지급어음 계정을 사용하고 일반적인 상거래 이외의 거래는 미지급금계정을 사용하여야 한다.

(5) 차량운반구

영업활동에 사용되는 승용차, 트럭 등 육상운반구를 말한다.

> **필수예제**
>
> (1) 공장에서 사용할 화물차 1대를 5,000,000원에 현금으로 구입하다.
>   (차) 차량운반구   5,000,000   (대) 현   금   5,000,000
>
> (2) 사용중이던 승용차(취득금액 5,000,000원, 감가상각누계액 3,000,000원)를 중고자동차매매상에 현금 3,000,000원을 받고 매각하였다.
>   (차) 현   금   3,000,000   (대) 차량운반구   5,000,000
>   감가상각누계액   3,000,000   유형자산처분이익   1,000,000

(6) 비 품

사업을 위하여 사용하는 일반적인 집기, 비품 등을 구입한 경우에 처리한다.

> **필수예제**
>
> (1) 구미전자로부터 사무실에서 사용할 에어컨 1대를 300,000원에 현금으로 구입하다.
>   (차) 비   품   300,000   (대) 현   금   300,000
>
> (2) 사무용 복사기 1대를 500,000원에 외상으로 구입하다.
>   (차) 비   품   500,000   (대) 미지급금   500,000

(7) 건설중인 자산

유형자산을 건설하는 경우 건설을 위하여 지출한 금액으로 건설이 완료될 때까지 임시로 처리하는 계정이다. 건설이 완료되는 때에 해당 유형자산 계정으로 대체된다.

> **필수예제**
>
> (1) 건설중인 경우
>   나눔상사는 본사 사옥을 신축하기로 하고 공사대금 중 일부(1차기성고 금액 2,000,000원)를 현금으로 지급하였다.
>   (차) 건설중인자산   2,000,000   (대) 현   금   2,000,000
>
> (2) 건설 완료시 분개
>   본사 사옥이 완공되어 관할구청으로부터 준공검사를 완료하고 취득세 500,000원을 현금으로 지급하였다(건설중인자산의 금액 5,000,000원).
>   (차) 건   물   5,500,000   (대) 건설중인자산   5,000,000
>   현   금   500,000

03 유형자산의 인식과 취득금액

(1) 유형자산의 인식조건

유형자산으로 인식되기 위하여 다음의 인식조건을 모두 충족하여야 한다.
① 자산으로부터 발생하는 미래 경제적 효익이 기업에 유입될 가능성이 매우 높다.
② 자산의 원가를 신뢰성 있게 측정할 수 있다.

(2) 유형자산의 취득금액의 결정

구 분	취 득 금 액
외부구입	매입금액 + 부대비용
자가건설	제작원가 + 부대비용
무상취득	그 자산의 공정가치
교환취득	동종자산 : 제공한 자산의 장부금액, 이종자산 : 제공한 자산의 공정가치

04 유형자산의 감가상각

(1) 감가상각의 개념

감가상각이란 유형자산의 감가상각대상금액을 경제적 효익이 발생하는 기간에 걸쳐 체계적이고 합리적인 방법으로 배분하는 과정이다. 감가상각대상금액은 취득원가에서 잔존가치를 차감하여 구한다. 감가의 요인에는 사용하거나 시간이 경과하는 것에 의한 물리적 원인과 진부화 또는 부적응에 의한 기능적 원인이 있다. 토지와 건설중인자산은 감가상각을 하지 아니한다.

(2) 감가상각의 기본요소

감가상각의 기본요소는 취득원가, 잔존가치, 내용연수이다. 이중에서 취득원가는 실제 값이지만 잔존가치와 내용연수는 추정치에 의한다. 잔존가치는 법인세법이 0원으로 하고 있어 회계실무에서 그대로 적용하는 것이 보통이다. 다만, 정률법은 정률을 구하기 위한 잔존가치를 취득금액의 5%를 적용한다.

(3) 감가상각비의 회계처리

감가상각비에 대한 회계처리는 직접법과 간접법이 있는데 유형자산의 감가상각은 간접법에 의하여 회계처리하고, 재무상태표에는 감가상각누계액을 해당 유형자산에서 차감하는 형식으로 표시하여야 한다.

- 직접법에 의한 감가상각비의 회계처리
  (차) 감가상각비　　　　　×××　　　(대) 유형자산(건물, 기계장치 등)　×××
- 간접법에 의한 감가상각비의 회계처리
  (차) 감가상각비　　　　　×××　　　(대) 감가상각누계액　　　　×××

(4) 감가상각비의 계산방법

① 정액법

정액법은 감가상각대상액을 내용연수에 걸쳐 균등하게 배분하는 방법이다.

$$감가상각비 = (취득원가 - 잔존가치) \times \frac{1}{내용연수}$$

② 정률법

정률법은 미상각잔액법이라고도 하는 방법으로 유형자산의 취득원가에서 감가상각누계액을 차감한 미상각잔액(장부금액)에 매기 동일한 상각률을 적용하여 계산한다.

$$감가상각비 = 미상각잔액(취득원가 - 감가상각누계액) \times 정률$$

$$정률 = 1 - \sqrt[n]{\frac{잔존가치}{취득원가}} \quad (n : 내용연수)$$

③ 연수합계법

연수합계법은 정률법, 이중체감법과 함께 초기에 감가상각비를 많이 계상하는 가속상각법의 하나이다.

$$감가상각비 = (취득원가 - 잔존가치) \times \frac{연수의\ 역순}{내용연수의\ 합계}$$

* 내용연수가 5년인 경우 내용연수의 합계는 15년(1+2+3+4+5)이고 연수의 역순은 제1차년도는 5, 제2차년도는 4, 3차년도는 3을 적용한다.

④ 생산량비례법

생산량비례법은 감가상각대상액을 생산량이나 채굴량에 비례하여 감가상각비를 계산하는 방법으로 산림, 유전, 광산 등의 천연자원의 감가상각비 계산에 많이 사용한다.

$$감가상각비 = (취득원가 - 잔존가치) \times \frac{당기생산량}{예상총생산량}$$

05 유형자산의 취득 후 지출

(1) 자산처리(자본적지출)

유형자산을 취득한 이후에 일어난 지출로 유형자산의 가치가 증가하거나 내용연수가 증가하면 자본적지출이라 하고 유형자산의 원가로 처리한다. 그 예로 엘리베이터, 냉난방장치 등의 증설이나 용도변경, 개량, 증축 등을 들 수 있다.

(2) 비용처리(수익적지출)

유형자산을 취득한 이후의 지출로 인한 효과가 원상회복, 능률의 현상유지에 그치는 경우 유형자산의 원가를 구성하지 않고 비용(수선비)으로 처리한다.

06 유형자산의 처분

유형자산을 처분하는 경우 유형자산의 장부금액과 처분금액을 비교하여 장부금액보다 처분금액이 크면 유형자산처분이익으로 회계처리 하고, 장부금액보다 처분금액이 작으면 유형자산처분손실로 회계처리 한다. 유형자산처분손익은 영업외손익에 해당한다.

처분금액 > 장부금액 ⇒ 유형자산처분이익
처분금액 < 장부금액 ⇒ 유형자산처분손실
장부금액 = 취득금액 - 감가상각누계액

실전시험대비 분개연습

01. 나눔상회로부터 사옥 건축용 토지를 50,000,000원에 매입하고, 토지 대금 중 20,000,000원은 당좌수표를 발행하여 결제하고, 나머지는 외상으로 하였다. 토지 취득에 따른 취득세 500,000원은 보통예금에서 이체하여 납부하였다.

02. (주)마산자동차로부터 영업부에서 사용할 승용차(구입액 25,000,000원)를 구입하고 대금은 전액 12개월 할부로 하였다. 또한 구입대금과 별도로 발생한 취득세 등 부대비용 500,000원은 현금으로 지급하였다.

03. 공장에 설치 중인 자동화 기계장치의 성능 시험에 사용할 윤활유 500,000원을 구입하고 법인카드로 결제하였다.

04. 당사는 공장 벽면이 노후화되어 새로이 도색작업을 하고 이에 대한 비용 500,000원을 (주)세방디자인에 현금으로 결제하였다.

05. 건물에 에스컬레이터를 ㈜현대전장에 의뢰하여 설치하고 이에 대한 비용 50,000,000원을 외상으로 하였다.

06. (주)원건설과 본사 사옥의 신축 계약을 하고 공사총액 100,000,000원 중 10,000,000원을 당좌수표를 발행하여 지급하였다.

07. 당사의 대주주로부터 자본을 충실히 할 목적으로 토지(공정가치 50,000,000원)을 증여받았다.

08. 사용 중인 기계장치(취득금액 5,000,000원 전기말감가상각누계액 3,500,000원)을 (주)남동전지에 1,200,000원에 매각하고 대금은 한 달 후에 받기로 하였다(매각 시까지 감가상각비는 계상하지 않는다).

09. 업무용으로 사용하고 있는 오토바이(취득원가 2,000,000원, 감가상각누계액 500,000원)을 금일 사고로 폐기 처분하였다.

10. 화재보험에 가입되어 있는 공장 건물(취득금액 50,000,000원, 감가상각누계액 30,000,000원)이 화재로 소실되어 보험회사에 보험금을 청구하였다.

정답

01.	(차) 토 지	50,500,000	(대)	당좌예금	20,000,000
				미지급금	30,000,000
				보통예금	500,000
02.	(차) 차량운반구	25,500,000	(대)	미지급금	25,000,000
				현 금	500,000
03.	(차) 기계장치	500,000	(대)	미지급금	500,000
04.	(차) 수선비	500,000	(대)	현 금	500,000
05.	(차) 건 물	50,000,000	(대)	미지급금	50,000,000
06.	(차) 건설중인자산	10,000,000	(대)	당좌예금	10,000,000
07.	(차) 토 지	50,000,000	(대)	자산수증이익	50,000,000
08.	(차) 미수금	1,200,000	(대)	기계장치	5,000,000
	감가상각누계액	3,500,000			
	유형자산처분손실	300,000			
09.	(차) 감가상각누계액	500,000	(대)	차량운반구	2,000,000
	유형자산처분손실	1,500,000			
10.	(차) 재해손실	20,000,000	(대)	건 물	50,000,000
	감가상각누계액	30,000,000			

무형자산

01 무형자산의 개념

무형자산은 재화의 생산이나 용역의 제공, 타인에 대한 임대 또는 관리에 사용할 목적으로 기업이 보유하고 있는 물리적형체가 없는 자산이다. 비화폐성자산으로 취득원가의 측정이 가능하고 기업이 통제하고 있는 식별가능한 자원으로 미래의 경제적효익이 있어야 한다.

02 무형자산의 취득원가

(1) 매수 등에 의한 취득

매수에 의한 무형자산의 취득원가는 구입금액에 등록비, 제세공과금 등의 부대비용을 더한 금액으로 한다. 사업결합에 의하여 취득한 경우에는 공정가치로 한다.

(2) 내부적으로 창출한 무형자산

내부적으로 창출한 무형자산이 인식기준에 부합하는지를 평가하기 위하여 무형자산의 창출과정을 연구단계와 개발단계로 구분한다.

연구단계에서 발생한 지출은 무형자산으로 인식할 수 없고 발생한 기간의 비용으로 인식한다. 개발단계에서 발생한 지출은 기업회계기준에서 정하는 일정한 조건을 모두 충족하는 경우에만 무형자산으로 인식하고, 그 외의 경우에는 발생한 기간의 비용으로 인식한다.

03 무형자산의 종류

(1) 영업권

유리한 위치, 우수한 경영, 좋은 기업이미지 등으로 인하여 동종의 다른 기업보다 더 많은 이익을 얻을 경우 그 초과이익을 자본의 가치로 환원한 것이 영업권이다.

사업결합을 하는 경우 이전대가의 공정가치가 취득자산과 인수한 부채의 순액을 초과하는 경우 그 초과하는 금액이 영업권의 취득금액이 된다. 반면, 순자산가액보다 더 적은 금액을 지불하는 경우에는 염가매수차익으로 회계처리하고, 당기손익으로 인식한다.

(2) 산업재산권

법률에 의하여 등록하고 일정기간 독점적, 배타적으로 이용할 수 있는 권리

구 분	내 용
특 허 권	신규 발명품에 대한 특허 등록을 하고 독점적으로 얻은 권리
실 용 실 안 권	물품의 형상·구조 또는 조합에 관한 신규의 고안을 등록하고 얻은 권리
디 자 인 권	물품에 대한 새로운 디자인을 고안하여 등록하고 얻은 권리(의장권)
상 표 권	특정 상표를 등록하여 독점적으로 이용하는 권리

> **필수예제**
>
> 신기술의 개발이 완료되었기에 특허청에 등록하여 특허권을 취득하고, 특허출원과 관련한 비용 500,000원을 현금으로 지급하다.
>   (차) 산업재산권(특허권)   500,000   (대) 현   금   500,000

(3) 개발비

새로운 제품이나 기술의 개발 또는 개량을 위하여 지출한 금액으로 미래의 경제적효익의 유입 가능성이 매우 높고 취득원가를 신뢰성 있게 측정할 수 있는 경우에 무형자산인 개발비로 처리한다.

> **필수예제**
>
> 신제품의 개발을 위한 연구용 장비 구입비 500,000원을 현금으로 지급하다.
>   (차) 개 발 비   500,000   (대) 현   금   500,000

(4) 기타의 무형자산

구 분	내 용
라 이 선 스	국가나 허가권자로부터 인·허가과정을 거쳐 확보한 사업허가권으로서 방송사업권이나 통신사업권이 여기에 해당한다.
프 랜 차 이 즈	체인본사와 가맹점간의 계약에 의하여 일정 지역에서 특정 상표, 상호의 상품이나 용역을 독점적으로 생산 판매할 수 있는 권리
저 작 권	저작자가 자기의 저작물을 복제, 출판, 전시, 번역, 방송, 공연 등에 이용할 수 있는 권리
소 프 트 웨 어	컴퓨터에서 사용되는 소프트웨어의 구입에 지출한 금액
임 차 권 리 금	토지와 건물 등을 임차하는 경우 그 이용권을 갖는 대가로 보증금이외의 금액을 지급하는 것을 임차권리금이라 한다.
광 업 권	일정한 광구에서 광물을 독점적 배타적으로 채굴할 수 있는 권리
어 업 권	일정한 수역에서 독점적 배타적으로 어업을 할 수 있는 권리

필수예제

(주)세방전자로부터 업무전산화를 위해 전산세무회계 프로그램을 50,000원에 현금으로 구입하다.
  (차) 소프트웨어   50,000   (대) 현 금   50,000

---

04 무형자산의 상각

(1) 무형자산의 상각

무형자산의 상각대상금액을 그 자산의 추정 내용연수 동안 체계적 방법에 의하여 각 회계기간의 비용으로 배분하는 상각을 하여야 한다. 상각기간은 관련 법령이나 계약에 정해진 경우를 제외하고 20년을 초과할 수 없다.

(2) 상각 방법

무형자산의 상각방법은 자산의 경제적 효익이 소비되는 행태를 반영한 합리적인 방법이어야 한다. 이러한 상각 방법에는 정액법, 체감잔액법(정률법 등), 연수합계법, 생산량비례법 등이 있다. 다만, 합리적인 상각방법을 정할 수 없는 경우에는 정액법을 사용한다.

Chapter 06 투자자산과 기타 비유동자산

01 투자자산

투자자산이란 다른 회사를 지배하거나 통제할 목적 또는 투자이윤을 얻을 목적으로 장기간 투자하는 자산을 말한다. 유형자산과 다른 점은 기업의 고유 사업목적을 위한 자산이 아니라는 것이다.

한국채택국제회계기준은 임대수익을 목적으로 하는 자산도 투자자산으로 구분한다.

구 분	내 용
투 자 부 동 산	투자목적으로 보유하거나 영업활동에 사용하지 않는 토지, 건물 및 기타의 부동산
매 도 가 능 증 권	유가증권 중 단기매매증권과 만기보유증권 및 지분법적용투자주식으로 분류되지 않는 것
만 기 보 유 증 권	만기가 확정된 채무증권으로 상환금액이 확정되었거나 확정이 가능하고 만기까지 보유할 적극적인 의도와 능력이 있는 것
지분법적용투자주식	피투자회사에 중대한 영향력을 행사할 수 있는 주식으로 지분법 평가 대상의 것
장 기 대 여 금	유동자산에 속하지 않는 대여금으로 대여기간이 결산일로부터 1년 이상인 것
장 기 성 예 금 (장 기 금 융 상 품)	정기예금, 정기적금 및 기타 정형화된 금융상품으로 만기가 결산일로부터 1년 이상인 것

(1) 투자부동산

투자부동산이란 고유의 영업활동과는 직접 관련 없이 투자의 목적 또는 비영업용으로 소유하는 토지·건물 및 기타의 부동산을 말한다.

> **필수예제**
> 나눔개발에서 장기 투자목적으로 토지 300평을 100,000,000원에 현금으로 구입하다.
>   (차) 투자부동산   100,000,000   (대) 현 금   100,000,000

(2) 장기투자증권(만기보유증권, 매도가능증권)

장기투자증권은 1년 이상 보유할 의도로 취득하거나, 만기가 1년 이상인 채권을 말한다.

① 만기보유증권

만기가 확정된 채무증권으로서 상환금액이 확정되었거나 확정이 가능한 채무증권을 만기까지 보유할 적극적인 의도와 능력이 있는 경우 만기보유증권으로 분류한다.

② 매도가능증권

단기매매증권이나 만기보유증권으로 분류되지 아니하는 유가증권은 매도가능증권으로 분류한다.

필수예제

(1) 장기 투자 목적으로 삼원전자의 주식 10주(@10,000원)를 주당 50,000원에 현금으로 구입하다.
　　(차) 매도가능증권　　　500,000　　　(대) 현　　금　　　500,000
　　　　(장기투자증권)
(2) 결산일에 위 (1)의 매도가능증권을 1,200,000원으로 평가하다.
　　(차) 매도가능증권　　　700,000　　　(대) 매도가능증권평가이익　　700,000

---

* 매도가능증권평가이익은 기타포괄손익누계액으로 분류한다.

(3) 장기대여금

대여금의 회수기간이 재무상태표일로부터 1년 이후에 도래하는 대여금을 말한다.

필수예제

부여상사에 현금 500,000원을 5년 후에 회수하기로 하고 대여하다.
　(차) 장기대여금　　　500,000　　　(대) 현　　금　　　500,000

---

(4) 장기금융상품

정기예금, 정기적금, 사용이 제한된 예금 등 금융기관이 취급하는 정형화된 상품으로 장기적 자금운용 목적이거나, 기한이 1년 이후에 도래하는 것을 말한다.

필수예제

(1) 장기적 자금운용의 목적으로 국민투자금융의 어음관리구좌에 500,000원을 현금으로 입금하다.
　　(차) 장기성예금　　　500,000　　　(대) 현　　금　　　500,000
(2) 하나은행에 당좌거래개설 계약을 체결하고, 당좌개설보증금 500,000원을 현금으로 입금하였다.
　　(차) 특정현금과예금　　500,000　　　(대) 현　　금　　　500,000

---

* 전산회계 프로그램에서는 장기성예금, 특정현금과예금계정을 사용하고 재무제표작성시 제출용을 조회하면 장기금융상품으로 통합되어 나타난다.

02 ▸ 비유동자산과 기타비유동자산

(1) 비유동자산의 구분

비유동자산은 다음과 같이 구분한다.

비유동자산	종 류
투 자 자 산	장기금융상품, 투자부동산, 매도가능증권, 만기보유증권, 지분법적용투자주식 등
유 형 자 산	토지, 건물, 구축물, 기계장치, 차량운반구, 비품, 건설중인자산 등
무 형 자 산	영업권, 산업재산권, 광업권, 어업권, 개발비, 소프트웨어, 임차권리금 등
기 타 비 유 동 자 산	임차보증금, 장기매출채권, 이연법인세자산(유동자산으로 분류되는 부분 제외) 등

(2) 기타비유동자산의 종류

기타비유동자산은 비유동자산 중에서 투자자산, 유형자산, 무형자산으로 분류되지 않는 자산들로 이연법인세자산, 임차보증금, 장기선급비용, 장기선급금 및 장기미수금 등이 있다.

① 전세권

전세금을 지급하고 타인의 부동산을 그 용도에 따라 사용, 수익하는 권리이다.

② 임차보증금

타인소유의 부동산이나 동산을 사용하기 위하여 임대차계약을 체결하는 경우에, 월세 등을 지급하는 조건으로 임차인이 임대인에게 지급하는 보증금을 말한다.

> **필수예제**
> 영업소 설치를 위해 서초빌딩 소유의 빌딩을 3년간 임차하여 사용하기로 계약하고 보증금 10,000,000원을 수표 발행하여 지급하다.
> (차) 임차보증금   10,000,000   (대) 당좌예금   10,000,000

③ 영업보증금

계약의 이행을 담보하기 위하여 지급하는 보증금으로 거래보증금, 입찰보증금, 하자보증금 등이 있다. 다만, 1년 이내에 반환 받을 수 있는 경우 유동자산으로 분류하여야 한다.

④ 장기성 매출채권

일반적 상거래에서 발생한 장기의 외상매출금 및 받을어음을 말한다.

> **필수예제**
> 고척상사에 제품 5,000,000원을 장기 외상으로 판매하다.
> (차) 장기성외상매출금   5,000,000   (대) 제품매출   5,000,000

실전시험대비 분개연습

01. 연구 중이던 신제품의 개발이 완료되어 특허청에 특허를 등록하고 출원한 특허의 등록과 관련한 비용 5,000,000을 현금으로 지급하였다.

02. 세방대학교 연구소에 의뢰한 코로나19 바이러스 백신 개발에 따른 연구용역비 50,000,000원을 보통예금에서 이체하여 지급하였다. 동 연구용역비는 개발 단계의 지출로 신제품 개발의 가능성이 매우 높은 것으로 판단되어 무형자산으로 회계처리 하기로 하였다.

03. 장기 투자 목적으로 토지를 50,000,000원에 취득하고 대금은 당좌수표를 발행하여 지급하였다.

04. 나눔은행과 당좌거래 계약을 체결하고 당좌거래 개설보증금 2,000,000원과 당좌예금계좌에 5,000,000원을 현금으로 입금하였다.

05. 장기 투자 목적으로 ㈜동학전자의 주식 100주(@10,000원)를 주당 50,000원에 현금으로 구입하였다.

06. 장기 투자 목적으로 취득한 ㈜개미전자의 주식 100주(1주당 취득금액 @50,000원)을 결산일에 공정가치 6,000,000원으로 평가하였다.

07. 신제품 생산에 사용할 원재료를 수입하기 위하여 신용장(L/C)를 개설하고 거래은행에 수입보증금 5,000,000원을 현금으로 지급하였다.

08. 본점 이전을 위하여 미가빌딩 301호를 임차하기로 하였으며 임차보증금 10,000,000원을 보통예금 통장에서 송금하였다.

정답					
01.	(차) 산업재산권(특허권)	5,000,000	(대) 현금	5,000,000
02.	(차) 개발비	50,000,000	(대) 보통예금	50,000,000
03.	(차) 투자부동산	50,000,000	(대) 당좌예금	50,000,000
04.	(차) 특정현금과예금 당좌예금	2,000,000 5,000,000	(대) 현금	7,000,000
05.	(차) 매도가능증권	5,000,000	(대) 현금	5,000,000
06.	(차) 매도가능증권	1,000,000	(대) 매도가능증권평가이익	1,000,000
07.	(차) 수입보증금	5,000,000	(대) 현금	5,000,000
08.	(차) 임차보증금	10,000,000	(대) 보통예금	10,000,000

연습문제

01. 다음은 유형자산의 정의에 대한 설명이다. 틀린 것은?

① 투자목적으로 소유하는 것
② 내구적인 사용이 가능할 것
③ 미래의 경제적 효익이 기대될 것
④ 물리적 실체가 있을 것

　💬 영업활동에 사용할 것

02. 다음 중 차량운반구의 취득원가에 해당하는 것은?

① 취득세　　　　　　　　② 자동차 보험료
③ 유류대　　　　　　　　④ 자동차세

　💬 취득세는 차량운반구의 취득원가로서 자산의 원가이다.

03. 유형자산의 취득원가 결정에 관한 사항 중 틀린 것은?

① 토지 취득시 납부한 토지관련 취득세는 토지의 취득원가이다.
② 기계장치 구입시 발생한 설치비는 기계장치 취득원가이다.
③ 3대의 기계를 일괄구입시 각 기계의 취득원가는 각 기계의 공정가치를 기준으로 안분계산한다.
④ 무상으로 증여받은 비품은 취득원가를 계상하지 않는다.

　💬 무상으로 증여받은 유형자산은 공정가치로 취득원가를 계상한다.

04. 사옥 신축용 토지를 취득 시 납부한 취득세에 대한 적정한 계정과목은?

① 세금과공과　　　　　　② 취득세
③ 지급수수료　　　　　　④ 토　지

　💬 토지취득에 따른 부대비용이므로 토지의 원가에 포함된다.

05. 다음 중 상각대상자산은?
① 개발비
② 투자부동산
③ 건설중인 자산
④ 신주발행비

　　💬 개발비는 무형자산에 해당하므로 상각대상 자산이다.

06. 최초 취득연도에 정액법에 의하여 감가상각비를 계산하는데 있어 필요하지 않은 자료는?
① 취득원가
② 잔존가치
③ 내용연수
④ 감가상각누계액

　　💬 정액법에 의한 감가상각비 = $\dfrac{(취득원가 - 잔존가치)}{내용연수}$

07. 유형자산 중 감가상각자산을 취득한 연도의 감가상각비를 비교한 것이다. 맞는 것은?
① 정액법 > 정률법
② 정액법 < 정률법
③ 정액법 = 정률법
④ 알 수 없다.

08. 다음 중 현행 기업회계기준에서 인정하는 유형자산의 감가상각방법이 아닌 것은?
① 자산의 내용연수 동안 일정액의 감가상각비를 계상하는 방법
② 자산의 내용연수 동안 감가상각비가 매 기간 감소하는 방법
③ 자산의 예상조업도 혹은 예상생산량에 근거하여 감가상각비를 계상하는 방법
④ 자산의 원가가 서로 다를 경우에 이를 평균하여 감가상각비를 계상하는 방법

　　💬 ①은 정액법, ②는 정률법 및 연수합계법, ③은 생산량비례법에 대한 설명이며, ④는 이동평균법 및 총평균법에 대한 설명으로 재고자산 평가방법이다.

09. 유형자산의 감가상각과 관련한 다음 설명 중 가장 옳지 않은 것은?
① 감가상각대상금액은 취득원가에서 잔존가치를 차감하여 결정한다.
② 감가상각의 주목적은 취득원가의 배분에 있다.
③ 감가상각비는 다른 자산의 제조와 관련된 경우 관련자산의 제조원가로 계상한다.
④ 정률법은 내용연수동안 감가상각비를 매 기간 동일하게 계산하는 방법이다.

　　💬 유형자산의 감가상각방법에는 정액법, 체감잔액법(예를 들면, 정률법 등), 연수합계법, 생산량비례법 등이 있다. 정액법은 자산의 내용연수 동안 일정액의 감가상각액을 인식하는 방법이다. 체감잔액법과 연수합계법은 자산의 내용연수 동안 감가상각액이 매 기간 감소하는 방법이다. 생산량비례법은 자산의 예상조업도 혹은 예상생산량에 근거하여 감가상각액을 인식하는 방법이다. 감가상각방법은 해당 자산으로부터 예상되는 미래경제적효익의 소멸형태에 따라 선택하고, 소멸형태가 변하지 않는 한 매기 계속 적용한다.

10. 다음은 감가상각방법에 따른 감가상각비와 장부금액을 표현한 것이다. 옳지 않은 것은?

① <정액법>
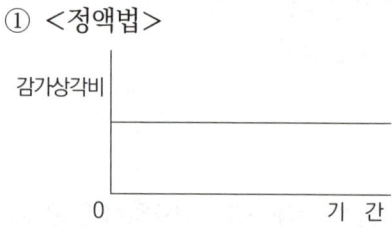

② <정액법>
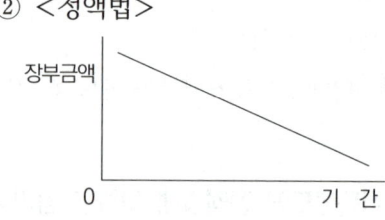

③ <정률법>
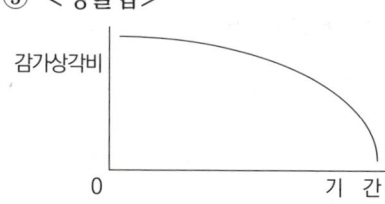

④ <정률법>
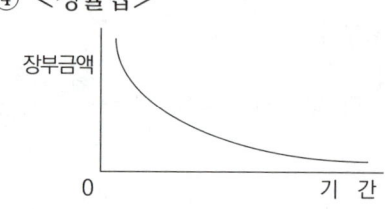

> 정액법은 균등상각법으로서 매기 균등하게 상각하는 방법이기 때문에 감가상각비는 직선으로 장부금액은 오른쪽으로 하강하는 대각선의 형태이다. 정률법은 체감상각법으로서 초기에 가장 많이 상각하는 시간이 흐를수록 감가상각비가 줄어들기 때문에 감가상각비와 장부금액 모두 반비례하는 곡선의 형태이다.

11. ㈜세무는 20X1년 7월 18일 구입하여 사용 중인 기계장치를 20X2년 6월 1일 37,000,000원에 처분하였다. 당기분에 대한 감가상각 후 처분시점의 감가상각누계액은 8,000,000원이며, 처분이익 5,000,000원이 발생하였다. 내용연수 5년, 정액법으로 월할상각하였다고 가정할 경우 기계장치의 취득원가는?

① 32,000,000원
② 40,000,000원
③ 45,000,000원
④ 50,000,000원

> 37,000,000 - 5,000,000 + 8,000,000 = 40,000,000원
> 처분이익 = 처분금액 - 장부금액
> 장부금액 = 취득원가 - 감가상각누계액

12. 다음 중 유형자산에 대한 설명으로 틀린 것은?

① 취득원가에는 자산을 사용할 수 있도록 준비하는데 직접 관련되는 지출 등을 포함한다.
② 자산의 수선·유지를 위한 지출은 감가상각을 통하여 비용처리한다.
③ 감가상각비는 제조와 관련된 경우에는 관련 자산의 제조원가로, 그 밖의 경우에는 판매비와 관리비로 처리한다.
④ 자산취득에 사용한 정부보조금은 취득원가에서 차감하는 형식으로 표시한다.

> 유형자산의 수선·유지를 위한 지출은 해당 자산으로부터 당초 예상되었던 성능 수준을 회복하거나 유지하기 위한 것이므로 일반적으로 발생한 기간의 비용으로 인식한다.

13. 사용 중인 유형자산에 대한 수익적 지출을 자본적 지출로 회계처리한 경우, 재무제표에 미치는 영향으로 올바른 것은?

① 자산의 과소계상
② 당기순이익의 과대계상
③ 부채의 과소계상
④ 비용의 과대계상

> 수익적 지출을 자본적 지출로 처리하면 비용이 과소계상되고, 자산이 과대계상되므로 당기순이익이 과대계상된다.

14. 유형자산을 취득한 후에 추가의 지출이 발생하는 경우 처리하는 성격이 다른 하나는?

① 파손된 유리 등의 교체비용
② 사용 용도를 변경하기 위한 비용
③ 엘리베이터, 냉난방 장치 설치비
④ 개량, 증설, 확장 등을 위한 비용

> ①은 수익적 지출이기 때문에 수선비로 처리하고, ②,③,④는 자본적 지출이므로 건물계정에 기입한다.

15. 다음 자료에서 유형자산처분손익은 얼마인가?

• 비품 매입대금	900,000원
• 비품 매입부대비용	100,000원
• 정액법에 의한 1년간의 비품감가상각비	50,000원
• 2년간 정액법에 의해 감가상각한 후 비품처분 금액	900,000원

① 50,000원
② 0원
③ 50,000원
④ 100,000원

> (900,000 + 100,000) − 100,000 − 900,000 = 0원

16. 무형자산을 합리적인 방법으로 상각방법을 정할 수 없는 경우에는 어떤 상각방법을 사용하는가?

① 정액법
② 체감잔액법(정률법 등)
③ 연수합계법
④ 생산량비례법

> 합리적인 상각방법을 정할 수 없는 경우에는 정액법을 사용한다.

17. 다음은 무형자산과 관련된 내용이다. 가장 올바르지 못한 것은?

① 물리적 형체가 없지만 식별할 수 있다.
② 기업이 통제하고 있어야 한다.
③ 무형자산에는 어업권, 산업재산권, 선수금, 영업권 등이 있다.
④ 미래에 경제적 효익이 있는 비화폐성 자산이다.

💬 선수금은 부채계정임.

18. 다음 중 자산에 해당하는 것은?

① 개발비   ② 연구비
③ 경상개발비   ④ 기부금

💬 연구비, 경상개발비, 기부금은 비용이며, 개발비는 무형자산이다.(일반기업회계기준 11.40)

19. 다음 설명 중 가장 올바른 회계처리방법을 설명한 것은?

① 기계장치를 구입하는 과정에서 발생된 보험료는 판매비와관리비에 포함된다.
② 연구비와 개발비는 전액 비용으로 처리한다.
③ 자가 창설(내부창설)된 영업권(goodwill)은 무형자산으로 계상할 수 없다.
④ 무형자산은 진부화 되거나 시장가치가 급격히 하락해도 손상차손을 인식할 수 없다.

💬 기계장치를 구입하는 과정에서 발생된 보험료는 취득원가에 포함하여야 하며, 사업결합으로 취득한 영업권만 인정한다.

20. 다음은 무형자산에 관한 설명이다. 잘못된 것은?

① 무형자산의 상각방법은 자산의 경제적 효익이 소비되는 행태를 반영한 합리적인 방법이어야 한다.
② 무형자산의 상각방법에는 정액법, 체감잔액법(정률법 등), 연수합계법, 생산량비례법 등이 있다.
③ 무형자산의 합리적인 상각방법을 정할 수 없는 경우에는 정률법을 사용한다.
④ 무형자산의 상각이 다른 자산의 제조와 관련된 경우에는 관련 자산의 제조원가로, 그 밖의 경우에는 판매비와 관리비로 계상한다.

💬 정액법을 사용한다.

21. 다음 계정과목 중 분류가 다른 것은?
① 임차권리금
② 개발비
③ 상표권
④ 전세권

전세권은 기타비유동자산항목에 해당되고, 나머지 항목은 모두 무형자산에 해당된다.

정답 01. ① 02. ① 03. ④ 04. ④ 05. ① 06. ④ 07. ② 08. ④ 09. ④ 10. ③
11. ② 12. ② 13. ② 14. ① 15. ② 16. ① 17. ③ 18. ① 19. ③ 20. ③
21. ④

Chapter 07 부채

01 부채의 개념

부채는 과거 사건이나 거래의 결과 현재 부담하여야 하는 경제적의무로 미래에 현금, 상품 등의 경제적효익을 희생하여야 할 것을 말한다. 부채 중에서 결산일로부터 1년 또는 정상영업주기 이내에 상환할 채무를 유동부채라 하고 만기가 결산일부터 1년 이후인 부채는 비유동부채라 한다.

구 분	내 용
유동부채	단기차입금, 매입채무, 당기법인세부채(미지급법인세), 미지급금, 미지급비용, 선수금, 선수수익, 예수금, 유동성장기부채, 이연법인세부채
비유동부채	사채, 신주인수권부사채, 전환사채, 장기차입금, 장기매입채무, 충당부채(퇴직급여충당부채, 장기제품보증충당부채 등), 이연법인세부채

02 유동부채

보고기간말일부터 만기가 1년 이내 도래하는 부채를 유동부채라 한다. 부채는 1년을 기준으로 유동부채와 비유동부채로 분류한다. 다만, 정상적인 영업주기내에 소멸할 것으로 예상되는 매입채무와 미지급비용 등은 1년 이내에 결제되지 않더라도 유동부채로 분류한다.

(1) 매입채무

① 외상매입금

상품, 재료 등을 외상으로 매입하고 발생한 채무를 외상매입금이라 한다. 외상 매입으로 채무가 발생하면 외상매입금계정 대변에 기입하고 외상매입금을 상환(지급)하면 부채의 감소로 외상매입금계정 차변에 기입한다.

② 지급어음

지급어음을 재무상태표에 표시할 때에는 외상매입금과 함께 매입채무로 표시하고 유동부채로 분류한다.

○─ **필수예제** ─○
(1) (주)서방으로부터 원재료 50,000원을 매입하고 대금은 당점발행 약속어음으로 지급하다.
(차) 원 재 료   50,000   (대) 지급어음   50,000
(2) (주)서방에 발행한 약속어음50,000원이 만기가 되어 당사 거래은행의 당좌예금계좌에서 결제되었음이 확인되었다.
(차) 지급어음   50,000   (대) 당좌예금   50,000

(2) 단기차입금

상환기일이 보고기간말부터 1년 이내인 차입금을 단기차입금이라 한다. 다만, 계약시에는 장기차입금이었으나 기간이 경과함에 따라 상환기간이 1년 이내에 도래하는 차입금은 유동성장기부채 계정으로 처리하여 단기차입금과 구분한다.

○─ **필수예제** ─○
경주은행으로부터 현금 50,000원을 단기로 차입하다.
(차) 현   금   50,000   (대) 단기차입금   50,000

(3) 미지급금

상품, 원재료 등 이외의 자산을 취득하고 대금을 외상으로 하면 미지급금계정 대변에 기입하고 그 외상대금을 지급하면 미지급금계정 차변에 기입한다.

○─ **필수예제** ─○
(1) 개미부동산으로부터 건물을 800,000원에 매입하고 대금은 다음달에 지급하기로 하다.
(차) 건   물   800,000   (대) 미지급금   800,000
(2) 남동기계로부터 기계장치를 500,000원에 매입하고, 대금 중 절반은 현금으로 지급하고 나머지는 외상으로 하다.
(차) 기계장치   500,000   (대) 현   금   250,000
                                        미지급금   250,000

* 어음을 발행하여 지급하였어도 재고자산이 아닌 기계장치 취득에 따른 것이므로 지급어음이 아닌 미지급금으로 하여야 한다.

(4) 선수금

상품, 제품 등을 주문받고 매출하기 전에 착수금이나 계약금 등을 미리 받으면 부채인 선수금계정 대변에 기입하고 상품 등을 판매(인도)하면 선수금계정 차변에 기입한다.

> **필수예제**
>
> (1) 전주상사와 제품매출을 계약하고, 계약금 500,000원을 현금으로 받다.
> (차) 현　　금　　500,000　　(대) 선 수 금　　500,000
>
> (2) 위의 전주상사에 제품을 5,000,000원에 판매하고, 계약금 500,000원을 차감한 나머지를 현금으로 받아 즉시 당사 보통예금계좌에 입금하다.
> (차) 선 수 금　　500,000　　(대) 제품매출　　5,000,000
> 　　 보통예금　　4,500,000

(5) 예수금

예수금은 제3자에게 지급할 목적으로 거래처나 종업원의 자금을 일시적으로 보관하고 있는 경우에 사용하는 부채계정이다. 종업원의 급여를 지급할 때에 공제하는 소득세, 건강보험료, 국민연금, 고용보험료 등을 예수금계정 대변에 기입하고 소득세, 건강보험료, 국민연금, 고용보험료 등을 납부하면 예수금계정 차변에 기입한다.

> **필수예제**
>
> (1) 급여 2,000,000원 지급 시 소득세 50,000원과 지방소득세 5,000원을 차감한 잔액을 현금으로 지급하였다.
> (차) 급　　여　　2,000,000　　(대) 예 수 금　　55,000
> 　　　　　　　　　　　　　　　　　　현　　금　　1,945,000
>
> (2) 위에서 차감 예수한 소득세와 지방소득세를 관할세무서 및 구청에 현금으로 납부하였다.
> (차) 예 수 금　　55,000　　(대) 현　　금　　55,000

(6) 미지급비용

미지급비용이란 일정기간 계속 발생하는 비용으로서 당기에 발생하였으나 아직 지급기일이 도래하기 않아 지급되지 않고 있는 비용이다. 따라서 지급기일이 도래하였으나 지급하지 않고 있는 미지급금과는 구분되며 결산 시에만 발생한다.

> **필수예제**
>
> 단기차입금에 대한 당기분 미지급이자 50,000원을 결산에 계상하다.
> (차) 이자비용　　50,000　　(대) 미지급비용　　50,000

(7) 미지급법인세(당기법인세부채)

미지급법인세는 법인세 등의 미지급액을 말하며, 법인세뿐만 아니라 법인지방소득세와 세액감면분에 대하여 부과하는 농어촌특별세를 포함한다.

> **필수예제**
>
> 당해 사업연도의 법인세 추산액 50,000원 전액이 결산일 현재까지 미납부했다.
> (차) 법인세등　　　　50,000　　　(대) 미지급법인세　　　50,000

(8) 유동성장기부채

유동성장기부채는 비유동부채 중 만기가 보고기간말일(결산일) 현재 1년 이내에 도래하는 부채를 말한다. 유동성장기부채는 기중에 발생하는 것이 아니며 기말결산 시에만 상환기간이 1년 이내로 도래하는 경우에 비유동부채에서 유동부채로 대체되는 것이다.

> **필수예제**
>
> 결산일 현재 3년 만기로 차입한 장기차입금 500,000원의 상환기간이 1년 이내로 도래하였다.
> (차) 장기차입금　　　500,000　　　(대) 유동성장기부채　　500,000

(9) 선수수익

선수수익이란 이미 입금된 수익 중에서 당기분이 아닌 차기분에 해당하는 수익을 말한다. 선수수익은 부채이기는 하지만 금전으로 변제하는 것이 아니라 계속적인 용역제공을 통하여 변제되는 부채로서 선급비용에 대응되는 개념이다.

> **필수예제**
>
> 7월1일 대구상사에 건물 3층을 임대하고 임대료 1,200,000원(매월 100,000원)을 현금으로 받다. 그리고 12월 31일 현재 결산일이 되다.
> - 7월 1일 분개
>   (차) 현　　　금　　1,200,000　　(대) 임 대 료　　　1,200,000
> - 결산일 분개
>   (차) 임 대 료　　　600,000　　　(대) 선수수익　　　　600,000

(10) 가수금

가수금이란 금전의 수입이 있으나 그 내용이나 금액이 확정되지 않았을 때 일시적으로 처리하는 부채계정으로 금전을 수입하면 가수금계정 대변에 기입하고 그 내용이나 금액이 확정되면 해당 계정으로 처리하면서 가수금계정 차변에 기입한다.

> **필수예제**
>
> (1) 당사 보통예금계좌에 원인을 알 수 없는 50,000원이 입금되었다.
>   (차) 보통예금   50,000   (대) 가 수 금   50,000
>
> (2) 보통예금계좌로 입금된 50,000원은 전액 매출처로부터 외상대금이 송금되어온 것임을 확인하였다.
>   (차) 가 수 금   50,000   (대) 외상매출금   50,000

03 비유동부채

(1) 사 채

사채란 주식회사가 장기자금의 조달 목적으로 일정한 이자를 지급하고 일정한 시기에 원금 상환을 약정한 채무증권을 발행하고 자금을 차입한 비유동부채를 말한다.

① 사채의 발행과 발행가격 결정

사채는 액면금액과 액면이자의 현재가치를 합계한 금액으로 발행금액을 결정한다. 결국 사채의 발행금액은 액면이자율과 시장이자율의 차이에 의하여 결정된다.

액면이자율은 사채권에 표시된 이자율로 발행회사가 이자를 지급하기 위하여 적용하는 이자율이고, 시장이자율은 자본시장의 수요 공급에 의하여 결정된 이자율을 말한다.

발행방법	발 행 조 건
액 면 발 행	액면이자율 = 시장이자율
할 인 발 행	액면이자율 < 시장이자율
할 증 발 행	액면이자율 > 시장이자율

② 사채발행의 회계처리

사채발행에 직접적으로 발생한 사채권인쇄비, 광고비, 발행수수료 등의 사채발행비는 사채할인발행차금에 가산하거나 사채할증발행차금에서 차감한다.

발행방법과 금액 (액면 10,000원)	회계처리			
	차변과목	금액	대변과목	금액
액면발행(10,000원)	당 좌 예 금	10,000	사 채	10,000
할인발행(9,000원)	당 좌 예 금 사채할인발행차금	9,000 1,000	사 채	10,000
할증발행(12,000원)	당 좌 예 금	12,000	사 채 사채할증발행차금	10,000 2,000

> **필수예제**
> 장기의 자금을 조달하기 위해 사채 100주(@1,000원)를 액면금액으로 발행하고, 대금은 현금으로 받아 전부 당좌예입하다.
> (차) 당좌예금　　　　100,000　　　　(대) 사　　　채　　　　100,000

(2) 장기차입금

은행 등으로부터 1년 이상의 기간 동안 돈을 빌린 경우 이를 장기차입금이라고 한다.

> **필수예제**
> 여주상사로부터 3년 만기의 상환조건으로 현금500,000원을 차입하다.
> (차) 현　　　금　　　　500,000　　　　(대) 장기차입금　　　　500,000

(3) 퇴직급여충당부채와 퇴직연금

① 퇴직급여충당부채

퇴직급여충당부채는 근로기준법이나 회사의 사규에 의하여 종업원의 퇴직시에 지급할 퇴직금에 충당하기 위하여 설정하는 부채이다. 결산일에 전 종업원의 퇴직을 가정하여 산출한 퇴직금 추계액에서 현재 설정되어 있는 퇴직급여충당부채를 차감한 금액을 설정한다. 그리고 실제 퇴직금을 지급하는 때에는 퇴직급여충당부채와 상계하여야 한다. 확정급여형퇴직연금에 가입하여 퇴직연금운용자산이 있는 경우에는 퇴직급여충당부채에서 퇴직연금운용자산을 차감하여 재무상태표에 표시한다.

> • 결산 기말에 퇴직급여충당부채를 설정하면(퇴직금추계액 – 퇴직급여충당부채잔액)
> 　(차) 퇴직급여　　　　×××　　　　(대) 퇴직급여충당부채　　　　×××
> • 종업원의 퇴직금을 지급하면
> 　(차) 퇴직급여충당부채　　　　×××　　　　(대) 현　　　금　　　　×××

② 퇴직연금

퇴직연금제도에는 확정급여형퇴직연금과 확정기여형퇴직연금이 있다. 확정급여형퇴직연금에 가입하고 퇴직연금을 불입하면 퇴직연금운용자산으로 처리하고, 확정기여형퇴직연금에 가입한 경우에는 퇴직급여로 처리한다.

> **필수예제**
>
> (1) 확정급여형퇴직연금에 가입하고 부담금 500,000원을 현금으로 지급하였다.
>   (차) 퇴직연금운용자산   500,000   (대) 현   금   500,000
>
> (2) 종업원의 퇴직으로 퇴직연금운용자산에서 300,000원을 수령하여 퇴직금을 지급하였다. 단 퇴직급여충당부채 잔액이 200,000원있다.
>   (차) 퇴직급여충당부채   200,000   (대) 퇴직연금운용자산   300,000
>   퇴직급여   100,000
>
> (3) 확정기여형퇴직연금에 가입하고 부담금 300,000원을 현금으로 지급하였다.
>   (차) 퇴직급여   300,000   (대) 현   금   300,000

(4) 기타 비유동부채

구 분	내 용
이연법인세부채	기업회계와 세법의 일시적 차이(유보)로 인하여 법인세비용이 법인세법에 의하여 납부할 금액을 초과하는 경우 그 초과하는 금액
장기매입채무	매입금액을 지급하기로 한 시기가 1년 이상 남은 장기의 매입채무

실전시험대비 분개연습

01. ㈜경주정유에 상품 매입대금으로 발행하여 교부한 약속어음 5,000,000원이 만기가 도래하여 당좌수표를 발행하여 지급하였다.

02. 매입처 ㈜목포전자의 외상매입금을 지급하기 위하여 보유 중인 ㈜삼미전자 발행 약속어음 2,000,000원을 배서 양도하여 상계 처리하였다.

03. 전주은행으로부터 차입한 단기차입금 5,000,000원을 상환하면서 동 차입금에 대한 이자 300,000원을 함께 보통예금에서 이체하여 지급하였다.

04. 미지급금으로 처리하였던 삼성카드(법인) 사용액 5,000,000원이 보통예금 계좌에서 자동이체 되어 결제 처리되었다.

05. 영업용 토지를 매입하고 토지 대금과 취득 부대비용 52,000,000원을 당좌수표를 발행하여 지급하였다. 단, 당좌예금 잔액은 40,000,000원이며, 당좌차월 한도는 50,000,000원이다.

06. ㈜대구전자는 제1기 부가가치세 확정신고를 하고 동 기간에 대한 부가가치세 500,000원을 현금으로 납부하였다. 동사는 과세기간 종료일인 6월 30일에 부가세대급금과 부가세예수금의 잔액을 대체 분개하면서 부가세예수금의 잔액은 미지급금 계정으로 회계처리 하였다.

07. ㈜청주전자에 제품 50,000,000원을 판매하기로 납품 계약을 맺고 계약금 2,000,000원을 현금으로 받아 보통예금 계좌에 입금하였다.

08. ㈜부산전기는 퇴사하는 영업부 사원의 퇴직금 3,000,000원을 지급하면서 소득세와 지방소득세 55,000원을 차감한 잔액을 당사 보통예금 계좌에서 퇴직사원의 계좌로 이체하여 지급하였다(설정된 퇴직급여충당부채는 충분한 것으로 가정한다).

09. ㈜제주화학은 사채 액면금액 총액 50,000,000원, 상환기한 5년, 이자율 연 6%, 발행금액은 48,000,000원으로 발행하고 납입금은 보통예금 계좌에 입금하였다.

10. ㈜서울바이오는 할인 발행된 사채의 이자를 현금으로 지급하였다. 회사가 발행한 사채의 장부금액은 1,000,000원이고 회사가 사용하는 유효이자율은 10%이다. 동사는 사채이자는 매년 말 80,000원씩 지급하며, 당기의 사채할인발행차금 상각액은 20,000원이다.

정답

01.	(차) 지급어음	5,000,000	(대) 당좌예금	5,000,000	
02.	(차) 외상매입금	2,000,000	(대) 받을어음	2,000,000	
03.	(차) 단기차입금 　　　이자비용	5,000,000 300,000	(대) 보통예금	5,300,000	
04.	(차) 미지급금	5,000,000	(대) 보통예금	5,000,000	
05.	(차) 토　지	52,000,000	(대) 당좌예금 　　　단기차입금	40,000,000 12,000,000	
06.	(차) 미지급금	500,000	(대) 현　금	500,000	
07.	(차) 현　금	2,000,000	(대) 선수금	2,000,000	
08.	(차) 퇴직급여충당부채	3,000,000	(대) 예수금 　　　보통예금	55,000 2,945,000	
09.	(차) 보통예금 　　　사채할인발행차금	48,000,000 2,000,000	(대) 사　채	50,000,000	
10.	(차) 이자비용	100,000	(대) 현　금 　　　사채할인발행차금	80,000 20,000	

연습문제

01. 다음 중 일반기업회계기준상 충당부채를 부채로 인식하기 위한 요건이다. 틀린 것은?

① 우발부채도 충당부채와 동일하게 부채로 인식하여야 한다.
② 과거사건이나 거래의 결과로 현재의무가 존재해야 한다.
③ 당해 의무를 이행하기 위하여 자원이 유출될 가능성이 매우 높아야 한다.
④ 그 의무 이행에 소요되는 금액을 신뢰성있게 추정할 수 있어야 한다.

> 우발부채는 부채로 인식하지 아니한다.

02. 다음 중 유동부채와 비유동부채의 분류가 올바르게 짝지어진 것은?

	유동부채	비유동부채
①	미지급비용	미지급법인세
②	퇴직급여충당부채	선수수익
③	선수수익	퇴직급여충당부채
④	매입채무	미지급법인세

> 미지급비용, 미지급법인세, 선수수익, 매입채무는 모두 유동부채이며, 퇴직급여충당부채는 비유동부채이다.

03. 다음 중 재무상태표상 유동부채로 분류되는 것이 아닌 것은?

① 단기차입금 ② 유동성장기부채
③ 미지급비용 ④ 장기차입금

> 장기차입금은 비유동부채이다.

04. 다음 중 비유동부채로 분류되지 않는 것은?

① 사채 ② 장기차입금
③ 퇴직급여충당부채 ④ 유동성장기부채

> 유동성장기부채는 유동부채로 분류한다.

05. 근로자퇴직급여보장법에 의한 퇴직연금에는 확정급여형과 확정기여형이 있다. 퇴직연금기여금으로 100,000원을 납부할 경우 각 제도에 따른 회계처리로 알맞은 것은?

	A : 확정급여형　　　B : 확정기여형			
① A : (차) 퇴직급여	100,000	(대) 현　금	100,000
B : (차) 퇴직급여	100,000	(대) 현　금	100,000
② A : (차) 퇴직급여	100,000	(대) 현　금	100,000
B : (차) 퇴직연금운용자산	100,000	(대) 현　금	100,000
③ A : (차) 퇴직연금운용자산	100,000	(대) 현　금	100,000
B : (차) 퇴직급여	100,000	(대) 현　금	100,000
④ A : (차) 퇴직연금운용자산	100,000	(대) 현　금	100,000
B : (차) 퇴직연금운용자산	100,000	(대) 현　금	100,000

> 퇴직연금제도 도입에 관한 회계처리에 의할 경우 확정급여형의 경우 운용되는 자산은 기업이 직접 보유하고 있는 것으로 보아 회계처리하며 퇴직연금운용자산으로 표시하고 퇴직급여충당부채에서 차감하는 형식으로 표시한다. 또한 확정기여형의 경우 회사의 납부하여야 할 부담금을 퇴직급여(비용)로 인식하고 퇴직연금운용자산, 퇴직급여충당부채 및 퇴직연금미지급금은 인식하지 아니한다.

06. 다음 중 나머지 셋과 성격이 다른 것은?

① 대손충당금　　　　　　　② 감가상각누계액
③ 퇴직급여충당부채　　　　④ 현재가치할인차금

> 퇴직급여충당부채는 부채성충당금으로 비유동부채에 해당한다.

07. 다음 중 유동부채의 계정과목별 설명으로 틀린 것은?

① 매입채무는 일반적 상거래에서 발생한 외상매입금과 지급어음으로 한다.
② 선수금은 수주공사 및 기타 일반적 상거래에서 발생한 선수액으로 한다.
③ 단기차입금은 금융기관으로부터의 당좌차월과 1년 이내에 상환될 차입금으로 한다.
④ 미지급금은 일반적 상거래에서 발생한 지급기일이 도래한 확정채무를 말한다.

> 미지급금은 일반적 상거래 이외에서 발생한 지급기일이 도래한 확정채무를 말한다.

08. 다음 중 부채에 대한 설명으로 틀린 것은?

① 미지급금 중 재무상태표일부터 만기가 1년 이내에 도래하는 것은 유동부채로 표시한다.
② 재무상태표일부터 차입기간이 1년 이상인 경우에는 장기차입금계정을 사용하여 표시한다.
③ 상품을 인도하기 전에 상품대금의 일부를 미리 받았을 때에는 선수금계정의 대변에 기입한다.
④ 가수금은 영구적으로 사용하는 부채계정으로서 결산시에도 재무제표에 표시된다.

> 가수금계정은 일시적으로 사용하는 부채계정으로 결산 시에는 그 내용을 밝혀 확정계정과목으로 재무제표에 표시한다.

09. 다음 중 비유동부채에 해당하지 않는 것은?

① 사채
② 장기차입금
③ 당좌차월
④ 퇴직급여충당부채

> 당좌차월, 단기차입금 및 유동성장기차입금 등은 보고기간종료일로부터 1년 이내에 결제되어야 하므로 영업주기와 관계없이 유동부채로 분류한다.(일반기업회계기준 2.23)

10. 다음 중 사채에 대한 설명으로 틀린 것은?

① 사채발행비용은 사채의 발행금액에서 차감한다.
② 유효이자율법 적용시 사채할증발행차금 상각액은 매년 증가한다.
③ 유효이자율법 적용시 사채할인발행차금 상각액은 매년 감소한다.
④ 사채할인발행차금은 당해 사채의 액면금액에서 차감하는 형식으로 기재한다.

> 유효이자율법 적용시 사채할증발행차금 상각액과 사채할인발행차금 상각액 모두 매년 증가한다.

정답 01. ① 02. ③ 03. ④ 04. ④ 05. ③ 06. ③ 07. ④ 08. ④ 09. ③ 10. ③

자본

01 자본의 개념

자본은 기업의 자산에서 부채를 차감한 후의 잔여지분을 말한다.

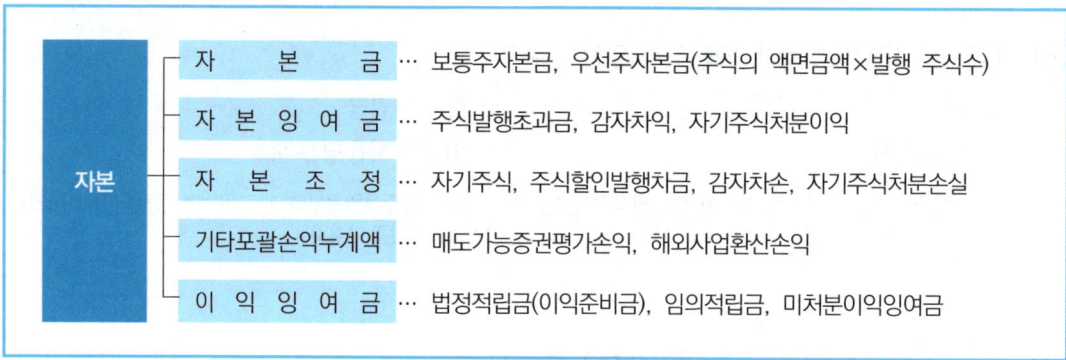

(1) 주식회사의 설립과 주식발행

주식회사를 설립할 때에 발행 주식 전부를 발기인이 인수하면 발기설립이라 하고, 일반투자자를 대상으로 모집하면 모집설립이라 한다. 주식을 발행할 때에 액면금액과 발행금액이 같은 경우는 액면발행이라고 하고, 발행금액이 큰 경우는 할증발행, 액면 이하로 발행하는 경우는 할인발행이라고 한다.

필수예제

(1) (주)나눔은 보통주식 50주(@10,000원)를 액면으로 발행하고 주식대금은 보통예금에 입금하였다.
　(차) 보통예금　　　　　500,000　　(대) 자 본 금　　　　　500,000

(2) (주)나눔은 보통주식 50주(@10,000원)를 1주당 9,000원에 할인발행하고 주식대금은 보통예금에 입금하였다.
　(차) 보통예금　　　　　450,000　　(대) 자 본 금　　　　　500,000
　　　주식할인발행차금　 50,000

(3) (주)나눔은 보통주식 50주(@10,000원)를 1주당 11,000원에 할증발행하고 주식대금은 보통예금에 입금하였다.
　(차) 보통예금　　　　　550,000　　(대) 자 본 금　　　　　500,000
　　　　　　　　　　　　　　　　　　　　　주식발행초과금　　 50,000

(2) 주식발행비용의 회계처리

주식발행비용이란 주식을 발행하는 과정에서 나타나는 등록비 및 기타 관련 수수료, 법률 및 회계자문 수수료, 주권인쇄비 및 인지세 등의 비용을 말한다. 이러한 주식발행비용은 주식발행초과금에서 차감하거나 주식할인발행차금에 가산한다.

- 액면금액 100,000원의 주식을 액면으로 발행하고, 주식발행비용 2,000원을 차감한 잔액을 당좌예입하면
    (차) 당좌예금   98,000   (대) 자본금   100,000
        주식할인발행차금   2,000
- 액면금액 100,000원의 주식을 120,000원에 발행하고, 주식발행비용 1,000원이 발생하면
    (차) 현 금   119,000   (대) 자본금   100,000
                                              주식발행초과금   19,000

02 자본잉여금

자본잉여금은 주식발행을 통한 증자 또는 감자 등 주주와의 거래(자본거래)에서 발생하여 자본을 증가시키는 잉여금을 말한다.

(1) 유상증자와 무상증자

유상증자는 신주를 발행하고 주식 대금을 주주로부터 납입 받으므로 자본금이 증가하는 만큼 순자산이 실질적으로 증가한다. 반면 무상증자는 잉여금을 자본에 전입하여 자본금이 증가하지만 주주에게 발행주식을 무상으로 교부하는 방식으로 신주발행에 대한 주식대금의 납입이 없어 형식적 증자라고도 한다.

- 우선주를 발행(액면발행)하고 주금 납입을 받는 유상증자를 하면(유상증자)
    (차) 당좌예금   ×××   (대) 우선주자본금   ×××
- 잉여금의 자본전입을 하면서 보통주 주주에게 무상주를 교부하면(무상증자)
    (차) 자본잉여금   ×××   (대) 보통주자본금   ×××
        이익잉여금   ×××

(2) 유상감자와 무상감자

유상감자는 자기주식을 매입하여 소각하는 방법으로 자본금을 감소시키는 것을 말하고, 무상감자는 발행주식의 일부를 소각하여 발행주식수를 줄이거나, 액면금액을 감액하는 방법으로 자본금을 감소시키고 그 대가를 지급하지 않는 것을 말한다.

자기주식의 액면금액과 취득금액을 비교하여 취득금액이 작으면 감자차익으로 취득금액이 크면 감자차손으로 처리한다. 감자차익은 자본잉여금으로 회계처리를 하고 감자차손이 발생한 경우 우선 상계하여야 한다.

- 액면금액 100,000원의 주식을 90,000원에 현금으로 매입소각하고 감자를 하면(유상감자)
  (차) 자본금　　　　　　　　　100,000　　　(대) 현　금　　　　　　　　90,000
  　　　　　　　　　　　　　　　　　　　　　　　　감자차익　　　　　　　10,000
- 이월결손분 70,000원을 보전하기 위하여 주식(10주, 액면 10,000원)을 무상 소각하면(무상감자)
  (차) 자본금　　　　　　　　　100,000　　　(대) 이월결손금　　　　　　70,000
  　　　　　　　　　　　　　　　　　　　　　　　　감자차익　　　　　　　30,000

(3) 주식발행초과금

주식발행초과금은 주식의 할증발행시에 주식발행금액이 액면금액을 초과하는 부분을 말한다. 증자시에 주식발행에 소요된 주식발행비용은 주식발행초과금에서 차감하여 처리한다.

(4) 자기주식처분이익

- 액면금액 100,000원의 자기주식을 70,000원에 취득하면
  (차) 자기주식　　　　　　　　70,000　　　(대) 현　금　　　　　　　　70,000
- 자기주식을 80,000원에 처분하면(액면금액 100,000원, 취득금액 70,000원)
  (차) 현　금　　　　　　　　　80,000　　　(대) 자기주식　　　　　　　70,000
  　　자기주식처분이익　　　　10,000
- 자기주식을 매입소각하면(액면금액 100,000원, 취득금액 70,000원)
  (차) 자 본 금　　　　　　　100,000　　　(대) 자기주식　　　　　　　70,000
  　　감자차익　　　　　　　　30,000

* 자기주식처분이익은 자본잉여금이지만 자기주식처분손실은 자본조정의 차감항목에 해당한다.

03 자본조정

자본조정은 당해 항목의 성격으로 보아 자본거래에 해당하나 최종 납입된 자본으로 볼 수 없거나 자본의 가감성격으로 자본금이나 자본잉여금으로 분류할 수 없는 항목이다.

자본에서 차감할 항목	자기주식, 주식할인발행차금, 감자차손, 자기주식처분손실
자본에 가산할 항목	미교부주식배당금, 신주청약증거금, 출자전환채무, 주식매수청구권

(1) 자기주식

회사가 이미 발행한 자기회사의 주식을 매입 소각할 목적이나 재발행할 목적으로 취득한 경우에 자기주식으로 처리하고, 자본조정으로 분류한다.

(2) 주식할인발행차금

주식을 액면금액 이하로 발행한 경우에 액면금액에 미달하는 금액을 주식할인발행차금이라 한다. 주식발행초과금과 우선 상계하고 잔액은 이익잉여금의 처분으로 상각한다. 주식할인발행차금의 상각은 이익잉여금의 처분항목이므로 손익계산서에 표시하는 것이 아니라 이익잉여금처분계산서에 표시한다.

- 액면금액 200,000원의 주식을 140,000원에 할인발행하면
  (차) 당좌예금   140,000   (대) 자본금   200,000
       주식할인발행차금   60,000
- 주식할인발행차금 60,000원을 상각하면
  (차) 미처분이익잉여금   60,000   (대) 주식할인발행차금   60,000

(3) 감자차손

자본금을 감자하는 경우에 매입 소각하는 주식의 취득금액이 액면금액보다 큰 경우에 그 차액이 감자차손이다. 감자차손은 감자차익이 발생한 경우 우선 상계한다.

(4) 자기주식처분손실

일시적으로 취득한 자기주식을 처분하는 경우에 나타나는 매각손실을 자기주식처분손실이라 한다. 자기주식처분손실은 자기주식처분이익의 범위 내에서 상계처리하고 잔액은 자본조정으로 구분한다.

(5) 미교부주식배당금

배당을 주식으로 하는 경우 배당지급일까지 임시로 처리하는 계정이다. 미교부주식배당금은 자본에 가산하는 항목으로 배당하는 주식의 액면금액으로 계상하고, 배당지급일이 되어 주식을 교부하면 자본금계정에 대체한다.

04 기타포괄손익누계액

일정기간동안 주주와의 자본거래를 제외한 모든 거래와 사건으로 발생한 모든 순자산(자본)의 변동인 포괄손익에서 당기손익항목을 제외한 항목으로 보고기간 종료일 현재의 잔액을 재무상태표의 기타포괄손익누계액으로 구분한다.

(1) 매도가능증권평가손익

매도가능증권을 공정가치로 평가할 때에 나타나는 평가손익으로 기타포괄손익누계액으로 처리한 금액은 매도가능증권이 처분되는 시점에 매도가능증권처분손익에 가감하여야 한다.

(2) 재평가잉여금(재평가차익)

재평가잉여금은 유형자산을 유형별로 보고기간 종료일 현재 공정가치로 재평가를 하는 경우 장부금액을 초과하는 부분을 처리하는 계정이다. 기타포괄손익누계액으로 처리한 재평가잉여금은 재평가잉여금이 있는 유형자산을 처분할 때에 당기손익인 재평가잉여금 환입액으로 대체한다.

```
• 장부금액 100,000,000원의 토지를 400,000,000원으로 재평가하면
  (차) 토    지          300,000,000     (대) 재평가잉여금        300,000,000
• 위 토지를 500,000,000원에 처분하고 현금을 받으면
  (차) 현    금          500,000,000     (대) 토    지           400,000,000
       재평가잉여금      300,000,000          유형자산처분이익    100,000,000
                                              재평가잉여금환입액  300,000,000
```

05 이익잉여금

(1) 이익준비금

상법 제458조에 의하여 회사는 매 결산기마다 금전에 의한 배당금의 10% 이상을 자본금의 $\frac{1}{2}$에 달할 때까지 이익준비금으로 강제적으로 적립하여야 한다.

(2) 임의적립금

임의적립금은 회사의 정관 또는 주주총회의 결의에 의하여 회사가 임의로 이익을 내부에 유보하여 적립하는 것을 말한다. 임의적립금은 장래에 투자재원이나 손실을 대비하여 적립하는 것으로 적립의 목적에 따라 적극적 적립금과 소극적 적립금으로 구분한다.

(3) 미처분이익잉여금

미처분이익잉여금은 전기이월미처분이익잉여금과 당기순이익을 합한 것으로 배당이나 다른 잉여금으로 처분되지 않고 있는 잉여금이다. 당기순이익이 발생하면 손익계정에서 미처분이익잉여금으로 대체되고, 당기순손실이 발생하면 손익계정에서 미처리결손금계정으로 대체한다.

- 당기순이익이 발생하면
  (차) 손 익   ×××   (대) 미처분이익잉여금   ×××
- 당기순손실이 발생하면
  (차) 미처리결손금   ×××   (대) 손 익   ×××

(4) 배 당

- 현금배당을 결의하면(주주총회일)
  (차) 미처분이익잉여금 ×××   (대) 미지급배당금   ×××
- 배당금을 지급하면(배당금지급일)
  (차) 미지급배당금   ×××   (대) 현   금   ×××

(5) 이익잉여금 처분과 결손금 처리

① 이익잉여금처분계산서

미처분이익잉여금의 처분 및 변동 내역을 요약하여 재무제표의 주석으로 보고하는 것이 이익잉여금처분계산서이다. 미처분이익잉여금의 처분은 결산일이 아니라 다음 회계연도 초에 열리는 주주총회 결의일에 확정되므로 이익잉여금의 처분 내역은 재무상태표에 반영되지 않는다.

② 결손금처리계산서

결손금처리계산서는 미처리결손금을 처리한 사항을 명확히 보고하기 위한 재무제표 주석사항의 하나로 결손금의 처리내용을 표시한다. 결손금처리의 순서는 임의적립금이입액, 기타법정적립금이입액, 이익준비금이입액, 자본잉여금이입액의 순으로 이루어진다.

실전시험대비 분개연습

01. ㈜대전전기는 주주총회 결의로 신주 10,000주(액면금액 1주당 @5,000원)를 주당 6,000원에 발행하였다. 주식발행에 따른 비용 2,000,000원을 제외한 잔액은 전액 당사의 보통예금 계좌에 입금되었다.

02. 당사는 주총 결의로 신주 10,000주(액면금액 1주당 500원)을 1주당 400원에 발행하고 주금은 전액 현금으로 납입 받아 즉시 거래은행 당좌예금 계좌에 입금하였다(주식발행초과금 잔액은 없음).

03. ㈜대구청과는 주식 2,000주(액면금액 @5,000원)을 주당 4,500원에 발행하고 주식발행 관련비용 500,000원을 차감한 잔액은 당좌예금계좌로 입금하였다. 주식발행초과금 잔액 500,000원이 있다고 가정한다.

04. 당사는 신주 5,000주를 발행하여 토지를 구입하였다. 주당 액면금액은 @1,000원이며, 토지의 공정가치는 4,000,000원이다. 토지 취득 시 발생한 취득세 등 1,000,000원은 현금으로 납부하였다(주식발행초과금 잔액은 없음).

05. ㈜광주자동차는 신주 1,000주(액면금액 @5,000원)를 발행하여 공정가치 6,000,000원의 기계장치를 구입하였다.

06. 당사는 자기주식 5,000주(액면금액 1주당 @500원)을 1주당 @1,000원에 취득하고 대금은 보통예금 계좌에서 이체하였다.

07. 보유 중인 자기주식을 처분하였다. 장부금액은 10,000,000원으로 처분금액은 11,000,000원이었다. 처분대금은 보통예금 계좌에 입금되었다. 단, 자기주식처분이익 계정의 잔액은 없는 것으로 가정한다.

08. ㈜인천공항은 사업을 축소하기 위하여 감자를 결의하고 발행 주식 중 1,000주(액면금액 @5,000원)을 1주당 3,000원에 매입 소각하고 대금은 현금으로 지급하였다.

09. ㈜창원제지는 주주총회에서 미처분잉여금의 처분을 다음과 같이 의결하였다.

| 현금배당 1,000,000원 | 주식배당 2,000,000원 | 이익준비금 금전배당액의 10% |

10. ㈜춘천제지는 지난해 결산 승인에 대한 주주총회에서 결의한 잉여금처분 내용 중 금전배당 5,000,000원은 현금으로 지급하고, 주식배당은 주식(1,000주 액면금액 @5,000원)을 발행하여 주주에게 교부하였다.

정답

01.	(차) 보통예금	58,000,000	(대) 자본금		50,000,000
			주식발행초과금		8,000,000
02.	(차) 당좌예금	4,000,000	(대) 자본금		5,000,000
	주식할인발행차금	1,000,000			
03.	(차) 당좌예금	8,500,000	(대) 자본금		10,000,000
	주식발행초과금	500,000			
	주식할인발행차금	1,000,000			
04.	(차) 토 지	5,000,000	(대) 자본금		5,000,000
	주식할인발행차금	1,000,000	현 금		1,000,000
05.	(차) 기계장치	6,000,000	(대) 자본금		5,000,000
			주식발행초과금		1,000,000
06.	(차) 자기주식	5,000,000	(대) 보통예금		5,000,000
07.	(차) 보통예금	11,000,000	(대) 자기주식		10,000,000
			자기주식처분이익		1,000,000
08.	(차) 자본금	5,000,000	(대) 현 금		3,000,000
			감자차익		2,000,000
09.	(차) 미처분이익잉여금	3,100,000	(대) 이익준비금		100,000
			미지급배당금		1,000,000
			미교부주식배당금		2,000,000
10.	(차) 미지급배당금	5,000,000	(대) 현 금		5,000,000
	미교부주식배당금	5,000,000	자본금		5,000,000

연습문제

01. 재무상태표상의 자본금에 대한 설명 중 가장 올바른 것은?
① 자본금은 할인발행 혹은 할증발행에 따라 표시되는 금액이 다르다.
② 자본금은 보통주자본금, 우선주자본금 그리고 기타자본금으로 구분된다.
③ 자본금은 총납입금액에서 주식발행에 따른 제비용을 차감하여 표시된다.
④ 자본금은 반드시 발행주식수×1주당 액면금액으로 표시된다.

> 자본금은 반드시 발행주식수에 1주당 액면금액을 곱한 금액으로 기록된다.

02. (주)테슬라전자는 주식 1,000주(1주당 액면금액 1,000원)를 1주당 1,500원에 증자하면서 주식발행관련 제비용으로 100,000원을 지출하였다. 이에 대한 결과로 올바른 것은?
① 주식발행초과금 400,000원 증가
② 자본금 1,400,000원 증가
③ 주식발행초과금 500,000원 증가
④ 자본금 1,500,000원 증가

> 일반기업회계기준
> 주식발행금액이 액면금액보다 크다면 그 차액을 주식발행초과금으로 한다. 자본거래와 직접 관련되어 발생한 비용은 주식발행초과금에서 차감한다.
> 1,000주×(1,500−1,000)−100,000=400,000원

03. 재무상태표에서 자본금을 표시하는 방법으로 맞는 것은?
① 납입금액을 표시한다.
② 주식할인발행차금을 차감하여 기재한다.
③ 주식발행초과금을 가산하여 기재한다.
④ 액면금액을 표시한다.

> 자본금은 액면금액을 표시한다.

04. 다음 중 자본항목의 분류로 틀린 것은?
① 매도가능증권평가이익 − 이익잉여금
② 감자차익 − 자본잉여금
③ 결손보전적립금 − 이익잉여금
④ 감자차손 − 자본조정

> 매도가능증권평가이익은 기타 포괄손익누계액이다.

05.
(주)서울의 전기말 자본금은 60,000,000원(주식수 12,000주, 액면금액 5,000원)이다. 기중에 주당 4,000원에 2,000주를 유상증자 하였으며, 그 외의 자본거래는 없었다. (주)서울의 기말 자본금은 얼마인가?

① 60,000,000원
② 70,000,000원
③ 68,000,000원
④ 48,000,000원

💬 기말 자본금 : (12,000주＋2,000주) × 5,000 = 70,000,000원

06.
이익잉여금을 자본금에 전입하였을 경우 다음 설명 중 올바른 것은?

① 자본총액이 증가한다.
② 자본총액이 감소한다.
③ 자본금이 증가한다.
④ 자본금이 감소한다.

💬 이익잉여금을 자본금에 전입하는 경우 자본총액에는 변화가 없으며 단지 자본금만 증가한다.

07.
다음 중 이익잉여금이 아닌 것은?

① 기타 법정적립금
② 이익준비금
③ 임의적립금
④ 감자차익

💬 감자차익은 자본잉여금에 해당한다.

08.
(주)원주기업은 결산시 회사자본의 구성내용이 자본금 50,000,000원, 자본잉여금 3,000,000원, 이익준비금 700,000원이었고, 당해 연도의 당기순이익은 500,000원이었다. 현금배당을 300,000원을 할 경우 이익준비금으로 적립해야 할 최소금액은 얼마인가?

① 30,000원
② 50,000원
③ 70,000원
④ 100,000원

💬 회사는 그 자본의 2분의 1에 달할 때까지 매결산기의 금전에 의한 이익배당액의 10분의 1 이상의 금액을 이익준비금으로 적립하여야 한다.

09.
다음 자료를 바탕으로 자본잉여금의 금액을 계산한 것으로 옳은 것은? (단, 계정과목별 연관성은 전혀 없다.)

• 감 자 차 익	500,000원	• 사업확장적립금	300,000원
• 자기주식처분이익	300,000원	• 감 자 차 손	250,000원
• 이 익 준 비 금	100,000원	• 주식발행초과금	700,000원
• 자기주식처분손실	100,000원	• 주식할인발행차금	150,000원

① 600,000원
② 900,000원
③ 1,200,000원
④ 1,500,000원

💬 자본잉여금은 감자차익과 주식발행초과금, 자기주식처분이익이 속한다.

10. 이익잉여금처분계산서에서 확인할 수 없는 항목은 무엇인가?

① 기타법정적립금 ② 배당금
③ 주식할인발행차금 ④ 당기순이익

> 주식할인발행차금은 자본조정항목으로 재무상태표에서 확인할 수 있다. 이익잉여금처분계산서에서 확인할 수 있는 항목은 주식할인발행차금 상각액이다.

11. 다음의 자본항목 중 자본조정항목은 몇 개인가?

| ㉠ 매도가능증권평가손익 | ㉡ 자기주식처분손실 | ㉢ 감자차손 |
| ㉣ 해외사업환산손익 | ㉤ 주식할인발행차금 | ㉥ 주식발행초과금 |

① 1개 ② 2개
③ 3개 ④ 4개

> 자본잉여금 : ㉥ 자본조정 : ㉡, ㉢, ㉤ 기타포괄손익누계액 : ㉠, ㉣

12. (주)세무는 보통주 10,000주(1주당 액면가액 1,000원)를 1주당 500원에 발행하였다. 직전기 기말 재무상태표상 자본상황이 다음과 같을 경우, 당기 기말 재무상태표에 표시되는 자본상황으로 올바른 것은?

| • 자본금 90,000,000원 | • 주식발행초과금 10,000,000원 |

① 자본금 95,000,000원 ② 주식발행초과금 5,000,000원
③ 주식할인발행차금 5,000,000원 ④ 총자본 100,000,000원

> 신주발행시 회계처리
> (차) 보통예금   5,000,000   (대) 자본금   10,000,000
>   주식발행초과금 5,000,000
> 주식발행초과금이 있는 때에 할인발행을 하면 주식발행초과금과 먼저 상계하여야 한다. 따라서, 당기 기말 재무상태표상 자본금 100,000,000원, 주식발행초과금 5,000,000원, 총 자본은 105,000,000원으로 표시된다.

13. 다음 재무상태표상의 자본항목 중 그 성질이 다른 것은 어느 것인가?

① 주식할인발행차금 ② 자기주식처분손실
③ 자기주식 ④ 매도가능증권평가손실

> 모두 자본조정 항목이나, ④는 기타포괄손익누계액 항목이다.

14. 자기주식을 구입금액보다 낮게 처분하여 발생하는 부분은 재무상태표상 자본항목 중 어디에 표시되는가?
① 자본금 ② 자본잉여금
③ 자본조정 ④ 기타포괄손익누계액

💬 자기주식처분손실은 자본조정에 속하는 항목이다.

15. 다음 중 일반기업회계기준상 기타 포괄손익누계액 항목이 아닌 것은?
① 매도가능증권평가손익
② 해외사업환산손익
③ 현금흐름위험회피 파생상품평가손익
④ 자기주식처분손실

💬 자본조정항목이다.

정답 01. ④ 02. ① 03. ④ 04. ① 05. ② 06. ③ 07. ④ 08. ① 09. ④ 10. ③
11. ③ 12. ② 13. ④ 14. ③ 15. ④

Chapter 09 수익과 비용

01 수익

(1) 수익의 개념

수익은 자산의 유입이나 증가 또는 부채의 감소에 따라 자본의 증가를 초래하는 특정 회계기간 동안에 발생한 경제적효익의 증가로서, 지분참여자에 의한 출연과 관련된 것은 제외한다. 기업의 경영활동과 관련하여 재화를 판매하거나 용역을 제공하는 대가로 인하여 자산의 증가 또는 부채의 감소로 인하여 자본이 증가하는 것을 수익이라 한다.

(2) 수익의 구분

① 매출액

매출액은 기업의 주된 영업활동에서 발생한 제품, 상품, 용역의 순매출액이다. 매출액은 업종별 또는 부문별로 구분하여 표시할 수 있으며, 중요한 경우 반제품매출, 수출액, 장기할부매출 등으로 구분하여 표시하거나 주석으로 기재한다.

순매출액 = 총매출액 − 매출에누리와 환입 − 매출할인

* 실무에서는 "상품매출", "제품매출" 등 구체적인 매출항목으로 계정과목을 설정한다.

> **필수예제**
>
> (1) 세종상사에 제품 50,000원을 매출하고, 대금은 전액 외상으로 하다.
>   (차) 외상매출금   50,000   (대) 제품매출   50,000
> (2) 세종상사에 판매한 제품 중에서 불량품이 발생하여 10개 반품을 받다. 매출단가는 @500원이었으며, 외상대금에서 차감한다.
>   (차) 제품매출(매출환입)   5,000   (대) 외상매출금   5,000
> (3) 매출처 세종상사에 대한 외상매출금 1,000,000원이 10일 이내에 회수되어 2%의 할인을 해주고 잔액은 현금으로 받다.
>   (차) 현   금   980,000   (대) 외상매출금   1,000,000
>   제품매출(매출할인) 20,000

② 영업외 수익

영업외수익은 기업의 주된 영업활동이 아닌 재무활동이나 투자활동에서 발생한 수익과 차익으로서 이자수익, 배당금수익, 임대료, 단기투자자산처분이익, 단기투자자산평가이익, 대손충당금환입, 투자자산처분이익, 법인세환수액, 외환차익, 외화환산이익, 지분법이익, 장기투자증권손상차손환입, 유형자산처분이익, 사채상환이익, 전기오류수정이익, 자산수증이익, 채무면제이익, 보험금수익, 잡이익 등이 있다.

(3) 수익의 인식

수익은 자산의 증가나 부채의 감소와 관련하여 미래경제적효익이 증가하고 이를 신뢰성 있게 측정할 수 있을 때 손익계산서에 인식한다. 이는 실제로 수익의 인식이 자산의 증가나 부채의 감소에 대한 인식과 동시에 이루어짐을 의미한다. 예를 들면, 재화나 용역의 매출에 따라 자산의 순증가가 인식되며 미지급채무의 면제에 따라 부채의 감소가 인식된다.

수익인식의 구체적 기준에는 진행기준, 완성기준, 인도기준, 회수기준 등이 있다. 진행기준과 완성기준은 주로 용역제공에 대한 수익인식기준이고, 인도기준과 회수기준은 상품판매 등과 관련한 수익인식기준이다.

구 분	인 식 기 준
일 반 매 출	인도기준
공 사 수 익	수입금액을 신뢰성있게 측정할 수 있는 경우에는 진행기준 적용
용 역 매 출	* 진행기준을 적용할 수 없는 경우에는 회수가능성이 매우 높은 발생원가의 범위 내에서만 인식. 이때 원가는 발생한 회계기간의 비용으로 인식
위 탁 판 매	수탁자가 판매한 날
시 용 판 매	매입의사를 표시한 날
장 기 할 부 판 매	인도기준. 다만, 이자상당액은 기간경과에 따라 수익으로 인식
부 동 산 의 처 분	잔금청산일·소유권이전등기일·매입자의 사용가능일 중 가장 빠른 날에 인식

(4) 현금주의와 발생주의

현금주의는 현금의 수입과 지출이 일어나는 시점에 수익과 비용을 인식하는 것이고, 발생주의는 현금의 수입 지출에 관계없이 수입과 지출을 하여야 할 사실이 발생하는 시점을 기준으로 인식하는 것이다. 기업회계기준은 발생주의를 원칙으로 하고 있으며, 발생주의를 보완하기 위하여 현금주의 손익계산서라 할 수 있는 현금흐름표를 재무제표의 하나로 포함시키고 있다.

02 비용

비용은 자산의 유출이나 소멸 또는 부채의 증가에 따라 자본의 감소를 초래하는 특정 회계기간 동안에 발생한 경제적효익의 감소로서, 기업의 전반적인 수익창출 활동을 위한 지출이나 손실을 의미한다. 지분참여자에 대한 분배와 관련된 것은 제외한다.

(1) 비용의 구분

구분	비용항목
매 출 원 가	판매된 제품·상품 등의 제조원가 또는 매입원가로 매출액에 대응한다.
판매비와관리비	급여, 퇴직급여, 복리후생비, 임차료, 접대비, 감가상각비, 무형자산상각비, 세금과공과, 광고선전비, 연구비, 경상개발비, 대손상각비 등
영 업 외 비 용	이자비용, 기타의대손상각비, 단기투자자산처분손실, 단기투자자산평가손실, 재고자산감모손실, 외환차손, 외화환산손실, 기부금, 지분법손실, 법인세추납액, 장기투자증권손상차손, 유형자산처분손실, 재해손실, 잡손실 등

* 매출채권의 대손상각비는 판매비와 관리비에 해당하고, 기타채권의 대손상각비는 영업외비용에 해당한다.
* 대손충당금환입은 판매비와 관리비 항목에 부(−)의 금액으로 표시한다.

(2) 비용의 인식기준

비용은 자산의 감소나 부채의 증가와 관련하여 미래경제적효익이 감소하고 이를 신뢰성 있게 측정할 수 있을 때 손익계산서에 인식한다.

수익비용의 대응	내 용
㉠ 직접적인 관련성	비용은 발생된 원가와 특정 수익항목의 가득 간에 존재하는 직접적인 관련성을 기준으로 손익계산서에 인식한다.
㉡ 포괄적·간접적인 관련성	경제적효익이 여러 회계기간에 걸쳐 발생할 것으로 기대되고 수익과의 관련성이 단지 포괄적으로 또는 간접적으로만 결정할 수 있는 경우 비용은 체계적이고 합리적인 배분절차를 기준으로 손익계산서에 인식된다.
㉢ 즉시 비용 인식	미래경제적효익이 기대되지 않은 지출이거나, 미래경제적효익이 기대되더라도 재무상태표에 자산으로 인식되기 위한 조건을 원래 충족하지 못하거나 더 이상 충족하지 못하는 부분은 즉시 손익계산서에 비용으로 인식되어야 한다.

03 매출원가

상품, 제품 등의 매출액에 대응되는 원가로서 일정기간 중에 판매된 상품이나 제품 등에 대하여 배분된 매입원가 또는 제조원가를 매출원가라 한다.

재료비 이외의 제품제조원가를 구성하는 계정과목(500번대계정)을 살펴보면 다음과 같다.

제조비용	내용
임　　　금	공장 등 제조부문에 종사하는 종업원에 대한 정기적인 급료와 임금, 상여금 및 제수당을 말한다.
잡　　　급	공장 등 제조부문에 종사하는 종업원 중 일용직사원에 대한 일용급을 말한다.
퇴 직 급 여	공장 등 제조 업무에 종사하는 종업원이 퇴직하는 경우 지급하는 퇴직금을 처리하는 계정이다. 퇴직금 지급시에 우선적으로 퇴직급여충당부채와 상계하고, 동 충당부채의 잔액 이상으로 퇴직금을 지급하는 경우 초과부분은 퇴직급여계정으로 회계처리한다. 그리고 결산시에 퇴직급여충당부채 추가설정액을 퇴직급여로 처리한다.
복리후생비	공장 등 제조업무에 종사하는 종업원들에 대한 복리비와 후생비로서 법정복리비, 복리시설부담금, 후생비, 현물급여, 산재보험료, 건강보험료(사용자부담분), 고용보험료(사용자부담분), 기타 사회통념상 타당하다고 인정되는 경조비, 위로금 등을 말한다.
가스수도료	공장 및 제조업무와 관련한 수도료, 유류비, 가스 및 연탄 구입비용 등을 말한다.
전 력 비	공장용 전기의 사용 및 전기요금 등을 말한다.
세금과공과	공장 및 제조업무와 관련한 국세, 지방세 등의 세금과 공공단체, 조합 등의 공과금(예를 들면, 상공회의소회비, 연합회부과금, 조합각출금, 조합회비 등)과 국민연금부담금 및 벌금, 과료, 과태료 등을 말한다.
외주가공비	임가공용역 제공의 계약에 따라 원재료 등을 제공하고 부분품이나 반제품 등을 제작 가공하여 납품받는 경우 그 가공비를 말한다.
수 선 비	공장 및 제조업무용 건물, 비품, 기계장치 등의 수리를 위한 비용을 말한다.
감가상각비	공장 및 제조업무용 건물, 기계장치, 차량운반구 등에 대한 감가상각비를 말한다.
잡　　　비	이상 열거한 비용 이외에 발생빈도나 금액의 중요성이 없는 비용들을 말한다. 소모품비, 회의비, 교육훈련비, 연수비, 자료수집비, 신용조사비 등이 소액인 경우에는 잡비로 처리하고 발생빈도나 금액이 클 경우에는 별도의 독립과목으로 구분표시 한다.

04 판매비와 관리비(800번대계정)

판매비와관리비는 매출원가에 속하지 않으면서 제품, 상품 등의 판매활동과 관리활동에서 발생하는 비용이다. 항상 빈번하게 발생하는 것은 아니지만 영업활동과 관련하여 비용이 감소함에 따라 발생하는 퇴직급여충당부채환입, 판매보증충당부채환입 및 대손충당금환입 등은 판매비와관리비에 부(-)의 금액으로 표시한다.

판매관리비	내용
급여	판매관리 부문의 종업원에 대한 급여와 임금, 상여금 및 제수당
퇴직급여	판매관리업무에 종사하는 종업원이 퇴직하는 경우 지급하는 퇴직금을 처리한다. 퇴직금 지급 시 퇴직급여충당부채와 상계하고, 초과 부분을 회계처리 한다. 그리고 결산시 퇴직급여충당부채를 설정할 때 추가 설정액을 퇴직급여로 처리한다.
복리후생비	판매와 일반관리업무에 종사하는 종업원들에 대한 복리비와 후생비로서 법정복리비, 복리시설부담금, 후생비, 현물급여, 산재보험료, 건강보험료(사용자 부담분), 고용보험료(사용자부담분), 기타 사회통념상 타당하다고 인정되는 경조비, 위로금 등
여비교통비	판매업무와 관련하여 발생한 여비와 교통비
통신비	판매부서, 관리업무와 관련하여 발생한 전신, 전화료, 우편, 팩스사용 등에 따르는 비용과 그 유지비로서 통신을 위해 직접 소요된 비용
수도광열비	판매관리업무에서 발생한 수도료, 전기료, 유류비, 가스비 및 연탄비 등
세금과공과	국세, 지방세 등의 세금과 공공단체, 조합 등의 공과금(예를 들면, 상공회의소회비, 연합회부과금, 조합각출금, 조합회비 등)과 국민연금부담금(회사부담분) 및 벌금, 과료, 과태료 등을 말한다. 그러나 취득세는 해당 자산의 취득원가에 포함시킨다.
임차료	판매 및 관리업무용의 토지, 건물 등의 임차료와 특허권사용료, 기술도입사용료(Royalty) 및 동산의 사용료 등
차량유지비	판매와 일반관리업무에 사용하는 차량운반구 유지비용으로 차량유류대, 통행료, 주차비, 차량수리비 등
소모품비	판매관리 업무에서 소모성 비품 구입에 관한 비용으로, 사무용 용지, 소모공구 구입비, 주방용품 구입비, 문구 구입비, 기타 소모자재 등의 구입비 등
도서인쇄비	판매관리 업무에 사용된 도서구입비와 인쇄 등에 관련된 비용
수수료비용	판매 및 관리업무에서 제공받은 용역의 대가를 지불할 때 사용되는 비용
접대비	영업활동과 관련하여 거래처에 접대한 비용으로서 경조금, 선물대, 기밀비(판공비, 사례금) 등을 포함한다. 접대비는 업무와 관련하여 지출한 비용이어야 하며, 업무와 무관하게 지출한 비용인 기부금과 비교된다. ※ 세법과 프로그램에서는 접대비를 기업업무추진비라고 한다.
보험료	판매 및 일반관리 업무에 사용하는 건물, 비품, 차량, 재고자산의 화재 및 손해 등에 대비한 보험에 가입하고 납부하는 보험료
운반비	상품, 제품의 판매 시 발송 및 운송과정에서 발생한 운임 등
수선비	판매 및 일반관리 업무용 건물, 비품 등의 수선비
광고선전비	제품의 판매촉진활동과 관련된 비용으로서 불특정다수에 대한 광고선전을 목적으로 지출하는 비용
보관료	상품, 제품 및 반제품 등 재고자산을 외부 창고 등에 보관하는데 소요되는 비용
감가상각비	판매관리 업무용 건물, 비품, 차량운반구 등 고정자산에 대한 감가상각비
대손상각비	일반적 상거래에서 발생한 매출채권이 회수불능인 경우와 결산시에 회수가 불확실한 채권에 대하여 합리적이고 객관적인 기준에 따라 산출한 대손예상액은 대손상각비로 처리한다. 일반적 상거래 이외의 기타채권에서 발생한 대손상각비는 영업외비용으로 한다.
잡비	판매관리비로 발생빈도나 금액의 중요성이 없는 비용들을 말한다. 소모품비, 회의비, 교육훈련비, 연수비, 자료수집비, 신용조사비 등이 소액인 경우에는 잡비로 처리하고 발생빈도나 금액이 클 경우에는 별도의 독립과목으로 구분표시 한다.

05 손익의 구분 계산

- 매출총이익 = 매출액 – 매출원가
- 영업이익 = 매출총이익 – 판매비와 관리비
- 법인세비용차감전순이익 = 영업이익 + 영업외수익 – 영업외비용
- 당기순이익 = 법인세비용차감전순이익 – 법인세비용

필수예제

(1) 본사 직원 유상무의 2월분 급여 1,000,000원을 현금으로 지급하다.
  (차) 급　　여　　　　1,000,000　　　(대) 현　　금　　　　1,000,000

(2) 본사 직원 유상무의 퇴직금 1,000,000원을 현금으로 지급하다.
- 퇴직급여충당부채 잔액이 0원인 경우
  (차) 퇴직급여　　　　1,000,000　　　(대) 현　　금　　　　1,000,000
- 퇴직급여충당부채 잔액이 1,500,000원인 경우
  (차) 퇴직급여충당부채　1,000,000　　　(대) 현　　금　　　　1,000,000
- 퇴직급여충당부채 잔액이 700,000원인 경우
  (차) 퇴직급여충당부채　　700,000　　　(대) 현　　금　　　　1,000,000
  　　 퇴직급여　　　　　300,000

(3) 결산일 현재 본사 직원 전원의 퇴직급여추계액은 3,000,000원이다.
- 퇴직급여충당부채 잔액이 0원인 경우
  (차) 퇴직급여　　　　3,000,000　　　(대) 퇴직급여충당부채　3,000,000
- 퇴직급여충당부채 잔액이 1,000,000원인 경우
  (차) 퇴직급여　　　　2,000,000　　　(대) 퇴직급여충당부채　2,000,000

(4) 사원 유상무의 결혼축하금 100,000원을 현금으로 지급하다.
  (차) 복리후생비　　　　100,000　　　(대) 현　　금　　　　100,000

(5) 전직원의 회식비용 300,000원을 마포갈비에서 법인카드로 결제하다.
  (차) 복리후생비　　　　300,000　　　(대) 미지급금　　　　300,000

(6) 급여 지급시 예수해 둔 건강보험료 50,000원을 한국은행에 현금 납부하다. 총 건강보험료는 100,000원이며, 1/2는 회사부담분, 1/2는 사원부담분이다.
  (차) 복리후생비　　　　 50,000　　　(대) 현　　금　　　　100,000
  　　 예　수　금　　　　 50,000

(7) 관리부 사원 유상무의 시내출장비 50,000원을 현금으로 지급하다.
  (차) 여비교통비　　　　 50,000　　　(대) 현　　금　　　　 50,000

(8) 우체국에서 서류를 등기우편으로 발송하고 등기우편요금 100,000원을 현금으로 지급하다.
  (차) 통 신 비 100,000 (대) 현 금 100,000

(9) 본사에서 사용한 전화요금 150,000원이 보통예금계좌에서 인출되다.
  (차) 통 신 비 150,000 (대) 보통예금 150,000

(10) 판매사무실의 인터넷 사용료 50,000원을 KT에 현금으로 납부하다.
  (차) 통 신 비 50,000 (대) 현 금 50,000

(11) 본사의 전기요금 100,000원을 유리은행에 현금으로 납부하다.
  (차) 수도광열비 100,000 (대) 현 금 100,000

(12) 본사 사무실에서 사용할 겨울난방용 석유 100,000원을 현금으로 구입하다.
  (차) 수도광열비 100,000 (대) 현 금 100,000

(13) 영업부에서 사용하는 승용차의 자동차세 50,000원을 관할구청에 현금으로 납부하다.
  (차) 세금과공과 50,000 (대) 현 금 50,000

(14) 상공회의소회비 100,000원을 현금으로 납부하다.
  (차) 세금과공과 100,000 (대) 현 금 100,000

(15) 본사가 사용하는 건물에 대한 재산세 50,000원을 한국은행에 현금 납부하다.
  (차) 세금과공과 50,000 (대) 현 금 50,000

(16) 중앙빌딩으로부터 영업부 사무실을 임차하고 임차료 200,000원을 현금으로 지급하다.
  (차) 임차료 200,000 (대) 현 금 200,000

(17) 영업용 승용차의 정기주차료 100,000원을 승리주차장에 현금으로 지급하다.
  (차) 차량유지비 100,000 (대) 현 금 100,000

(18) 영업용 승용차의 오일교환을 하고 수리비 50,000원을 승리카센터에 현금으로 지급하다.
  (차) 차량유지비 50,000 (대) 현 금 50,000

(19) 영업소에서 사용할 빗자루 등 청소용품 30,000원을 철물점에서 현금으로 구입하다.
  (차) 소모품비 30,000 (대) 현 금 30,000

(20) 사무실 신문구독료 20,000원을 현금으로 지급하다.
  (차) 도서인쇄비 20,000 (대) 현 금 20,000

(21) 영업사원의 명함인쇄대금 30,000원을 나라인쇄에 현금으로 지급하다.
  (차) 도서인쇄비 30,000 (대) 현 금 30,000

(22) 건물의 도난경보장치의 유지관리비 50,000원을 보안회사에 현금으로 지급하다.
  (차) 수수료비용 50,000 (대) 현 금 50,000

(23) 거래처에 줄 선물 100,000원을 구입하고 대금을 현금으로 지급하다.
　　　(차) 접 대 비　　　　　　100,000　　　(대) 현　　　금　　　　100,000

(21) 영업사원의 명함인쇄대금 30,000원을 나라인쇄에 현금으로 지급하다.
　　　(차) 도서인쇄비　　　　　 30,000　　　(대) 현　　　금　　　　 30,000

(22) 건물의 도난경보장치의 유지관리비 50,000원을 보안회사에 현금으로 지급하다.
　　　(차) 수수료비용　　　　　 50,000　　　(대) 현　　　금　　　　 50,000

(23) 거래처에 줄 선물 100,000원을 구입하고 대금을 현금으로 지급하다.
　　　(차) 접 대 비　　　　　　100,000　　　(대) 현　　　금　　　　100,000

(24) 거래처 사장을 식사접대하고 대금 50,000원을 회사카드로 결제하다.
　　　(차) 접 대 비　　　　　　 50,000　　　(대) 미지급금　　　　　 50,000

(25) 본사건물에 대하여 화재보험에 가입하고 보험료 100,000원을 현금으로 지급하다.
　　　(차) 보 험 료　　　　　　100,000　　　(대) 현　　　금　　　　100,000

(26) 제품의 납품을 위한 운반비 100,000원을 운수회사에 현금으로 지급하다.
　　　(차) 운 반 비　　　　　　100,000　　　(대) 현　　　금　　　　100,000

(27) 본사건물의 외관이 노후되어 도색하고 도색비 50,000원을 현금으로 지급하다.
　　　(차) 수 선 비　　　　　　 50,000　　　(대) 현　　　금　　　　 50,000

(28) 회사 방문객에게 무상으로 지급할 광고물을 한라기획에서 제작하고 대금 100,000원을 현금으로 지급하다.
　　　(차) 광고선전비　　　　　100,000　　　(대) 현　　　금　　　　100,000

(29) 결산에 본사 건물에 대한 감가상각비 100,000원을 계상하다.
　　　(차) 감가상각비　　　　　100,000　　　(대) 감가상각누계액　　100,000

(30) 결산일 현재 외상매출금 잔액 1,000,000원에 대하여 1%의 대손충당금을 설정한다(대손충당금 잔액이 0원인 경우).
　　　(차) 대손상각비　　　　　 10,000　　　(대) 대손충당금　　　　 10,000

(31) 결산일 현재 외상매출금 잔액 1,000,000원에 대하여 1%의 대손충당금을 설정한다(대손충당금 잔액이 4,000원인 경우).
　　　(차) 대손상각비　　　　　 6,000　　　(대) 대손충당금　　　　 6,000

(32) 결산일 현재 외상매출금 잔액 1,000,000원에 대하여 1%의 대손충당금을 설정한다(대손충당금 잔액이 12,000원인 경우).
　　　(차) 대손충당금　　　　　 2,000　　　(대) 대손충당금환입　　 2,000
　　　* 대손충당금환입은 영업외수익이 아니라, 판매관리비에 부(-)의 금액으로 표시하여야 한다.

(33) 폐기물을 처리하기 위하여 폐기물 처리용 스티커 30,000원을 현금으로 구입하다.
　　　(차) 잡　　비　　　　　　 30,000　　　(대) 현　　　금　　　　 30,000

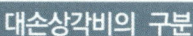

대손상각비의 구분

매출채권에 대한 대손상각비는 판매비와 관리비로 분류되고, 매출채권 이외의 채권에 대한 대손상각비는 '기타의 대손상각비'로 영업외비용으로 분류된다.

대손상각비	판매비와 관리비
기타의 대손상각비	영업외비용

06 영업외수익

영업외수익은 기업의 주된 영업활동이 아닌 재무 또는 투자활동에서 발생한 수익 또는 차익이다.

영업외수익	내용
이 자 수 익	기업이 일시적으로 자금을 대여하거나 은행에 예치한 경우에 발생하는 이자 및 보유중인 국채·지방채·사채 등에서 발생하는 이자를 포함한다.
배 당 금 수 익	주식이나 출자금 등의 단기투자자산 및 장기투자자산으로 인하여 얻게 되는 이익 또는 잉여금의 분배로 받는 배당금을 말한다.
임 대 료	부동산 또는 동산을 타인에게 임대하고 일정기간마다 사용대가로 받게 되는 임대료(지대, 집세) 및 사용료는 부동산임대업을 제외하고는 임대료 수입이 주된 사업목적이 아니므로 영업외수익으로 계상하여야 한다.
단기매매증권처분이익 (단기투자자산처분이익)	국·공채 및 사채, 주식 등 단기매매증권을 취득금액보다 높은 금액으로 처분하는 경우에 발생하는 처분이익을 말한다.
외 환 차 익	외화자산의 회수 또는 외화부채의 상환 시에 환율 차이로 발생하는 차익을 말한다. 외화채권을 회수할 때 원화 회수액이 그 외화자산의 장부금액보다 큰 경우와 외화부채를 상환할 때 원화상환액이 그 외화부채의 장부금액보다 작은 경우 그 차액을 외환차익이라 한다.
외 화 환 산 이 익	결산일에 화폐성 외화자산 또는 외화부채를 마감환율로 환산하는 경우 환율의 변동으로 인하여 발생하는 환산이익을 말한다.
유형자산처분이익	유형자산을 장부금액보다 높은 금액으로 처분하는 경우 발생하는 이익을 말한다. 장부금액이란 취득금액 또는 재평가액에서 감가상각누계액 잔액을 차감한 금액을 말한다.
자 산 수 증 이 익	주주, 채권자 등 타인으로부터 무상으로 자산을 증여받은 경우에 발생하는 이익을 말한다.
채 무 면 제 이 익	채무면제이익이란 기업이 주주나 채권자 등 타인으로부터 채무의 전부 또는 일부를 면제받았을 경우에 발생하는 이익을 말한다.
보 험 금 수 익	보험에 가입한 자산이 입은 피해에 대하여 보험금을 수령하면 보험금수익으로 처리한다.
잡 이 익	기업회계기준에 열거된 영업외수익 중 금액적으로 중요하지 않거나, 그 항목이 구체적으로 밝혀지지 않은 수익은 잡이익으로 처리한다. 거래의 예로 부산물이나 작업폐물의 판매수입, 원인불명의 현금과잉액 등을 들 수 있다.

필수예제

(1) 제일상사로부터 대여금에 대한 이자 50,000원을 현금으로 받다.
　　(차) 현　　　　금　　　　　50,000　　　(대) 이자수익　　　　　　50,000

(2) 소유하고 있는 (주)제일전자의 주식에 대하여 100,000원의 배당금을 현금으로 받다.
　　(차) 현　　　　금　　　　100,000　　　(대) 배당금수익　　　　 100,000

(3) 단기간 내의 매매차익을 목적으로 보유중인 상장회사 (주)하늘의 주식(100주, @5,000원, 장부금액 600,000원)을 한국증권에서 주당 @7,000원에 매각하고 수수료 20,000원을 차감한 잔액은 현금으로 받다.
　　(차) 현　　　　금　　　　680,000　　　(대) 단기매매증권(단기투자자산) 600,000
　　　　　　　　　　　　　　　　　　　　　　　　단기매매증권처분이익　　80,000
　　　　　　　　　　　　　　　　　　　　　　　(단기투자자산처분이익)

　　* 처분시 수수료 등 부대비용은 처분손익에서 차감하여야 한다.

(4) 3년 만기의 조건으로 차입한 외화장기차입금 $100(당시 $1 = 1,200원)에 대하여 현금으로 상환하다 ($1 = 1,000원).
　　(차) 외화장기차입금　　　120,000　　　(대) 현　　　　금　　　 100,000
　　　　　　　　　　　　　　　　　　　　　　　　외환차익　　　　　　 20,000

(5) 8월 5일 외국환은행에서 3년 만기의 조건으로 외화 $1,000(환율 $1 = 1,100)을 차입하고 보통예금에 입금하다.
　　(차) 보통예금　　　　　1,100,000　　　(대) 외화장기차입금　　1,100,000

(6) 결산일 현재 환율이 $1 = 900으로 하락하다.
　　(차) 외화장기차입금　　　200,000　　　(대) 외화환산이익　　　 200,000

(7) 사용중인 기계장치(취득금액 2,000,000원 감가상각누계액 500,000원)를 시화상사에 1,700,000원에 매각하고, 대금 중 500,000원은 현금으로 받고 나머지는 월말에 받기로 하다.
　　(차) 감가상각누계액　　　500,000　　　(대) 기 계 장 치　　　2,000,000
　　　　 현　　　　금　　　　500,000　　　　　 유형자산처분이익　　200,000
　　　　 미　수　금　　　　1,200,000

(8) 회사의 대표이사로부터 토지 5,000,000원을 무상으로 증여받다.
　　(차) 토　　　　지　　　5,000,000　　　(대) 자산수증이익　　　5,000,000

(9) 유리은행에서 차입한 장기차입금 5,000,000원을 전액 면제받다.
　　(차) 장기차입금　　　　5,000,000　　　(대) 채무면제이익　　　5,000,000

(10) 대구영업소에서 발생한 재활용박스 등을 매각하고 대금 100,000원을 현금으로 받다.
　　(차) 현　　　　금　　　　100,000　　　(대) 잡　이　익　　　　 100,000

07 영업외비용

영업외비용은 기업의 주된 영업활동이 아닌 재무 또는 투자활동에서 발생한 비용 또는 차손이다.

영업외비용	내용
이 자 비 용	이자비용은 기업이 타인자본을 사용하였을 경우에 이에 대한 대가로서 지급하는 것으로 당좌차월 및 장·단기차입금에 대한 이자와 사채이자 등을 말한다.
단기매매증권평가손실 (단기투자자산평가손실)	단기 보유 목적으로 취득한 시장성이 있는 단기매매증권의 시가가 하락하여 발생된 평가손실을 말한다. 단기매매증권의 시가가 취득원가와 다른 경우에는 시가를 재무상태표가액으로 하며, 시가는 재무상태표일 현재의 종가에 의한다.
기 부 금	업무와 관계없이 무상으로 기증하는 금전 또는 자산금액을 말한다. 접대비가 기업의 업무와 관련이 있는 지출인 반면 기부금은 업무와 관련 없이 지출하는 비용이다.
유형자산처분손실	유형자산을 장부금액보다 낮은 금액으로 처분하는 경우 발생하는 손실을 말한다.
외 환 차 손	기업이 보유하고 있던 외화자산을 회수할 때 원화로 회수하는 금액이 그 외화자산의 장부금액보다 적은 경우, 혹은 외화부채를 상환할 때 원화로 상환하는 금액이 그 외화부채의 장부금액보다 많은 경우에 발생하는 손실을 말한다.
외 화 환 산 손 실	결산일에 화폐성 외화자산 또는 외화부채에 대하여 환율변동으로 인한 손실이 발생한 경우에 처리하는 계정과목이다.
재 해 손 실	화재, 풍수해, 지진, 침수해 등 천재지변이나 돌발적인 사건(예를 들어 도난으로 거액의 손실을 입은 경우)으로 인하여 발생한 손실액을 말한다.
잡 손 실	영업활동에 직접적인 관계가 없는 비용으로서, 그 발생이 드물고 금액적으로 중요성이 없는 것, 또는 다른 영업외비용계정에 포함시키기에 적절하지 아니하다고 인정되는 것 등을 일괄적으로 집계·처리하는 계정이다.

필수예제

(1) 천안은행에서 차입한 차입금에 대한 이자 50,000원을 현금으로 지급하다.

　　(차) 이자비용　　　　　　50,000　　　　(대) 현　　　금　　　　　　50,000

(2) 불우이웃돕기성금 50,000원을 KBS에 현금으로 전달하다.

　　(차) 기 부 금　　　　　　50,000　　　　(대) 현　　　금　　　　　　50,000

(3) 영업용으로 취득한 차량(취득금액 2,000,000원 감가상각누계액 1,000,000원)을 현금 800,000원에 매각하다.

　　(차) 현　　　금　　　　　800,000　　　　(대) 차량운반구　　　　2,000,000
　　　　감가상각누계액　　1,000,000
　　　　유형자산처분손실　　　200,000

　* 장부금액 = 취득금액 − 감가상각누계액(2,000,000 − 1,000,000 = 1,000,000원)
　　처분손실 = 장부금액 − 처분금액(1,000,000 − 800,000 = 200,000원)

(4) 3년 만기의 조건으로 차입한 외화장기차입금 $100(당시 $1 = 1,100원)을 전액 현금으로 상환하다 ($1 = 1,200원).
　　(차)　외화장기차입금　　110,000　　　(대)　현　　　금　　　120,000
　　　　　외환차손　　　　　 10,000

(5) 3월 5일 외국환은행에서 3년 만기의 조건으로 외화 $1,000(환율 $1 = 1,000)을 차입하고 보통예금에 입금하다.
　　(차)　보통예금　　　　1,000,000　　　(대)　외화장기차입금　　1,000,000

(6) 결산일 현재 환율이 $1 = 1,100으로 상승하다.
　　(차)　외화환산손실　　　100,000　　　(대)　외화장기차입금　　100,000

(7) 화재로 인하여 창고에 보관중인 상품 50,000원이 소실되다.
　　(차)　재해손실　　　　　 50,000　　　(대)　상　　　품　　　 50,000
　　　　　　　　　　　　　　　　　　　　　　　(적요8 타계정으로 대체)

(8) 12월 20일 장부상 현금잔액이 50,000원 부족함을 발견하다.
　　(차)　현금과부족　　　　 50,000　　　(대)　현　　　금　　　 50,000

(9) 기말 결산일 현재까지 그 원인을 판명할 수 없다.
　　(차)　잡 손 실　　　　　 50,000　　　(대)　현금과부족　　　 50,000

08 법인세비용(법인세등)

법인세는 법인이 일정한 회계기간 동안 벌어들인 소득에 대해 부과되는 세금이며, 손익계산서상 중요한 비용으로 법인세와 법인지방소득세 및 농어촌특별세를 포함하여 계상한다.

필수예제

(1) 8월 31일 법인세 중간예납액 500,000원을 현금으로 납부하다.
　　(차)　선납세금　　　　　500,000　　　(대)　현　　　금　　　500,000

(2) 12월 31일 당기분 법인세추산액 1,200,000원을 계상하다.(선납세금 500,000원 있음)
　　(차)　법인세비용　　　1,200,000　　　(대)　선납세금　　　　500,000
　　　　　　　　　　　　　　　　　　　　　　　미지급법인세　　　700,000

* 미지급법인세 : 1,200,000 - 500,000 = 700,000원

실전시험대비 분개연습

01. 당사는 경영부진으로 누적된 결손금의 보전을 위하여 대주주로부터 공정가치 50,000,000원의 건물을 증여받았다.

02. 보유 중인 (주)강릉전자의 주식에 대하여 배당금 5,000,000원을 보통예금 계좌로 받았다.

03. 관리부에서 사용할 차와 음료수 등 50,000원을 인근 편의점에서 구입하고, 대금은 현금으로 지급하였다.

04. 영업팀 사무실에서 사용하는 전화의 전화요금 500,000원을 은행에서 현금으로 납부하였다.

05. 당사가 속한 중소기업연합회에 회비 100,000원을 현금으로 지급하였다.

06. 공장 건물에 대한 화재보험료 50,000원을 현금으로 납부하고 비용으로 처리하였다.

07. 명절에 매출처에 선물할 선물용품을 구입하고 대금 200,000원을 법인카드로 결제하였다.

08. 멋진디자인에서 본사 게시판에 부착할 본사 전경을 담은 대형사진을 출력한 대금 300,000원을 현금으로 지급하였다.

09. 새로 구축한 생산라인에 대한 교육을 생산부서에서 실시하면서 강의는 외부 강사를 초빙하였다. 강사료는 5,000,000원으로 세금 165,000원을 원천징수한 후 잔액을 현금으로 지급하였다.

10. 새로 출시한 제품을 광고하기 위하여 신문에 광고를 게재하고 대금 500,000원을 현금으로 지급하였다.

정답
01.	(차) 건 물	50,000,000	(대) 자산수증이익	50,000,000
02.	(차) 보통예금	5,000,000	(대) 배당금수익	5,000,000
03.	(차) 복리후생비	50,000	(대) 현 금	50,000
04.	(차) 통신비	500,000	(대) 현 금	500,000
05.	(차) 세금과공과	100,000	(대) 현 금	100,000
06.	(차) 보험료	50,000	(대) 현 금	50,000
07.	(차) 접대비	200,000	(대) 미지급금	200,000
08.	(차) 도서인쇄비	300,000	(대) 현 금	300,000
09.	(차) 교육훈련비	5,000,000	(대) 현 금	4,835,000
			예수금	165,000
10.	(차) 광고선전비	500,000	(대) 현 금	500,000

연습문제

01. 다음 중 일반기업회계기준에 의한 수익인식기준으로 틀린 것은?
① 위탁판매 – 수탁자가 해당 재화를 판매한 시점
② 상품권판매 – 상품권을 회수한 때
③ 출판물 구독(금액이 매기 비슷) – 발송기간에 걸쳐 정액기준
④ 할부판매 – 매회 할부금을 회수하는 날

> 할부판매 – 재화가 인도되는 날

02. 일반기업회계기준에서 수익에 대한 내용으로 올바르지 않은 것은?
① 경제적 효익의 유입가능성이 매우 높고, 그 효익을 신뢰성 있게 측정할 수 있을 때 인식한다.
② 판매대가의 공정가치로 측정하며, 매출에누리와 할인 및 환입은 차감한다.
③ 성격과 가치가 상이한 재화나 용역간의 교환시 교환은 수익을 발생시키는 거래로 본다.
④ 성격과 가치가 유사한 재화나 용역간의 교환시 제공한 재화나 용역의 공정가치로 수익을 측정하는 것이 원칙이다.

> 성격과 가치가 유사한 재화나 용역간의 교환은 수익을 발생시키는 거래로 보지 않는다.

03. 다음 중 특정 수익에 직접 관련되어 발생하지는 않지만 일정기간 동안 수익창출활동에 기여할 것으로 판단하여 합리적이고 체계적으로 일정한 기간에 배분하는 원가 또는 비용은 무엇인가?
① 판매수수료
② 광고선전비
③ 감가상각비
④ 매출원가

> 비용 배분은 수익비용 대응원칙, 합리적이고 체계적인 방법, 당기비용 방법으로 인식한다. ③ 합리적이고 체계적인 방법의 대표적인 비용이 감가상각비이다.

04. 다음 중 판매비와 관리비 계정에 속하지 않는 계정과목은?
① 기타의 대손상각비
② 접대비
③ 복리후생비
④ 여비교통비

> 기타의 대손상각비는 영업외비용이다.

05. 회계자료로부터 당기에 다음과 같은 지출이 있었음을 발견하였다. 이때 당기의 판매비와 관리비로 계상하여야 할 금액은 얼마인가?

㉠ 재고자산 매입운임	100,000원	㉡ 광고선전비	200,000원
㉢ 급 여	300,000원	㉣ 유형자산에 대한 수익적 지출	200,000원
㉤ 보 험 료	100,000원		

① 900,000원 ② 800,000원
③ 700,000원 ④ 600,000원

> ㉠ 재고자산 매입운임은 관리비 항목이 아니고 재고자산 매입가액에 포함시키므로 판매비와 관리비로 계상하여야 할 항목은 ㉡, ㉢, ㉣, ㉤이므로 판매비와 관리비 금액은 800,000원이 된다.
> ㉣ 유형자산에 대한 수익적 지출은 수선비 계정으로 회계처리된다.

06. 다음 중 회사의 영업이익에 영향을 주는 거래는 어느 것인가?

① 매출채권을 조기회수하면서 1%의 할인혜택을 주었다.
② 단기매매증권평가손실을 인식하였다.
③ 보험차익을 계상하였다.
④ 원가성이 없는 재고자산감모손실을 계상하였다.

> ① : 손익계산서에서 영업이익이 산출되는 과정 중에 발생되는 거래
> ③ : 영업외수익   ②,④ : 영업외비용

07. 제품의 제조와 매출에 관련된 자료가 다음과 같을 경우 매출총이익률은 얼마인가?

• 매출액 :	500,000원	• 당기총제조원가 :	320,000원
• 기초제품재고액 :	40,000원	• 기초재공품 :	30,000원
• 기말제품재고액 :	90,000원	• 기말재공품 :	50,000원
• 판매부대비용 :	100,000원		

① 30%   ② 50%
③ 62.5% ④ 66.6%

> • 제품매출원가 : 40,000 + (320,000 + 30,000 − 50,000) − 90,000 = 250,000원
> • 매출총이익률 = 매출총이익÷매출액 : (500,000 − 250,000) ÷ 500,000 = 50%

08. 다음의 자료로 매출총이익, 영업이익과 당기순이익을 계산하면 얼마인가?

• 매출액 :	1,000,000원	• 기부금 :	20,000원
• 급여 :	100,000원	• 이자비용 :	50,000원
• 매출원가 :	600,000원	• 접대비 :	30,000원

	매출총이익	영업이익	당기순이익
①	1,000,000원	220,000원	200,000원
②	400,000원	220,000원	200,000원
③	400,000원	270,000원	200,000원
④	1,000,000원	270,000원	220,000원

• 매출총이익 = 매출액 – 매출원가   • 영업이익 = 매출총이익 – 판매비와관리비(급여, 접대비)
• 당기순이익 = 영업이익 + 영업외수익 – 영업외비용(이자비용, 기부금)

09. 다음 손익의 구분에 대한 계산식 중 틀린 것은?
① 매출액 – 매출원가 = 매출총이익
② 매출총이익 – 판매비와 관리비 = 영업이익
③ 영업이익 + 영업외수익 – 영업외비용 = 경상이익
④ 법인세비용차감전순이익 – 법인세비용 = 당기순이익

10. 결산 시 미지급 이자비용을 계상하지 않을 경우 당기 재무제표에 미치는 영향으로 틀린 것은?
① 부채가 과소계상
② 순이익이 과대계상
③ 비용이 과소계상
④ 자본이 과소계상

계상하지 않은 회계처리 : (차) 이자비용(비용) ×××   (대) 미지급비용(부채) ×××
비용 과소계상, 부채 과소계상, 비용이 계상되지 않았으므로 순이익이 과대계상되어 자본이 과대계상

11. 20X1년에 자동차 보험료 24개월분(20X1.3월~20X3.2월) 480,000원을 현금으로 지급하고 미경과분을 선급비용처리 한 경우, 20X2년 비용으로 인식할 보험료 금액은?
① 200,000원
② 220,000원
③ 240,000원
④ 260,000원

20X2년 보험료 : 480,000 × 12개월/24개월 = 240,000원

정답 01. ④ 02. ④ 03. ③ 04. ① 05. ② 06. ① 07. ② 08. ③ 09. ③ 10. ④
11. ③

Chapter 10 비영리회계

> **NCS 능력단위 : 0203020109비영리회계   능력단위요소 : 01비영리대상판단하기**
> 1.1 비영리조직에 관한 일반적 정의에 의거하여 비영리조직 여부를 판단할 수 있다.
> 1.2 비영리조직 관련 규정에 따라 비영리법인 여부를 판단할 수 있다.
> 1.3 비영리조직 관련 규정에 따라 회계단위를 구분할 수 있다.

> **NCS 능력단위 : 0203020109비영리회계   능력단위요소 : 02비영리회계처리하기**
> 2.1 비영리조직 관련 규정에 따라 영리활동으로 인한 거래와 비영리활동으로 인한 거래를 구분할 수 있다.
> 2.2 비영리활동으로 인한 거래가 발생하면 해당 비영리조직의 개별적인 특성에 따라 회계처리할 수 있다.
> 2.3 비영리활동으로 인한 거래가 발생하면 복식부기 기반의 발생주의회계를 사용하여 회계처리할 수 있다.

01 비영리조직

비영리조직(또는 비영리단체, 비영리기관)은 소유주나 주주를 위해서 자본의 이익을 추구하지 않는 대신에 그 자본으로 어떠한 목적을 달성하는 조직으로서 다음 두 가지 유형으로 나눌 수 있다.

목적에 따른 구분	비영리조직의 사례
영리를 목적으로 하지 않고, 사회 전체의 이익을 목적으로 하는 단체	조직 : 사회적지원활동단체, 학교·병원·간호시설·직업훈련시설·묘지 등의 운영단체 등
	법인 : 재단법인, 사단법인, 학교법인, 사회복지법인, 직업훈련법인, 종교법인 등
영리를 목적으로 하지 않고, 공동의 이익을 목적으로 하는 단체	조직 : 동창회, 동호회, 사업자단체 등
	법인 : 중간법인(中間法人), 의료법인, 사업조합 등

02 비영리회계기준 제정 원칙

(1) 일반목적 재무제표

현재 비영리조직의 재무제표 작성목적이 감독기관에 대한 제출용도에 치중되어 있으며, 일반목적의 재무제표는 실제 작성되지 아니하는 실정이다. 비영리조직회계기준의 제정목적은 일반목적의 재무보고도 함께 이루어지도록 하기 위해 모든 비영리조직에 공통적으로 적용 가능한 회계기준을 제시하는 데 있다.

(2) 조직전체에 대한 재무제표

감독목적 재무보고에서 비영리조직 내 회계단위가 복수로 구분되는 것은 존중될 필요가 있지만, 일반목적 재무보고에서는 비영리조직 전체에 대한 재무제표를 제공함으로써 일반정보이용자의 이해가능성과 비영리조직간 비교가능성을 제고시킬 수 있다.

(3) 복식부기 기반의 발생주의회계

비교적 간단한 업무프로세스를 가지고 영세한 규모로 운영되는 비영리조직의 경우 쉽고 간편하다는 점과 비영리회계의 특수성을 이유로 단식부기를 선호할 수 있으나, 조직이 일정 규모를 초과할 경우 단식부기 기반에서 생산되는 재무정보는 관리목적(부외자산 관리, 채권채무 관리, 적절한 기간손익 확인 등)상으로도 한계가 있다. 비영리회계기준에서는 재무제표 공시에 의한 재무보고를 위해서는 복식부기 기반의 발생주의회계를 채택한다.

(4) 재무제표 종류와 명칭 통일

각 단체별로 작성하는 재무제표의 종류와 명칭 및 포맷 등이 서로 상이하여 비영리조직간 재무제표의 비교가능성이 원천적으로 어려운 것을 영리기업과 유사하게 재무상태표, 운영성과표, 현금흐름표, 주석으로 통일하였다.

(5) 일반기업회계기준의 참조

비영리조직회계기준에서는 '비영리조직의 재무제표 작성 및 표시에 관한 기준과 비영리조직 회계에서 특별히 고려되어야 할 사항'에 대해서만 자세한 기준을 규정하고, 그 외 자산, 부채, 수익, 비용의 인식과 측정에 관한 회계처리는 대략적인 원칙만 제시하고 구체적인 회계처리방법은 일반기업회계기준을 참조하도록 한다.

03 비영리회계기준의 내용

(1) 비영리회계기준의 제정과 시행

비영리조직의 공익사업활성화와 이를 뒷받침하는 건전한 기부문화 조성을 위해서는 비영리조직의 회계투명성 제고가 필요하다는 사회적 인식이 확산되면서, 모든 비영리조직에 일반적으로 적용될 수 있는 통일된 비영리조직회계기준이 제정되어야 한다는 사회적 요구가 높아졌다. 이러한 사회적 요구에 부응하기 위해 회계기준원은 비영리조직회계기준 제정 작업에 착수하고 회계기준위원회가 2019년 7월에 비영리조직회계기준을 최종 의결하였다. 이 기준은 2020년 1월 1일 이후 최초로 시작되는 회계연도부터 적용한다.

(2) 비영리조직의 범위

일반적 정의에 의하면 법인격 유무에 관계없이 영리를 목적으로 하지 않고 사회 전체의 이익이나 공동의 이익을 목적으로 하는 모든 형태의 비영리조직이 대상이다.

(3) 현금흐름표 작성 여부

원칙적으로 현금흐름표 작성을 요구하고 영리기업과 마찬가지로 비영리조직이 직접법과 간접법 중에서 선택할 수 있도록 한다. 다만, 비용과 실무편익을 함께 고려하여 수지계산서로써 현금흐름표를 갈음할 수 있도록 허용하고 있다.

(4) 재무상태표상 순자산의 구분

순자산의 구분		내용
제약이 없는 순자산		기부자나 법령에 의해 사용이나 처분에 제약이 없는 순자산
제약이 있는 순자산	일시적 제약이 있는 순자산	기부자나 법령에 의해 사용이나 처분이 제약된 순자산으로서, 제약의 성격에 따라 기부자나 법령이 명시한 용도로 사용하거나 일정기간이 경과함으로써 제약이 소멸되는 자산
	영구적 제약이 있는 순자산	영구적으로 소멸되지 않는 자산

(5) 운영성과표상 기능별 비용보고

비영리조직은 영리기업처럼 단일의 성과지표(당기순이익)를 산출해 내는 것이 중요한 것이 아니라, 고유목적사업에 대한 활동노력과 그 성과에 관한 정보, 즉 비용집행내용을 공시하는 것이 더 중요하다. 비영리조직의 고유목적사업과 관련된 비용은 최소한 '사업수행비용'과 '지원비용'으로 서로 구분한다.

(6) 재무제표 본문표시와 주석기재

　재무제표에는 결국 기능별 비용구분(사업수행비용 - 일반관리비용 - 모금비용)과 성격별 비용구분(인력비용 - 시설비용 - 기타비용)에 관한 정보가 함께 제공되어야 하는데, 기능별 비용구분이 일반정보이용자에게 더 유용한 정보라고 보여 지므로 이를 재무제표 본문에 표시하고, 성격별 비용구분은 주석으로 기재하는 것을 원칙으로 한다.

PART 02

원가회계

CHAPTER 01. 원가에 대한 이해
CHAPTER 02. 원가계산과 원가의 흐름
CHAPTER 03. 부문별 원가계산
CHAPTER 04. 개별원가계산과 제조간접비의 배부
CHAPTER 05. 종합원가계산

원가에 대한 이해

01 원가의 개념과 특징

원가는 제품의 생산과 관련하여 정상적으로 소비된 경제적자원의 가치를 화폐액으로 표시한 것이다.

구 분	내 용
① 경제적 가치의 소비	원가는 금전의 지출 여부와 관계없이 제품의 생산과정에서 일어나는 경제적가치의 소비이어야 한다.
② 제품의 생산과 관련한 소비	원가는 소비된 경제적가치가 제품의 생산에 관련되어야 한다. 이자비용 등의 기간비용은 생산과 관련 없는 것으로 원가에서 제외한다.
③ 정상적인 경제자원의 소비	원가는 정상적인 경영활동에서 나타나는 경제자원의 소비를 말하는 것으로 파업이나 재해로 인한 것은 원가로 보지 않는다.

02 원가의 분류

NCS 능력단위 : 0203020103원가계산   능력단위요소 : 01원가요소분류하기
1.1 회계 관련 규정에 따라 원가를 다양한 관점으로 분류할 수 있다.

(1) 발생형태에 의한 분류

원가의 3요소	내 용
재 료 비	제품을 제조하기 위하여 소비하는 물적요소
노 무 비	제품을 제조하기 위하여 소비하는 인적요소
경 비	제품을 제조하기 위하여 소비하는 원가 중 재료비와 노무비를 제외한 요소

(2) 경제적효익의 소멸여부에 의한 분류

구 분	내 용
소 멸 원 가	경제적자원의 희생에 의한 용역잠재력이 소멸하여 더 이상 경제적효익을 제공할 수 없으리라 예상되는 원가로 비용으로 인식(매출원가)
미 소 멸 원 가	경제적자원의 희생이 미래의 경제적효익을 제공할 수 있을 것으로 기대되는 원가로 자산으로 인식(재고자산)

(3) 원가행태에 의한 분류

원가행태란 원가를 변화시키는 요소인 조업도의 변화에 따라 나타나는 원가의 반응을 말한다. 조업도는 기업의 생산설비의 이용정도를 나타내는 지표를 말하는 것으로 생산량, 작업시간, 기계시간 등을 사용한다.

구 분	내 용
변 동 비 (변동원가)	조업도의 증감에 따라 변하는 원가를 변동비라 한다. 변동비는 조업도가 증가하면 총원가는 비례하여 증가하지만 단위당원가는 일정하다. 예 : 직접재료비, 직접노무비 등
고 정 비 (고정원가)	조업도의 증감에 관계없이 관련범위 내에서 항상 일정하게 발생하는 원가를 고정비라 한다. 고정비는 조업도가 증가하여도 총원가는 일정하지만 단위당원가는 체감한다. 예 : 감가상각비, 공장임차료, 화재보험료, 재산세 등

① 변동비와 고정비의 비교

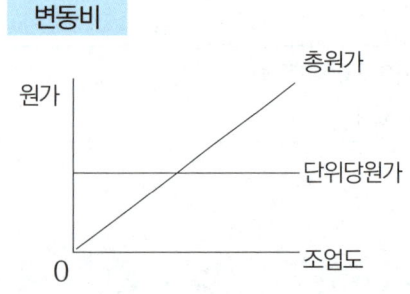

조업도(생산량)	100개	200개	300개
총원가(변동비)	5,000원	10,000원	15,000원
단위당원가	@50원	@50원	@50원

조업도 증가에 총원가는 증가, 단위당원가는 일정

조업도(생산량)	100개	200개	300개
총원가(고정비)	6,000원	6,000원	6,000원
단위당원가	@60원	@30원	@20원

조업도 증가에 총원가는 일정, 단위당원가는 체감

② 준변동비와 준고정비

구 분	내 용
준 변 동 비 (혼합원가)	생산량이 하나도 없어도 일정 고정비가 발생하고 생산량이 늘어나면 추가로 변동비가 발생하는 형태(대부분의 원가)
준 고 정 비	일정한 조업도 범위에서는 고정비와 같이 일정한 원가이나 조업도가 일정수준 이상 증가하면 원가총액이 증가(생산관리자의 급여, 난방비)

(4) 제조활동과의 관련성에 의한 분류

구 분	내 용
제 조 원 가	제품을 제조하기 위하여 소비된 경제적가치의 소비액
비 제 조 원 가	제조활동과 직접적인 관련이 없는 판매관리활동에서 발생하는 원가

(5) 추적가능성에 따른 분류

구 분	내 용
직 접 비	특정 제품과 직접적인 관계가 있어 추적이 가능한 원가로 해당 제품에 직접 부과
간 접 비	여러 종류의 제품의 생산에 공통으로 소비되는 원가로 합리적인 배부기준에 의하여 각각의 제품에 배부

(6) 의사결정 관련성에 따른 분류

구 분	내 용
ⓐ 기 회 원 가	원가요소를 차선의 다른 용도로 사용하였을 때에 얻을 수 있는 최대의 효익
ⓑ 매 몰 원 가	이미 발생한 원가로 의사결정에 영향을 줄 수 없는 원가
ⓒ 차 액 원 가	선택 가능한 의사결정대안에서의 원가의 차이 금액
ⓓ 관 련 원 가	의사결정에 영향을 미치는 원가(비교 : 비관련원가)

(7) 기초원가와 가공원가

> ㉠ 직접원가 = 직접재료비 + 직접노무비 + 직접제조경비
> ㉡ 제조간접비 = 간접재료비 + 간접노무비 + 간접제조경비
> ㉢ 제조원가 = 직접원가 + 제조간접비 = 직접재료비 + 전환원가(가공원가)
> ㉣ 기초원가 = 직접재료비 + 직접노무비
> ㉤ 전환원가(가공원가) = 직접노무비 + 제조간접비
> • 제조원가에서 직접재료비를 제외한 원가를 전환원가(가공원가)라 한다.

연습문제

01. 원가에 대한 다음 설명 중 가장 옳지 않은 것은?
① 준고정원가는 관련조업도 내에서 일정하게 발생하는 원가를 말한다.
② 직접재료비와 직접노무비를 기초원가라 한다.
③ 간접원가란 특정한 원가집적대상에 직접 추적할 수 없는 원가를 말한다.
④ 제품생산량이 증가함에 따라 관련 범위 내에서 제품단위당 고정원가는 일정하다.
   💬 제품생산량이 증가함에 따라 제품단위당 고정원가는 감소한다.

02. 다음 중에서 원가회계 목적과 관련이 가장 적은 것은?
① 재무제표의 작성에 유용한 원가정보를 제공한다.
② 원가통제에 대한 유용한 원가정보를 제공한다.
③ 경영자에게 경영의사결정에 유용한 원가정보를 제공한다.
④ 투자자에게 합리적인 의사결정에 관한 정보제공을 목적으로 한다.
   💬 재무회계의 의의에 관련된 내용이다.

03. 제조간접비에 대한 다음 설명 중 맞는 것은?
① 가공비가 된다.   ② 모든 노무비를 포함한다.
③ 변동비만 포함된다.   ④ 고정비만 포함된다.
   💬 제조간접비는 직접노무비와 더불어 가공비를 구성한다.

04. 직접재료비가 증가하더라도 영향을 받지 않는 항목은?
① 재공품   ② 제품
③ 매출원가   ④ 제조간접비
   💬 직접재료비라 함은 완성품을 생산하는 데 사용되는 원재료의 원가 중 특정 제품에 직접적으로 추적할 수 있는 원가를 말하며, 제조간접비라 함은 직접재료비와 직접노무비를 제외한 모든 제조원가를 말한다.

05. 다음 중 기초원가이면서 가공비에도 해당하는 원가는?
① 직접재료비   ② 직접노무비
③ 간접재료비   ④ 간접노무비

06. 다음 자료에 의하여 제조간접비를 계산하면 얼마인가?

• 당기총제조비용 : 600,000원   • 직접비(기본원가) : 300,000원   • 가공원가 : 500,000원

① 100,000원   ② 200,000원
③ 300,000원   ④ 400,000원

> 당기총제조비용 600,000원 = 직접재료비 + 직접노무비 + 제조간접비
> 직접비(기본원가) 300,000원 = 직접재료비 + 직접노무비
> 따라서 제조간접비는 300,000원이 된다.

07. 나눔(주)의 제2기 원가 자료가 다음과 같을 경우 가공원가는 얼마인가?

• 직접재료원가 구입액 : 800,000원   • 직접재료원가 사용액 : 900,000원
• 직접노무원가 발생액 : 500,000원
• 변동제조간접원가 발생액 : 600,000원 (변동제조간접원가는 총제조간접원가의 40%이다)

① 2,000,000원   ② 2,400,000원
③ 2,800,000원   ④ 2,900,000원

> 500,000(직접노무비) + 600,000/0.4(제조간접원가) = 2,000,000원

08. 다음 자료에서 기초원가와 가공비(가공원가) 양쪽 모두에 해당하는 금액은 얼마인가?

• 직 접 재 료 비 : 300,000원   • 직 접 노 무 비 : 400,000원
• 변동제조간접비 : 200,000원   • 고정제조간접비 : 150,000원

① 350,000원   ② 400,000원
③ 450,000원   ④ 500,000원

> 직접노무비는 기초원가와 가공비(가공원가) 양쪽 모두에 해당된다.

09. 다음은 (주)남동전자의 공장 전기요금 고지서의 내용이다. 원가 행태상의 분류로 옳은 것은?

• 기 본 요 금 : 1,000,000원 (사용량과 무관)
• 사 용 요 금 : 3,120,000원 (사용량 : 48,000kw, kw당 65원)
• 전기요금합계 : 4,120,000원

① 고정원가   ② 준고정원가
③ 변동원가   ④ 준변동원가

> 고정원가와 변동원가가 혼합된 것으로 사용량과 무관하게 발생하는 기본요금과 사용량에 따라 비례적으로 발생하는 추가요금이 혼합된 준변동원가에 해당함.

10. 제조원가 중 원가행태가 다음과 같은 경우의 원가로서 가장 부적합한 것은?

조업도	100시간	500시간	1,000시간
총원가	5,000원	5,000원	5,000원

① 재산세 ② 전기요금
③ 정액법에 의한 감가상각비 ④ 임차료

> 기조업도가 변화하더라도 총원가가 일정한 경우는 고정비이며, 전기료의 경우 혼합원가(준변동비)에 해당한다.

11. 다음 원가 중 제조과정에서 원가의 추적가능성에 따라 분류한 것은?
① 재료비, 노무비, 경비 ② 직접비와 간접비
③ 변동비와 고정비 ④ 제품원가와 기간원가

> ①-원가요소에 따른 분류기준, ③-원가행태에 따른 분류기준, ④-제조활동에 따른 분류기준

12. 다음 중 원가행태에 따른 원가분류로 가장 옳은 것은?
① 직접비, 간접비 ② 재료비, 노무비
③ 실제원가, 표준원가 ④ 변동비, 고정비

> ① 제조활동 관련성에 따른 분류 : 제조원가, 비제조원가
> ② 추적가능성에 따른 분류 : 직접비, 간접비
> ③ 원가행태에 따른 분류 : 고정비, 변동비
> ④ 의사결정과의 관련성에 따른 분류 : 차액원가, 기발생원가, 기회원가, 관련원가, 비관련원가

13. 원가행태에 따른 분류 중에서 일정한 범위의 조업도내에서 총원가가 일정하지만 조업도 구간이 달라지면 총액(총원가)이 달라지는 원가를 무엇이라 하는가?
① 변동원가 ② 고정원가
③ 준변동원가 ④ 준고정원가

14. 일반적으로 관련범위 내에서 조업도가 증가하는 경우 변동원가와 고정원가의 행태에 대한 설명으로 가장 틀린 것은?
① 총변동원가는 증가한다. ② 총고정원가는 증가한다.
③ 단위당 변동원가는 일정하다. ④ 단위당 고정원가는 변동한다.

> 총고정원가는 일정하다.

15. 조업도의 감소에 따른 고정비 및 변동비와 관련한 원가행태를 틀리게 나타낸 것은?
① 총고정비는 일정하다.
② 단위당 고정비는 감소한다.
③ 총변동비는 감소한다.
④ 단위당 변동비는 일정하다.

　　💬 조업도가 감소하는 경우 단위당 고정비는 증가한다.

16. 원가에 대한 분류를 설명한 것이다. 다음 보기 중 가장 틀린 것은?
① 특정제품과 직접적으로 추적이 가능한 원가를 직접원가라 한다.
② 조업도가 증가할 때마다 원가총액이 비례하여 증가하는 원가를 변동원가라 한다.
③ 현재의 의사결정에 고려하여야 하는 원가로서 매몰원가를 들 수 있다.
④ 일정한 관련범위 내에서 조업도와 관계없이 총원가가 일정한 것을 고정원가라 한다.

　　💬 매몰원가는 의사결정시 고려하지 않는 이미 발생한 원가이다.

17. 변동원가계산시스템을 사용하는 기업에서는 재무보고시 고정제조원가는 무엇으로 분류되는가?
① 제품원가　　　　　　　　② 기간비용
③ 관련원가　　　　　　　　④ 매출원가

　　💬 변동원가계산에서 고정제조간접비는 기간비용으로 처리한다.

18. 공장에 설치하여 사용하던 기계가 고장이 나서 처분하려고 한다. 취득원가는 1,000,000원이며 고장시점까지의 감가상각누계액은 200,000원이다. 동 기계를 바로 처분하는 경우 500,000원을 받을 수 있으며 100,000원의 수리비를 들여 수리하는 경우 700,000원을 받을 수 있다. 이때 매몰원가는 얼마인가?
① 100,000원　　　　　　　② 800,000원
③ 700,000원　　　　　　　④ 500,000원

　　💬 이미 발생하여 현재의 의사결정과는 관련이 없는 원가를 매몰원가라고 한다. 따라서 기계의 장부금액인 800,000원은 기계의 처분여부와는 관련이 없는 매몰원가이다.

19. 의사결정과 관련된 설명이다. 틀린 것은?

① 관련원가는 특정의사결정과 직접적으로 관련이 있는 원가로서 고려중인 대안들 간의 차이가 있는 미래원가이다.
② 비관련원가는 특정의사결정과 관련이 없는 원가이다.
③ 매몰원가는 과거 의사결정의 결과로 이미 발생된 원가이다.
④ 기회비용은 특정대안을 채택할 때 포기해야 하는 대안이 여러 개일 경우 이들 대안들의 효익 중 가장 작은 것이다.

 기회비용은 특정대안을 채택할 때 포기해야 하는 대안이 여러 개일 경우 이들 대안들의 효익 중 가장 큰 것이다.

20. (주)제주는 태풍으로 인한 수해로 보관 중이던 제품 15,000,000원이 파손되었다. 이 제품을 파손된 상태에서 처분하면 500,000원에 처분가능하나 회사는 300,000원의 비용으로 파손부분을 수선하여 1,000,000원에 처분하기로 하였다. 이처럼 수선 후 처분하는 경우 기회비용은 얼마인가?

① 300,000원
② 500,000원
③ 800,000원
④ 1,000,000원

 기회비용이란 어느 한 대안을 선택하면 다른 대안은 포기할 수밖에 없다면 이 때 포기해야 하는 대안에서 얻을 수 있는 효약을 말한다. 따라서 수선 후 처분하므로 파손상태에서 처분하는 방법을 포기하게 되므로 기회비용은 파손 상태에서 처분할 수 있는 가액인 500,000원이다.

정답 01. ④ 02. ④ 03. ① 04. ④ 05. ② 06. ③ 07. ① 08. ② 09. ④ 10. ②
     11. ② 12. ④ 13. ④ 14. ② 15. ② 16. ③ 17. ② 18. ② 19. ④ 20. ②

원가계산과 원가의 흐름

01 원가계산과 원가흐름

(1) 원가계산 단계

(2) 원가계산의 종류

> NCS 능력단위 : 0203020103원가계산   능력단위요소 : 03원가계산하기
> 3.1 원가계산시스템의 종류에 따라 원가계산방법을 선택할 수 있다.

구분기준	원가계산 종류	내용
원가계산 시기	사전원가계산	제품의 생산을 위하여 원가 요소를 소비하는 시점에 사전적으로 예정가격이나 표준가격 등을 사용하여 원가를 계산하는 방법으로 신속한 경영의사결정을 할 수 있게 한다.
	실제원가계산 (사후원가계산)	제품의 생산이 완료된 후에 원가요소의 실제 소비량과 실제가격을 적용한 실제 발생액을 이용하여 원가를 계산하는 방법이다.
생산형태	개별원가계산	다른 종류의 제품을 개별적으로 생산하는 경우에 사용한다. * 주문생산이 많은 건설업, 조선업, 기계제조업 등에서 사용
	종합원가계산	성능, 규격이 같은 동일 종류의 제품 또는 여러 종류의 제품을 연속하여 반복적으로 생산하는 경우에 사용한다. * 대량 생산하는 제분업, 제당업, 제지업, 정유업 등에서 사용
원가계산 범위	전부원가계산	직접노무비, 변동직접비 등의 변동비와 고정비인 고정간접비 모두를 제품의 원가에 포함한다. * 일반적인 재무제표 작성에 사용되는 원가정보를 얻기 위한 원가계산
	직접(변동) 원가계산	직접재료비, 직접노무비, 변동직접비 등의 변동비만을 원가계산의 대상으로 한다. * 고정비는 제품의 원가를 구성하지 않고 기간비용으로 처리

(3) 원가회계의 흐름

재료비, 노무비, 제조경비계정에서 월차손익계정까지 일련의 원가 관련 계정의 대체과정을 원가의 흐름이라 한다.

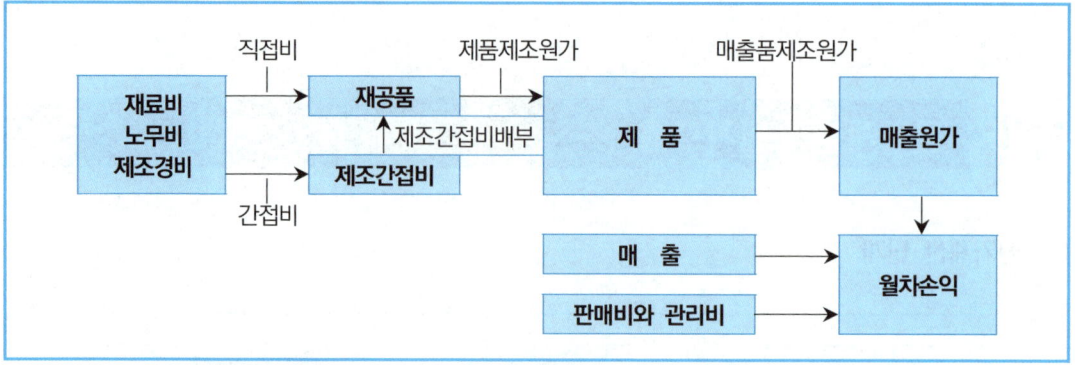

02 요소별 원가계산

> NCS 능력단위 : 0203020103원가계산 능력단위요소 : 02원가배부하기
> 2.1 원가계산 대상에 따라 직접원가와 간접원가를 구분할 수 있다.

(1) 재료비

재료는 사용 형태에 따라 주요재료, 보조재료, 부분품, 소모공구기구비품 등으로 구분한다. 재료비는 제조과정에서 소비된 재료의 경제적 가치로 소비된 재료 중 직접재료비는 재공품계정 차변으로, 간접재료비는 제조간접비계정 차변으로 대체한다.

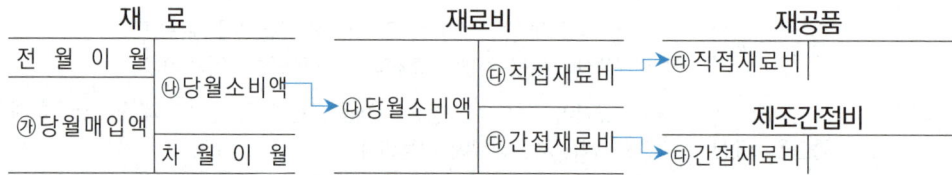

구 분	차변과목	금 액	대변과목	금 액
㉮ 재료의 외상 매입	재 료	×××	외 상 매 입 금	×××
㉯ 제조에 사용하기 위하여 출고	재 료 비	×××	재 료	×××
㉰ 재료 소비액(직접비와 간접비)의 대체	재 공 품 제 조 간 접 비	××× ×××	재 료 비	×××

(2) 노무비

노무비는 제품의 제조를 위하여 소비한 노동력의 경제적 가치를 말하며 임금, 급료, 잡급, 종업원제수당 등으로 구분한다. 노무비를 지급하면 노무비계정 차변에 기입하고 소비액은 대변에 기입한다.

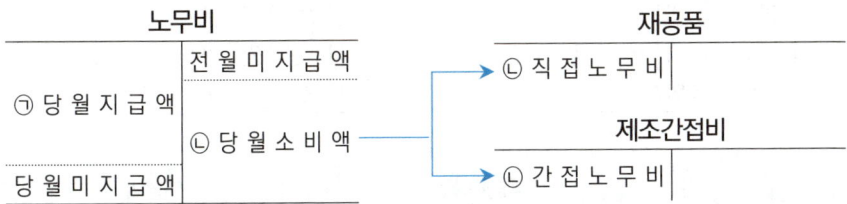

구 분	차변과목	금 액	대변과목	금 액
㉠ 노무비의 지급	노 무 비	×××	당 좌 예 금	×××
㉡ 노무비 소비액을 재공품계정과 제조간접비계정에 대체	재 공 품 제 조 간 접 비	××× ×××	노 무 비	×××

> 노무비소비액 = 노무비지급액 – 전월미지급액 + 당월미지급액
> 노무비지급액 = 노무비소비액 + 전월미지급액 – 당월미지급액

(3) 제조경비

제조경비는 제품의 제조를 위하여 소비한 원가요소 중 재료비와 노무비를 제외한 기타의 원가요소를 말한다. 제조경비의 지급액은 해당 제조경비계정의 차변에 기입하고 소비액은 대변에 기입한다.

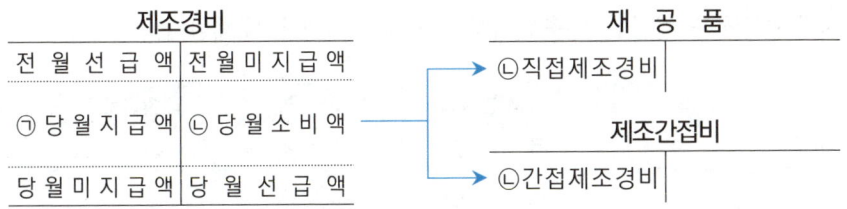

구 분	차변과목	금 액	대변과목	금 액
㉠ 제조경비의 지급	제 조 경 비	×××	당 좌 예 금	×××
㉡ 제조경비 소비액을 재공품계정과 제조간접비계정에 대체	재 공 품 제 조 간 접 비	××× ×××	제 조 경 비	×××

> 제조경비소비액
> = 제조경비 지급액 + 전월선급액 + 당월미지급액 – 전월미지급액 – 당월선급액

(4) 제조간접비의 배부

제조간접비계정에는 간접재료비, 간접노무비, 간접제조경비가 집계된다. 집계된 제조간접비를 각각의 제품에 적정한 배부기준을 사용하여 배부한다.

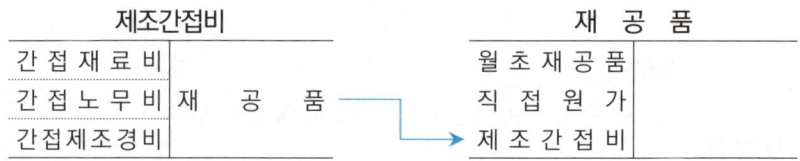

구 분	차변과목	금 액	대변과목	금 액
제조간접비의 배부	재 공 품	×××	제 조 간 접 비	×××

(5) 제품제조원가

재공품은 제조과정 중인 미완성 상태의 것을 의미하며 재고자산이다. 재공품계정 차변에 집합한 직접재료비, 직접노무비, 직접제조경비, 제조간접비를 합하여 당월총제조비용이라 한다. 이 당월총제조비용에 월초재공품원가를 가산하고 월말재공품원가를 차감하여 당월제품제조원가를 구하여 재공품계정 대변에서 제품계정 차변에 대체한다.

구 분	차변과목	금 액	대변과목	금 액
당월 제품(완성품)제조원가	제 품	×××	재 공 품	×××

(6) 매출원가

재공품계정 대변에서 제품계정 차변에 대체한 당월제품제조원가에 월초제품재고액을 가산하고 월말제품재고액을 차감한 매출원가를 매출원가계정에 대체한다.

구 분	차변과목	금 액	대변과목	금 액
매출원가의 대체	매 출 원 가	×××	제 품	×××

Check Point

당기총제조비용	직접재료비 + 직접노무비 + 직접제조경비 + 제조간접비
당기제품제조원가	기초재공품원가 + 당기총제조비용 − 기말재공품재고액
매출원가	기초제품재고액 + 당기제품제조원가 − 기말제품재고액

03 제조원가명세서의 작성

> NCS 능력단위 : 0203020103원가계산   능력단위요소 : 04원가정보활용하기
> 4.1 회계 관련 규정에 따라 재무제표 작성에 필요한 원가정보를 제공할 수 있다.

(1) 제조원가명세서

당기제품제조원가를 보고하기 위하여 작성하는 재무제표의 부속명세서이다.

(2) 제조원가명세서의 양식

제조원가명세서

과 목	금	액
Ⅰ. 재 료 비		60,000
1. 기 초 재 료 재 고 액	20,000	
2. 당 기 재 료 매 입 액	50,000	
3. 기 말 재 료 재 고 액	10,000	
Ⅱ. 노 무 비		50,000
1. 급 여	30,000	
2. 퇴 직 급 여	20,000	
Ⅲ. 경 비		13,000
1. 전 력 비	1,000	
3. 감 가 상 각 비	3,000	
8. 외 주 가 공 비	4,000	
9. 포 장 비	5,000	
Ⅳ. 당 기 총 제 조 비 용		123,000
Ⅴ. 기 초 재 공 품 원 가		30,000
Ⅵ. 합 계		153,000
Ⅶ. 기 말 재 공 품 원 가		20,000
Ⅷ. 당 기 제 품 제 조 원 가		133,000

* 노무비와 경비는 제조부 또는 공장에서 사용한 것만 표시하고 판매부 또는 본사에서 사용한 부분은 손익계산서에 표시하여야 한다.
* 타계정대체액은 제품을 판매 이외의 목적으로 사용하는 경우 해당 계정으로 대체되는 금액을 표시한다.
* 제조원가명세서는 당기 제품제조원가에 대한 정보를 표시하는 것이므로 기초제품재고액과 기말제품재고액 및 매출원가의 정보는 제공하지 아니한다.

연습문제

01. (주)나눔의 당기 직접재료비는 50,000원이고, 제조간접비는 45,000원이다. (주)나눔의 직접노무비는 가공비의 20%에 해당하는 경우, 당기의 직접노무비는 얼마인가?

① 9,000원 ② 10,000원
③ 11,250원 ④ 12,500원

> 가공비 = 직접노무비 + 제조간접비
> 직접노무비 = (직접노무비 + 제조간접비) × 0.2
> 직접노무비 = (직접노무비 + 45,000) × 0.2
> 위 식을 직접노무비에 대하여 풀면, 직접노무비 = 11,250원

02. 다음 중 제조원가 항목에 해당하는 것은?

① 관리부 경리사원 급여 ② 공장 차량운반구의 감가상각비
③ 영업사원 복리후생비 ④ 마케팅부서 접대비

> 공장 차량운반구의 감가상각비는 제조원가이다.

03. 다음 중 제조원가로 분류할 수 없는 것은?

① 공장건물의 재산세 ② 제품에 대한 광고선전비
③ 공장기계의 감가상각비 ④ 공장근로자 회사부담분 국민연금

> 제품에 대한 광고선전비는 판매비와 관리비로 분류한다.

04. 당기총제조원가가 당기제품제조원가보다 더 큰 경우 다음 중 맞는 설명은?

① 당기제품제조원가가 제품매출원가보다 반드시 더 크다
② 기초제품재고액이 기말제품재고액보다 더 작다.
③ 기초재공품액이 기말재공품액보다 더 크다
④ 기초재공품액이 기말재공품액보다 더 작다.

> 기말재공품액 – 기초재공품액 = 당기총제조원가 – 당기제품제조원가
> 따라서, 기말재공품액 〉 기초재공품액 = 당기총제조원가 〉 당기제품제조원가

05. 다음 중 제조원가명세서 작성시 필요로 하지 않는 자료는?
① 간접재료비 소비액 ② 간접노무비 소비액
③ 기초제품 재고액 ④ 제조경비

💬 기초제품 재고액은 손익계산서 작성시 필요한 자료이다.

06. 다음 중 제조원가명세서에서 구분표시 되는 항목이 아닌 것은?
① 직접재료비 ② 당기제품제조원가
③ 매출원가 ④ 제조간접비

💬 ③ 손익계산서에 표시되는 항목

07. 다음은 제조원가명세서에 대한 설명이다. 가장 옳지 않은 것은?
① 제조원가명세서상의 원재료와 재공품재고액은 재무상태표와 일치한다.
② 제조원가명세서의 당기제품제조원가는 손익계산서의 제품매출원가 계산에 반영된다.
③ 재무상태표의 제품재고액은 제조원가명세서 작성과 관련 없다.
④ 당기총제조원가를 구하는 과정을 나타내는 보고서이다.

💬 당기제품제조원가를 구하는 과정을 나타내는 보고서이다.

08. 제조원가명세서와 손익계산서 및 재무상태표의 관계에 대한 설명이다. 다음 중 설명이 틀린 것은?
① 제조원가명세서의 기말원재료재고액은 재무상태표의 원재료계정에 계상된다.
② 제조원가명세서의 기말재공품의 원가는 재무상태표의 재공품계정으로 계상된다.
③ 제조원가명세서의 당기제품제조원가는 손익계산서의 매출원가에 계상된다.
④ 손익계산서의 기말제품재고액은 재무상태표의 제품계정금액과 같다.

💬 제조원가명세서의 당기제품제조원가는 손익계산서의 당기제품제조원가에 계상된다.

09. 제조원가명세서와 관련된 설명이다. 틀린 것은?
① 재료 소비액의 산출과정이 표시된다.
② 기초재공품과 기말재공품재고액이 표시된다.
③ 기초재료와 기말재료재고액이 표시된다.
④ 외부에 보고되는 보고서이다.

💬 • 제조원가명세서는 내부보고용으로 원가계산준칙을 준용한다.
• 재무제표는 재무상태표, 손익계산서, 현금흐름표, 자본변동표로 구성되며, 주석을 포함한다.

10. 다음 중 원가집계 계정의 흐름으로 가장 옳은 것은?

① 매출원가 → 재공품 → 재료비 → 제품
② 재료비 → 매출원가 → 재공품 → 제품
③ 재료비 → 재공품 → 제품 → 매출원가
④ 매출원가 → 재료비 → 재공품 → 제품

11. 다음 중 일반적인 제조기업의 원가계산흐름을 바르게 설명한 것은?

① 부문별 원가계산 → 요소별 원가계산 → 제품별 원가계산
② 부문별 원가계산 → 제품별 원가계산 → 요소별 원가계산
③ 요소별 원가계산 → 부문별 원가계산 → 제품별 원가계산
④ 요소별 원가계산 → 제품별 원가계산 → 부문별 원가계산

12. 다음 자료에 의하여 당기제품매출원가를 계산하면 얼마인가?

• 기초재공품재고액 :	300,000원	• 당기총제조비용 :	1,000,000원
• 기말재공품재고액 :	400,000원	• 기초제품재고액 :	200,000원
• 기말제품재고액 :	300,000원	• 판매가능재고액 :	1,100,000원

① 1,000,000원　　② 900,000원
③ 800,000원　　④ 700,000원

> • 당기제품제조원가 = 기초재공품재고액 + 당기총제조비용 − 기말재공품재고액
> = 300,000 + 1,000,000 − 400,000 = 900,000원
> • 당기제품매출원가 = 기초제품재고액 + 당기제품제조원가 − 기말제품재고액
> = 200,000 + 900,000 − 300,000 = 800,000원
> • 판매가능재고액 = 기초제품재고액 + 당기제품제조원가 = 200,000 + 900,000 = 1,100,000원

13. 다음은 (주)앤트의 원가계산에 관한 자료이다. 기말재공품 원가는 얼마인가?

• 당기총제조비용 :	1,500,000원	• 기초재공품 재고액 :	200,000원
• 기초제품 재고액 :	300,000원	• 기말제품 재고액:	180,000원
• 매출원가 :	1,620,000원		

① 200,000원　　② 250,000원
③ 300,000원　　④ 350,000원

> 기말재공품재고액 = 200,000(기초재공품재고액) + 1,500,000(당기총제조비용) − 당기제품제조원가
> (1,620,000 − 300,000 + 180,000)

14. 다음의 자료를 근거로 당기 총제조원가를 계산하면 얼마인가?

• 기초재공품재고액 :	20,000원	• 기초제품재고액 :	50,000원
• 매출원가 :	500,000원	• 기말재공품재고액 :	35,000원
• 기말제품재고액 :	40,000원		

① 475,000원　　　　　　　　　　　② 490,000원
③ 505,000원　　　　　　　　　　　④ 510,000원

> 매출원가 = 기초제품 + 당기제품제조원가 − 기말제품
> 즉, 당기제품제조원가 = 매출원가 − 기초제품 + 기말제품 = 490,000원
> 당기제품제조원가 = 기초재공품 + 당기총제조원가 − 기말재공품
> 즉, 당기총제조원가 = 당기제품제조원가 − 기초재공품 + 기말재공품

15. 당기제품제조원가는 850,000원이다. 다음 주어진 자료에 의하여 기말재공품원가를 계산하면 얼마인가?

• 직접재료비 :	200,000원	• 기초재공품 :	250,000원
• 직접노무비 :	300,000원	• 기말재공품 :	?
• 변동제조간접비 :	300,000원	• 기초제품 :	500,000원
• 고정제조간접비 :	100,000원	• 기말제품 :	400,000원

① 300,000원　　　　　　　　　　　② 350,000원
③ 400,000원　　　　　　　　　　　④ 450,000원

> 당기제품제조원가(850,000원)
> = 직접재료비 + 직접노무비 + 변동제조간접비 + 고정제조간접비 + 기초재공품 − 기말재공품
> = 200,000 + 300,000 + 300,000 + 100,000 + 250,000 − 기말재공품(?)

16. 다음 자료에 의한 (주)세방의 직접노무비는 얼마인가?

• 기초원재료 :	100,000원	• 기초재공품 :	1,000,000원
• 당기매입원재료 :	600,000원	• 기말재공품 :	500,000원
• 기말원재료 :	200,000원	• 당기제품제조원가 :	4,000,000원
• 제조간접비 :	1,500,000원		

① 500,000원　　　　　　　　　　　② 1,000,000원
③ 1,500,000원　　　　　　　　　　④ 2,000,000원

> 원재료비(500,000원) = 100,000 + 600,000 − 200,000
> 당기총제조비용(3,500,000원) = 4,000,000 − 1,000,000 + 500,000
> 직접노무비 = 3,500,000 − 500,000 − 1,500,000

17. 수도광열비에 대한 자료가 다음과 같다. 당월의 수도광열비 소비액은 얼마인가?

- 당월지급액 : 5,000원
- 당월선급액 : 3,000원
- 전월미지급액 : 1,000원
- 당월미지급액 : 4,000원
- 전월선급액 : 2,000원

① 4,000원 ② 5,000원
③ 6,000원 ④ 7,000원

  당월지급액 + 당월미지급액 − 당월선급액 + 전월선급액 − 전월미지급액 = 소비액

18. 다음 중 제조원가계산을 위한 재공품 계정에 표시될 수 없는 것은?

① 당기총제조원가 ② 기말제품
③ 당기제품제조원가 ④ 기말재공품

  기말 제품은 제품 계정에 표시된다.

19. 다음은 (주)애플전자의 제조원가와 관련한 자료이다. 당기제품제조원가는 얼마인가?

- 기초재공품 : 100,000원
- 가공비 : 1,000,000원
- 기말재공품 : 250,000원
- 간접노무비 : 200,000원
- 직접재료비 : 600,000원
- 직접노무비 : 600,000원
- 간접재료비 : 200,000원

① 1,350,000원 ② 2,050,000원
③ 1,450,000원 ④ 1,050,000원

  • 가공비 = 직접노무비 + 제조간접비 = 1,000,000원 • 제조간접비 = 400,000원
  • 당기총제조비용(원가) = 직접재료비 + 직접노무비 + 제조간접비
        = 600,000 + 600,000 + 400,000 = 1,600,000원
  • 당기제품제조원가 = 100,000(기초재공품) + 1,600,000(당기총제조비용) − 250,000(기말재공품)

20. 기말재공품재고를 잘못 계산하여 수정할 경우 그 금액이 달라지지 않는 것은? 단, 기말제품재고는 선입선출법으로 평가한다.

① 당기총제조비용 ② 당기제품제조원가
③ 매출원가 ④ 기말제품재고

  • 당기총제조비용 = 원재료비 + 노무비 + 당기제조간접비
  • 당기제품제조원가 = 기초재공품 + 당기총제조비용 − 기말재공품
  • 매출원가 = 기초제품 + 당기제품제조원가 − 기말제품원가

 01. ③ 02. ② 03. ② 04. ④ 05. ③ 06. ③ 07. ④ 08. ③ 09. ④ 10. ③
 11. ③ 12. ③ 13. ① 14. ③ 15. ① 16. ③ 17. ④ 18. ② 19. ③ 20. ①

Chapter 03 부문별 원가계산

> NCS 능력단위 : 0203020103원가계산   능력단위요소 : 02원가배부하기
> 2.2 원가계산 대상에 따라 합리적인 원가배부기준을 적용할 수 있다.
> 2.3 보조부문의 개별원가와 공통원가를 집계할 수 있다.
> 2.4 보조부문의 개별원가와 공통원가를 배부할 수 있다.

01 부문별 원가계산의 의의

　부문별 원가계산은 요소별 원가계산을 거친 원가를 발생 장소별로 집계하여 특정 제품의 원가로 배부하는 절차를 말한다. 원가가 발생하는 장소를 부문이라 하고 부문별로 집계된 원가를 부문비라 한다.
　부문별 원가계산은 일정규모 이상의 기업에서 원가의 통제 및 관리를 위한 정보와 원가부문별 발생원가의 낭비 및 비효율을 파악할 수 있게 한다.

02 원가의 분류

(1) 원가부문의 설정

　원가부문은 제품의 제조활동을 직접 담당하는 제조부문과 제조부문의 제조활동을 지원하기 위한 용역을 제공하는 보조부문으로 구분한다.

부 분		내 용
제조부문		제품 제조 공정의 주요한 과정을 말하는 것으로 주물부문, 절단부문, 선반부문, 조립부문, 연마부문 등으로 구분
보조부문	보조용역부문	동력부문, 수선부문, 검사부문 등
	공장관리부문	구매, 노무관리, 공장사무부문 등

(2) 배부기준

① 부문공통비의 부문별 배부기준

부문공통비	배 분 기 준
ⓐ 간접재료비	직접재료비
ⓑ 간접노무비, 복리후생비	직접노무비, 직접작업시간, 종업원 수
ⓒ 건물감가상각비, 임차료, 보험료	사용(점유)면적, 건물금액
ⓓ 기계감가상각비, 기계보험료	기계장치의 가액, 기계작업(운전)시간
ⓔ 전력비	전력사용량 또는 마력수×운전시간
ⓕ 가스비, 수도비	가스, 수도의 사용량
ⓖ 수선비	수선횟수, 수선시간, 기계장치의 금액

② 보조부문비의 배부기준

보조부문에서 발생한 원가는 특정 제품의 원가로 추적하는 것이 어렵기 때문에 제조부문에 배부하여 제품의 원가에 반영한다. 보조부문비를 제조부분에 배부하는 기준은 보조부문이 제조부문에 제공한 용역의 정도를 충실히 반영할 수 있어야 한다. 따라서 배부기준은 발생한 원가와 인과관계가 있어야 하고, 간단명료하며 편익 대비 비용이 효율적이어야 한다.

보조부문비	배 분 기 준
동 력 부 문	사용전력량, 전기용량, Kw/h
수 선 유 지 부 문	수선횟수, 수선유지시간
검 사 부 문	검사수량, 검사시간
구 매 부 문	주문횟수, 주문비용
노 무 관 리 부 문	종업원수
공 장 사 무 부 문	종업원수

03 부문별 원가계산의 절차

부문비 계산절차	내 용
① 부문별 원가의 집계	원가 요소의 소비액을 비목별로 구분하여 특정 부문에서만 사용된 부문개별비를 각각의 부문에 부과
	원가요소 소비액 중 둘 이상의 부문에 공통으로 사용된 부문공통비를 적절한 배부기준에 의하여 각각의 부문에 배부
② 보조부문비를 제조부문에 대체	직접배부법 또는 단계배부법 또는 상호배부법에 의하여 대체
③ 제조부문비를 제품에 배부	공장전체 배부율 또는 부문별 배부율에 의하여 배부

04 보조부문비를 제조부문에 배부하는 방법

보조부문비를 배부하는 방법에는 직접배부법, 단계배부법, 상호배부법이 있다.

(1) 직접배부법

가장 단순한 방법으로 보조부문 상호간의 용역의 수수는 무시하고 한 번에 보조부문비를 제조부문에만 배부하는 방법이다. 아주 간단하여 비용이 적게 들고 보조부문간의 용역수수가 중요하지 않은 경우에 적합한 방법이다. 그러나 보조부문간의 용역수수가 큰 경우에는 원가배분의 결과가 정확한 원가정보를 주지 못하므로 부문간 통제와 관리가 충분하지 않다.

(2) 단계배부법

단계배부법은 계단식배부법이라고도 하며 다른 보조부문에 용역의 제공을 가장 많이 하는 보조부문부터 배부하거나 용역을 제공하는 다른 보조부문의 수가 가장 많은 보조부문부터 배부하는 방법이다.

보조부문간의 용역수수를 반영한다는 점에서 직접배부법보다 우수하다. 보조부문의 배부순서와 용역의 제공 크기가 일치하면 합리적이나 배부순서와 용역의 제공정도가 다르면 원가배분이 부정확하게 된다. 즉, 배분순서를 어떻게 하느냐에 따라 원가계산의 결과가 다르게 나타나는 단점이 있다.

(3) 상호배부법

상호배부법은 보조부문 상호간의 용역수수를 모두 반영하여 보조부문 상호간에도 배부한다. 보조부문 상호간의 용역수수를 모두 나타내므로 가장 정확한 원가배분의 방법이고 단계배부법과 달리 배부순서를 고려할 필요 없이 부문 간 통제와 의사결정의 정보를 얻을 수 있다. 다만 복잡한 원가배분의 절차를 위한 정확한 자료를 얻으려면 많은 시간과 비용이 소요되므로 소규모 기업에는 적합하지 않다.

연습문제

01. 보조부문비의 배부방법 중 단계배부법에 대한 설명으로 틀린 것은?
① 보조부문 상호간의 용역수수를 완전히 고려하는 방법이다.
② 보조부문의 배부순서를 합리적으로 결정하는 것이 매우 중요하다.
③ 보조부문의 배부순서에 따라 배부액이 달라질 수 있다.
④ 최초 배부되는 부문의 경우 자신을 제외한 다른 모든 부문에 배부된다.

　보조부문 상호간의 용역수수를 완전히 고려하는 방법은 상호배부법이다.

02. 다음 중 공장에서 사용중인 기계장치에 대한 감가상각비 배분기준으로 가장 적절한 것은?
① 재공품 비율　　　　　　　② 면적 비율
③ 기계사용시간 비율　　　　④ 취득원가 비율

03. 부문공통비인 건물의 감가상각비 배분기준으로 가장 적합한 것은?
① 각 부문의 인원수　　　　② 각 부문의 면적
③ 각 부문의 작업시간　　　④ 각 부문의 노무비

04. (주)나눔상사는 올해 상반기 영업실적이 좋아 기업 전 사원에게 복리후생비를 지급하려 한다. 이 기업은 기업본사부서 뿐만 아니라 공장 지점, 영업소에도 전사원에게 균등하게 복리후생비를 지급하려고 한다. 기업 전체의 복리후생비를 각 본사와 지사에 배부하기 위한 기준으로 가장 적합한 것은?
① 각 지사의 전력소비량
② 각 지사의 연료소비량
③ 각 지사의 면적
④ 각 지사의 종업원 수

　복리후생비를 배부하려면 종업원수가 배부기준으로 가장 적당하다.

05.
ANT사는 많은 기업들이 입주해 있는 건물을 관리하고 있다. 경비담당 직원들은 모든 입주 기업들의 사무실 및 건물 전체를 경비를 맡고 있다. 건물 전체의 경비업무 수수료를 각 기업에 배부하기 위한 기준으로 가장 적합한 것은?

① 각 입주기업의 직원 수
② 각 입주기업의 임대 면적
③ 각 입주기업의 전력사용량
④ 각 입주기업의 근무시간

06.
다음의 괄호에 들어갈 적당한 말은?

> (   )이란 원가집합에 집계된 공통원가 또는 간접원가를 합리적인 배부기준에 따라 원가대상에 대응시키는 과정을 말한다.

① 원가대상
② 원가배분
③ 원가집합
④ 원가대응

> 개별원가계산에서 원가계산시 이를 직접비와 간접비로 나누고, 간접비는 모두 제조간접비라는 일종의 집합(통제)계정에 모았다가 일정한 배부기준에 의해 제품별로 배부하게 된다. 이를 원가배부이라 한다.

07.
다음의 보조부문비의 배부방법 중 정확도가 높은 방법부터 올바르게 배열한 것은?

① 직접배부법 > 상호배부법 > 단계배부법
② 직접배부법 > 단계배부법 > 상호배부법
③ 상호배부법 > 단계배부법 > 직접배부법
④ 단계배부법 > 상호배부법 > 직접배부법

> 직접배부법: 보조부문상호간 용역수수 완전무시 ⇨ 간단, 정확성·신뢰도 가장 낮음
> 단계배부법: 직접배부법과 상호배부법의 절충
> 상호배부법: 보조부문상호간 용역수수 완전인식 ⇨ 복잡, 정확도·신뢰도 가장 높음

08.
기초재고와 기말재고가 없는 경우, 보조부문의 원가를 배부하는 방법과 관련된 내용으로 옳지 않은 것은?

① 직접배부법은 보조부문 상호간의 용역제공관계를 고려하지 않는다.
② 단계배부법과 상호배부법은 보조부문 상호간의 용역제공관계를 고려한다.
③ 어떤 방법을 사용하더라도 보조부문비 총액은 모두 제조부문에 배부된다.
④ 보조부문 배부방법에 따라 회사의 총이익도 달라진다.

> 재고가 존재하지 않는다면 제품의 총원가는 어떤 방법으로 배부한다 하더라도 같기 때문에 회사의 총이익 역시 배부방법에 따라 달라지지 않는다.

09. 다음은 보조부문원가를 배분하는 방법과 설명이다. 잘못 연결된 것은?

① 직접배분법 - 보조부분원가를 다른 보조부문에는 배분하지 않고 제조부문에만 배분하는 방법
② 단계배분법 - 보조부문원가를 배분순서에 따라 순차적으로 다른 보조부문과 제조부문에 배분하는 방법
③ 상호배분법 - 보조부문 상호간의 용역수수관계를 완전히 인식하여 보조부문원가를 다른 보조부문과 제조부문에 배분하는 방법
④ 단일배분율법 - 보조부문원가를 변동원가와 고정원가로 구분하여 각각 다른 배분기준을 적용하여 배분하는 방법

> 보조부문원가를 변동원가와 고정원가로 구분하여 각각 다른 배분기준을 적용하여 배분하는 방법은 이중배분율법이다.

10. (주)세원은 A, B 제조부문과 X, Y의 보조부문이 있다. 각 부문의 용역수수관계와 제조간접비 발생원가가 다음과 같다. 직접배부법에 의해 보조부문의 제조간접비를 배부한다면 B제조부문의 총제조간접비는 얼마인가?

	보조부문		제조부문		
	X	Y	A	B	합계
자기부문 발생액	150,000	250,000	300,000	200,000	900,000
(제공한횟수) X	-	200회	300회	700회	1,200회
Y	500회	-	500회	1,500회	2,500회

① 200,000원 ② 292,500원
③ 492,500원 ④ 600,000원

> X부문 배부액(105,000원) = 150,000 × (700회 / 1,000회)
> Y부문 배부액(187,500원) = 250,000 × (1,500회 / 2,000회)
> B부문 총제조간접비 = 200,000 + 105,000 + 187,500

11. 다음은 보조부문비와 관련된 설명이다. 가장 틀린 것은?

① 이중배분율법(dual allocation method)에 직접배분법, 단계배분법, 상호배분법을 적용할 수 없다.
② 원가행태에 의한 배분방법으로 단일배분율법과 이중배분율법이 있다.
③ 상호배분법은 보조부문비를 용역수수관계에 따라 다른 보조부문과 제조부문에 배부하는 방법이다.
④ 이중배분율법은 원가행태에 따라 배부기준을 달리 적용한다.

> 이중배분율도 단일배분율법과 같이 직접배분법, 단계배분법, 상호배분법을 적용할 수 있다.

12. 요소별원가계산에 있어 발생하는 제조간접비의 배부차이를 조정하는 방법으로서 적절하지 않은 것은?

① 비례배분법
② 매출원가 가감조정법
③ 상호배분법
④ 영업외손익법

> 상호배분법은 부문별원가계산시 보조부문의 원가를 배분하는 방법이다.

13. 다음 중 제조간접비의 배부와 관련하여 그 성격이 다른 하나는?

① 직접배부법
② 단계배부법
③ 상호배부법
④ 비례배부법

> 비례배분법은 제조간접비의 배부차액을 처리하는 방법이며, 나머지는 보조부문비를 제조부문에 배부하는 방법이다.

14. 다음은 보조부문원가에 관한 자료이다. 보조부문의 제조간접비를 다른 보조부문에는 배부하지 않고 제조부문에만 직접 배부할 경우 수선부문에서 조립부문으로 배부될 제조간접비는 얼마인가?

구 분		보조부문		제조부문	
		수선부문	관리부문	조립부문	절단부문
제조간접비		80,000	100,000		
부문별배부율	수선부문		20%	40%	40%
	관리부문	50%		20%	30%

① 24,000원
② 32,000원
③ 40,000원
④ 50,000원

> $80,000 \times \dfrac{40\%}{(40\% + 40\%)}$

Chapter 04 개별원가계산과 제조간접비의 배부

NCS 능력단위 : 0203020103원가계산   능력단위요소 : 03원가계산하기
3.2 업종 특성에 따라 개별원가계산을 할 수 있다.

01 개별원가계산

개별원가계산은 성능, 규격, 품질 등이 다른 여러 종류의 제품을 주문에 의하여 소량을 개별적으로 생산하는 건설업, 기계제조업, 항공기제조업, 가구제조업, 조선업 등에서 사용하는 원가계산 제도이다. 제품별로 부과된 직접비와 간접비 배부액을 집계하는 방법으로 개별 제품의 원가를 계산한다. 개별원가계산은 직접비와 간접비의 구분이 필요하고, 제품의 원가계산을 정확히 하기 위하여 제조간접비 배부액의 계산이 매우 중요하다.

02 개별원가계산의 절차

(1) 직접원가의 집계
직접재료비, 직접노무비 등의 직접원가는 특정제품의 원가계산표에 직접 부과하고 그 직접원가 부과액의 합계액을 재공품계정에 기입한다.

(2) 제조간접비의 배부
제조간접비는 특정 제품과 직접 연결할 수 없어 인위적인 배부기준이 필요하다. 인위적인 배부기준에 의하여 구한 배부율에 제품별 배부기준을 적용한 배부액을 제품별 원가계산표에 기입하는 것을 제조간접비의 배부라 한다.

(3) 제품원가와 기말재공품
특정 제품의 제조가 완료될 때까지 원가계산표에 집계된 직접원가와 제조간접비 배부액의 합계가 제품제조원가이며 이것을 재공품계정에서 제품계정으로 대체한다. 월말까지 미완성된 제품의 원가계산표에 집계된 금액은 월말재공품으로 다음 달로 이월한다.

03 제조간접비 배부방법

(1) 제조간접비 실제발생액의 배부

제조간접비의 실제 발생액을 제품에 배부하는 방법이다. 신속한 원가정보를 얻을 수 없고, 제품원가에 실제 간접비를 반영하므로 조업도의 변화에 따라 제품 원가에 등락이 나타나는 문제가 있다.

$$제조간접비\ 실제배부율 = \frac{실제\ 제조간접비\ 총액}{배부기준\ 합계}$$

$$제조간접비\ 배부액 = 실제배부율 \times 제품별실제배부기준$$

* 배부기준에는 직접재료비, 직접노무비, 직접원가를 기준으로 하는 가액법과 직접작업시간 또는 기계작업시간을 기준으로 하는 시간법이 있다.
* 가액법 중 직접재료비를 기준으로 할 때에는 직접재료비 총액을 배부율의 분모에 대입하고, 제품별 직접재료비를 배부액 계산식의 제품별 배부기준에 대입한다.
* 시간법 중 직접작업시간을 기준으로 할 때에는 배분율 계산의 분모에 직접작업시간 총시간을 대입하고, 배부액계산의 제품별 배부기준에는 제품별 직접작업시간수를 대입한다.

(2) 제조간접비 예정배부

실제발생액을 배부하는 경우의 문제를 해소하기 위하여 예정배부를 한다. 예정배부율의 계산에서 예정배부기준합계는 예정기계작업시간총시간이나 예정직접노동시간총시간 등을 말한다. 예정배부액은 예정배부율에 실제의 기계작업시간 또는 실제의 직접노동시간을 곱하여 계산한다.

$$예정배부율 = \frac{예정제조간접비\ 총액}{예정배부기준\ 합계}$$

$$제조간접비\ 예정배부액 = 예정배부율 \times 제품별실제배부기준$$

(3) 예정배부의 회계처리

제조간접비의 예정배부는 실제 발생한 제조간접비를 제품에 배부하지 않고 예정배부율에 의한 예정배부액을 제품에 배부하고 실제발생액과 예정배부액의 차이는 제조간접비배부차이 계정을 설정하여 처리한다.

(4) 제조간접비배부차이 처리

제조간접비배부차이계정에서 제조간접비배부차이를 처리하는 방법에는 제조간접비배부차이 전부를 매출원가계정에 대체하는 매출원가처리법과 재공품, 제품, 매출원가계정에 포함한 총원가(또는 간접원가)에 비례하여 안분하는 안분법 및 영업외손익으로 처리하는 방법이 있다.

연습문제

01. 개별원가계산제도에 있어 각 작업별 직접재료비, 직접노무비, 제조간접비가 집계, 기록되는 장소는?

① 작업원가표
② 제조지시서
③ 세금계산서
④ 매입주문서

> 개별원가계산에서 원가를 집계 계산하는 장소는 작업원가표이다.

02. 다음은 개별원가계산과 종합원가계산에 대한 설명이다. 다음 중 가장 틀린 것은?

① 제분업, 시멘트생산업 등은 종합원가계산에 적합하다.
② 작업원가표를 작성하는 것은 개별원가계산이다.
③ 다품종소량생산의 형태는 개별원가계산을 적용한다.
④ 종합원가계산은 개별원가계산에 비해 제조간접비배부문제가 중요하다.

> 개별원가계산은 다품종소량생산으로 여러제품에 대한 제조간접비배부가 중요하다. 종합원가계산은 동일제품의 대량생산으로 제조간접비의 배부는 개별원가계산에 비해 중요치 않다.

03. 개별원가계산에 대한 내용으로 옳지 않은 것은?

① 주문생산업종에 적합하다.
② 개별원가표에 의해 제조간접비를 배부한다.
③ 제품별로 손익분석 및 계산이 어렵다.
④ 제조간접비의 배분이 가장 중요한 과제이다.

> 개별원가계산은 각 개별작업별로 원가를 집계하여 제품별 원가계산을 하는 방법이기 때문에 제품별로 손익분석 및 계산이 용이하다.

04. 개별원가계산을 하고 있는 나눔제약의 4월의 제조지시서와 원가자료는 다음과 같다. 4월의 실제 제조간접비 총액은 4,000,000원이고, 제조간접비는 직접노동시간당 2,700원의 배부율로 예정배부되며, 제조지시서 #101은 4월중 완성되었고, #102는 미완성상태이다. 4월말 생산된 제품의 단위당 원가는 얼마인가?

	제조지시서	
	#101	#102
생 산 량	1,000단위	1,000단위
직 접 노 동 시 간	600시간	600시간
직 접 재 료 비	1,350,000원	1,110,000원
직 접 노 무 비	2,880,000원	2,460,000원

① 5,000원　　　　　　　　　② 5,850원
③ 5,520원　　　　　　　　　④ 5,190원

> #101 제조간접비 배부액(1,620,000원) = 600시간 × 2,700
> 제품 단위당 원가 = (1,620,000 + 1,350,000 + 2,880,000) ÷ 1,000단위

05. (주)한결의 선박 제작과 관련하여 9월 중에 발생한 원가 자료는 다음과 같다. A선박의 당기총제조원가는 얼마인가? 단, 9월 중 제조간접비 발생액은 160,000원이며, 직접노무비를 기준으로 제조간접비를 배부한다.

구 분	A선박	B선박	합 계
직접재료비	30,000원	70,000원	100,000원
직접노무비	60,000원	140,000원	200,000원

① 102,000원　　　　　　　　② 110,000원
③ 138,000원　　　　　　　　④ 158,000원

> 제조간접비배부율 = 제조간접비/총직접노무비 = 160,000/200,000 = 80%
> 당기총제조원가 = 직접재료비 + 직접노무비 + 제조간접비 = 30,000 + 60,000 + 60,000 × 80%

06. 정상개별원가계산의 방법에 의하여 제조간접비를 예정배부할 경우 예정배부액은 어떤 산식에 의하여 계산하여야 하는가?

① 실제배부율 × 배부기준의 실제발생량
② 실제배부율 × 배부기준의 예정발생량
③ 예정배부율 × 배부기준의 실제발생량
④ 예정배부율 × 배부기준의 예정발생량

07. (주)크로바는 제조간접비를 직접노무시간을 기준으로 배부하고 있다. 당해 제조간접비 배부차이는 100,000원이 과대배부 되었다. 당기말 현재 실제 제조간접비 발생액은 500,000원이고, 실제 직접노무시간이 20,000시간일 경우 예정배부율은 얼마인가?

① 25원 / 시간당
② 30원 / 시간당
③ 40원 / 시간당
④ 50원 / 시간당

> 예정배부액 − 실제발생액(500,000) = 100,000원(과대배부)
> 예정배부액 = 600,000원
> 예정배부액 600,000원 = 실제직접노무시간(20,000시간) × 예정배부율
> 예정배부율 = 예정배부액 ÷ 실제직접작업시간

08. 다음 중 제조간접비에 대한 설명으로 틀린 것은?

① 배부방법에는 실제배부법과 예정배부법이 있다.
② 실제배부법은 계절별 생산량이 큰 차이가 있는 경우에 적합한 배부법이다.
③ 여러 제품에 공통으로 발생하는 원가이기에 각 제품별로 집계하기 어렵다.
④ 일반적으로 제조부문의 임차료, 보험료, 감가상각비 등이 이에 해당된다.

> 실제배부법은 계절별 생산량이 큰 차이가 있는 경우에 제품의 단위당 원가가 계절별로 다르게 되는 문제점이 있다.

09. (주)현대는 제조간접비를 직접노무시간으로 배부하고 있다. 당해연도초 제조간접비 예상금액은 600,000원, 예상직접노무시간은 20,000시간이다. 당기말 현재 실제제조간접비발생액은 400,000원 이고 실제직접노무시간이 15,000시간일 경우 제조간접비 배부차이는 얼마인가?

① 과대배부   50,000원
② 과소배부   50,000원
③ 과대배부   200,000원
④ 과소배부   200,000원

> 예정배부율 : 600,000 / 20,000시간 = 30원/시간당
> 예정배부액 : 15,000시간 × 30 = 450,000원
> 배부차이 : 실제발생액 − 예정배부액 = 400,000 − 450,000 = 50,000원(과대배부)

10. 정상개별원가계산에서 제조간접비의 배부차이를 조정하는 일반적인 방법이 아닌 것은?

① 매출원가조정법
② 비례배분법
③ 순실현가치법
④ 영업외손익법

> 제조간접비 배부차이 조정으로 매출원가조정법, 비례배분법, 영업외손익법이 있다.

11. 선경전자는 제조간접비를 직접노무시간을 기준으로 예정배부하고 있다. 당해 연도 초의 예상직접노무시간은 70,000시간이다. 당기 말 현재 실제제조간접비 발생액이 2,150,000원이고 실제 직접노무시간이 75,000시간일 때 제조간접비 배부차이가 250,000원 과대배부된 경우 당해 연도초의 제조간접비 예상액은 얼마인가?

① 1,900,000원　　　　　　　　② 2,240,000원
③ 2,350,000원　　　　　　　　④ 2,400,000원

　　제조간접비 과대배부 : 실제발생액 < 예정배부액
　　실제발생액(2,150,000) + 과대배부액(250,000) = 제조간접비배부액(2,400,000원)
　　제조간접비 예정배부율 = 2,400,000÷75,000 = 32원
　　제조간접비 예상액 = 70,000×32

정답 01. ①　02. ④　03. ③　04. ②　05. ③　06. ③　07. ②　08. ②　09. ①　10. ③
11. ②

Chapter 05 종합원가계산

> NCS 능력단위 : 0203020103원가계산   능력단위요소 : 03원가계산하기
> 3.3 업종 특성에 따라 종합원가계산을 할 수 있다.

01 종합원가계산의 의의

종합원가계산은 동종의 제품을 연속적으로 대량 생산하는 업종인 방직업, 정유업, 식품가공업 등에 적합한 원가계산 방법이다.

개별원가계산에서는 발생한 원가를 제품별로 집계하지만, 종합원가계산에서는 연속된 공정에서 계속적 반복적으로 생산하므로 발생원가를 공정별 또는 부문별로 집계하여 완성품과 미완성품에 배부하여 완성품제조원가와 기말재공품원가를 산출한다. 종합원가계산에서 제품의 원가는 평준화되는 것으로 가정하여 일정기간별로 집계한 총원가투입액을 총산출량으로 나누어 단위당원가를 구한다.

02 종합원가계산의 절차

종합원가계산은 다음과 같은 다섯 단계에 의하여 이루어진다.

> 1단계 : 물량의 흐름을 파악한다.
> 2단계 : 원가요소별로 완성품환산량을 계산한다.
> 3단계 : 원가요소별로 발생한 원가를 집계한다.
> 4단계 : 원가요소별로 완성품환산량 단위당원가를 산출한다.
> 5단계 : 완성품제조원가와 기말재공품원가를 계산한다.

03 기말재공품의 평가

기말재공품의 평가란 기초재공품의 원가와 당기에 투입한 원가를 완성품과 기말재공품에 배분하는 과정을 말하는 것으로 이것을 위하여 원가의 흐름에 대한 가정이 필요하다.

원가흐름의 가정에는 평균법, 선입선출법, 후입선출법이 있는데 후입선출법은 계산이 복잡하고 물량의 흐름에 배치되어 한국채택국제회계기준은 인정하지 않는다.

(1) 평균법

평균법은 기초재공품도 당기에 투입한 것으로 가정하여 기초재공품원가와 당기투입원가를 구분하지 않고 가중평균하여 완성품과 기말재공품에 안분하는 방법이다.

> 완성품환산량 = 당기완성수량 + 기말재공품환산량
>
> 완성품환산량단위당원가 = $\dfrac{\text{기초재공품원가} + \text{당기투입원가}}{\text{완성품 환산량}}$
>
> 기말재공품원가 = 완성품환산량단위당원가 × 기말재공품환산량
>
> * 기말재공품 평가는 직접재료비와 가공비를 구분하여 구한 후 합산한다.

(2) 선입선출법

선입선출법은 기초재공품이 먼저 완성품이 되고 당기에 투입한 원가가 완성품과 기말재공품이 된다는 원가흐름을 가정한다.

> 완성품환산량 = 당기완성수량 − 기초재공품환산량 + 기말재공품환산량
> 　　　　　　 = 기초재공품수량 × (1 − 완성도) + 당기제조착수수량 중 완성수량 + 기말재공품환산량
>
> 완성품환산량단위당원가 = $\dfrac{\text{당기투입원가}}{\text{완성품환산량}}$
>
> 기말재공품원가 = 완성품환산량단위당원가 × 기말재공품환산량
>
> * 기말재공품 평가는 직접재료비와 가공비를 구분하여 구한 후 합산한다.

04 완성품제조원가의 계산

완성품제조원가는 기초재공품원가에 당기투입원가를 가산하고 기말재공품원가를 차감하여 구한다.

> 기말재공품원가 = 기말재공품수량 × 완성품환산량 단위당원가
> 완성품제조원가 = 기초재공품원가 + 당기투입원가 − 기말재공품원가

05 평균법과 선입선출법의 비교

구 분	평 균 법	선입선출법
배분대상원가	기초재공품원가와 당기투입원가의 합계액이 배분대상원가	기초재공품은 먼저 완성되는 것으로 가정하므로 당기투입원가가 배분대상원가
기초재공품의 완 성 도	기초재공품을 당기투입원가와 같이 당기에 투입한 것으로 보므로 완성도를 적용할 필요가 없다.	완성품환산량 계산을 위하여 기초재공품과 당기투입원가를 구분하여야 하므로 기초재공품의 완성도가 필요하다.
완성품환산량	당기완성수량 + 기말재공품환산량	당기완성수량 − 기초재공품환산량 + 기말재공품환산량
완 성 품 제 조 원 가	완성수량에 완성품환산량단위당원가를 곱한 금액	당기투입분 중 완성수량에 완성품환산량단위당원가를 곱한 금액과 기초재공품원가의 합계액
장 단 점	계산 절차가 간단하나 전기분 원가와 당기투입원가가 혼합되어 원가정보의 유용성이 낮다.	계산 절차는 복잡하지만 당기분원가만 반영하므로 원가정보의 유용성이 크다.

06 공손과 감손

(1) 공손과 감손의 개념

공손이란 재료의 불량, 작업기술의 미숙, 기계의 정비불량 등으로 가공과정에 실패한 불합격품을 말한다.

감손은 제조과정에서 재료의 유실, 증발, 가스화하여 제품화되지 않은 부분을 말한다.

(2) 공손품이 있는 경우 종합원가계산

공손이 정상적인 원인에 의한 경우에는 제조원가로 처리하고, 비정상적인 원인에 의한 공손인 경우에는 영업외비용으로 처리한다.

제조원가로 처리하는 정상적인 공손의 경우에는 ㉠ 완성품에만 부담시키는 방법과 ㉡ 완성품과 기말재공품에 안분하는 방법이 있다.

구 분	처 리 방 법	
정상공손원가	제조원가로 처리	기말재공품이 검사시점을 통과하지 못한 경우 : 완성품에만 배부
		기말재공품이 검사시점을 통과한 경우 : 완성품과 기말재공품에 안분
비정상공손원가	영업외비용으로 처리	

07 종합원가계산과 개별원가계산의 비교

구 분	종합원가계산	개별원가계산
생 산 형 태	동종 제품의 연속 대량 생산	다품종 소량의 주문 생산
적용대상업종	정유업, 제분업, 제당업, 방직업, 철강업, 제지업, 화학품제조업	건설업, 조선업, 인쇄업, 기계제작업, 항공기제조업, 회계서비스업
제 조 지 시 서	계속제조지시서	특정제조지시서
원가계산방법	공정별 기간별원가계산을 하므로 직접재료비와 가공비의 구분과 완성품환산량의 계산이 중요	제조지시서별 원가계산을 위하여 직접비·간접비의 구분과 제조간접비의 배부가 중요
기말재공품의 평가	제조원가를 완성품원가와 기말재공품으로 분배하는 절차가 필요하고 기말재공품 완성품환산량에 단위당원가를 곱하여 계산한다.	별도의 기말재공품 평가가 불필요하고 미완성된 제조지시서의 원가를 집계하면 된다.
완성품 단위당 원가	완성품제조원가(= 기초재공품원가 + 당기제조원가투입액 − 기말재공품원가)를 완성수량으로 나눈다.	완성된 제품의 원가계산표의 합계액을 완성수량으로 나누어 구한다.
원가계산의 정확성	상대적으로 정확성이 떨어진다.	제품별 정확한 원가계산이 가능
원가계산의 비용	상대적으로 덜 복잡하여 비용이 많이 들지 않는다.	상세한 기록이 필요하여 원가계산비용이 많이 소요된다.

연습문제

01. 종합원가계산에 관한 다음 설명 중 가장 옳은 것은?

① 종합원가계산은 다품종 소량생산방식의 생산형태에 적합하다.
② 제조공정이 2이상 연속 되는 경우에는 적용할 수 없다.
③ 기초재공품의 완성도에 관계없이 평균법과 선입선출법의 원가계산액은 동일하다.
④ 종합원가계산은 재공품을 완성품환산량으로 환산하여 집계한다.

> ① 종합원가계산은 소품종 대량생산방식의 생산형태에 적합
> ② 제조공정이 2이상 연속되는 경우 공정별종합원가계산 적용
> ③ 기초재공정품이 없는 경우에 원가계산액이 동일할 수 있으나, 기초재공품의 완성도가 다른 경우 원가계산액은 상이하다.

02. 다음의 괄호에 들어갈 적당한 말을 고르시오.

( )은 완성품환산량이라고 하는 인위적 배부기준에 따라 원가배부를 통하여 완성품원가와 기말재공품원가의 계산이 이루어진다.

① 요소별원가계산　　　　　　② 부문별원가계산
③ 개별원가계산　　　　　　　④ 종합원가계산

> 종합원가계산은 완성품환산량이라고 하는 인위적배부기준에 따라 원가배부를 통하여 완성품원가와 기말재공품원가의 계산이 이루어진다.

03. 다음 중 종합원가계산방식이 가장 적절한 것은 무엇인가?

① 소형차　　　　　　　　　　② 비행기
③ 특별주문 드레스　　　　　　④ 선박

> 소형자동차는 정형화된 공정에서 대량생산되기 때문에 종합원가계산방식이다.

04. 다음 중 종합원가계산의 특징이 아닌 것은?

① 작업원가표 작성　　　　　　② 제조공정별로 원가집계
③ 제조원가보고서 작성　　　　④ 동종제품을 대량으로 생산하는 기업

> 작업원가표 작성은 개별원가계산을 위한 서류이다.

05. 종합원가계산에서 평균법을 적용하여 완성품환산량의 원가를 계산할 때 고려해야 할 원가는?
① 당기총제조비용
② 당기총제조비용과 기말재공품재고액의 합계
③ 당기총제조비용과 기말재공품재고액의 차액
④ 당기총제조비용과 기초재공품재고액의 합계

06. 개별원가계산과 종합원가계산의 비교가 옳지 않은 것은?
① 개별원가계산에서는 제조간접비의 배부과정이 필요하나, 종합원가계산에서는 꼭 필요한 것은 아니다.
② 개별원가계산은 다품종의 제품생산에 적합하나, 종합원가계산은 동일종류 제품생산에 적합하다.
③ 개별원가계산에는 완성품환산량을 적용하나, 종합원가계산에는 그러하지 않다.
④ 개별원가계산과 종합원가계산은 주로 제조업분야에서 활용되는 원가계산방식이다.

　　💬 종합원가계산에서 완성품환산량을 적용하고, 개별원가계산에서는 제조간접비 배부가 이루어진다.

07. 종합원가계산하에서는 원가흐름 또는 물량흐름에 대해 어떤 가정을 하느냐에 따라 완성품환산량이 다르게 계산된다. 다음 중 평균법에 대한 설명으로 틀린 것은?
① 전기와 당기발생원가를 구분하지 않고 모두 당기발생원가로 가정하여 계산한다.
② 계산방법이 상대적으로 간편하다.
③ 원가통제 등에 보다 더 유용한 정보를 제공한다.
④ 완성품환산량 단위당 원가는 총원가를 기준으로 계산된다.

　　💬 전기와 당기발생원가를 각각 구분하여 완성품환산량을 계산하기 때문에 보다 정확한 원가계산이 가능하고 원가통제 등에 더 유용한 정보를 제공하는 물량흐름의 가정은 선입선출법이다.

08. 기말재공품액이 기초재공품액보다 더 큰 경우 다음 중 맞는 설명은?
① 기초재공품액에 당기총제조비용을 더한 금액이 당기제품제조원가가 된다.
② 당기총제조비용이 당기제품제조원가보다 작다.
③ 당기제품제조비용이 제품매출원가보다 반드시 더 크다.
④ 당기제품원가가 당기총제조비용보다 작다.

　　💬 기말재공품액 − 기초재공품액 = 당기총제조비용 − 당기제품제조원가
　　　 따라서, 기말재공품액 > 기초재공품액 = 당기총제조비용 > 당기제품제조원가

09. 다음 중 종합원가계산에서 재료비와 가공비의 완성도에 관계없이 완성품환산량의 완성도가 항상 가장 높은 것은 무엇인가?

① 가공비　　　　　　　　　　　② 직접노무원가
③ 전공정원가　　　　　　　　　　④ 직접재료원가

> 전공정원가는 전공정에서 원가가 모두 발생하였기 때문에 100%로 계산된다. 따라서 완성도에 관계없이 항상 완성품환산량의 완성도가 항상 가장 높은 것은 전공정원가이다.

10. 다음 자료를 활용하여 평균법에 의한 재료비와 가공비의 완성품환산량을 계산하면 얼마인가?

- 기초재공품 : 700개(완성도 30%)
- 당기착수량 : 1,500개
- 당기완성품 : 1,700개
- 기말재공품 : 500개(완성도 50%)
- 재료는 공정초에 전량 투입되고, 가공비는 공정전반에 걸쳐 균등하게 투입된다.

① 재료비 2,200개, 가공비 1,950개
② 재료비 2,200개, 가공비 1,990개
③ 재료비 1,740개, 가공비 1,950개
④ 재료비 1,740개, 가공비 1,990개

> 재료비 완성품환산량 : 1,700개 + 500개 = 2,200개
> 가공비 완성품환산량 : 1,700개 + 500개 × 0.5 = 1,950개

11. 기초재공품은 20,000개(완성도 20%), 당기완성품 수량은 170,000개, 기말재공품은 10,000개(완성도 40%)이다. 평균법과 선입선출법의 가공비에 대한 완성품환산량의 차이는 얼마인가? 단, 재료는 공정초에 전량 투입되고, 가공비는 공정전반에 걸쳐 균등하게 투입된다.

① 4,000개　　　　　　　　　　② 5,000개
③ 6,000개　　　　　　　　　　④ 7,000개

> 4,000개 = 174,000 − 170,000
> 평균법에 의한 가공비의 완성품환산량 = 170,000 + 10,000 × 0.4 = 174,000개
> 선입선출법에 의한 가공비의 완성품환산량 = 170,000 + 10,000 × 0.4 − 20,000 × 0.2 = 170,000개

12. 다음 자료를 보고 선입선출법에 의한 재료비와 가공비의 완성품환산량을 계산하면 얼마인가?

> - 기초재공품 : 10,000단위 (완성도 : 30%)
> - 기말재공품 : 20,000단위 (완성도 : 70%)
> - 착 수 량 : 30,000단위
> - 완성품수량 : 20,000단위
> - 원재료는 공정 초에 전량 투입되고, 가공비는 공정전반에 걸쳐 균등하게 발생한다.

① 재료비 30,000단위, 가공비 31,000단위
② 재료비 30,000단위, 가공비 34,000단위
③ 재료비 40,000단위, 가공비 31,000단위
④ 재료비 40,000단위, 가공비 34,000단위

> 재료비 = 10,000 + 20,000 = 30,000단위
> 가공비 = 10,000 × 70% + 10,000 + 20,000 × 70% = 31,000단위

13. 평균법으로 종합원가계산을 하고 있다. 기말재공품 200개에 대하여 재료비는 공정초기에 모두 투입되고, 가공비는 제조 진행에 따라 80%를 투입하고 있다. 만일 완성품환산량 단위당 재료비와 가공비가 각각 380원, 140원이라면, 기말재공품의 원가는 얼마인가?

① 16,000원   ② 53,200원
③ 98,400원   ④ 100,000원

> 재료비는 공정초기에 모두 투입되었기 때문에 200 × 380 = 76,000원
> 가공비는 제조진행에 따라 투입되었기 때문에 (200 × 0.8) × 140 = 22,400원
> 따라서 기말재공품원가는 재료비 76,000 + 가공비 22,400

14. (주)시흥은 평균법에 의하여 종합원가계산을 하며, 재료는 공정 초기에 전량 투입되고, 가공비는 공정 중 고르게 투입된다. 다음 자료를 이용하여 재료비와 가공비의 완성품환산량을 구하면 얼마인가?

> - 기초재공품수량 : 0개
> - 기말재공품수량 : 1,000개(완성도 50%)
> - 당기착수량 : 4,000개
> - 완성품수량 : 3,000개

	재료비	가공비		재료비	가공비
①	3,500개	4,000개	②	3,500개	3,500개
③	4,000개	4,000개	④	4,000개	3,500개

		재료비	가공비
완성품	3,000	3,000	3,000
기말재공품(50%)	1,000	1,000	500
완성품환산량		4,000	3,500

15. 공손에 대한 설명으로 틀린 것은?

① 비정상공손은 공손이 발생한 기간의 영업외비용으로 처리한다.
② 정상공손은 원가에 포함한다.
③ 공손품은 일정수준에 미달하는 불합격품을 말한다.
④ 작업폐물은 공손품으로 분류한다.

> 작업폐물은 공손품으로 분류하지 않고 작업폐물의 평가액을 제조원가에서 차감한다.

16. 다음 중 공손에 대한 회계처리 중 틀린 것은?

① 공손이 정상적인가 아니면 비정상적인가를 고려하여야 한다.
② 정상적 공손은 제품원가의 일부를 구성한다.
③ 공손은 어떠한 경우에나 원가로 산입하지 않고 영업외비용으로 처리한다.
④ 공손의 비중이 적은 경우에는 공손을 무시한 채 회계처리하는 경우도 있다.

> 비정상적 공손은 영업외비용으로 처리한다.

17. 종합원가계산방법과 개별원가계산방법에 대한 내용으로 올바르게 연결된 것은?

	구 분	종합원가계산방법	개별원가계산방법
①	핵심과제	제조간접비 배분	완성품환산량 계산
②	업 종	조선업	통조림제조업
③	원가집계	공정 및 부문별 집계	개별작업별 집계
④	장 점	정확한 원가계산	경제성 및 편리함

> | 구 분 | 종합원가계산 | 개별원가계산 |
> |---|---|---|
> | 핵심과제 | 완성품환산량 계산 | 제조간접비 배분 |
> | 업 종 | 통조림제조업 | 조선업 |
> | 원가집계 | 공정 및 부문별 집계 | 개별작업별 집계 |
> | 장 점 | 경제성 및 편리함 | 정확한 원가계산 |

정답 01. ④ 02. ④ 03. ① 04. ① 05. ④ 06. ③ 07. ③ 08. ④ 09. ③ 10. ①
      11. ① 12. ① 13. ③ 14. ④ 15. ④ 16. ③ 17. ③

PART 03
부가가치세법

CHAPTER 01. 부가가치세법 총칙
CHAPTER 02. 과세거래
CHAPTER 03. 영세율과 면세
CHAPTER 04. 거래징수와 세금계산서
CHAPTER 05. 과세표준 및 매출세액
CHAPTER 06. 신고·납부

부가가치세법 총칙

01 부가가치세의 개념

부가가치세(VAT : Value Added Tax)는 소비를 과세대상으로 하는 소비세로 생산자가 재화나 용역을 생산·유통하는 각 단계에서 창출한 부가가치를 과세대상으로 한다.

> 매출세액 = 과세표준(공급가액) × 세율
> 납부세액 = 매출세액 – 매입세액(세금계산서에 의하여 확인된 세액)

02 부가가치세의 특징

구 분	내 용
국 세	국가가 과세권을 행사하는 국세이면서, 세수의 25.3%를 지방소비세로 전환
간 접 세	납세의무자는 재화나 용역을 공급하는 사업자로 하고, 담세자는 최종소비자
일 반 소 비 세	모든 재화나 용역의 소비행위를 과세대상으로 하는 일반소비세
다 단 계 거 래 세	재화 또는 용역이 거래되는 모든 단계마다 과세
전 단 계 세 액 공 제 법	매출액에 세율을 곱하여 매출세액을 계산한 후 매입단계에서 부담한 매입세액을 차감하여 부가가치세를 계산하는 방법
소비지국 과세원칙	국가간 이중과세를 조정하기 위하여 소비지국에서 과세하고 생산지국은 과세하지 않는다. 수입재화에 대하여는 세관장이 내국물품과 동일하게 부가가치세를 과세하고, 수출하는 재화는 영세율을 적용한다.
소 비 형 부 가 가 치 세	국민소득 중 투자액을 제외한 소비액만을 대상으로 부가가치를 과세
면 세 제 도	부가가치세의 역진성 완화 목적, 소비자의 세부담 경감
사 업 장 단 위 과 세	사업장단위 과세원칙 예외적으로 주사업장총괄납부제도와 사업자단위과세제도 적용

03 납세의무자

부가가치세의 납세의무자는 사업자와 재화를 수입하는 자이다. 여기서 사업자란 사업목적이 영리이든 비영리이든 관계없이 사업상 독립적으로 재화 또는 용역을 공급하는 자를 말한다.

04 사업자등록

(1) 사업자등록

사업을 신규로 개시하는 자는 사업개시일부터 20일 이내에 사업장마다 사업장관할 세무서장에게 사업자등록을 하여야 한다. 다만, 신규로 사업을 개시하고자 하는 자는 사업개시일전이라도 등록할 수 있다.

(2) 사업자등록증의 발급

사업자등록의 신청을 받은 사업장 관할세무서장은 신청일부터 2일 이내(공휴일, 토요일, 근로자의 날 제외)에 사업자등록증을 발급하여야 한다. 국세청장이 필요하다고 인정하는 경우에는 발급기한을 5일 이내에서 연장하고 조사한 사실에 따라 발급할 수 있다.

(3) 사업자등록의 정정

다음의 사유가 발생한 경우에는 지체 없이 사업자등록정정신고를 하여야 한다. 정정신고를 받은 세무서장은 정정내용을 확인하고, 다음의 기한 내에 재발급하여야 한다.

등 록 정 정 사 유	재발급기한
① 상호를 변경하는 때	신청일 당일
② 통신판매업자가 사이버몰의 명칭 또는 인터넷 도메인이름을 변경하는 때	
③ 대표자 변경, 사업의 종류 변경, 사업장을 이전하는 때	신청일로부터 2일 이내
④ 상속으로 인하여 사업자의 명의가 변경되는 때 (증여는 정정대상이 아니다)	
⑤ 공동사업자의 구성원 또는 출자지분의 변경이 있는 때	
⑥ 임대인, 임대차 목적물 및 면적, 보증금, 임대차기간의 변경이 있거나 새로이 상가건물을 임차한 때	

05 과세기간과 신고납부기한

(1) 일반과세자(계속사업자)

일반과세자로서 계속사업자의 과세기간과 신고납부기한은 다음과 같다.

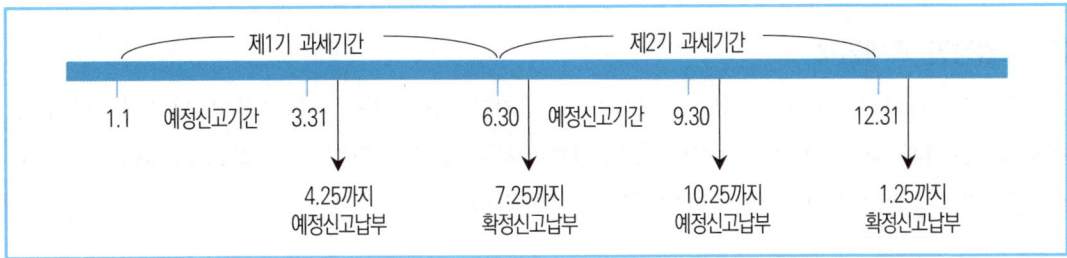

(2) 간이과세자(계속사업자)

간이과세자의 과세기간은 1월 1일부터 12월 31일까지로 다음 해 1월 25일까지 신고 납부하여야 한다.

(3) 예외적인 경우 과세기간

신고납부는 과세기간 종료일로부터 25일 이내에 하여야 한다. 다만, 폐업자는 폐업일이 속하는 달의 다음달 25일까지 신고·납부하여야 한다.

구 분	과 세 기 간
신규사업자	사업개시일 또는 등록일 ~ 해당 과세기간 종료일
폐업자	해당 과세기간 개시일 ~ 폐업일
간이과세를 포기한 경우	다음의 기간을 각각 1과세기간으로 한다. ㉠ 해당 과세기간 개시일 ~ 포기신고일이 속하는 달의 말일 ㉡ 포기신고일이 속하는 달의 다음달 1일 ~ 해당 과세기간 종료일

06 납세지

> NCS 능력단위 : 0203020225부가가치세신고   능력단위요소 : 03부가가치세신고하기
> 3.2 부가가치세법에 따라 납세지를 결정하여 상황에 맞는 신고를 할 수 있다

(1) 사업장별 과세원칙

사업장별 과세원칙이란 사업장 소재지를 납세지로 하여, 사업자등록부터 세금계산서의 발급과 신고·납부 및 경정 등이 사업장별로 이루어지는 것을 말한다. 사업장별 과세원칙의 예외로 주사업장총괄납부 및 사업자단위과세제도가 있다.

(2) 업종별 사업장

사업장이란 사업자 또는 그 사용인이 상시 주재하여 거래의 전부 또는 일부를 행하는 장소를 말한다. 다음의 업종별 사업장 이외의 장소도 사업장으로 등록할 수 있으나, 무인자동판매기를 통하여 재화 또는 용역을 공급하는 사업의 경우에는 그러하지 아니하다.

구 분	사 업 장
광 업	• 광업사무소의 소재지
제조업	• 최종 제품을 완성하는 장소(따로 제품의 포장만을 하거나 용기에 충전만을 하는 장소와 저유소는 제외)
건설업·운수업·부동산매매업	• 법인 법인의 등기부상의 소재지(지점소재지 포함) • 개인 업무를 총괄하는 장소
부동산임대업	• 부동산의 등기부상 소재지
무인자동판매기	• 사업에 관한 업무를 총괄하는 장소
통신판매업	• 부가통신판매사업자의 주된 사업장 소재지
다단계판매원	• 다단계판매원이 등록한 다단계판매업자의 주된 사업장
사업장을 설치하지 아니한 경우	• 사업자의 주소 또는 거소

Chapter 02 과세거래

> NCS 능력단위 : 0203020225부가가치세신고   능력단위요소 : 03부가가치세신고하기
> 3.4.부가가치세법에 따른 부가가치세의 과세대상인 재화의 공급과 용역의 공급의 범위를 판단할 수 있다.

01 일반적인 과세거래

(1) 재화의 공급

① 재 화

재화란 재산 가치가 있는 물건 및 권리를 말한다.

구 분	내 용
물 건	상품·제품, 원료, 기계, 건물 등 모든 유체물 및 전기, 가스, 열 등 관리할 수 있는 자연력
권 리	광업권, 특허권, 저작권, 영업권 등의 권리

* 재산 가치가 없는 물, 공기 등과 수표·어음 등의 화폐대용증권, 주식·채권 등의 유가증권 및 상품권은 재화에 해당하지 않는다.

② 공 급

공급이란 계약상 또는 법률상의 모든 원인에 의하여 재화를 인도 또는 양도하는 것을 말한다.

(2) 용역의 공급

① 용 역

용역이란 재화 외에 재산 가치가 있는 모든 역무와 그 밖의 행위를 말한다. 그러나 논·밭·과수원·목장용지·임야 또는 염전임대업은 용역의 범위에 포함되지 않는다.

> **용역의 범위**
> - 건설업
> - 방송통신 정보서비스업
> - 전문, 과학, 기술서비스업과 사업시설관리, 사업지원서비스업
> - 공공행정, 국방 및 사회보장행정
> - 예술, 스포츠 및 여가관련 서비스업
> - 협회 및 단체, 수리 및 기타 개인서비스업
> - 가구내고용활동 및 달리 분류되지 않은 자가소비 생산활동
> - 숙박 및 음식점업
> - 금융 보험업
> - 운수업
> - 부동산업 및 임대업
> - 교육서비스업
> - 보건 및 사회복지서비스업
> - 국제, 외국기관의 사업

② 공 급

용역의 공급은 계약상 또는 법률상의 모든 원인에 의하여 역무를 제공하거나 시설물, 권리 등 재화를 사용하게 하는 것을 말하며, 대가를 받지 않는 용역의 무상제공(특수관계인에 대한 부동산 임대용역의 무상제공은 제외)은 공급으로 보지 않는다.

(3) 재화의 수입

재화의 수입이란 다음의 물품을 우리나라의 영토 및 우리나라가 행사할 수 있는 권리가 미치는 곳에 반입하는 것(보세구역을 거치는 것은 보세구역에서 반입하는 것)을 말한다.

02 재화 공급의 특례(간주공급)

(1) 자가공급

구 분	분 류
면세사업으로 전용	자기 사업과 관련 생산 취득한 재화를 면세사업을 위하여 사용 소비
개별소비세 과세대상 자동차로 소비	자기 사업과 관련 생산 취득한 재화를 매입세액이 공제되지 않는 개별소비세 과세대상 자동차로 사용 소비하거나 그 자동차의 유지를 위하여 사용 소비하는 것
직접 영업에 사용하지 않는 개별소비세 과세대상 자동차	운수업, 자동차판매업, 자동차임대업, 운전학원업 및 기계경비업(출동차량)을 경영하는 사업자가 자기사업과 관련 생산 취득한 재화 중 개별소비세 과세대상 자동차와 그 자동차의 유지를 위한 재화를 해당 업종에 직접 영업으로 사용하지 아니하고 다른 용도로 사용하는 것
판매를 목적으로 자기의 다른 사업장에 반출	사업장이 둘 이상인 사업자가 자기 사업과 관련 생산 취득한 재화를 판매 목적으로 다른 사업장에 반출하는 것. 단 사업자단위과세사업자 또는 주사업장총괄납부의 경우에는 제외한다.

(2) 개인적 공급

사업자가 자기생산·취득재화를 사업과 직접적인 관계없이 자기의 개인적인 목적이나 그 밖의 다른 목적을 위하여 사용·소비하거나 그 사용인 또는 그 밖의 자가 사용·소비하는 것으로서 사업자가 그 대가를 받지 아니하거나 시가보다 낮은 대가를 받는 경우는 재화의 공급으로 본다. 이 경우 사업자가 실비변상적이거나 복리후생적인 목적으로 제공하는 것으로서 다음의 경우는 재화의 공급으로 보지 아니한다.

> ㉠ 사업을 위해 착용하는 작업복, 작업모 및 작업화를 제공하는 경우
> ㉡ 직장 연예 및 직장 문화와 관련된 재화를 제공하는 경우
> ㉢ 다음의 경우에 각각 사용인 1명당 연간 10만원 한도의 재화를 제공하는 경우
>   ⓐ 경조사
>   ⓑ 설날·추석, 창립기념일 및 생일

(3) 사업상 증여

사업자가 자기의 사업과 관련하여 생산하거나 취득한 재화를 자기의 고객이나 불특정 다수에게 증여하는 경우 재화의 공급으로 본다. 그 예로 고객에게 판매장려금을 현금이 아닌 현물로 제공하는 경우를 들 수 있다. 단, 주된 거래인 재화의 공급대가에 포함된 증정품과 무상으로 인도하는 견본품, 특별재난지역에 공급하는 물품 및 자기적립마일리지 등으로만 전부를 결제받고 공급하는 재화의 경우에는 사업상 증여에 해당하지 않는다.

(4) 폐업시 남아있는 재화

사업자가 폐업할 때 자기 생산·취득재화 중 남아있는 재화는 자기에게 공급한 것으로 본다. 사업개시전에 사업자등록을 신청한 자가 사실상 사업을 시작하지 아니하게 되는 경우에도 또한 같다. 사업의 포괄양도에 의한 사업의 양수자가 폐업하는 경우 사업양도자가 매입세액공제를 받은 재화는 폐업시 남아있는 재화로 본다.

03 용역의 무상공급

사업자가 대가를 받지 아니하고 타인에게 용역을 공급하는 것은 용역의 공급으로 보지 아니한다. 다만, 사업자가 특수관계인에게 사업용 부동산의 임대용역을 무상으로 공급하는 것은 용역의 공급으로 본다.

04 공급시기

(1) 공급시기의 개념

공급시기는 과세거래를 어느 과세기간에 귀속시킬 것인지와 세금계산서의 발급시기 및 거래징수 시기를 결정하는 기준이다.

(2) 재화의 공급시기

① 일반원칙

재화의 공급시기는 재화의 이동이 필요한 경우에는 재화가 인도되는 때, 재화의 이동이 필요하지 않은 경우에는 재화가 이용가능하게 되는 때이며 그 외의 경우는 재화의 공급이 확정되는 때이다.

② 거래형태별 공급시기

구 분	공 급 시 기
• 현금판매·외상판매·할부판매	재화가 인도되거나 이용가능하게 되는 때
• 상품권을 판매하고 현물과 교환하는 경우	재화가 실제로 인도되는 때
• 장기할부판매·중간지급조건부공급·완성도기준지급공급·전력 기타 공급단위를 구획할 수 없는 재화를 계속적으로 공급하는 경우	대가의 각 부분을 받기로 한 때
• 재화의 간주공급	사용·소비·반출·증여 및 폐업하는 때
• 반환조건부·동의조건부 기타 조건부 및 기한부판매	조건이 성취되거나 기한이 경과되어 판매가 확정되는 때
• 재화의 공급으로 보는 가공의 경우	가공된 재화를 인도하는 때
• 무인판매기를 이용하여 재화를 공급하는 경우	무인판매기에서 현금을 꺼내는 때
• 수출하는 재화	수출재화의 선적일 또는 기적일
• 수입재화를 보세구역 안에서 보세구역 밖의 국내에 공급하는 경우	수입신고수리일
• 폐업 전에 공급한 재화 또는 용역의 공급시기가 폐업일 이후에 도래하는 경우	그 폐업일
• 그 밖의 경우	재화가 인도되거나 인도가능한 때

③ 형태별 요건

㉠ 장기할부판매

장기할부판매는 재화 또는 용역을 공급하고 대가를 월부·연부 그 밖의 부불방법에 따라 받는 거래로 2회 이상으로 분할하여 대가를 받고, 해당 재화의 인도일의 다음날부터 최종의 부불금의 지급기일까지의 기간이 1년 이상인 거래를 말한다.

ⓒ 중간지급조건부 공급

　　중간지급조건부 공급은 계약금을 받기로 한 날의 다음 날부터 재화를 인도하는 날 또는 이용가능하게 하는 날(또는 용역의 제공을 완료하는 날)까지의 기간이 6개월 이상인 경우로서 그 기간 이내에 계약금 외의 대가를 2회 이상 분할하여 받는 거래를 말한다.

ⓒ 완성도기준지급 공급

　　완성도기준지급의 공급은 재화의 완성비율에 따라 대가를 지급받기로 약정한 거래를 말한다.

(3) 용역의 공급시기

① 원 칙

　　용역의 공급시기는 역무가 제공되거나 재화·시설물 또는 권리가 사용되는 때가 된다.

② 거래형태별 공급시기

구 분	공 급 시 기
• 통상적인 공급의 경우	역무의 제공이 완료되는 때
• 장기할부·중간지급조건부·완성도기준지급 또는 기타조건부로 용역을 공급하거나 그 공급단위를 구획할 수 없는 용역을 계속적으로 공급하는 경우	대가의 각 부분을 받기로 한 때
• 간주임대료	예정신고기간 또는 과세기간의 종료일
• 2 과세기간 이상에 걸쳐 용역을 공급하고 그 대가를 선불 또는 후불로 받는 경우	예정신고기간 또는 과세기간의 종료일
• 폐업 전에 공급한 재화 또는 용역의 공급시기가 폐업일 이후에 도래하는 경우	폐업일
• 위의 기준을 적용할 수 없는 경우	역무의 제공이 완료되고, 그 공급가액이 확정되는 때

Chapter 03 영세율과 면세

01 영세율제도와 면세제도의 개요

(1) 영세율제도

영세율 제도는 특정한 재화 또는 용역을 공급하는 경우 그 공급가액에 0%의 세율을 적용하여 매출세액이 0(zero)이 되게 하고, 그 재화 또는 용역을 매입할 때 부담한 매입세액을 전액 공제(환급)하여 주는 방법으로 완전면세제도에 해당한다.

(2) 면세제도

면세제도는 특정한 재화 또는 용역의 공급에 대하여 부가가치세 납세의무를 면제시켜 주는 제도를 말한다. 부가가치세가 면제되는 재화 또는 용역을 공급하는 면세사업자는 부가가치세법상 납세의무가 없으므로 매출세액이 발생되지 아니하고, 매입하는 때에 부담한 매입세액은 공제(환급)되지 아니한다.

구 분	영 세 율	면 세
제도의 목적	국가간 이중과세를 방지하기 위한 소비지국 과세원칙의 구현	부가가치세의 역진성 완화
과세체계	영세율 대상 공급가액에 대하여 0%의 세율을 적용하여 과세표준에 포함하여 신고하여야 하고 매입세액공제를 받을 수 있다.	면세 대상 공급가액은 과세하지 않으므로 신고대상이 되지 않고, 매입세액은 불공제 대상이다.
면세정도	완전면세제도	부분면세제도
대상거래	수출하는 재화 등	생활필수품 등
부가가치세법상 의무	부가가치세법상의 모든 의무를 이행하여야 한다.	매입처별세금계산서합계표 제출 의무만 있다.

02 영세율제도

(1) 영세율 적용대상 사업자

영세율을 적용할 수 있는 사업자는 면세사업자를 제외한 과세사업자로 간이과세자를 포함한다. 면세사업자는 영세율을 적용하지 않는 것이 원칙이지만 면세를 포기하면 적용이 가능하다. 또한 영세율은 사업자가 거주자 또는 내국법인인 경우에만 적용하는 것으로 비거주자 또는 외국법인는 영세율을 적용하지 않는다.

비거주자 또는 외국법인이라도 상호면세주의에 따라 우리나라의 거주자 또는 내국법인에게 동일한 면세를 적용하는 국가의 비거주자 또는 외국법인에게는 영세율을 적용한다.

(2) 영세율 적용대상거래

① 수출하는 재화

㉠ 내국물품(우리나라 선박에 의하여 채취되거나 잡힌 수산물 포함)을 외국으로 반출하는 것. 대행수출의 경우에는 수출품 생산업자의 수출에 대하여 영세율을 적용하지만 수출업자의 수출대행수수료는 10%의 부가가치세를 과세한다.

㉡ 국내의 사업장에서 계약과 대가수령 등 거래가 이루어지는 것으로서 중계무역 방식의 수출, 위탁판매수출, 외국인도수출, 위탁가공무역 방식의 수출

㉢ 국내에서 내국신용장 또는 구매확인서에 의하여 공급하는 재화(금지금은 제외). 내국신용장 등이 공급시기 이후에 개설되더라도 공급시기가 속하는 과세기간 종료일 후 25일 이내에 개설하는 경우에는 영세율을 적용한다.

  * 내국신용장 또는 구매확인서에 의하여 공급하는 재화는 공급된 이후 당해 재화를 수출용도에 사용하였는지 여부에 불구하고 영세율을 적용한다.

㉣ 한국국제협력단, 한국국제보건의료재단 및 대한적십자사에 공급하는 재화(사업을 위하여 외국에 무상으로 반출하는 재화에 한함).

② 국외에서 제공하는 용역
③ 선박 또는 항공기의 외국항행용역
④ 기타 외화획득 재화 또는 용역

(3) 영세율 첨부서류

영세율이 적용되는 경우에는 예정신고 또는 확정신고시 영세율 대상거래임을 증명하는 수출실적명세서, 외화입금증명 등의 서류를 첨부하여 제출하여야 한다. 영세율 첨부서류를 제출하지 않았어도 영세율 대상임이 확인되는 경우에는 영세율은 적용하지만, 영세율 과세표준 신고불성실가산세가 적용된다.

03 면세대상 재화 또는 용역

(1) 기초생활필수품 관련 면세항목
① 식용에 공하는 농·축·수·임산물과 소금(식품위생법에 따른 천일염 및 재제소금)
② 우리나라에서 생산된 식용에 공하지 아니하는 농·축·수·임산물로서 원생산물 또는 원생산물의 본래의 성상이 변하지 아니하는 정도의 원시가공을 거친 것
③ 수돗물, 연탄과 무연탄
④ 여객운송용역(항공기, 고속버스, 택시, 특수자동차, 특종선박, 고속철도 등은 제외)
⑤ 여성용 생리처리 위생용품

(2) 국민후생 및 문화관련 재화 또는 용역
① 의료보건용역과 혈액(약사의 조제용역은 포함, 약품판매는 과세)
  • 미용 목적 성형수술은 과세
② 인·허가를 받은 학원·강습소 등의 교육용역(무도학원과 자동차운전학원은 과세)
③ 도서(도서대여 및 실내 도서열람 용역 포함), 신문, 잡지, 관보 및 뉴스통신(광고는 과세)
④ 예술창작품(골동품 제외), 예술행사, 문화행사 및 아마추어 운동경기
⑤ 도서관, 과학관, 박물관, 미술관, 동물원 또는 식물원에의 입장

(3) 주택 및 주택부수 토지의 임대용역

(4) 부가가치의 구성요소에 해당하는 재화 또는 용역
• 토지(토지의 임대는 과세), 금융·보험용역
• 저술가, 작곡가 등이 직업상 제공하는 법 소정의 인적용역

(5) 기타의 재화 또는 용역
㉠ 국가·단지방자치단체·지방자치단체조합이 공급하는 재화 또는 용역(일부제외)
㉡ 국가·지방자치단체·지방자치단체조합 또는 일정한 공익단체에 무상으로 공급하는 재화 또는 용역(단, 유상공급은 과세)
㉢ 우표(수집용 우표는 제외)·인지·증지·복권과 공중전화
㉣ 담배 중 판매가격이 200원 이하인 것
㉤ 종교·자선·학술·구호·기타 공익을 목적으로 하는 단체가 공급하는 재화·용역

Chapter 04 거래징수와 세금계산서

01 거래징수

사업자가 재화 또는 용역을 공급하는 때에는 과세표준에 세율을 적용하여 계산한 부가가치세를 그 재화 또는 용역을 공급받는 자로부터 징수하여야 한다. 이를 거래징수라 하고 이 과정은 사업자에게 부과되는 부가가치세를 소비자에게 전가하는 과정이다.

02 세금계산서

> NCS 능력단위 : 0203020225부가가치세신고   능력단위요소 : 01세금계산서발급·수취하기
> 1.1 세금계산서의 발급방법에 따라 세금계산서를 발급하고 발급명세를 국세청에 전송할 수 있다.

(1) 세금계산서의 개념

세금계산서란 사업자가 재화 또는 용역을 공급하면서 부가가치세를 거래징수한 사실을 증명하기 위하여 공급받는 자에게 발급하는 증명으로 거래송장, 청구서 또는 영수증, 매입세액 공제의 근거 자료, 거래의 증명 및 과세자료 및 매입장·매출장 등의 기능을 한다.

(2) 세금계산서의 필요적 기재사항과 임의적 기재사항

필요적 기재사항	임의적 기재사항
㉠ 공급하는자의 등록번호와 성명 또는 명칭 ㉡ 공급받는 자의 등록번호 ㉢ 공급가액과 부가가치세액 ㉣ 작성연월일	㉠ 공급받는 자의 상호·성명·주소 ㉡ 공급하는 자와 공급받는 자의 업태와 종목 ㉢ 공급품목 ㉣ 단가와 수량 ㉤ 공급연월일 ㉥ 거래의 종류

* 필요적 기재사항은 전부 또는 일부가 기재되지 아니하거나 사실과 다르게 기재된 때에는 공급자는 세금계산서 불성실가산세(공급가액의 1%)가 적용되고, 공급받는자는 매입세액공제를 받을 수 없게 된다.

(3) 세금계산서의 발급시기

세금계산서는 재화 또는 용역의 공급시기에 발급하여야 한다. 다만 공급시기 도래전에 대가를 수령한 경우에는 그 받은 대가에 대하여 공급시기가 도래하기 전에 세금계산서를 발급할 수 있다.

(4) 세금계산서 발급특례

다음의 경우에는 세금계산서를 공급시기가 속하는 달의 다음 달 10일까지 발급할 수 있다. 세금계산서 발급 특례기한의 말일(공급일의 다음달 10일)이 공휴일 또는 토요일에 해당하는 경우에는 공휴일 또는 토요일의 다음날까지 발급할 수 있다.

- 거래처별로 1역월(1일부터 말일까지) 공급가액을 합계하여 <u>해당 월의 말일</u>을 작성연월일로 하여 세금계산서를 발급하는 경우(월합계세금계산서)
- 거래처별로 1역월 이내에서 거래관행상 정하여진 기간의 공급가액을 합계하여 <u>그 기간의 종료일</u>을 작성연월일로 하여 세금계산서를 발급하는 경우
- 관계증명서류 등에 의하여 실제 거래사실이 확인되는 경우로서 <u>해당 거래일</u>을 작성연월일로 하여 세금계산서를 발급하는 경우

(5) 영수증

① 영수증의 의의

영수증에는 공급받는 자의 등록번호가 필요 없으며 부가가치세액을 구분하지 않고 공급대가로 작성한다. 따라서 영수증으로는 원칙적으로 매입세액공제를 받을 수 없으며, 영수증에는 금전등록기계산서, 신용카드매출전표 등이 포함된다.

그러나 세금계산서 발급 의무가 있는 사업자가 신용카드기 또는 직불카드기 등에 의하여 발급하는 신용카드매출전표 등은 공급가액과 세액을 구분하여 적어야 하며 매입세액공제가 가능하다. 신용카드매출전표 등을 이미 발급한 경우에는 세금계산서를 발급할 수 없다.

② 영수증 발급대상 사업자

간이과세자 중 직전 연도의 공급대가의 합계액이 4,800만원 미만인 자와 신규로 사업을 개시하는 간이과세자 및 주로 사업자가 아닌 자에게 재화 또는 용역을 공급하는 사업자로서 다음에 해당하는 자가 재화 또는 용역을 공급하는 경우에는 영수증을 발급하여야 한다. 다만 영수증 발급대상 사업자 중 아래의 사업을 하는 자는 공급받는 사업자가 사업자등록증을 제시하고 세금계산서 발급을 요구하는 때에는 세금계산서를 발급하여야 한다.

> ⓐ 소매업·음식점업(다과점업)·숙박업, 미용·욕탕·유사서비스업
> ⓑ 여객운송업, 입장권을 발행하여 경영하는 사업
> ⓒ 변호사·공인회계사, 세무사, 법무사업 등 전문적 인적용역을 공급하는 사업(사업자에게 공급하는 경우 제외)
> ⓓ 우편법에 의한 부가우편 영업 중 소포우편물을 방문접수하여 배달하는 용역
> ⓔ 무도학원과 자동차운전학원에서 제공하는 교육용역
> ⓕ 주로 사업자가 아닌 소비자에게 재화 또는 용역을 공급하는 도정업, 양복점업, 부동산중개업, 자동차제조업 및 자동차판매업 등

위의 영수증 발급대상자 중 아래의 사업은 공급받는 자가 세금계산서 발급을 요구하여도 원칙적으로 발급이 불가능하다. 다만, 감가상각자산 또는 해당 사업 외의 역무를 공급하는 경우에 공급받는 사업자가 세금계산서의 발급을 요구할 때에는 발급하여야 한다.

> ⓐ 미용·욕탕·유사서비스업
> ⓑ 여객운송업(전세버스운송사업 제외)
> ⓒ 입장권을 발행하여 경영하는 사업
> ⓓ 부동산임대업의 간주임대료

③ 세금계산서의 발급의무 면제

다음의 거래는 세금계산서의 발급의무가 면제된다.

> ⓐ 택시운송·노점·행상·무인판매기를 이용하여 재화를 공급하는 사업
> ⓑ 미용·욕탕 및 유사서비스업, 여객운송업, 입장권을 발행하여 영위하는 사업
> ⓒ 공급받는 자가 세금계산서를 요구하지 않는 경우 소매업을 영위하는 자가 공급하는 재화 또는 용역
> ⓓ 재화의 간주공급(총괄납부 또는 사업자단위과세를 적용 받지 않는 사업자가 판매목적으로 직매장 등에 반출하는 경우는 제외)
> ⓔ 부동산임대보증금에 대한 간주임대료
> ⓕ 다음의 경우를 제외한 영세율 적용거래
>   • 내국신용장 또는 구매확인서에 의하여 공급하는 재화
>   • 한국국제협력단, 한국국제보건의료재단 및 대한적십자사에 공급하는 재화
> ⓖ 전자서명인증사업자가 인증서를 발급하는 용역
> ⓗ 간편사업자등록을 한 사업자가 국내에 전자적용역을 공급하는 사업

(6) 전자세금계산서의 의무발급

법인과 직전년도 공급가액(면세공급가액 포함)이 8천만원 이상인 개인사업자는 2024년 7월 1일부터 계속하여 전자세금계산서를 의무적으로 발급하여야 한다.

Chapter 05 과세표준 및 매출세액

01 과세표준의 계산

(1) 과세표준

　부가가치세 과세표준이란 "공급가액"을 의미하는 것으로 거래상대방으로부터 받은 대금, 요금, 수수료 기타 모든 금전적 가치가 있는 것을 포함한다. 부가가치세가 포함되지 않은 금액을 공급가액이라 하고, 부가가치세가 포함되면 공급대가라고 한다.

(2) 재화 또는 용역의 공급에 대한 공급가액

① 일반적인 공급가액

구　　　　분	공 급 가 액
• 금전으로 대가를 받은 경우	받은 대가
• 금전 이외의 대가를 받는 경우	공급한 재화 또는 용역의 시가
• 부당하게 낮은 대가를 받거나 받지 않은 경우	공급한 재화 또는 용역의 시가
• 대가를 외화로 받아 공급시기 도래 전에 원화로 환가한 경우	환가한 금액
• 대가를 외화로 받아 공급시기 이후에 외국통화 기타 외국환의 상태로 보유하거나 지급받는 경우	선적일의 기준환율 또는 재정환율에 의하여 환산한 금액

② 거래형태별 공급가액

구　　　　분	공 급 가 액
• 외상판매 및 할부판매	공급한 재화의 총 가액
• 장기할부판매·중간지급조건부 공급·완성도기준지급 공급·전력 등 공급단위를 구획할 수 없는 재화의 계속적 공급	계약에 따라 받기로 한 대가의 각 부분

③ 공급가액에 포함하는 것

　공급가액에는 장기할부판매 또는 할부판매의 이자상당액과 대가의 일부로 받는 운송보험료·산재보험료·운송비·포장비·하역비 및 자기적립마일리지 등(마일리지를 적립해준 사업자에게만 사용할 수 있는 마일리지) 외의 마일리지로 결제받은 부분에 대하여 보전 받았거나 보전 받을 금액을 포함한다. 또한 개별소비세, 교통·에너지·환경세 및 주세가 과세되는 재화 또는 용역은 해당 개별소비세, 교통·에너지·환경세, 주세와 그에 대한 교육세 및 농어촌특별세를 포함한다.

④ 공급가액에 포함하지 않는 것

- 매출에누리·매출환입·매출할인
- 계약 등에 의하여 확정된 대가의 지급지연으로 인하여 지급받는 연체이자
- 재화 또는 용역의 공급과 직접 관련되지 않는 국고보조금과 공공보조금
- 공급받는 자에게 도달하기 전에 파손·훼손 또는 멸실된 재화의 가액
- 용기 또는 포장의 회수를 보장하기 위하여 받는 보증금
- 음식·숙박용역 등의 대가와 함께 받는 종업원의 봉사료 중 대가와 구분 기재한 경우로서 봉사료를 종업원에 지급한 사실이 확인되는 봉사료로 사업자의 수입금액으로 계상하지 않은 금액

⑤ 과세표준에서 공제하지 않는 것

- 판매장려금(현물로 지급하면 사업상증여로 보아 과세표준에 포함한다.)
- 대손금
- 하자보증금

(3) 재화의 수입

수입재화의 과세표준은 수입재화에 대한 관세의 과세가격에 관세, 개별소비세, 주세, 교통·에너지·환경세, 교육세, 농어촌특별세를 합한 금액으로 한다.

02 매출세액

구 분		과세표준	세 율	세 액
과 세	세금계산서발급분	×××	10%	×××
	매입자발행세금계산서	×××	10%	×××
	신용카드·현금영수증발행분	×××	10%	×××
	기타(정규영수증외매출분)	×××	10%	×××
영세율	세금계산서발급분	×××	0%	0
	기타	×××	0%	0
예정신고누락분				×××
대손세액가감				×××
합　　계(매출세액)				×××

* 영세율의 기타란은 세금계산서를 발급하지 않은 영세율공급분(직수출)을 기입한다.

(1) 매출세액의 계산

> 매출세액 = 과세표준 × 10%(영세율은 0%) + 예정신고누락분 ± 대손세액가감

(2) 예정신고누락분

예정신고누락분이란 예정신고시 누락된 매출세액을 확정신고시 신고하는 금액을 말하며, 신고불성실가산세 및 납부·환급불성실가산세 등이 적용될 수 있다.

(3) 대손세액공제

① 대손세액공제제도

과세 재화 또는 용역을 공급한 사업자가 거래상대방의 부도, 파산 등의 사유로 거래대금은 물론 관련한 부가가치세를 받을 수 없어서 대손처리한 경우 부도 등으로 거래 징수하지 못한 부가가치세액을 해당 사업자의 매출세액에서 차감할 수 있도록 하여 기업의 자금 부담을 완화하도록 한 것이 대손세액 공제제도이다.

재화 또는 용역을 공급한 날부터 10년이 지난날이 속하는 과세기간에 대한 확정신고기한까지 대손세액공제를 받을 수 있다. 대손세액공제를 적용받고자 하는 사업자는 확정신고시 대손금액이 발생한 사실을 증명하는 서류를 제출하여야 한다.

② 대손세액공제액의 계산

> 대손세액 = 대손금액(부가가치세 포함) × $\dfrac{10}{110}$

03 매입세액 공제와 납부세액 계산

1. 매입세액

구 분	세 액
① 세금계산서 ┌ 일반매입	×××
수취분 └ 고정자산매입	×××
② 예정신고누락분	×××
③ 매입자발행 세금계산서	×××
④ 그 밖의 공제 매입세액	×××
㉠ 신용카드매출전표 등 수령명세서제출분(일반, 고정)	
㉡ 의제매입세액	
㉢ 재활용폐자원 등 매입세액	
㉣ 재고매입세액	
㉤ 변제대손세액	
⑤ 공제받지 못할 매입세액	(×××)
⑥ 차감계(매입세액)	×××

(1) 세금계산서 수취분 매입세액

매출세액에서 공제되는 매입세액은 ㉠ 자기의 사업을 위하여 사용되었거나 사용될 재화 또는 용역의 공급 및 재화의 수입에 대한 세액으로 ㉡ 세금계산서를 수취하고 ㉢ 매입처별세금계산서합계표를 제출하여야 한다.

세금계산서수취분 매입세액란에는 일반매입과 고정자산매입을 구분하여 표시하여야 한다. 그리고 매입세액 공제되는 것과 불공제 되는 것의 구분없이 수취한 모든 세금계산서의 매입세액을 표시하여야 한다.

(2) 기타 공제 매입세액

① 신용카드매출전표 등 수령명세서 제출분 매입세액

사업과 관련하여 세금계산서 발급의무자로부터 부가가치세액을 별도로 기재한 신용카드매출전표 등 (신용카드, 기명식선불카드, 직불카드, 현금영수증)을 받은 경우에는 세금계산서를 발급받은 것으로 보아 매입세액을 공제한다.

② 의제매입세액

의제매입세액이란 과세사업자가 면세로 공급받은 농·축·수·임산물을 원재료로 하여 제조·가공한 재화 또는 창출한 용역의 공급이 과세되는 경우에 면세 매입가액의 일정금액을 매입세액으로 공제하는 것을 말한다.

의제매입세액공제는 면세 농산물 등을 매입한 날이 속하는 예정신고기간 또는 확정신고기간에 공제한다. 공제율과 공제할 수 있는 매입가액의 한도는 다음과 같다.

> 의제매입세액 = 면세농산물 등의 매입가액(한도액 적용) × 공제율

구 분		공제율
음식점업	과세유흥장소	2 / 102
	개인사업자	8 / 108
	과세기간별 과세표준이 2억원 이하인 개인사업자	9 / 109
	법인사업자	6 / 106
과자점업, 도정업, 제분업 및 떡방앗간을 경영하는 개인사업자		6 / 106
제조업(중소기업과 개인사업자)		4 / 104
기타 업종 사업자		2 / 102

| 면세 농산물 등의 매입가액의 한도 |

해당 과세기간 과세표준	개 인		법 인
	음 식 점	기타 업종	
2억원 초과	60%	55%	구분 없이 50%
1억원 초과 2억원	70%	65%	
1억원 이하	75%		

③ 신용카드매출전표 등 발행세액공제

부가가치세법상의 일반과세자 중 직전연도 공급가액이 10억원 이하인 개인사업자로서 영수증발급의무가 있는 사업자와 간이과세자가 과세되는 재화 또는 용역을 공급하고 세금계산서의 발급시기에 신용카드매출전표 등을 발급하여 대금을 결제 받는 경우에는 세액공제를 받을 수 있다.

신용카드매출전표 등을 발급하여 대금을 결제 받는 경우 그 발급금액에 대하여 1.3%에 상당하는 금액을 연간 1,000만원을 한도로 납부세액에서 공제한다.

④ 전자신고세액공제

납세자가 직접 전자신고방법에 의하여 부가가치세 확정신고를 하는 경우에는 해당 납부세액에서 1만원을 공제하거나 환급세액에 가산한다. 다만, 매출가액과 매입가액이 없는 일반과세자에 대해서는 전자신고세액공제를 적용하지 않는다.

(3) 공제받지 못할 매입세액

① 사업자등록을 하기 전의 매입세액

사업자등록을 신청하기 전의 매입세액은 공제되지 않는다. 다만 공급시기가 속하는 과세기간이 끝난 후 20일 이내에 등록신청한 경우 그 과세기간의 매입세액 및 등록신청일부터 사업자등록증 발급일까지의 매입세액은 공제받을 수 있다.

② 세금계산서 미수취·부실기재분 매입세액

세금계산서를 발급받지 않거나, 발급받은 세금계산서의 필요적 기재사항이 누락되거나 사실과 다른 경우의 매입세액은 공제되지 않는다. 사실과 다른 경우에는 실제 공급가액과 사실과 다르게 적힌 금액의 차액에 해당하는 세액을 불공제한다.

③ 매입처별세금계산서합계표 미제출·부실 기재분 매입세액

④ 사업과 직접 관련 없는 지출에 대한 매입세액

⑤ 개별소비세 과세대상 자동차의 구입과 임차 및 유지에 관한 매입세액

개별소비세가 과세되는 8인승 이하의 승용차(지프차 포함)의 구입 등을 위한 지출에 대한 매입세액은 공제되지 않는다. 다만, 운수업, 자동차판매업, 자동차임대업, 자동차운전학원 등에서 직접 영업에 사용하는 자동차와 기계경비업무를 하는 경비업에서 사용하는 출동차량 및 개별소비세가 과세되지 않는 배기량 1,000CC 이하인 자동차의 구입 등은 매입세액공제를 받을 수 있다.

⑥ 기업업무추진비(종전의 접대비) 관련 매입세액

⑦ 면세사업 관련 매입세액

⑧ 토지 관련 매입세액

Chapter 06 신고·납부

> NCS 능력단위 : 0203020225부가가치세신고   능력단위요소 : 03부가가치세신고하기
> 3.1 부가가치세법에 따른 과세기간을 이해하여 예정·확정신고를 할 수 있다.
> 3.5 부가가치세 신고요령에 따른 부가가치세 신고서를 작성 할 수 있다.

01 예정신고 납부와 예정고지

(1) 예정신고 납부

법인 사업자는 예정신고기간에 대한 과세표준과 납부세액(또는 환급세액)을 예정신고기간의 종료 후 25일 이내에 신고·납부하여야 한다. 다만 조기환급신고에 있어서 이미 신고한 내용은 예정신고의 대상에서 제외한다.

개인사업자는 예정신고를 하지 아니하고 예정고지에 의한 납부가 원칙이다.

구 분	예정신고기간	예정신고납부기한
제1기 예정신고	1월 1일 ~ 3월 31일	예정신고기간 종료일부터 25일 이내
제2기 예정신고	7월 1일 ~ 9월 30일	

(2) 예정고지

개인사업자와 영세 법인사업자는 각 사업장관할세무서장이 예정신고기간마다 직전 과세기간에 대한 납부세액의 1/2에 상당하는 금액을 결정하여 예정고지하고 예정신고기한 내에 징수한다. 예정고지세액이 30만원 미만인 경우 징수하지 않는다.

02 확정신고와 납부

　예정신고 및 조기환급신고에 있어서 이미 신고한 내용은 확정신고대상에서 제외한다. 대손세액공제, 일반환급, 납부세액 및 환급세액의 재계산, 가산세 및 전자신고세액공제는 예정신고에는 적용되지 않고 확정신고에만 적용된다.

구 분		과 세 기 간	확정신고납부기한
일반 과세자	제1기 확정신고	1월 1일 ~ 6월 30일	과세기간 종료일부터 25일 이내
	제2기 확정신고	7월 1일 ~ 12월 31일	
간이과세자		1월 1일 ~ 12월 31일	

연습문제

01. 다음 중 우리나라의 부가가치세법의 특징이 아닌 것은?
① 개별소비세
② 소비형 부가가치세
③ 간접세
④ 전단계세액공제법

> 개별소비세가 아니라 일반소비세이다.

02. 다음 중 부가가치세법에 대한 설명으로 옳지 않는 것은?
① 현행 부가가치세는 일반소비세이면서 간접세에 해당된다.
② 면세제도의 궁극적인 목적은 부가가치세의 역진성을 완화하는 것이다.
③ 현행 부가가치세는 전단계거래액공제법을 채택하고 있다.
④ 소비지국과세원칙을 채택하고 있어 수출재화 등에 영세율이 적용된다.

> 현행 부가가치세는 전단계세액공제법을 채택하고 있어 영세율과 면세적용이 용이하다.

03. 다음은 사업장의 범위를 업종별기준으로 설명한 것이다. 다음 중 가장 틀린 것은?
① 무인자동판매기에 의한 사업 : 무인자동판매기의 설치장소
② 부동산매매업 : 법인은 법인의 등기부상 소재지
③ 사업장을 설치하지 않은 경우 : 사업자의 주소 또는 거소
④ 비거주자와 외국법인 : 국내사업장 소재지

> 무인자동판매기에 의한 사업 : 그 사업에 관한 업무총괄장소

04. 다음 중 사업자등록의 정정사유가 아닌 것은?
① 상호를 변경하는 때
② 사업의 종류에 변경이 있는 때
③ 사업장을 이전할 때
④ 증여로 인하여 사업자의 명의가 변경되는 때

> 증여로 인하여 사업자의 명의가 변경되는 경우에는 정정사유가 아닌 폐업사유가 된다.

05. 홍길동은 일반과세사업자로 2024년 9월 1일에 사업을 시작하여 9월 7일에 사업자등록신청을 하였다. 홍길동의 부가가치세법상 2024년 제2기 과세기간은?

① 2024년 7월 1일 ~ 12월 31일
② 2024년 9월 1일 ~ 12월 31일
③ 2024년 9월 7일 ~ 12월 31일
④ 2024년 10월 1일 ~ 12월 31일

　　신규사업자의 최초 과세기간은 사업개시일로부터 당해 과세기간의 종료일까지이다.

06. 다음 중 부가가치세의 면세대상이 아닌 것은?

① 수돗물　　　　　　　　② 신문
③ 밀가루　　　　　　　　④ 초코우유

　　부가가치세법 제26조 제1항 : 초코우유는 가공유이므로 과세대상이다.

07. 다음 중 부가가치세 과세거래에 해당되는 것을 모두 고르면?

| 가. 재화의 수입 | 나. 재화의 무상공급 |
| 다. 용역의 무상공급(부동산임대 제외) | 라. 고용관계에 의한 근로의 제공 |

① 가　　　　　　　　　② 가, 나
③ 가, 나, 다　　　　　　④ 가, 나, 다, 라

　　재화의 무상공급은 과세대상 거래이나 용역의 무상공급은 특수관계인에 대한 사업용 부동산의 임대용역을 제외하고 과세대상이 아니다.

08. 다음은 재화공급의 범위에 대한 설명이다. 틀린 것은?

① 할부판매에 의하여 재화를 인도 또는 양도하는 것
② 민사집행법에 의한 강제경매에 따라 재화를 인도 또는 양도하는 것
③ 교환계약에 의하여 재화를 인도 또는 양도하는 것
④ 가공계약에 의하여 재화를 인도하는 것

　　강제경매에 따라 재화를 인도 또는 양도하는 것은 재화의 공급으로 보지 아니한다.

09. 다음 중 부가가치세법상 재화 공급의 특례에 해당하는 간주공급으로 볼 수 없는 것은?

① 개인적 공급
② 자기의 과세사업과 관련하여 취득한 재화를 면세사업에 전용하는 경우
③ 폐업시 남아있는 재화
④ 사업용 기계장치의 양도

> 사업용 기계장치의 양도는 재화의 일반적인 공급에 해당한다.

10. 부가가치세법상 부동산임대용역을 공급하는 경우에 전세금 또는 임대보증금에 대한 간주임대료의 공급시기는?

① 그 대가를 받은 때
② 용역의 공급이 완료된 때
③ 그 대가의 각 부분을 받기로 한 때
④ 예정신고기간 또는 과세기간 종료일

11. 다음 중 부가가치세법상 재화의 공급시기로 틀린 것은?

① 현금판매 : 재화가 인도되거나 이용가능하게 되는 때
② 반환조건부 : 그 조건이 성취되어 판매가 확정되는 때
③ 무인판매기에 의한 공급 : 무인판매기에서 현금을 인취하는 때
④ 폐업시 잔존재화 : 폐업신고서 접수일

> 폐업시 잔존재화 : 폐업하는 때

12. 다음은 부가가치세법상의 재화와 용역의 거래 시기에 대한 설명이다. 틀린 것은?

① 재화의 이동이 필요한 경우에는 재화가 인도되는 때
② 장기할부 판매의 경우 대가를 받기로 한 때
③ 재화의 공급으로 보는 가공의 경우에는 재화의 가공이 완료된 때
④ 임대보증금에 대한 간주수입금액에 대해서는 예정신고기간 또는 과세기간의 종료일

> 재화의 공급으로 보는 가공의 경우에는 가공된 재화를 인도하는 때

13. (주)나눔은 수출을 하고 그에 대한 대가를 외국통화 기타 외국환으로 수령하였다. 이 경우 공급가액으로 올바르지 않은 것은?

① 공급시기 이후 대가 수령 – 공급시기의 기준환율 또는 재정환율로 환산한 가액
② 공급시기 이전 수령하여 공급시기 도래전 환가 – 공급시기의 기준환율 또는 재정환율로 환산한 가액
③ 공급시기 이전 수령하여 공급시기 도래 이후 환가 – 공급시기의 기준환율 또는 재정환율로 환산한 가액
④ 공급시기 이전 수령하여 공급시기 도래 이후 계속 외환 보유 – 공급시기의 기준환율 또는 재정환율로 환산한 가액

> • 공급시기 도래 전에 원화로 환가한 경우에는 그 환가한 금액
> • 공급시기 이후에 외국통화 기타 외국환의 상태로 보유하거나 지급받는 경우에는 공급시기의 기준환율 또는 재정환율에 의하여 계산한 금액

14. 부가가치세법상 공급가액에 대한 설명 중 틀린 것은?

① 금전으로 대가를 받은 경우에는 그 대가
② 금전 이외의 대가를 받은 경우에는 자기가 공급한 재화 또는 용역의 원가
③ 폐업하는 때 남아 있는 재고재화의 경우에는 시가
④ 부가가치세가 표시되지 않거나 불분명한 경우에는 100/110에 해당하는 금액

> ② 금전 이외의 대가를 받은 경우에는 자기가 공급한 재화 또는 용역의 시가를 공급가액으로 한다.

15. 다음 중 부가가치세법상 영세율에 대한 설명으로 틀린 것은?

① 수출하는 재화에 적용된다.
② 내국신용장에 의할 경우 영세율세금계산서를 발급해야 한다.
③ 최종소비자에게 부가가치세의 부담을 경감시키기 위한 불완전면세제도다.
④ 영세율적용대상자는 부가가치세법상 과세사업자(간이과세자 포함)이어야 한다.

> 최종소비자에게 부가가치세의 부담을 경감시키기 위한 완전면세제도다.

16. 다음 중 부가가치세법상 재화의 공급시기가 '대가의 각 부분을 받기로 한 때'가 적용될 수 없는 것은?

① 기한부판매　　　　　　　② 장기할부판매
③ 완성도기준지급　　　　　④ 중간지급조건부

> 기한부판매의 공급시기는 기한이 경과되어 판매가 확정되는 때이다.

17. 다음 중 원칙적으로 부가가치세가 면세되는 재화 또는 용역의 공급의 개수는?

> ㉠ 단순가공된 두부　　　　　㉡ 신문사광고
> ㉢ 연탄과 무연탄　　　　　　㉣ 시내버스 운송용역
> ㉤ 의료보건용역　　　　　　㉥ 금융·보험용역

① 3개　　　　　　　　　　② 4개
③ 5개　　　　　　　　　　④ 6개

　　㉡ 신문사 광고는 면세에서 제외된다. 의료보건용역은 원칙적으로 면세 대상이나 일부 성형수술은 과세 대상이다.

18. 다음 중 부가가치세법상 공급대가란?
① 매입가액에 부가가치세를 포함시킨 것
② 공급가액에 부가가치세를 포함시킨 것
③ 매입가액에 부가가치세를 포함시키지 않은 것
④ 공급가액에 부가가치세를 포함시키지 않은 것

　　부가가치세법상 공급대가란 공급가액에 부가가치세를 포함시킨 것을 말한다.

19. 다음 중 공급가액에 포함하지 않는 금액으로 틀린 것은?
① 부가가치세
② 매출에누리, 매출환입 및 매출할인
③ 재화를 공급받고 자기적립마일리지외의 마일리지로 결제하는 경우 보전받을 금액
④ 공급받는 자에게 도달하기 전에 파손·훼손 또는 멸실된 재화의 가액

　　재화 또는 용역을 공급시 자기적립마일리지로 결제한 금액은 공급가액에 포함하지 않는다.

20. 다음 중 부가가치세의 과세표준에서 공제하지 않는 것은 어느 것인가?
① 대손금과 장려금　　　　　② 환입된 재화의 가액
③ 매출할인　　　　　　　　④ 에누리액

21. 부가가치세 확정신고시 공급가액에 포함되지 않는 것은?
① 토지의 임대　　　　　　　② 수출하는 재화
③ 영유아용 기저귀의 공급　　④ 국민주택 초과 규모 주택의 공급

　　영유아용 기저귀 분유는 부가가치세가 면제되는 항목이다.

22. 전자세금계산서의 국세청 전송기한은?

① 발급일이 속하는 달의 말일의 다음날
② 발급일의 다음날
③ 발급일이 속하는 과세기간 종료일로부터 15일
④ 발급일이 속하는 과세기간 종료일의 다음날

> 전자세금계산서의 국세청 전송기한은 전자세금계산서 발급일의 다음날까지 전송하여야 한다.

23. 부가가치세법상 세금계산서의 필요적 기재사항으로 올바르지 않은 것은?

① 공급연월일
② 공급자의 등록번호와 성명 또는 명칭
③ 공급받는 자의 등록번호
④ 공급가액과 부가가치세액

> 공급연월일이 아니라 작성연월일이 필요적 기재사항이다.

24. 세금계산서를 발급하고자 한다. 추가적으로 반드시 있어야 하는 정보는 무엇인가?

(주)대흥실업(130-16-65566)은 (주)레오(106-86-40380)에 CD를 5개 개당 100,000원(부가세 별도)에 공급하였다.

① 공급가액
② 부가가치세
③ 작성연월일
④ (주)레오 대표자 성명

> 세금계산서 필요적 기재사항 중 없는 자료는 작성연월일이다.

25. 다음 중 부가가치세법상 세금계산서 제도와 관련한 설명 중 틀린 것은?

① 공급시기가 도래하기 전에 세금계산서를 발급하고 발급일로부터 7일 이내에 대가를 지급받는 경우에는 적법한 세금계산서를 발급한 것으로 본다.
② 매입자도 법정 요건을 갖춘 경우 세금계산서를 발행할 수 있다.
③ 영수증 발급대상 사업자가 신용카드매출전표를 발급한 경우에는 세금계산서를 발급할 수 없다.
④ 모든 영세율 거래에 대하여 세금계산서 발급의무가 없다.

> 원칙적으로 국내에서 발생한 영세율 거래는 세금계산서 발급의무가 있다.

26. 다음 (   )안에 들어갈 말은 무엇인가?

   부가가치세법상 사업자가 재화 또는 용역을 공급하고 세금계산서를 발급하지 아니한 경우 당해 재화 또는 용역을 공급받은 자는 관할세무서장의 확인을 받아 (   ) 발행 세금계산서를 발행할 수 있다.

   ① 사업자　　　　　　　　　　　② 매입자
   ③ 중개인　　　　　　　　　　　④ 매출자

   💬 매입자발행 세금계산서에 기재된 부가가치세액은 공제받을 수 있다.

27. 다음 중 부가가치세법상 세금계산서 발급의무가 면제되는 경우에 해당되지 않는 것은?
   ① 택시운송사업자, 노점 또는 행상을 하는 사람, 그밖에 기획재정부령으로 정하는 사업자가 공급하는 재화 또는 용역
   ② 부동산임대용역 중 간주임대료
   ③ 미용, 욕탕 및 유사 서비스업을 경영하는자가 공급하는 용역
   ④ 소매업을 경영하는자가 사업자에게 공급하는 재화 또는 용역

28. 당사는 (주)부천과의 3월 1일부터 3월 31일까지의 매출분에 대하여 3월 31일자로 세금계산서를 작성하기로 하였다. 부가가치세법상 세금계산서는 언제까지 발급하여야 하는가?
   ① 4월 10일　　　　　　　　　　② 4월 12일
   ③ 4월 15일　　　　　　　　　　④ 4월 17일

   💬 거래처별로 1개월간의 공급가액을 합계하여 세금계산서를 발급하는 경우 공급일이 속하는 다음달 10일까지 세금계산서를 발급할 수 있다. 그 발급일이 토요일, 일요일 또는 공휴일인 경우에는 그 다음날에 발급할 수 있다.

29. 대천종합상사는 2024년 4월 15일에 사업을 개시하고, 7월 13일에 사업자등록신청을 하여, 7월 20일에 사업자등록증을 교부받았다. 다음 중 대천종합상사의 제1기 부가가치세 확정신고시 공제가능매입세액은 얼마인가? (단, 모두 세금계산서를 받은 것으로 가정한다)

   • 4월 15일 : 상품구입액 300,000원 (매입세액 30,000원) – 대표자 주민등록번호 기재분
   • 5월 25일 : 비품구입액 400,000원 (매입세액 40,000원) – 대표자 주민등록번호 기재분
   • 5월 28일 : 접대비사용액 200,000원 (매입세액 20,000원) – 대표자 주민등록번호 기재분
   • 6월 18일 : 상품구입액 1,000,000원 (매입세액 100,000원) – 대표자 주민등록번호 기재분

   ① 120,000원　　　　　　　　　② 160,000원
   ③ 170,000원　　　　　　　　　④ 190,000원

   💬 30,000 + 40,000 + 100,000 = 170,000원
   공급시기가 속하는 과세기간이 끝난 후 20일 이내에 사업자등록을 신청한 경우 그 과세기간 내의 매입세액은 공제가 가능하다. 또한 사업자등록 신청일 이후의 매입세액은 공제가 가능하다.

30. 다음 자료에 의하여 일반과세자 김세무의 부가가치세 매출세액을 계산하면 얼마인가?

> • 납부세액은 100,000원이다.
> • 세금계산서를 받고 매입한 물품의 공급가액은 3,000,000원이고 이 중 사업과 관련이 없는 물품의 공급가액 200,000원이 포함되어 있다.
> • 매입에 대한 영세율세금계산서는 없다.

① 360,000원 ② 380,000원
③ 400,000원 ④ 420,000원

> 납부세액 = 매출세액 − 매입세액 + 매입세액불공제 (100,000 + 300,000 − 20,000 = 380,000원)

31. 제조업을 영위하는 (주)광주상사는 다음 매입세액을 추가로 반영하고자 한다. 부가가치세 매출세액에서 공제가능한 매입세액은? (정당하게 세금계산서를 수취하였음)

① 기업업무추진비관련 매입세액
② 업무관련 매입세액
③ 승용차(2,000cc) 구입관련 매입세액
④ 면세사업관련 매입세액

> 업무 관련 매입세액은 매입세액공제됨. 나머지는 불공제매입세액임

32. 도·소매업을 영위하는 일반과세사업자 (주)한국의 다음 자료에 의하여 부가가치세 납부세액을 계산하면 얼마인가? (단, 자료의 금액은 공급가액이다)

> (1) 매출자료 : 세금계산서 발급분   200,000원   현금매출분(증빙없음) 100,000원
> (2) 매입자료 : 현금매입분(증빙없음) 100,000원

① 50,000원 ② 30,000원
③ 20,000원 ④ 10,000원

> (1) 매출세액 : (200,000 + 100,000) × 10% = 30,000원
> (2) 매입세액 : 증빙 없는 현금매입분은 매입세액불공제임
> (3) 납부세액 : 30,000 − 0 = 30,000원

33. 현행 부가가치세법상 매입세액으로 공제가 가능한 것은?

① 세금계산서 미수취 관련 매입세액
② 사업과 직접 관련이 없는 지출에 대한 매입세액
③ 접대비 및 이와 유사한 비용의 지출에 관련된 매입세액
④ 매입자발행세금계산서상의 매입세액

> 매입자발행세금계산서상의 매입세액은 공제 가능하다.
> 접대비는 세법의 기업업무추진비이므로 관련된 매입세액은 공제할 수 없다.

34. 다음 자료를 바탕으로 부가가치세 납부세액 계산시 매출세액에서 차감할 수 있는 대손세액은 얼마인가? (세부담최소화를 가정한다.)

내역	공급가액
(가) 파산에 따른 매출채권	20,000,000원
(나) 부도발생일로부터 6개월이 경과한 부도수표	10,000,000원
(다) 상법상 소멸시효가 완성된 매출채권	1,000,000원

① 2,000,000원
② 2,100,000원
③ 3,000,000원
④ 3,100,000원

> 차감 대손세액 = 공급대가 × 10/110
> = (22,000,000 + 11,000,000 + 1,100,000) × 10/110 = 3,100,000원

35. 다음 중 부가가치세 매입세액 공제가 가능한 경우는?

① 부동산매매업자가 토지의 취득에 관련된 매입세액
② 관광사업자가 승용자동차(5인승 2,000cc)의 취득에 따른 매입세액
③ 일반과세자인 음식업자가 계산서를 받고 면세로 구입한 축산물의 의제매입세액
④ 소매업자가 사업과 관련하여 받은 영수증에 의한 매입세액

36. 다음 (   )에 알맞은 것은?

> • 직전연도 공급가액이 10억 원 이하인 음식점업을 영위하는 개인사업자(일반과세자)가 음식물을 판매하고 신용카드등 매출전표를 발행하는 경우, 부가가치세법상 신용카드 등 발행금액의 (   )%에 상당하는 금액을 연간 1,000만원을 한도로 납부세액에서 공제한다.

① 1
② 1.3
③ 2
④ 2.6

> 직전연도 공급가액이 10억원 이하인 개인사업자는 1.3%에 상당하는 금액을 연간 1,000만원을 한도로 납부세액에서 공제한다.

37. 다음의 부가가치세법상 과세기간에 대한 설명 중 올바르지 않은 것은?
① 부가가치세법상 일반과세자의 제1기 예정신고기간은 1월 1일부터 3월 31일이다.
② 부가가치세법상 간이과세자의 과세기간은 제1기, 제2기의 구분없이 1년으로 1월1일부터 12월 31일까지이다.
③ 부가가치세법상 일반과세자의 제1기 확정신고기간은 1월 1일부터 6월 30일까지이다.
④ 일반과세자(개인)와 간이과세자 모두 예정신고를 하지 아니하고 1년에 두 번(제1기, 제2기) 예정고지에 의하여 직전과세기간 납부세액의 $\frac{1}{2}$을 납부한다.

> 간이과세자는 예정고지라 하지 아니하고 예정부과라 한다.
> 간이과세자의 예정부과기간은 1년에 한 번 1월 1일부터 6월 30일까지이다.

38. 5월 20일 재화를 공급하고 다음의 날짜에 발급한 세금계산서 중 매입세액공제가 안되는 것은?
① 5월 31일
② 6월 30일
③ 7월 25일
④ 7월 31일

> 공급한 날이 속하는 과세기간의 확정신고 기한까지 발급한 것은 공제가 가능하다.

39. 다음 중 부가가치세법상 원칙적인 조기환급과 관련된 내용으로 틀린 것은?
① 관할세무서장은 조기환급 신고기한이 지난 후 15일 이내에 환급하여야 한다.
② 조기환급기간은 예정신고기간 중 또는 과세기간 최종 3개월 중 매월 또는 매 2월을 말한다.
③ 조기환급기간이 끝난 날부터 15일 이내에 조기환급기간에 대한 과세표준과 환급세액을 신고하여야 한다.
④ 사업설비를 신설·취득·확장 또는 증축하는 경우에는 조기환급 대상이 된다.

> 조기환급 기간이 끝난 날부터 25일 이내에 조기환급기간에 대한 과세표준과 환급세액을 신고하여야 한다.

01. ①	02. ③	03. ①	04. ④	05. ②	06. ④	07. ②	08. ②	09. ④	10. ④
11. ④	12. ③	13. ②	14. ②	15. ③	16. ①	17. ③	18. ②	19. ③	20. ①
21. ③	22. ②	23. ①	24. ③	25. ④	26. ②	27. ④	28. ①	29. ③	30. ②
31. ②	32. ②	33. ④	34. ④	35. ②	36. ①	37. ④	38. ④	39. ③	

실무편

PART 4. 전산회계 프로그램 시작
PART 5. 전산회계 실무 따라하기
PART 6. 실무시험 연습문제
PART 7. 실전모의고사(이론과 실무)
PART 8. 기출문제연습

PART 04
전산회계 프로그램의 시작

Chapter 01 전산회계 프로그램 시작

01 프로그램 로그인

컴퓨터의 바탕화면에서 케이렙(KcLep) 교육용 아이콘을 클릭하면 로그인 화면이 나타난다. 종목선택에서 사용급수를 선택하고 회사코드 옆의 말풍선을 클릭하여 나타난 회사등록 리스트에서 회사코드 또는 회사명을 선택한 후 클릭한다. 이때 실행파일과 데이터가 저장되는 드라이브는 C : \KcLepDB로 설정되어 있다.

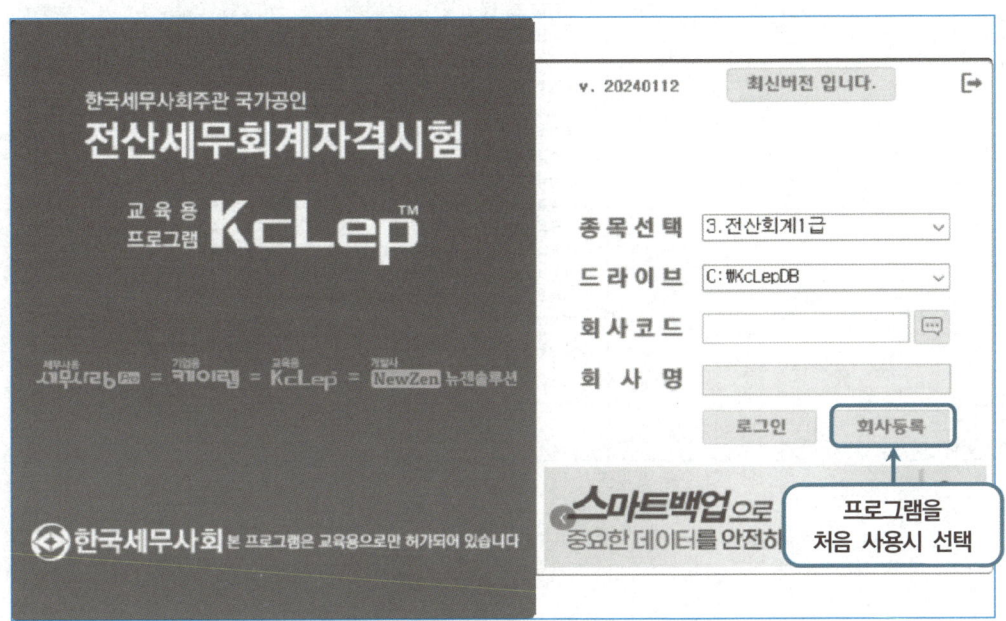

(1) 종목선택

사용자가 학습할 '종목'을 선택한다. 자격시험의 응시 급수에 따라 실행메뉴와 기능, 내용 등에서 차이가 있으므로 학습하고자 하는 종목을 정확히 선택하여야 한다.

(2) 회사코드

프로그램을 처음으로 작업하는 경우에는 로그인 화면 하단의 '회사등록'을 선택하여 회사등록을 먼저 하고 작업할 회사의 코드를 선택하여야 한다. 등록된 회사가 이미 있을 때에는 '회사코드' 옆의 말풍선을 클릭하여 나타나는 '회사코드도움'창에서 작업할 회사를 선택하면 로그인이 된다.

(3) 회사등록

프로그램을 처음 사용하는 경우 작업할 회사의 기본정보를 등록할 때 선택한다.

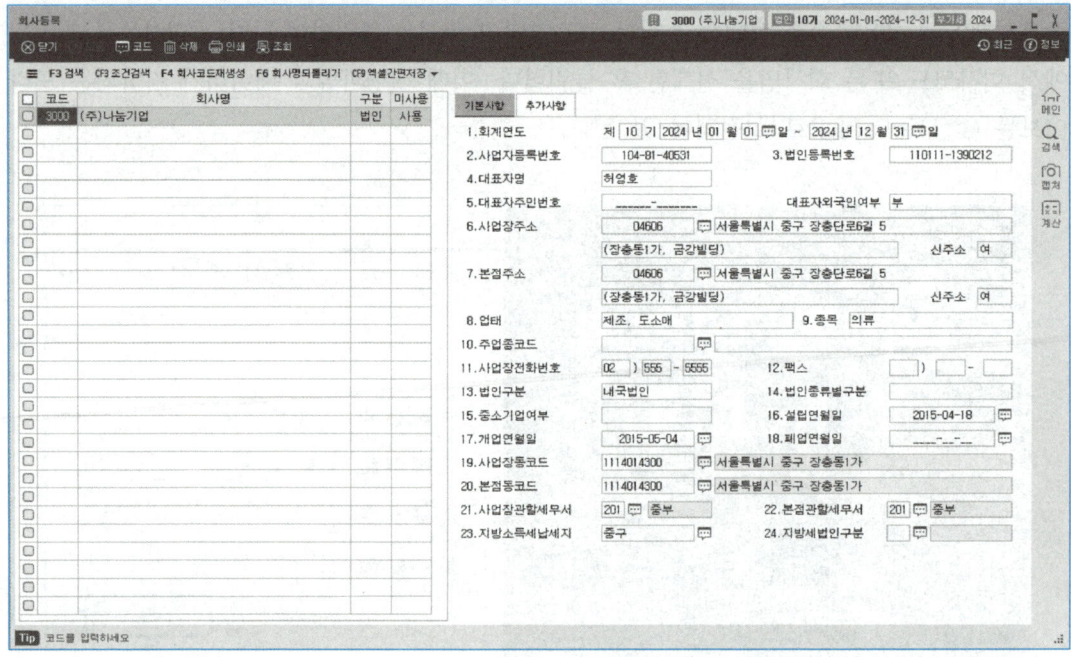

02 전산회계 1급 시작화면

종목 선택에서 '전산회계1급'을 선택하면 회계관리와 부가가치 모듈의 메뉴가 나타난다.

전산회계 1급 기본메뉴

| 회계관리모듈 |

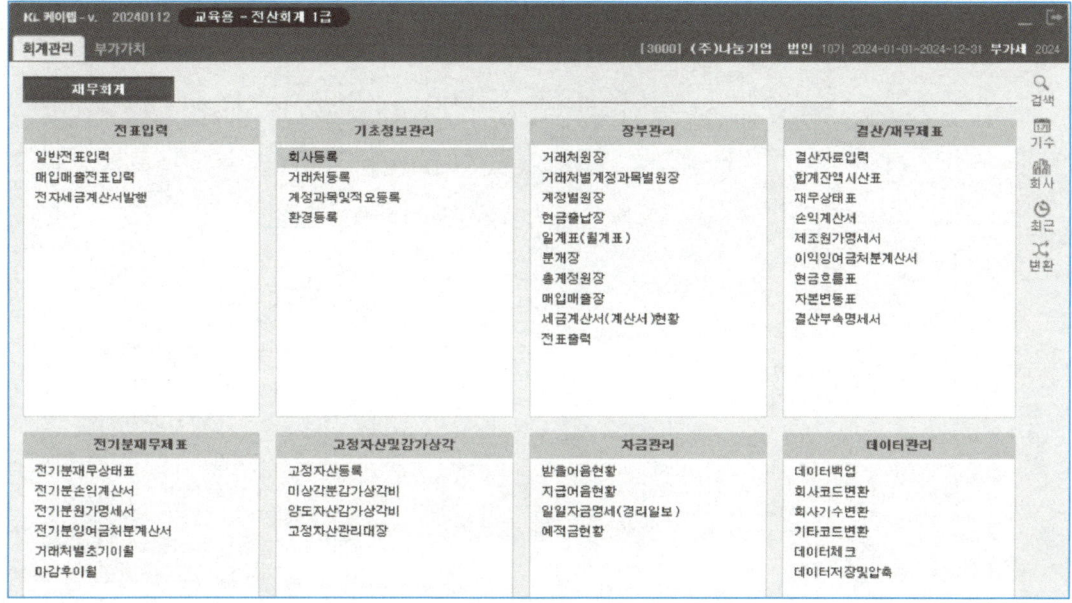

| 부가가치모듈 |

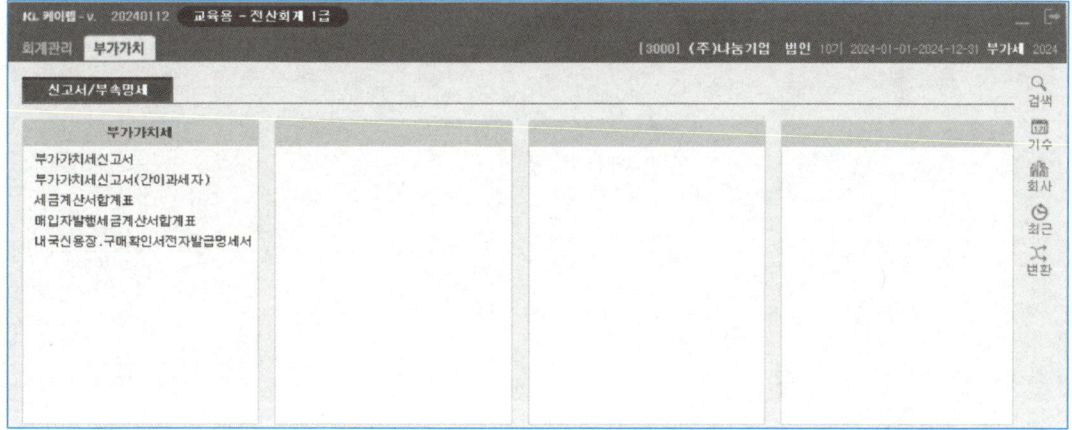

PART 05
전산회계 실무 따라하기

CHAPTER 01. 기초정보관리
CHAPTER 02. 전표입력/장부
CHAPTER 03. 부가가치세
CHAPTER 04. 고정자산 및 감가상각
CHAPTER 05. 결산/재무제표
CHAPTER 06. 제장부의 조회

Chapter 01 기초정보관리

> **NCS 능력단위 : 0203020105회계정보시스템   능력단위요소 : 02회계프로그램운용하기**
> 2.1 회계프로그램 매뉴얼에 따라 프로그램 운용에 필요한 기초 정보를 입력·수정할 수 있다.
> 2.2 회계프로그램 매뉴얼에 따라 정보 산출에 필요한 자료를 입력·수정할 수 있다.

회계처리를 하여야 하는 회사에 대한 기본적인 사항을 등록하여야 한다. 회계관리 모듈에서 '기초정보등록'의 메뉴와 '전기분재무제표등'의 메뉴에서 입력하여야 한다.

단 계	구 성 항 목	
1. 기초정보등록	• 환경등록 • 거래처등록	• 회사등록 • 계정과목 및 적요등록
2. 전기분 재무제표등 입력	• 전기이월 작업 － 전기분 재무상태표 － 전기분 원가명세서 • 거래처별 초기이월	－ 전기분 손익계산서 － 전기분 잉여금처분계산서

01 환경등록

업종이나 회사 특성에 따라 사용자가 입력 방법을 지정하여 보다 빠른 입력을 할 수 있도록 시스템 환경을 설정하는 메뉴이다. 전산회계 1급은 시험범위가 제조업 법인기업이므로 ②분개유형설정에서 매출계정과 매입계정을 수정하고, 부가세 포함 여부를 확인하여야 한다.

(1) ② 분개유형 설정

① 매출계정

매입매출전표 입력 시 자동 분개 되는 매출계정 코드의 기본값은 "401.상품매출"로 되어 있다. 그러나 전산회계 1급에서는 "404.제품매출"로 수정하여야 한다.

② 매입계정

매입매출전표 입력 시 자동 분개 되는 매입계정의 기본값은 "146.상품"으로 되어있다. 그러나 전산회계 1급에서는 "153.원재료"로 수정하여야 한다.

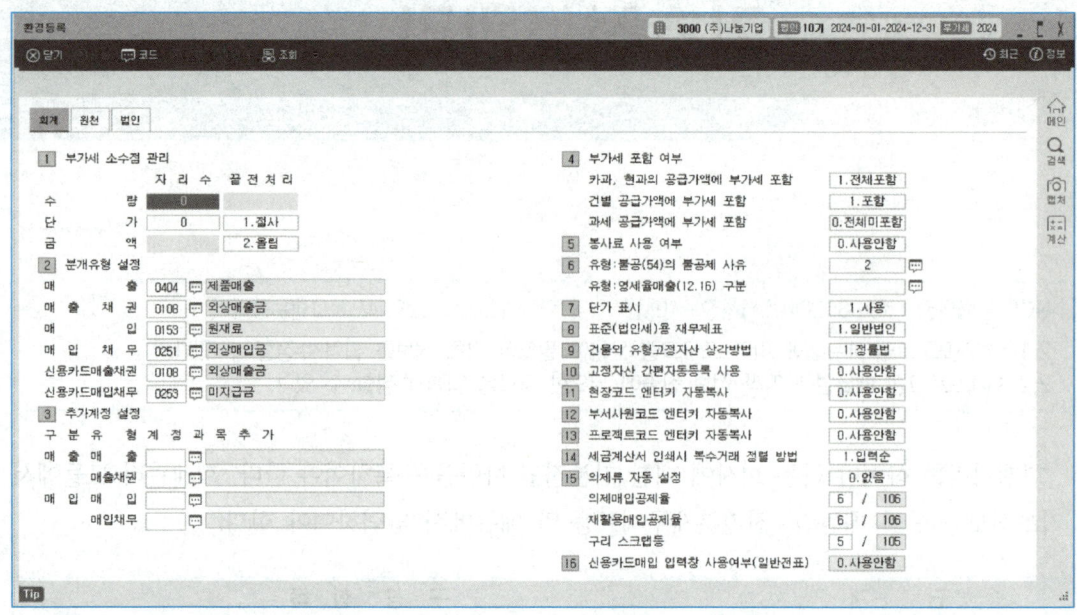

(2) 부가세 포함 여부(④)

① 카과, 현과의 공급가액에 부가세 포함

자격시험에서는 자료를 공급가액으로 줄 수도 있고 공급대가로 줄 수도 있다. 이러한 경우 환경등록의 내용을 면 입력의 시간과 오류를 줄일 수 있다.

구분	내용
1.전체 포함	공급대가를 입력하면 공급가액과 부가가치세를 자동으로 구분 계산하는 방법
2.매출만 포함	매출의 경우만 공급대가를 입력하면 공급가액과 부가가치세를 자동으로 구분하는 방법으로 매입의 경우에는 공급가액을 입력하여야 한다.
3.매입만 포함	매입의 경우만 공급대가를 입력하면 공급가액과 부가가치세를 자동으로 구분 계산하는 방법
0.전체 미포함	공급가액을 입력하여야 하며 부가가치세를 자동으로 계산하는 방법

② 건별 공급가액에 부가세 포함

건별은 법정 증명서류가 없거나 일반영수증 등을 교부한 경우에 해당하는 것으로 그 영수증 등에 부가가치세가 별도로 표시되어 있지 않다. 대부분 건별은 1.포함을 선택하는 것이 효율적이고 1.포함을 선택하면 공급대가를 입력하여야 한다. 그러면 프로그램이 공급가액과 부가세를 자동으로 구분 계산한다.

(3) ⑩고정자산 간편자동등록 사용

고정자산을 취득하고 전표를 입력할 때 고정자산을 등록할 수 있는 창을 활성화하는 기능이다. 대부분 시험에서 특별한 말이 없으면 지나치면 된다.

02 회사등록

사업자등록증의 내용과 회사 관련 자료 등을 참고하여 입력한다. 입력된 자료는 모든 출력물과 계산의 기초가 되므로 정확하게 입력하여야 한다.

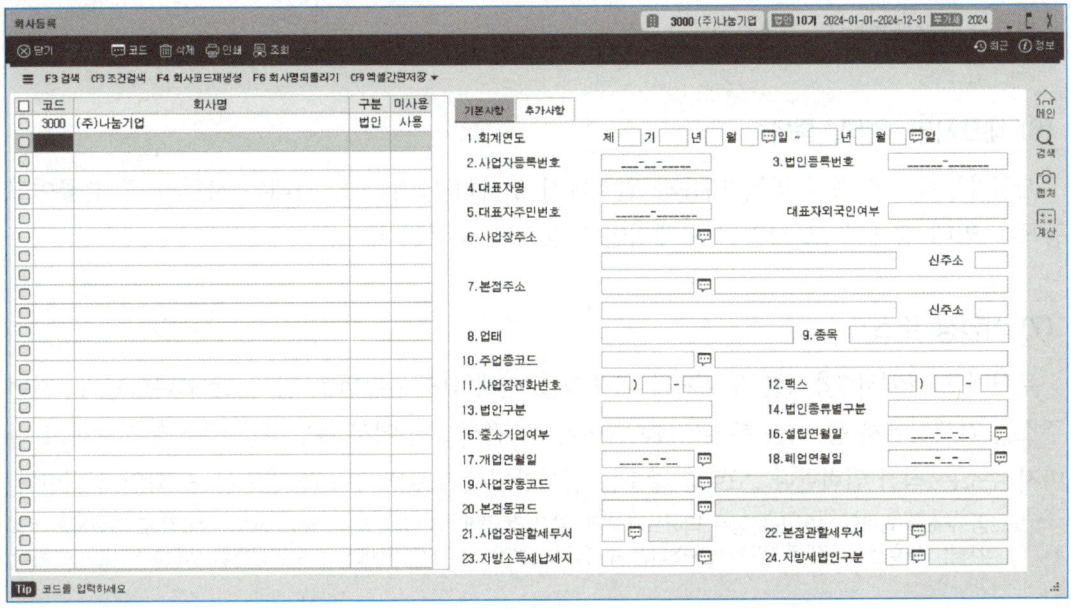

(1) 코 드

코드 란에 커서를 놓고 등록할 회사의 코드번호를 "0101 ~ 9999"까지의 번호 중 사용자가 원하는 숫자를 선택하여 입력한다.

(2) 회사명

사업자등록증에 적혀있는 법인명 또는 상호를 입력한다.

(3) 구분과 미사용

사업자등록증 상 법인의 경우는 "1법인"을 개인의 경우는 "2개인"을 선택하고 미사용 란에는 "0사용"을 선택한다. 1.미사용을 선택하면 초기 로그인 화면의 회사코드에 나타나지 않는다.

(4) 회계연도

개업일이 속한 제1기 사업연도부터 당기의 사업연도가 몇 번째인지를 나타내는 기수와 회계기간을 입력한다.

(5) 사업자등록번호, 법인등록번호

사업자등록증에 기재되어 있는 사업자등록번호와 법인등록번호를 입력한다. 사업자등록번호와 법인등록번호는 일정한 규칙에 의하여 부여된 번호이므로 오류인 경우 프로그램에서 붉은색으로 표시된다.

(6) 대표자명, 업태, 종목

사업자등록증에 적혀 있는 내용과 일치하게 정확히 입력한다. 업태는 사업의 큰 분류이고 종목은 업태 중에서 그 사업의 구체적인 내용으로 구분된다.

(7) 사업장 주소

우편번호 란에서 F2 키를 누르거나 말풍선을 선택하면 우편번호 검색 창이 나타난다. 지번 주소는 검색창에서 동 이름 두 글자를 입력한 후 검색 화면에서 해당하는 주소를 선택하고 나머지 주소는 직접 입력한다. 도로명 주소는 검색창에서 도로명 주소를 입력한 후 확인 선택한다.

* 도로명 주소를 입력할 때에 도로명은 띄어쓰기 하지 말고 검색하여야 한다. 예를 들어 '세월천로5길'로 입력하면 조회가 되지만 '세월천로 5길'로 입력하면 조회할 수 없다. 대부분의 자격시험에서는 우편번호를 입력하지 않아도 된다.

(8) 사업장동코드와 사업장관할세무서

사업장동코드 란에서 F2 키를 누르거나 말풍선을 선택한 후 보조창에서 사업장 소재지의 동 이름을 입력하면 사업장동코드와 사업장 관할세무서가 자동으로 입력된다. 만일 사업자등록증 상의 관할세무서와 다르게 나타나면 21.사업장관할세무서 란에서 말풍선을 클릭한 후 보조창에서 관할 세무서를 선택하여야 한다.

(9) 개업년월일

사업자등록증에 적혀 있는 개업년월일을 입력한다.

전산실무 따라하기

필수예제

(주)나눔기업은 의류를 제조하여 판매하는 법인기업이다. 사업자등록증을 참고하여 회사코드 3000으로 회사등록을 하시오(회계연도는 제10기 2024. 1. 1 ~ 2024. 12. 31.이다).

사 업 자 등 록 증

(법인사업자용)

등록번호 : 104-81-40531

1. 상　　호　명 : ㈜나눔기업
2. 대 표 자 명 : 허영호
3. 개 업 연 월 일 : 2015. 5. 4
4. 법인등록번호 : 110111-1390212
5. 사업장 소재지 : 서울시 중구 장춘단로6길 5
　　　　　　　　 (장충동1가, 금강빌딩)
6. 본 점 소 재 지 : 상 동
7. 사 업 의 종 류 : [업태] 제조·도매　　[종목] 의류
8. 교 부 사 유 : 신 규
9. 사업자단위과세 적용사업장 여부 : 여(　　) 부(○)
10. 전자세금계산서 전용메일주소 :

2015년 5월 2일

중부세무서장　(인)

---

* 회사의 전화번호 : 02-555-5555, 설립연월일 : 2015.04.18.

따라하기

① 회계관리 모듈에서 "기초정보등록" 부분의 "회사등록" 메뉴를 클릭한다.
② 코드에 "3000"을 입력하고, 회사명에 "(주)나눔기업"을 입력한 후 구분에서 "1"법인을 미사용에서 "0"사용을 선택한다.

코드	회사명	구분	미사용
3000	(주)나눔기업	법인	사용

③ 1.회계연도에는 2015년도 개업이므로 제10기 2024년 1월 1일 ~ 2024년 12월 31일로 입력한다.
④ 2.사업자등록번호에 104-81-40531을 입력한다.
　* 사업자등록번호란이 적색이면 그 번호가 오류이므로 정확한 번호로 수정하여야 한다.
⑤ 3.법인등록번호에 110111-1390212를 입력한다.
⑥ 4.대표자명에 허영호를 입력한다.

⑦ 5.대표자주민번호는 문제에서 제시되지 않았으므로 생략한다.
⑧ 6.사업장주소는 우편번호 입력란 옆의 말풍선을 클릭하여 우편번호와 주소를 인터넷 조회하여 서울시 중구 장춘단로6길 5(장충동1가, 금강빌딩)을 입력한다.
⑨ 8.업태에는 제조·도매를 입력한다. 9.종목에는 의류를 입력한다.
⑩ 11.사업장전화번호에 02-555-5555를 입력한다.
⑪ 16.설립연월일에 2015년 4월 18일을 입력한다.
⑫ 17.개업연월일에 2015년 5월 4일을 입력한다.
⑬ 19.사업장동코드와 20.본점동코드는 말풍선을 누른 후 장충동1가를 입력 선택하여 19.사업장동코드와 20.본점동코드 및 21.사업장관할세무서 : 201.중부를 자동 완성한다.

| 입력된 화면 |

* 추가사항 탭에서 부가세신고방법, 신고담당자, 신고담당자 이메일 등을 추가로 입력할 수 있다.
* 21.사업장 관할세무서가 사업자등록증 하단의 관할세무서와 다른 경우 회사등록에서 21.사업장 관할세무서를 수정 입력한다.

03 거래처등록

채권·채무의 거래처별 관리를 위한 거래처원장을 작성하고 관리하기 위한 기초작업이 거래처등록이다. 거래처원장에서 관리하고자 하는 거래처의 기본정보를 등록한다. 거래처 관리가 필요 없는 거래처는 전표입력 시 코드번호 없이 거래처명만 입력하면 된다.

(1) 일반거래처

부가가치세의 신고 대상 거래는 거래처를 반드시 등록하여야 하며, 채권 채무 관리를 위한 거래처는 사용자의 필요에 따라 등록한다.

① 코　　드 : "00101~97999" 번호 중 사용자가 원하는 숫자 5자리까지 입력한다.
② 거래처명 : 거래처의 상호를 입력한다.
③ 유　　형 : 거래처의 유형을 선택한다. 1.매출 2.매입 3.매입매출동시
④ 사업자등록번호 : 우측의 사업자등록번호 텍스트 박스에 입력하면 좌측의 등록번호 란에 자동으로 반영된다. 사업자등록상태조회는 실무상 사업자 여부를 국세청 홈페이지에서 확인하기 위한 메뉴로 자격시험과는 무관하다.
⑤ 거래처에 대한 기타의 입력사항은 우측의 해당 란에 입력한다. 상세입력 안 함에 체크하면 6.연락처부터 건너뛰기가 되어 다음 거래처로 이동하며 체크를 제거하면 커서가 6번 텍스트 박스로 이동한다.

> **거래처 코드를 입력하여야 할 계정과목**
>
> 외상매출금, 외상매입금, 받을어음, 지급어음, 대여금, 차입금, 미수금, 미지급금, 선급금, 선수금, 가지급금, 유동성장기부채, 임차보증금, 임대보증금, 부도어음과수표 등과 문제에서 거래처코드를 요구하는 계정과목(보통예금, 당좌예금 등)

(2) 금융기관 거래처

① 코　　드 : 98001~99599 번호 중 하나를 금융기관 코드로 등록할 수 있다.
② 구　　분 : 예금의 종류에 따라 1.보통예금, 2.당좌예금, 3.정기적금, 4.정기예금, 5.기타 중에서 해당하는 것을 선택한다.
③ 계좌번호 : 해당 은행에 개설된 통장의 계좌번호를 입력한다.

(3) 신용카드(매입,매출)거래처

① 코　　드 : 99601~99999 번호 중 하나를 신용카드사 코드로 등록할 수 있다.
② 카드번호 또는 가맹점 번호 : 신용카드로 매입, 구입 등의 지급수단으로 사용하는 경우에

는 신용카드번호를 입력하고, 매출대금을 신용카드로 받으려면 신용카드 가맹점이 되어야 한다. 이 경우에는 신용카드 가맹점번호를 입력한다.

(4) 거래처명 수정

거래처의 상호가 바뀌거나 입력을 잘못하여 수정하려는 경우에는 거래처등록 화면의 거래처명에서 수정하여 입력하고 상단의 F11 전표변경을 클릭한다. 전표변경을 클릭하지 않으면 이미 입력된 전표는 수정전의 상호로 나타나고 거래처명을 변경한 후의 전표만 수정된 거래처명으로 나타나므로 주의하여야 한다.

전산실무 따라하기

(주)나눔기업의 거래처를 거래처등록에 등록하시오(일반거래처는 모두 매입 매출 동시 거래처로 할 것).

코드	거래처명	대표자	사업자등록번호	주 소	업태	종목
101	허영호	허영호				
118	빌리패션	김형수	650-85-00516	서울 금천구 가산디지털1로 104	도소매	의류
119	㈜나래	박나래	201-81-32195	경기도 양주시 고덕로 223	도소매	의류
120	시에로(주)	신정희	119-81-79095	경기도 양평군 용문면 용문로 300	제조	잡화
122	효원기계	박상권	387-28-00158	서울시 영등포구 여의나루로 53-1	제조	기계
123	㈜마인	최현	323-85-00405	서울시 강남구 영동대로 701	도매	의류
128	(주)원단상사	김호성	144-81-28836	경기도 성남시 분당구 서판교로 32	도소매	원단
147	고트상사㈜	백성희	117-81-33400	경기도 고양시 덕양구 화정로 53	도소매	부자재
153	㈜서산개발	송대웅	106-86-43373	경기도 오산시 외삼미로 104-12	임대	상가
156	(주)대한	이유진	652-88-00075	서울시 영등포구 영등포로 384	도소매	의류
98001	미래은행		계좌번호	110-088-123456(보통예금)		
98003	경제은행		계좌번호	12345-85-110-123(기타)		
99601	세방카드		(매입)카드번호	1111-2222-3333-4444	(사업용카드)	
99602	현대카드		(매출)가맹점번호	1234567890		

| 입력된 화면 |

1. 거래처등록(일반거래처)

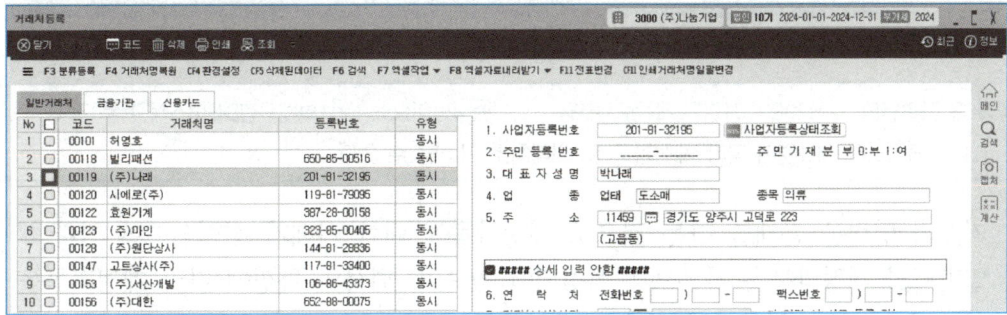

2. 거래처등록(금융기관)

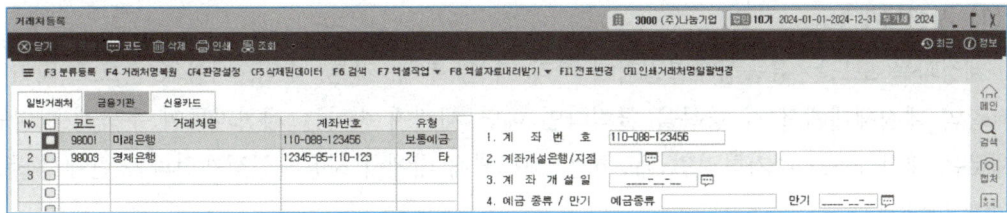

3. 거래처등록(신용카드)

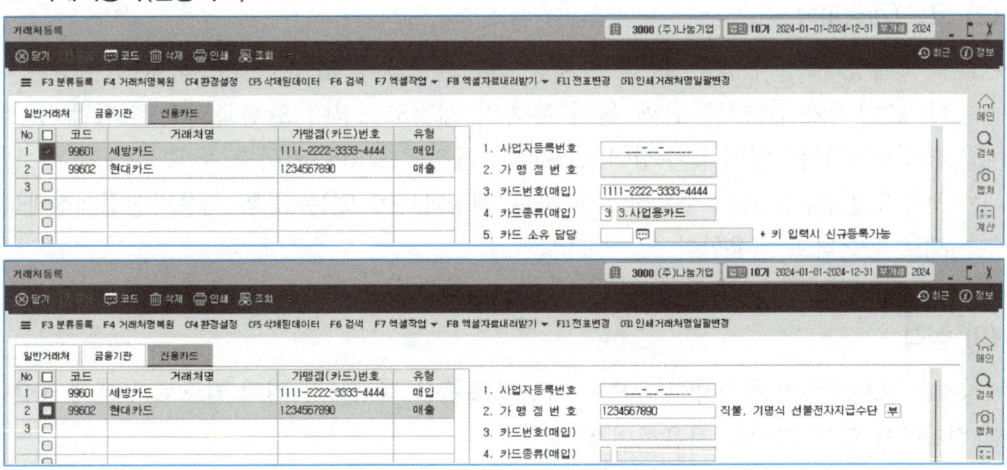

04 계정과목 및 적요등록

> NCS 능력단위 : 0203020105회계정보시스템　　능력단위요소 : 01회계관련DB마스터관리하기
> 1.1　DB마스터 매뉴얼에 따라 계정과목 및 거래처를 관리할 수 있다.

거래의 입력은 분개를 하는 것으로 계정과목에 대한 이해가 선행되어야 한다.

일반적인 계정과목은 기본으로 설정되어 있으며, 회사의 특성에 따라 계정과목을 수정하거나 추가(과목 추가)하여 사용할 수 있다.

(1) 계정체계

계정과목 코드는 유동성배열원칙에 따라 자산, 부채, 자본, 수익, 비용의 순으로 되어있다. 좌측의 계정체계에서 각 항목을 클릭하면 해당 체계에 속하는 계정과목이 우측에 나타난다. 새로운 계정과목을 추가하려면 해당하는 계정체계 내에서 사용자설정계정과목 란에서 추가하여야 한다.

(2) 코드/계정과목

① 적색계정과목 : 수정할 수 없는 계정으로 설정되어 있으나 필요에 따라 수정할 수 있다. [Ctrl]키와 [F2]키를 함께 눌러 우측의 계정코드명이 활성화되면 수정할 수 있다.
② 흑색계정과목 : 언제나 수정이 필요하면 계정코드명에 커서를 두고 수정할 수 있다.
③ 사용자설정계정과목 : 사용하고자 하는 계정과목이 없는 경우 사용자설정계정과목에서 새로 등록하여 사용한다.

(3) 성격

성격은 프로그램의 특성상 자동으로 재무제표 등을 작성하기 위해 별도로 구분해 놓은 것으로 변경하지 않고 그대로 사용하면 된다.

(4) 관계

관계는 성격이 "4차감"인 계정의 경우에는 어느 계정에서 차감하는지를 나타내고 기타의 경우에는 회계처리를 함께 하여야 하는 계정을 표시한다.

(5) 적요

적요는 현금적요와 대체적요로 구분하고, 적요의 추가등록이나 수정은 마우스로 해당하는 적요NO에 커서를 두고 추가 등록하거나 수정할 수 있다. 계정과목별로 반복적으로 발생하는 적요는 미리 등록하여 입력 시에 간단히 반복 사용할 수 있다.

전산실무 따라하기

필수예제

계정과목 및 적요등록 메뉴에서 다음 자료를 수정 또는 추가 등록하시오.

1. 529.사무용품비 계정을 의류소모품비 계정으로 수정하시오.
2. 판매관리비 계정체계 내에서 851.택배비 계정을 추가 등록하시오(성격은 경비).
3. 판매관리비 830.소모품비 계정의 현금적요에 5.회의용품 구입을 추가하시오.

따라하기

회계관리 모듈의 "기초정보등록"부분에서 "계정과목및적요등록"을 클릭한다.

1. 계정과목명 수정
   ① 커서를 코드 란에 놓고 코드번호 529.를 입력하여 529.사무용품비로 이동한다.
   ② 계정과목이 흑색이므로 커서를 우측의 계정과목 란에 가져간 다음 의류소모품비를 입력한다.

| 입력된 화면 |

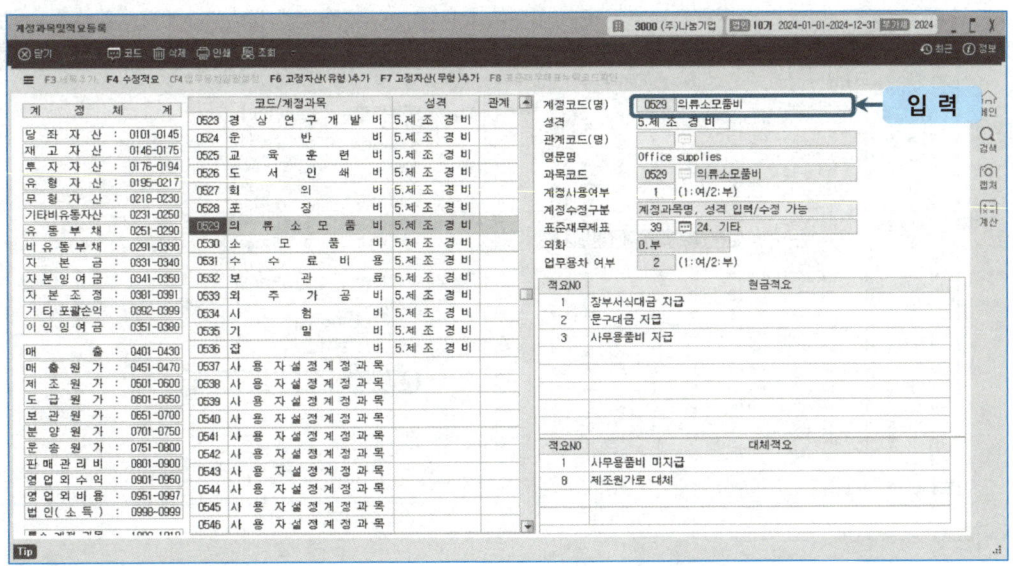

2. 계정과목의 신규등록
① 화면좌측의 "계정체계"에서 판매관리비를 클릭한다.
② 코드/계정과목에 801부터 900코드가 표시되면 코드범위 중 851.사용자설정계정과목을 선택한다.
③ 851.사용자설정계정과목의 과목명 란에 커서를 놓고 택배비를 입력하고 성격 란에서 3.경비를 선택한다.

| 입력된 화면 |

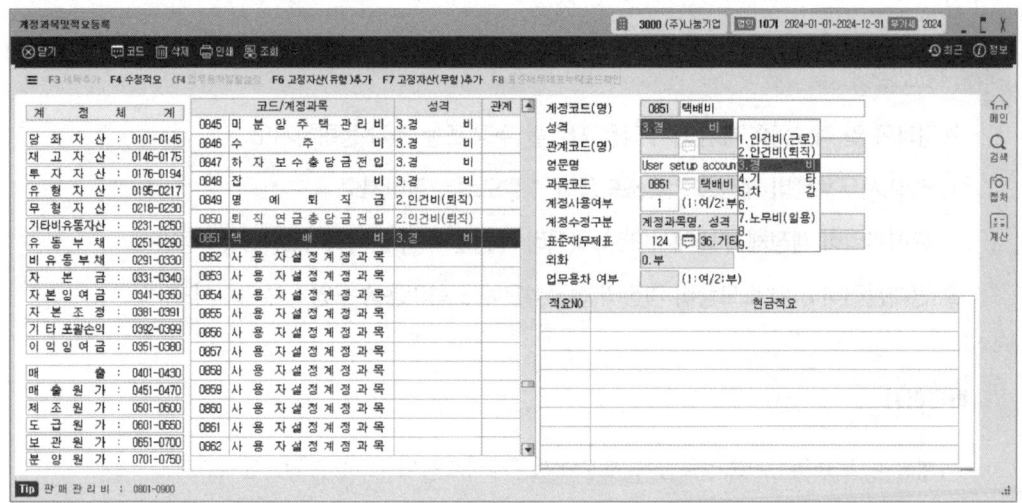

3. 적요의 수정
① 화면 좌측에서 830.소모품비를 클릭한다.
② 화면 우측의 적요 등록사항 중 현금적요에서 적요번호 5. 회의용품 구입을 입력한다.

| 입력된 화면 |

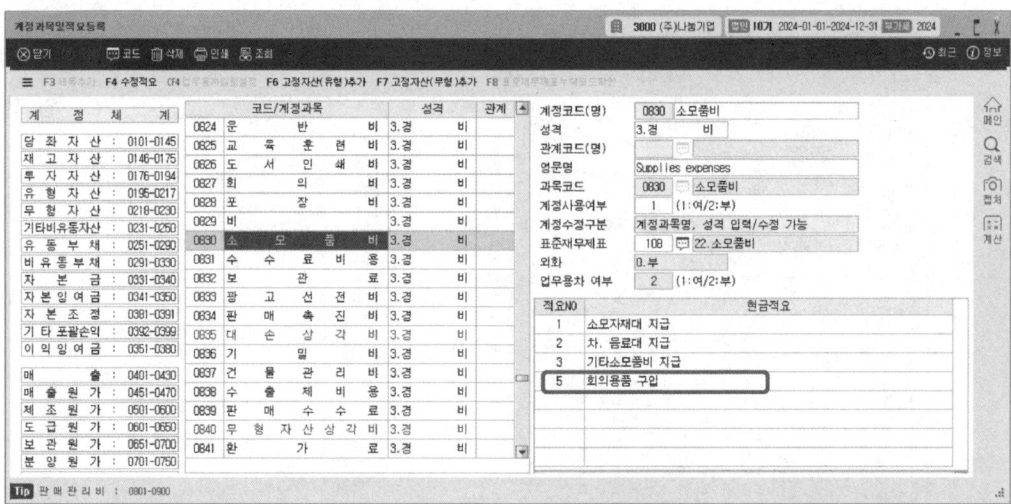

05 전기분재무상태표

전기분재무상태표 상의 전기말 자산 부채 자본의 금액은 당기 회계처리의 시작점이 된다. 이를 위하여 전기분재무상태표를 정확하게 입력하여야 한다.

전기분재무상태표에서 입력된 전기말 재고자산(원재료, 재공품, 제품, 상품 등)은 손익계산서와 원가명세서 등에 자동으로 반영된다.

(1) 전기말 제품재고액
전기분손익계산서의 제품매출원가 창에서 기말제품재고액으로 자동 반영된다.

(2) 전기말 원재료재고액
전기분원가명세서의 원재료비 창에서 기말원재료재고액으로 자동 반영된다.

(3) 전기말 재공품재고
전기분원가명세서의 기말재공품재고액에 자동 반영된다.

(4) 전기말 상품재고액
전기분손익계산서의 상품매출원가 창에서 기말상품재고액으로 자동 반영된다.

> **전기분재무상태표 작성 시 유의사항**
> ① 화면 좌측에서 계정과목 코드와 금액을 입력하면 화면 우측의 계정별합계에 자동 집계된다.
> ② 대손충당금, 감가상각누계액 등 차감 과목은 설정 대상 계정의 코드번호의 다음 번호를 사용하여야 한다. 그리고 절대로 '-'로 입력하지 않는다(예 : 코드번호 108번 외상매출금에 대한 대손충당금은 코드번호 109번을 사용하여야 한다).
> ③ 퇴직급여충당부채 계정은 계정과목코드와 금액을 입력한 후 하단 입력 란에 총금액을 제조와 판관비로 구분하여 입력하여야 한다.
> ④ 가지급금과 가수금 계정은 계정과목 코드를 입력한 후 우측 보조창에서 각 사원별로 가지급금 또는 가수금 금액을 입력하여야 한다.
> ⑤ 보통주 자본금은 자본금(코드번호 : 331) 계정과목 코드를 사용한다.
> ⑥ 프로그램의 특성으로 재무상태표의 "375. 이월이익잉여금"은 순이익과 이월이익잉여금의 합계액인 미처분이익잉여금이며, 재무상태표에 당기순이익 항목은 입력하지 않는다.
> ⑦ 재무상태표에는 '미처분이익잉여금'으로 표시하지만 전산프로그램에 입력은 "375. 이월이익잉여금"으로 하여야 한다. 절대로 377.미처분이익잉여금으로 입력하지 않아야 한다.
> ⑧ 화면 우측 하단의 대차차액이 있으면 입력에 오류가 있는 것이다.
> ⑨ 입력 순서에 관계없이 코드순으로 정렬되므로 입력이 누락 된 경우 입력 화면 하단에 추가 입력하면 된다.

전산실무 따라하기

필수예제

(주)나눔기업의 전기분재무상태표를 해당 메뉴에 입력하시오.

재 무 상 태 표

2023. 12. 31. 현재

㈜나눔기업 (단위 : 원)

과 목	금	액	과 목	금	액
자　　　　산			부　　　　채		
유 동 자 산		281,652,000	유 동 부 채		189,400,000
당 좌 자 산		198,092,000	외 상 매 입 금		37,000,000
현　　　　금		12,772,000	지 급 어 음		33,000,000
당 좌 예 금		33,000,000	미 지 급 금		35,315,000
보 통 예 금		23,000,000	예 수 금		680,000
단 기 매 매 증 권		9,000,000	단 기 차 입 금		80,000,000
외 상 매 출 금	28,000,000		미 지 급 세 금		3,405,000
대 손 충 당 금	280,000	27,720,000	비 유 동 부 채		217,000,000
단 기 대 여 금		86,000,000	장 기 차 입 금		100,000,000
선　 급　 금		6,600,000	퇴직급여충당부채		117,000,000
재 고 자 산		83,560,000	부 채 총 계		112,053,000
제　　　　품		27,560,000	자　　　　본		
원　 재　 료		38,000,000	자 본 금		150,000,000
재　 공　 품		18,000,000	보 통 주 자 본 금		150,000,000
비 유 동 자 산		347,600,000	자 본 잉 여 금		0
투 자 자 산			자 본 조 정		0
유 형 자 산		307,600,000	기타포괄손익누계액		0
토　　　　지		200,000,000	이 익 잉 여 금		72,852,000
기 계 장 치	80,000,000		이 익 준 비 금		18,500,000
감가상각누계액	38,000,000	42,000,000	미처분이익잉여금		54,352,000
차 량 운 반 구	48,000,000		(당기순이익 : 40,515,000)		
감가상각누계액	15,000,000	33,000,000	자 본 총 계		222,852,000
비　　　　품	38,600,000				
감가상각누계액	6,000,000	32,600,000			
무 형 자 산		30,000,000			
특　 허　 권		30,000,000			
기 타 비 유 동 자 산		10,000,000			
기 타 보 증 금		10,000,000			
자 산 총 계		629,252,000	부 채 와 자 본 총 계		629,252,000

＊ 퇴직급여충당부채 중 제조분은 60,000,000원임

따라하기

회계관리 모듈 "전기분재무제표"에서 "전기분재무상태표" 메뉴를 클릭한다.

① 유동자산, 당좌자산, 유동부채, 비유동부채, 자산총계, 자본총계 등 항목별 합계액은 입력하지 않고 계정과목과 금액만 입력하며, 코드 란에 커서를 놓고 입력하려는 계정과목의 한글 두 글자를 입력한 후 Enter⏎를 하여 과목을 선택한다.

계정과목	코드	금 액	계정과목	코드	금 액
현　　　　금	101	12,772,000	비　　　품	212	38,600,000
당 좌 예 금	102	33,000,000	감가상각누계액	213	6,000,000
보 통 예 금	103	23,000,000	특　허　권	219	30,000,000
단 기 매 매 증 권	107	9,000,000	기 타 보 증 금	234	10,000,000
외 상 매 출 금	108	28,000,000	외 상 매 입 금	251	37,000,000
대 손 충 당 금	109	280,000	지 급 어 음	252	33,000,000
단 기 대 여 금	114	86,000,000	미 지 급 금	253	35,315,000
선 급 금	131	6,600,000	예 수 금	254	680,000
제　　　품	150	27,560,000	단 기 차 입 금	260	80,000,000
원 재 료	153	38,000,000	미 지 급 세 금	261	3,405,000
재 공 품	169	18,000,000	장 기 차 입 금	293	100,000,000
토　　　지	201	200,000,000	퇴직급여충당부채	295	117,000,000
기 계 장 치	206	80,000,000	자 본 금	331	150,000,000
감가상각누계액	207	38,000,000	이 익 준 비 금	351	18,500,000
차 량 운 반 구	208	48,000,000	이월이익잉여금	375	54,352,000
감가상각누계액	209	15,000,000			

* 미처분이익잉여금계정은 재무상태표에는 "미처분이익잉여금"으로 표시하나, 계정과목 입력 시에는 "375.이월이익잉여금"으로 입력하여야 한다.

* 당기순이익은 별도 계정과목으로 입력하지 아니하며 전기분손익계산서 당기순이익과 일치하여야 한다.

② 대손충당금과 감가상각누계액은 설정대상계정 코드번호의 다음 코드번호를 선택한다. 예를 들어 108.외상매출금계정에 대한 대손충당금은 109번 코드를 선택하고 206.기계장치에 대한 감가상각누계액은 207번 코드를 사용한다.

③ 퇴직급여충당부채 117,000,000원은 화면 하단의 제조에 60,000,000원, 판관비에 57,000,000원을 입력하여야 한다. 제조와 관련된 사용인의 퇴직을 위하여 설정된 퇴직급여충당부채가 60,000,000원이고, 57,000,000원은 판매관리에 종사하는 사용인의 퇴직을 위하여 설정된 것이다.

④ 문제에서 제시한 재무상태표의 차변의 자산총계 금액과 전산입력 화면의 차변합계 금액이 일치하여야 하고, 대변의 부채와자본 총계 금액과 전산입력 화면의 대변합계 금액이 일치하여야 한다.

⑤ 화면 우측 계정별 합계 하단에 대차차액을 확인하고 대차차액이 없으면 종료한다.

| 입력된 화면 |

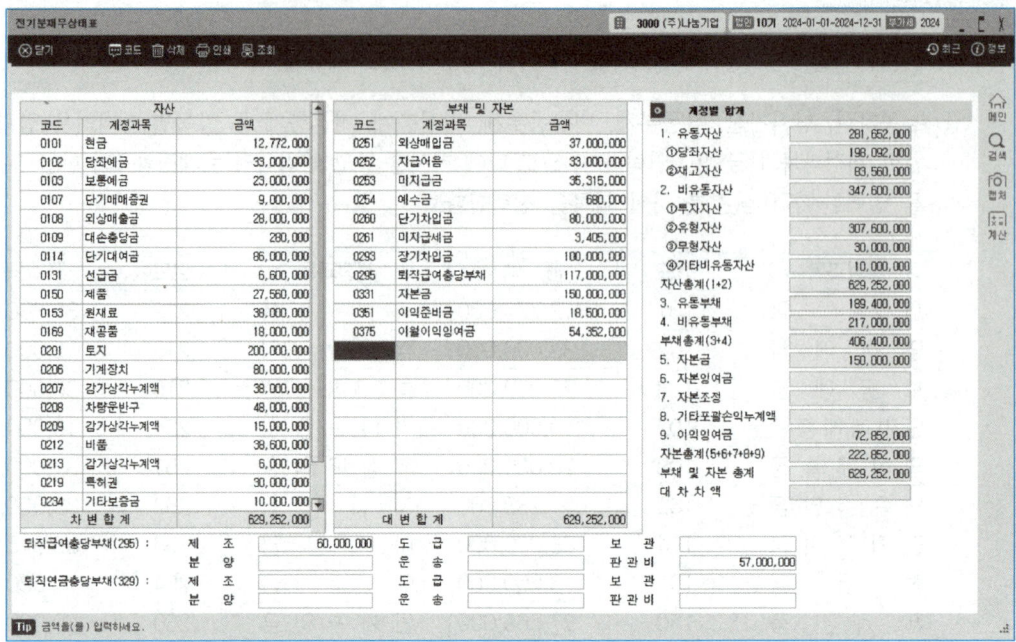

06 전기분손익계산서

전기분손익계산서는 전기분재무상태표에 순이익을 반영하기 위하여 필수적으로 입력하여야 하는 메뉴이다.

(1) 상품매출원가의 입력방법

"451.상품매출원가"를 선택하면 나타나는 보조창에 기초상품재고액과 당기상품매입액 등을 입력한다. 기말상품재고액은 전기분재무상태표에 입력한 금액이 자동 반영된다.

(2) 제품매출원가의 입력방법

"455.제품매출원가"를 선택하면 나타나는 보조창에 기초제품재고액, 당기제품제조원가를 입력한다. 기말제품재고액은 전기분재무상태표에 입력한 금액이 자동 반영된다.

(3) 비용항목의 코드번호

손익계산서의 비용 항목은 800번대 이후의 코드번호를 사용하여 입력한다.

전산실무 따라하기

필수예제

(주)나눔기업의 전기분손익계산서를 입력하시오.

손 익 계 산 서

제9기 2023. 1. 1. ~ 2023.12.31

㈜나눔기업 (단위 : 원)

과 목	금	액
매 출 액		565,200,000
제 품 매 출	565,200,000	
매 출 원 가		383,000,000
제 품 매 출 원 가		
당 기 상 품 매 입 액		
기 초 제 품 재 고 액	30,000,000	
당 기 제 품 제 조 원 가	380,560,000	
기 말 제 품 재 고 액	27,560,000	
매 출 총 이 익		182,200,000
판 매 비 와 관 리 비		135,635,000
급 여	89,605,000	
복 리 후 생 비	13,650,000	
기 업 업 무 추 진 비	7,800,000	
통 신 비	4,530,000	
수 도 광 열 비	4,750,000	
세 금 과 공 과	2,500,000	
임 차 료	8,900,000	
광 고 선 전 비	2,400,000	
대 손 상 각 비	1,500,000	
영 업 이 익		46,565,000
영 업 외 수 익		0
영 업 외 비 용		1,250,000
이 자 비 용	1,250,000	
법 인 세 차 감 전 이 익		45,315,000
법 인 세 등		4,800,000
당 기 순 이 익		40,515,000

따라하기

회계관리 모듈의 전기분재무제표에서 "전기분손익계산서"를 클릭한다.

① 매출액, 매출원가, 매출총이익 등의 항목별 합계액은 제외하고 계정과목과 금액만 입력한다. 코드 란에서 계정과목의 두 글자를 입력한 후 해당하는 과목을 선택한다.

계정과목		코드	금 액	계정과목	코드	금 액
제품매출		404	565,200,000	통신비	814	4,530,000
매출 원가	기초제품재고액	455	30,000,000	수도광열비	815	4,750,000
	당기제품제조원가		380,560,000	세금과공과금	817	2,500,000
	기말제품재고액		27,560,000 (자동반영)	임차료	819	8,900,000
				광고선전비	833	2,400,000
급여		801	89,605,000	대손상각비	835	1,500,000
복리후생비		811	13,650,000	이자비용	951	1,250,000
기업업무추진비		813	7,800,000	법인세등	998	4,800,000

* 세법의 개정에 따라 종전의 접대비를 회계프로그램에서는 기업업무추진비로 변경한다.

② 화면 우측의 계정별합계에서 입력된 금액의 항목별 합계를 확인할 수 있다.

③ 기말제품재고액은 전기분재무상태표에 제품을 입력하면 자동으로 생성된다. 따라서 전기분손익계산서의 기말제품재고액을 수정하려면 전기분재무상태표를 수정하여야 한다.

④ 매출원가의 입력은 전기분손익계산서에서 제품매출원가를 클릭하여 보조창에서 입력하여야 한다. 이때 기말 제품재고액은 전기분재무상태표의 제품이 자동으로 반영된다.

| 입력된 화면 |

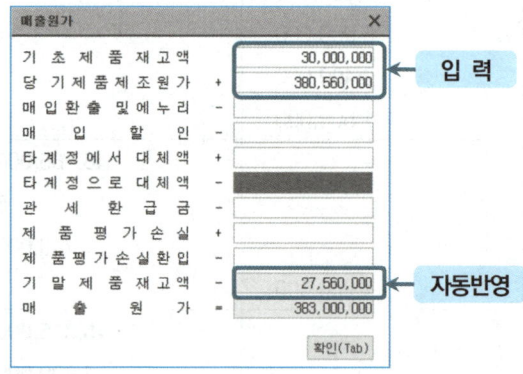

| 입력된 화면 |

코드	계정과목	금액
0404	제품매출	565,200,000
0455	제품매출원가	383,000,000
0801	급여	89,605,000
0811	복리후생비	13,650,000
0813	기업업무추진비	7,800,000
0814	통신비	4,530,000
0815	수도광열비	4,750,000
0817	세금과공과	2,500,000
0819	임차료	8,900,000
0833	광고선전비	2,400,000
0835	대손상각비	1,500,000
0951	이자비용	1,250,000
0998	법인세등	4,800,000

계정별합계
1. 매출 565,200,000
2. 매출원가 383,000,000
3. 매출총이익(1-2) 182,200,000
4. 판매비와관리비 135,635,000
5. 영업이익(3-4) 46,565,000
6. 영업외수익
7. 영업외비용 1,250,000
8. 법인세비용차감전순이익(5+6-7) 45,315,000
9. 법인세비용 4,800,000
10. 당기순이익(8-9) 40,515,000 ← 확인
11. 주당이익(10/주식수)

07 전기분원가명세서

전기분원가명세서는 당기제품제조원가를 산출하여 전기분손익계산서의 매출원가에 반영된다. 전기분손익계산서의 제품매출원가 창에 당기제품제조원가를 직접 입력하여야 한다.

(1) 원가설정

매출원가및경비선택의 보조창에서 하단의 편집을 누르고 "455.제품매출원가와 500번대 제조" 라인에 커서를 두고 좌측의 사용여부에서 '1.여'를 선택한다. 설정이 필요한데 보조창이 열리지 않을 때에는 F4원가설정을 클릭하여 보조창을 활성화 한다.

(2) 원재료비의 입력

원재료비를 선택하고 보조창에서 기초원재료재고액과 당기원재료매입액 등은 직접 입력하고, 기말원재료재고액은 전기분재무상태표에 입력한 금액이 자동 반영된다.

(3) 직접 입력 대상

화면 우측의 계정별합계 중 "9.기말재공품재고액"은 전기분재무상태표에서 입력한 재공품의 금액이 자동으로 반영되나, "6.기초재공품재고액"과 "7.타계정에서대체액" 및 "10.타계정으로대체액" 등은 해당 란에 직접 입력하여야 한다.

(4) 경비 코드

원가명세서에 입력하는 계정과목은 '코드 500번대 경비'를 선택하여 입력한다.

전산실무 따라하기

(주)나눔기업의 전기분원가명세서를 메뉴에 입력하시오.

제조원가명세서

제9기 2023. 1. 1. ~ 2023.12.31

㈜나눔기업 (단위 : 원)

과　　　　　　목	금　　　액	
원　재　료　비		153,500,000
기 초 원 재 료 재 고 액	16,500,000	
당 기 원 재 료 매 입 액	175,000,000	
기 말 원 재 료 재 고 액	38,000,000	
노　　무　　비		98,665,000
임　　　　　금	98,665,000	
경　　　　비		142,965,000
복 리 후 생 비	23,450,000	
기 업 업 무 추 진 비	3,000,000	
가 스 수 도 료	4,865,000	
감 가 상 각 비	21,800,000	
수 선 비	19,500,000	
보 험 료	12,500,000	
차 량 유 지 비	39,000,000	
소 모 품 비	17,890,000	
잡 비	960,000	
당 기 총 제 조 비 용		395,130,000
기 초 재 공 품 재 고 액		3,430,000
합　　　　　　계		398,560,000
기 말 재 공 품 재 고 액		18,000,000
타 계 정 으 로 대 체 액		0
당 기 제 품 제 조 원 가		380,560,000

따라하기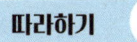

회계관리 모듈의 "전기분재무제표"에서 "전기분원가명세서"를 클릭한다.
처음에 나타나는 매출원가및경비선택 보조창에서 편집을 클릭하고 455.제품매출원가 원가경비 500번대. 제조 좌측의 사용여부에서 1.여를 선택한다. 이후에 상단의 메뉴 바에서 F4 원가설정을 누르고 원가설정을 수정할 수 있다.

1.여 선택

사용여부	매출원가코드 및 계정과목		원가경비		화면
여	0455	제품매출원가	1	0500번대	제조
부	0452	도급공사매출원가	2	0600번대	도급
부	0457	보관매출원가	3	0650번대	보관
부	0453	분양공사매출원가	4	0700번대	분양
부	0458	운송매출원가	5	0750번대	운송

500번대 제조경비 선택

[참고사항]
1. 편집(tab)을 선택하면 사용여부를 1.여 또는 0.부로 변경하실 수 있습니다.
2. 사용여부를 1.여로 입력 되어야만 매출원가코드를 변경하실 수 있습니다.
   (편집(tab)을 클릭하신 후에 변경하세요.)
3. 사용여부가 1.여인 매출원가코드가 중복 입력되어 있는 경우 본 화면에 입력하실 수 없습니다.

확인(Enter) 편집(Tab) 자동설정(F3) 취소(Esc)

① 원재료비, 노무비, 경비 등의 항목별합계액은 입력하지 않고 계정과목과 금액만 입력한다. 코드란에 계정과목의 두 글자를 입력한 후 해당하는 과목을 선택한다.

계정과목		코드	금액	계정과목	코드	금액
원재료비	기초원재료재고액	501	16,500,000	가 스 수 도 료	515	4,865,000
	당기원재료매입액		175,000,000	감 가 상 각 비	518	21,800,000
	기말원재료재고액		38,000,000 (자동반영)	수 선 비	520	19,500,000
				보 험 료	521	12,500,000
임 금		504	98,665,000	차 량 유 지 비	522	39,000,000
복 리 후 생 비		511	23,450,000	소 모 품 비	530	17,890,000
기 업 업 무 추 진 비		513	3,000,000	잡 비	536	960,000

② 501.원재료비를 입력하면 나타나는 원재료 보조창에서 기초원재료재고액과 당기원재료매입액을 입력한다. 기말원재료재고액은 전기분재무상태표에서 입력한 원재료가 자동으로 반영된다. 만일 기말원재료재고액을 수정하려면 전기분재무상태표에서 수정 입력하여야 한다.

③ 기초재공품재고액은 우측 계정별합계의 7.기초재공품재고액 란에 3,430,000원을 직접 입력하여야 한다.

④ 기말재공품재고액은 전기분재무상태표에서 재공품을 입력하였으면 자동으로 반영된다. 기말재공품재고액을 수정하려면 전기분재무상태표에서 수정 입력하여야 한다.

| 입력된 화면 |

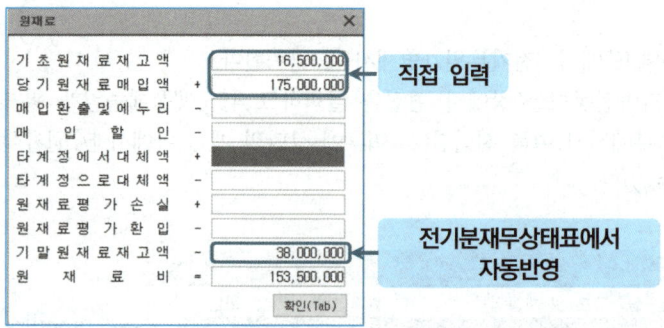

| 입력된 화면 |

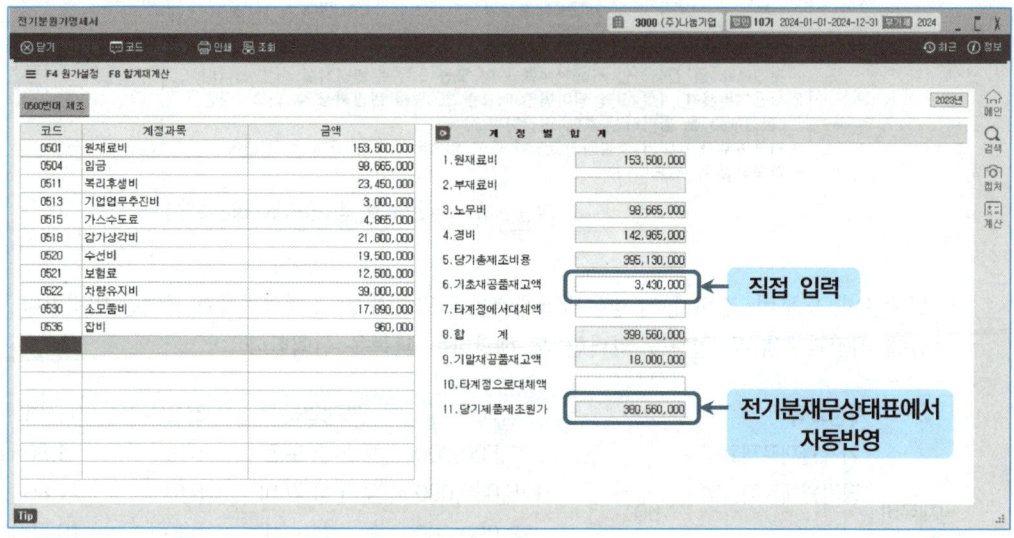

08 전기분잉여금처분계산서

전기분잉여금처분계산서는 전년도 결산에서 발생한 이익잉여금(또는 결손금)에 대한 처분(또는 처리)내역을 표시한다. 전기분이익잉여금처분계산서(또는 결손금처리계산서)를 보고 해당 란에 직접 입력한다.

(1) 전기이월미처분이익잉여금과 당기순이익의 입력

전기이월미처분이익잉여금은 직접 입력하고 당기순이익은 F6 불러오기를 클릭하여 "전기분손익계산서의 당기순이익을 불러 오시겠습니까?" 에 "예"를 선택하면 자동으로 반영된다.

* 전기분손익계산서의 수정으로 당기순이익이 변경된 경우에는 반드시 상단의 F6 불러오기로 보조창을 열고 예(Y)를 클릭하여야 한다.

(2) 일치 여부 확인

전기분이익잉여금처분계산서의 'Ⅰ미처분이익잉여금'의 금액과 전기분재무상태표의 375.이월이익잉여금은 반드시 일치하여야 한다.

(3) 결손금의 입력

전기이월미처리결손금은 전기이월미처분이익잉여금 란에 (-)금액으로 입력하면 전기이월미처리결손금으로 자동으로 변경된다.

(4) 추가 입력

입력 시 추가 입력이 필요하면, 화면상단의 F4 칸 추가를 누르고 빈 란이 생기면 여기에 과목, 코드, 계정과목명을 추가하고 금액을 입력한다.

(5) 삭제 방법

전기분이익잉여금처분계산서의 삭제는 Ctrl + F3 (기본과목으로변경)을 클릭하여 삭제 후 다시 입력하여야 한다.

전산실무 따라하기

필수예제

(주)나눔기업의 전기분이익잉여금처분계산서를 메뉴에 입력하시오.

이익잉여금처분계산서

제9기 2023. 1. 1. ~ 2023.12.31
처분확정일 : 2024년 3월 2일

㈜나눔기업 (단위 : 원)

과 목	금	액
Ⅰ 미 처 분 이 익 잉 여 금		54,352,000
전 기 이 월 미 처 분 이 익 잉 여 금	13,837,000	
회 계 변 경 의 누 적 효 과	0	
전 기 오 류 수 정 이 익	0	
전 기 오 류 수 정 손 실	0	
중 간 배 당 금	0	
당 기 순 이 익	40,515,000	
Ⅱ 임 의 적 립 금 등 의 이 입 액		0
합　　　　　계(Ⅰ+Ⅱ)		54,352,000
Ⅲ 이 익 잉 여 금 처 분 액		0
이 익 준 비 금	0	
재 무 구 조 개 선 적 립 금	0	
배 당 금	0	
현 금 배 당	0	
주 식 배 당	0	
사 업 확 장 적 립 금	0	
감 채 적 립 금	0	
배 당 평 균 적 립 금	0	
Ⅳ 차 기 이 월 미 처 분 이 익 잉 여 금		54,352,000

따라하기

회계관리 모듈의 "전기분재무제표"에서 "전기분잉여금처분계산서" 메뉴를 클릭한다.

① 처분확정일자에 2024년 3월 2일을 입력한다.
② 전기이월미처분이익잉여금 란에 13,837,000원을 직접 입력한다.
③ 당기순이익은 F6 불러오기를 하면 40,515,000원이 자동으로 반영된다.
④ 잉여금처분계산서의 미처분이익잉여금 54,352,000원과 전기분재무상태표의 375.이월이익잉여금이 일치하여야 한다.

| 입력된 화면 |

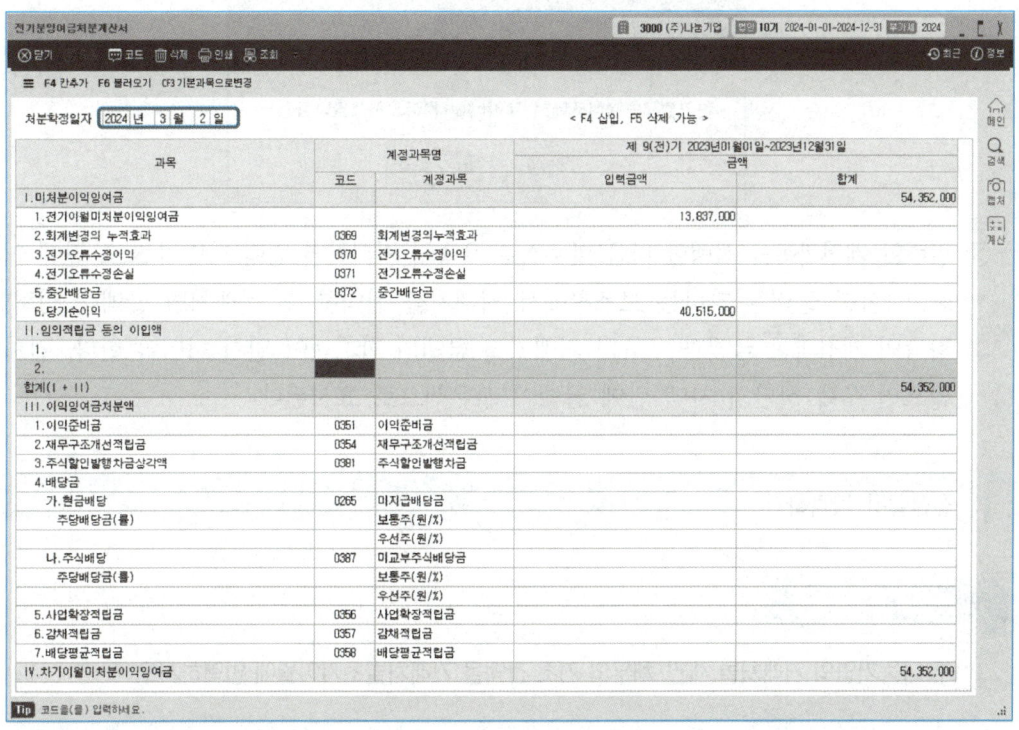

09 거래처별초기이월

거래처별초기이월은 거래처별로 관리가 필요한 채권·채무와 특정한 계정과목에 대하여 거래처별 장부를 만들기 위하여 필수적인 작업이다.

① 거래처등록 메뉴에 관리가 필요한 거래처가 등록되어 있어야 한다.
② 상단의 F4 불러오기 메뉴를 클릭하여 나타나는 보조창에서 예를 선택하면 전기분재무상태표에 입력된 모든 계정의 잔액을 불러온다.

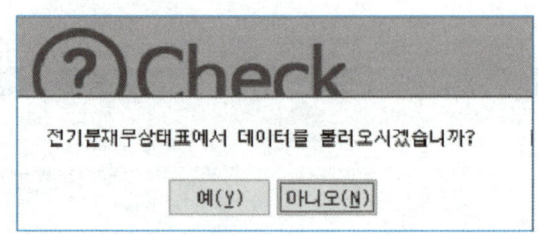

③ 입력할 계정과목을 선택한 다음 마우스로 우측의 거래처별 입력 화면의 코드 란에 커서를 놓고 F2를 눌러 나타나는 보조창에서 거래처를 선택한 후 거래처별 금액을 입력한다.
④ 좌측의 계정과목 금액과 우측의 거래처별 금액의 합계액이 일치 하여야 한다. 일치하지 않으면 우측 하단의 차액 란에 금액이 붉은색으로 표시된다.

전산실무 따라하기

 필수예제

(주)나눔기업의 거래처별 채권·채무의 기초 잔액을 거래처별초기이월에 입력하시오.

계정과목	거래처명	금 액
외 상 매 출 금	시에로(주)	13,150,000원
	㈜원단상사	14,850,000원
선 급 금	고트상사(주)	6,600,000원
외 상 매 입 금	빌리패션	23,000,000원
	㈜대한	14,000,000원
지 급 어 음	㈜대한	33,000,000원
미 지 급 금	㈜마인	28,000,000원
	현대카드	7,315,000원
단 기 차 입 금	미래은행	80,000,000원
장 기 차 입 금	경제은행	100,000,000원

따라하기

회계관리 모듈 "전기분재무제표"에서 "거래처별초기이월" 메뉴를 클릭한다.

1. 외상매출금의 입력
    ① 커서를 좌측의 외상매출금계정에 놓고 우측의 코드 란을 선택한다.
    ② 우측의 코드 란에서 F2를 누르고 나타나는 보조창에서 120.시에로(주)를 선택한 다음 금액 란에 13,150,000원을 입력하고, 다음 줄로 이동하여 F2를 누르고 나타나는 보조창에서 128.(주)원단상사를 선택한 다음 금액 란에 14,850,000원을 입력한다.
    ③ 우측 하단의 차액 란에 금액이 나타나지 않아야 한다.

| 입력된 화면 |

2. 선급금의 입력
    ① 커서를 좌측의 선급금계정에 놓고 우측의 코드 란을 선택한다.
    ② 우측의 코드 란에서 F2를 누르고 나타나는 보조창에서 147.고트상사(주)를 선택한 다음 금액 란에 6,600,000원을 입력한다.
    ③ 우측 하단의 차액 란에 금액이 나타나지 않아야 한다.

| 입력된 화면 |

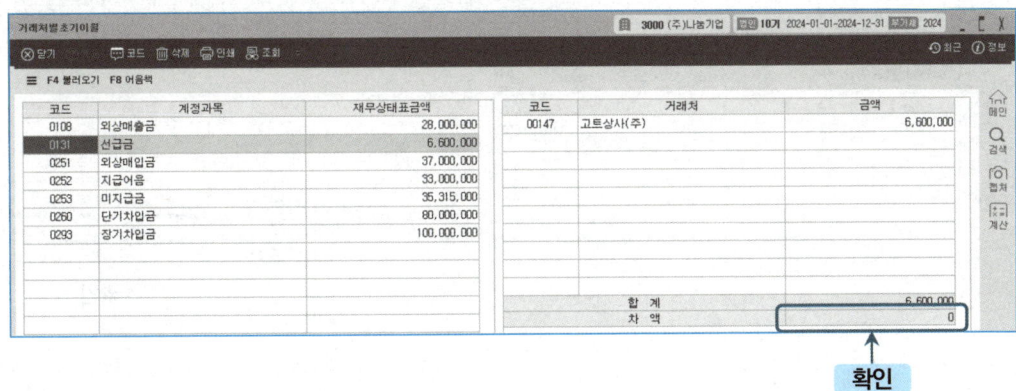

3. 외상매입금의 입력
   ① 커서를 좌측의 외상매입금계정에 놓고 우측의 코드 란을 선택한다.
   ② 우측의 코드 란에서 F2를 누르고 나타나는 보조창에서 118.빌리패션을 선택한 다음 금액 란에 23,000,000원을 입력하고, 다음 줄로 이동하여 F2를 누르고 나타나는 보조창에서 156.(주)대한을 선택한 다음 금액 란에 14,000,000원을 입력한다.

| 입력된 화면 |

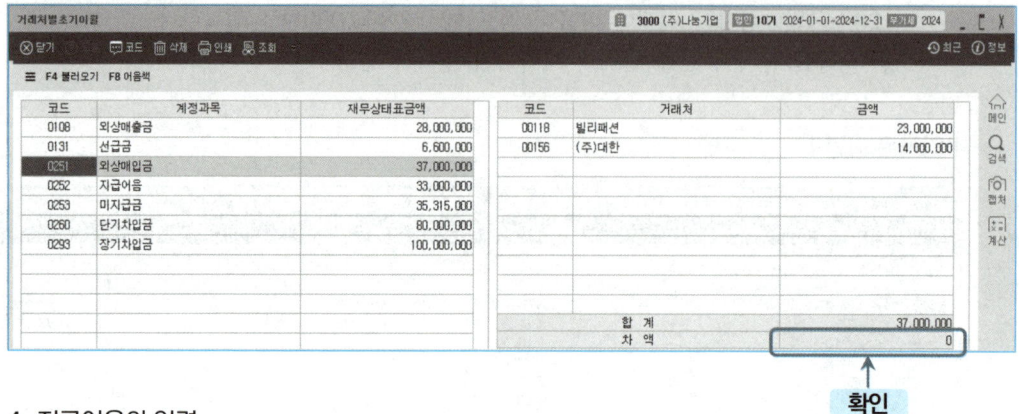

4. 지급어음의 입력
   ① 커서를 좌측의 지급어음계정에 놓고 우측의 코드 란을 선택한다.
   ② 우측의 코드 란에서 F2를 누르고 나타나는 보조창에서 156.(주)대한을 선택한 다음 금액 란에 33,000,000원을 입력한다.
   ③ 우측 하단의 차액 란에 금액이 나타나지 않아야 한다.
   ④ 받을어음과 지급어음은 자금관리를 위하여 하단에 커서를 놓고 어음번호, 어음금액, 어음종류, 발행일자, 만기일 등을 입력하여야 한다.

| 입력된 화면 |

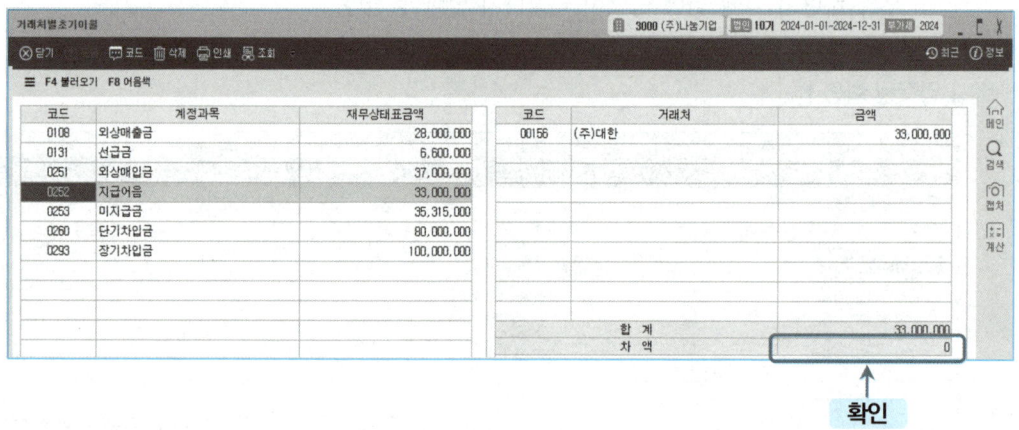

5. 미지급금의 입력
   ① 커서를 좌측의 미지급금계정에 놓고 우측의 코드 란을 선택한다.
   ② 우측의 코드 란에서 F2를 누르고 나타나는 보조창에서 123.(주)마인을 선택한 다음 금액 란에 28,000,000원을 입력하고, 다음 줄로 이동하여 F2를 누르고 나타나는 보조창에서 99602.현대카드를 선택한 다음 금액 란에 7,315,000원을 입력한다.
   ③ 우측 하단의 차액 란에 금액이 나타나지 않아야 한다.

| 입력된 화면 |

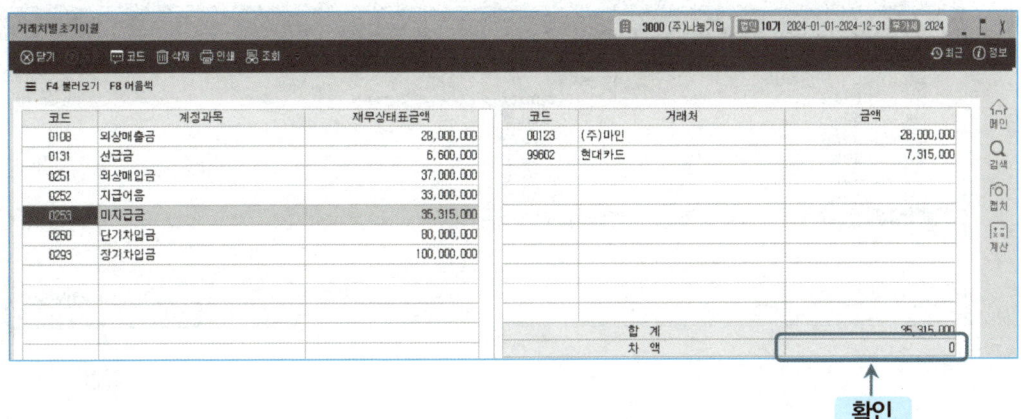

6. 단기차입금의 입력
   ① 커서를 좌측의 단기차입금계정에 놓고 우측의 코드 란을 선택한다.
   ② 우측의 코드 란에서 F2를 누르고 나타나는 보조창에서 98001.미래은행을 선택한 다음 금액 란에 80,000,000원을 입력한다.
   ③ 우측 하단의 차액 란에 금액이 나타나지 않아야 한다.

| 입력된 화면 |

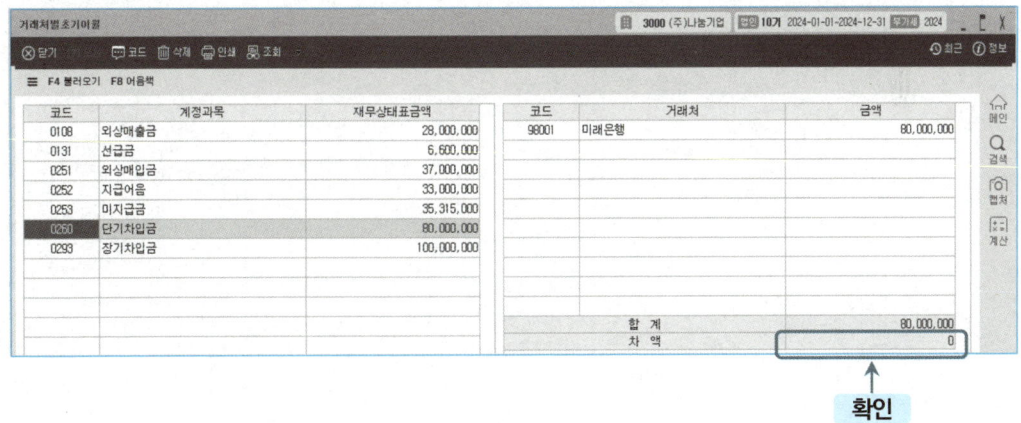

7. 장기차입금의 입력
   ① 커서를 좌측의 장기차입금계정에 놓고 우측의 코드 란을 선택한다.
   ② 우측의 코드 란에서 F2를 누르고 나타나는 보조창에서 98003.경제은행을 선택한 다음 금액 란에 100,000,000원을 입력한다.
   ③ 우측 하단의 차액 란에 금액이 나타나지 않아야 한다.

| 입력된 화면 |

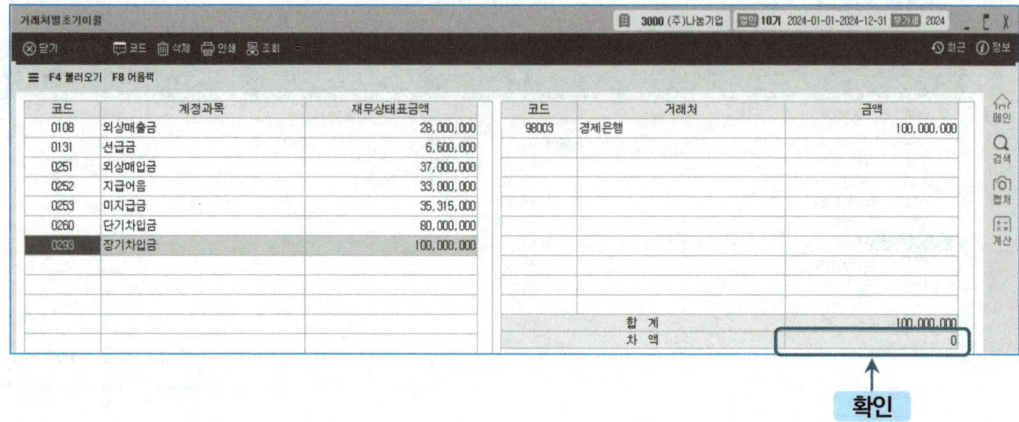

Chapter 02 전표입력/장부

> NCS 능력단위 : 0203020101전표관리   능력단위요소 : 02전표작성하기
> 2.1 회계상 거래를 현금거래 유무에 따라 사용되는 입금전표, 출금전표, 대체전표로 구분할 수 있다.
> 2.2 현금의 수입 거래를 파악하여 입금 전표를 작성할 수 있다.
> 2.3 현금의 지출 거래를 파악하여 출금 전표를 작성할 수 있다.
> 2.4 현금의 수입과 지출이 없는 거래를 파악하여 대체 전표를 작성할 수 있다.

회계처리의 대상이 되는 모든 거래는 분개에 해당하는 '전표입력' 메뉴를 통하여 입력되고 입력된 회계자료는 각종 장부와 재무제표에 자동으로 반영된다.

전표입력은 부가가치세와 관계없는 거래는 '일반전표입력' 메뉴에서 부가가치세와 관계있는 거래는 '매입매출전표입력' 메뉴에서 입력하여야 한다.

01 일반전표입력

(1) 월, 일

월 란에 작업하려는 월을 직접 입력(02, 03 등 두 자리 입력)하거나 선택한다.

상단의 일 란에 거래 일자를 직접 입력하고 거래를 입력하는 방법과 일 란에는 입력하지 않고 월 란에만 입력하고 Enter↵ 후 아래 입력 란에서 거래의 일자를 입력하는 방법이 있다.

(2) 번호

전표번호로서 일자별로 1번부터 자동으로 부여된다.
- 대체분개는 1개의 전표로 동일한 번호가 부여되며, 차대변 금액 합계가 일치하면 다음 번호가 자동으로 부여된다.
- 전표번호의 수정을 원할 때는 상단의 '번호수정(Shift + F2)'를 사용하여 수정한다.

(3) 구분

전표의 유형을 입력한다.

[1.출금, 2.입금, 3.차변, 4.대변, 5.결산차변, 6.결산대변]
① 현금거래 → 출금전표 : 1, 입금전표 : 2
② 대체거래 → 차   변 : 3, 대   변 : 4
③ 결산자료 → 결산차변 : 5, 결산대변 : 6 (결산대체분개 할 때만 사용)

(4) 계정과목

계정과목 코드번호를 직접 입력하거나, F2를 눌러 나타나는 보조창에서 계정과목을 선택할 수도 있고, 코드 란에 계정과목의 두 글자를 입력하고 Enter 를 하여 나타나는 보조창에서 선택할 수도 있다.

(5) 거래처코드과 거래처명

거래처별 관리가 필요한 경우 거래처별 코드를 입력하고 관리가 필요없는 거래처는 코드번호 없이 입력한다.
① F2키를 누르거나 거래처명의 두 글자를 입력하여 나타나는 보조창에서 선택한다.
② "+" 누른 후 거래처명을 입력하고 해당 거래처를 선택한다.
③ 새로운 거래처의 입력은 거래처등록에서 신규로 등록하거나, 전표입력 화면의 거래처 란에 "+"키와 거래처명을 입력한 후 나타나는 보조창에서 거래처 등록을 하고 입력 한다.
④ 거래처 코드번호를 알고 있는 경우에는 직접 입력하면 된다.

(6) 적요

거래의 내용을 요약하여 입력한다. 실무에서 거래의 내용을 파악하는데 필요하지만 자격시험에서는 특별한 경우에 미리 등록된 적요(예 : 적요번호 8.타계정대체)를 사용하는 경우가 있고, 대부분은 생략한다.
① 계정과목별로 반복적으로 발생하는 적요는 미리 등록하여 사용할 수 있다.
② 적요를 등록하거나 수정하려면 F8적요수정을 눌러 나타나는 창에서 입력하면 된다.

(7) 금액

거래금액을 입력한다. "+"키를 누르면 "000"이 입력되므로 큰 금액은 이를 이용하여 빠르게 입력한다.

(8) 대차차액

대체전표의 금액을 입력하면서 차액이 발생하면 화면 상단의 대차차액 란에 차액이 붉은색으로 표시된다(차변금액합계 - 대변금액합계). 이러한 경우에는 차이가 발생하는 원인을 찾아 수정해 주어야 한다.

(9) 전표의 삭제

전표의 삭제는 해당 전표를 선택한 후 F5 또는 상단 바의 를 클릭하여 나타나는 보조창에서 예를 클릭하면 된다.

출금거래의 입력 : 구분에서 1(출금) 선택

- 출금거래란 거래의 총액을 현금으로 지출하는 거래를 말한다.
- 출금거래는 구분 란에 '1'을 입력한 다음 차변 계정과목만 입력한다.
- 계정과목 코드 란에 커서를 놓고 계정과목의 2글자를 입력하고 Enter↵ 를 하면 나타나는 보조창에서 해당하는 계정과목을 선택하는 방법으로 입력한다.

| 출금거래의 분개 : (차변) 입력할 계정과목 | XXX | (대변) 현　금 | XXX |

전산실무 따라하기

필수예제

다음은 (주)나눔기업의 기중 거래내역이다. 일반전표입력 메뉴에 입력하시오.

1. 1월 1일 : 서울은행과 당좌거래 계약(당좌차월 한도 3,000,000원)을 체결하고 현금 500,000원을 당좌예금하다
2. 1월 2일 : 본사 창고의 화재와 도난에 대비하여 재능손해보험에 가입하고 1년분 보험료 200,000원을 현금으로 지급하였다(단, 비용으로 처리할 것).
3. 1월 3일 : 빌리패션에 2,000,000원을 대여(6개월 후 상환 조건)하고 현금으로 지급하다.
4. 1월 4일 : 생산부서 직원의 야근 식대 80,000원과 매출거래처 직원과 식사한 대금 50,000원을 광주식당에 현금으로 지급하였다.
5. 1월 5일 : (주)효원기계의 외상매입금 중 1,000,000원을 거래처 시에로(주)에서 받아 보유하고 있던 자기앞수표로 지급하였다.

따라하기

1. 일자 : 1월 1일

구분	코드	계정과목	코드	거래처	적　요	금　액
1(출)	102	당좌예금				500,000
분개	(차) 당좌예금		500,000	(대) 현　금		500,000

* 당좌계약은 회계상 거래에 해당하지 않는 것이며 당좌차월 한도는 당좌예금 잔액이 없어도 당좌수표를 발행할 수 있는 계약상 한도 금액이다.

2. 일자 : 1월 2일

구분	코드	계정과목	코드	거래처	적요	금액
1(출)	821	보험료				200,000
분개	(차) 보험료(판)		200,000	(대) 현 금		200,000

* 공장, 생산부 등으로 제조원가를 구성하는 항목은 500번대 계정을 선택하고, 본사, 영업부 등으로 판매관리비를 구성하는 항목은 800번대 계정을 선택한다.

3. 일자 : 1월 3일

구분	코드	계정과목	코드	거래처	적요	금액
1(출)	114	단기대여금	118	빌리패션		2,000,000
분개	(차) 단기대여금 (거래처: 118.빌리패션)		2,000,000	(대) 현 금		2,000,000

* 대여금은 채권에 해당하는 것으로 결산일 기준 1년 이내이면 단기대여금, 초과하면 장기대여금으로
* 채권·채무 거래는 반드시 거래처코드를 입력하여야 거래처원장에 반영할 수 있다.

4. 일자 : 1월 4일

구분	코드	계정과목	코드	거래처	적요	금액
1(출)	511	복리후생비				80,000
1(출)	813	기업업무추진비				50,000
분개	(차) 복리후생비(제) 기업업무추진비(판)		80,000 50,000	(대) 현 금		130,000

* 생산부서 직원의 식대는 복리후생비(제조), 매출거래처를 위한 식대는 기업업무추진비(판관비)
* 계정과목 코드란에 복리후생비를 입력하면 511.복리후생비(제조원가)와 811.복리후생비(판매관리비)계정이 조회된다. 생산부서 직원의 식대이므로 511.복리후생비를 선택한다.
* 계정과목 코드 란에 기업업무추진비를 입력한 후 원재료 매입처등 생산부서와 관련되는 기업업무추진비이면 513.기업업무추진비를 선택하고 매출거래처에 관련되면 813.기업업무추진비를 선택한다.

5. 일자 : 1월 5일

구분	코드	계정과목	코드	거래처	적요	금액
1(출)	251	외상매입금	0122	㈜효원기계		1,000,000
분개	(차) 외상매입금 (거래처 : 122.(주)효원기계)		1,000,000	(대) 현 금		1,000,000

* 채권·채무 거래는 반드시 거래처코드를 입력하여야 거래처원장에 반영할 수 있다.
* 타인에게 받아 보유하고 있는 자기앞수표는 받을 때에 현금으로 처리하였으므로 지급하면 현금의 감소로 처리한다.

| 입력된 화면 |

입금거래의 입력 : 구분에서 2(입금) 선택

- 입금거래란 거래의 총액을 현금으로 수취하는 거래를 말한다.
- 입금거래는 구분 란에 '2'를 입력한 다음 대변 계정과목만 입력한다.
- 계정과목 코드 란에 커서를 놓고 계정과목의 2글자를 입력하고 [Enter↵]를 하면 나타나는 보조창에서 해당하는 계정과목을 선택하여 입력하거나 직접 계정과목 코드번호를 입력한다.

입금거래의 분개 : (차변) 현　　금　　　　XXX　　　(대변) 입력할 계정과목　　　XXX

전산실무 따라하기

필수예제

다음은 (주)나눔기업의 기중 거래 내역이다. 일반전표입력 메뉴에 입력하시오.

1. 2월 1일 : 시에로(주)의 외상매출금 중 700,000원을 현금으로 받았다.
2. 2월 2일 : 현금 800,000원을 보통예금 통장에서 인출하였다.
3. 2월 3일 : 현금 1,000,000원을 경제은행에서 2024년 6월 30일 상환 조건으로 차입하였다.
4. 2월 4일 : 빌리패션의 단기대여금에 대한 이자 30,000원을 현금으로 회수하였다.
5. 2월 5일 : 타사 제품의 판매를 대행하고 수수료 500,000원을 현금으로 받았다(일반적인 상거래가 아니므로 수수료수익 계정을 사용할 것).

따라하기

1. 일자 : 2월 1일

구분	코드	계정과목	코드	거래처	적　요	금　액
2(입)	108	외 상 매 출 금	0120	시에로(주)		700,000
분개	(차) 현　　금		700,000		(대) 외상매출금 (거래처 : 120.시에로(주)(주))	700,000

* 채권·채무의 거래는 반드시 거래처코드를 입력하여 거래처원장에 반영하여야 한다.
* 외상매출금을 현금으로 받으면 현금은 증가하고 채권인 외상매출금은 감소한다.

2. 일자 : 2월 2일

구분	코드	계정과목	코드	거래처	적　요	금　액
2(입)	103	보 통 예 금				800,000
분개	(차) 현　　금		800,000		(대) 보통예금	800,000

* 예금의 인출이란 예금을 현금으로 찾아오는 것이므로 예금은 감소하고 현금은 증가한다.

3. 일자 : 2월 3일

구분	코드	계정과목	코드	거래처	적 요	금 액
2(입)	260	단 기 차 입 금	98003	경제은행		1,000,000
분개	(차) 현　　　금		1,000,000	(대) 단기차입금		1,000,000
				(거래처 : 98003. 경제은행)		

* 차입금은 결산일(12월 31일)부터 1년 이내에 상환 조건이면 단기차입금으로 하고, 상환기간이 1년을 초과하면 장기차입금으로 회계처리한다.

4. 일자 : 2월 4일

구분	코드	계정과목	코드	거래처	적 요	금 액
2(입)	901	이 자 수 익				30,000
분개	(차) 현　　　금		30,000	(대) 이자수익		30,000

5. 일자 : 2월 5일

구분	코드	계정과목	코드	거래처	적 요	금 액
2(입)	909	수 수 료 수 익				500,000
분개	(차) 현　　　금		500,000	(대) 수수료수익		500,000

* 일반적상거래가 아니므로 매출계정을 사용하지 않고 수수료수익(영업외수익)을 사용한다.

| 입력된 화면 |

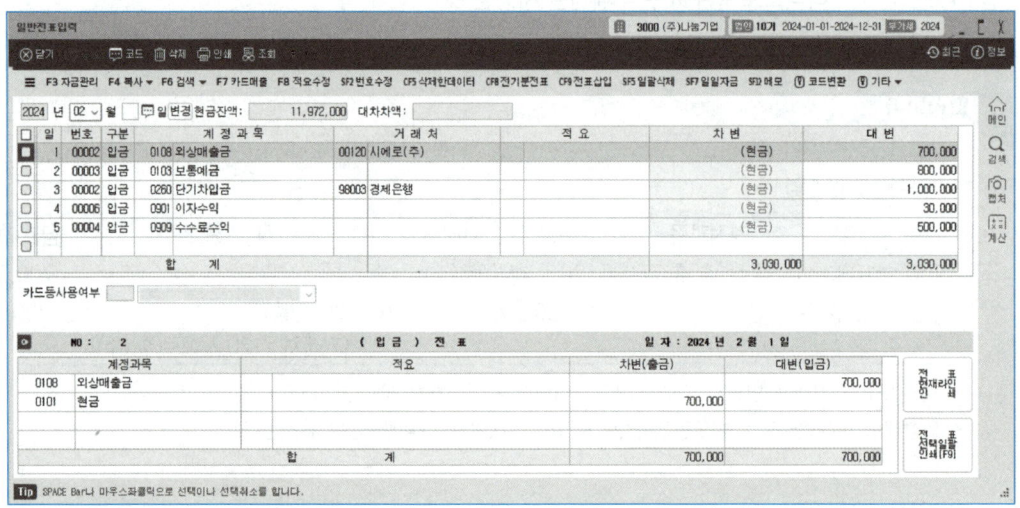

대체거래의 입력 : 구분에서 차변은 3   대변은 4 선택

- 대체거래란 거래의 총액이 현금이 아닌 거래를 말한다.
- 일부 현금이 포함되는 일부대체거래와 현금이 전혀 없는 전부대체거래로 구분한다.
- 구분 란에 '3'을 입력하고 차변 분개에 해당하는 계정과목과 거래처코드, 적요, 금액을 입력하고 다음 줄의 구분 란에 '4'를 입력하고 대변 분개에 해당하는 계정과목과 거래처코드, 적요, 금액을 입력한다.
- 순서는 바꿀 수 있으며, 거래의 내용에 따라 차변과 대변이 두 줄 이상일 수도 있다.
- 거래의 총액이 현금인 입금거래와 출금거래도 현금 계정을 사용하여 대체거래로 입력하여도 된다.

대체거래의 분개 : (차변) 입력할 계정과목	XXX	(대변) 입력할 계정과목	XXX

전산실무 따라하기

  필수예제

다음은 (주)나눔기업의 기중 거래내역이다. 일반전표입력 메뉴에 입력하시오.

1. 3월 1일 : 서울식당에서 원재료 매입처 생산부장과 식사를 하고 식대 140,000원을 세방 카드로 결제하였다.
2. 3월 2일 : 해외지점 개설을 위한 대표이사의 국외 출장 왕복항공료 2,000,000원을 법인카드(세방카드)로 결제하였다.
3. 3월 3일 : (주)원단상사의 외상매출금 1,000,000원이 보통예금계좌로 이체되었다.
4. 3월 4일 : (주)대한의 외상매입금 300,000원을 당좌수표를 발행하여 지급하였다.
5. 3월 5일 : 경제은행에서 2026년 3월 31일 상환을 조건으로 2,000,000원을 차입하고 선이자 120,000원을 차감한 잔액은 당사 보통예금 계좌로 받았다.
6. 3월 6일 : 사무실에서 사용할 난방기 1대 860,000원을 ㈜나래에서 구입하고 대금은 월말에 지급하기로 하였다(고정자산 간편등록은 무시할 것).
7. 3월 7일 : 단기매매차익을 목적으로 상장사인 ㈜대왕의 주식200주(액면 @500원)을 @4,200원에 매입하고 대금은 증권사 매매수수료 15,000원과 함께 당좌수표를 발행하여 지급하였다.

  따라하기

1. 일자 : 3월 1일

구분	코드	계정과목	코드	거래처	적 요	금 액
3(차)	513	기업업무추진비				140,000
4(대)	253	미 지 급 금	99601	세방카드		140,000
분개	(차) 기업업무추진비(제)		140,000	(대) 미지급금 (거래처 : 99601.세방카드)		140,000

* 매출거래처를 위한 식대는 813.기업업무추진비(판), 원재료 매입거래처를 위한 식대는 513.기업업무추진비(제)
* 신용카드를 사용하면 카드회사에 대한 미지급금이므로 미지급금의 거래처코드에 서울식당을 입력하면 안 되고 카드회사 코드번호 99601번 세방카드(유형 : 매입)으로 입력하여야 한다.

2. 일자 : 3월 2일

구분	코드	계정과목	코드	거래처	적 요	금 액
3(차)	812	여 비 교 통 비				2,000,000
4(대)	253	미 지 급 금	99601	세방카드		2,000,000
분개	(차) 여비교통비(판) 2,000,000 (대) 미지급금 2,000,000 (거래처 : 99601.세방카드)					

* 신용카드로 항공료를 지급하면 신용카드 대금 결제일에 지급하게 되므로 결제일까지는 미지급금으로 하고, 미지급금은 채무에 해당하므로 거래처코드를 입력하여야 한다.
* 신용카드로 결제한 것에 대한 미지급금은 거래처로 99601.세방카드(매입)을 선택하여야 한다.

3. 일자 : 3월 3일

구분	코드	계정과목	코드	거래처	적 요	금 액
3(차)	103	보 통 예 금				1,000,000
4(대)	108	외 상 매 출 금	0128	(주)원단상사		1,000,000
분개	(차) 보통예금 1,000,000 (대) 외상매출금 1,000,000 (거래처 : 128.(주)원단상사)					

* 외상매출금을 보통예금 계좌로 받으면 보통예금은 증가하고, 채권인 외상매출금은 감소한다.

4. 일자 : 3월 4일

구분	코드	계정과목	코드	거래처	적 요	금 액
3(차)	251	외 상 매 입 금	0156	(주)대한		300,000
4(대)	102	당 좌 예 금				300,000
분개	(차) 외상매입금 300,000 (대) 당좌예금 300,000 (거래처 : 156.(주)대한)					

* 외상매입금을 수표를 발행하여 지급하면 외상매입금은 부채의 감소로 차변에 기입하고, 당좌예금은 자산의 감소로 대변에 기입한다.

5. 일자 : 3월 5일

구분	코드	계정과목	코드	거래처	적 요	금 액
3(차)	103	보 통 예 금				1,880,000
3(차)	951	이 자 비 용				120,000
4(대)	293	장 기 차 입 금	98003	경제은행		2,000,000
분개	(차) 보통예금 1,880,000 (대) 장기차입금 2,000,000 이자비용 120,000 (거래처 : 98003.경제은행)					

* 상환기간이 결산일(2024년 12월 31일) 기준으로 1년을 초과하므로 장기차입금으로 하여야 하고, 선이자는 차입 시점에 이자를 공제하는 방식으로 2,000,000원을 차입하였으므로 이자 120,000원을 공제한 1,880,000원만 보통예금 계좌에 입금된다.

6. 일자 : 3월 6일

구분	코드	계정과목	코드	거래처	적요	금액
3(차)	212	비 품				860,000
4(대)	253	미 지 급 금	0119	㈜나래		860,000
분개	(차) 비 품 860,000			(대) 미지급금 860,000 거래처:119(주)나래		

* 비품을 구입하고 대금을 지급하지 않은 것은 일반적 상거래가 아니므로 미지급금 계정을 사용하여야 하고, 미지급금은 채무이므로 반드시 거래처 코드를 입력하여야 한다.
* 비품을 입력하면 나타나는 고정자산간편등록 창은 무시하고 닫는다.

7. 일자 : 3월 7일

구분	코드	계정과목	코드	거래처	적요	금액
3(차)	107	단기매매증권				840,000
3(차)	984	수 수 료 비 용				15,000
4(대)	102	당 좌 예 금				855,000
분개	(차) 단기매매증권 840,000 수수료비용(984) 15,000			(대) 당좌예금 855,000		

* 단기매매차익을 목적으로 상장회사의 주식을 취득하면 단기매매증권 계정을 사용하고 취득 시 비용은 별도의 수수료비용(코드 984번의 영업외비용) 계정을 사용하여야 한다.
  - 단기매매증권의 취득금액 : 200주 × 4,200 = 840,000원

| 입력된 화면 |

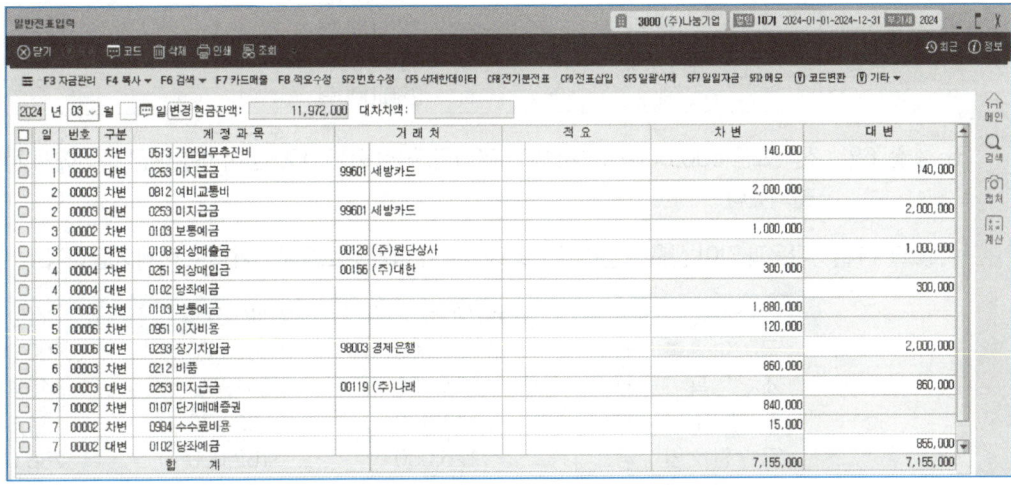

전산실무 따라하기

필수예제

다음은 (주)나눔기업의 기중 거래내역이다. 일반전표입력 메뉴에 입력하시오.

1. 4월 1일 : 공장에서 사용하는 승용차에 대한 자동차세 300,000원과 본사 사무실에서 사용하는 승용차에 대한 자동차세 180,000원을 현금으로 납부하였다.

2. 4월 2일 : 새로 구축한 생산라인에 대한 교육을 제조부서에서 실시하였다. 강의는 외부강사를 초빙하였고 강사료는 2,000,000원으로 원천징수세액 66,000원을 제외하고 현금으로 지급하였다.

3. 4월 3일 : 당사에서 생산한 제품(원가 300,000원, 시가 400,000원)을 국군위문품으로 기탁하였다(부가가치세는 무시하고, 적요는 반드시 입력할 것).

4. 4월 4일 : 기획팀 과장 조세호에게 출장을 명하고 여비개산액 300,000원을 현금으로 지급하였다. (신규 거래처 거래처코드 : 200번으로 등록하시오).

5. 4월 5일 : 출장에서 돌아온 조세호로부터 아래와 같이 출장비 사용내역을 제출받고 잔액 20,000원은 현금으로 회수하였다.

출장비 사용 내역서		
내 역	금 액	비 고
교 통 비	50,000원	
숙 박 비	120,000원	
식 대	110,000원	
계	280,000원	

6. 4월 6일 : 전기요금 500,000원(본사 300,000원, 공장 200,000원)이 보통예금 통장에서 자동 인출되었다.

7. 5월 11일 : 다음과 같이 산출된 급여를 보통예금에서 직원의 보통예금 계좌로 이체 지급하다.

구 분	관리직(원)	생산직(원)	합 계(원)
급 여 총 액	2,800,000	3,600,000	6,400,000
소 득 세	114,700	231,740	346,440
지 방 소 득 세	11,470	23,170	34,640
국 민 연 금	126,000	162,000	288,000
건 강 보 험	66,780	85,860	152,640
고 용 보 험	12,600	16,200	28,800
공 제 액	331,550	518,970	850,520
차 인 지 급 액	2,468,450	3,081,030	5,549,480

8. 5월 12일 : 당사 보통예금계좌에서 이자가 발생하여 원천징수세액 15,400원을 제외한 나머지 금액 84,600원이 입금되었다.

9. 5월 13일 : 미래은행으로부터 차입한 단기차입금에는 외국환 금액이 포함되어 있다. 이를 상환하기 위하여 동 은행에서 달러로 환전하여 상환하였다. 환전대금은 보통예금 계좌에서 이체하였다.

> - 차입금액 $20,000
> - 차입시 적용한 환율 : 1,000원/$
> - 상환시 적용한 환율 : 1,200원/$

10. 5월 14일 : 보통예금에서 3,000,000원을 정기예금으로 이체하였으며, 이때 보통예금에서 1,200원의 송금수수료가 인출되었다.

11. 5월 15일 : (주)효원기계으로부터 투자목적으로 토지를 20,000,000원에 구입하고, 현금으로 15,000,000원, 나머지는 약속어음을 발행하여 교부하였다. 또한 당일 취득세 1,000,000원은 현금 납부하였다.

12. 5월 16일 : 2월분 4대 보험 통합징수분 475,000원(회사부담분 237,500원, 급여지급시 본인부담분 예수액 237,500원)을 현금으로 납부하였다.(회사부담분 내역 : 관리직 직원 102,690원, 생산직 직원 134,810원) 단, 4대보험 통합징수분 보험료는 복리후생비 계정으로 처리한다.

13. 5월 17일 : (주)마인에 대한 미지급금 중 3,000,000원을 당사 당좌예금에서 계좌 이체하여 지급하였다.

14. 6월 21일 : 빌리패션의 외상매출금 4,000,000원 중 3,000,000원은 당좌수표로 받고 나머지 잔액은 빌리패션 발행 약속어음으로 받았다.

15. 6월 22일 : 당사의 최대 주주인 유재석씨로부터 물류창고를 신축할 부지를 기증받고, 토지에 대한 등기비용 1,700,000원을 당좌수표를 발행하여 지급하였다. 현재 토지의 공정가치는 20,000,000원이며, 유재석씨의 취득금액(장부금액)은 12,000,000원이다.

16. 6월 23일 : (주)원단상사의 외상매출금 5,250,000원 중 1,250,000원은 현금으로 받고 잔액은 약속어음으로 받다.

17. 6월 24일 : 거래처 (주)대한에 대한 외상매입금 중 3,000,000원을 당사 발행의 약속어음(만기 2022년 1월 31일)으로 지급하였다.

18. 6월 25일 : 거래처인 빌리패션에서 받은 받을어음 2,000,000원을 거래 은행인 경제은행에서 할인하고 할인료 50,000원을 차감한 실수금은 당좌예금에 입금하였다(매각거래로 처리할 것).

19. 6월 26일 : 원재료를 매입하고 (주)대한에 발행하여 준 약속어음 5,000,000원의 만기가 도래하여 당좌수표를 발행하여 지급하였다.

20. 6월 27일 : (주)대한에 원재료를 주문하면서 계약금으로 1,000,000원을 당좌예금 계좌에서 이체하였다.

따라하기

1. 일자 : 4월 1일

구분	코드	계정과목	코드	거래처	적요	금액
1(출)	517	세금과공과				300,000
1(출)	817	세금과공과				180,000
분개	(차) 세금과공과(제) 세금과공과(판)		300,000 180,000	(대) 현 금		480,000

2. 일자 : 4월 2일

구분	코드	계정과목	코드	거래처	적요	금액
3(차)	525	교육훈련비				2,000,000
4(대)	254	예 수 금				66,000
4(대)	101	현 금				1,934,000
분개	(차) 교육훈련비(제)		2,000,000	(대) 예 수 금 현 금		66,000 1,934,000

3. 일자 : 4월 3일

구분	코드	계정과목	코드	거래처	적요	금액
3(차)	953	기 부 금				300,000
4(대)	150	제 품			8 타계정으로대체액	300,000
분개	(차) 기 부 금		300,000	(대) 제 품(적요 : 8.)		300,000

* 제품을 접대, 기부 등 판매목적 이외로 사용한 경우 반드시 적요란에 적요 8. 타계정으로 대체를 선택하여 입력한다.

4. 일자 : 4월 4일

구분	코드	계정과목	코드	거래처	적요	금액
1(출)	134	가 지 급 금	0200	조세호		300,000
분개	(차) 가지급금		300,000	(대) 현 금		300,000

* 거래처코드 란에 "+" 또는 "0000"을 거래처명에 조세호를 입력하고 ↵를 치면 나타나는 보조창에서 거래처코드를 200번으로 입력하고 등록한다.

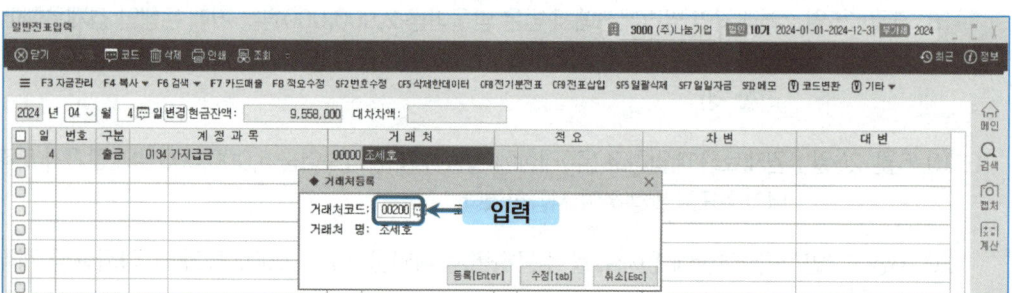

5. 일자 : 4월 5일

구분	코드	계정과목	코드	거래처	적 요	금 액
3(차)	812	여 비 교 통 비				280,000
3(차)	101	현 금				20,000
4(대)	134	가 지 급 금	0200	조세호		300,000
분개	(차) 여비교통비(판) 280,000 현 금 20,000				(대) 가지급금	300,000

6. 일자 : 4월 6일

구분	코드	계정과목	코드	거래처	적 요	금 액
3(차)	516	전 력 비				200,000
3(차)	815	수 도 광 열 비				300,000
4(대)	103	보 통 예 금				500,000
분개	(차) 전 력 비(제) 200,000 수도광열비(판) 300,000				(대) 보통예금	500,000

| 입력된 화면 |

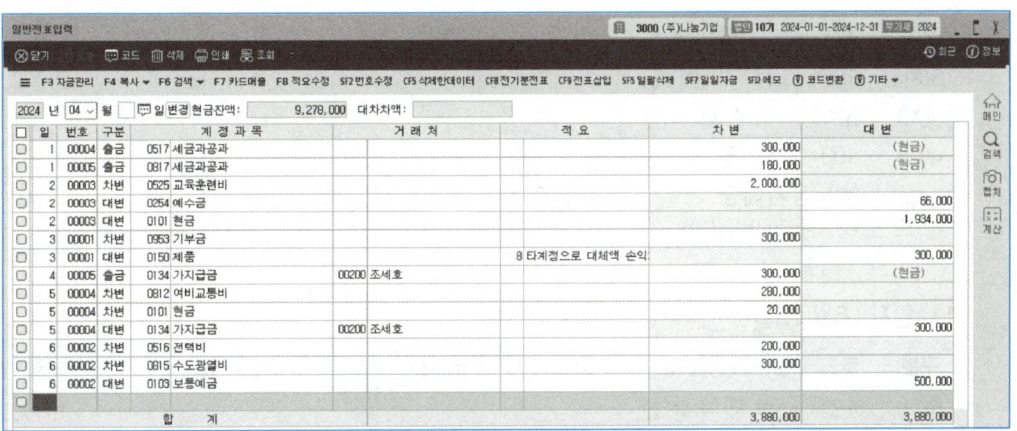

7. 일자 : 5월 11일

구분	코드	계정과목	코드	거래처	적 요	금 액
3(차)	504	임 금				3,600,000
3(차)	801	급 여				2,800,000
4(대)	254	예 수 금				850,520
4(대)	103	보 통 예 금				5,549,480

분개	(차) 임 금(제) 3,600,000
	    급 여(판) 2,800,000
					(대) 예 수 금
					    보통예금
						850,520
						5,549,480

8. 일자 : 5월 12일

구분	코드	계정과목	코드	거래처	적 요	금 액
3(차)	103	보 통 예 금				84,600
3(차)	136	선 납 세 금				15,400
4(대)	901	이 자 수 익				100,000
분개	(차) 보통예금 　　 선납세금		84,600 15,400	(대) 이자수익		100,000

9. 일자 : 5월 13일

구분	코드	계정과목	코드	거래처	적 요	금 액
3(차)	260	단 기 차 입 금	98001	미래은행		20,000,000
3(차)	952	외 환 차 손				4,000,000
4(대)	103	보 통 예 금				24,000,000
분개	(차) 단기차입금 　　 외환차손		20,000,000 4,000,000	(대) 보통예금		24,000,000

10. 일자 : 5월 14일

구분	코드	계정과목	코드	거래처	적 요	금 액
3(차)	105	정 기 예 금				3,000,000
3(차)	831	수 수 료 비 용				1,200
4(대)	103	보 통 예 금				3,001,200
분개	(차) 정기예금 　　 수수료비용(판)		3,000,000 1,200	(대) 보통예금		3,001,200

11. 일자 : 5월 15일

구분	코드	계정과목	코드	거래처	적 요	금 액
3(차)	183	투 자 부 동 산				21,000,000
4(대)	101	현　　　　금				16,000,000
4(대)	253	미 지 급 금	0122	㈜효원기계		5,000,000
분개	(차) 투자부동산		21,000,000	(대) 현　 금 　　 미지급금		16,000,000 5,000,000

* 투자목적 토지를 구입하고 발행한 약속어음은 상품, 원재료 등과 관련된 것이 아니므로 지급어음으로 하지 않고 미지급금으로 하여야 한다.

12. 일자 : 5월 16일

구분	코드	계정과목	코드	거래처	적 요	금 액
3(차)	254	예 수 금				237,500
3(차)	811	복 리 후 생 비				102,690
3(차)	511	복 리 후 생 비				134,810
4(대)	101	현 금				475,000
분개	(차) 예 수 금 복리후생비(판) 복리후생비(제)		237,500 102,690 134,810	(대) 현 금		475,000

* 현금거래라도 구분 3.차변 4.대변(101.현금)의 대체전표로 입력하여도 된다.

13. 일자 : 5월 17일

구분	코드	계정과목	코드	거래처	적 요	금 액
3(차)	253	미 지 급 금	0123	㈜마인		3,000,000
4(대)	102	당 좌 예 금				3,000,000
분개	(차) 미지급금		3,000,000	(대) 당좌예금		3,000,000

| 입력된 화면 |

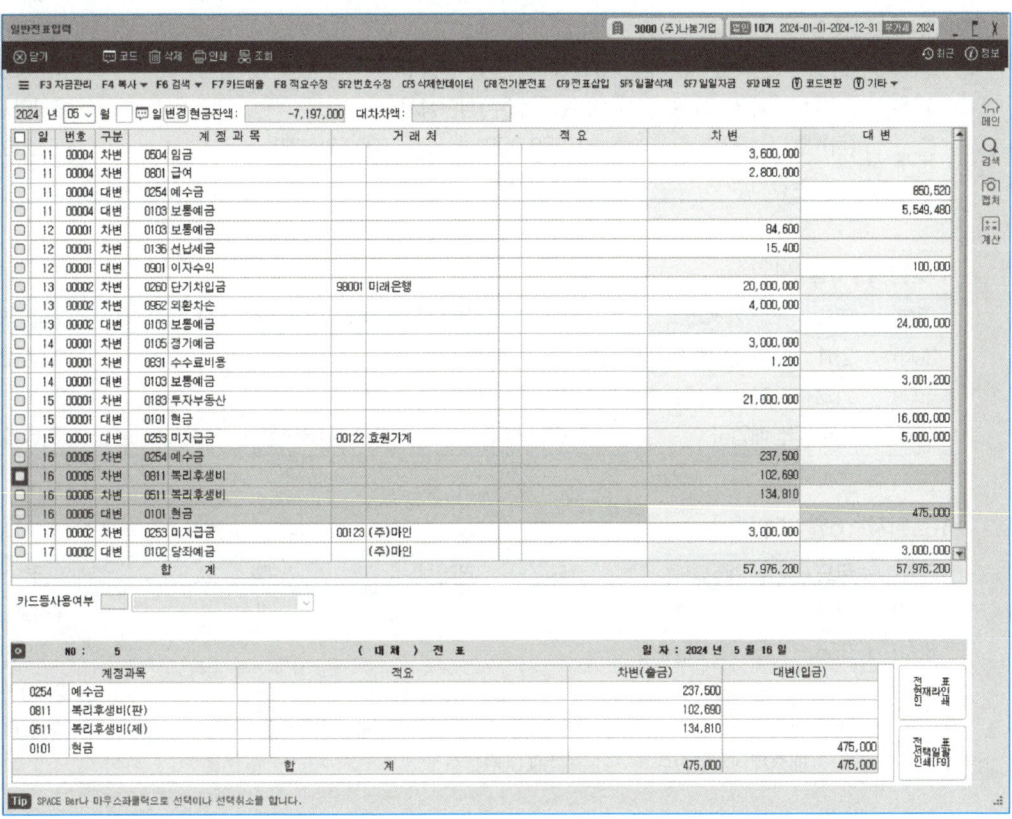

14. 일자 : 6월 21일

구분	코드	계정과목	코드	거래처	적 요	금 액
3(차)	101	현 금				3,000,000
3(차)	110	받 을 어 음	0118	빌리패션		1,000,000
4(대)	108	외 상 매 출 금	0118	빌리패션		4,000,000
분개	(차) 현 금 받을어음		3,000,000 1,000,000	(대) 외상매출금		4,000,000

15. 일자 : 6월 22일

구분	코드	계정과목	코드	거래처	적 요	금 액
3(차)	201	토 지				21,700,000
4(대)	917	자산수증이익				20,000,000
4(대)	102	당 좌 예 금				1,700,000
분개	(차) 토 지		21,700,000	(대) 자산수증이익 당좌예금		20,000,000 1,700,000

16. 일자 : 6월 23일

구분	코드	계정과목	코드	거래처	적 요	금 액
3(차)	101	현 금				1,250,000
3(차)	110	받 을 어 음	0128	㈜원단상사		4,000,000
4(대)	108	외 상 매 출 금	0128	㈜원단상사		5,250,000
분개	(차) 현 금 받을어음		1,250,000 4,000,000	(대) 외상매출금		5,250,000

17. 일자 : 6월 24일

구분	코드	계정과목	코드	거래처	적 요	금 액
3(차)	251	외 상 매 입 금	0156	㈜대한		3,000,000
4(대)	252	지 급 어 음	0156	㈜대한		3,000,000
분개	(차) 외상매입금		3,000,000	(대) 지급어음		3,000,000

18. 일자 : 6월 25일

구분	코드	계정과목	코드	거래처	적 요	금 액
3(차)	102	당 좌 예 금				1,950,000
3(차)	956	매출채권처분손실				50,000
4(대)	110	받 을 어 음	0118	빌리패션		2,000,000
분개	(차) 당좌예금 매출채권처분손실		1,950,000 50,000	(대) 받을어음		2,000,000

19. 일자 : 6월 26일

구분	코드	계정과목	코드	거래처	적 요	금 액
3(차)	252	지 급 어 음	0156	㈜대한		5,000,000
4(대)	102	당 좌 예 금				5,000,000
분개	(차) 지급어음		5,000,000	(대) 당좌예금		5,000,000

20. 일자 : 6월 27일

구분	코드	계정과목	코드	거래처	적 요	금 액
3(차)	131	선 급 금	0156	㈜대한		1,000,000
4(대)	102	당 좌 예 금				1,000,000
분개	(차) 선급금		1,000,000	(대) 당좌예금		1,000,000

| 입력된 화면 |

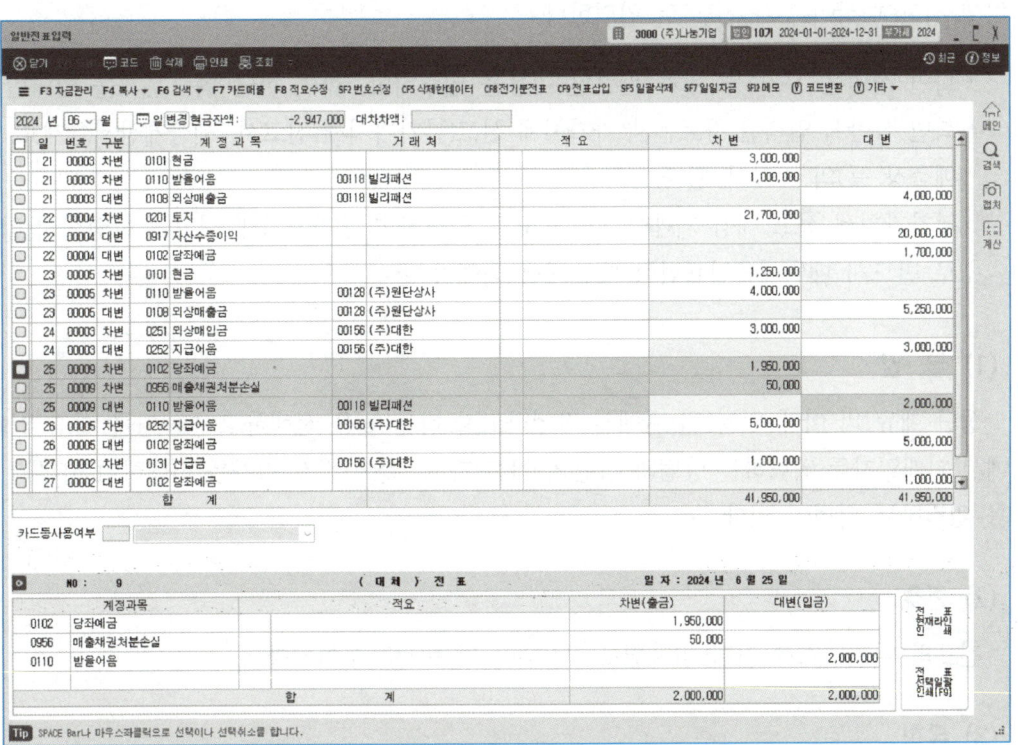

02 매입매출전표입력

> **NCS 능력단위 : 0203020101전표관리   능력단위요소 : 03증빙서류관리하기**
> 3.1 발생한 거래에 따라 필요한 관련 서류 등을 확인하여 증빙여부를 검토할 수 있다.
> 3.2 발생한 거래에 따라 관련 규정을 준수하여 증빙서류를 구분·대조할 수 있다.
> 3.3 증빙서류 관련 규정에 따라 제 증빙자료를 관리할 수 있다.

매입매출전표입력에서는 부가가치세신고 대상에 해당하는 거래를 입력하는 것으로 매입과 매출거래는 물론이고 고정자산의 취득과 매각거래도 입력한다. 부가가치세 신고 대상인 (전자)세금계산서, 영세율세금계산서, 수입세금계산서, 계산서, 신용카드매출전표, 현금영수증 등의 거래 증명서류에 의하여 입력한다. 다만, 매출의 경우에는 거래 증명서류가 없더라도 부가가치세 신고 대상이므로 '건별'로 입력한다.

- 화면 상단은 부가가치세와 관련된 내용을 입력하고, 화면 하단에는 분개를 입력한다.
- 화면 상단에 입력된 자료는 부가가치세 신고(부가가치세 신고서, 세금계산서합계표, 매입매출장 등)의 자료가 된다.
- 부가가치세 신고 대상 거래를 일반전표로 입력하면 부가가치세 신고에 반영되지 않으므로 반드시 매입매출전표입력 메뉴에서 하여야 한다.

(1) 월, 일

상단 메뉴 바 아래 있는 월 란에서 작업하고자 하는 월을 선택하고 Enter↵를 치고 입력 란에서 거래일자를 입력하는 방법과 상단의 월 란과 일 란에 직접 일자를 입력하여 하루씩 거래를 입력하는 방법이 있다.

(2) 번호

전표의 일련번호로 거래 일자별로 1번부터 자동으로 부여된다.

(3) 유형

유형을 입력하면 부가가치세신고서와 부속서류에 자동 반영되므로 정확하게 입력하여야 한다. 매출의 유형이 11.매출과세, 17.매출카과, 51.매입과세, 57.매입카과 등 특정 유형에 해당하는 거래가 연속되는 경우에는 상단의 해당 탭을 누르고 입력하면 거래마다 유형의 선택을 할 필요 없이 빠르게 입력할 수 있다. 유형은 다음과 같이 구별된다.

		부 가 세 유 형								
	매출						매입			
11.과세	과세매출	16.수출	수출	21.전자	전자화폐	51.과세	과세매입	56.금전	금전등록	61.현과	현금과세
12.영세	영세율	17.카과	카드과세	22.현과	현금과세	52.영세	영세율	57.카과	카드과세	62.현면	현금면세
13.면세	계산서	18.카면	카드면세	23.현면	현금면세	53.면세	계산서	58.카면	카드면세		
14.건별	무증빙	19.카영	카드영세	24.현영	현금영세	54.불공	불공제	59.카영	카드영세		
15.간이	간이과세	20.면건	무증빙			55.수입	수입분	60.면건	무증빙		

① 매출유형 코드

매출유형		내 용
11.과세	과세매출	매출 또는 고정자산 처분을 하고 발행한 매출세금계산서를 입력할 때 선택
12.영세	영 세 율	영세율세금계산서를 입력할 때 선택(구매승인서 또는 내국신용장 발급)
13.면세	계 산 서	면세사업자의 매출로 발행된 계산서를 입력할 때 선택
14.건별	무 증 빙	법정증명이 발급되지 않은 과세매출을 입력할 때 선택(소매매출로 영수증) 공급가액 란에 부가가치세가 포함된 공급대가를 입력하고 Enter↵를 치면 공급가액과 부가세가 자동으로 계산되어 입력된다.
15.간이	간이과세	세금계산서가 발급되지 않는 과세매출을 입력할 때 선택 [14 : 건별]과 차이 : 공급가액과 세액이 자동 구분계산 되지 않는다.
16.수출	수 출	세금계산서를 발급하지 않는 수출 (영세율세금계산서가 발행되는 [12 : 영세]와 구분하여야 한다)
17.카과	카드과세	신용카드에 의한 과세매출을 입력할 때 선택(세금계산서 발행분 제외) [17 : 카과]로 입력된 자료는 신용카드매출발행집계표의 과세분에 자동 반영
18.카면	카드면세	신용카드에 의한 면세매출을 입력할 때 선택 [18 : 카면]으로 입력된 자료는 신용카드매출발행집계표의 면세분에 자동 반영
19.카영	카드영세	영세율 대상 거래의 신용카드 매출 → 신용카드발행집계표 과세분에 반영
20.면건	무 증 빙	계산서가 발급되지 않은 면세거래로 매출을 입력할 때 선택
21.전자	전자화폐	전자적결제 수단에 의한 매출 → 전자화폐결제명세서에 가맹점별로 집계
22.현과	현금과세	현금영수증에 의한 과세매출을 입력할 때 선택 [22 : 현과]로 입력된 자료는 신용카드매출발행집계표의 과세분에 자동 반영
23.현면	현금면세	현금영수증에 의한 면세매출을 입력할 때 선택 [23 : 현면]으로 입력된 자료는 신용카드매출발행집계표의 면세분에 자동 반영
24.현영	현금영세	영세율 대상 거래의 현금영수증 매출 → 신용카드발행집계표의 과세분에 반영

② 매입유형 코드

매입유형		내용
51.과세	과세매입	발급받은 세금계산서를 입력할 때 선택
52.영세	영 세 율	발급받은 영세율 세금계산서를 입력할 때 선택
53.면세	계 산 서	면세사업자가 발행한 계산서를 입력할 때 선택(세관장이 발급한 수입계산서 포함)
54.불공	불 공 제	매입세액공제를 받을 수 없는 **세금계산서**를 입력할 때 선택 (사유별로 우측 해당번호 선택) ① 필요적 기재사항 누락 ② 사업과 직접 관련 없는 지출 ③ 비영업용 소형승용자동차 구입, 유지 및 임차 ④ 기업업무추진비 및 이와 유사한 비용 관련 ⑤ 면세사업과 관련 ⑥ 토지의 자본적 지출 관련 ⑦ 사업자등록 전 매입세액 ⑧ 금거래계좌 미사용 관련 매입세액 ⑨ 공통매입세액 안분계산 분 ⑩ 대손처분받은 세액 ⑪ 납부세액 재계산분
55.수입	수 입 분	재화의 수입 시 세관장이 발급한 수입세금계산서를 입력할 때 선택 * 수입세금계산서의 공급가액은 부가가치세 신고서의 과세표준이지 회계처리 대상이 아니다. 따라서 수입세금계산서는 하단의 분개화면에 부가가치세만 표시된다.
56.금전	금전등록	금전등록기 영수증을 받은 매입을 입력할 때 선택(매입세액 불공제 임)
57.카과	카드과세	신용카드에 의한 과세분 매입을 입력할 때 선택
58.카면	카드면세	신용카드에 의한 면세분 매입을 입력할 때 선택
59.카영	카드영세	신용카드에 의한 영세율 매입을 입력할 때 선택
60.면건	무 증 빙	계산서가 발급되지 않은 면세분 매입을 입력할 때 선택
61.현과	현금과세	현금영수증에 의한 과세분 매입을 입력할 때 선택
62.현면	현금면세	현금영수증에 의한 면세분 매입을 입력할 때 선택

* 54.불공의 ③비영업용 소형승용자동차 구입, 유지 및 임차는 부가가치세법의 개정으로 개별소비세 과세대상 자동차로 변경되어 있으나, PG에서는 종전의 용어를 사용하고 있다.

(4) 품목

거래에 나타나는 품목을 입력한다. 거래 품목이 둘 이상인 복수 거래는 F7을 눌러서 나타나는 화면 하단에 품목별로 입력한다.

(5) 수량, 단가, 공급가액

거래의 수량, 단가, 공급가액을 입력한다. 수량과 단가를 입력하면 공급가액과 부가가치세가 자동으로 표시된다. 수량과 단가의 입력을 생략하면 공급가액을 직접 입력하여야 한다.

① 공급가액 : 부가가치세를 포함하지 않은 금액
② 공급대가 : 부가가치세를 포함한 금액(공급가액+부가가치세)

(6) 부가세

직접 입력할 수도 있고 공급가액을 입력하면 자동으로 계산한다.

(7) 공급처명

거래상대방을 입력한다. 코드 란에 거래처명 두 글자를 입력하거나 F2를 이용하여 보조창에서 선택한다.

(8) 전자

전자세금계산서인 경우에는 "1.여"를 입력한다. 전자세금계산서를 연속하여 입력할 때에는 상단의 전자입력 탭을 클릭하고 입력하면 모든 거래가 전자세금계산서로 입력된다.

(9) 분개

상단에 입력한 내용은 부가가치세 신고를 위한 것이고 하단에는 회계처리의 내용 즉 장부에 반영될 분개를 입력한다.

① 0번(분개없음) : 분개할 필요가 없거나 생략하려고 할 때 선택한다.
② 1번(현금) : 거래금액 전액이 현금거래인 경우 선택한다.
- 매출거래는 부가세예수금과 매출액의 분개가 자동으로 나타나고, 매입거래는 부가세대급금과 원재료의 분개가 자동으로 나타난다. 매출액 또는 원재료 매입이 아닌 경우 적절한 계정과목으로 수정 입력하여야 한다.

③ 2번(외상) : 거래금액 전액이 외상인 경우 선택한다.
- 매출 유형의 거래는 외상매출금과 부가세예수금계정 및 기본계정(제품매출)에 의한 분개가 자동으로 나타난다. 부가세예수금은 수정할 수 없으며 외상매출금과 기본계정(제품매출)은 거래에 맞게 수정 및 추가 입력이 가능하다.
- 매입 유형의 거래는 외상매입금과 부가세대급금계정 및 기본계정(원재료)에 의한 분개가 자동으로 나타난다. 부가세대급금은 수정이 불가능하며, 외상매입금과 기본계정(원재료)은 거래에 맞게 수정 및 추가 입력이 가능하다.

④ 3번(혼합) : 거래금액 전액이 현금이 아니거나 외상이 아닌 거래에서 선택하는 것이 일반적이나 전액 현금거래나 외상거래도 선택할 수 있다.
- 매출거래는 부가세예수금과 기본계정인 제품매출이 자동으로 표시되며 차변 계정과목은 사용자가 직접 입력하여야 한다.
- 매입거래는 부가세대급금과 기본계정인 원재료가 자동으로 분개되어 나타나며, 대변 계정과목은 사용자가 직접 입력하여야 한다.

⑤ 4번(카드) : 거래 전액이 카드 결제인 매출, 매입을 입력 시 선택한다.

　　환경등록에서 신용카드매출채권과 신용카드매입채무로 설정된 계정과목으로 분개가 된다.

⑥ 5번(추가) : 환경등록에서 추가로 설정한 경우에 사용할 수 있다.

(10) 영세율 구분

매출유형이 12. 영세 또는 16. 수출인 경우 영세율 구분의 말풍선을 클릭하여 해당하는 영세율 매출내용을 선택한다.

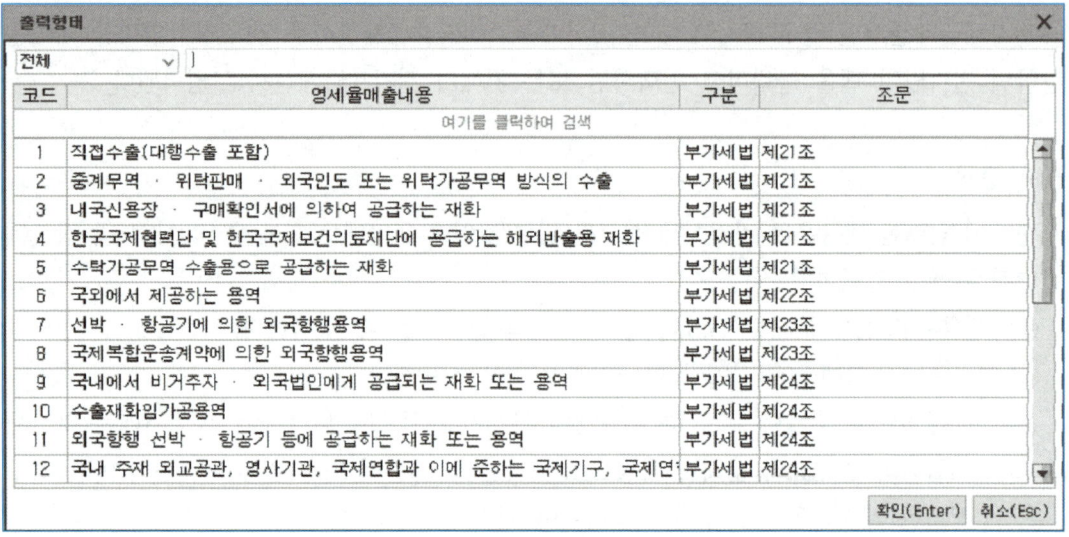

전산실무 따라하기

[매 출]

(주)나눔기업의 기중 거래내역을 매입매출전표입력 메뉴에 입력하시오.

11. 과세 : 세금계산서(부가가치세 10%)가 발급된 거래를 입력

1. 8월 1일 : 빌리패션에 제품을 판매하고 다음과 같이 전자세금계산서를 발급하였다. 대금은 전액 현금으로 회수하였다.

전자세금계산서(공급자보관용)							책 번 호		권		호
							일련번호				
공급자	등록번호	104-81-40531				공급받는자	등록번호	650-85-00516			
	상 호 (법인명)	(주)나눔기업		성 명 (대표자)	허영호		상 호 (법인명)	빌리패션		성 명 (대표자)	김형수
	사업장주소	서울 중구 장춘단로6길 5					사업장주소	서울 금천구 가산디지털1로 104			
	업 태	제조.도매		종 목	의류		업 태	도매		종 목	의류
작 성			공 급 가 액				세 액			비 고	
연	월	일	공란수	백십억천백십만천백십일			십억천백십만천백십일				
2024	8	3	4	1 8 0 0 0 0 0 0			1 8 0 0 0 0 0				
월일	품 목		규격	수량	단 가		공급가액	세 액		비 고	
7 1	제 품			1,800	10,000		18,000,000	1,800,000			
합 계 금 액	현 금		수 표		어 음		외상미수금	이 금액을		영수 청구	함
19,800,000	19,800,000										

2. 8월 2일 : (주)나래에 다음과 같이 제품을 매출하고 전자세금계산서를 발급하였다. 대금은 전액 외상으로 하였다.

품 목	수량	단 가	공급가액	부가가치세	비 고
제품 가	20개	400,000원	8,000,000원	800,000원	
제품 나	50개	200,000원	10,000,000원	1,000,000원	

3. 8월 3일 : 초원상사(거래처 코드번호 : 210, 사업자등록번호 224-81-22763 신규 등록할 것)에 의류 20점을 1점당 600,000원(부가가치세 별도)에 판매하고 전자세금계산서를 발급하였다. 대금 중 5,000,000원은 현금으로 받고 나머지 금액은 외상으로 하였다.

4. 8월 4일 : 공장에서 사용하던 의류 제조용 기계(취득원가 28,000,000원, 감가상각누계액 15,000,000원)를 (주)서산개발에 16,000,000원(부가가치세 별도)에 매각하고 대금 중 6,000,000원을 자기앞수표로 받고 잔액은 2달 후에 받기로 하고 전자세금계산서를 발급하였다(당기의 감가상각은 무시할 것).

5. 8월 5일 : 제품을 비사업자인 김명수(주민등록번호 750523-1357412, 거래처코드 220으로 신규 등록할 것)에게 판매하고, 공급가액 1,000,000원 (부가가치세 별도)의 전자세금계산서를 발급하고 대금은 현금으로 수취하였다.

6. 8월 6일 : 초원상사에 판매한 의류 중 2점이 불량으로 반품되어 반품 재화에 대하여 전자세금계산서를 발급하였다. 대금은 전액 외상매출금과 상계한다.

품 목	수 량	단 가	공급가액	부가가치세	비 고
의류	-2	600,000원	-1,200,000원	-120,000원	

12. 영세 : 세금계산서(부가가치세 0%)가 발급된 거래 입력

7. 8월 7일 : 해외 수출대행 업체인 빌리패션에 Local L/C에 의하여 제품 200개를 개당 100,000원에 납품하고 영세율로 전자세금계산서를 발급하였다. 대금 중 절반은 동사 발행 당좌수표로 받고 잔액은 외상으로 하였다.

8. 8월 8일 : 수출업체인 (주)나래에 Local L/C에 따라 $40,000(기준환율 1,000원/$1)에 제품을 납품하고 영세율전자세금계산서를 발급하였으며, 대금은 약속어음으로 받았다.

13. 면세 : 계산서가 발급된 거래를 입력

9. 8월 9일 : 현우상사에 상품(회계서적) 1,400,000원을 판매하고 전자계산서를 발급하였다. 대금 중 300,000원은 현금으로 회수하고 잔액은 당사 보통예금 계좌로 입금되었다(거래처 신규 등록할 것. 코드번호 : 230, 사업자등록번호 : 120-81-15126 대표자 : 김일중).

14. 건별 : 소매로 판매하면서 법정증빙이 아닌 일반영수증을 발행하거나 증빙이 없는 거래 또는 간주공급거래를 입력

10. 8월 10일 : 제품을 개인 김말복에게 880,000원(부가가치세 포함)에 소매로 판매하고 대금은 현금으로 받았다(세금계산서 발급대상자가 아니라고 가정하고 거래처코드 240번으로 등록할 것).

16. 수출 : 세금계산서 발급대상이 아닌 직수출 거래의 입력

11. 8월 11일 : 미국에 있는 조지아패션에 제품을 직수출하였다. 선적일은 8월 11일이고 물품 대금은 총 10,000달러이며, 선적일 현재의 기준환율은 달러당 1,020원이다. 대금은 아직 수령하지 못하였다(수출신고번호의 입력은 생략하고 거래처코드는 250번으로 신규 등록할 것).

17. 카드과세 : 신용카드매출전표(부가가치세 10% 포함)가 발행된 거래의 입력

12. 8월12일 : 개인 소비자 김종민(거래처 코드 260,으로 거래처 등록할 것 주민등록번호 780103-1234567)에게 제품 1,650,000원(부가가치세 포함)을 판매하고, 신용카드 매출전표(현대카드)를 발행하였다. 분개는 외상매출금으로 회계처리 하시오.

22. 현금과세 : 현금영수증(부가가치세 10% 포함)이 발행된 거래를 입력

13. 8월13일 : 비사업자인 김종민에게 제품을 판매하고 대금 495,000원(공급대가)은 현금으로 받고 세금계산서 발급 없이 현금영수증을 발행 교부하였다.

따라하기

회계관리 모듈의 전표입력에서 매입매출전표입력 메뉴를 선택한다.

1. 일자 : 8월 1일 (전자 란에서 1:여를 선택)

유형	품목	수량	단가	공급가액	부가세		공급처명
11.과세	제품	1,800	10,000	18,000,000	1,800,000	0118	빌리패션
분개	1.현금	(입금) 255.부가세예수금				1,800,000	
		(입금) 404.제품매출				18,000,000	

* 전자세금계산서를 발급하는 경우 전자 란에서 1:여를 선택하여야 전자세금계산서 발급분이 되어 매출처별세금계산서합계표에 전자세금계산서분으로 자동 집계된다.

2. 일자 : 8월 2일 (전자 란에서 1:여를 선택)

유형	품목	수량	단가	공급가액	부가세		공급처명
11.과세	제품가외			18,000,000	1,800,000	0119	(주)나래
분개	2.외상 (차) 108.외상매출금			19,800,000	(대) 255.부가세예수금		1,800,000
					(대) 404.제품매출		18,000,000

* 복수거래는 화면 상단의 F7 복수거래를 클릭하여 화면 하단에 복수거래 입력창이 활성화되면 내용을 입력한다. 입력을 마치면 F7, Esc 또는 ↵ 키를 눌러 상단으로 이동한다.

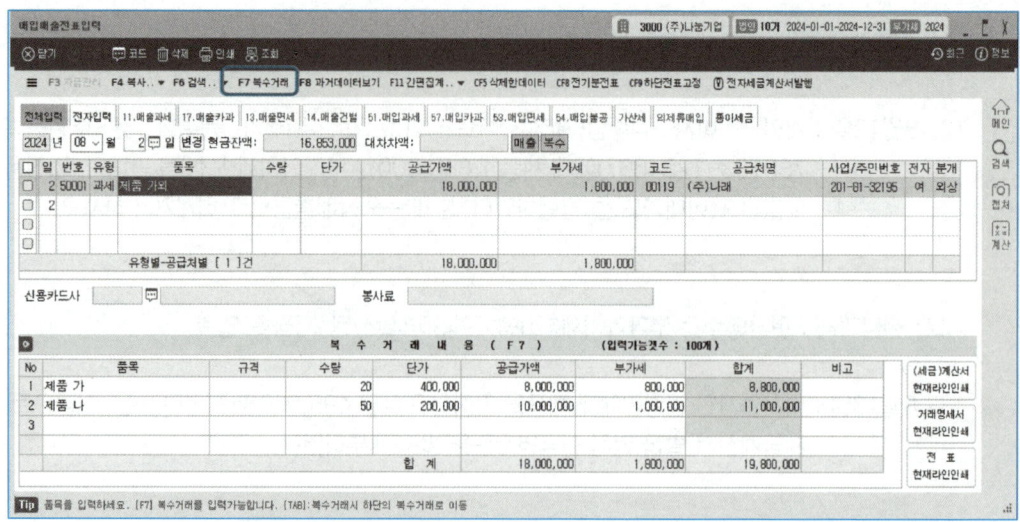

3. 일자 : 8월 3일 (전자 란에서 1:여를 선택)

유형	품목	수량	단가	공급가액	부가세		공급처명
11.과세	의류	20	600,000	12,000,000	1,200,000	0210	초원상사
분개	3.혼합 (차) 101.현 금 (차) 108.외상매출금			5,000,000 8,200,000	(대) 255.부가세예수금 (대) 404.제품매출		1,200,000 12,000,000

* 신규거래처의 등록은 코드 란에서 "⊞키"를 누르고 거래처명을 입력하면 나타나는 보조창에서 원하는 코드번호 210번을 입력하고 수정을 클릭한 후 화면 하단에서 거래처에 대해 제시된 내용을 입력하여 등록한다. 문제에서 요구하는 특정 번호를 입력하지 않으면 프로그램은 자동으로 코드번호를 부여하게 된다.

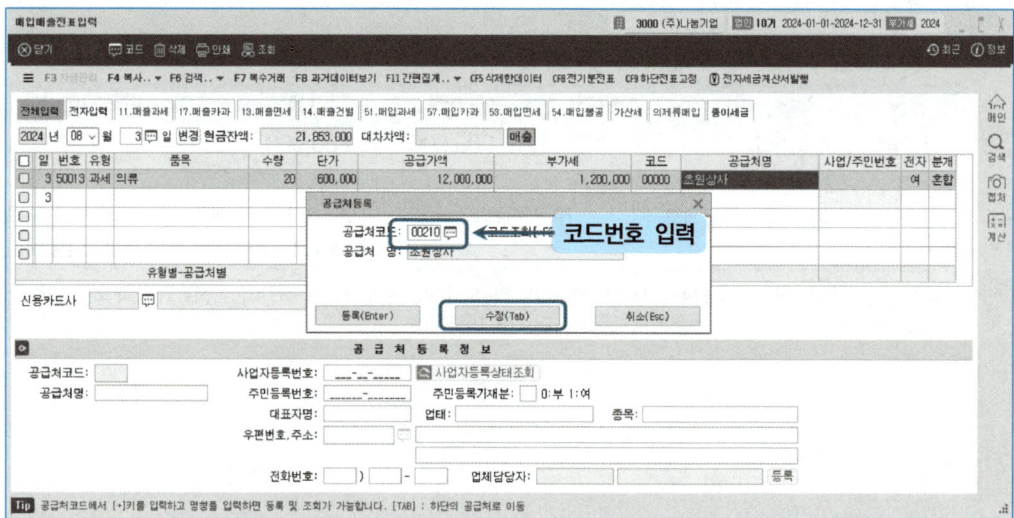

4. 일자 : 8월 4일 (전자 란에서 1:여를 선택)

유형	품목	수량	단가	공급가액	부가세		공급처명
11.과세	기계장치			16,000,000	1,600,000	0153	㈜서산개발
분개	3.혼합 (차) 207.감가상각누계액 15,000,000 (차) 101.현금 6,000,000 (차) 120.미수금 11,600,000				(대) 255.부가세예수금 1,600,000 (대) 206.기계장치 28,000,000 (대) 914.유형자산처분익 3,000,000		

* 화면 상단에 기계장치의 처분금액(공급가액)을 입력하고 하단은 매각에 따른 분개를 입력한다.
  장부금액 : 28,000,000 - 15,000,000 = 13,000,000원
  유형자산처분손익 : 처분금액 16,000,000 - 장부금액 13,000,000 = 3,000,000원
  미수금 : 처분금액 16,000,000 + 부가가치세 1,600,000 - 현금수취액 6,000,000 = 11,600,000원

5. 일자 : 8월 5일 (전자 란에서 1:여를 선택)

유형	품목	수량	단가	공급가액	부가세		공급처명
11.과세	제품			1,000,000	100,000	0220	김명수
분개	1.현금 (입금) 404.제품매출 1,000,000 (입금) 255.부가세예수금 100,000						

* 신규거래처를 등록. 공급처 코드란에 "0000" 이나 "+" 키를 이용하여 신규거래처에 대해 제시된 해당 내용을 입력하고, 개인은 반드시 주민등록번호란 우측에 주민등록기재분에서 1 : 여를 선택한다.

6. 일자 : 8월 6일 (전자 란에서 1:여를 선택)

유형	품목	수량	단가	공급가액	부가세		공급처명
11.과세	의류	-2	600,000	-1,200,000	-120,000	0210	초원상사
분개	2.외상 (차) 108.외상매출금 -1,320,000				(대) 255.부가세예수금 -120,000 (대) 404.제품매출 -1,200,000		

7. 일자 : 8월 7일 (전자 란에서 1:여를 선택, 영세율 구분 : 3.내국신용장 구매확인서)

유형	품목	수량	단가	공급가액	부가세		공급처명
12.영세	제품	200	100,000	20,000,000	0	0118	빌리패션
분개	3.혼합 (차) 101.현금 10,000,000 (차) 108.외상매출금 10,000,000				(대) 404.제품매출 20,000,000		

* 영세율구분에서 3. 내국신용장 구매확인서에 의하여 공급하는 재화를 선택한다.

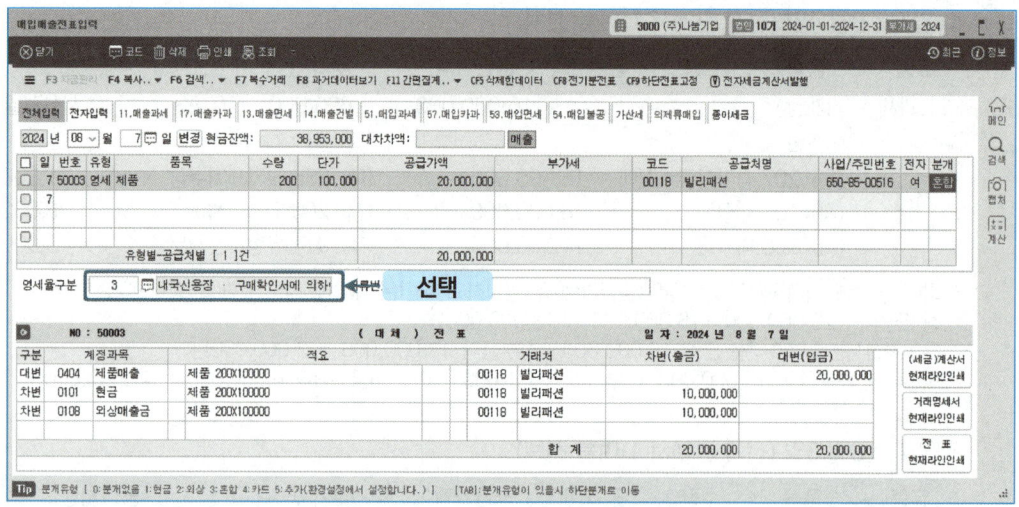

8. 일자 : 8월 8일 (전자 란에서 1:여를 선택, 영세율 구분 : 3.내국신용장 구매확인서)

유형	품목	수량	단가	공급가액	부가세	공급처명	
12.영세	제품			40,000,000	0	0119	(주)나래
분개	3.혼합 (차) 110.받을어음			40,000,000	(대) 404.제품매출		40,000,000

* 영세율 구분에서 3. 내국신용장 구매확인서에 의하여 공급하는 재화를 선택한다.

9. 일자 : 8월 9일 (전자 란에서 1:여를 선택)

유형	품목	수량	단가	공급가액	부가세	공급처명	
13.면세	회계서적			1,400,000	0	0230	현우상사
분개	3.혼합 (차) 101.현 금 (차) 103.보통예금			300,000 1,100,000	(대) 401.상품매출		1,400,000

* 현우상사를 신규 등록하기 위하여 코드란에 00000을 공급처명에 현우상사를 입력하고 보조창에서 코드번호 230번을 입력하고 등록한다.
* 하단 분개에서 404.제품매출을 401.상품매출로 수정하여야 한다.

10. 일자 : 8월 10일

유형	품목	수량	단가	공급가액	부가세	공급처명	
14.건별	제품			800,000	80,000	0240	김말복
분개	1.현금 (입금) 255.부가세예수금 (입금) 404.제품매출					80,000 800,000	

* 공급가액란에 공급대가 880,000원을 입력하고 Enter↵ 하면 공급가액과 부가가치세가 자동으로 계산된다. 김말복을 신규로 거래처등록 하려면 보조창에 공급처 코드로 문제에서 요구한 240번을 반드시 입력하여야 한다. 특정 번호를 입력하지 않으면 프로그램은 자동으로 코드번호를 부여하게 된다.

11. 일자 : 8월 11일 (영세율 구분 : 1. 직접 수출 선택)

유형	품목	수량	단가	공급가액	부가세		공급처명	
16.수출	제품			10,200,000	0	0250	조지아패션	
분개	2.외상 (차) 108.외상매출금			10,200,000	(대) 404.제품매출			10,200,000

* 신규거래처의 등록은 코드 란에서 "➕키"를 누르고 거래처명을 입력하면 나타나는 보조창에서 원하는 코드번호를 입력하고 수정을 클릭한 후 화면 하단에서 거래처에 대해 제시된 내용을 입력하여 등록한다.
* 수출한 재화의 공급가액은 선적일 전에 환가한 경우에는 환가액으로 하고, 그 이외에는 선적일의 환율을 적용한 금액으로 한다.

12. 일자 : 8월 12일

유형	품목	수량	단가	공급가액	부가세		공급처명	
17.카과	제품			1,500,000	150,000	0260	김종민	
분개	2.외상 (차) 108.외상매출금 (99602. 현대카드)			1,650,000	(대) 255.부가세예수금 (대) 404.제품매출			150,000 1,500,000

* 공급가액란에 공급대가 1,650,000원을 입력하고 Enter↵ 하면 부가세가 자동으로 계산된다.
* 분개 유형을 입력하고 화면 중간에 있는 신용카드사 말풍선을 클릭하여 현대카드를 선택한다.
* 분개 유형이 외상(2.)이면 외상매출금이 자동 생성되고 카드(4.)이면 미수금이 자동 생성된다. 분개 유형에서 혼합(3.)을 선택하면 분개의 계정과목을 직접 입력하여야 한다.
* 분개에서 외상매출금의 거래처는 현대카드로 변경되어야 한다.

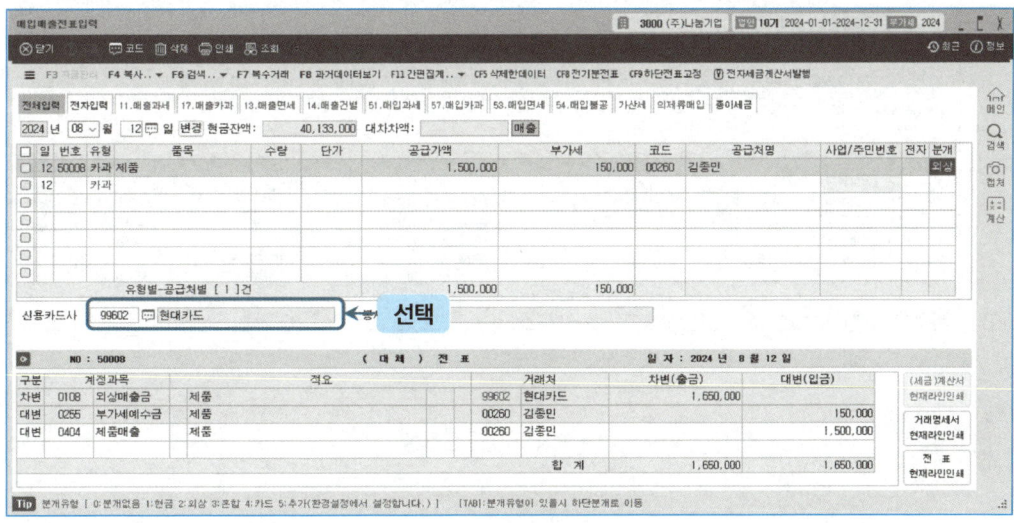

13. 일자 : 8월 13일

유형	품목	수량	단가	공급가액	부가세	공급처명	
22.현과	제품			450,000	45,000	0260	김종민
분개	1.현금 (입금) 255.부가세예수금 (입금) 404.제품매출					45,000 450,000	

* 공급가액 란에 공급대가 495,000원을 입력하고 Enter↵ 하면 부가세가 자동으로 계산된다
* 17.카과나 22.현과를 선택할 경우 환경등록에서 ④ 부가세 포함여부가 미포함(0.)인지 포함(1.)인지에 따라 입력이 달라진다. 미포함(0.)인 경우에는 공급가액을 입력하여야 하고, 포함(1.)인 경우에는 공급대가(공급가액+부가가치세)를 입력하여야 한다.
  • 공급대가 = 공급가액 × 1.1
  • 공급가액 = 공급대가 ÷ 1.1

| 입력된 화면 |

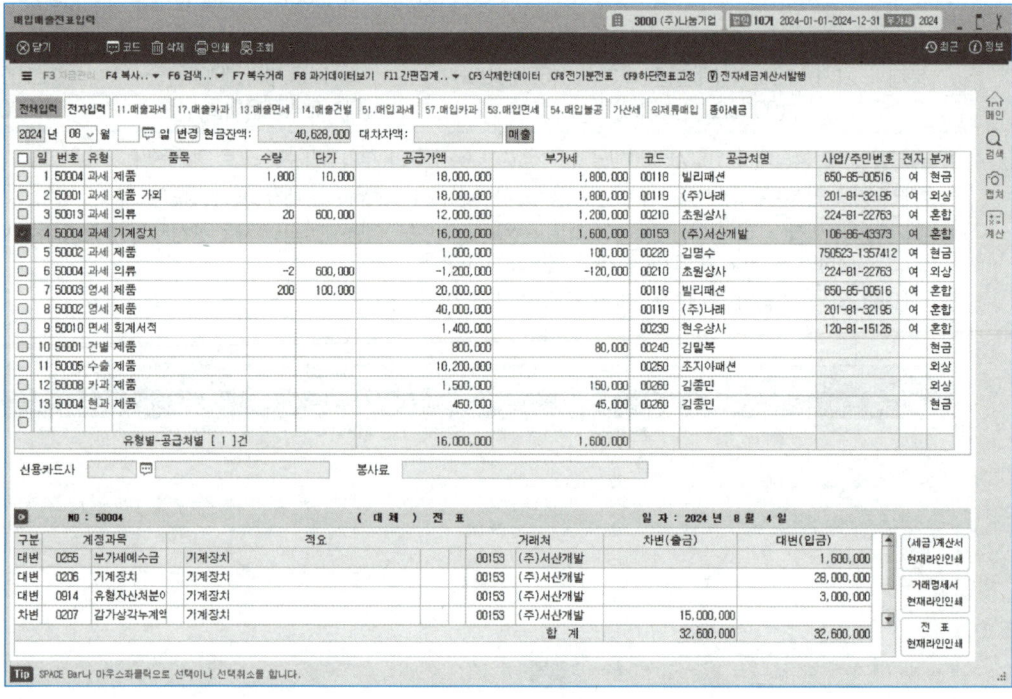

전산실무 따라하기

[매 입]

다음 (주)나눔기업의 기중 거래내역을 매입매출전표입력 메뉴에 입력하시오.

51. 과세 : 세금계산서(부가가치세 10%)를 수취한 거래 입력

1. 9월 1일 : 거래처 (주)대한에서 원재료(300개, @10,000원, 부가가치세 별도)를 매입하고 전자세금계산서를 발급받았다. 대금은 다음 달 말일에 결제하기로 하였다.

전자세금계산서(공급받는자보관용)											책 번 호		권		호	
											일련번호					
공급자	등록번호	652-88-00075					공급받는자	등록번호	104-81-40531							
	상 호(법인명)	(주)대한		성 명(대표자)	이유진			상 호(법인명)	(주)나눔기업		성 명(대표자)		허영호			
	사업장주소	서울시 영등포구 영등포로 384						사업장주소	서울시 중구 장춘단로6길 5							
	업 태	도소매		종 목	의류			업 태	제조,도매		종목		의류			
작 성		공 급 가 액							세 액				비 고			
연	월	일	공란수	백	십	억	천	백	십	만	천	백	십	일	십억천백십만천백십일	
2024	8	3	4				3	0	0	0	0	0	0		3 0 0 0 0 0	
월일	품 목			규격	수량	단 가		공급가액		세 액		비 고				
8 1	원재료				300	10,000		3,000,000		300,000						
합 계 금 액		현 금		수 표		어 음		외상미수금		이 금액을	영수 함					
3,300,000								3,300,000		청구						

2. 9월 2일 : 사무실과 공장에서 사용할 복사용지 20박스(@7,000원, 부가가치세 별도)를 (주)부천문구(사업자등록번호 613-85-12110)에서 일괄 구입하고 전자세금계산서를 받았다. 복사용지 대금은 현금으로 지급하며 사무실과 공장에 각각 10박스씩 분배한다. 거래처등록(코드번호 310)을 하고, 회계처리는 소모품비 계정으로 한다.

3. 9월 3일 : (주)대한에서 원재료(공급가액 8,000,000원, 부가가치세별도)를 매입하고 전자세금계산서를 발급받았다. 매입대금은 6월 27일 지급한 계약금 1,000,000원을 제외한 잔액을 약속어음을 발행하여 결제하였다.

4. 9월 4일 : 생산직 종업원들의 안전을 목적으로 고트상사(주)에서 다음 물품들을 구입하고 전자세금계산서를 발급받았다. 대금은 1개월 후에 지급하기로 하였다. 비용계정으로 회계처리 한다(복수거래로 회계처리 할 것).

품 목	수 량	단 가	공급가액	세 액	결제방법
안전화	10개	40,000원	400,000원	40,000원	외상
안전벨트	20개	50,000원	1,000,000원	100,000원	

5. 9월 5일 : 본사에서 사용하던 승용차(배기량 1,000cc)의 고장으로 제일정비(사업자등록번호 220-08-37596, 대표 박희숙, 코드번호 320으로 거래처등록을 할 것)에서 수리하고 수리비 500,000원(부가가치세 별도)은 현금으로 지급하고 전자세금계산서를 수취하였다(차량유지비 계정을 사용할 것).

6. 9월 6일 : 강남상사(사업자등록번호 214-10-11099, 대표 김강남)에서 당사의 사업과 관련된 원재료를 가공하기 위한 임가공 용역 계약에 의하여 제작 의뢰했던 반제품을 납품받았다. 임가공비(공급가액 3,000,000원 부가가치세 별도)에 대해서 세금계산서를 발급받았고 대금 중 1,000,000원은 당사 보통예금 계좌에서 이체되었고, 잔액은 다음 달에 지급하기로 하다. 신규 거래처 등록을 거래처 코드번호는 330으로 하고, 회계처리는 매입채무로 하시오(기타 자료 입력은 생략).

52. 영세 : 세금계산서(부가가치세 0%)를 수취한 거래 입력

7. 9월 7일 : 원재료 납품업체인 (주)마인으로부터 내국신용장(local L/C)에 의해 수출용 제품의 생산에 사용될 원재료(800개, 단가 @5,000원)를 납품받고 전자세금계산서(영세율)를 수취하고 대금은 전액 어음을 발행하여 지급하였다.

53. 면세 : 계산서를 수취한 거래 입력

8. 9월 8일 : 공장에서 사용하는 원재료 매입처의 확장 이전을 축하하기 위하여 남산화원(506-17-95298)에서 화분을 150,000원에 구입하여 전달하였다. 증명서류로 전자계산서를 수취하였으며, 대금은 현금으로 지급하였다(거래처 코드 : 340번으로 등록하시오).

54. 불공 : 세금계산서 수취분 중 매입세액공제가 불가능한 거래 입력

9. 9월 9일 : 회사 영업부에서 업무용으로 사용하는 법인소유의 5인승 승용차(경차 아님)가 고장이 발생하여 제일정비에서 수리하고 전자세금계산서를 수취하였다. 수리비 330,000원(부가가치세 포함)은 전액 법인카드(세방카드)로 결제 지급하였다.

10. 9월10일 : 대표이사 허영호의 자택에서 사용할 목적으로 (주)서산개발에서 공기청정기를 현금으로 2,500,000원(부가가치세 별도)에 구입하였고 회사 명의로 전자세금계산서를 수취하였다. 대금은 회사에서 현금으로 결제하였으며 대신 지급한 대금은 대표이사의 가지급금으로 처리한다.

11. 9월11일 : 고트상사(주)에서 원양참치 캔 선물세트 250,000원(부가가치세 별도)를 현금으로 구입하고 전자세금계산서를 발급받았다. 그리고 구매한 선물세트는 매출 거래처인 시에로(주)의 영업부 부장의 모친 회갑 기념으로 전달하였다.

55. 수입 : 수입세금계산서를 수취한 거래 입력

12. 9월12일 : 원재료를 수입하면서 인천세관(사업자등록번호 109-83-02763)으로부터 수입세금계산서(공급가액 5,000,000원, 부가가치세 500,000원)을 전자로 발급받고 부가가치세 500,000원은 인천세관에 현금으로 완납하였다. 인천세관의 거래처등록을 350번으로 하고, 회계처리는 부가가치세와 관련된 것만을 하기로 한다.

57. 카과 : 신용카드영수증을 수취한 거래 입력

13. 9월13일 : (주)서산개발에서 관리부서의 회식을 하고 음식대금 440,000원(부가가치세 포함)을 법인카드인 세방카드로 결제하였다(카드매입에 대한 부가가치세 매입세액 공제요건은 충족됨).

61. 현과 : 현금영수증(부가가치세 10%)을 수취한 거래 입력

14. 9월14일 : 생산부서에서 (주)대한에 공장 청소 계약에 따른 당월분 지급수수료 242,000원(부가가치세 포함)을 자기앞수표로 지급하고 사업자 등록번호를 제시하고 매입세액공제가 가능한 지출증빙용 현금영수증을 받았다.

따라하기

회계관리 모듈의 전표입력에서 매입매출전표입력 메뉴를 선택한다.

1. 일자 : 9월 1일 (전자 란에서 1:여를 선택)

유형	품목	수량	단가	공급가액	부가세		공급처명
51.과세	원재료	300	10,000	3,000,000	300,000	0156	㈜대한
분개	2. 외상 (차) 135.부가세대급금 (차) 153.원재료			300,000 3,000,000	(대) 251.외상매입금		3,300,000

* 전자세금계산서를 발급받은 경우 전자 란에서 1:여를 선택하여야 전자세금계산서 발급분이 되어 매입처별세금계산서합계표에 전자세금계산서분으로 자동 집계된다.

2. 일자 : 9월 2일 (전자 란에서 1:여를 선택)

유형	품목	수량	단가	공급가액	부가세		공급처명
51.과세	복사용지	20	7,000	140,000	14,000	0310	㈜부천문구
분개	1.현금 (출금) 135.부가세대급금 (출금) 530.소모품비(제) (출금) 830.소모품비(판)				14,000 70,000 70,000		

* 거래처코드 310으로 '㈜부천문구'를 신규로 거래처등록을 한다.
* 하단의 분개에서 153.원재료를 530.소모품비 70,000원과 830.소모품비 70,000원으로 수정하여야 한다.

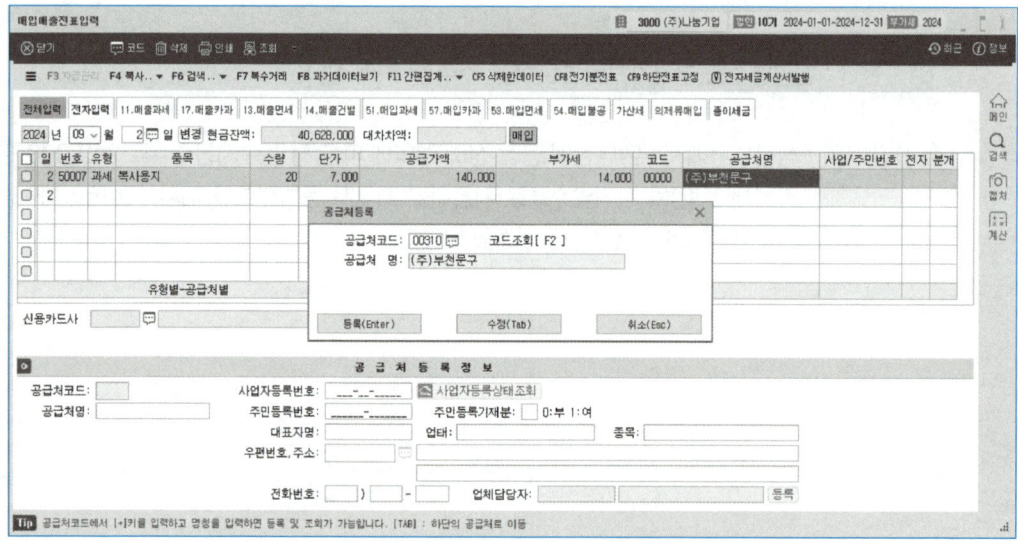

3. 일자 : 9월 3일 (전자 란에서 1:여를 선택)

유형	품목	수량	단가	공급가액	부가세		공급처명
51.과세	원재료			8,000,000	800,000	0156	㈜대한
분개	3.혼합 (차) 135.부가세대급금 (차) 153.원재료			800,000 8,000,000	(대) 131.선급금 (대) 252.지급어음		1,000,000 7,800,000

* 6월 27일 지급한 계약금 1,000,000원은 선급금으로 원재료를 매입 시 상계하여야 한다.

4. 일자 : 9월 4일 (전자 란에서 1:여를 선택)

유형	품목	수량	단가	공급가액	부가세		공급처명
51.과세	안전화외			1,400,000	140,000	0147	고트상사(주)
분개	3.혼합 (차) 135.부가세대급금 (차) 511.복리후생비			140,000 1,400,000	(대) 253.미지급금		1,540,000

* 품목이 둘 이상인 복수 거래의 경우 품목에 커서를 두고 화면 상단의 "F7 복수거래" 또는 기능키 F7 을 눌러서 나타나는 하단의 창에 복수 거래 내역을 입력한다.
* 원재료 매입이 아니므로 하단의 분개에서 153.원재료를 511.복리후생비로 수정하고, 251.외상매입금을 253.미지급금으로 수정하여야 한다.

5. 일자 : 9월 5일 (전자 란에서 1:여를 선택)

유형	품목	수량	단가	공급가액	부가세		공급처명
51.과세	차량수리비			500,000	50,000	0320	제일정비
분개	1.현금 (출금) 135.부가세대급금 (출금) 822.차량유지비(판)				50,000 500,000		

* 거래처 코드 320번 '제일정비'를 신규로 거래처등록을 한다.

6. 일자 : 9월 6일 (전자 란에서 0:부를 선택)

유형	품목	수량	단가	공급가액	부가세		공급처명
51.과세	임가공비			3,000,000	300,000	0330	강남상사
분개	3.혼합 (차) 135.부가세대급금 (차) 533.외주가공비			300,000 3,000,000	(대) 103.보통예금 (대) 251.외상매입금		1,000,000 2,300,000

* 거래처 코드 330으로 '강남상사'를 신규로 거래처등록을 한다.
* 원재료 매입이 아니므로 하단의 분개에서 153.원재료를 533.외주가공비로 수정하여야 한다.
* 매입채무로 처리한다는 것은 외상매입금과 지급어음 중 적합한 것으로 회계처리 하라는 의미이다.
* 문제에서 세금계산서를 받았다고 하거나 종이세금계산서를 받았다고 하면 전자세금계산서가 아니므로 전자 란에서 0:부를 선택하거나 지나치면 된다.

7. 일자 : 9월 7일 (전자 란에서 1:여를 선택)

유형	품목	수량	단가	공급가액	부가세		공급처명	
52.영세	원재료	800	5,000	4,000,000	0	0123	(주)마인	
분개	3.혼합 (차) 153.원재료			4,000,000		(대) 252.지급어음		4,000,000

8. 일자 : 9월 8일 (전자 란에서 1:여를 선택)

유형	품목	수량	단가	공급가액	부가세		공급처명
53.면세	화분			150,000	0	0340	남산화원
분개	1.현금　(출금) 513.접대비(제)					150,000	

* 거래처코드 340 '남산화원'을 신규로 거래처등록 한다.
* 원재료 매입처에 대한 접대비는 제조원가이며, 화분은 면세재화이므로 접대비로 회계처리를 하여도 세금계산서를 받은 것이 아니므로 54.불공으로 하면 안 된다.
* 계산서도 전자로 받은 경우 전자란에 1:여를 입력한다.

9. 일자 : 9월 9일 (전자 란에서 1:여를 선택)

유형	품목	수량	단가	공급가액	부가세		공급처명	
54.불공	차량수리			300,000	30,000	0320	제일정비	
분개	3. 혼합 (차) 822.차량유지비　　330,000　　(대) 253.미지급금　　330,000 (거래처 99601. 세방카드) 불공제 사유 : 3.비영업용 소형승용차 구입, 유지 및 임차 선택							

* 54.불공의 유형은 반드시 화면 중간 불공제 사유 말풍선을 클릭하여 11개 불공제사유 중 하나를 선택한다.
* 배기량 1,000cc를 초과하는 승용차는 3.비영업용 소형승용차 구입, 유지, 임차를 선택한 후 Enter↵ 하여야 하며, 이 내용은 부가가치세신고 부속서류에 자동으로 반영된다.
* 화면 하단 분개에서 차변(3)의 153.원재료를 822.차량유지비로 변경 입력하며, 대변(4)에 미지급금계정(253)을 입력하고 거래처 란은 '99601.세방카드'로 수정 입력한다.

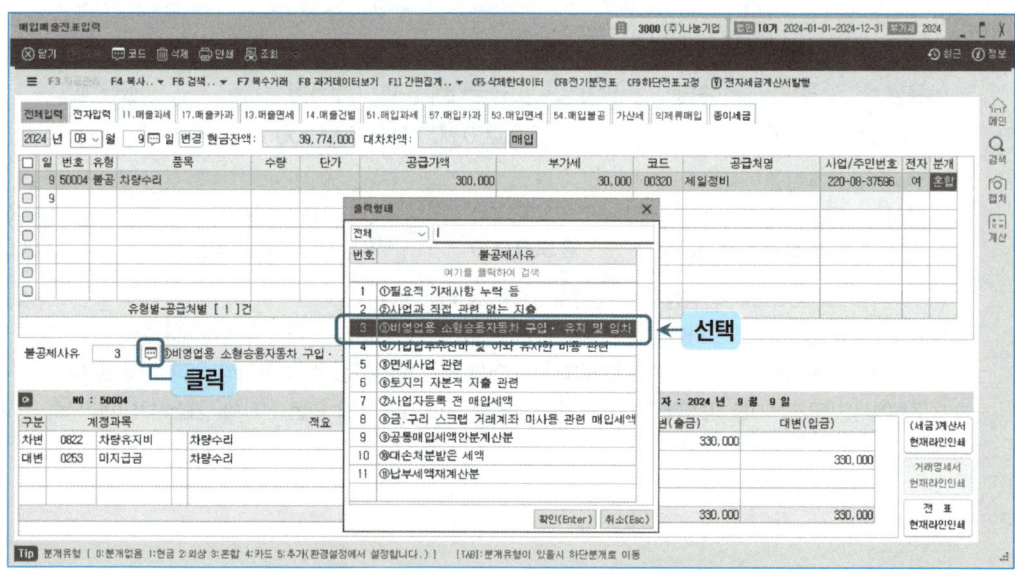

10. 일자 : 9월 10일 (전자 란에서 1:여를 선택)

유형	품목	수량	단가	공급가액	부가세		공급처명
54.불공	공기청정기			2,500,000	250,000	0153	㈜서산개발
분개	1.현금 (출금) 134.가지급금 (거래처 101. 허영호)					2,750,000	

* 불공제 사유는 2. 사업과 직접 관련 없는 지출을 선택한다.
* 상단의 거래처와 하단의 거래처가 다른 경우에 해당하는 경우로 화면 하단의 153.원재료계정을 134.가지급금으로 수정하고 거래처에 '101. 허영호'로 수정 입력한다.

11. 일자 : 9월 11일 (전자 란에서 1:여를 선택)

유형	품목	수량	단가	공급가액	부가세		공급처명
54.불공	선물세트			250,000	25,000	0147	고트상사(주)
분개	1.현금 (출금) 813.기업업무추진비(판)					275,000	

* 불공제 사유 : 4. 기업업무추진비 및 이와 유사한 비용 관련
* 불공의 분개는 부가세대급금 계정이 나오지 않고 부가가치세를 포함한 금액이 분개의 대상이 된다.
* 원재료 매입이 아니므로 하단의 분개에서 153.원재료를 813.기업업무추진비로 수정하여야 한다.

12. 일자 : 9월 12일 (전자 란에서 1:여를 선택)

유형	품목	수량	단가	공급가액	부가세		공급처명
55.수입	원재료			5,000,000	500,000	0350	인천세관
분개	1.현금 (출금) 135.부가세대급금					500,000	

* 재화를 수입하는 경우 세관장이 발행하는 전자세금계산서의 공급가액은 화면 상단의 공급가액에 입력하여 부가가치세 신고에 반영하고, 하단의 분개에서는 실제 매입액이 아니므로 부가가치세만 회계처리하고 매입액에 대한 회계처리는 수입신고필증 등에 의하여 일반전표입력 메뉴에서 한다.

13. 일자 : 9월 13일

유형	품목	수량	단가	공급가액	부가세		공급처명
57.카과	회식대			400,000	40,000	0153	㈜서산개발
분개	4.카드 (차) 135.부가세대급금 40,000 (차) 811.복리후생비 400,000				(대) 253.미지급금 440,000 (거래처 99601. 세방카드)		

* 57.카과를 선택하고 공급가액 란에 공급대가 440,000원을 입력하면 공급가액 400,000원과 부가가치세 40,000원이 자동으로 계산되고 전자 란은 건너뛴다.
* 화면 중간의 신용카드사 옆의 말풍선을 클릭하여 99601.세방카드를 선택하면 하단 분개의 미지급금 란의 거래처가 99601.세방카드로 자동으로 변경된다.
* 57.카과나 61.현과를 선택한 경우 ④부가세 포함여부가 0.미포함인 경우에는 공급가액을 입력하여야 하고, 1.포함인 경우에는 공급대가(공급가액+부가가치세)를 입력하여야 한다.
    • 공급대가 = 공급가액 × 1.1   • 공급가액 = 공급대가 ÷ 1.1

14. 일자 : 9월 14일

유형	품목	수량	단가	공급가액	부가세	공급처명	
61.현과	청소비용			220,000	22,000	0156	㈜대한
분개	1.현금 (출금) 135.부가가세대급금　　　　　　　　　　22,000 　　　　(출금) 531.수수료비용(제)　　　　　　　　　　220,000						

* 공급가액 란에 공급대가(242,000원)을 입력하면 공급가액과 부가가치세가 자동으로 계산된다.
　공급가액 = 공급대가 ÷ 1.1
　공급가액 : 242,000 ÷ 1.1 = 220,000원

| 입력된 화면 |

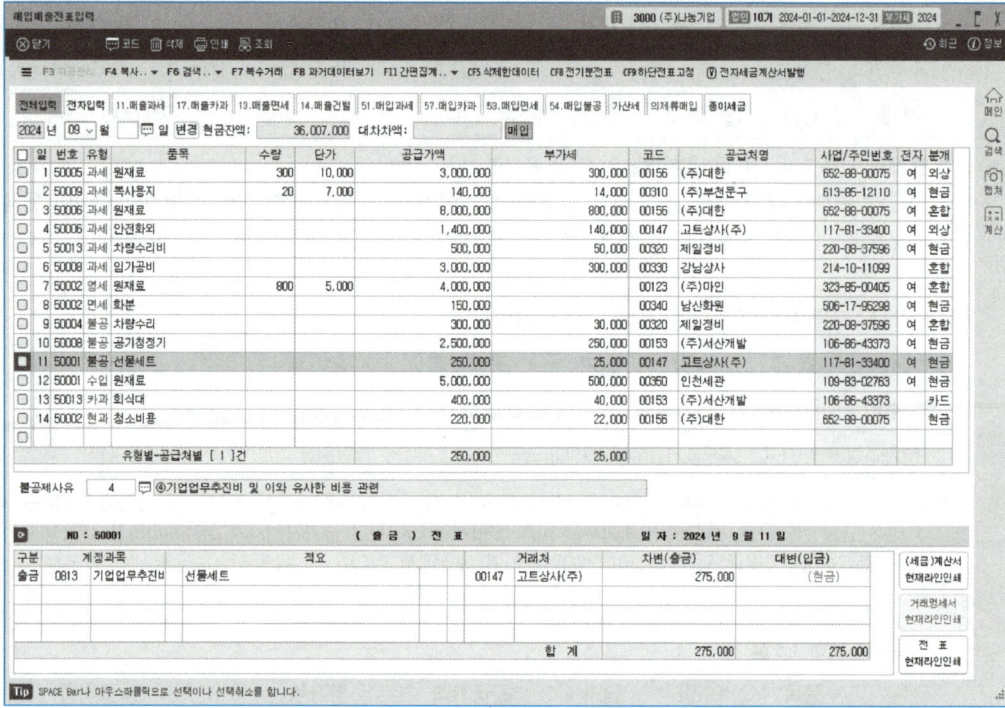

Chapter 03 부가가치세

01 부가가치세신고서

> NCS 능력단위 : 0203020225부가가치세신고   능력단위요소 : 03부가가치세신고하기
> 3.5 부가가치세신고요령에 따른 부가가치세 신고서를 작성 할 수 있다.

(1) 개요

부가가치 모듈에서 부가가치세 신고서 메뉴를 열고 부가가치세 신고기간을 조회기간에 입력하면 매입매출전표입력 메뉴에서 입력된 거래의 내역이 반영된 부가가치세 신고서가 나타난다. 부가가치세 신고서의 각 항목은 매입매출전표입력 메뉴에서 입력된 내용이지만 신고서 화면에서 수정, 삭제 또는 추가 입력 등의 편집도 가능하다.

(2) 신고내용

매입매출전표입력 메뉴에서 입력한 내용이 자동으로 해당 과세기간에 반영된다.

① 과세표준 및 매출세액

구 분	코 드		내 용
과세표준 및 매출세액	과세	• 세금계산서 발급분 1	11.과세로 입력한 매출금액이 자동 반영
		• 매입자발행세금계산서 2	매입자가 발행한 매출세금계산서를 입력
		• 신용카드·현금영수증발행분 3	17.카과, 22.현과로 입력한 매출금액이 자동 반영
		• 기타 (정규영수증외 매출분) 4	14. 건별로 입력한 매출금액이 자동 반영 (자가공급, 개인적공급, 사업상증여 등의 간주공급)
	영세	• 세금계산서 발급분 5	12.영세로 입력한 영세율 매출액이 자동 반영
		• 기타(직수출 등) 6	16.수출로 입력한 직수출액이 자동 반영
	• 예정신고누락분	7	확정신고 시 예정신고 누락분을 신고할 때 입력
	• 대손세액가감	8	대손세액(-) 또는 대손회수 시 세액(+)을 입력

② 매입세액

구 분	코 드		내 용
매입세액	과세	• 세금계산서 발급분 1	11.과세로 입력한 매출금액이 자동 반영
		• 매입자발행세금계산서 2	매입자가 발행한 매출세금계산서를 입력
		• 신용카드·현금영수증발행분 3	17.카과, 22.현과로 입력한 매출금액이 자동 반영
		• 기타 (정규영수증외 매출분) 4	14. 건별로 입력한 매출금액이 자동 반영 (자가공급, 개인적공급, 사업상증여 등의 간주공급)
	영세	• 세금계산서 발급분 5	12.영세로 입력한 영세율 매출액이 자동 반영
		• 기타(직수출 등) 6	16.수출로 입력한 직수출액이 자동 반영
	• 예정신고누락분	7	확정신고 시 예정신고 누락분을 신고할 때 입력
	• 대손세액가감	8	대손세액(-) 또는 대손회수 시 세액(+)을 입력
	세금계산서 수취분	• 일반매입 10	51. 과세매입, 52.영세매입, 54.불공매입, 55.수입으로 입력한 공급가액과 세액이 자동반영
		• 고정자산매입 11	51~54에 해당되는 것 중 하단 분개 란에 계정과목을 고정자산으로 입력한 공급가액과 세액 자동반영
	• 예정신고누락분	12	확정신고 시 예정신고 누락분을 신고할 때 입력
	• 매입자발행 세금계산서	13	매입자가 발행한 매입세금계산서 입력
	• 그 밖의·공제 매입세액 수취한 세금계산서에 의한 것이 아닌 매입세액 공제 대상 거래 등이 자동으로 반영	14	• 신용카드매출전표수령금액합계표 (일반, 고정자산) • 의제매입세액 • 재활용폐자원 등 매입세액 • 과세사업전환매입세액 • 재고매입세액 • 변제대손세액 • 외국인 관광객에 대한 환급세액
	• 공제받지못할 매입세액	16	54. 불공으로 입력한 불공제매입세액과 공통매입세액 불공제분, 대손처분받은 세액 등을 입력

* 신고서 입력된 내역의 대부분은 부가가치세법상 해당하는 부속서류를 작성 제출하여야 한다.

02 세금계산서합계표

> NCS 능력단위 : 0203020225부가가치세신고   능력단위요소 : 01세금계산서발급·수취하기
> 1.3 부가가치세법에 따라 세금계산서 및 계산서 합계표를 작성할 수 있다.

세금계산서합계표는 과세사업자가 재화 또는 용역을 공급하고 발급한 매출세금계산서와 공급받고 발급받은 매입세금계산서를 집계한 표로서 부가가치세신고서에 반드시 첨부하여 제출하여야 한다. 전자세금계산서를 발급 수취한 경우를 제외하고 제출하지 않으면 가산세와 매입세액불공제 등의 불이익을 받는다.

세금계산서합계표에 조회기간을 입력하면 해당 기간의 매출 또는 매입거래의 매출(입)처수, 거래처별 세금계산서 매수, 공급가액 및 세액을 확인할 수 있다.

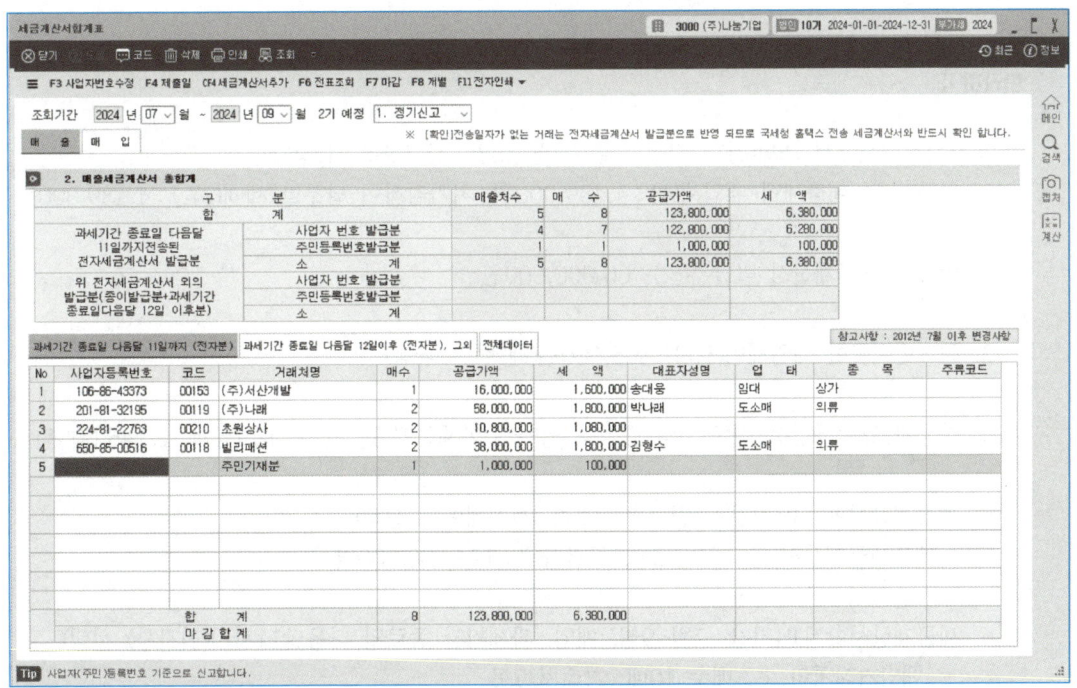

전산실무 따라하기

부가가치세 관련 조회

 필수예제

다음의 물음에 대하여 적절한 메뉴를 조회하여 답하시오.

1. 제2기 예정신고기간의 부가가치세 납부세액과 차가감하여 납부할 세액은 얼마인가?
2. 제2기 예정신고기간에 발급한 세금계산서 중 영세율 공급가액은 얼마인가?
3. 제2기 예정신고기간에 매입세액불공제에 해당하는 매입세액은 얼마인가?
4. 제2기 예정신고기간에 신용카드와 현금영수증에 의한 공급대가는 얼마인가?
5. 제2기 예정신고기간의 매출세금계산서의 총 매수와 공급가액은 얼마인가?
6. 제2기 예정신고기간에 수취한 전자세금계산서 매수와 매입거래처의 수는 몇 곳인가?

 따라하기

- 부가가치세신고서 조회(기간 : 7월 1일 ~ 9월 30일, 신고구분 : 1.정기신고)
  1. 납부세액(=매출세액-매입세액) : 4,489,000원, 차가감하여 납부할 세액(27.) : 4,489,000원

  2. 영세율 세금계산서 발급분(5.) : 60,000,000원

  3. 공제받지못할 매입세액(16.) : 305,000원(세액 란 금액)

  4. 신용카드·현금영수증발행분의 금액과 세액의 합계금액(3.) 또는 (19.)금액 : 2,145,000원

  5. 세금계산서합계표(기간 : 7월~9월, 매출, 전체데이터 선택)
     - 매출세금계산서 총 매수 : 8매, 공급가액 : 123,800,000원

  6. 세금계산서합계표(기간 : 7월~9월, 매입, 과세기간 종료일 다음달11까지(전자분) 선택)
     - 매입거래처의 수 : 매수 10매, 거래처 7곳

| 입력된 화면 |

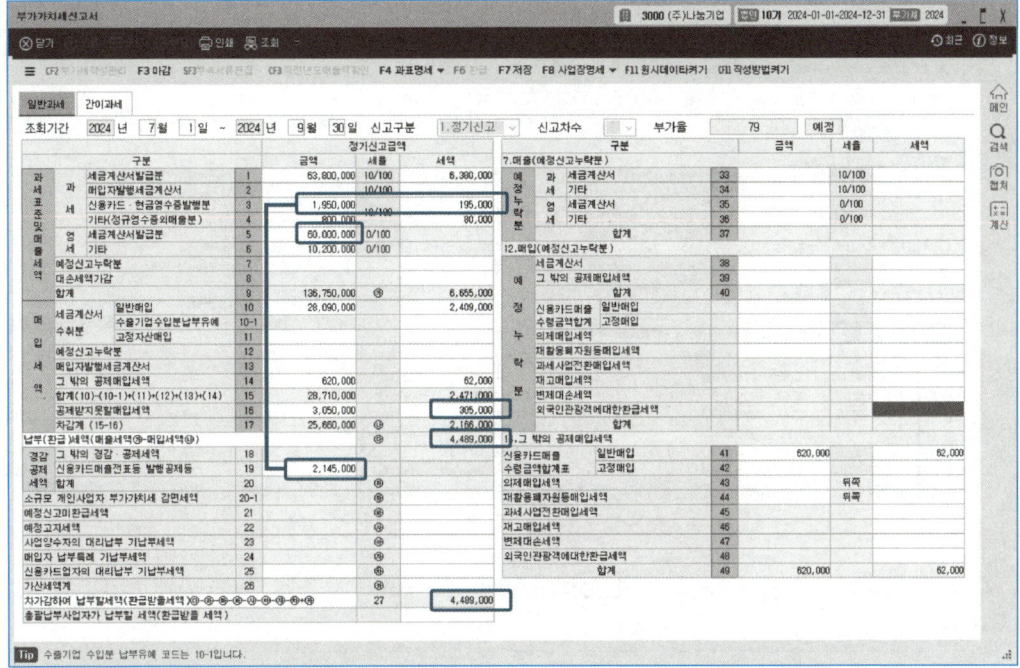

| 입력된 화면 |

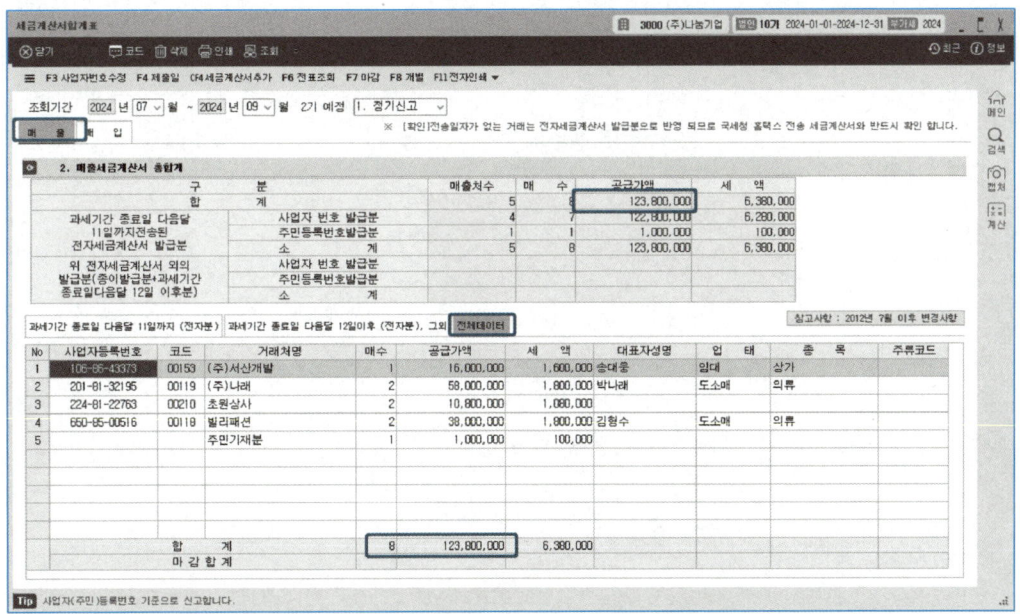

| 입력된 화면 |

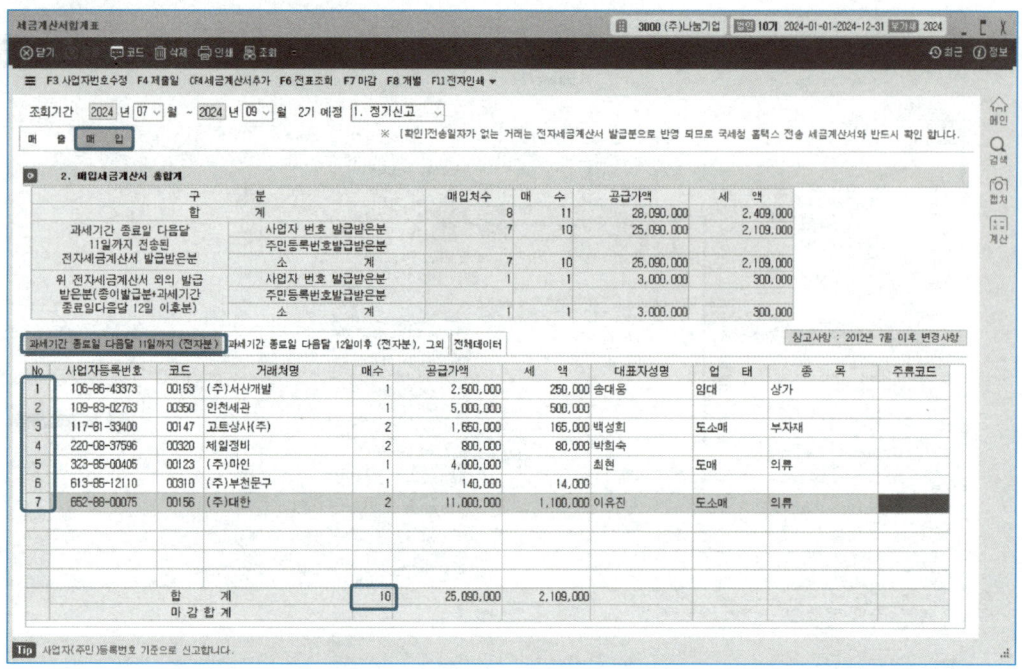

Chapter 04 고정자산과 및 감가상각

01 고정자산 등록

고정자산을 등록하여 관리하고 감가상각비를 계산하는 메뉴로 기본등록사항과 추가등록사항으로 구성되어 있다. 고정자산등록 메뉴를 이용하여 고정자산을 등록할 수 있고 고정자산을 취득하는 경우 전표 입력할 때 나타나는 고정자산등록 보조창에서 등록할 수도 있다.

(1) 자산 계정과목

계정과목 코드를 직접 입력하거나, F2 또는 말풍선을 눌러 나타나는 보조창에서 해당하는 계정과목을 선택하여 입력한다.

(2) 자산코드/명

계정과목을 입력하면 화면 하단이 활성화되어 자산코드와 자산명을 입력할 수 있다. 자산코드는 1부터 순차로 부여하면 된다.

(3) 취득년월일

해당 자산의 취득일을 입력한다. (입력 예 : 2024년 5월 8일 → 2024-05-08)

(4) 상각방법

건물을 제외한 유형자산은 환경등록에서 정률법으로 설정되어 있으므로 건물은 정액법, 그 외의 유형자산은 정률법이 자동으로 선택된다. 자격시험에서 자동선택된 상각방법이 아닌 것을 요구하면 상각방법란에 커서를 두고 "1"을 입력하면 정률법, "2"를 입력하면 정액법을 선택할 수 있다.

(5) 기본등록사항

① 기초가액(1) : 유형자산은 취득금액, 무형자산은 전기말 장부금액(상각 후 잔액)을 입력한다.
② 전기말상각누계액(2) : 전기말재무상태표 상 감가상각누계액을 입력한다.
③ 전기말 장부가액(3) : 유형자산은 기초가액에서 전기말 감가상각누계액을 차감한 금액이 자동으로 반영된다.
④ 당기 중 취득 및 당기증가(4) : 당기 중에 취득한 자산을 입력한다.
⑤ 5~9 : 설명 생략
⑥ 내용연수(11) : 해당 자산의 감가상각 내용연수를 입력한다. 말풍선을 누르면 내용연수별 상각률을 확인할 수 있다.
⑦ 경비구분(14) : 자산의 용도에 따라 경비를 구분하여야 적절하게 결산에 반영된다. 제조원가에 해당하면 코드 1.500번대(제조)를 선택하고 판매관리비에 해당하면 코드 6.800번대(판관비)를 선택한다.

전산실무 따라하기

 필수예제

(주)나눔기업의 고정자산내역은 다음과 같다. 입력된 내용을 무시하고 고정자산등록메뉴에 등록하시오.

(단위 : 원)

계정과목	품 명	취 득 일	취득가액	감가상각 누 계 액	상각 방법	내용 연수	업종 코드	용 도
기계장치	선반	2021. 7.15	15,000,000	8,200,000	정률법	5년	13	생산설비
기계장치	밀링	2022. 7.10	10,000,000	4,500,000	정률법	5년	13	생산설비
차량운반구	승용차	2023. 3.15	16,000,000	3,600,000	정률법	5년	01	본사영업부
차량운반구	트럭	2024. 1. 5	5,000,000	0	정률법	5년	01	공장생산부
비품	복사기	2022. 7.31	1,800,000	750,000	정률법	5년	01	본사관리부
특허권	특허권	2023. 1. 1	4,000,000		정액법	4년	63	본사

* 특허권은 2023년에 5,000,000원에 취득하여 1,000,000원을 상각한 잔액이다.

따라하기

1. 기계장치(선반)의 당기분 감가상각비 : 3,066,800원

| 입력된 화면 |

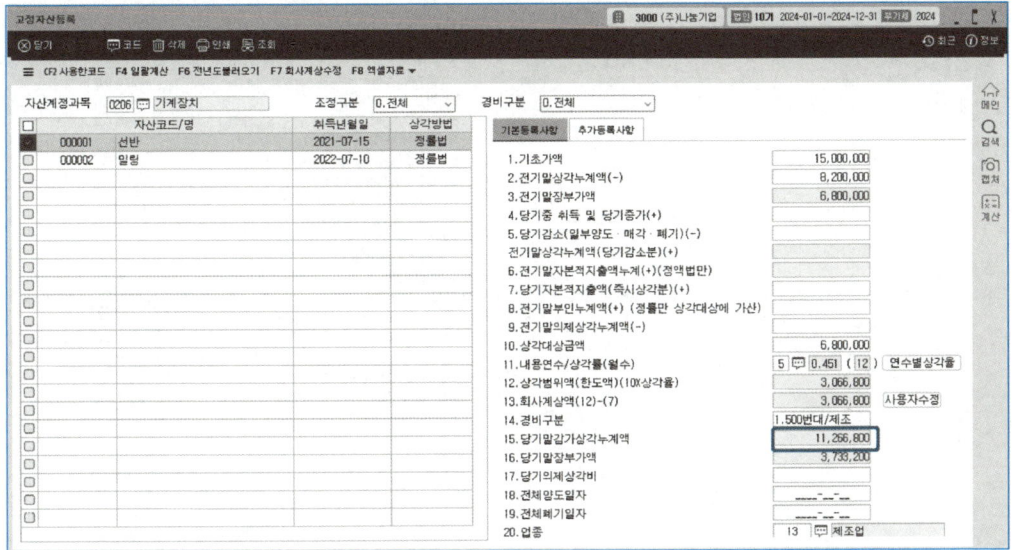

2. 기계장치(밀링)의 당기분 감가상각비 : 2,480,500원

| 입력된 화면 |

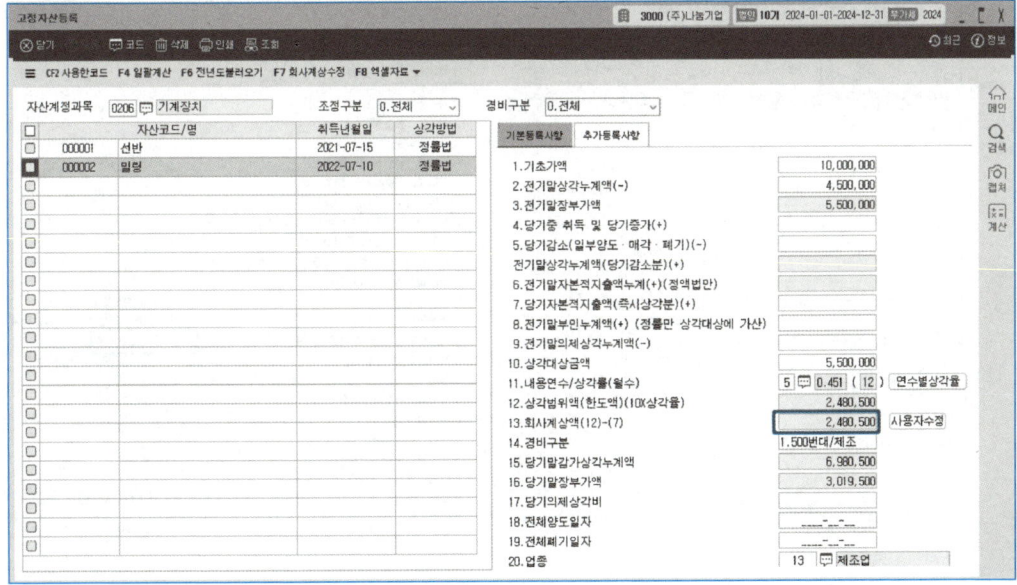

3. 차량운반구(승용차)의 당기분 감가상각비 : 5,592,400원

| 입력된 화면 |

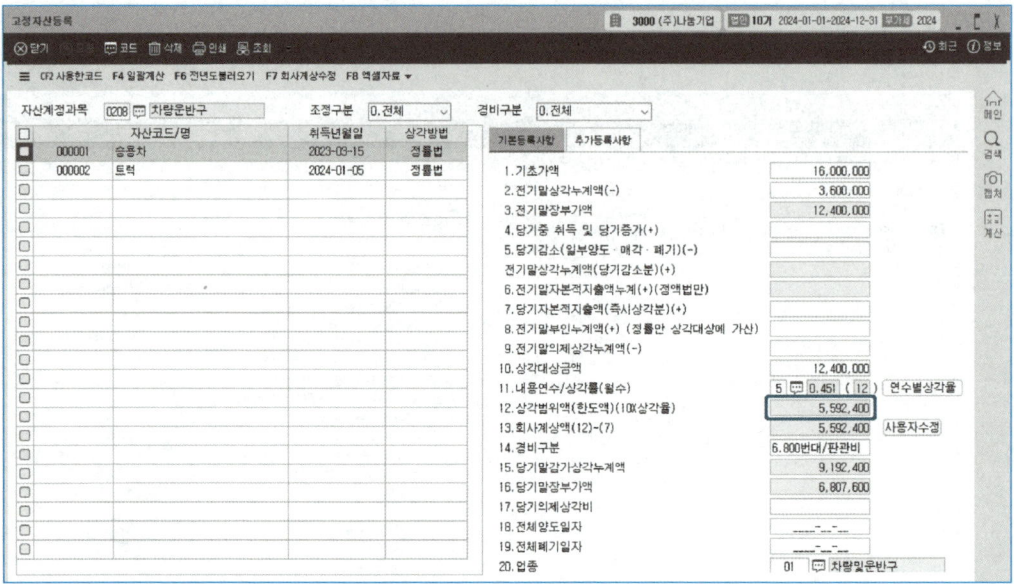

4. 차량운반구(트럭)의 당기분 감가상각비 : 2,255,000원

| 입력된 화면 |

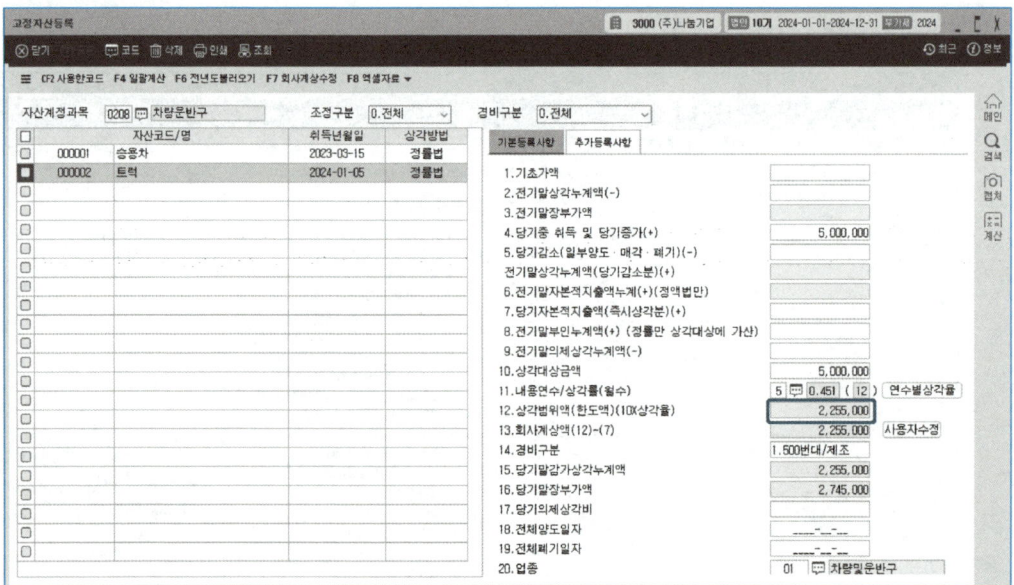

5. 비품(복사기)의 당기분 감가상각비 : 473,550원

| 입력된 화면 |

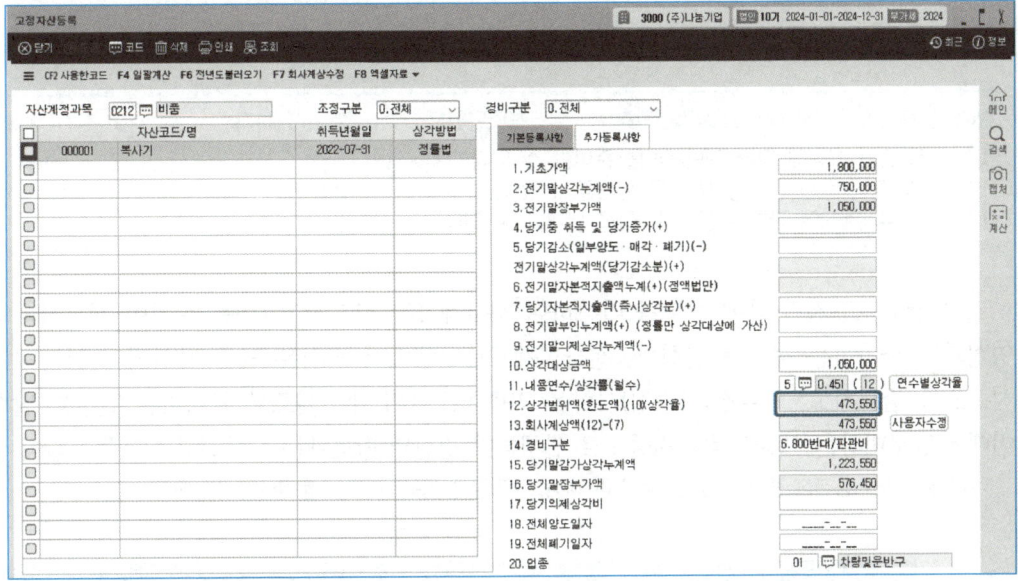

6. 특허권 당기분 상각액 : 1,000,000원

| 입력된 화면 |

Chapter 05 결산/재무제표

> **NCS 능력단위** : 0203020104결산관리   **능력단위요소** : 01결산분개하기
> 1.1 회계 관련 규정에 따라 제반서류를 준비할 수 있다.
> 1.2 손익계정에 관한 결산정리사항을 분개할 수 있다.
> 1.3 자산·부채계정에 관한 결산정리사항을 분개할 수 있다.

　결산이란 보고기간 말에 장부를 마감하여 재무제표를 작성하고, 이를 통하여 재무상태와 경영성과를 파악하는 절차를 말한다. 전산회계프로그램에서 결산은 자동 작성되어 있는 수정전시산표를 검토하고, 기말정리(수정)사항을 입력함으로써 재무제표를 확정하는 절차를 말한다. 이때에 장부마감은 프로그램이 자동으로 진행하며 결산의 방법에는 수동결산과 자동결산이 있다.
　* 수동결산과 자동결산 중 하나만 선택하여야 하며, 자동결산 항목이라도 수동결산이 가능하다.

01 수동결산

[일반전표입력] 메뉴에서 결산일(12월31일)에 결산분개를 직접 입력하는 방법

> - 선급비용, 선수수익, 미지급비용, 미수수익
> - 소모품, 현금과부족, 가지급금, 가수금 등 정리
> - 단기매매증권평가손익, 외화환산손익 계상

02 자동결산

[결산자료입력] 메뉴에서 해당하는 란에 입력하는 방법으로 종료하면 반드시 F3 전표추가를 클릭하여야 한다. F3 전표추가에 의하여 프로그램이 결산분개를 자동으로 한다.

> - 재고자산의 기말재고액 입력(원재료, 재공품, 제품, 상품)
> - 감가상각비 입력
> - 퇴직급여충당부채 추가계상액 입력
> - 대손상각비 입력
> - 법인세등에서 미지급법인세를 추가계상액 란에 입력
>   • 법인세추산액에서 선납세금을 차감한 후 미지급법인세액만 입력
>   • 결산전금액 란에 있는 선납세금계정 금액을 결산반영금액 란에 입력
> ◉ 반드시 확인✓
>   > • 입력 종료 후 "전표추가" 아이콘 선택 (또는 F3)
>   > • 결산분개를 일반전표에 추가하시겠습니까?　예(Y) 선택

* 오류발생시 처리 : 결산자료입력 메뉴에서 "Ctrl + F5"키로 결산분개 일괄 삭제 후 결산자료를 재입력한다.

03 수동결산 항목

(1) 선급비용과 미지급비용의 정리

- 선급비용(비용의 이연) : 당기에 비용으로 처리된 금액 중 차기에 속하는 부분
  (차) 선급비용　　　xxx　　　(대) 비용　　　xxx
- 미지급비용(비용의 예상) : 당기에 속하는 비용을 지급하지 않은 경우 그 미지급액
  (차) 비용　　　xxx　　　(대) 미지급비용　　　xxx

(2) 선수수익과 미수수익의 정리

- 선수수익(수익의 이연) : 당기에 받은 수익 중 차기에 속하는 부분
  (차) 수익　　　xxx　　　(대) 선수수익　　　xxx
- 미수수익(수익의 예상) : 당기분 수익에 속하지만 아직 받지 못한 금액
  (차) 미수수익　　　xxx　　　(대) 수익　　　xxx

(3) 미사용 소모품 대체

- 구입시 비용(소모품비)으로 처리한 경우 : 결산 시에 미사용분을 소모품으로 대체
  (차) 소모품　　　xxx　　　(대) 소모품비　　　xxx
- 구입시 자산계정(소모품)으로 처리한 경우 : 결산 시에 사용분을 소모품비로 대체
  (차) 소모품비　　　xxx　　　(대) 소모품　　　xxx

(4) 현금과부족 정리

- 장부상 잔액보다 현금시재액(실제 보유 현금)이 부족한 경우 : 결산 시까지 원인이 밝혀지지 않으면 잡손실로 대체한다.
- 장부상 잔액보다 현금시재액(실제 보유 현금)이 많은 경우 : 결산 시까지 원인이 밝혀지지 않으면 잡이익으로 대체한다.

(5) 가지급금과 가수금 정리

임시계정인 가지급금과 가수금은 결산 시에 그 내용을 나타내는 적절한 과목으로 정리하여야 한다.

(6) 단기매매증권의 평가(공정가치법)

결산 시에 보유한 단기매매증권(주식과 채권)은 공정가치로 평가하여 재무상태표에 반영한다. 공정가치와 장부금액의 차액은 단기매매증권평가손실 또는 단기매매증권평가이익으로 처리하며 단기매매증권에 직접 가감한다.

(7) 외화 자산·부채의 평가

결산일의 환율로 평가한 금액과 차액을 외화환산이익 또는 외화환산손실로 계상한다.

(8) 장기차입금 유동성 대체

보고기간말 현재 1년 이내에 상환될 장기차입금은 유동성장기부채로 대체하여야 한다.

(9) 선납세금의 정리

법인세 중간예납액과 원천징수액을 납부할 때 선납세금으로 처리한 경우 결산일에 법인세비용으로 대체하거나 결산자료입력메뉴에서 자동결산을 할 수도 있다.

04 자동결산 항목(결산자료입력 메뉴 활용)

회계관리 모듈의 결산및재무제표에서 결산자료입력 메뉴를 선택한다.
결산자료입력 화면에서 기간을 1월~12월을 입력하면 결산분개금액, 결산전금액, 결산반영금액, 결산후금액이 과목별로 나타난다. 커서를 내려 결산반영금액 란에 입력창에 커서가 위치하면 해당 금액을 입력한다.

상단의 기능 아이콘(F7 감가상각, F8 대손상각, Ctrl+F8 퇴직충당)을 클릭하면 일부 계정은 보조창을 통하여 빠르게 입력할 수 있다. 그리고 결산자료 입력 시 잔액조회가 필요하면 F6 잔액조회를 클릭하면 된다.

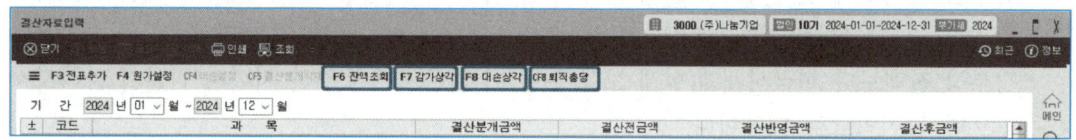

(1) 재고자산의 기말재고액 입력(원재료, 재공품, 제품, 상품)

결산자료입력 해당란에 기말재고액을 각각 입력한다.

(2) 감가상각비 입력

상단의 F7 감가상각을 클릭하거나 F7 키를 누르면 나타나는 보조창에서 결산반영금액을 확인, 수정하고 결산반영을 클릭하면 일괄 입력된다.

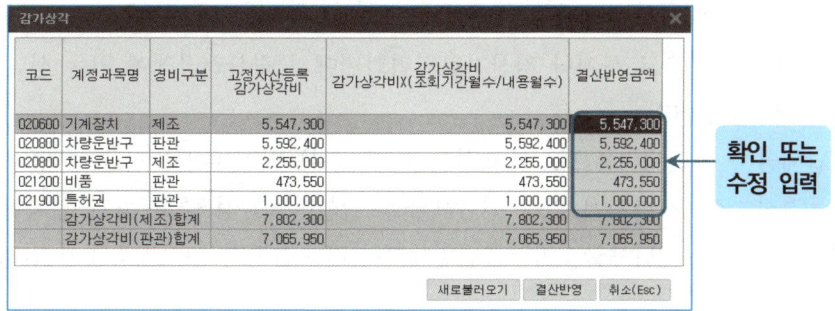

(3) 대손상각비의 입력

F8 대손상각을 클릭하면 보조창에 대손율 1%로 모든 채권의 대손충당금 설정액을 자동으로 불러온다. 대손충당금을 설정할 채권의 추가설정액을 제외한 나머지는 금액을 삭제하고 결산반영을 클릭하면 결산자료입력에 일괄 반영된다.

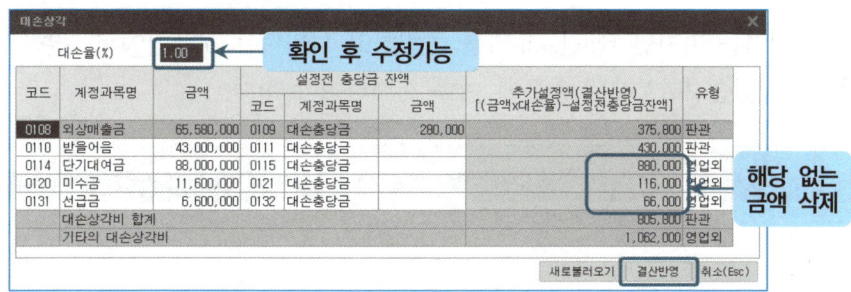

(4) 퇴직급여 입력

Ctrl+F8 퇴직충당을 클릭하면 보조창에서 퇴직급여추계액 란에 퇴직급여추계액을 제조원가(508.퇴직급여)와 판매관리비(806.퇴직급여)로 구분하여 입력하면 추가설정액이 결산자료로 입력된다.(퇴직급여추계액 - 설정전잔액 = 추가설정액)

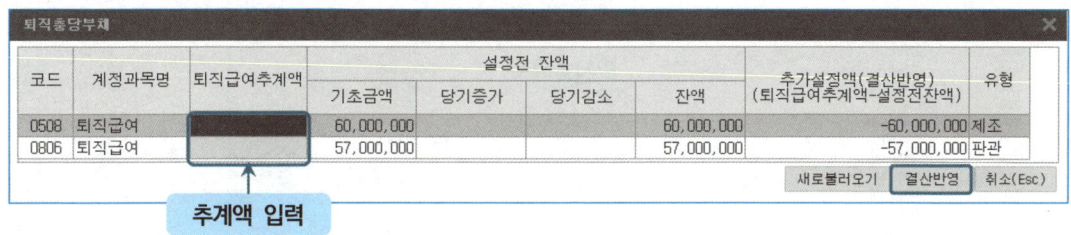

(5) 법인세비용(법인세등)의 입력

법인세추산액에서 선납세금(원천납부세액 또는 중간예납세액)을 차감한 금액(미지급법인세)을 결산자료입력 화면의 추가계상액 란에 입력한다. 이때 F6 잔액조회를 클릭하거나 계정별원장 또는 합계잔액시산표에서 선납세금계정을 조회하여 선납세금을 법인세비용계정으로 대체하는 분개를 수동으로 하거나 결산자료입력화면에서 결산전금액에 있는 선납세금을 결산반영금액 줄에 입력한다.

선납세금을 법인세비용으로 대체하는 분개 : (차) 법인세비용 xxx (대) 선납세금 xxx
자동결산 : 결산전금액에 있는 선납세금을 결산반영금액 줄로 옮겨 입력한다.
법인세추산액 - 선납세금 = 미지급법인세(결산자료입력의 추가계상액에 반영)

(6) 전표추가

결산자료입력을 마치면 F3 전표추가를 클릭하고 나타나는 보조창에서 "결산분개를 일반전표에 추가하시겠습니까?"라는 질문에 예를 선택하여야 한다.

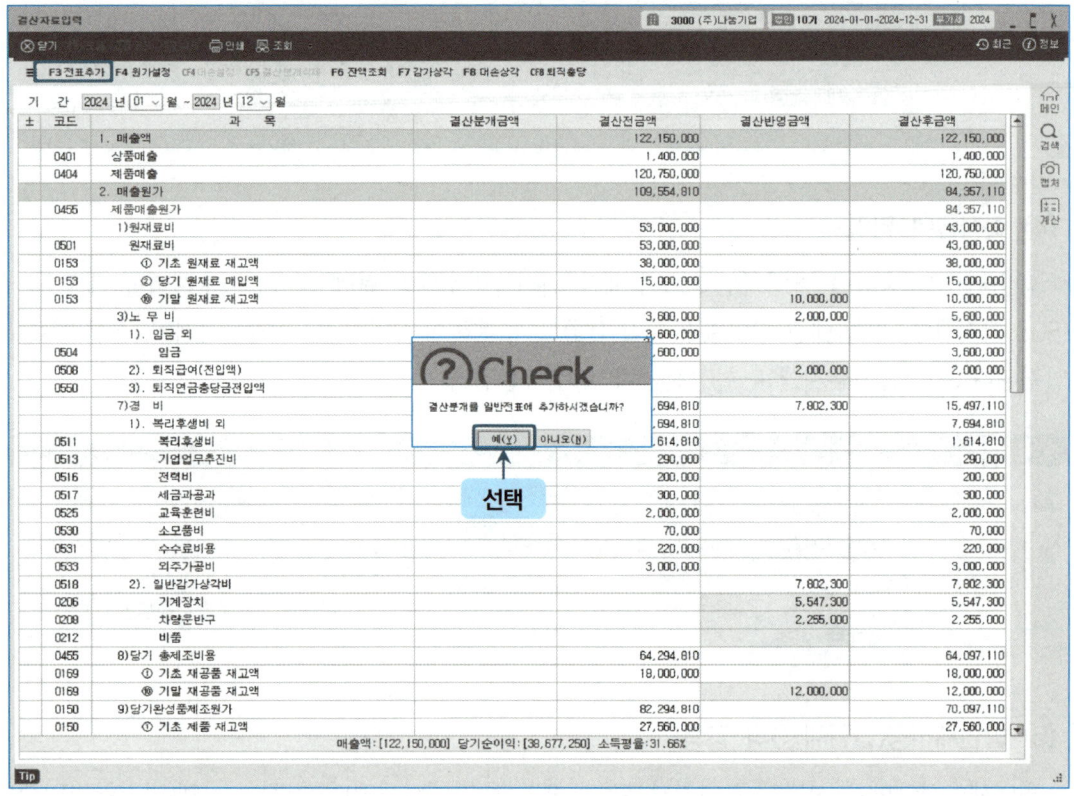

05 재무상태표와 손익계산서의 작성

> NCS 능력단위 : 0203020104결산관리   능력단위요소 : 03재무제표작성하기
> 3.1 회계 관련 규정에 따라 재무상태표를 작성할 수 있다.
> 3.2 회계 관련 규정에 따라 손익계산서를 작성할 수 있다.

수동결산 대상은 일반전표입력 메뉴에서 결산수정사항에 대한 분개를 하고, 자동결산 대상은 결산자료입력에서 전표추가를 완료하면 재무상태표와 손익계산서는 자동으로 완성된다.

06 이익잉여금 처분계산서 작성

> NCS 능력단위 : 0203020104결산관리   능력단위요소 : 03재무제표작성하기
> 3.5 회계 관련 규정에 따라 이익잉여금처분계산서를 작성할 수 있다.

이익잉여금처분계산서를 처음 작성할 때는 "저장된 데이터 불러오기"의 메시지에서 "아니오"를 선택하고 처분예정일(2025년 3월 14일로 가정)과 처분내용을 입력한 후 F6 전표추가를 클릭하여 손익대체에 따른 자동분개를 생성한다.

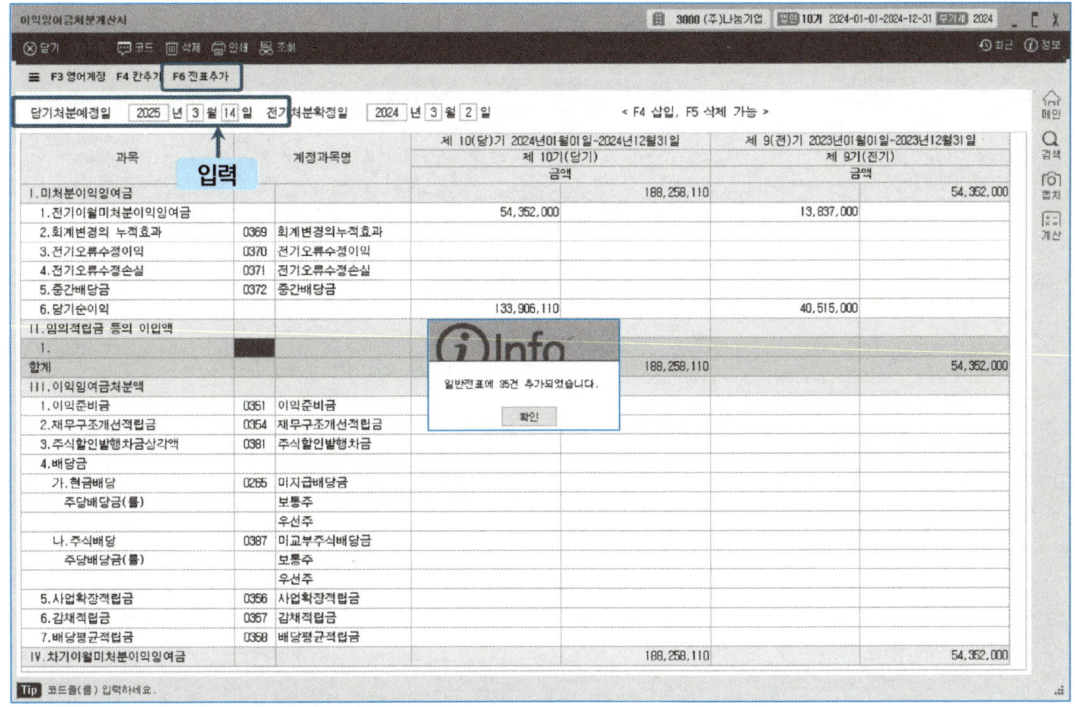

07 결산의 오류 정정방법

결산자료입력에서 Ctrl+F5 키로 자동결산분개를 일괄 삭제 후 재결산한다.

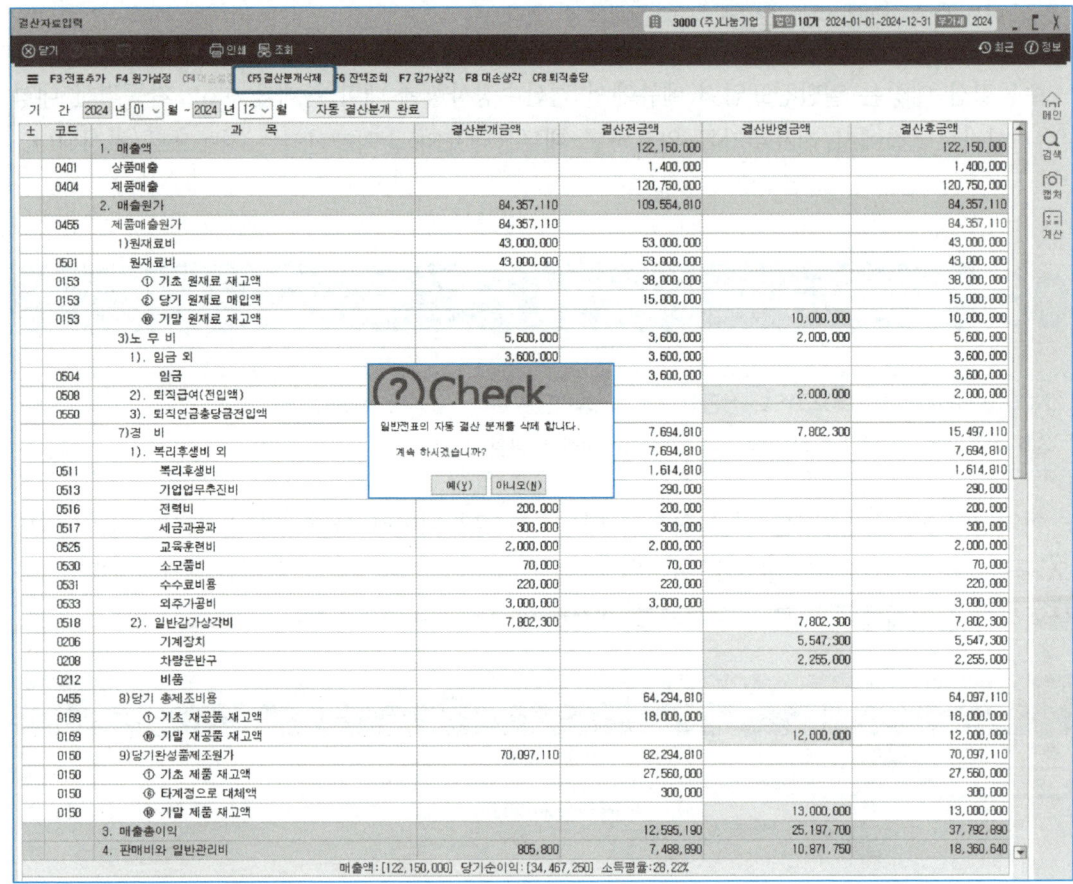

전산실무 따라하기

필수예제

(주)나눔기업의 기말정리사항은 다음과 같다. 결산을 완료하고 손익계산서와 재무상태표를 완성하시오.

1. 재고자산에 대한 기말재고액은 다음과 같다.
   - 원재료 : 10,000,000원
   - 재공품 : 12,000,000원
   - 제 품 : 13,000,000원

2. 회사는 매출채권의 1%를 대손충당금으로 설정하기로 하였다.

3. 퇴직급여충당부채의 추가설정액은 다음과 같다.
   - 생산직 : 2,000,000원
   - 사무직 : 3,000,000원

4. 고정자산에 대해 다음과 같이 감가상각을 하다.

계정과목	구 분	금 액
기 계 장 치	제 조 경 비	5,547,300원
차 량 운 반 구	판매비와 관리비	5,592,400원
	제 조 경 비	2,255,000원
비 품	판매비와 관리비	473,550원
특 허 권	판매비와 관리비	1,000,000원

5. 당기분 이자 미수액 100,000원을 계상하다.

6. 당기 법인세비용 추산액은 4,210,000원이다(선납세금을 조회하여 입력할 것).

따라하기

1. 수동결산항목 : 12월 31일 일반전표입력 메뉴에서 결산정리분개 입력
   ㉠ 이자 미수분 정리
      (차) 116.미수수익   100,000   (대) 901.이자수익   100,000
   ㉡ 선납세금계정 정리(계정별원장 선납세금계정 또는 합계잔액시산표 12월 조회)
      * 수동결산과 자동결산 모두 가능하나 자동결산으로 입력하기로 한다.

| 입력된 화면 |

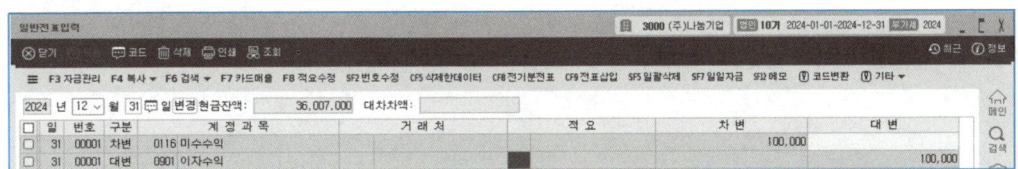

2. 결산자료입력 메뉴에서 해당 란에 입력 후 F3 전표추가 키로 자동 결산 분개
   ㉠ 기말재고액
   • 기말원재료재고액 : 10,000,000원
   • 기말재공품재고액 : 12,000,000원
   • 기말제품재고액 : 13,000,000원을 해당 란에 입력한다.

   ㉡ 대손상각비
   채권별로 직접 입력 또는 F8 대손상각을 이용하여 일괄 입력한다.
   • 외상매출금 : (65,580,000 × 1%) − 280,000 = 375,800원 입력
   • 받을어음 : 43,000,000 × 1% = 430,000원 입력

   ㉢ 퇴직급여(전입액)
   퇴직급여(전입액) 란에 추가설정액 입력 또는 Ctrl+F8 퇴직충당을 이용하여 추계액 입력한다.
   • 제품매출원가의 노무비 508.퇴직급여 : 2,000,000원(추계액 : 62,000,000원)
   • 판매비와관리비 806.퇴직급여 : 3,000,000원(추계액 : 60,000,000원)

   ㉣ 감가상각비
   감가상각비 란에 계정과목별로 직접 입력 또는 F7 감가상각을 이용하여 입력
   • 제품매출원가 − 경비 − 일반감가상각비
       − 기계장치 : 5,547,300원(=3,066,800+2,480,500)
       − 차량운반구 : 2,255,000원
   • 판매비와일반관리비 − 감가상각비
       − 차량운반구 : 5,592,400원
       − 비품 : 473,550원
   • 무형자산상각비 − 특허권 : 1,000,000원

   ㉤ 법인세등 입력
   1) 선납세금란 : 계정별원장에서 조회한 선납세금 15,400원을 입력
   2) 추가계상액 : 4,194,600원 입력
      법인세 추산액 4,210,000원에서 선납세금 15,400원을 차감한 금액을 입력한다.

   > * 선납세금에 대하여 수동결산을 하는 경우에는 12월 31일 일반전표입력에서 다음과 같은 분개를 하고 결산자료입력의 코드136. 1)선납세금 란에는 입력하지 아니하여야 한다.
   >   (차) 998.법인세비용 15,400   (대) 136.선납세금   15,400

3. 결산자료입력을 마치면 반드시 F3 전표추가 키에 의해 결산분개를 생성시켜야 한다.

4. 손익계산서에서 12월을 조회하여 당기순이익을 확인한다.

5. 재무상태표(12월)을 조회한다.

| 입력된 화면 |

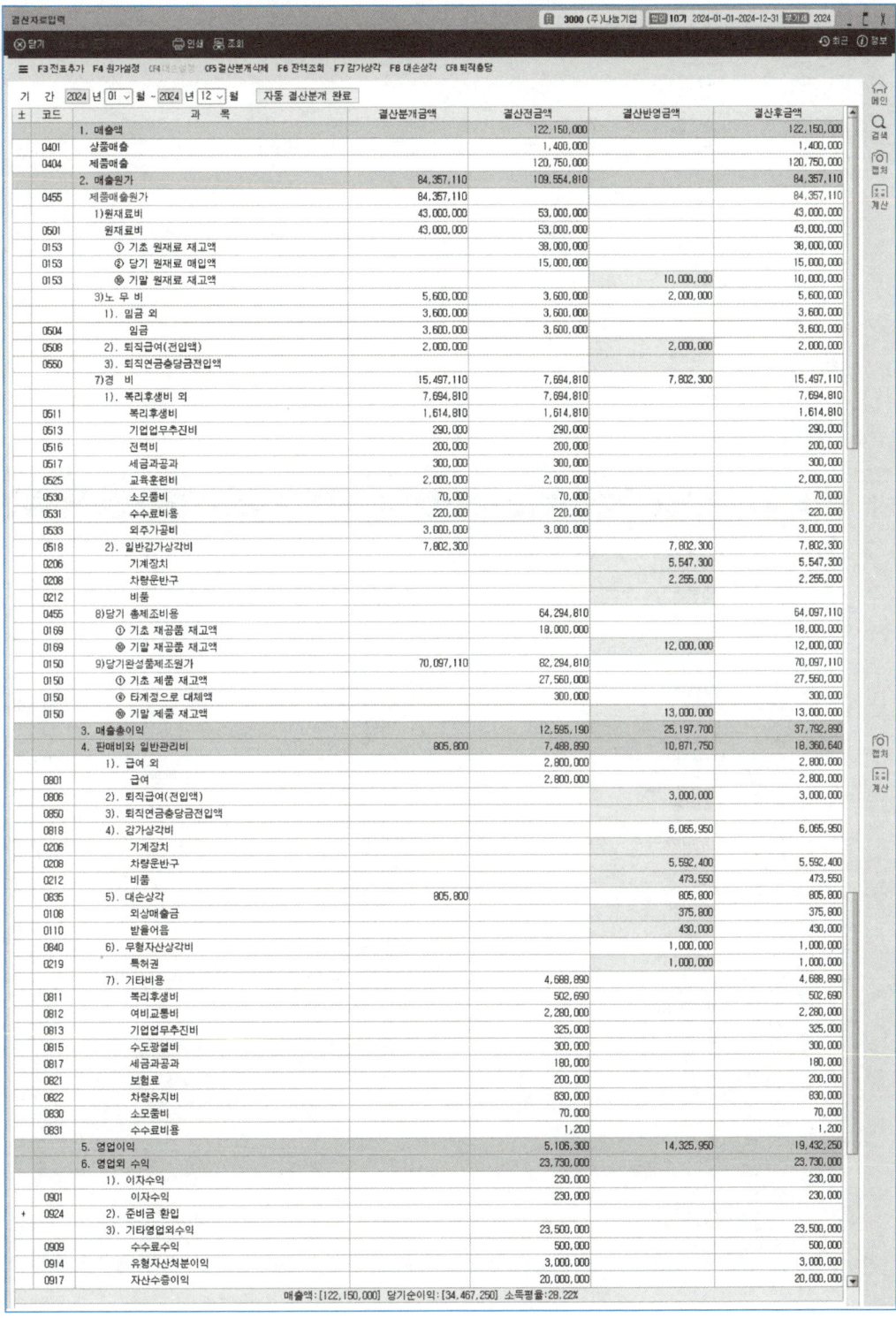

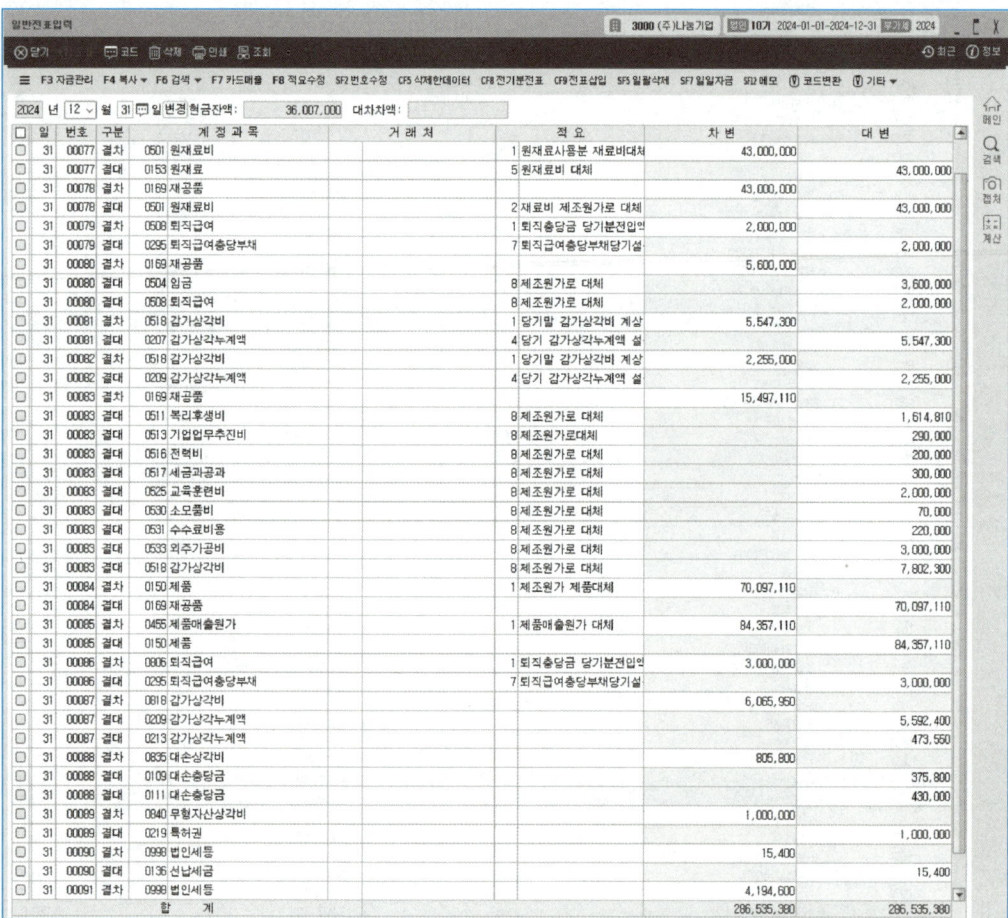

| 입력된 화면 |

손익계산서

| 재무상태표 |

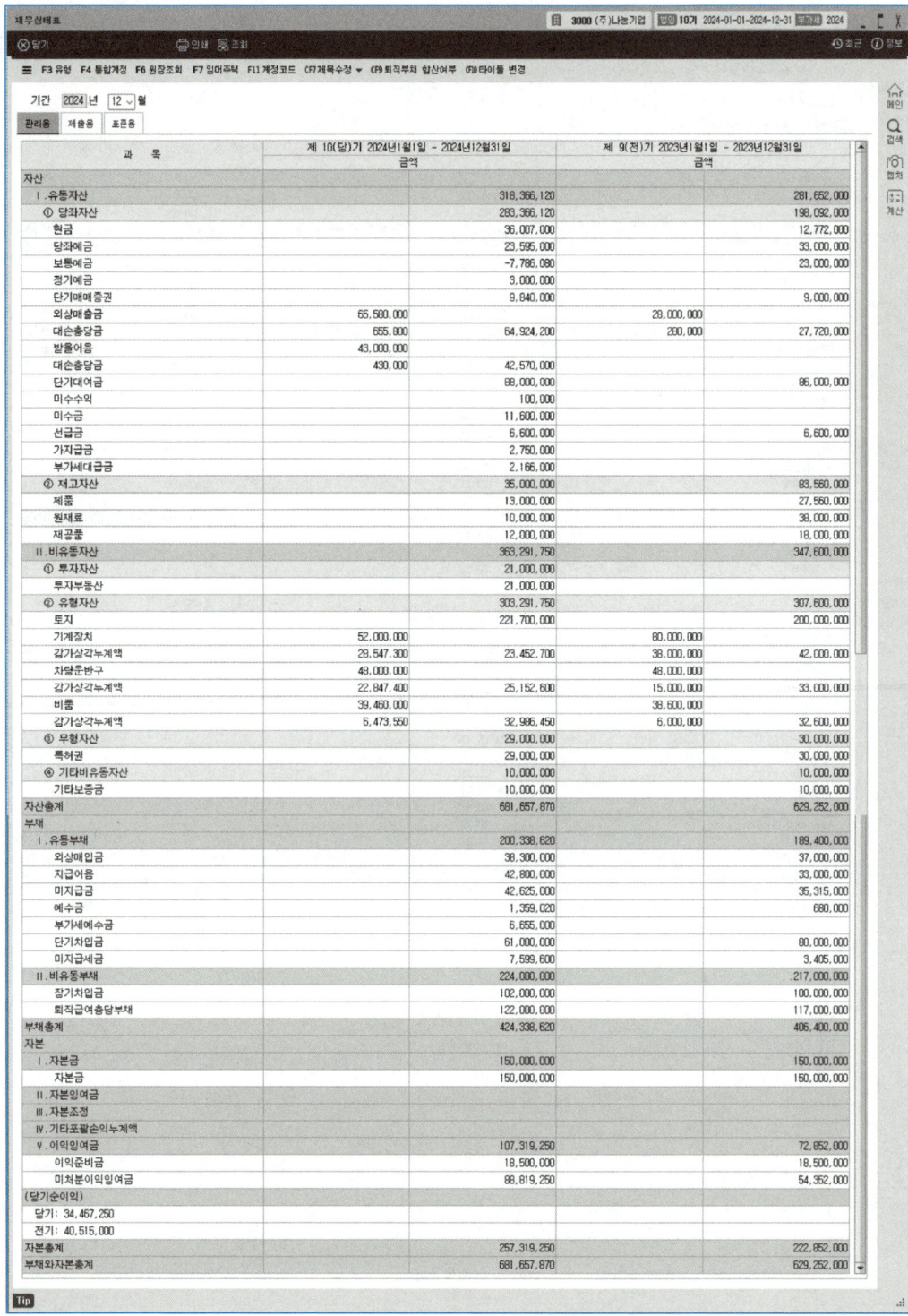

제장부의 조회

> **NCS 능력단위 :** 0203020105회계정보시스템   **능력단위요소 :** 02회계프로그램운용하기
> 2.3 회계프로그램 매뉴얼에 따라 기간별·시점별로 작성한 각종 장부를 검색·출력할 수 있다.
> 2.4 회계프로그램 매뉴얼에 따라 결산 작업 후 재무제표를 검색·출력할 수 있다.

> **NCS 능력단위 :** 0203020102자금관리   **능력단위요소 :** 01현금시재관리하기
> 1.1 회계 관련 규정에 따라 당일 현금 수입금을 수입일보에 기재하고 금융기관에 입금할 수 있다.
> 1.2 회계 관련 규정에 따라 출금 시 증빙서류의 적정성 여부를 판단할 수 있다.
> 1.3 출금할 때 정액자금 전도제에 따라 소액현금을 지급·관리할 수 있다.
> 1.4 회계 관련 규정에 따라 입·출금 전표 및 현금출납부를 작성하고 현금 시재를 일치시키는 작업을 할 수 있다.

전산회계 프로그램에서 거래 자료를 입력하면 그 내용이 각종 장부에 자동으로 반영되도록 구성되어 있다.

(1) 거래처원장

거래처원장은 계정과목별로 각 거래처의 거래내역을 보여주는 장부이다. 거래처원장은 전표입력을 할 때 거래처코드를 입력한 것만 조회된다.
- 잔액 : 조회기간의 전기이월, 차변, 대변, 잔액을 거래처별로 보여준다.
- 내용 : 조회기간의 특정 거래처의 일자별 거래내역을 보여준다.

(2) 거래처별계정과목별원장

거래처별계정과목별원장은 조회하는 모든 거래처와 관련한 계정과목별 전기이월, 차변, 대변, 잔액을 보여주는 장부이다. 잔액, 잔액상세, 내용으로 구성되어 있다.

(3) 계정별원장

계정별원장 메뉴는 현금(101)계정을 제외한 모든 계정의 거래내역을 조회 및 출력할 수 있다. 계정과목별 원장에서 거래에 커서를 놓고 클릭하여 나타나는 하단의 분개 화면에서 분개를 수정하거나 삭제할 수 있다.

(4) 현금출납장

현금출납장은 현금계정의 거래내역을 조회 및 출력할 수 있으며 거래를 입력할 때에 입금전표 또는 출금전표로 입력한 것은 물론이고 대체전표로 입력한 내용도 보여준다.

(5) 일계표(월계표)

일계표(월계표)는 매일 또는 매월의 거래의 입력내용을 계정과목별로 집계한 것으로 매일의 거래를 계정별로 집계한 분개집계표가 일계표이며, 월별로 집계한 것이 월계표이다. 거래를 현금의 입출금을 수반하는 현금거래와 현금을 수반하지 않는 대체거래로 나누어 각각 현금과 대체 란에 표시한다.

① 일계표 : 일 단위의 거래내역을 조회할 때 선택하는 것으로 조회기간을 일 단위로 입력한다(예 : 3월 14일의 외상매출금 현금회수액 등).
② 월계표 : 월 단위의 거래내역을 조회할 때 선택하는 것으로 조회기간을 월 단위로 입력한다(예 : 3월에 발생한 판매관리비의 현금출금액 등).
③ 해석방법
  ㉠ 차변 현금 란 : 해당 계정의 상대과목이 현금의 출금(해당과목 ×××/ 현금 ×××)
  ㉡ 대변 현금 란 : 해당 계정의 상대과목이 현금의 입금(현금 ×××/ 해당과목 ×××)
  ㉢ 차변 대체 란 : 해당 계정의 차변 거래를 의미(자산증가, 부채감소, 비용발생)
  ㉣ 대변 대체 란 : 해당 계정의 대변 거래를 의미(자산감소, 부채증가, 수익발생)
④ 일계표 각 란의 금액에 대한 분개 예시

| 일계표(월계표) |

차 변			계정과목	대 변		
계	대 체	현 금		현 금	대 체	계
			외 상 매 출 금	ⓑ30,000		
	ⓒ20,000		상 품			
			외 상 매 입 금		ⓓ20,000	
		ⓐ50,000	소 모 품 비			
		총지출액	금 월 소 계	총수입액		
		월말잔액	금월잔고/전월잔고	전월잔액		

ⓐ 소모품비 지출액
  (차변) 소 모 품 비   50,000   (대변) 현   금   50,000
ⓑ 외상매출금 회수액
  (차변) 현   금   30,000   (대변) 외상매출금   30,000
ⓒ+ⓓ 상품 외상매입액
  (차변) 상   품   20,000   (대변) 외상매입금   20,000
ⓒ와 ⓓ는 하나의 거래이다.

(6) 분개장

분개장은 전표입력메뉴에서 입력한 거래의 분개를 발생한 순서대로 기록하는 장부로 입력된 모든 내역을 출력할 수 있다.

(7) 총계정원장

총계정원장은 주요부에 해당하는 장부로서 모든 계정과목의 차변, 대변 및 잔액이 집계되어 있다. 월별은 해당 계정의 변동금액이 월별로 집계되고 일별은 해당 계정의 발생금액이 월별로 집계되는 총계정원 원장이다(예 : 소모품비 지급이 가장 많은 달과 금액 조회).

(8) 매입매출장

매입매출장은 매입매출전표입력 메뉴에서 입력한 자료에 의하여 작성된다.
1. 전체 : 매출거래와 매입거래를 하나의 화면에서 볼 수 있다.
2. 매출 : 입력한 매출거래의 유형별(11.과세, 12.영세, 13.면세, 16.수출 등)로 조회한다.
3. 매입 : 입력한 매입거래의 유형별(51.과세, 52.영세, 53.면세, 54.불공 등)로 조회한다.

(9) 세금계산서(계산서)현황

매입매출전표입력 메뉴에서 매출/매입으로 입력된 세금계산서 또는 계산서를 전체와 전자발행(11일 이내) 및 전자발행(11일 이후)종이발행으로 구분하여 조회하고 출력한다.

(10) 전표출력

입력된 자료를 입금전표, 출금전표, 대체전표로 조회하고 출력한다.

(11) 세금계산서합계표

매입매출전표 입력에 의하여 세금계산서(매출/매입)를 과세기간 종료일 다음달 11일까지 발급한 전자분 세금계산서과 그 외의 세금계산서를 구분하여 집계한다.

(12) 합계잔액시산표, 재무상태표, 손익계산서, 제조원가명세서

조회하고자 하는 날짜까지 계정과목별 합계와 잔액을 조회하고 출력한다. 특정한 계정에 커서를 위치한 후 Enter↵ 또는 더블클릭으로 계정별원장을 조회할 수 있으며 조회된 원장에서 계정별원장조회 및 전표수정도 가능하다.

전산실무 따라하기

다음의 물음에 대하여 적절한 메뉴를 조회하여 답하시오.

1. 5월중 제조경비 현금지출액은 얼마인가?
2. 3월 31일 현재 외상매입금 잔액은 얼마인가?
3. 9월 30일 현재 외상매출금 잔액은 거래처별로 각각 얼마인가?
4. 4월 30일 현재 현금 잔액은 얼마인가?
5. 1년 중 (판)복리후생비 지출이 가장 많은 달과 지출액은 얼마인가?
6. 기말 현재 당기총제조비용과 당기제품제조원가는 얼마인가?
7. 기말 현재 당기순이익과 전기순이익은 얼마인가?
8. 12월 31일 현재 매출채권 금액은 얼마인가?

1. 월계표 5월~5월 조회 : 제조경비 현금지출액 134,810원

| 입력된 화면 |

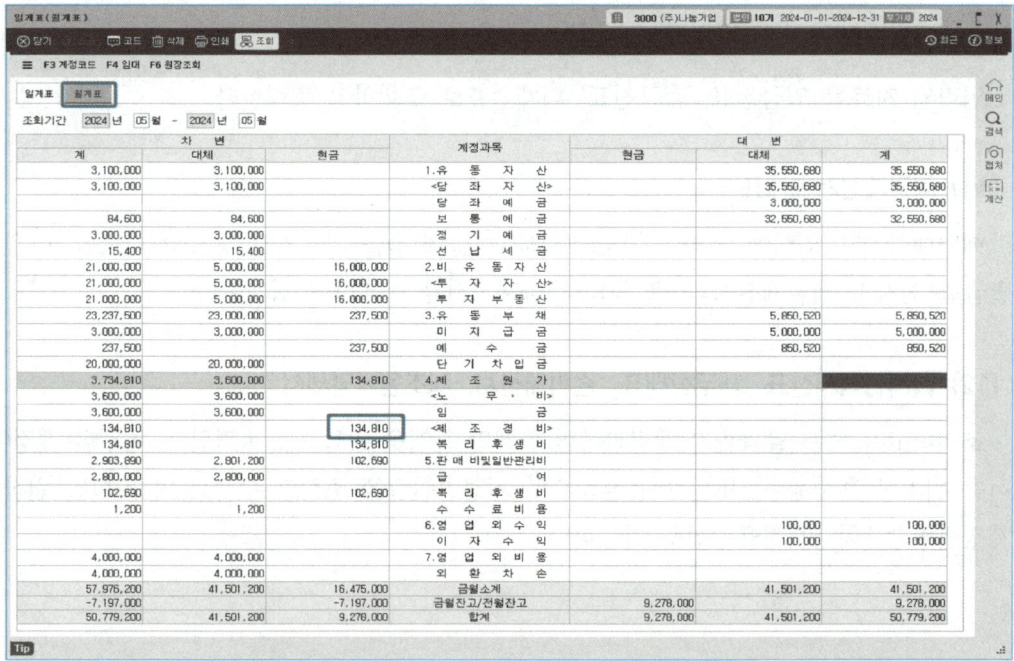

2. 계정별원장 또는 합계잔액시산표 3월 31일 조회 : 외상매입금 잔액 35,700,000원

| 입력된 화면 |

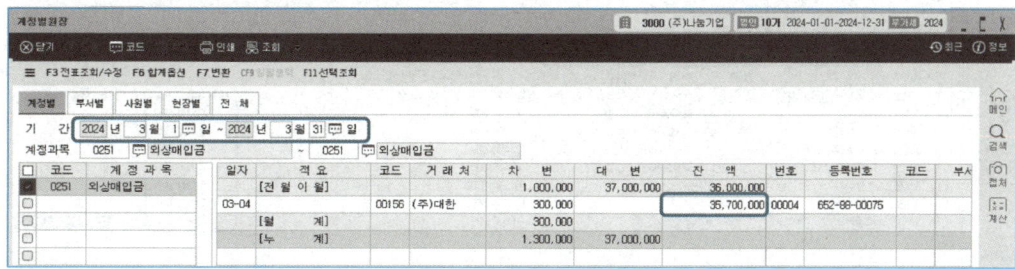

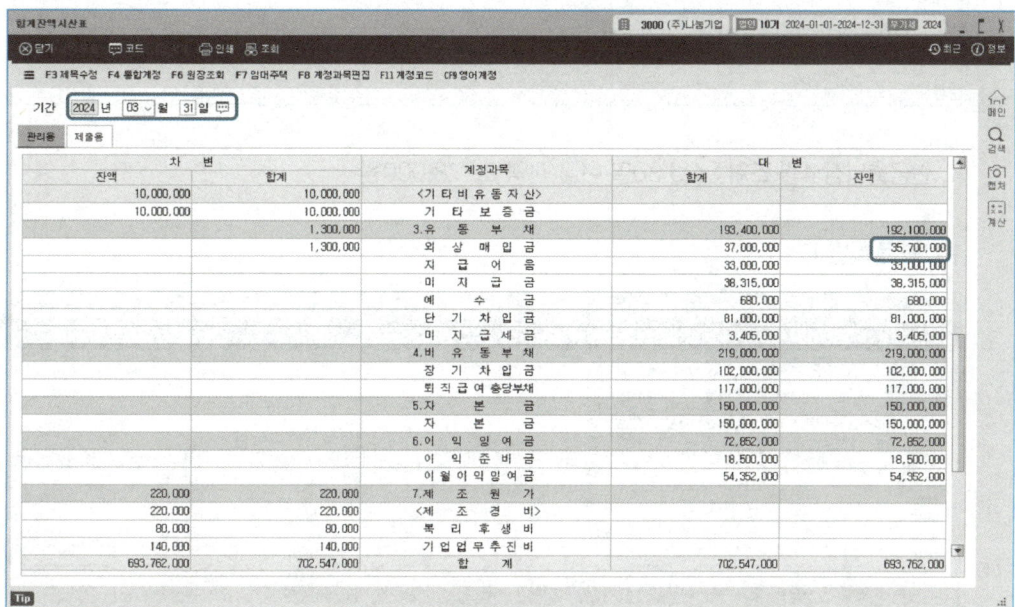

3. 거래처원장 9월 30일 조회 : 거래처별 외상매출금 잔액

    118.   빌리패션   6,000,000원
    119.   (주)나래   19,800,000원
    120.   시에로(주)   12,450,000원
    128.   ㈜원단상사   8,600,000원
    210.   초원상사   6,880,000원
    250.   조지아패션   10,200,000원
    99602.   현대카드   1,650,000원

| 입력된 화면 |

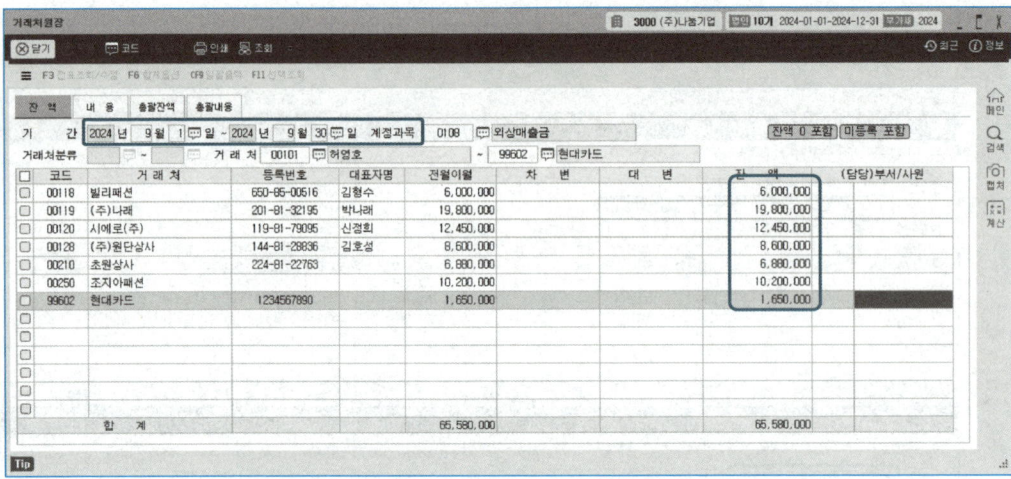

4. 현금출납장 4월 조회 : 4월 30일 현금 잔액 9,278,000원

| 입력된 화면 |

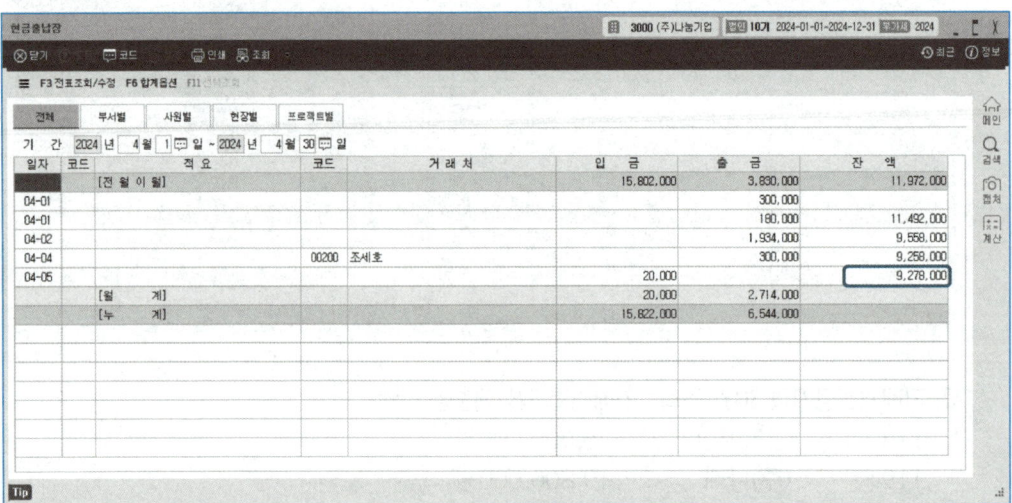

5. 총계정원장 월별 조회(811.복리후생비) : 지출이 가장 많은 달 9월, 지출액 400,000원

| 입력된 화면 |

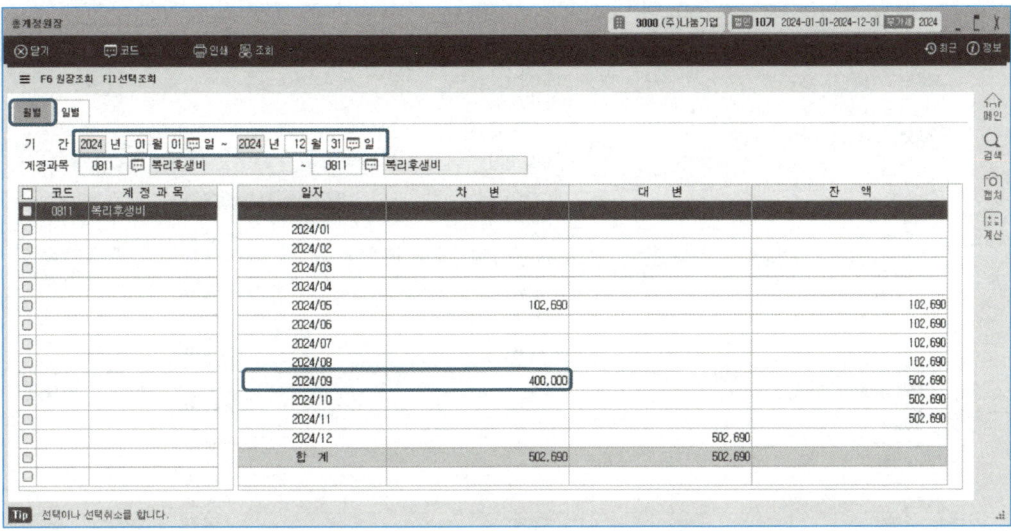

6. 제조원가명세서 조회 : 당기총제조비용 64,097,110원 당기제품제조원가 70,097,110원

| 입력된 화면 |

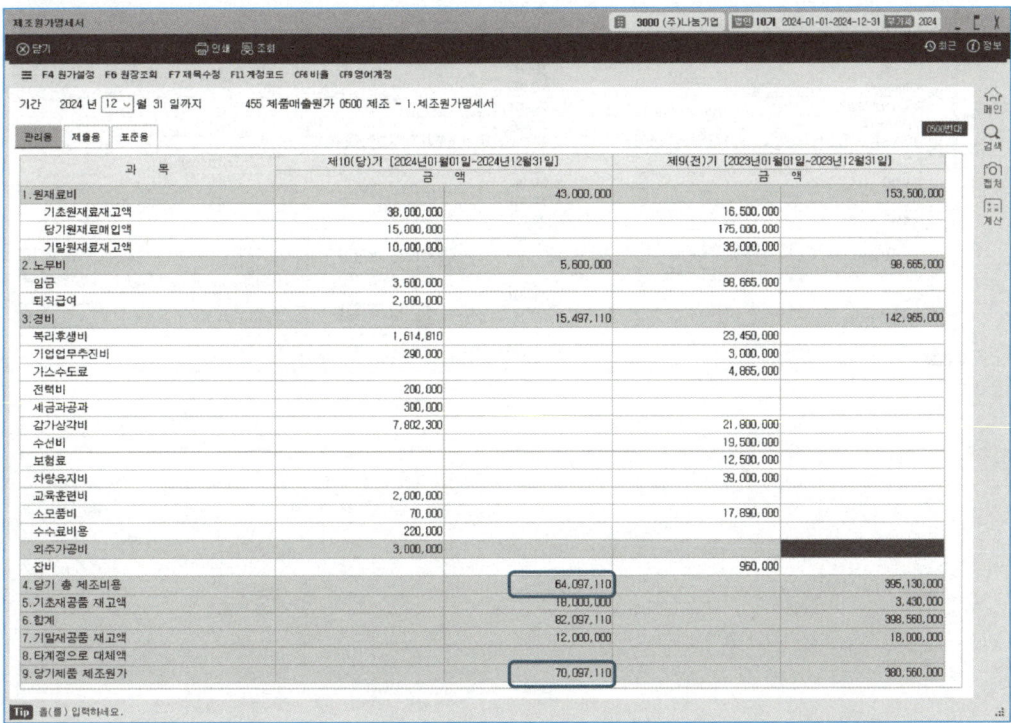

7. 손익계산서 조회 : 당기순이익 34,467,250원, 전기순이익 40,515,000원

| 입력된 화면 |

8. 재무상태표 제출용 조회 : 12월 31일 현재 현금및현금성자산 51,815,920원
   매출채권 108,580,000원

| 입력된 화면 |

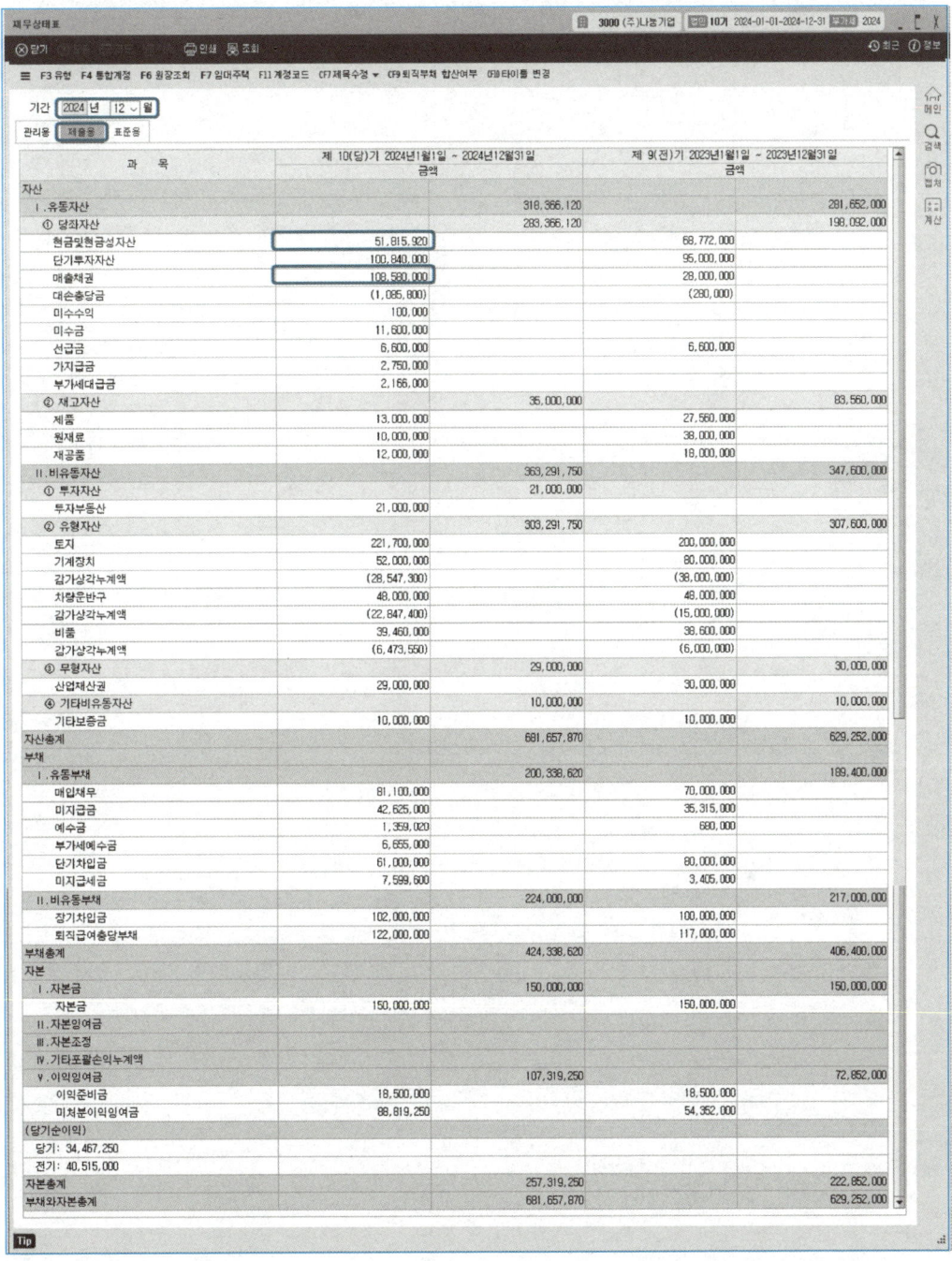

PART 06

실무시험 연습문제

제 1 회　실무시험 연습문제
제 2 회　실무시험 연습문제
제 3 회　실무시험 연습문제
제 4 회　실무시험 연습문제
제 5 회　실무시험 연습문제
제 6 회　실무시험 연습문제
제 7 회　실무시험 연습문제
제 8 회　실무시험 연습문제
제 9 회　실무시험 연습문제
제10회　실무시험 연습문제

제1회 실무시험 연습문제

㈜다모아전자(회사코드 : 3401)은 전자제품을 제조하여 판매하는 중소기업이며, 당기(제10기) 회계기간은 2024.1.1.~2024.12.31.이다. 전산세무회계 수험용 프로그램을 이용하여 다음 물음에 답하시오.

> **기본전제**
>
> 문제에서 한국채택국제회계기준을 적용하도록 하는 전제조건이 없는 경우, 일반기업회계기준을 적용하여 회계처리한다.

문제 1
다음은 기초정보관리 및 전기분재무제표에 대한 자료이다. 각각의 요구사항에 대하여 답하시오. (10점)

[1] 거래처별 초기이월 자료를 검토하여 올바르게 수정 또는 추가 입력하시오. (3점)

계정과목	거래처	금액	재무상태표상 금액
외상매입금	남성산업기계	30,656,000원	56,656,000원
	세콤전자	26,000,000원	
미지급금	㈜고요상사	2,500,000원	3,800,000원
	㈜유앤아이	1,300,000원	

[2] 계정과목 및 적요 등록 메뉴에서 통신비(판매비및일반관리비) 계정의 대체전표 적요 3번에 "사무실 인터넷 사용료 지급"을 등록하시오. (3점)

[3] 전기 재무제표를 검토한 결과 다음과 같은 오류를 확인하였다. 관련된 전기분 재무제표를 적절히 수정하시오. (4점)

- 사회복지공동모금회에 대한 기부금 5,000,000원이 누락된 것으로 확인된다.

문제 2 — 다음 거래 자료를 일반전표입력 메뉴에 추가 입력하시오(일반전표입력의 모든 거래는 부가가치세를 고려하지 말 것). (18점)

입력 시 유의사항

- 일반적인 적요의 입력은 생략하지만, 타계정 대체거래는 적요번호를 선택하여 입력한다.
- 채권·채무와 관련된 거래는 별도의 요구가 없는 한 반드시 기 등록되어 있는 거래처코드를 선택하는 방법으로 거래처명을 입력한다.
- 제조경비는 500번대 계정코드를, 판매비와 관리비는 800번대 계정코드를 사용한다.
- 회계처리시 계정과목은 별도제시가 없는 한 등록되어 있는 계정과목 중 가장 적절한 과목으로 한다.

[1] 9월 14일   제품 1세트(원가 400,000원)를 매출거래처에 견본품으로 무상제공하다(단, 견본비 계정과목으로 회계처리할 것). (3점)

[2] 9월 30일   제2기 예정 부가가치세 신고(7/1~9/30)를 위해 부가세예수금 9,910,000원과 부가세대급금 11,230,000원을 상계 처리하고 환급받을 부가가치세 1,320,000원에 대하여는 미수금 계정과목으로 회계처리하였다(단, 거래처입력은 생략할 것). (3점)

[3] 10월 5일   독일의 AUTO사로부터 7월 5일에 외상으로 수입하였던 기계장치(유형자산)의 대금 $150,000의 지급기일이 되어 보통예금에서 지급하였다. 이에 대한 환율정보는 다음과 같다. (3점)

- 7월 5일 : $1 = ₩1,200
- 10월 5일 : $1 = ₩1,100

[4] 10월 15일 ㈜대광건설에 대한 미지급금 50,000,000원을 상환하기 위하여 받을어음(해피상사) 40,000,000원을 배서양도하였으며, 나머지는 보통예금으로 지급하였다. (3점)

[5] 11월 13일 기업은행에서 차입한 장기차입금에 대한 원금 20,000,000원과 이자 300,000원을 보통예금 계좌에서 자동이체하여 지급하였다. (3점)

[6] 11월 17일 회사가 보유 중인 자기주식 전부를 25,000,000원에 처분하고 매각대금은 보통예금으로 받았다. 단, 처분시점의 자기주식 장부금액은 23,250,000원이고 자기주식처분손실 계정의 잔액은 1,500,000원이다. (3점)

문제 3 다음 거래 자료를 매입매출전표입력 메뉴에 입력하시오. (18점)

> **입력 시 유의사항**
> - 일반적인 적요의 입력은 생략하지만, 타계정 대체거래는 적요번호를 선택하여 입력한다.
> - 별도의 요구가 없는 한 반드시 기 등록되어 있는 거래처코드를 선택하는 방법으로 거래처명을 입력한다.
> - 제조경비는 500번대 계정코드를, 판매비와 관리비는 800번대 계정코드를 사용한다.
> - 회계처리시 계정과목은 별도제시가 없는 한 등록되어 있는 계정과목 중 가장 적절한 과목으로 한다.
> - 입력화면 하단의 분개까지 처리하고, 전자세금계산서 및 전자계산서는 전자입력으로 반영한다.

[1] 10월 11일 구매확인서에 의해 수출용제품에 대한 원재료(공급가액 44,000,000원)을 ㈜평산기업으로부터 매입하고 영세율전자세금계산서를 발급받았다. 매입대금은 3개월 만기의 당사 발행 약속어음으로 지급하였다. (3점)

[2] 10월 19일 제조부문에서 사용하는 기계장치의 수선비 165,000원을 다음과 같은 신용카드 매출전표로 결제하였다(단, 수선비에 대한 지출은 자산의 가치증가나 내용연수를 연장시키지 못함). (3점)

신용카드 매출전표

단말기번호	21293691	전표번호	223567
카드종류		거래종류	결제방법
신한카드		신용구매	일시불
회원번호(Card No)		취소시 원거래일자	
1140-2303-4255-8956			
유효기간		거래일시	품명
		2024.10.19	
전표제출		금 액/AMOUNT	150,000원
		부가세/VAT	15,000원
전표매입사		봉사료/TIPS	
		합 계/TOTAL	165,000원
거래번호		승인번호/(Approval No.)	
		9721245	
가맹점	㈜진진		
대표자	김영진	TEL	
가맹점번호		사업자번호	106-86-44955
주소		서울시 송파구 올림픽로 92	
		서명(Signature) **(주)다모아전자**	

[3] 10월 30일 ㈜세무로부터 공급받았던 원재료 중 일부가 품질에 문제가 있어 반품하였으며, 회계처리는 외상매입금 계정과 상계하여 처리하기로 한다(분개금액은 (-)로 표시할 것). (3점)

전자세금계산서						승인번호		124589545252	
공급자	사업자등록번호	104-81-36565	종사업장번호		공급받는자	사업자등록번호	123-87-11024	종사업장번호	
	상호(법인명)	㈜세무	성 명(대표자)	김지연		상호(법인명)	㈜다모아전자	성 명	조서우
	사업장주소	인천시 계양구 작전동 420				사업장주소	경기도 군포시 고산로 679(산본동)		
	업 태	제조/도소매	종 목	전자제품		업 태	도소매	종 목	전자제품
	이메일					이메일			
작성일자		공급가액		세액		수정사유			
2024.10.30.		-7,000,000원		-700,000원		일부반품			
비고									

월	일	품 목	규격	수량	단가	공급가액	세액	비고
10	30	원재료				-7,000,000원	-700,000원	

합계금액	현금	수표	어음	외상미수금	이 금액을 영수 함 청구
-7,700,000원				-7,700,000원	

[4] 11월 15일 러시아의 Moisa사에게 직수출로 제품을 $20,000(환율 $1 = 1,100원)에 판매하고 선적하였다. 대금은 한 달 후에 받기로 하였다. (3점)

[5] 12월 12일 당사 영업장 증축을 위하여 ㈜한국토건으로부터 토지를 150,000,000원에 취득하고 전자계산서를 발급받았다. 대금 중 50,000,000원은 당좌수표를 발행하여 지급하고, 나머지는 3개월 뒤에 지급하기로 하였다. (3점)

[6] 12월 15일   하나무역에 제품을 판매하고 다음과 같은 신용카드매출전표(비씨카드)로 결제받
         았다.   (3점)

매 출 전 표

단말기번호 11213692	전표번호	
카드종류	거래종류	결제방법
비씨카드	신용구매	일시불
회원번호(Card No)	취소시 원거래일자	
4140-0202-3245-9989		
유효기간	거래일시	품명
	2024.12.15.	
전표제출	금 액/AMOUNT	2,000,000원
	부가세/VAT	200,000원
전표매입사	봉사료/TIPS	
	합 계/TOTAL	2,200,000원
거래번호	승인번호/(Approval No.) 98421147	
가맹점 ㈜다모아전자		
대표자 조서우 TEL		
가맹점번호 사업자번호 123-87-11024		
주소 경기도 군포시 고산로 679(산본동)		
	서명(Signature) 하나무역	

문제 4   일반전표입력 및 매입매출전표입력 메뉴에 입력된 내용 중 다음과 같은 오류가
발견되었다. 입력된 내용을 확인하여 정정하시오.   (6점)

[1] 9월 5일   보통예금에 입금된 ㈜태산정공의 외상매출금 회수액 5,500,000원을 제품매출
         에 대한 계약금으로 회계처리하였다.   (3점)

[2] 10월 4일   영업부에서 매출거래처 야유회를 지원하기 위해 ㈜성실로부터 현금으로 구매한
          기념품 3,000,000원(부가가치세 별도, 전자세금계산서 수취)를 복리후생비로
          회계처리하였다.   (3점)

문제 5   결산정리사항은 다음과 같다. 해당메뉴에 입력하시오. (9점)

[1] 2024년 4월 1일에 2년 후에 이자(연 6%)와 원금을 일시 상환하는 조건으로 100,000,000원을 하나은행으로부터 차입하였는데 당기분 이자비용을 인식하기로 한다(단, 거래처입력은 생략하며, 월할계산 할 것). (3점)

[2] 기말 현재 당사가 단기시세차익을 목적으로 취득한 ㈜삼전산업 주식의 취득원가 및 각 년도말 공정가액은 다음과 같다. 공정가액으로 평가하기로 한다. (3점)

주 식 명	2024.3.20.취득가액	2024.12.31.공정가액
㈜삼전산업	75,000,000원	81,000,000원

[3] 기말 현재 외상매출금과 받을어음 잔액에 대하여 각각 1%의 대손충당금을 보충법으로 설정하시오. (3점)

문제 6   다음 사항을 조회하여 답안을 이론문제 답안작성 메뉴에 입력하시오. (9점)

[1] 3월말 현재 유동자산은 전년도 12월말 유동자산보다 얼마나 더 증가하였는가? (양수로 표시할 것) (3점)

[2] 상반기 중 제품매출액이 가장 큰 달과 가장 적은 달의 차액은 얼마인가?(양수로 표시할 것) (3점)

[3] 1기 확정(4월~6월) 부가가치세 신고기간 중 현금영수증으로 매출 된 공급대가의 합계액은 얼마인가? (3점)

제2회 실무시험 연습문제

㈜옥산테크(회사코드 : 3402)은 운동기구을 제조하여 판매하는 중소기업이며, 당기(제8기) 회계기간은 2024. 1. 1. ~ 2024. 12. 31. 이다. 전산세무회계 수험용 프로그램을 이용하여 다음 물음에 답하시오.

---- 기본전제 ----

문제에서 한국채택국제회계기준을 적용하도록 하는 전제조건이 없는 경우, 일반기업회계기준을 적용하여 회계처리한다.

문제 1
다음은 기초정보관리 및 전기분재무제표에 대한 자료이다. 각각의 요구사항에 대하여 답하시오. (10점)

[1] 다음은 ㈜옥산테크의 사업자등록증이다. [기초정보관리]의 [회사등록] 메뉴에 입력된 내용을 검토하여 누락분은 추가입력하고 잘못된 부분은 정정하시오(단, 주소 입력 시 우편번호는 입력하지 않아도 무방함). (3점)

사 업 자 등 록 증
(법인사업자)

등록번호 : 220-81-62517

법인명(단체명)	: ㈜옥산테크
대표자	: 이필재
개업연월일	: 2017년 8월 14일 법인등록번호 : 110181-0095668
사업장 소재지	: 경상북도 경주시 강변로 214(성건동)
본점소재지	: 경상북도 경주시 강변로 214(성건동)
사업의 종류	: 업태 제조 종목 운동기구
발급사유	: 신규

사업자 단위 과세 적용사업자 여부 : 여( ) 부(V)
전자세금계산서 전용 전자우편주소 :

2017 년 09 월 11 일

경 주 세 무 서 장

[2] 다음 자료를 보고 계정과목 및 적요등록에 반영하시오. (3점)

- 코드 : 853
- 성격 : 경비
- 계정과목 : 행사비
- 대체적요 : 1. 학회 행사비용 지급

[3] 외상매출금과 외상매입금의 초기이월은 다음과 같다. [거래처별초기이월]메뉴에서 수정 또는 추가 입력하시오. (4점)

구 분	거래처	올바른금액
외상매출금	㈜대원	2,000,000원
	㈜동백	4,500,000원
	㈜소백	2,000,000원
외상매입금	비바산업	–
	우송유통	43,000,000원
	공간기업	2,000,000원

문제 2 다음 거래 자료를 일반전표입력 메뉴에 추가 입력하시오(일반전표입력의 모든 거래는 부가가치세를 고려하지 말 것). (18점)

---- 입력 시 유의사항 ----

- 일반적인 적요의 입력은 생략하지만, 타계정 대체거래는 적요번호를 선택하여 입력한다.
- 채권·채무와 관련된 거래는 별도의 요구가 없는 한 반드시 기 등록되어 있는 거래처코드를 선택하는 방법으로 거래처명을 입력한다.
- 제조경비는 500번대 계정코드를, 판매비와 관리비는 800번대 계정코드를 사용한다.
- 회계처리시 계정과목은 별도제시가 없는 한 등록되어 있는 계정과목 중 가장 적절한 과목으로 한다.

[1] 7월 3일 공장에서 사용 중인 기계장치 수리비로 15,000,000원을 ㈜한국의 보통예금으로 이체하였으며, 기계장치의 가치가 증가한 자본적 지출이다. (3점)

[2] 7월 5일 태종빌딩과 전월에 체결한 본사 건물 임대차계약의 잔금일이 도래하여 임차보증금 50,000,000원 중 계약일에 지급한 5,000,000원을 제외한 45,000,000원을 보통예금 계좌에서 이체하였다(단, 하나의 전표로 처리할 것). (3점)

[3] 7월 7일 사무실에서 사용할 에어컨을 ㈜수연전자에서 2,000,000원에 구입하고 그 대금은 2주 후에 지급하기로 하였다. 에어컨 설치비용 250,000원은 보통예금 계좌에서 바로 지급하였다(단, 에어컨은 자산으로 처리할 것). (3점)

[4] 8월 6일   ㈜달리자의 외상매출금 10,000,000원 중 6,000,000원은 보통예금에 입금받았고, 나머지 4,000,000원은 자기앞수표로 받았다. (3점)

[5] 8월 19일   전자부품용 기계장치(취득가액 35,000,000원, 감가상각누계액 31,500,000원)를 성능저하로 폐기처분하였다(당기의 감가상각비는 고려하지 않음). (3점)

[6] 11월 20일   제품의 판매용 사진 촬영을 위해서 손 모델인 이아람씨를 고용하고 수수료 3,000,000원 중 원천징수세액 99,000원을 제외한 나머지 금액을 보통예금 계좌에서 지급하였다(단, 수수료비용 계정과목은 판매비와 관리비 항목을 사용할 것). (3점)

문제 3   다음 거래 자료를 매입매출전표입력 메뉴에 입력하시오. (18점)

입력 시 유의사항

- 일반적인 적요의 입력은 생략하지만, 타계정 대체거래는 적요번호를 선택하여 입력한다.
- 별도의 요구가 없는 한 반드시 기 등록되어 있는 거래처코드를 선택하는 방법으로 거래처명을 입력한다.
- 제조경비는 500번대 계정코드를, 판매비와 관리비는 800번대 계정코드를 사용한다.
- 회계처리시 계정과목은 별도제시가 없는 한 등록되어 있는 계정과목 중 가장 적절한 과목으로 한다.
- 입력화면 하단의 분개까지 처리하고, 전자세금계산서 및 전자계산서는 전자입력으로 반영한다.

[1] 8월 7일   생산부서에서 회식을 하고 법인체크카드(비씨)로 결제하자마자 바로 보통예금에서 인출되었다. (3점)

```
단말기번호
8002124738                    120524128234
카드종류
IBK비씨카드                      신용승인
카드번호
2224-1222-1014-1345
판매일자
2024/08/07 13 : 52 : 46
거래구분
일시불              금액          300,000원
은행확인             세금           30,000원
비씨
판매자              봉사료              0원
                   합계          330,000원
대표자
이성수
사업자등록번호
117-09-52793
가맹점명
동보성
가맹점주소
       서울 양천구 신정4동 973-12
                                      서명
                                    Semusa
```

[2] 10월 1일   천안 제1공장에서 사용하던 기계장치(취득가액 50,000,000원, 감가상각누계액 40,000,000원)을 ㈜재생에 4,400,000원(부가가치세 포함)에 매각하고 현금영수증을 발급하였다. 매각대금은 전액 자기앞수표로 받았다.   (3점)

[3] 10월 11일   희망상사에 제품을 판매하고 다음과 같이 전자세금계산서를 발급하였다.   (3점)

전자세금계산서							승인번호	20241011-10000-009329		
공급자	사업자등록번호	220-81-62517	종사업장번호		공급받는자	사업자등록번호	127-44-61631	종사업장번호		
	상호(법인명)	㈜옥산테크	성명(대표자)	이필재		상호(법인명)	희망상사	성명	김마리	
	사업장주소	경상북도 경주시 강변로 214				사업장주소	서울시 마포구 광성로 11			
	업태	제조	종목	운동기구		업태	도매	종목	운동기구	
	이메일					이메일				
작성일자		공급가액		세액			수정사유			
2024.10.11		5,000,000원		500,000원						
비고										
월	일	품 목	규격	수량	단가	공급가액	세액	비고		
10	11	A제품		100	50,000원	5,000,000원	500,000원			
합계금액		현금		수표		어음		외상미수금	이 금액을	영수함 청구함
5,500,000원		3,500,000원						2,000,000원		

[4] 10월 30일   다음은 구매한 원재료에 하자가 있어 반품을 한 후 발급받은 수정세금계산서이다. 수정세금계산서 수취와 동시에 원재료 및 외상매입금과 상계처리하였다.   (3점)

수정전자세금계산서(공급받는자 보관용)							승인번호	20241030-21852-17459		
공급자	사업자등록번호	484-81-88130	종사업장번호		공급받는자	사업자등록번호	220-81-62517	종사업장번호		
	상호(법인명)	㈜한강	성명(대표자)	김서울		상호(법인명)	㈜옥산테크	성명	이필재	
	사업장주소	경기도 광명시 광명로 58(가학동)				사업장주소	경상북도 경주시 강변로 214			
	업태	제조, 도소매	종목	원목		업태	제조	종목	운동기구	
	이메일					이메일				
작성일자		공급가액		세액			수정사유			
2024. 10. 30.		-3,000,000원		-300,000원						
비고										
월	일	품 목	규격	수량	단가	공급가액	세액	비고		
10	30	철강원자재(원재료)		-100	30,000원	-3,000,000원	-300,000원			
합계금액		현금		수표		어음		외상미수금	이 금액을	영수함 청구함
-3,300,000원								-3,300,000원		

[5] 11월 10일 ㈜남서울로부터 원재료를 13,200,000원(부가가치세 포함)에 매입하고 전자세금계산서를 받았다. 동 일자에 매입대금 중 11월 1일에 지급한 선급금 1,000,000원을 제외한 나머지 금액을 보통예금에서 이체하였다(단, 하나의 전표로 처리할 것). (3점)

[6] 11월 19일 일본의 미즈노사에 수출제품(공급가액 ¥2,000,000)을 다음과 같이 직접 납품(선적)하고, 선수 계약금을 제외한 잔여대금은 11월 말일에 받기로 하였다. 수출신고번호 입력은 생략한다. (3점)

거래일자	외화	기준환율	거래내역
11월 9일	¥100,000	1,055원/¥100	계약금이 입금되었으며 외화 보통예금에 외화로 보유 중
11월 19일	¥1,900,000	1,100원/¥100	수출제품 전체 선적됨.

문제 4 일반전표입력 및 매입매출전표입력 메뉴에 입력된 내용 중 다음과 같은 오류가 발견되었다. 입력된 내용을 확인하여 정정하시오. (6점)

[1] 8월 10일 본사 판매부서가 사용하고 있는 화물자동차에 대해 ㈜만능공업사에서 정비를 받으면서 583,000원(부가가치세 포함)을 현금으로 결제하고 현금영수증을 발급받았다. 회계담당자는 매입세액을 공제받지 못하는 것으로 처리하여 일반전표에 입력하였다. (3점)

[2] 12월 20일 대한적십자사에 현금으로 기부한 30,000원이 세금과공과(판매비와 관리비)로 처리되어 있음을 확인하였다. (3점)

문제 5 결산정리사항은 다음과 같다. 해당메뉴에 입력하시오. (9점)

[1] 기말 현재 당사가 장기투자를 목적으로 보유하고 있는 ㈜하나가 발행한 주식의 취득원가, 전년도 말 및 당해연도 말 공정가액은 다음과 같다. 단, 하나의 전표로 입력할 것. (3점)

주식명	취득원가	전년도 말 공정가액	당해연도 말 공정가액
㈜하나 보통주	30,000,000원	32,000,000원	28,000,000원

[2] 12월 31일 기말현재, 장기차입금 현황은 다음과 같다. (3점)

구분	금액	차입일자	상환(예정)일자	거래처
장기차입금1	15,000,000원	2021. 12. 1	2026. 12. 1	국민은행
장기차입금2	25,000,000원	2020. 7. 1	2025. 6. 30	한일물산

[3] 당사는 매 회계연도말에 외상매출금과 받을어음 잔액의 1%를 대손충당금으로 설정하고 있다. 이에 대한 기말 수정분개를 입력하시오(당기에 발생한 대손채권은 없는 것으로 가정하며, 대손충당금 설정에 필요한 정보는 관련 데이터를 조회하여 사용할 것). (3점)

문제 6 다음 사항을 조회하여 답안을 이론문제 답안작성 메뉴에 입력하시오. (9점)

[1] 제1기 확정신고기간(4월~6월)의 세금계산서 수취분 중 고정자산매입을 제외한 일반매입의 세액은 얼마인가? (3점)

[2] 2월 원재료매입액은 얼마인가? (3점)

[3] 제1기 확정 부가가치세 신고에 반영된 내역 중 6월에 카드로 매출된 공급대가는 얼마인가? (3점)

제3회 실무시험 연습문제

㈜소담패션(회사코드 : 3403)은 스포츠의류등을 제조하여 판매하는 중소기업이며, 당기(제9기) 회계기간은 2024.1.1.~2024.12.31.이다. 전산세무회계 수험용 프로그램을 이용하여 다음 물음에 답하시오.

| 기본전제 |

문제에서 한국채택국제회계기준을 적용하도록 하는 전제조건이 없는 경우, 일반기업회계기준을 적용하여 회계처리한다.

문제 1 다음은 기초정보관리 및 전기분재무제표에 대한 자료이다. 각각의 요구사항에 대하여 답하시오. (10점)

[1] 다음 자료를 이용하여 거래처등록의 해당 탭에 추가로 입력하시오. (3점)

- 거래처코드 : 99605
- 카드번호 : 9410-0900-5580-8352
- 카드종류 : 사업용카드
- 카드사명 : 시티카드
- 유형 : 매입
- 사용여부 : 여

[2] 다음 계정과목에 대하여 적요를 추가적으로 등록하시오. (3점)

- 코드 : 0819
- 현금적요 : 7. 공기청정기임차료 지급
- 계정과목 : 임차료
- 대체적요 : 7. 공기청정기임차료 미지급

[3] 전기분 재무제표를 검토한 결과 다음과 같은 오류가 발견되었다. 모든 전기분 재무제표의 관련된 부분을 수정하시오. (4점)

계정과목	틀린 금액	올바른 금액	내용
운반비(524)	660,000원	6,600,000원	입력 오류

문제 2
다음 거래 자료를 일반전표입력 메뉴에 추가 입력하시오(일반전표입력의 모든 거래는 부가가치세를 고려하지 말 것). (18점)

| 입력 시 유의사항 |

- 일반적인 적요의 입력은 생략하지만, 타계정 대체거래는 적요번호를 선택하여 입력한다.
- 채권·채무와 관련된 거래는 별도의 요구가 없는 한 반드시 기 등록되어 있는 거래처코드를 선택하는 방법으로 거래처명을 입력한다.
- 제조경비는 500번대 계정코드를, 판매비와 관리비는 800번대 계정코드를 사용한다.
- 회계처리시 계정과목은 별도제시가 없는 한 등록되어 있는 계정과목 중 가장 적절한 과목으로 한다.

[1] 7월 20일 　국민은행에서 2024년 8월 30일까지 상환하기로 하고 5,000,000원을 차입하여 즉시 ㈜섬메이의 미지급금 5,000,000원을 지급하였다. (3점)

[2] 8월 21일 　공장이전을 위해 신축중이던 건물이 완공되어 취득세 등 관련 소요 공과금 7,500,000원을 보통예금 계좌에서 이체 지급하였다. (3점)

[3] 8월 30일 　국민은행에서 차입한 단기차입금을 상환하기 위하여 보통예금 계좌에서 5,000,000원을 국민은행에 이체하였다. (3점)

[4] 9월 10일 　지난달 영업팀 임직원들에게 급여를 지급하면서 원천징수한 소득세 160,000원을 신용카드(비씨카드)로 납부하였다. (3점)

[5] 10월 22일 　영통산업에 제품을 판매하면서 발생한 화물운송비 150,000원을 보통예금 계좌에서 이체하였다. (3점)

[6] 11월 1일 　사채 액면총액 20,000,000원, 상환기간 3년, 발행금액 22,000,000원으로 발행하고 납입금은 보통예금에 입금되었다. (3점)

문제 3 다음 거래 자료를 매입매출전표입력 메뉴에 입력하시오. (18점)

입력 시 유의사항
- 일반적인 적요의 입력은 생략하지만, 타계정 대체거래는 적요번호를 선택하여 입력한다.
- 별도의 요구가 없는 한 반드시 기 등록되어 있는 거래처코드를 선택하는 방법으로 거래처명을 입력한다.
- 제조경비는 500번대 계정코드를, 판매비와 관리비는 800번대 계정코드를 사용한다.
- 회계처리시 계정과목은 별도제시가 없는 한 등록되어 있는 계정과목 중 가장 적절한 과목으로 한다.
- 입력화면 하단의 분개까지 처리하고, 전자세금계산서 및 전자계산서는 전자입력으로 반영한다.

[1] 8월 3일 새로 출시한 제품의 홍보를 위하여 판매부서에서 광고대행사인 ㈜블루에게 홍보물(영상콘텐츠) 제작을 의뢰하여 배포하고 전자세금계산서를 발급받았다. 해당 대금 1,100,000원(부가가치세 포함)은 8월 31일에 지급하기로 하였다(미지급금 계정을 사용할 것). (3점)

[2] 8월 10일 ㈜삼성상회에 제품을 판매하고 다음의 전자세금계산서를 발급하였다. 대금은 7월 30일에 보통예금으로 수령한 계약금을 제외하고 ㈜삼성상회가 발행한 약속어음(만기 2024년 10월 31일)을 수취하였다. (3점)

전자세금계산서(공급자 보관용)

공급자	사업자등록번호	206-81-95706	종사업장번호		공급받는자	사업자등록번호	102-81-42945	종사업장번호	
	상호(법인명)	㈜소담패션	성명(대표자)	황희상		상호(법인명)	㈜삼성상회	성명	이현희
	사업장주소	경상남도 고성군 동해면 외산로 592				사업장주소	인천광역시 남동구 구월남로 129		
	업태	제조,도소매	종목	스포츠의류		업태	도매	종목	의류
	이메일	JI1234@gmail.net				이메일	samsung@naver.com		

작성일자	공급가액	세액	수정사유
2024.08.10	50,000,000원	5,000,000원	
비고			

월	일	품목	규격	수량	단가	공급가액	세액	비고
8	10	전자부품		10	5,000,000원	50,000,000원	5,000,000원	

합계금액	현금	수표	어음	외상미수금	이 금액을 영수/청구 함
55,000,000원	11,000,000원		44,000,000원		

[3] 11월 10일 선적 완료한 제품은 미국 소재법인인 ebay에 11월 2일 $10,000에 직수출하기로 계약한 것이며, 수출대금은 차후에 받기로 하였다. 계약일 시점 기준환율은 $1 = 1,210원이며, 선적일 시점 기준환율은 $1 = 1,250원이다. (3점)

[4] 11월 20일   경리부의 업무용 도서를 구입하면서 현금을 지급하고 ㈜설영문고로부터 다음과 같이 현금영수증을 발급받았다. (3점)

```
              ㈜설영문고
    116-81-80370              홍지안
         서울특별시 서초구 명달로 105
         홈페이지 http://www.kacpta.or.kr
              현금(지출증빙)
    구매 2024/11/20/15 : 34   거래번호 : 0026-0107
    상품명              수량            금액
    법인세 조정 실무      1          100,000원

    합   계                         100,000원
    받은금액                         100,000원
```

[5] 11월 30일   내국신용장에 의해 수출용 제품에 필요한 원자재(공급가액 : 10,000,000원)를 ㈜현우로부터 매입하고 영세율전자세금계산서를 발급받았다. 매입금액 전액에 대해 약속어음을 발행(만기 : 2024년 12월 31일)하여 지불하였다. (3점)

[6] 12월 7일   당사가 생산한 제품(원가 350,000원, 시가 500,000원이며 부가가치세는 제외된 금액임)을 매출 거래처 직원 결혼선물용으로 사용하였다. (3점)

문제 4 일반전표입력 및 매입매출전표입력 메뉴에 입력된 내용 중 다음과 같은 오류가 발견되었다. 입력된 내용을 확인하여 정정하시오. (6점)

[1] 8월 3일   매출처 ㈜네오전자의 부도로 외상매출금 잔액 1,100,000원이 회수불능하여 전액 대손상각비로 처리하였는데, 확인 결과 부도시점에 외상매출금에 대한 대손충당금잔액이 800,000원이었던 것으로 확인된다. (3점)

[2] 12월 20일 업무용 승용차(모닝, 배기량 1,000cc인 경차임)를 현금으로 구입(11,950,000원, 부가가치세별도)하면서 과세유형을 불공제로 입력하였다. 원재료 매입으로 되어있는 현재의 전표를 수정하시오. (3점)

차량명	판매가격 (부가가치세 별도)	제조사	구입점
모닝(스탠다드)	11,950,000원	기아자동차㈜	기아차 남양주점 (208-81-56451)

문제 5 결산정리사항은 다음과 같다. 해당메뉴에 입력하시오. (9점)

[1] 기말 외상매입금 계정 중에는 미국 ABC Ltd.의 외상매입금 3,000,000원(미화 $2,500)이 포함되어 있다(결산일 현재 적용환율 : 1,150원/$). (3점)

[2] 2024년 6월 1일에 공장 건물 중 일부를 임대(임대기간 : 2024. 6. 1.~2025. 5. 31.)하고, 일시에 수령한 12개월분 임대료 50,400,000원을 전액 임대료(영업외수익)로 회계처리하였다. 월할계산 하시오. (3점)

[3] 당해 사업연도 법인세등은 10,000,000원이다. 법인세의 중간예납세액 6,000,000원(선납세금 계정)을 8월 15일에 납부하였고 나머지 금액에 대해서는 다음 연도 3월 31일까지 납부할 예정이다. (3점)

문제 6 다음 사항을 조회하여 답안을 이론문제 답안작성 메뉴에 입력하시오. (9점)

[1] 상반기(1월~6월) 중 제품매출액이 가장 많은 달과 그 금액은 얼마인가? (3점)

[2] 4월말 현재 미지급금이 가장 많은 거래처명과 그 금액은 얼마인가? (3점)

[3] 제1기 예정신고기간(1월~3월) 동안 삐에로패션으로부터 수취한 매입세금계산서의 매수와 공급가액은 얼마인가? (3점)

제4회 실무시험 연습문제

㈜석모기계(회사코드 : 3404)는 기계설비를 제조하여 판매하는 중소기업이며, 당기(제9기) 회계기간은 2024. 1. 1. ~ 2024. 12. 31. 이다. 전산세무회계 수험용 프로그램을 이용하여 다음 물음에 답하시오.

기본전제

문제에서 한국채택국제회계기준을 적용하도록 하는 전제조건이 없는 경우, 일반기업회계기준을 적용하여 회계처리한다.

문제 1 다음은 기초정보관리 및 전기분재무제표 자료이다. 각각의 요구사항에 대하여 답하시오. (10점)

[1] 다음 자료를 보고 거래처등록 메뉴에서 등록하시오. (3점)

- 회 사 명 : ㈜가나전자(거래처코드 : 01056)
- 대 표 자 : 이은성
- 업 태 : 제조, 도소매
- 사업장주소 : 서울특별시 서초구 신반포로47길 118 101호
- 유 형 : 매입
- 사업자등록번호 : 129-86-78690
- 종 목 : 전자제품

※ 주소 입력 시 우편번호 입력은 생략해도 무방함.

[2] 다음 자료를 보고 거래처별 초기이월을 수정 또는 입력하시오. (3점)

계정과목	거래처명	전기로부터 이월된 금액	올바른 금액
받을어음	㈜송강산업	300,000원	3,000,000원
	㈜강림상사	2,800,000원	12,800,000원
미지급금	㈜더라벨	6,100,000원	3,600,000원
	㈜통진흥업	-	2,500,000원

[3] 전기분손익계산서를 검토한 결과 다음과 같은 오류가 발견되었다. 전기분재무제표 메뉴에서 관련된 부분을 모두 수정하시오. (4점)

- 오류내용 : 생산부 직원의 회식비 지출액 2,400,000원이 영업부의 복리후생비(811)로 반영되어 있음.

문제 2
다음 거래 자료를 일반전표입력 메뉴에 추가 입력하시오(일반전표입력의 모든 거래는 부가가치세를 고려하지 말 것). (18점)

> **입력 시 유의사항**
> - 일반적인 적요의 입력은 생략하지만, 타계정 대체거래는 적요번호를 선택하여 입력한다.
> - 채권·채무와 관련된 거래는 별도의 요구가 없는 한 반드시 기 등록되어 있는 거래처코드를 선택하는 방법으로 거래처명을 입력한다.
> - 제조경비는 500번대 계정코드를, 판매비와 관리비는 800번대 계정코드를 사용한다.
> - 회계처리시 계정과목은 별도제시가 없는 한 등록되어 있는 계정과목 중 가장 적절한 과목으로 한다.

[1] 7월 7일 매출 거래처인 ㈜달라일러가 회생계획인가결정을 받음에 따라 ㈜달라일러에 대한 외상매출금 12,000,000원을 대손처리하였다. 대손발생일 직전의 외상매출금에 대한 대손충당금 잔액은 5,000,000원이다. (3점)

[2] 7월 15일 매출거래처인 ㈜희망기계의 외상매출금 6,500,000원에 대하여 다음의 전자어음을 받고, 나머지 금액은 보통예금으로 받았다. (3점)

전 자 어 음

석모기계㈜ 귀하   00520151020123456789

금 오백만원정   5,000,000원

위의 금액을 귀하 또는 귀하의 지시인에게 지급하겠습니다.

지급기일 2024년 8월 20일	발행일 2024년 7월 15일
지 급 지 신한은행	발행지 주 소 서울 성북구 돈암로 10
지급장소 영등포지점	발행인 ㈜희망기계

[3] 7월 20일 보유 중인 자기주식 12,000주를 처분하였다. 자기주식 12,000주에 대한 장부금액은 12,000,000원이고 12,000주 전부를 11,500,000원에 처분하고 그 대가를 전부 보통예금으로 입금받았다(단, 자기주식처분이익 계정의 잔액이 300,000원 있고, 처분수수료는 없는 것으로 가정한다). (3점)

[4] 8월 5일 신주 20,000주를 발행하여 건물을 취득하였다. 주당 액면금액은 5,000원이며 발행시점의 공정가액은 주당 8,000원이다. (3점)

[5] 11월 19일 영업부서에서 홍보물을 배포하기 위해 고용한 일용직 근로자에게 일당 120,000원을 현금으로 지급하였다. (3점)

[6] 12월 5일   영업부서 임직원의 퇴직금에 대하여 확정기여형(DC형) 퇴직연금에 가입하고 있으며, 12월분 퇴직연금 5,300,000원을 당사 보통예금계좌에서 이체하여 납부하였다. (3점)

문제 3 다음 거래 자료를 매입매출전표입력 메뉴에 입력하시오. (18점)

입력 시 유의사항

- 일반적인 적요의 입력은 생략하지만, 타계정 대체거래는 적요번호를 선택하여 입력한다.
- 별도의 요구가 없는 한 반드시 기 등록되어 있는 거래처코드를 선택하는 방법으로 거래처명을 입력한다.
- 제조경비는 500번대 계정코드를, 판매비와 관리비는 800번대 계정코드를 사용한다.
- 회계처리시 계정과목은 별도제시가 없는 한 등록되어 있는 계정과목 중 가장 적절한 과목으로 한다.
- 입력화면 하단의 분개까지 처리하고, 전자세금계산서 및 전자계산서는 전자입력으로 반영한다.

[1] 8월 3일   판매부서 사무실로 사용하기 위해 입주해있는 ㈜에이스오피스텔의 관리실로부터 7월분 관리비 중 면세품목에 대하여 전자계산서(공급가액 30,000원, 부가가치세 0원)을 발급받고 보통예금에서 바로 지급하였다. (3점)

[2] 8월 21일 새로운 기계로 교체하기 위하여 ㈜한국자원에 기존에 사용하던 기계장치(취득원가 80,000,000원, 감가상각누계액 77,000,000원)을 2,200,000원(부가가치세 포함)에 매각하면서 전자세금계산서를 발급하였으며, 대금은 전액 ㈜한국자원이 발행한 약속어음으로 받았다. (3점)

[3] 10월 15일 다음 자료를 보고 적절한 회계처리를 하시오(단, 수표 1,000,000원은 모두 당좌수표임). (3점)

전자세금계산서

승인번호				20241015-1000-009329			

공급자	사업자등록번호	130-85-56442	종사업장번호		공급받는자	사업자등록번호	506-81-94325	종사업장번호	
	상호(법인명)	㈜무릉	성명(대표자)	이학주		상호(법인명)	석모기계㈜	성명	임병수
	사업장주소	경기도 의정부시 신곡로 1588				사업장주소	경기도 남양주시 경춘로 855-11		
	업태	제조	종목	기계		업태	제조, 도소매외	종목	기계설비
	이메일					이메일			

작성일자	공급가액	세액	수정사유
2024.10.15	3,300,000원	330,000원	
비고			

월	일	품목	규격	수량	단가	공급가액	세액	비고
10	15	A원재료		100	33,000원	3,300,000원	330,000원	

합계금액	현금	수표	어음	외상미수금	이 금액을 영수 함
3,630,000원		1,000,000원		2,630,000원	청구

[4] 11월 30일   ㈜렌트로부터 11월 1일에 임차 개시한 영업부 직원의 거래처 방문용 차량(배기량 2,000cc인 4인승 승용차)과 관련하여 11월분 임차료(공급가액 600,000원, 부가가치세 60,000원)에 대한 전자세금계산서를 수취하였다. 11월분 임차료는 12월 10일에 보통예금에서 자동이체 될 예정이다.   (3점)

[5] 12월 12일   구매확인서에 의하여 유성산업㈜에 C제품(100단위, @150,000)을 판매하고 영세율전자세금계산서를 발급하였다. 대금은 10일 후에 받기로 하였다.   (3점)

[6] 12월 30일   중국에 소재한 NewYork.com으로부터 수입한 원재료와 관련하여 인천세관으로부터 전자수입세금계산서(공급가액 40,000,000원, 부가가치세 4,000,000원)을 발급받았고, 이와 관련한 부가가치세는 당좌수표로 납부하였다.   (3점)

문제 4   일반전표입력 및 매입매출전표입력 메뉴에 입력된 내용 중 다음과 같은 오류가 발견되었다. 입력된 내용을 확인하여 정정하시오.   (6점)

[1] 8월 10일   이자수익 300,000원 중 원천징수세액인 46,200원을 제외한 나머지 금액인 253,800원이 보통예금으로 입금되어 입금된 금액에 대해서만 회계처리 하였다 (원천징수세액은 자산으로 처리하고 하나의 전표로 입력하시오).   (3점)

[2] 12월 10일   원재료 매입시 현금으로 지급한 운송비 110,000원(부가가치세 포함)을 신규직원의 실수로 일반전표에 입력하였다. 운송은 일양택배가 하였으며, 별도의 전자세금계산서를 발급받았다.   (3점)

문제 5   결산정리사항은 다음과 같다. 해당메뉴에 입력하시오.   (9점)

[1] 9월 5일에 판매부서에서 사용할 A4용지 10박스를 110,000원(부가가치세 포함)에 구입하고 공급가액인 100,000원에 대하여 소모품으로 회계처리 하였다. 결산일 현재 판매부서에는 A4용지 4박스가 남아있다. 이에 대한 기말 수정분개를 입력하시오.   (3점)

[2] 2024년 5월 1일 공장화재보험료 1년분(2024년 5월 1일~2025년 4월 30일) 3,600,000원을 보통예금으로 납부하면서 전액 보험료(제조경비)로 회계처리 되어있다(단, 보험료는 월할계산하며 거래처입력은 생략함). (3점)

[3] 기중에 현금 시재가 부족하여 현금과부족으로 계상하였던 차변금액 20,000원에 대하여 결산일 현재에도 그 차이 원인을 알 수 없어 당기 비용(영업외비용)으로 처리하였다. (3점)

문제 6 다음 사항을 조회하여 답안을 이론문제 답안작성 메뉴에 입력하시오. (9점)

[1] 제1기 확정신고기간(4월~6월)의 차가감하여 납부할 부가가치세액은 얼마인가? (단, 제1기 예정신고기간(1월~3월)의 부가가치세 예정신고 미환급세액은 2,000,000원이 있다.) (3점)

[2] 상반기(1월~6월) 중 접대비(판)가 가장 많이 발생한 월과 그 월의 접대비 금액은 얼마인가? (3점)

[3] 6월 말 현재 유동부채는 전월 말 대비 얼마가 증가(또는 감소)되었는가? 단, 양수로 입력하시오. (3점)

제5회 실무시험 연습문제

㈜동진상사(회사코드 : 3405)은 스포츠의류를 제조하여 판매하는 중소기업이며, 당기(제9기) 회계기간은 2024. 1. 1. ~ 2024. 12. 31. 이다. 전산세무회계 수험용 프로그램을 이용하여 다음 물음에 답하시오.

기본전제

문제에서 한국채택국제회계기준을 적용하도록 하는 전제조건이 없는 경우, 일반기업회계기준을 적용하여 회계처리한다.

문제 1. 다음은 기초정보관리 및 전기분재무제표에 대한 자료이다. 각각의 요구사항에 대하여 답하시오. (10점)

[1] 다음 자료를 보고 거래처등록메뉴에 등록하시오. (3점)

- 거래처코드 : 01212
- 거래처명 : ㈜세무전자
- 유형 : 동시
- 사업자등록번호 : 206-86-31522
- 대표자 : 김기태
- 업태 : 도소매
- 종목 : 가전제품
- 사업장주소 : 서울시 강남구 양재대로 55길 19

※ 주소입력 시 우편번호 입력은 생략해도 무방함.

[2] 거래처별 초기이월 채권과 채무잔액은 다음과 같다. 자료에 맞게 추가입력이나 정정 및 삭제하시오. (3점)

계정과목	거래처	잔액	계
단기대여금	우진상사	7,500,000원	12,000,000원
	㈜가나상사	3,200,000원	
	다라상사	1,300,000원	
단기차입금	마바상사	5,500,000원	16,000,000원
	자차상사	10,500,000원	

[3] 전기분손익계산서를 검토한 결과 다음과 같은 오류가 발견되었다. 전기분손익계산서, 전기분잉여금처분계산서, 전기분재무상태표 중 관련된 부분을 수정하시오. (4점)

계정과목	틀린 금액	올바른 금액	내용
상여금(0803)	5,000,000원	3,400,000원	입력오류

문제 2   다음 거래 자료를 일반전표입력 메뉴에 추가 입력하시오(일반전표입력의 모든 거래는 부가가치세를 고려하지 말 것). (18점)

> **입력 시 유의사항**
> - 일반적인 적요의 입력은 생략하지만, 타계정 대체거래는 적요번호를 선택하여 입력한다.
> - 채권·채무와 관련된 거래는 별도의 요구가 없는 한 반드시 기 등록되어 있는 거래처코드를 선택하는 방법으로 거래처명을 입력한다.
> - 제조경비는 500번대 계정코드를, 판매비와 관리비는 800번대 계정코드를 사용한다.
> - 회계처리시 계정과목은 별도제시가 없는 한 등록되어 있는 계정과목 중 가장 적절한 과목으로 한다.

[1] 7월 12일   ㈜우리서점에서 영업부 업무관련 도서를 70,000원에 구입하고 보통예금으로 지급하였다. (3점)

[2] 7월 28일   ㈜해운에 대한 외상매출금 4,700,000원과 외상매입금 5,800,000원을 상계처리하기로 하고 나머지 잔액은 당사의 당좌수표를 발행하여 지급하였다. (3점)

[3] 7월 31일   지난 3월 단기 시세차익을 목적으로 취득하였던 ㈜한국의 주식 2,000주(1주당 액면가 5,000원, 1주당 구입가 10,000원)를 24,000,000원에 처분하고 보통예금으로 입금받았다. (3점)

[4] 8월 1일   당사는 본사건물 신축을 위한 차입금의 이자비용 7,000,000원을 현금으로 지급하고, 금융비용은 전액 자본화하기로 하였다. 이 건물의 착공일은 2023년 1월 13일이며, 완공일은 2025년 11월 30일이다. (3점)

[5] 9월 30일   제2기 예정 부가가치세 신고를 위해 부가세대급금 8,000,000원과 부가세예수금 11,300,000원을 상계처리하고 관련 회계처리를 하시오(단, 거래처입력은 생략하고, 총액을 상계처리할 것). (3점)

[6] 12월 19일   제품 생산에 필요한 원재료를 매입하기 위해서 ㈜우리공장과 계약을 체결하고, 계약금 2,000,000원을 보통예금에서 지급하였다. (3점)

문제 3 다음 거래 자료를 매입매출전표입력 메뉴에 입력하시오. (18점)

입력 시 유의사항

- 일반적인 적요의 입력은 생략하지만, 타계정 대체거래는 적요번호를 선택하여 입력한다.
- 별도의 요구가 없는 한 반드시 기 등록되어 있는 거래코드를 선택하는 방법으로 거래처명을 입력한다.
- 제조경비는 500번대 계정코드를, 판매비와 관리비는 800번대 계정코드를 사용한다.
- 회계처리시 계정과목은 별도제시가 없는 한 등록되어 있는 계정과목 중 가장 적절한 과목으로 한다.
- 입력화면 하단의 분개까지 처리하고, 전자세금계산서 및 전자계산서는 전자입력으로 반영한다.

[1] 7월 21일 비사업자인 이순옥씨에게 제품을 99,000원(부가가치세 포함)에 현금 매출하고 현금영수증을 발급하지 않았다. (3점)

[2] 9월 4일 원재료 매입처의 사무실 이전을 축하하기 위해 프리티화원에서 200,000원의 축하화환을 주문하고, 보통예금 계좌에서 이체하고 현금영수증(지출증빙용)을 발급받았다. (3점)

```
                    프리티화원
    114-91-21113                        김화원
       서울 송파구 문정동 101-2  TEL : 3289-8085
           홈페이지 http://www.kacpta.or.kr
                현금(지출증빙)
      구매 2024/09/04/13 : 06   거래번호 : 0004-0027
      상품명              수량              금액
      축하화환              1            200,000원
      2041815650198
                         물 품 가 액       200,000원
                         부 가 세               0원
      합  계                              200,000원
      받은금액                            200,000원
```

[3] 9월 15일 당사는 제품을 제조하기 위해 ㈜한국에서 기계장치를 50,000,000원(부가가치세 별도)에 10개월 할부로 구매하고 전자세금계산서를 발급받았다. 할부대금은 다음 달부터 지급한다. (3점)

[4] 10월 10일 ㈜광고에 제품을 15,000,000원(부가가치세 별도)에 판매하고 전자세금계산서를 발급하였다. 제품에 대한 판매대금은 보통예금 계좌로 입금받았다. (3점)

[5] 10월 18일 업무용 비품으로 사용하던 냉장고(취득가액 2,800,000원, 처분시 감가상각누계액 1,600,000원)을 ㈜미래에 현금 1,100,000원(부가가치세 포함)을 받아 처분하고 전자세금계산서를 발급하였다. (3점)

[6] 11월 28일 본사 신축을 위해 구입하는 토지 취득에 대한 법률자문 및 등기대행 용역을 ㈜국민개발로부터 제공받았다. 용역에 대한 수수료 3,000,000원(부가가치세 별도)는 현금으로 지급하고 전자세금계산서를 발급 받았다. (3점)

문제 4 일반전표입력 및 매입매출전표입력 메뉴에 입력된 내용 중 다음과 같은 오류가 발견되었다. 입력된 내용을 확인하여 정정하시오. (6점)

[1] 7월 10일 세금과공과로 처리한 금액(100,000원)은 임직원들에게 6월 15일에 급여를 지급하면서 원천징수한 소득세를 납부한 것으로 확인되었다. (3점)

[2] 9월 27일 본사 업무에 사용하는 개별소비세 과세대상 자동차(2,500cc)에 대해 ㈜가제트 수리에서 수리하면서 550,000원(부가가치세 포함)을 현금으로 결제하고 전자세금계산서를 발급받았다. 해당 금액에 대하여 매입세액 공제대상으로 처리하였다. (3점)

문제 5 결산정리사항은 다음과 같다. 해당메뉴에 입력하시오. (9점)

[1] 구입 당시 자산으로 계상한 공장 소모품(단가 50,000원, 20개) 중 기말 현재 6개가 재고로 남아있다(사용분에 대해 비용처리 할 것). (3점)

[2] 당기 법인세비용을 7,000,000원으로 가정하여 계상한다(단, 법인세 중간예납세액은 조회하여 입력할 것). (3점)

[3] 기말 현재 보유하고 있는 감가상각대상자산은 다음과 같다. 해당 자산을 고정자산등록메뉴에 등록하고 계산된 상각범위액을 감가상각비로 반영하시오. (3점)

- 계정과목 : 기계장치
- 코드번호 : 101
- 전기말감가상각누계액 : 9,000,000원
- 내용연수 : 5년
- 취득년월일 : 2023년 7월 27일
- 취득원가 : 30,000,000원
- 경비구분 : 제조
- 감가상각방법 : 정률법

문제 6 다음 사항을 조회하여 답안을 이론문제 답안작성 메뉴에 입력하시오. (9점)

[1] 제1기 확정(4월~6월) 부가가치세 신고기간 중 카드로 매출된 공급대가는 얼마인가? (3점)

[2] 2024년 상반기(1월~6월)에 접대비(판매관리비)가 가장 많이 발생한 월과 금액은? (3점)

[3] 5월 말 현재 외상매입금 잔액이 가장 큰 거래처명과 그 금액은 얼마인가? (3점)

제6회 실무시험 연습문제

덕양상사㈜(회사코드 : 3406)는 사무용가구를 제조하여 판매하는 중소기업으로, 당기(제9기) 회계기간은 2024.1.1.~2024.12.31.이다. 전산세무회계 수험용 프로그램을 이용하여 다음 물음에 답하시오.

| 기본전제 |

문제에서 한국채택국제회계기준을 적용하도록 하는 전제조건이 없는 경우, 일반기업회계기준을 적용하여 회계처리한다.

문제 1 다음은 기초정보관리 및 전기분재무제표에 대한 자료이다. 각각의 요구사항에 대하여 답하시오. (10점)

[1] 업무용승용차를 리스하여 사용하고자 한다. 다음 자료를 계정과목및적요등록에 반영하시오. (3점)

- 코드 : 851
- 성격 : 3.경비
- 계정과목 : 차량리스료
- 현금적요 1번 : 업무용승용차 리스료

[2] 다음 자료를 보고 거래처등록 메뉴에 등록하시오. (3점)

- 거래처코드 : 01230
- 사업자등록번호 : 128-86-01280
- 종목 : 가구
- 거래처명 : ㈜백세가구
- 대표자 : 김기백
- 사업장주소 : 경기도 고양시 일산동구 강송로 14(백석동)
- 유형 : 동시
- 업태 : 도소매

※ 주소입력 시 우편번호 입력은 생략해도 무방함.

[3] 담당자의 실수로 전기 기말재공품재고액이 잘못 입력되었음이 확인되었다. 당사의 올바른 전기 기말재공품재고액은 2,500,000원이다. 이와 관련하여 관련 전기분 재무제표를 모두 수정하시오. (4점)

문제 2
다음 거래 자료를 일반전표입력 메뉴에 추가 입력하시오(일반전표입력의 모든 거래는 부가가치세를 고려하지 말 것). (18점)

입력 시 유의사항

- 일반적인 적요의 입력은 생략하지만, 타계정 대체거래는 적요번호를 선택하여 입력한다.
- 채권·채무와 관련된 거래는 별도의 요구가 없는 한 반드시 기 등록되어 있는 거래처코드를 선택하는 방법으로 거래처명을 입력한다.
- 제조경비는 500번대 계정코드를, 판매비와 관리비는 800번대 계정코드를 사용한다.
- 회계처리시 계정과목은 별도제시가 없는 한 등록되어 있는 계정과목 중 가장 적절한 과목으로 한다.

[1] 7월 22일   거래처 ㈜영동상사에서 받은 약속어음 1,350,000원의 만기가 도래하여 당좌수표로 수령하였다. (3점)

[2] 8월 3일   근로자들의 코로나19 진단 비용으로 3,000,000원을 보통예금 계좌에서 지급하였다. 이 금액 중 60%는 공장 생산직 근로자분이며 나머지는 본사 영업부 근로자분이다(단, 코로나19 진단 비용은 복리후생을 위한 성격의 지출이다). (3점)

[3] 9월 28일   국민은행으로부터 이자수익 200,000원 중 원천징수세액 15.4%를 제외한 나머지 금액인 169,200원이 보통예금 계좌로 입금되었다(단, 원천징수세액은 자산으로 처리한다). (3점)

[4] 10월 5일   수입한 원재료에 대한 관세 3,000,000원과 통관 수수료 300,000원을 인천세관에 현금으로 납부하였다. (3점)

[5] 11월 12일   보통주 10,000주를 주당 20,000원(주당 액면금액 10,000원)에 신주 발행하고, 보통예금 계좌로 발행대금 납입액 200,000,000원이 입금되었음을 확인하였다(단, 신주발행비용은 없는 것으로 가정하고, 관련 계정을 조회하여 처리할 것). (3점)

[6] 11월 16일   ㈜한국의 외상매입금 잔액 1,500,000원을 결제하기 위하여 ㈜세화로부터 받은 어음 1,500,000원을 배서양도 하였다. (3점)

 **문제 3** 다음 거래 자료를 매입매출전표입력 메뉴에 입력하시오. (18점)

> **입력 시 유의사항**
> - 일반적인 적요의 입력은 생략하지만, 타계정 대체거래는 적요번호를 선택하여 입력한다.
> - 별도의 요구가 없는 한 반드시 기 등록되어 있는 거래처코드를 선택하는 방법으로 거래처명을 입력한다.
> - 제조경비는 500번대 계정코드를, 판매비와 관리비는 800번대 계정코드를 사용한다.
> - 회계처리시 계정과목은 별도제시가 없는 한 등록되어 있는 계정과목 중 가장 적절한 과목으로 한다.
> - 입력화면 하단의 분개까지 처리하고, 전자세금계산서 및 전자계산서는 전자입력으로 반영한다.

[1] 7월 15일   거래처의 영업부 대리 이순재씨의 결혼식을 축하하기 위해 화환을 구입하고 다음의 전자계산서를 발급받았으며, 대금은 다음 달에 지급하기로 하였다. (3점)

전자계산서(공급받는자 보관용)					승인번호	20240715-21058052-11726691		
공급자	사업자등록번호	118-90-52396	종사업장번호		공급받는자	사업자등록번호	128-88-12345	종사업장번호	
	상호(법인명)	플라워24	성명(대표자)	이세영		상호(법인명)	덕양상사㈜	성명(대표자)	강성원
	사업장 주소	경기도 고양시 일산서구 가좌로1				사업장 주소	경기도 고양시 일산동구 중앙로1275번길		
	업태	소매	종목	꽃		업태	제조	종목	사무용가구
	이메일					이메일			
작성일자		공급가액		수정사유		수정사유			
2024.07.15.		220,000원							
비고									
월	일	품목	규격	수량	단가	공급가액	비고	비 고
07	15	화환				220,000원		
합계금액		현금		수표		어음		외상미수금	이 금액을 청구 함
220,000원								220,000	

[2] 8월 1일   명지기계사에 원재료 운송용 트럭(취득가액 : 35,000,000원, 전기말 감가상각누계액 : 16,500,000원)을 20,000,000원(부가가치세 별도)에 처분하고 전자세금계산서를 발급하였다. 대금은 한 달 후에 수령하기로 하였으며, 처분 시점에 감가상각은 하지 않기로 한다. (3점)

[3] 10월 22일   비사업자인 김민국씨에게 제품을 판매하고 대금을 현금으로 수취하였으며, 다음과 같이 현금영수증을 발급하였다. (3점)

```
                    덕양상사㈜
     128-88-12345              강성원
     경기도 고양시 일상동구 중앙로 1275번길    TEL : 3289-8085

                   현금(소득공제)

     구매 2024/10/22           거래번호 : 0026-0107
       상품명         수량            금액
       전자제품         1          550,000원

                              공급가액    500,000원
                              부가가치세    50,000원
                              합   계    550,000원
                              받은금액    550,000원
```

[4] 12월 1일   본사 영업부 임직원의 업무수행을 위하여 ㈜자동차로부터 승용차(6인승)를 렌트하였다. 월 이용료는 990,000원(부가가치세 포함)으로 보통예금 계좌에서 지급하고 전자세금계산서를 발급받았다. (3점)

[5] 12월 9일   공장건물 임대인인 ㈜동국개발로부터 임차료 4,400,000원(부가가치세 포함)과 공장 전기요금 770,000원(부가가치세 포함)에 대한 전자세금계산서 1매를 발급받고 당좌수표를 발행하여 지급하였다(임대차계약서상 임차료는 매월 9일에 지급하기로 약정되어 있으며, 하나의 전표로 처리할 것). (3점)

[6] 12월 30일 내국신용장에 의하여 수출용 제품의 원재료(공급가액 50,000,000원)를 ㈜한울로부터 매입하고 영세율전자세금계산서를 발급받았다. 대금 중 50%는 동사로부터 받아 보관 중이던 약속어음을 배서양도 하였고, 나머지 금액은 6개월 만기의 당사 발행 약속어음으로 지급하였다. (3점)

영세율전자세금계산서					승인번호	20241230-1208020-00014287	
공급자	사업자등록번호	387-87-01232			사업자등록번호	128-88-12345	
	상호(법인명)	㈜한울	성명(대표자)	김화영	상호(법인명)	덕양상사	성명(대표자)	강성원
	사업장 주소	서울시 관악구 봉천동 458			사업장 주소	경기도 고양시 일산동구 중앙로1275번길	
	업태	제조/도소매	종목	사무용가구	업태	제조/도소매	종목	사무용가구
	E-MAIL				E-MAIL		
작성일자	2024.12.30.	공급가액			50,000,000원		
비고							

월	일	품목	규격	수량	단가	공급가액	세액	비고
12	30	원재료				50,000,000원	0원	

합계금액	현금	수표	어음	외상미수금	이 금액을 청구 함
50,000,000원			50,000,000원		

문제 4 일반전표입력 및 매입매출전표입력 메뉴에 입력된 내용 중 다음과 같은 오류가 발견되었다. 입력된 내용을 확인하여 정정하시오. (6점)

[1] 7월 25일 매출거래처 직원에 대한 조의금 300,000원을 현금으로 지급한 것으로 처리한 거래는 당사의 공장 생산부 직원의 결혼축하금인 것으로 확인되었다. (3점)

[2] 11월 2일 중앙전자(일반과세자)로부터 부품(원재료)을 매입하면서 매입대금 132,000원(부가가치세 포함)을 현금으로 지급하고 현금영수증(사업자지출 증빙용)을 수취하였으나, 이를 분실하여 지출결의서로 일반전표에 회계처리 하였다. 이후 회사는 국세청 홈택스를 통하여 현금영수증 발급분임을 확인하였다. (3점)

문제 5 결산정리사항은 다음과 같다. 해당 메뉴에 입력하시오.   (9점)

[1] 단기차입금에 대한 미지급이자 150,000원을 계상하다.   (3점)

[2] ㈜한미은행으로부터 차입한 장기차입금 50,000,000원 중 30,000,000원은 내년 2월 16일 만기가 도래하고, 회사는 만기의 연장 없이 상환할 계획이다.   (3점)

[3] 단기대여금에 대한 당기 기간 경과분 이자 미수액 300,000원을 계상하다(이자 수령 약정일은 다음 연도 1월 20일 이다).   (3점)

문제 6 다음 사항을 조회하여 답안을 이론문제 답안작성 메뉴에 입력하시오.   (9점)

[1] 1월 말 현재 유동자산과 유동부채 간의 차액은 얼마인가? (단, 양수로 입력할 것)   (3점)

[2] 제1기 부가가치세 확정신고기간(4월~6월)의 과세표준과 납부세액은 각각 얼마인가? (3점)

[3] 5월 말 기준 ㈜세무가구에 대한 외상매입금 잔액은 얼마인가?   (3점)

제7회 실무시험 연습문제

세방상사㈜(회사코드:3407)은 부동산임대업 및 전자제품의 제조·도소매업을 영위하는 중소기업으로 당기(제10기) 회계기간은 2024.1.1.~2024.12.31.이다. 전산세무회계 수험용 프로그램을 이용하여 다음 물음에 답하시오.

| 기본전제 |

- 문제에서 한국채택국제회계기준을 적용하도록 하는 전제조건이 없는 경우, 일반기업회계기준을 적용하여 회계처리 한다.
- 문제의 풀이와 답안작성은 제시된 문제의 순서대로 진행한다.

문제 1 다음은 기초정보관리 및 전기분재무제표에 대한 자료이다. 각각의 요구사항에 대하여 답하시오. (10점)

[1] 당사는 현재 사용하고 있는 창고의 일부를 1년간 임대하기로 하고, 임차인으로부터 1년치 임대료를 현금으로 선수령하였다. 계정과목및적요등록 메뉴에서 다음 사항을 추가로 입력하시오. (3점)

- 코드 : 274
- 성격 : 2.일반
- 계정과목 : 선수임대료
- 대체적요 : 1.기간미경과 임대료 계상

[2] 신한은행에서 통장을 신규 개설하였다. 다음의 자료를 이용하여 거래처등록 메뉴에 입력하시오. (3점)

- 코드번호 : 98004
- 유형 : 정기적금
- 계좌개설일 : 2024년 11월 10일
- 계좌번호 : 413-920-769077
- 계좌개설은행/지점 : 신한은행/마곡점

[3] 거래처별 초기이월 자료를 검토하여 수정 또는 추가 입력하시오. (4점)

계정과목	거래처	금액
받을어음	㈜하늘정밀	13,300,000원
	㈜일렉코리아	11,700,000원
지급어음	㈜프로테크	14,500,000원
	㈜부흥기업	13,500,000원

문제 2

다음 거래 자료를 일반전표입력 메뉴에 추가 입력하시오(일반전표입력의 모든 거래는 부가가치세를 고려하지 말 것). (18점)

입력 시 유의사항

- 일반적인 적요의 입력은 생략하지만, 타계정 대체거래는 적요번호를 선택하여 입력한다.
- 채권·채무와 관련된 거래는 별도의 요구가 없는 한 반드시 기 등록되어 있는 거래처코드를 선택하는 방법으로 거래처명을 입력한다.
- 제조경비는 500번대 계정코드를, 판매비와 관리비는 800번대 계정코드를 사용한다.
- 회계처리시 계정과목은 별도제시가 없는 한 등록되어 있는 계정과목 중 가장 적절한 과목으로 한다.

[1] 7월 4일 공장 생산직 직원들의 업무능력 향상을 위한 외부강사 초빙교육에 따른 교육훈련비 500,000원 중 원천징수세액 16,500원을 차감한 금액을 보통예금 계좌에서 지급하였다. (3점)

[2] 7월 11일 원재료 보관용 창고의 화재와 도난에 대비하기 위하여 화재손해보험에 가입하고 3개월분 보험료 3,000,000원을 보통예금 계좌에서 이체하였다(단, 보험료는 전액 비용계정으로 회계처리한다). (3점)

[3] 7월 25일 단기투자목적으로 보유 중인 ㈜한국의 주식에 대하여 배당금 1,500,000원이 확정되었다. 배당금은 당일 당사의 보통예금 계좌로 입금되었다. (3점)

[4] 8월 16일 다음은 영업팀에서 거래처와의 식사비용을 법인카드(신한카드)로 결제하고 수령한 신용카드매출전표이다. (3점)

매 출 전 표

단말기번호 10032158		전표번호
카드종류	거래종류	결제방법
신한카드	신용구매	일시불
회원번호(Card No)	취소 시 원거래일자	
1140-2303-4255-8956		
유효기간	거래일시 2024. 08. 16.	품명
전표제출	금 액/AMOUNT	300,000원
	부 가 세/VAT	30,000원
전표매입사	봉 사 료/TIPS	
	합 계/TOTAL	330,000원
거래번호	승인번호/(Approval No.) 51874871	
가맹점	**일등참치**	
대표자	**김이등**	TEL
가맹점번호	사업자번호	126-05-00480
주소	서울 성동구 상왕십리동 514-4	
	서명(Signature) **세방상사㈜**	

[5] 8월 25일 직원 김성실에 대한 8월분 급여명세서는 다음과 같으며, 공제내역을 제외한 차인지급액을 보통예금에서 계좌 이체하여 지급하였다. (3점)

2024년 8월 급여명세서

김성실(생산부) 귀하

지급내역	기본급	1,500,000원
	자격수당	100,000원
	직무수당	130,000원
	식대	100,000원
	월차수당	70,000원
	지급총액	1,900,000원
공제내역	소득세	15,560원
	지방소득세	1,550원
	국민연금	81,000원
	건강보험	61,740원
	고용보험	14,400원
	공제총액	174,250원
	차인지급액	1,725,750원
[귀하의 노고에 감사드립니다.]		

[6] 9월 17일 유기견 보호단체에 기부금 2,500,000원을 보통예금 계좌에서 기부하였다. (3점)

문제 3 다음 거래 자료를 매입매출전표입력 메뉴에 입력하시오. (18점)

| 입력 시 유의사항 |

- 일반적인 적요의 입력은 생략하지만, 타계정 대체거래는 적요번호를 선택하여 입력한다.
- 채권·채무와 관련된 거래는 별도의 요구가 없는 한 반드시 기등록된 거래처코드를 선택하는 방법으로 거래처명을 입력한다.
- 제조경비는 500번대 계정코드를, 판매비와관리비는 800번대 계정코드를 사용한다.
- 회계처리 시 계정과목은 별도의 제시가 없는 한 등록된 계정과목 중 가장 적절한 과목으로 한다.
- 입력화면 하단의 분개까지 처리하고, 전자세금계산서 및 전자계산서는 전자입력으로 반영한다.

[1] 9월 3일 해피상사에 제품을 판매하고 다음과 같이 전자세금계산서를 발급하였다. (3점)

전자세금계산서							승인번호	20240903 - 21058052 - 11726645		
공급자	사업자등록번호	214-87-10127	종사업장번호		공급받는자	사업자등록번호	120-35-68795	종사업장번호		
	상호(법인명)	세방상사㈜	성명(대표자)	원경희		상호(법인명)	해피상사	성명(대표자)	김수은	
	사업장주소	서울시 서초구 명달로 105 (서초동)				사업장주소	서울시 마포구 상암동 331			
	업태	제조 외	종목	전자제품 외		업태	도매업	종목	컴퓨터	
	이메일					이메일				
작성일자		공급가액		세액			수정사유			
2024.09.03.		6,000,000원		600,000원						
비고										
월	일	품목	규격	수량	단가		공급가액	세액		비고
09	03	전자부품		100개	60,000원		6,000,000원	600,000원		
합계금액		현금		수표	어음		외상미수금	이 금액을	영수 / 청구	함
6,600,000원		3,300,000원					3,300,000원			

[2] 9월 25일   조아무역에 제품을 5,500,000원(부가가치세 포함)에 판매하고 신용카드(비씨카드)로 결제받았다. (3점)

[3] 10월 15일   공장의 시설보호 목적으로 CCTV 설치를 완료하고 ㈜에스콤으로부터 전자세금계산서를 발급받았다. 대금총액은 5,500,000원(부가가치세 포함)으로 당일에 500,000원을 현금으로 지급하였으며, 나머지는 10회에 걸쳐 매달 균등액을 지급하기로 하였다(단, 설비장치 계정과목을 사용하되 고정자산등록은 생략한다). (3점)

[4] 10월 20일   대만에서 원재료를 공급가액 10,000,000원(부가가치세 별도)에 수입하고 수입전자세금계산서를 인천세관장으로부터 발급받았으며, 부가가치세액을 즉시 현금으로 납부하였다(부가가치세액에 대한 회계처리만 할 것). (3점)

수입전자세금계산서					승인번호	20241020 - 111254645 - 557786		
세관명	등록번호	121-83-00561	종사업장 번호		사업자 등록번호	214-87-10127	종사업장 번호	
	세관명	인천세관	성명 (대표자)	인천세관장	공급받는자	상호 (법인명)	세방상사㈜	성명 (대표자)	원경희
	세관주소	인천광역시 중구 서해대로 339				사업장 주소	서울시 서초구 명달로 105 (서초동)		
	수입신고번호 또는 일괄발급기간(총건)	1234567890				업태	제조 외	종목	전자제품 외
						이메일			

작성일자	공급가액	세액	수정사유
2024.10.20.	10,000,000	1,000,000	해당 없음

월	일	품목	규격	수량	단가	과세표준	세액	비고
10	20	원재료				10,000,000	1,000,000	

합계금액	11,000,000원

[5] 11월 30일 ㈜리스로부터 영업직 직원들이 사용할 목적으로 업무용승용차를 리스하였다. 해당 리스는 운용리스이며, 리스계약일은 2024년 11월 30일, 리스기간은 5년 약정, 월 리스료는 800,000원이다. ㈜리스로부터 1회차 임차료(판)에 대한 전자계산서를 당일에 발급받았으며, 대금은 익월 초에 지급하기로 하였다. (3점)

[6] 12월 12일 해외거래처인 베스트인터내셔날에 제품 1,000개(1개당 $200)를 직수출하고, 대금은 외상으로 하였다. 선적일(12월 12일)의 기준환율은 1,300원/$이었다 (단, 수출신고번호 입력은 생략한다). (3점)

문제 4 일반전표입력 및 매입매출전표입력 메뉴에 입력된 내용 중 다음과 같은 오류가 발견되었다. 입력된 내용을 확인하여 정정하시오. (6점)

[1] 8월 19일 영업부서에서 소모품(비용으로 처리) 550,000원(부가가치세 포함)을 ㈜마트에서 구매하고 삼성카드로 결제하였다. 이를 제조원가의 소모품비로 회계처리 하였다. (3점)

[2] 11월 19일 한성공업에 대한 외상매출금 25,000,000원을 전액 현금으로 회수한 것으로 일반전표에 회계처리를 하였으나, 15,000,000원은 동사 발행 약속어음(만기일 2025년 6월 30일)으로 받고, 잔액만 현금으로 회수된 것으로 확인되었다. (3점)

문제 5 결산정리사항은 다음과 같다. 해당 메뉴에 입력하시오. (9점)

[1] 결산일 현재 영업부 건물에 대하여 우진화재에 지급한 화재보험료의 상세 내역이다. 단, 보험료 지급액은 전부 판매비와관리비로 처리하였으며, 보험료는 월할 계산한다. (3점)

• 보험기간 : 2024.07.01.~2025.06.30. • 보험료 납부일 : 2024.07.01. • 보험료 : 6,000,000원

[2] 12월 1일 장부상 현금보다 실제 현금 보유액이 30,000원 많은 것을 발견하여 현금과부족으로 회계처리 하였으며, 현금과부족의 원인을 기말까지 파악할 수 없다. (3점)

[3] 기말 외상매입금 계정에 미국 Rose사에 대한 외상매입금 3,300,000원($3,000)이 포함되어 있다(결산일 현재 기준환율 : 1,200원/$). (3점)

문제 6 다음 사항을 조회하여 답안을 이론문제 답안작성 메뉴에 입력하시오. (9점)

[1] 1월부터 6월까지의 현금지급액은 총 얼마인가? (3점)

[2] 2024년 4월부터 6월까지 매입전자세금계산서 매수가 가장 많은 거래처명을 입력하시오. (3점)

[3] 당사의 제1기 예정신고기간의 신용카드 사용에 따른 매입세액공제액은 얼마인가? (3점)

제8회 실무시험 연습문제

㈜통진상사(회사코드:3408)는 스포츠의류를 제조하여 판매하는 중소기업으로 당기(제9기)의 회계기간은 2024.1.1.~2024.12.31.이다. 전산세무회계 수험용 프로그램을 이용하여 다음 물음에 답하시오.

| 기본전제 |

- 문제에서 한국채택국제회계기준을 적용하도록 하는 전제조건이 없는 경우, 일반기업회계기준을 적용하여 회계처리 한다.
- 문제의 풀이와 답안작성은 제시된 문제의 순서대로 진행한다.

문제 1 다음은 기초정보관리 및 전기분재무제표에 대한 자료이다. 각각의 요구사항에 대하여 답하시오. (10점)

[1] 제품 매출을 위해 소망카드와 신용카드가맹점 계약을 하였다. 다음의 자료를 이용하여 거래처 등록 메뉴에서 거래처를 등록하시오(단, 주어진 자료 외의 다른 항목은 입력할 필요 없음). (3점)

- 코드 : 99605
- 가맹점번호 : 654800341
- 거래처명 : 소망카드
- 유형 : 매출

[2] 다음 자료를 이용하여 계정과목및적요등록 메뉴에서 계정과목을 등록하시오. (3점)

- 코드 : 855
- 성격 : 경비
- 계정과목 : 인적용역비
- 대체적요 : 1. 사업소득자 용역비 지급

[3] ㈜통진상사의 기초 채권 및 채무의 올바른 잔액은 다음과 같다. 거래처별초기이월 자료를 검토하고 오류가 있으면 삭제 또는 수정, 추가 입력하여 올바르게 정정하시오. (4점)

계정과목	거래처	금액	재무상태표 금액
외상매출금	㈜부산무역	49,000,000원	82,000,000원
	㈜영월상사	33,000,000원	
외상매입금	㈜여주기업	51,000,000원	75,800,000원
	㈜부여산업	24,800,000원	

문제 2
다음의 거래 자료를 일반전표입력 메뉴를 이용하여 입력하시오(일반전표입력의 모든 거래는 부가가치세를 고려하지 말 것). (18점)

| 입력 시 유의사항 |

- 일반적인 적요의 입력은 생략하지만, 타계정 대체거래는 적요번호를 선택하여 입력한다.
- 채권·채무와 관련된 거래는 별도의 요구가 없는 한 반드시 기 등록되어 있는 거래처코드를 선택하는 방법으로 거래처명을 입력한다.
- 제조경비는 500번대 계정코드를, 판매비와 관리비는 800번대 계정코드를 사용한다.
- 회계처리시 계정과목은 별도제시가 없는 한 등록되어 있는 계정과목 중 가장 적절한 과목으로 한다.

[1] 9월 18일 ㈜강남에 지급하여야 하는 외상매입금 2,500,000원 중 1,300,000원은 3개월 만기 약속어음을 발행하여 지급하고, 나머지는 면제받았다. (3점)

[2] 10월 13일 제품 3,000,000원을 거래처 일만상사에 판매하기로 계약하고, 계약금으로 공급대가의 20%를 일만상사 발행 당좌수표로 받다. (3점)

[3] 10월 15일 추석 명절을 맞아 다음과 같이 직원 상여금을 보통예금 계좌에서 지급하였다. (3점)

성명	부서	상여금(원)	공제액(원)			차인지급액(원)
			근로소득세	지방소득세	공제합계	
김세무	영업부	500,000	50,000	5,000	55,000	445,000
이회계	생산부	900,000	90,000	9,000	99,000	801,000
계		1,400,000	140,000	14,000	154,000	1,246,000

[4] 11월 11일 9월 30일에 열린 주주총회에서 결의했던 금전 중간배당금 2,000,000원을 보통예금으로 지급하였다(단, 9월 30일의 회계처리는 적정하게 이루어졌으며, 원천징수는 없는 것으로 가정한다). (3점)

[5] 12월 28일 사무실에서 사용할 비품으로 공기청정기를 구입하고 구입대금은 신용카드로 결제하였다(카드대금은 미지급금 계정을 사용할 것). (3점)

㈜윤서전자
사업자번호 106-81-20245
경기도 부천시 경인옛로 111
이윤서
TEL : 3385-8085
홈페이지 http://www.ys.com

카드 매출전표

구매 2024/12/28/10:46 거래번호 : 0006-0007

상품명	수량	공급대가
공기청정기(25평형) 2543655000009	1	3,000,000원
합 계		3,000,000원
받은금액		3,000,000원

*********************** 결 제 카 드 ***********************
씨티카드 5540-80**-****-**97
승인번호 : 00098867

[6] 12월 30일 ㈜통진상사는 영업부 임직원의 퇴직금에 대하여 확정급여형(DB형) 퇴직연금에 가입하고 있으며, 12월분 퇴직연금 납입액 5,500,000원을 당사 보통예금 계좌에서 이체하였다. 단, 납입액 5,500,000원 중 2%는 금융기관에 지급하는 수수료이다. (3점)

문제 3 다음의 거래 자료를 매입매출전표입력 메뉴를 이용하여 입력하시오. (18점)

| 입력 시 유의사항 |

- 일반적인 적요의 입력은 생략하지만, 타계정 대체거래는 적요번호를 선택하여 입력한다.
- 채권·채무와 관련된 거래는 별도의 요구가 없는 한 반드시 등록된 거래처코드를 선택하는 방법으로 거래처명을 입력한다.
- 제조경비는 500번대 계정코드를, 판매비와관리비는 800번대 계정코드를 사용한다.
- 회계처리 시 계정과목은 별도의 제시가 없는 한 등록된 계정과목 중 가장 적절한 과목으로 한다.
- 입력화면 하단의 분개까지 처리하고, 전자세금계산서 및 전자계산서는 전자입력으로 반영한다.

[1] 7월 25일 수출 관련 구매확인서에 근거하여 제품 10,000,000원(공급가액)을 ㈜정남에 공급하고 영세율전자세금계산서를 발급하였다. 7월 15일에 기수령한 계약금 2,000,000원을 제외한 대금은 외상으로 하였다(서류번호는 입력하지 않음). (3점)

[2] 9월 20일 주경상사에서 원재료를 매입하고 다음의 전자세금계산서를 발급받았다. (3점)

전자세금계산서

공급자	사업자등록번호	109-53-56618	종사업장번호		승인번호	20240920-1000000-00009329		
	상호(법인명)	주경상사	성명(대표자)	한수진	사업자등록번호	136-81-29187	종사업장번호	
	사업장 주소	경기도 의정부시 망월로 11			상호(법인명)	㈜통진상사	성명(대표자)	김동진
	업태	도소매	종목	의류	사업장 주소	경기도 안산시 단원구 별망로 178		
	이메일				업태	제조·도소매	종목	스포츠의류
					이메일			

작성일자	공급가액	세액	수정사유
2024.09.20.	1,300,000원	130,000원	해당 없음
비고			

월	일	품목	규격	수량	단가	공급가액	세액	비고
9	20	원단		100	13,000원	1,300,000원	130,000원	

합계금액	현금	수표	어음	외상미수금	이 금액을	영수 청구	함
1,430,000원	1,000,000원		430,000원				

[3] 10월 26일 영업사원을 대상으로 직장 내 성희롱 예방교육을 실시하고, ㈜예인으로부터 전자계산서를 발급받았다. 대금 1,650,000원은 보통예금에서 이체하였다. (3점)

[4] 11월 11일 독일 왓츠자동차로부터 5인승 업무용 승용차(3,000㏄)를 수입하면서 인천세관장으로부터 수입전자세금계산서를 다음과 같이 수취하고, 부가가치세는 당좌수표를 발행하여 즉시 납부하다(부가가치세만 회계처리할 것). (3점)

수입전자세금계산서

세관명	사업자등록번호	128-88-12345	종사업장번호		승인번호	20241111-1000000-00009329		
	세관명	인천세관	성명(대표자)	인천세관장	사업자등록번호	136-81-29187	종사업장번호	
	세관 주소	인천광역시 남동구 구월남로 129			상호(법인명)	㈜통진상사	성명(대표자)	김동진
	수입신고번호 또는 일괄발급기간(총건)				사업장 주소	경기도 안산시 단원구 별망로 178		
					업태	제조·도소매	종목	스포츠의류
					이메일			

작성일자	과세표준	세액	수정사유
2024.11.11.	88,000,000원	8,800,000원	해당 없음
비고			

월	일	품목	규격	수량	단가	과세표준	세액	비고
11	11	승용차(3000cc)				88,000,000원	8,800,000원	

합계금액	96,800,000원

[5] 12월 7일 영업부에서 회식을 하고 법인체크카드(하나카드)로 결제하자마자 바로 보통예금에서 인출되었다. (3점)

```
단말기번호                  전표번호
502252251                 120724128234
카드종류
하나카드                    신용승인
카드번호
9451-1122-1314-1235
판매일자
2024/12/07  11:12:36
거래구분                    금액        400,000원
일시불                      세금         40,000원
은행확인                    봉사료            0원
하나카드                    합계        440,000원
판매자
대표자                      이성수
사업자등록번호              875-03-00273
가맹점명                    명량
가맹점주소
경기도 화성시 마도면 마도로620번길 79
                           서명
                           ㈜통진상사
```

[6] 12월 30일 개인사업자인 미래회계학원에 제품을 현금으로 판매하고 다음과 같은 현금영수증을 발급하였다(단, 거래처를 입력할 것). (3점)

```
                ㈜통진상사
      사업자번호 136-81-29187       김동진
      경기도 안산시 단원구 별망로 178   TEL : 031-3289-8085
                현금(지출증빙)
구매 2024/12/30/10:46          거래번호 : 0026-0107
    상품명          수량          금액
    패딩셋트         3set      6,600,000원
                   과 세 물 품 가 액   6,000,000원
                   부     가     세     600,000원
                   합           계   6,600,000원
                   승   인   금   액   6,600,000원
```

문제 4
일반전표입력 및 매입매출전표입력 메뉴에 입력된 내용 중 다음과 같은 오류가 발견되었다. 입력된 내용을 확인하여 삭제, 수정 또는 추가 입력하여 오류를 정정하시오. (6점)

[1] 12월 10일 공장의 창문이 파손되어 유리창을 교체하면서 800,000원(부가가치세 별도)을 ㈜글라스에 자기앞수표로 지급하고 전자세금계산서를 수령하였다. 이는 수익적 지출에 해당하나 자본적 지출로 잘못 회계처리 하였다. (3점)

[2] 12월 18일 영업부 사무실의 수도광열비 74,500원을 현금으로 지급한 것으로 회계처리하였으나, 이는 제품 제조공장에서 발생한 전기요금으로 확인되었다. (3점)

문제 5
결산정리사항은 다음과 같다. 해당 메뉴에 입력하시오. (9점)

[1] 결산일 현재 현금과부족에 대한 원인을 확인한 결과 영업부 직원의 출장경비 영수증이 누락된 것으로 판명되어 해당 직원으로부터 아래의 영수증을 제출받았다(출장경비는 여비교통비 계정을 사용할 것). (3점)

지방모텔
사업자번호 106-28-20180 이지안
강원도 삼척시 세멘로 24 TEL : 3285-8083
영수증

상품명	수량	금액
일반실	2	140,000원
합 계		140,000원
받은금액		140,000원

이지방맛집
사업자번호 106-11-10175 이지방
강원도 삼척시 동굴로 33 TEL : 3285-3085
영수증

상품명	수량	금액
송이전골	3	90,000원
합 계		90,000원
받은금액		90,000원

[2] 11월 25일 미국 K사로부터 차입한 외화장기차입금 36,000,000원($30,000)에 대하여 결산일 현재의 기준환율 1,150원/$을 적용하여 평가하다. (3점)

[3] 12월 31일 결산일 현재 재고자산의 기말재고액은 다음과 같다(단, 전표입력의 구분은 5:결산차변 또는 6:결산대변으로 입력할 것). (3점)

- 원재료 : 4,400,000원
- 재공품 : 5,000,000원
- 제품 : 5,600,000원

문제 6 다음 사항을 조회하여 답안을 이론문제 답안작성 메뉴에 입력하시오. (9점)

[1] 제1기 부가가치세 예정신고에 반영된 내용 중 3월 현금영수증 발행분 매출의 공급가액은 얼마인가? (3점)

[2] 상반기(1월~6월) 중 외상매출금이 가장 많이 감소한 거래처와 그 금액은 얼마인가? (3점)

[3] 4월 중 현금으로 지급한 도서인쇄비(판매비및일반관리비)의 금액은 얼마인가? (3점)

제9회 실무시험 연습문제

㈜금왕전자(회사코드:3409)는 전자제품을 제조하여 판매하는 중소기업으로, 당기(제10기)의 회계기간은 2024.1.1.~2024.12.31.이다. 전산세무회계 수험용 프로그램을 이용하여 다음 물음에 답하시오.

기본전제

- 문제에서 한국채택국제회계기준을 적용하도록 하는 전제조건이 없는 경우, 일반기업회계기준을 적용하여 회계처리 한다.
- 문제의 풀이와 답안작성은 제시된 문제의 순서대로 진행한다.

문제 1   다음은 기초정보관리 및 전기분재무제표에 대한 자료이다. 각각의 요구사항에 대하여 답하시오. (10점)

[1] 다음의 자료를 이용하여 거래처등록 메뉴에서 신규거래처를 등록하시오(단, 주어진 자료 외의 다른 항목은 입력할 필요 없음). (3점)

- 거래처코드 : 7171
- 대표자성명 : 이부천
- 사업자등록번호 : 129-86-78690
- 사업장 주소 : 인천광역시 계양구 경명대로 1077 로얄프라자 201호(계산동)
  (단, 주소 입력 시 우편번호 입력은 생략함.)
- 거래처명 : ㈜천천상사
- 유형 : 매출
- 업태 : 도매
- 종목 : 전자제품

[2] ㈜금왕전자의 기초 채권 및 채무의 올바른 잔액은 다음과 같다. 거래처별초기이월 자료를 검토하여 오류가 있으면 삭제 또는 수정, 추가 입력하여 올바르게 정정하시오. (3점)

계정과목	거래처	금액
외상매출금	㈜대전전자	3,000,000원
	㈜목포전자	2,000,000원
외상매입금	손오공상사	1,500,000원
	사오정산업	800,000원
받을어음	㈜대구전자	300,000원

[3] 전기분 손익계산서를 검토한 결과 다음과 같은 오류가 발견되었다. 전기분재무상태표, 전기분 손익계산서, 전기분원가명세서, 전기분잉여금처분계산서 중 관련된 부분을 수정하시오. (4점)

계정과목	틀린 내용	올바른 내용
소모품비	판매비와관리비로 2,000,000원을 과대계상함	제조원가로 2,000,000원을 추가 반영할 것

문제 2
다음의 거래 자료를 일반전표입력 메뉴를 이용하여 입력하시오(일반전표입력의 모든 거래는 부가가치세를 고려하지 말 것). (18점)

입력 시 유의사항
- 일반적인 적요의 입력은 생략하지만, 타계정 대체거래는 적요번호를 선택하여 입력한다.
- 채권·채무와 관련된 거래는 별도의 요구가 없는 한 반드시 기 등록되어 있는 거래처코드를 선택하는 방법으로 거래처명을 입력한다.
- 제조경비는 500번대 계정코드를, 판매비와 관리비는 800번대 계정코드를 사용한다.
- 회계처리시 계정과목은 별도제시가 없는 한 등록되어 있는 계정과목 중 가장 적절한 과목으로 한다.

[1] 7월 20일 회사가 보유하고 있던 매도가능증권(투자자산)을 다음과 같은 조건으로 처분하고 대금은 보통예금으로 회수하였다(단, 전기의 기말평가는 일반기업회계기준에 따라 처리하였다). (3점)

취득가액	2023년 말 공정가치	처분가액	비고
24,000,000원	28,000,000원	29,000,000원	시장성이 있다.

[2] 9월 26일 창고에 보관 중인 원재료 550,000원(원가)을 공장에서 사용 중인 기계장치의 수리를 위하여 사용하였다. (3점)

[3] 11월 4일 세금계산서를 발급할 수 없는 간이과세자인 일백토스트에서 공장 생산직 직원들의 간식용 토스트를 주문하였다. 대금은 현금으로 지급하고, 아래와 같은 영수증을 받았다(일반전표에 입력할 것). (3점)

```
                    일백토스트
        사업자번호 121-15-12340           김일백
        경기도 이천시 가좌로1번길        TEL : 031-400-1158
               홈페이지 http://www.kacpta.or.kr
                  현금(지출증빙용)
        구매 2024/11/04/10:06              거래번호 : 150
         상품명          단가      수량        금액
         햄토스트       2,500원     4        10,000원
         치즈토스트     2,000원     5        10,000원
                       합      계           20,000원
                       받 은 금 액          20,000원
```

[4] 11월 5일 전기에 대손이 확정되어 대손충당금과 상계처리하였던 ㈜대전전자의 외상매출금 500,000원이 회수되어 당사의 보통예금 계좌에 입금되었다. (3점)

[5] 11월 8일 기계장치 구입으로 인하여 부가가치세 제2기 예정신고기간에 발생한 부가가치세 환급금 10,300,000원이 보통예금 계좌로 입금되었다. 부가가치세 제2기 예정신고기간의 부가가치세 환급금은 미수금으로 회계처리를 하였다. (3점)

[6] 11월 30일 해외거래처인 ACE에 수출(선적일 : 11월 1일)한 제품에 대한 외상매출금 $2,000를 회수하였다. 외화로 회수한 외상매출금은 즉시 원화로 환전하여 당사 보통예금 계좌에 입금하였다. (3점)

- 2024년 11월 1일 환율 : 1,100원/$
- 2024년 11월 30일 환율 : 1,150원/$

문제 3 다음의 거래 자료를 매입매출전표입력 메뉴를 이용하여 입력하시오. (18점)

입력 시 유의사항

- 일반적인 적요의 입력은 생략하지만, 타계정 대체거래는 적요번호를 선택하여 입력한다.
- 채권·채무와 관련된 거래는 별도의 요구가 없는 한 반드시 기등록된 거래처코드를 선택하는 방법으로 거래처명을 입력한다.
- 제조경비는 500번대 계정코드를, 판매비와관리비는 800번대 계정코드를 사용한다.
- 회계처리 시 계정과목은 별도의 제시가 없는 한 등록된 계정과목 중 가장 적절한 과목으로 한다.
- 입력화면 하단의 분개까지 처리하고, 전자세금계산서 및 전자계산서는 전자입력으로 반영한다.

[1] 10월 16일 ㈜한국마트에서 대표이사 신윤철이 업무와 무관하게 개인적으로 이용하기 위하여 노트북 1대를 2,500,000원(부가가치세 별도)에 외상으로 구매하고 전자세금계산서를 받았다(단, 거래처를 입력할 것).   (3점)

전자세금계산서				승인번호	20241016 - 15454645 - 58811886		
공급자	등록번호	105-81-23608	종사업장번호	공급받는자	등록번호	126-87-10121	종사업장번호
	상호(법인명)	㈜한국마트	성명 한만군		상호(법인명)	㈜금왕전자	성명 신윤철
	사업장주소	서울특별시 동작구 여의대방로 28			사업장주소	경기도 이천시 가좌로1번길 21-26	
	업태	도소매	종목 전자제품		업태	제조도소매	종목 전자제품
	이메일				이메일		
					이메일		

작성일자	공급가액	세액	수정사유	비고
2024-10-16	2,500,000원	250,000원	해당 없음	

월	일	품목	규격	수량	단가	공급가액	세액	비고
10	16	노트북		1	2,500,000원	2,500,000원	250,000원	

합계금액	현금	수표	어음	외상미수금	위 금액을 (**청구**) 함
2,750,000원				2,750,000원	

[2] 10월 21일 ㈜송송유통에 제품을 판매하고 다음과 같이 전자세금계산서를 발급하였다. 판매대금 중 10,000,000원은 지주상사가 발행한 어음으로 받았고, 나머지는 다음 달에 받기로 하였다.   (3점)

전자세금계산서				승인번호	20241021 - 15454645 - 58811886		
공급자	등록번호	126-87-10121	종사업장번호	공급받는자	등록번호	110-81-19066	종사업장번호
	상호(법인명)	㈜금왕전자	성명 신윤철		상호(법인명)	㈜송송유통	성명 이송
	사업장주소	경기도 이천시 가좌로1번길 21-26			사업장주소	서울특별시 강남구 강남대로 30	
	업태	제조,도소매	종목 전자제품		업태	도소매	종목 전자제품
	이메일				이메일		
					이메일		

작성일자	공급가액	세액	수정사유	비고
2024-10-21	40,000,000원	4,000,000원	해당 없음	

월	일	품목	규격	수량	단가	공급가액	세액	비고
10	21	전자제품				40,000,000원	4,000,000원	

합계금액	현금	수표	어음	외상미수금	위 금액을 (**청구**) 함
44,000,000원			10,000,000원	34,000,000원	

[3] 11월 2일 ㈜이에스텍으로부터 공장 시설보호를 목적으로 CCTV 설치를 완료하고 전자세금계산서를 발급받았다. 대금총액 3,300,000원(부가가치세 포함) 중 현금으로 300,000원을 지급하였고, 나머지는 10회에 걸쳐 매달 말 균등 지급하기로 하였다(계정과목은 시설장치 과목을 사용할 것). (3점)

[4] 11월 27일 당사는 본사의 사옥을 신축할 목적으로 기존 건물이 있는 토지를 취득하고 즉시 건물을 철거한 후 ㈜철거로부터 전자세금계산서를 발급받았다. 구건물 철거 비용 33,000,000원(공급가액 30,000,000원, 세액 3,000,000원) 중 15,000,000원은 보통예금으로 지급하고, 나머지는 외상으로 하였다. (3점)

[5] 12월 1일 개인 소비자인 권지우씨에게 제품을 2,400,000원(부가가치세 별도)에 판매하고, 판매대금은 신용카드로 결제받았다. 단, 신용카드에 의한 판매는 매출채권으로 처리한다. (3점)

```
카드매출전표
------------------------------
카 드 종 류 : 국민카드
회 원 번 호 : 2224 - 1222 - **** - 1345
거 래 일 시 : 2024.12.1. 16:05:16
거 래 유 형 : 신용승인
매  출  액 : 2,400,000원
부 가 세 액 :   240,000원
합  계  액 : 2,640,000원
결 제 방 법 : 일시불
승 인 번 호 : 71999995
은 행 확 인 : 국민은행
가 맹 점 명 : ㈜금왕전자
------------------------------
    - 이 하 생 략 -
```

[6] 12월 20일 미국 소재 법인 dongho와 8월 4일 직수출 계약을 체결한 제품 $5,000의 선적을 완료하고, 수출대금은 차후에 받기로 하였다. 직수출 계약일의 기준환율은 1,180원/$, 선적일의 기준환율은 1,185원/$이다(수출신고번호 입력은 생략함). (3점)

문제 4
일반전표입력 및 매입매출전표입력 메뉴에 입력된 내용 중 다음과 같은 오류가 발견되었다. 입력된 내용을 확인하여 수정 또는 삭제, 추가 입력하여 오류를 정정하시오. (6점)

[1] 8월 25일   제1기 확정신고기간의 부가가치세 납부세액과 가산세 162,750원을 보통예금으로 납부하고 일반전표에서 세금과공과(판)로 회계처리 하였다. 단, 6월 30일의 부가가치세 회계처리를 확인하고, 가산세는 세금과공과(판)로 처리하시오. (3점)

[2] 10월 17일   ㈜이플러스로부터 구매한 스피커의 대금 2,200,000원을 보통예금 계좌에서 이체하고 일반전표에서 상품으로 회계처리 하였으나, 사실은 영업부 사무실에서 업무용으로 사용할 목적으로 구입하고 지출증빙용 현금영수증을 발급받은 것으로 확인되었다. 회사는 이를 비품으로 처리하고 매입세액공제를 받으려고 한다. (3점)

문제 5
결산정리사항은 다음과 같다. 해당 메뉴에 입력하시오. (9점)

[1] 외상매입금 계정에는 중국에 소재한 거래처 상하이에 대한 외상매입금 2,200,000원($2,000)이 포함되어있다(결산일 현재 적용환율 : 1,120원/$). (3점)

[2] 7월 1일 전액 비용으로 회계처리한 보험료(제조부문 : 2,400,000원, 영업부문 : 1,500,000원)는 1년분(2024.7.1.~2025.6.30.) 보험료를 일시에 지급한 것으로, 보험료는 월할계산 한다. (3점)

[6] 9월 15일 가수금으로 처리한 2,550,000원에 대한 원인을 조사한 결과, 그 중 2,530,000원은 ㈜인천의 외상매출금을 회수한 것으로 밝혀졌다. 나머지 금액은 결산일 현재까지 그 차이의 원인을 알 수 없어 당기 수익(영업외수익)으로 처리하였다. (3점)

문제 6 다음 사항을 조회하여 답안을 이론문제 답안작성 메뉴에 입력하시오. (9점)

[1] 1분기(1월~3월) 중 제품매출이 가장 많은 달(月)과 가장 적은 달(月)의 차이는 얼마인가? (단, 음수로 입력하지 말 것) (3점)

[2] 부가가치세 제1기 예정신고기간(1월~3월) 중 신용카드로 매입한 사업용 고정자산의 공급가액은 얼마인가? (3점)

[3] 6월 중 한일상회에서 회수한 외상매출금은 얼마인가? (3점)

제10회 실무시험 연습문제

㈜일진자동차(회사코드:3410)는 자동차특장을 제조하여 판매하는 중소기업으로, 당기(제9기)의 회계기간은 2024.1.1.~2024.12.31.이다. 전산세무회계 수험용 프로그램을 이용하여 다음 물음에 답하시오.

기본전제

- 문제에서 한국채택국제회계기준을 적용하도록 하는 전제조건이 없는 경우, 일반기업회계기준을 적용하여 회계처리 한다.
- 문제의 풀이와 답안작성은 제시된 문제의 순서대로 진행한다.

문제 1

다음은 기초정보관리 및 전기분재무제표에 대한 자료이다. 각각의 요구사항에 대하여 답하시오. (10점)

[1] 다음은 ㈜일진자동차의 사업자등록증이다. 회사등록 메뉴에 입력된 내용을 검토하여 누락분은 추가입력하고 잘못된 부분은 정정하시오(주소입력 시 우편번호는 입력하지 않아도 무방함). (3점)

사업자등록증
(법인사업자)

등록번호 : 134-86-81692

법 인 명 (단 체 명) : ㈜일진자동차
대　　표　　자 : 김일진

개 업 연 월 일 : 2016년 05월 06일　법인등록번호 : 110111-1390212
사 업 장 소 재 지 : 경기도 화성시 송산면 마도북로 40

본 점 소 재 지 : 경기도 화성시 송산면 마도북로 40
사 업 의 종 류 : 업태 제조업　　　　종목 자동차특장
발　급　사　유 : 신규

사업자 단위 과세 적용사업자 여부 : 여( ) 부(V)
전자세금계산서 전용 전자우편주소 :

2016 년 05 월 04 일
화 성 세 무 서 장

[2] 다음 자료를 이용하여 아래의 계정과목에 대한 적요를 추가로 등록하시오. (3점)

- 계정과목 : 831. 수수료비용
- 현금적요 : (적요NO. 8) 오픈마켓 결제대행 수수료

[3] 전기분 재무제표 중 아래의 계정과목에서 다음과 같은 오류를 발견하였다. 수정 후 잔액이 되도록 적절하게 관련 재무제표를 모두 수정하시오. (4점)

부서	계정과목	수정 전 잔액	수정 후 잔액
영업부	수도광열비	3,300,000원	2,750,000원
생산부	가스수도료	7,900,000원	8,450,000원

문제 2

다음의 거래 자료를 일반전표입력 메뉴를 이용하여 입력하시오(일반전표입력의 모든 거래는 부가가치세를 고려하지 말 것). (18점)

입력 시 유의사항

- 일반적인 적요의 입력은 생략하지만, 타계정 대체거래는 적요번호를 선택하여 입력한다.
- 채권·채무와 관련된 거래는 별도의 요구가 없는 한 반드시 기 등록되어 있는 거래처코드를 선택하는 방법으로 거래처명을 입력한다.
- 제조경비는 500번대 계정코드를, 판매비와 관리비는 800번대 계정코드를 사용한다.
- 회계처리시 계정과목은 별도제시가 없는 한 등록되어 있는 계정과목 중 가장 적절한 과목으로 한다.

[1] 7월 30일   제품을 판매하고 ㈜초코로부터 받은 약속어음 5,000,000원을 만기가 도래하기 전에 보람은행에 할인하고, 할인료 30,000원을 차감한 후 보통예금 계좌로 입금되었다(단, 매각거래로 처리한다). (3점)

[2] 8월 10일   7월분 국민연금보험료를 현금으로 납부하였다. 납부한 총금액은 540,000원이며, 이 중 50%는 직원 부담분이고, 나머지 50%는 회사부담분(제조부문 직원분:180,000원, 관리부문 직원분:90,000원)이다. 단, 회사부담분은 세금과공과로 처리한다. (3점)

[3] 9월 26일   우리은행에 예치한 정기예금 50,000,000원의 만기일이 도래하여 정기예금 이자에 대한 원천징수세액을 차감한 후 보통예금 계좌로 입금되었다(단, 원천징수세액은 자산으로 처리한다). (3점)

```
확인증(입금증, 영수증, 계산서, 전자통장거래확인증 등 겸용)                    우리은행

                        해지계산서(영수증 겸용)
    성      명 : ㈜일진자동차              발 행 일 자 : 2024-09-26
    계 좌 번 호 : 1563-1254-6856-933       구      분 : 만기후해지
    신 규 일 자 : 2023-09-26              만 기 일 자 : 2024-09-26
    기      간 : 365일                   적 용 금 리 : 1.00%
    계 산 내 역  *해 지 원 금 :    ₩50,000,000
              *이 자 합 계 :       ₩500,000
              *지 급 이 자 :       ₩500,000   *기지급이자 :        ₩0
              *총  세  액 :        ₩77,000   *공 제 세 액 :    ₩77,000
              *소득/법인세 :        ₩70,000   *지방소득세 :     ₩7,000
              *실 지 급 액 :    ₩50,423,000

우리은행            항상 저희 우리은행을 이용해주셔서 감사합니다.
```

[4] 10월 26일 주당 발행금액 6,000원에 유상증자를 실시하여 신주 10,000주(주당 액면금액 5,000원)를 발행하였으며, 주금납입액은 보통예금 계좌에 입금되었다. 단, 증자 전 주식할인발행차금 계정의 잔액은 1,000,000원이다. (3점)

[5] 10월 29일 아주중고로부터 매입한 원재료에 대한 매입운임 50,000원을 현금으로 지급하였다. (3점)

[6] 11월 8일 제조부문이 사용하고 있는 건물의 증축공사에서 발생한 인건비 15,000,000원을 보통예금 계좌에서 이체하여 지급하였다(단, 해당 비용은 자본적지출에 해당하며, 해당 인건비에 대해 원천징수를 하지 않는다고 가정한다). (3점)

문제 3 다음의 거래 자료를 매입매출전표입력 메뉴를 이용하여 입력하시오. (18점)

| 입력 시 유의사항 |

- 일반적인 적요의 입력은 생략하지만, 타계정 대체거래는 적요번호를 선택하여 입력한다.
- 채권·채무와 관련된 거래는 별도의 요구가 없는 한 반드시 기등록된 거래처코드를 선택하는 방법으로 거래처명을 입력한다.
- 제조경비는 500번대 계정코드를, 판매비와관리비는 800번대 계정코드를 사용한다.
- 회계처리 시 계정과목은 별도의 제시가 없는 한 등록된 계정과목 중 가장 적절한 과목으로 한다.
- 입력화면 하단의 분개까지 처리하고, 전자세금계산서 및 전자계산서는 전자입력으로 반영한다.

[1] 9월 30일   제조부문이 사용하는 기계장치의 원상회복을 위한 수선을 하고 수선비 330,000원을 전액 하나카드로 결제하고 다음의 매출전표를 수취하였다(미지급금으로 회계처리 할 것). (3점)

매출전표

단말기번호	11213692	전표번호	234568
카드종류		거래종류	결제방법
하나카드		신용구매	일시불
회원번호(Card No)		취소시 원거래일자	
4140-0202-3245-9959			
유효기간		거래일시	품명
2026.12.31.		2024.09.30.	기계수선
전표제출		금 액/AMOUNT	300,000
		부 가 세/VAT	30,000
전표매입사		봉 사 료/TIPS	
		합 계/TOTAL	330,000
거래번호		승인번호/(Approval No.) 98421147	

가 맹 점   ㈜다고쳐
대 표 자   김세무   TEL   031-628-8624
가맹점번호 3685062   사업자번호 204-19-76690
주   소   경기 성남시 수정구 고등동 525-5
서명(Signature) ㈜일진자동차

[2] 10월 11일   아재자동차로부터 원재료 운반용 화물자동차를 매입하고 전자세금계산서를 발급받았으며, 대금 중 3,300,000원은 보관 중인 ㈜삼진의 약속어음을 배서하여 지급하고, 잔액은 외상으로 하였다. (3점)

전자세금계산서

승인번호: 20241011-1000000-00009329

	공급자			공급받는자	
등록번호	519-15-00319	종사업장번호	등록번호	134-86-81692	종사업장번호
상호(법인명)	아재자동차	성명 김아재	상호(법인명)	㈜일진자동차	성명 김일진
사업장주소			사업장주소	경기도 화성시 송산면 마도북로 40	
업태	제조도소매	종목 자동차, 부품	업태	제조	종목 자동차특장
이메일			이메일		

작성일자	공급가액	세액	수정사유	비고
2024-10-11	6,000,000원	600,000원	해당 없음	

월	일	품목	규격	수량	단가	공급가액	세액	비고
10	11	화물자동차				6,000,000원	600,000원	

합계금액	현금	수표	어음	외상미수금	위 금액을 (영수) 함 (청구)
6,600,000원			3,300,000원	3,300,000원	

[3] 10월 15일 미국에 소재한 ANGEL사로부터 수입한 원재료에 대하여 수입전자세금계산서 (공급가액 5,000,000원, 부가가치세 500,000원)를 인천세관으로부터 발급받고, 이에 관한 부가가치세를 보통예금 계좌에서 이체하였다. (3점)

[4] 11월 4일 ㈜삼양안전으로부터 제조부문에서 사용할 안전용품을 구입하고 아래의 전자세금계산서를 발급받았다. 소모품(자산) 계정을 사용하여 회계처리한다. (3점)

전자세금계산서

승인번호			20241104-1000000-00009331			

	등록번호	109-81-33618	종사업장번호			등록번호	134-86-81692	종사업장번호	
공급자	상호(법인명)	㈜삼양안전	성명	이수진	공급받는자	상호(법인명)	㈜일진자동차	성명	김일진
	사업장주소	경기도 의정부시 부자로 11				사업장주소	경기도 화성시 송산면 마도북로 40		
	업태	도소매	종목	목재		업태	제조	종목	자동차특장
	이메일					이메일			
						이메일			

작성일자	공급가액	세액	수정사유	비고
2024-11-04	1,600,000원	160,000원	해당 없음	

월	일	품목	규격	수량	단가	공급가액	세액	비고
11	04	안전용품				1,600,000원	160,000원	

합계금액	현금	수표	어음	외상미수금	위 금액을 **(영수)** 함 **(청구)**
1,760,000원	300,000원			1,460,000원	

[5] 11월 14일 제조부문에서 사용하던 기계장치(취득원가 50,000,000원, 감가상각누계액 43,000,000원)를 인천상사에 5,000,000원(부가가치세 별도)에 매각하면서 전자세금계산서를 발급하였으며, 대금 중 부가가치세는 현금으로 받고, 나머지는 전액 인천상사가 발행한 약속어음으로 수령하였다. (3점)

[6] 11월 22일 매출처인 ㈜성남의 야유회에 증정할 물품으로 미래마트에서 음료수 550,000원(부가가치세 포함)을 구입하고 전자세금계산서를 발급받고, 대금은 보통예금 계좌에서 이체하여 지급하였다. (3점)

문제 4
일반전표입력 및 매입매출전표입력 메뉴에 입력된 내용 중 다음과 같은 오류가 발견되었다. 입력된 내용을 확인하여 수정 또는 삭제, 추가 입력하여 오류를 정정하시오. (6점)

[1] 7월 3일 ㈜한성전자의 부도로 미수금 잔액 10,000,000원이 회수불능되어 전액 대손 처리하였으나, 확인 결과 ㈜한성전자의 미수금이 아니라 ㈜성한전기의 미수금이며, 부도 시점에 미수금에 대한 대손충당금 잔액 1,000,000원이 있었던 것으로 확인된다. (3점)

[2] 11월 29일 일시 보유목적으로 시장성 있는 태평상사의 주식 100주를 주당 10,000원에 취득하면서 취득과정에서 발생한 수수료 10,000원도 취득원가로 회계처리 하였다. (3점)

문제 5
결산정리사항은 다음과 같다. 해당 메뉴에 입력하시오. (9점)

[1] 국민은행의 정기예금에 대한 기간경과분 이자수익을 인식하다(단, 월할로 계산할 것). (3점)

• 예금금액 : 60,000,000원	• 예금기간 : 2년(2024.10.01.~2026.09.30.)
• 연이자율 : 2%	• 이자지급일 : 연 1회(매년 9월 30일)

[2] 10월 5일 영업부문에서 사용할 소모품 500,000원을 구입하고 자산으로 회계처리 하였다. 결산일 현재 소모품 사용액은 350,000원이다. (3점)

[3] 결산일 현재 외상매출금 잔액의 1%에 대하여 대손이 예상된다. 보충법에 의하여 대손충당금 설정 회계처리를 하시오(단, 대손충당금 설정에 필요한 정보는 관련 데이터를 조회하여 사용할 것). (3점)

문제 6 다음 사항을 조회하여 답안을 이론문제 답안작성 메뉴에 입력하시오. (9점)

[1] 제1기 부가가치세 확정신고기간(4월~6월) 중 매입세액을 공제받지 않은 공급가액은 얼마인가? (3점)

[2] 제1기 부가가치세 예정신고기간(1월~3월)과 확정신고기간(4월~6월)의 매출세금계산서 발급매수의 차이는 얼마인가? (단, 답이 음수인 경우에도 양수로 입력한다.) (3점)

[3] 4월(4월 1일~4월 30일) 중 외상매출금 회수액은 얼마인가? (3점)

PART 07
실전모의고사
(이론과 실무)

제 1 회 실전모의고사(이론과 실무)
제 2 회 실전모의고사(이론과 실무)
제 3 회 실전모의고사(이론과 실무)
제 4 회 실전모의고사(이론과 실무)
제 5 회 실전모의고사(이론과 실무)

제1회 실전모의고사

이론시험

다음 문제를 보고 알맞은 것을 골라 답안저장 메뉴화면에 입력하시오.(객관식 문항당 2점)

| 기본전제 |
문제에서 한국채택국제회계기준을 적용하도록 하는 전제조건이 없는 경우, 일반기업회계기준을 적용하여 회계처리한다.

01. 다음 중 재무상태표의 명칭과 함께 기재해야 하는 사항이 아닌 것은?
① 기업명
② 보고기간종료일
③ 금액단위
④ 회계기간

02. 다음 중 현금및현금성자산으로 분류되는 금액은?

- 수입인지 : 50,000원
- 우 표 : 50,000원
- 배당금지급통지표 : 50,000원
- 만기 120일 양도성예금증서 : 200,000원
- 선일자수표 : 100,000원
- 타인발행 자기앞수표 : 100,000원

① 100,000원
② 150,000원
③ 200,000원
④ 250,000원

03. 다음 중 자본조정 항목이 아닌 것은?
① 자기주식처분손실
② 감자차손
③ 주식발행초과금
④ 자기주식

04. 다음 중 무형자산에 대한 설명으로 옳지 않은 것은?
① 무형자산을 최초로 인식할 때에는 원가로 측정한다.
② 내부적으로 창출한 무형자산의 창출과정은 연구단계와 개발단계로 구분한다.
③ 무형자산의 상각기간은 독점적, 배타적인 권리를 부여하고 있는 관계 법령이나 계약에 정해진 경우를 제외하고는 20년을 초과할 수 없다.
④ 무형자산을 창출하기 위한 과정을 연구단계와 개발단계로 구분할 수 없는 경우에는 모두 개발단계에서 발생한 것으로 본다.

05. 다음 자료를 이용하여 외상매입금의 기초잔액을 계산하면 얼마인가?

- 외상매입금 지급액 : 5,000,000원
- 외상매입금 순매입액 : 4,000,000원
- 기말 외상매입금 : 1,400,000원
- 외상매입금 총매입액 : 4,200,000원

① 1,200,000원
② 1,400,000원
③ 1,500,000원
④ 2,400,000원

06. 다음 거래를 분개할 때 사용되지 않은 계정과목은?

비업무용 토지를 7,000,000원에 구입하였다. 먼저 지급한 계약금 700,000원을 차감한 잔액 중 50%는 타사가 발행한 당좌수표로, 나머지는 약속어음을 발행하여 지급하다.

① 선급금
② 지급어음
③ 미지급금
④ 현금

07. 다음의 회계거래 중에서 자본총액에 변동이 없는 것은?

① 유상증자를 실시하다.
② 현금배당을 주주총회에서 결의하다.
③ 발행주식 중 일부를 유상으로 소각하다.
④ 결의했던 현금배당을 지급하다.

08. 다음은 (주)한국이 당기(1기)에 구입하여 보유하고 있는 단기매매증권이다. 당기(1기)말에 단기매매증권 평가가 당기손익에 미치는 영향은 얼마인가?

종 류	액면가액	취득가액	공정가액
(주)한강	100,000원	200,000원	150,000원
(주)금강	200,000원	150,000원	200,000원

① 없음
② 이익 50,000원
③ 손실 50,000원
④ 이익 100,000원

09. 다음에서 설명하고 있는 원가행태는 무엇인가?

특정범위의 조업도 수준(관련범위)에서는 일정한 금액이 발생하지만, 관련범위를 벗어나면 원가총액이 일정액만큼 증가 또는 감소하는 원가를 말한다.

① 준변동비(준변동원가) ② 변동비(변동원가)
③ 고정비(고정원가) ④ 준고정비(준고정원가)

10. 다음은 보조부문원가를 제조부문에 배부하는 내용이다. 무엇에 대한 설명인가?

보조부문원가를 보조부문의 배부순서를 정하여 한 번만 다른 보조부문과 제조부문에 배부한다.

① 직접배부법 ② 단계배부법
③ 상호배분법 ④ 개별배부법

11. 종합원가계산방법과 개별원가계산방법에 대한 내용으로 가장 올바르지 않은 것은?

	구분	종합원가계산방법	개별원가계산방법
①	핵심과제	완성품환산량 계산	제조간접비 배분
②	업 종	식품 제조업 등	조선업 등
③	원가집계	개별작업별 집계	공정 및 부문별 집계
④	장 점	경제성 및 편리함	정확한 원가계산

12. 다음 자료를 활용하여 평균법에 의한 재료비와 가공비의 완성품환산량을 계산하면 얼마인가?

- 기초재공품 : 700개(완성도 30%)
- 당기착수량 : 1,500개
- 당기완성품 : 1,700개
- 기말재공품 : 500개(완성도 50%)
- 재료는 공정초에 전량 투입되고, 가공비는 공정전반에 걸쳐 균등하게 투입된다.

① 재료비 2,200개, 가공비 1,950개
② 재료비 2,200개, 가공비 1,990개
③ 재료비 1,740개, 가공비 1,950개
④ 재료비 1,740개, 가공비 1,990개

13. 다음 중 부가가치세법상 재화 공급의 특례에 해당하는 간주공급으로 볼 수 없는 것은?
   ① 폐업시 남아있는 재화
   ② 사업을 위한 거래처에 대한 증여
   ③ 사업용 기계장치의 양도
   ④ 과세사업과 관련하여 취득한 재화를 면세사업에 전용하는 재화

14. 다음 중 부가가치세 면세대상이 아닌 것은?
   ① 항공법에 따른 항공기에 의한 여객운송 용역의 공급
   ② 수돗물의 공급
   ③ 토지의 공급
   ④ 연탄의 공급

15. 다음 중 부가가치세법상 세금계산서에 대한 설명으로 가장 옳지 않은 것은?
   ① 법인사업자 및 개인사업자는 반드시 전자세금계산서를 발급하여야 한다.
   ② 전자세금계산서의 발급기한은 다음달 10일까지 가능하다.
   ③ 전자세금계산서는 발급일의 다음날까지 전자세금계산서 발급명세를 국세청장에게 전송하여야 한다.
   ④ 수입세금계산서는 세관장이 수입자에게 발급한다.

실무시험

(주)용인전자(회사코드 : 3411)은 전자제품을 제조하여 판매하는 중소기업이며, 당기(제13기) 회계기간은 2024.1.1.~2024.12.31.이다. 전산세무회계 수험용 프로그램을 이용하여 다음 물음에 답하시오.

기본전제

문제에서 한국채택국제회계기준을 적용하도록 하는 전제조건이 없는 경우, 일반기업회계기준을 적용하여 회계처리한다.

문제 1 다음은 기초정보관리에 대한 자료이다. 각각의 요구사항에 대하여 답하시오.
(10점)

[1] 다음 자료를 보고 거래처등록 메뉴에서 등록하시오. (3점)

- 거래처명 : (주)한국식품(거래처코드 : 03022)
- 사업자등록번호 : 610-85-20233
- 사업장주소 : 서울특별시 서초구 명달로 105
  ※ 주소입력 시 우편번호 입력은 생략해도 무방함.
- 대표자 : 김한국
- 업 태 : 제조
- 유형 : 동시
- 종목 : 라면류

[2] 거래처별 초기이월 채권과 채무 잔액에 있어서 다음과 같은 차액이 발생하였다. 적절하게 수정하시오. (3점)

계정과목	거래처	수정 전 잔액	수정 후 잔액
단기대여금	㈜대구	4,540,000원	5,450,000원
선 급 금	㈜천안	8,500,000원	5,800,000원
단기차입금	㈜부안	13,500,000원	15,300,000원

[3] 전기분 결산사항을 검토한 결과 다음과 같은 입력누락이 발견되었다. 전기분손익계산서, 전기분잉여금처분계산서, 전기분재무상태표 중 관련된 부분을 수정하시오. (4점)

차변		대변	
계정과목	금액	계정과목	금액
선급비용	1,100,000원	보험료(판)	1,100,000원

 **문제 2** 다음 거래 자료를 일반전표입력 메뉴에 추가 입력하시오 (일반전표입력의 모든 거래는 부가가치세를 고려하지 말 것). (18점)

> **입력 시 유의사항**
> - 일반적인 적요의 입력은 생략하지만, 타계정 대체거래는 적요번호를 선택하여 입력한다.
> - 채권·채무와 관련된 거래는 별도의 요구가 없는 한 반드시 기 등록되어 있는 거래처코드를 선택하는 방법으로 거래처명을 입력한다.
> - 제조경비는 500번대 계정코드를, 판매비와 관리비는 800번대 계정코드를 사용한다.
> - 회계처리시 계정과목은 별도제시가 없는 한 등록되어 있는 계정과목 중 가장 적절한 과목으로 한다.

[1] 7월 19일   매출거래처 ㈜대도상사의 외상매출금 22,000,000원이 당사의 보통예금계좌에 입금되었다. (3점)

[2] 8월 10일   영업관리직 사원에 대한 확정급여형(DB형) 퇴직연금에 가입하고, 8월분 퇴직연금 9,800,000원을 당사 보통예금에서 이체하여 납부하였다. (3점)

[3] 9월 25일   ㈜참길무역에서 발행한 채권(만기는 2026년 5월 31일이고, 시장성은 없다)을 만기까지 보유할 목적으로 당좌수표를 발행하여 20,000,000원에 취득하였다. 또한, 채권을 취득하는 과정에서 발생한 수수료 100,000원은 보통예금에서 지급하였다 (단, 하나의 전표로 입력할 것). (3점)

[4] 10월 5일   지난 달 급여 지급시 원천징수했던 소득세 153,870원을 보통예금에서 이체 납부하였다. (3점)

[5] 11월 12일 제품을 판매하고 ㈜대전으로부터 받은 약속어음 5,000,000원을 만기 전에 광주은행에 할인하고 할인료 50,000원을 차감한 후 보통예금 계좌로 이체 받았다 (단, 매각거래로 처리한다). (3점)

[6] 11월 15일 창고에 보관 중인 제품 1대(원가 1,000,000원)를 판매직 직원의 복리후생 목적으로 무상 제공하다. (3점)

문제 3 다음 거래 자료를 매입매출전표입력 메뉴에 입력하시오. (18점)

입력 시 유의사항

- 일반적인 적요의 입력은 생략하지만, 타계정 대체거래는 적요번호를 선택하여 입력한다.
- 별도의 요구가 없는 한 반드시 기 등록되어 있는 거래처코드를 선택하는 방법으로 거래처명을 입력한다.
- 제조경비는 500번대 계정코드를, 판매비와 관리비는 800번대 계정코드를 사용한다.
- 회계처리시 계정과목은 별도제시가 없는 한 등록되어 있는 계정과목 중 가장 적절한 과목으로 한다.
- 입력화면 하단의 분개까지 처리하고, 전자세금계산서 및 전자계산서는 전자입력으로 반영한다.

[1] 7월 15일 상원상사에 제품을 판매하고 다음과 같이 전자세금계산서를 발급하였다(단, 상원상사가 발행한 어음의 만기일은 3개월 이내이다). (3점)

전자세금계산서(공급자 보관용)

| 승인번호 | 20240715-510507-6236 |

공급자
- 사업자등록번호: 141-81-08831
- 종사업장번호:
- 상호(법인명): (주)용인전자
- 성명(대표자): 이현지
- 사업장주소: 서울시 송파구 법원로 11길 11
- 업태: 제조, 도소매
- 종목: 전자제품
- 이메일:

공급받는자
- 사업자등록번호: 203-01-23142
- 종사업장번호:
- 상호(법인명): 상원상사
- 성명: 김서니
- 사업장주소: 서울시 영등포구 양평로 5, 성원빌딩
- 업태: 도매업
- 종목: 컴퓨터
- 이메일:

작성일자	공급가액	세액	수정사유
2024. 7. 15	12,000,000	1,200,000	

월	일	품목	규격	수량	단가	공급가액	세액	비고
7	15	전자부품				12,000,000	1,200,000	

합계금액	현금	수표	어음	외상미수금	이 금액을 영수 함
13,200,000	1,200,000		12,000,000		청구

[2] 7월 25일 중국 라이라이 회사에 제품 1,000개(단가 $100)를 직접 수출하고 대금은 외상으로 하였다(단, 선적일인 7월 25일의 적용환율은 1,200원/$이다). (3점)

[3] 8월 25일 당사가 소유한 토지의 형질변경을 위해 은희건축사사무소에 1,500,000원(부가가치세 별도)의 수수료를 전액 보통예금으로 지급하고 전자세금계산서를 발급받았다. (3점)

[4] 9월 5일   영업부에서 사용하는 업무용 승용차(998cc)의 주유비 110,000원(부가가치세 포함)을 알뜰주유소에서 현금결제하고 현금영수증(지출증빙용)을 발급받았다(알뜰주유소는 일반과세사업자이다). (3점)

[5] 10월 2일   약수나라에 제품을 비씨카드로 판매하고 다음과 같이 신용카드매출전표를 발행하였다. (3점)

카드종류		거래종류	결제방법
비씨카드		신용구매	일시불
회원번호(Card No)		취소시 원거래일자	
6250-0304-4156-5955			
유효기간		거래일시	품명
/		2024.10.2. 12 : 33	
전표제출		금 액	1,500,000원
		부 가 세	150,000원
전표매입사	비씨카드	봉 사 료	
		합 계	**1,650,000원**
거래번호		승인번호/(Approval No.)	
		30017218	
가맹점	(주)용인전자		
대표자	이현지	TEL	02-3456-7890
가맹점번호	234567	사업자번호	141-81-08831
주소	서울시 송파구 법원로 11길 11		
		서명(Signature) **약수**	

[6] 11월 22일 수출용 제품생산에 필요한 원재료(공급가액 23,000,000원)를 (주)부산으로부터 내국신용장에 의하여 외상 매입하고 영세율전자세금계산서를 발급받았다. (3점)

문제 4 일반전표입력 및 매입매출전표입력 메뉴에 입력된 내용 중 다음과 같은 오류가 발견되었다. 입력된 내용을 확인하여 정정하시오. (6점)

[1] 10월 24일 영업부서에서 사용할 마우스 등을 해신컴퓨터에서 현금 55,000원(부가가치세 포함)에 구입하고 일반전표에 입력하였으나, 지출증빙용 현금영수증을 발급받았음이 확인되었다(단, 계정과목은 소모품으로 할 것). (3점)

[2] 11월 29일 이자수익 1,000,000원 중 원천징수세액(원천징수세율은 15.4%로 가정)을 제외한 나머지 금액이 보통예금으로 입금되어 입금된 금액에 대해서만 회계처리 하였다(단, 기업에서는 원천징수세액을 자산으로 처리하고 있다). (3점)

문제 5 결산정리사항은 다음과 같다. 해당메뉴에 입력하시오. (9점)

[1] 12월 31일 현재 임대료(영업외 수익) 관련 기간 경과분이 있다. 5월 1일 (주)전주로부터 1년분(2024.5.1.~2025.4.30.) 임대료 7,200,000원을 수취하면서 전부 부채로 처리하였으며, 월할 계산하시오. (3점)

[2] 기말 외상매출금 중에는 영국 브리티시 기업의 외화로 계상된 외상매출금 130,000,000원($100,000)이 포함되어 있다(결산일 현재 적용환율 : 1,280원/$). (3점)

[3] 결산일 현재 다음과 같이 판매비와관리비에 반영할 감가상각비를 각각 계상하고자 한다. (3점)

- 건물 : 3,500,000원   • 차량운반구 : 12,000,000원   • 비품 : 3,300,000원

문제 6 다음 사항을 조회하여 답안을 이론문제 답안작성 메뉴에 입력하시오. (9점)

[1] (주)문정유통에 대한 외상매출금 중 상반기(1월~6월)에 회수한 금액의 합계액은 얼마인가? (3점)

[2] 1월에서 6월 중 수수료비용(판)이 가장 크게 발생한 월과 금액은 얼마인가? (3점)

[3] 2024년 1기 확정 부가가치세 신고기간(4월~6월) 매출 중 영세율세금계산서 공급가액의 합계액은 얼마인가? (3점)

제2회 실전모의고사

이론시험

다음 문제를 보고 알맞은 것을 골라 답안저장 메뉴화면에 입력하시오.(객관식 문항당 2점)

기본전제
문제에서 한국채택국제회계기준을 적용하도록 하는 전제조건이 없는 경우, 일반기업회계기준을 적용하여 회계처리한다.

01. 다음 중 재무상태표에 관한 설명으로 가장 적절한 것은?
① 일정 기간 동안 기업의 경영성과에 대한 정보를 제공하는 재무보고서이다.
② 일정 기간 동안 기업의 현금유입과 현금유출에 대한 정보를 제공하는 재무보고서이다.
③ 일정 시점 현재 기업이 보유하고 있는 자산과 부채, 그리고 자본에 대한 정보를 제공하는 재무보고서이다.
④ 기업 자본의 크기와 그 변동에 대한 정보를 제공하는 재무보고서이다.

02. 다음은 유형자산의 감가상각과 관련한 설명이다. 가장 옳지 않은 것은?
① 정액법은 자산의 내용연수 동안 일정액의 감가상각액을 인식하는 방법이다.
② 감가상각의 주목적은 취득원가의 배분에 있다.
③ 감가상각비는 손익계산서의 당기 비용인 판매비와관리비로만 회계처리 한다.
④ 감가상각방법은 해당 자산으로부터 예상되는 미래 경제적 효익의 소멸형태에 따라 선택하고, 소멸형태가 변하지 않는 한 매기 계속 적용한다.

03. 일반기업회계기준에 의한 단기매매증권과 관련된 설명 중 옳지 않은 것은?
① 보유 중에 수취하는 배당금과 이자는 영업외수익으로 처리한다.
② 취득과 처분 과정에서 발생하는 수수료는 모두 영업외비용으로 처리한다.
③ 결산시점에 취득원가보다 공정가치가 하락한 경우에는 영업외비용으로 처리한다.
④ 취득 후 보유과정에서 시장성을 상실하는 경우에는 다른 계정과목으로 재분류하여야 한다.

04. 다음 중 무형자산에 속하지 않는 것은?

① 영업권 ② 임차권리금
③ 산업재산권 ④ 임차보증금

05. 다음은 퇴직급여충당부채와 결산정리 사항이다. 20×1년 말 재무상태표에 계상할 퇴직급여충당부채와 손익계산서에 인식되는 퇴직급여는 얼마인가?

퇴직급여충당부채			
7/15 현 금	1,000,000원	1/1 전기이월	2,000,000원

〈결산정리 사항〉

· 20×1년 말 현재 전 종업원이 일시에 퇴직할 경우 지급하여야 할 퇴직금은 4,000,000원이다.

	퇴직급여충당부채	퇴직급여
①	4,000,000원	3,000,000원
②	4,000,000원	2,000,000원
③	6,000,000원	3,000,000원
④	6,000,000원	2,000,000원

06. 다음 중 일반기업회계기준에서 분류되는 계정과목 중 성격이 다른 것은?

① 단기매매증권처분이익 ② 단기매매증권평가이익
③ 매도가능증권처분이익 ④ 자기주식처분이익

07. 다음 자료를 이용하여 매출총이익을 계산하면 얼마인가?

· 총매출액 : 500,000원 · 기말상품 재고액 : 110,000원 · 매출에누리 : 5,000원
· 매출할인 : 20,000원 · 매입할인 : 5,000원 · 총매입액 : 200,000원
· 매입환출 : 5,000원 · 기초상품 재고액 : 100,000원

① 300,000원 ② 295,000원
③ 290,000원 ④ 280,000원

08. 다음 중 충당부채, 우발부채 및 우발자산에 관련된 내용으로 틀린 것은?

① 충당부채를 인식하기 위해서는 과거사건이나 거래의 결과로 현재의무가 존재하여야 한다.
② 충당부채를 인식하기 위해서는 당해 의무를 이행하기 위하여 자원이 유출될 가능성이 매우 높고, 그 의무의 이행에 소요되는 금액을 신뢰성 있게 추정할 수 있어야 한다.
③ 우발자산은 자산으로 인식하지 아니하고 자원의 유입가능성이 매우 높은 경우에만 주석에 기재한다.
④ 우발부채도 충당부채와 동일하게 재무상태표에 부채로 인식한다.

09. 다음 중 제조원가명세서의 당기제품제조원가에 영향을 미치지 않는 거래는?

① 당기에 투입된 원재료를 과대계상 하였다.
② 공장 직원의 복리후생비를 과대계상 하였다.
③ 당기의 기말재공품을 과대계상 하였다.
④ 기초 제품을 과대계상 하였다.

10. 원가계산의 일반원칙에 대한 설명으로 틀린 것은?

① 제조원가는 일정한 제품의 생산량과 관련시켜 집계하고 계산한다.
② 제조원가는 신뢰할 수 있는 객관적인 자료와 증거에 의하여 계산한다.
③ 제조원가는 직접원가와 판매비와관리비를 더한 것을 말한다.
④ 제조원가는 그 발생의 경제적 효익 또는 인과관계에 비례하여 관련제품 또는 원가부문에 직접부과하고, 직접부과가 곤란한 경우에는 합리적인 배부기준을 설정하여 배부한다.

11. 다음 자료를 참고하여 당기총제조원가를 구하시오.

- 직접재료비 : 500,000원
- 직접노무비 : 400,000원
- 직접제조경비 : 100,000원
- 제조간접비 : 200,000원
- 광고선전비 : 300,000원

① 1,000,000원
② 1,200,000원
③ 1,500,000원
④ 1,800,000원

12. 다음 중 종합원가계산에 대한 설명으로 옳지 않은 것은?
① 동종 제품의 연속 대량생산에 적합한 원가계산방식이다.
② 선입선출법에 의한 원가계산은 평균법에 의한 원가계산보다 간단하여 정확성이 떨어진다.
③ 원가흐름 또는 물량흐름의 가정을 어떻게 하느냐에 따라 완성품환산량은 다르게 계산된다.
④ 기초재공품이 없는 경우 제조원가는 평균법과 선입선출법 중 어느 것을 적용해도 동일하다.

13. 다음 자료에서 세금계산서의 필요적 기재사항이 아닌 것은?
① 공급연월일
② 공급하는 사업자의 등록번호와 성명 또는 명칭
③ 작성연월일
④ 공급가액과 부가가치세액

14. 다음 중 재화의 공급시기로 옳지 않은 것은?
① 상품권 등을 현금으로 판매하고 그 후 그 상품권이 현물과 교환되는 경우 : 상품권을 판매하는 때
② 현금판매, 외상판매의 경우 : 재화가 인도되거나 이용가능하게 되는 때
③ 재화의 공급으로 보는 가공의 경우 : 가공된 재화를 인도하는 때
④ 반환조건부 판매, 동의조건부 판매, 그밖의 조건부 판매의 경우 : 그 조건이 성취되거나 기한이 지나 판매가 확정되는 때

15. 다음 중 부가가치세법상 과세표준에 포함되는 항목은 무엇인가?
① 공급받는 자에게 도달하기 전에 파손되거나 훼손되거나 멸실한 재화의 가액
② 환입된 재화의 가액
③ 재화 또는 용역의 공급과 직접 관련된 국고보조금과 공공보조금
④ 공급에 대한 대가를 약정기일 전에 받았다는 이유로 사업자가 당초의 공급가액에서 할인해 준 금액

실무시험

(주)구미산업(회사코드 : 3412)은 전자제품을 제조하여 판매하는 중소기업이며, 당기(제12기) 회계기간은 2024.1.1.~2024.12.31.이다. 전산세무회계 수험용 프로그램을 이용하여 다음 물음에 답하시오.

| 기본전제 |

문제에서 한국채택국제회계기준을 적용하도록 하는 전제조건이 없는 경우, 일반기업회계기준을 적용하여 회계처리한다.

문제 1 다음은 기초정보관리에 대한 자료이다. 각각의 요구사항에 대하여 답하시오. (10점)

[1] 전기 재무제표를 검토한 결과 다음과 같은 오류를 확인하였다. 관련된 재무제표를 적절히 수정하시오. (4점)

- 기업업무추진비(제조) 2,500,000원이 누락된 것으로 밝혀졌다.

[2] 거래처별 초기이월 자료를 검토하여 수정 또는 추가 입력하시오. (3점)

계정과목	거래처	금액
외상매출금	㈜한빛실업	18,000,000원
	오진기업	12,000,000원
외상매입금	지유기업	7,000,000원
	시원기업	3,500,000원

[3] 다음 자료를 계정과목 및 적요등록에 반영하시오. (3점)

- 코드 : 855
- 성격 : 3. 경비
- 계정과목 : 프리랜서비
- 대체적요 1번 : 프리랜서 외주용역비 지급

문제 2
다음 거래 자료를 일반전표입력 메뉴에 추가 입력하시오(일반전표입력의 모든 거래는 부가가치세를 고려하지 말 것). (18점)

입력 시 유의사항
- 일반적인 적요의 입력은 생략하지만, 타계정 대체거래는 적요번호를 선택하여 입력한다.
- 채권·채무와 관련된 거래는 별도의 요구가 없는 한 반드시 기 등록되어 있는 거래처코드를 선택하는 방법으로 거래처명을 입력한다.
- 제조경비는 500번대 계정코드를, 판매비와 관리비는 800번대 계정코드를 사용한다.
- 회계처리시 계정과목은 별도제시가 없는 한 등록되어 있는 계정과목 중 가장 적절한 과목으로 한다.

[1] 8월 9일 국민은행의 이자수익 중 원천징수세액 9,240원을 제외한 나머지 금액인 50,760원이 보통예금으로 입금되었음을 확인하였다(단, 원천징수세액은 자산으로 처리할 것). (3점)

[2] 9월 7일 영업부 직원의 업무역량 향상 교육을 위해 외부강사를 초청하여 교육하고 강사료 1,000,000원 중 원천징수세액 33,000원을 제외한 나머지 금액은 보통예금계좌로 지급하였다. (3점)

[3] 10월 1일 기부목적으로 학교법인 세훈학원에 3,000,000원을 보통예금계좌에서 이체하였다. (3점)

[4] 10월 20일 수입한 원재료에 대해 관세 2,000,000원, 통관 수수료 300,000원을 현금으로 지출하였다. (3점)

[5] 10월 31일 다음은 영업팀에서 거래처 임원과의 식사비용을 법인카드(비씨카드)로 결제하고 수취한 신용카드매출전표이다. 일반전표에 입력하시오. (3점)

매 출 전 표

단말기번호	11213692	전표번호	
카드종류		거래종류	결제방법
비씨카드		신용구매	일시불
회원번호(Card No)		취소시 원거래일자	
4140-0202-3245-9958			
유효기간		거래일시 2024. 10. 31.	품명
전표제출		금 액/AMOUNT	155,455
		부 가 세/VAT	15,545
전표매입사		봉 사 료/TIPS	
		합 계/TOTAL	171,000
거래번호		승인번호/(Approval No.) 98421147	
가맹점	맛나일식		
대표자	김성수	TEL	
가맹점번호		사업자번호	126-25-65948
주소	경기 성남시 수정구 고등동 525-5		
		서명(Signature) *Semusa*	

[6] 11월 17일 (주)광주로부터 원재료 7,000,000원(100개, @70,000원)을 구입하기로 계약하고, 계약금 700,000원을 당좌수표를 발행하여 지급하였다. (3점)

📝 문제 3 다음 거래 자료를 매입매출전표입력 메뉴에 입력하시오. (18점)

| 입력 시 유의사항 |

- 일반적인 적요의 입력은 생략하지만, 타계정 대체거래는 적요번호를 선택하여 입력한다.
- 별도의 요구가 없는 한 반드시 기 등록되어 있는 거래처코드를 선택하는 방법으로 거래처명을 입력한다.
- 제조경비는 500번대 계정코드를, 판매비와 관리비는 800번대 계정코드를 사용한다.
- 회계처리시 계정과목은 별도제시가 없는 한 등록되어 있는 계정과목 중 가장 적절한 과목으로 한다.
- 입력화면 하단의 분개까지 처리하고, 전자세금계산서 및 전자계산서는 전자입력으로 반영한다.

[1] 7월 29일 본사 영업직원이 업무에 사용할 개별소비세 과세대상 자동차(2,000CC)를 (주)울산자동차에서 20,000,000원(부가가치세 별도)에 구입하고, 전자세금계산서를 수취하였으며 대금결제는 다음 달에 하기로 하였다. (3점)

[2] 8월 16일   본사 영업부서에서 사용할 책상을 (주)순옥가구에서 구입하고 대금 2,200,000원(부가가치세포함)은 현금으로 지급함과 동시에 현금영수증(지출증빙용, 매입세액 공제요건을 충족함)을 수령하였다(단, 책상은 비품으로 회계처리 할 것). (3점)

[3] 9월 23일   비사업자인 황정숙에게 제품을 88,000원(부가가치세 포함)에 현금매출하고, 간이영수증을 발급하여 주었다. (3점)

[4] 10월 21일   해피상사에 제품을 판매하고 다음과 같이 전자세금계산서를 발급하였다. (3점)

전자세금계산서(공급자 보관용)						승인번호	20241021-210582-1172		
공급자	사업자등록번호	206-81-95706	종사업장번호		공급받는자	사업자등록번호	110-16-95028	종사업장번호	
	상호(법인명)	(주)구미산업	성명(대표자)	이수로		상호(법인명)	해피상사	성명	김수은
	사업장주소	서울시 영등포구 경인로 702				사업장주소	서울시 마포구 상암동 331		
	업태	제조업, 도소매	종목	전자제품		업태	도매업	종목	컴퓨터
	이메일					이메일			
작성일자	공급가액		세액		수정사유				
2024. 10. 21.	10,000,000원		1,000,000원						
비고									
월	일	품목	규격	수량	단가	공급가액	세액	비고	
10	21	전자부품		200개	50,000원	10,000,000원	1,000,000원		
합계금액		현금		수표	어음	외상미수금	이 금액을 영수/청구 함		
11,000,000원						11,000,000원			

[5] 11월 9일   (주)천마에서 원재료 1,000개(공급가액 @25,000원, 부가가치세 별도)를 구입하고 전자세금계산서를 교부받았으며, 대금 중 10,000,000원은 제품을 판매하고 받아 보관 중인 ㈜개포의 약속어음을 배서하여 지급하고 잔액은 30일 후에 주기로 하였다. (3점)

[6] 11월 17일   미국 소재한 엘에이상사에 제품을 $4,000에 직수출하기로 하고, 제품을 선적 완료하였다. 수출대금은 차후에 받기로 하였으며, 선적일 시점 기준환율은 $1=1,150원이다. (3점)

문제 4 일반전표입력 및 매입매출전표입력 메뉴에 입력된 내용 중 다음과 같은 오류가 발견되었다. 입력된 내용을 확인하여 정정하시오. (6점)

[1] 9월 25일   일반전표입력에 세금과공과로 처리한 것은 2024년 1기 확정 부가가치세를 가산세 25,000원 포함하여 보통예금으로 납부한 것이다.(단, 6월 30일자 부가가치세 회계처리를 확인하고, 가산세는 세금과공과(판)로 처리하시오.) (3점)

[2] 10월 5일   거래처 직원의 결혼축하금 100,000원을 현금으로 지급한 것으로 회계처리가 되었으나, 해당 내용은 당사 생산부 직원의 결혼축하금으로 확인되었다. (3점)

문제 5 결산정리사항은 다음과 같다. 해당메뉴에 입력하시오. (9점)

[1] 기말 현재 우리은행 차입금(3년 만기) 중 3,000,000원의 상환기간이 1년 이내로 도래하였다 (단, 유동성대체를 위한 요건은 모두 충족되었다고 가정한다). (3점)

[2] 결산일 현재 영업부서가 보유하고 있는 유형자산은 다음과 같다. (3점)

취득일	유형자산	취득원가	잔존가치	내용연수	상각방법
2023.01.01	건물	50,000,000원	0	50년	정액법

[3] 매출채권(외상매출금, 받을어음) 잔액에 대하여 1%의 대손충당금을 보충법으로 설정하시오. (3점)

문제 6 다음 사항을 조회하여 답안을 이론문제 답안작성 메뉴에 입력하시오. (9점)

[1] 1기 확정(4월~6월) 부가가치세 신고기간 중 과세표준과 납부세액은 각각 얼마인가? (3점)

[2] 5월 중 현금으로 지급한 판매비 및 관리비로 분류되는 소모품비의 금액은 얼마인가? (3점)

[3] 3월 31일 현재 유동자산에서 유동부채를 차감한 차이금액은 얼마인가? (3점)

제3회 실전모의고사

이론시험

다음 문제를 보고 알맞은 것을 골라 답안저장 메뉴화면에 입력하시오.(객관식 문항당 2점)

> **기본전제**
> 문제에서 한국채택국제회계기준을 적용하도록 하는 전제조건이 없는 경우, 일반기업회계기준을 적용하여 회계처리한다.

01. 다음 중 집합손익계정에 대한 설명으로 틀린 것은?
① 수익계정의 잔액을 손익계정의 대변에 대체한다.
② 비용계정의 잔액을 손익계정의 차변에 대체한다.
③ 수익과 비용계정은 잔액을 손익계정에 대체한 후에는 잔액이 0(영)이 된다.
④ 손익계정의 잔액을 당기순이익(또는 당기순손실)계정에 대체한다.

02. 다음 중 유가증권에 대한 설명으로 옳은 것은?
① 단기매매증권이 시장성을 상실한 경우에는 매도가능증권으로 분류하여야 한다.
② 단기매매증권, 매도가능증권, 만기보유증권은 원칙적으로 공정가치로 평가한다.
③ 단기매매증권과 매도가능증권의 미실현보유이익은 당기순이익항목으로 처리한다.
④ 만기가 확정된 채무증권으로서 상환금액이 확정되었거나 확정이 가능한 채무증권을 만기까지 보유할 적극적인 의도와 능력이 있는 경우에는 매도가능증권으로 분류한다.

03. 물가가 지속적으로 상승하는 경우에 기초재고수량과 기말재고수량이 동일하게 유지된다면 매출총이익을 가장 높게 평가하는 재고자산평가방법은 무엇인가?
① 선입선출법　　　　　　　　② 이동평균법
③ 총평균법　　　　　　　　　④ 후입선출법

04. 다음 자료를 이용하여 매출원가를 계산하면 얼마인가?

- 상품 매입시 운반비 : 100,000원
- 기초상품 재고액 : 500,000원
- 당기 총 매입액 : 1,500,000원
- 매입할인액 : 100,000원
- 기말상품 재고액 : 400,000원
- 매입환출 및 에누리 : 100,000원

① 1,200,000원　　② 1,300,000원
③ 1,400,000원　　④ 1,500,000원

05. 다음 중 무형자산에 해당하는 계정과목은 몇 개인가?

- 상표권
- 저작권
- 기계장치
- 개발비
- 토지
- 광업권

① 3개　　② 4개
③ 5개　　④ 6개

06. 다음 자료를 바탕으로 자본잉여금의 금액을 계산하면 얼마인가? (단, 각 계정과목은 독립적이라고 가정한다.)

- 감자차익 : 300,000원
- 주식발행초과금 : 500,000원
- 자기주식처분손실 : 100,000원
- 이익준비금 : 100,000원
- 자기주식처분이익 : 300,000원
- 주식할인발행차금 : 150,000원
- 사업확장적립금 : 300,000원
- 감자차손 : 250,000원

① 800,000원　　② 900,000원
③ 1,100,000원　　④ 1,300,000원

07. 다음 사항을 적절히 반영한다면 수정 후 당기순이익은 얼마인가? (단, 다음 사항이 반영되기 전 당기순이익은 700,000원이라고 가정한다.)

- 선급보험료 100,000원 과소계상
- 미수이자 100,000원 과대계상
- 선수임대료 100,000원 과대계상

① 600,000원　　② 700,000원
③ 800,000원　　④ 900,000원

08. 외상매출금 기말잔액 30,000,000원에 대하여 1%의 대손충당금을 설정하려 한다. 기초 대손충당금이 200,000원이 있었으며, 당기 중 150,000원을 대손처리하였다. 보충법에 의하여 기말 대손충당금 설정 분개로 올바른 것은?

① (차) 대손상각비　　　300,000원　　（대) 대손충당금　　　300,000원
② (차) 대손상각비　　　250,000원　　（대) 대손충당금　　　250,000원
③ (차) 대손상각비　　　150,000원　　（대) 대손충당금　　　150,000원
④ (차) 대손상각비　　　 50,000원　　（대) 대손충당금　　　 50,000원

09. 다음 중 원가에 관한 설명으로 틀린 것은?

① 재료원가는 기초원재료재고액과 당기원재료매입액의 합계액에서 기말원재료재고액을 차감한 금액을 말한다.
② 당기총제조원가는 직접재료원가, 직접노무원가, 제조간접원가를 합한 금액을 말한다.
③ 직접노무원가와 제조간접원가의 합계액을 가공원가라고 한다.
④ 판매활동 이외의 제조활동과 관리활동에서 발생하는 원가를 비제조원가라 한다.

10. 다음은 보조부문원가에 관한 자료이다. 보조부문의 제조간접비를 다른 보조부문에는 배부하지 않고 제조부문에만 직접 배부할 경우 수선부문에서 절삭부문으로 배부될 제조간접비는 얼마인가?

구 분		보조부문		제조부문	
		수선부문	포장부문	조립부문	절삭부문
제조간접비		80,000원	60,000원		
부문별배부율	수선부문		50%	30%	20%
	포장부문	20%		40%	40%

① 16,000원　　　　　　　　② 18,000원
③ 24,000원　　　　　　　　④ 32,000원

11. 다음 중 정상개별원가 계산시 제조간접비를 예정배부하는 경우 예정배부계산식으로 옳은 것은?

① 배부기준의 실제발생액×예정배부율
② 배부기준의 실제발생액×실제배부율
③ 배부기준의 예정발생액×예정배부율
④ 배부기준의 예정발생액×실제배부율

12. 다음 중 공손에 대한 설명으로 틀린 것은?
① 정상공손은 원가에 포함한다.
② 공손품은 일정수준에 미달하는 불합격품을 말한다.
③ 작업폐물은 공손품으로 분류한다.
④ 비정상공손은 영업외비용으로 처리한다.

13. 다음의 항목 중 부가가치세법상 공제가능한 매입세액에 해당하는 것은?
① 사업자가 자기의 사업에 사용할 목적으로 수입하는 재화의 부가가치세액
② 기업업무추진비 및 이와 유사한 비용과 관련된 매입세액
③ 면세사업 등에 관련된 매입세액
④ 사업과 직접 관련이 없는 지출과 관련된 매입세액

14. 다음 자료에 의한 일반과세자의 부가가치세 매출세액은 얼마인가?

| ・총매출액 : 10,000,000원   ・매출에누리액 : 2,000,000원   ・판매장려금 : 500,000원 |

① 750,000원 ② 800,000원
③ 950,000원 ④ 1,000,000원

15. 다음 중 부가가치세의 특징에 해당하지 않는 것은?
① 부가가치세의 담세자는 최종소비자이며, 납세의무자는 부가가치세가 과세되는 재화 또는 용역을 공급하는 사업자이다.
② 각 납세자의 담세력을 고려하지 않는 물세이다.
③ 우리나라의 부가가치세법은 전단계거래액공제법을 채택하고 있다.
④ 우리나라의 부가가치세법은 소비지국 과세원칙을 채택하고 있다.

실무시험

(주)진수물산(회사코드 : 3413)은 전자제품을 제조 판매하는 중소기업이며, 당기(제14기) 회계기간은 2024.1.1.~2024.12.31.이다. 전산세무회계 수험용 프로그램을 이용하여 다음 물음에 답하시오.

기본전제

문제에서 한국채택국제회계기준을 적용하도록 하는 전제조건이 없는 경우, 일반기업회계기준을 적용하여 회계처리한다.

문제 1 다음은 기초정보관리에 대한 자료이다. 각각의 요구사항에 대하여 답하시오. (10점)

[1] 영업부 휴게실에서 사용할 음료 등 구입이 빈번하여 복리후생비 계정의 적요기입을 하고자 한다. 다음 내용의 적요를 각각 작성하시오. (3점)

- 현금 적요 9. 휴게실 음료 및 차 구입
- 대체 적요 3. 휴게실 음료구입 보통인출

[2] 거래처별 초기이월 채권과 채무잔액은 다음과 같다. 자료에 맞게 추가입력이나 정정 및 삭제하시오. (3점)

계정과목	거래처	올바른 잔액
외상매출금	초보상사	7,500,000원
	중급상사	3,200,000원
	고급상사	0원
외상매입금	하얀상사	10,000,000원
	백점상사	15,000,000원

[3] 전기분 재무제표에 다음과 같은 오류가 발견되었다. 이를 올바르게 수정하고 관련되는 재무제표를 모두 수정하시오. (4점)

- 영업부의 광고선전비 3,000,000원이 누락되었다.

 **문제 2** 다음 거래 자료를 일반전표입력 메뉴에 추가 입력하시오(일반전표입력의 모든 거래는 부가가치세를 고려하지 말 것). (18점)

입력 시 유의사항
- 일반적인 적요의 입력은 생략하지만, 타계정 대체거래는 적요번호를 선택하여 입력한다.
- 채권·채무와 관련된 거래는 별도의 요구가 없는 한 반드시 기 등록되어 있는 거래처코드를 선택하는 방법으로 거래처명을 입력한다.
- 제조경비는 500번대 계정코드를, 판매비와 관리비는 800번대 계정코드를 사용한다.
- 회계처리시 계정과목은 별도제시가 없는 한 등록되어 있는 계정과목 중 가장 적절한 과목으로 한다.

---

[1] 7월 7일   창고에서 화재가 발생하여 보관하고 있던 제품 32,500,000원(장부가액)이 소실되었다. 당사는 이와 관련한 보험에 가입되어 있지 않다. (3점)

[2] 7월 9일   회사는 임직원의 퇴직금에 대해 확정기여형(DC형) 퇴직연금에 가입하고 있으며, 7월분 퇴직연금 13,520,000원을 당사 보통예금계좌에서 이체하여 납부하였다(단, 제조관련 부분 6,760,000원, 비제조관련 부분 6,760,000원이다). (3점)

[3] 8월 1일   ㈜형태의 외상매출금 13,000,000원 중 3,000,000원은 현금으로 받고 잔액은 6개월 만기의 어음으로 받았다(단, 하나의 대체전표로 작성할 것). (3점)

[4] 9월 20일   Champ에 수출(선적일자 9월 10일)한 제품에 대한 외상매출금을 회수하여 원화로 환전하여 당사 보통예금 계좌에 입금하였다. (3점)

- 외상매출금 : $30,000   · 9월 10일 환율 : 1,200원/$ · 9월 20일 환율 : 1,250원/$

[5] 10월 25일 ㈜한국통상의 주식 50주(액면가 @1,000원)를 3,000,000원에 취득하고 대금은 보통예금으로 이체하였다(시장성이 있고, 단기시세차익 목적임). (3점)

[6] 11월 22일 사업 확장에 필요한 자금을 조달하기 위하여 새로운 보통주 주식 10,000주(1주당 액면금액 5,000원, 1주당 발행금액 10,000원)을 추가 발행하였으며, 발행대금은 보통예금 통장으로 입금되었다. 신주발행과 관련된 비용 1,000,000원은 당좌수표를 발행하여 지급하였다(단, 하나의 전표로 입력할 것). (3점)

문제 3 다음 거래 자료를 매입매출전표입력 메뉴에 입력하시오. (18점)

입력 시 유의사항

- 일반적인 적요의 입력은 생략하지만, 타계정 대체거래는 적요번호를 선택하여 입력한다.
- 별도의 요구가 없는 한 반드시 기 등록되어 있는 거래처코드를 선택하는 방법으로 거래처명을 입력한다.
- 제조경비는 500번대 계정코드를, 판매비와 관리비는 800번대 계정코드를 사용한다.
- 회계처리시 계정과목은 별도제시가 없는 한 등록되어 있는 계정과목 중 가장 적절한 과목으로 한다.
- 입력화면 하단의 분개까지 처리하고, 전자세금계산서 및 전자계산서는 전자입력으로 반영한다.

[1] 7월 20일 (주)미래전자로부터 원재료를 전액 보통예금으로 매입하고, 다음의 지출증빙용 현금영수증을 수령하였다. (3점)

현금영수증

가맹점명

(주)미래전자 133-81-26371   차미래
서울 송파구 송파대로 234   TEL : 02-333-7788
홈페이지 http://www.mirae.co.kr

현금(지출증빙용)

구매 2024/07/20/14 : 20   거래번호 : 1234-5678

상품명	수량	금액
원재료 ABC-123-789	1,000	33,000,000원
과세공급가액		30,000,000원
부가가치세		3,000,000원
합계		33,000,000원

[2] 7월 21일 (주)코리아테크로부터 원재료(@5,000원, 10,000개, 부가가치세 별도)를 구입하고 전자세금계산서를 발급받았다. 계약금 5,000,000원을 제외한 잔액은 당좌수표를 발행하여 지급하였다. (3점)

[3] 9월 15일 비품으로 사용하던 복사기(취득가액 3,500,000원, 처분시 감가상각누계액 2,150,000원)를 ㈜중고유통에 1,100,000원(부가가치세 별도)에 처분하고 전자세금계산서를 발급하였다. 대금 중 600,000원은 현금으로 받고 잔액은 월말에 받기로 하다. (3점)

[4] 9월 23일 우송유통에 제품을 판매하고 다음과 같이 전자세금계산서를 발급하였다. 대금 중 5,000,000원은 비엘상사에서 발행한 어음으로 수취하고 나머지는 다음 달에 받기로 하였다. (3점)

전자세금계산서(공급자 보관용)						승인번호	20240923-154546-5884		
공급자	사업자등록번호	214-86-08930	종사업장번호		공급받는자	사업자등록번호	122-31-93026	종사업장번호	
	상호(법인명)	(주)진수물산	성명(대표자)	박진수		상호(법인명)	우송유통	성명	문우송
	사업장주소	충청북도 청주시 흥덕구 덕암로 6번길 15				사업장주소	대전광역시 동구 동대전로 171		
	업태	제조, 도소매	종목	전자제품		업태	도소매	종목	전자제품
	이메일					이메일			
작성일자		공급가액		세액					
2024. 09.23.		10,000,000원		1,000,000원					
비고									

월	일	품목	규격	수량	단가	공급가액	세액	비고
09	23	전자제품				10,000,000원	1,000,000원	

합계금액	현금	수표	어음	외상미수금	이 금액을 (청구) 함
11,000,000원			5,000,000원	6,000,000원	

[5] 10월 15일 제조공장에서 사용하는 화물용 차량인 포터의 접촉 사고로 (주)다고쳐정비소에서 수리하고, 1,100,000원(부가가치세 포함)을 법인카드(현대카드)로 결제하였다. 지출비용은 차량유지비 계정을 사용한다. (3점)

[6] 11월 20일 (주)안성에 내국신용장(Local L/C)에 의하여 제품 11,000,000원을 외상으로 납품하고, 영세율전자세금계산서를 발급하였다. (3점)

문제 4 일반전표입력 및 매입매출전표입력 메뉴에 입력된 내용 중 다음과 같은 오류가 발견되었다. 입력된 내용을 확인하여 정정하시오. (6점)

[1] 7월 31일 매출처 (주)반도전자의 부도로 외상매출금 잔액 2,200,000원이 회수불가능하여 대손처리하였는데, 확인결과 부도시점에 외상매출금에 대한 대손충당금잔액이 950,000원이었던 것으로 확인되었다. (3점)

[2] 8월 22일 영업부에서 사용할 차량 취득세 500,000원을 현금으로 납부하고 세금과공과로 처리하였다. (3점)

문제 5 결산정리사항은 다음과 같다. 해당메뉴에 입력하시오. (9점)

[1] 결산일 현재 영업부 건물의 화재보험료 상세 내역이다. (3점)

- 보험기간 : 2024.07.01.~2025.06.30.
- 보험료 : 6,000,000원
  (월할계산하시오.)
- 보험료 납부일 : 2024.07.01.
- 보험료(판) 계상액 : 6,000,000원

[2] 당사는 일반기업회계기준에 의하여 퇴직급여충당부채를 설정하고 있으며, 관련 자료는 다음과 같다. (3점)

구분	기초 금액	기중 감소(사용)금액	기말금액 (퇴직금 추계액)
생산부	20,000,000원	8,000,000원	22,000,000원
영업부	17,000,000원	7,000,000원	19,000,000원

[3] 결산일 현재 다음과 같이 제조원가에 반영할 감가상각비를 계상하고자 한다. (3점)

구 분	건 물	기계장치	차량운반구
감가상각비	8,500,000원	3,700,000원	1,200,000원

문제 6 다음 사항을 조회하여 답안을 이론문제 답안작성 메뉴에 입력하시오. (9점)

[1] 2024년 상반기(1월~6월) 중 기업업무추진비(판)가 가장 많이 발생한 월은? (3점)

[2] 5월 한달 동안 우송유통에 외상매입금을 결제한(지급한) 금액은 얼마인가? (3점)

[3] 2024년 제1기 확정신고기간(4월~6월)에 (주)덕수상사로 발행한 매출세금계산서의 매수와 공급가액은 얼마인가? (3점)

제4회 실전모의고사

이론시험

다음 문제를 보고 알맞은 것을 골라 답안저장 메뉴화면에 입력하시오.(객관식 문항당 2점)

| 기본전제 |
문제에서 한국채택국제회계기준을 적용하도록 하는 전제조건이 없는 경우, 일반기업회계기준을 적용하여 회계처리한다.

01. 다음은 이론상 회계순환과정의 일부이다. 순서가 가장 옳은 것은?
① 수정후시산표→기말수정분개→수익·비용계정 마감→집합손익계정 마감→자산·부채·자본계정 마감→재무제표 작성
② 수정후시산표→기말수정분개→자산·부채·자본계정 마감→수익·비용계정 마감→집합손익계정 마감→재무제표 작성
③ 기말수정분개→수정후시산표→수익·비용계정 마감→집합손익계정 마감→자산·부채·자본계정 마감→재무제표 작성
④ 기말수정분개→수정후시산표→자산·부채·자본계정 마감→집합손익계정 마감→수익·비용계정 마감→재무제표 작성

02. 다음 중 유가증권의 취득원가와 평가에 대한 설명으로 가장 옳지 않은 것은?
① 단기매매증권의 취득원가는 취득을 위하여 제공한 대가의 시장가격에 취득 시 발생한 부대비용을 포함한 가액으로 측정한다.
② 매도가능증권평가손익은 기타포괄손익누계액으로 재무상태표에 반영된다.
③ 유가증권 처분시 발생하는 증권거래 수수료 등의 부대비용은 처분가액에서 차감하여 회계처리한다.
④ 만기보유증권은 기말에 상각후 원가법으로 평가한다.

03. 다음 매출채권에 관한 설명 중 가장 잘못된 것은?
① 매출채권은 일반적인 상거래에서 발생한 외상매출금과 받을어음을 말한다.
② 매출채권과 관련된 대손충당금은 대손이 발생 전에 사전적으로 설정하여야 한다.
③ 매출채권은 재무상태표에 대손충당금을 표시하여 회수가능한 금액으로 표시할 수 있다.
④ 상거래에서 발생한 매출채권과 기타 채권에서 발생한 대손상각비 모두 판매비와 관리비로 처리한다.

04. 다음은 회계상 거래의 결합관계를 표시한 것이다. 옳지 않은 것은?

거 래	거래의 결합관계
① 대형 가습기를 150만원에 현금 구입하였다.	자산의 증가 - 자산의 감소
② 주식발행으로 2억원을 현금 조달하였다.	자산의 증가 - 자본의 증가
③ 제품을 30만원에 현금으로 매출하였다.	자산의 증가 - 비용의 감소
④ 관리부 직원의 출산 축의금 10만원을 현금 지급하였다.	비용의 발생 - 자산의 감소

05. 다음 중 사채에 대한 설명으로 틀린 것은?
 ① 유효이자율법 적용 시 사채할인발행차금 상각액은 매년 감소한다.
 ② 사채할인발행차금은 당해 사채의 액면가액에서 차감하는 형식으로 기재한다.
 ③ 인쇄비, 수수료등 사채발행비용은 사채의 발행가액에서 차감한다.
 ④ 사채할인발행차금은 유효이자율법으로 상각하고 그 금액을 사채이자에 포함한다.

06. 다음 중 부채로 분류할 수 없는 계정과목은?
 ① 당좌차월　　　　　　　② 외상매입금
 ③ 대손충당금　　　　　　④ 미지급비용

07. 자본금 10,000,000원인 회사가 현금배당(자본금의 10%)과 주식배당(자본금의 10%)을 각각 실시하는 경우, 이 회사가 적립해야 할 이익준비금의 최소 금액은 얼마인가?(현재 재무상태표상 이익준비금 잔액은 500,000원이다.)
 ① 50,000원　　　　　　　② 100,000원
 ③ 150,000원　　　　　　 ④ 200,000원

08. 다음 중 일반기업회계기준에 의한 수익인식기준으로 틀린 것은?
 ① 위탁판매 : 수탁자가 제3자에게 판매한 시점
 ② 반품조건부판매(시용판매) : 구매자가 인수를 수락한 시점 또는 반품기간의 종료시점
 ③ 상품권판매 : 상품권을 판매한 날
 ④ 할부판매 : 재화가 인도되는 시점

09. 다음 중 원가에 대한 설명으로 가장 옳은 것은?

① 직접노무비는 기초원가에 포함되지만 가공원가에 포함되지는 않는다.
② 직접재료비는 기초원가와 가공원가 모두 해당된다.
③ 매몰원가는 의사결정과정에 영향을 미치는 원가를 말한다.
④ 제조활동과 직접 관련없는 판매활동과 일반관리활동에서 발생하는 원가를 비제조원가라 한다.

10. 다음 자료를 기초로 당기 제품제조원가를 계산하면?

- 기초 제품재고액 : 250,000원
- 기말 제품재고액 : 120,000원
- 매출원가 : 840,000원

① 370,000원　　② 710,000원
③ 960,000원　　④ 1,210,000원

11. 다음 중 보조부문원가 배부방법에 대한 설명으로 옳지 않은 것은?

① 상호배부법은 단계배부법에 비해 순이익을 높게 계상하는 배부방법이다.
② 보조부문원가 배부방법 중 가장 정확성이 높은 방법은 상호배부법이다.
③ 보조부문원가 배부방법 중 배부순위를 고려하여 배부하는 것은 단계배부법이다.
④ 보조부문원가 배부방법 중 직접배부법이 가장 단순한 방법이며, 배부순위도 고려하지 않는다.

12. 개별원가계산과 종합원가계산의 차이점을 설명한 것 중 틀린 것은?

① 종합원가계산은 동종제품을 연속적으로 대량 생산하는 업종에 적합한 방법이다.
② 개별원가계산은 종합원가계산에 비해 제품별 정확한 원가계산이 가능하다.
③ 개별원가계산은 직접비, 간접비의 구분과 제조간접비의 배부가 중요한 방식이다.
④ 종합원가계산은 작업원가표에 의해 원가를 배부한다.

13. 다음 중 부가가치세법에 대한 설명으로 옳지 않은 것은?

① 부가가치세는 일반소비세이며 간접세에 해당한다.
② 현행 부가가치세는 전단계거래액공제법을 채택하고 있다.
③ 부가가치세의 역진성을 완화하기 위하여 면세제도를 두고 있다.
④ 소비지국과세원칙을 채택하여 수출재화 등에 영세율이 적용된다.

14. 다음 중 부가가치세법상 재화의 간주공급에 해당되지 않는 것은?
① 사업상 증여　　　　　　　② 현물출자
③ 폐업시 잔존재화　　　　　④ 개인적 공급

15. 부가가치세법상 사업자가 행하는 다음의 거래 중 부가가치세가 과세되는 것은?
① 상가에 부수되는 토지의 임대
② 주택의 임대
③ 국민주택 규모 이하의 주택의 공급
④ 토지의 공급

실무시험

(주)나라전자(회사코드 : 3414)은 전자제품을 제조하여 판매하는 중소기업이며, 당기(제13기) 회계기간은 2024.1.1.~2024.12.31.이다. 전산세무회계 수험용 프로그램을 이용하여 다음 물음에 답하시오.

기본전제

문제에서 한국채택국제회계기준을 적용하도록 하는 전제조건이 없는 경우, 일반기업회계기준을 적용하여 회계처리한다.

문제 1 다음은 기초정보관리와 전기분 재무제표에 대한 자료이다. 각각의 요구사항에 대하여 답하시오. (10점)

[1] 전기분재무상태표에서 다음과 같은 오류를 확인하였다. 관련된 전기분 재무제표를 적절히 수정하시오. (4점)

- 원재료 재고액은 9,500,000원이나 7,000,000원으로 잘못 입력된 것을 확인하였다.

[2] 다음 전기분 거래처별 채권잔액을 참고하여 해당 메뉴에 수정 입력하시오. (3점)

계정과목	거래처	금액	합계
단기대여금	㈜세움상사	5,000,000원	9,800,000원
	㈜사랑상사	4,800,000원	
외상매입금	㈜미래엔상사	2,500,000원	6,800,000원
	㈜아이필	4,300,000원	

[3] 회사가 사용하는 다음의 법인카드를 기초정보등록의 거래처등록 메뉴에서 거래처(신용카드)에 입력하시오. (3점)

- 코드번호 : 99600
- 유형 : 매입
- 카드종류(매입) : 사업용카드
- 상호 : 해피카드
- 카드번호 : 4500-1101-0052-6668

문제 2
다음 거래 자료를 일반전표입력 메뉴에 추가 입력하시오(일반전표입력의 모든 거래는 부가가치세를 고려하지 말 것). (18점)

> **입력 시 유의사항**
> - 일반적인 적요의 입력은 생략하지만, 타계정 대체거래는 적요번호를 선택하여 입력한다.
> - 채권·채무와 관련된 거래는 별도의 요구가 없는 한 반드시 기 등록되어 있는 거래처코드를 선택하는 방법으로 거래처명을 입력한다.
> - 제조경비는 500번대 계정코드를, 판매비와 관리비는 800번대 계정코드를 사용한다.
> - 회계처리시 계정과목은 별도제시가 없는 한 등록되어 있는 계정과목 중 가장 적절한 과목으로 한다.

[1] 7월 14일 단기매매차익을 목적으로 상장회사인 ㈜세무의 주식 100주를 주당 35,000원(액면금액 25,000원)에 구입하고 100주에 대한 매입수수료 5,000원을 포함하여 당사의 보통예금계좌에서 지급하였다(매입수수료는 영업외비용으로 처리할 것). (3점)

[2] 7월 31일 ㈜금호전자의 부도로 외상매출금 잔액 2,700,000원이 회수불가능하여 대손처리하였다(단, 대손처리하기 전 재무상태표상 대손충당금잔액을 조회하여 회계처리 할 것). (3점)

[3] 9월 11일 일본 홋카이상사로부터 ¥400,000을 2년 후 상환조건으로 차입하고, 대구은행의 보통예금 계좌에 예입하였다(단, 9월 11일 현재 대고객매입율은 ¥100=1,100원이고 외화의 장기차입인 경우에도 장기차입금계정을 사용하기로 한다). (3점)

[4] 9월 25일 공장 신축용 토지를 취득하였으며, 취득대가로 당사의 주식 100주(주당 액면금액 5,000원)을 신규 발행하여 교부하였다. 취득 당시 토지의 공정가치는 1,000,000원이다. (3점)

[5] 10월 2일 영업직 직원에 대한 코로나19 예방접종을 세계로병원에서 실시하고, 접종 비용 2,500,000원을 법인카드인 신한카드로 결제하였다(단, 미지급금으로 회계처리한다). (3점)

[6] 10월 2일   동아전자에 대한 외상매출금 15,000,000원에 대하여 다음의 약속어음을 배서양도 받고, 나머지 금액은 동점 발행 당좌수표로 받았다.   (3점)

```
                     약 속 어 음
                              동아전자 귀하
                         금 10,000,000원
              위의 금액을 귀하 또는 귀하의 지시인에게 이 약속어음과 상환하여 지급하겠습니다.
   지급기일 2024.11.02.              발행일 2024.09.02.
   지 급 지 ****************        발행지 ********************
   지급장소 **************                주 소 ***********************
                                          발행인 (주)평화산업
```

문제 3   다음 거래 자료를 매입매출전표입력 메뉴에 입력하시오.   (18점)

입력 시 유의사항

- 일반적인 적요의 입력은 생략하지만, 타계정 대체거래는 적요번호를 선택하여 입력한다.
- 별도의 요구가 없는 한 반드시 기 등록되어 있는 거래처코드를 선택하는 방법으로 거래처명을 입력한다.
- 제조경비는 500번대 계정코드를, 판매비와 관리비는 800번대 계정코드를 사용한다.
- 회계처리시 계정과목은 별도제시가 없는 한 등록되어 있는 계정과목 중 가장 적절한 과목으로 한다.
- 입력화면 하단의 분개까지 처리하고, 전자세금계산서 및 전자계산서는 전자입력으로 반영한다.

[1] 8월 1일   (주)진영상사에 당사의 제품을 판매한 것과 관련된 아래의 전자세금계산서를 보고 매입매출전표입력 메뉴에 입력하시오.   (3점)

전자세금계산서						승인번호			
공급자	사업자등록번호	104-81-51358	종사업장번호		공급받는자	사업자등록번호	217-81-16055	종사업장번호	
	상호(법인명)	(주)나라전자	성명(대표자)	김나라		상호(법인명)	(주)진영상사	성 명	홍진영
	사업장주소	서울특별시 강남구 강남대로 494				사업장주소	서울특별시 강남구 밤고개로1길 10		
	업 태	제조, 도소매	종 목	전자제품		업 태	도소매	종 목	컴퓨터
	이메일					이메일			

작성일자	공급가액	세액	수정사유
2024.8.1	15,000,000	1,500,000	

비고								
월	일	품 목	규 격	수 량	단 가	공 급 가 액	세 액	비 고
8	1	마이크		300	50,000	15,000,000	1,500,000	

합 계 금 액	현 금	수 표	어 음	외상미수금	이 금액을	영수 / 청구	함
16,500,000	2,200,000			14,300,000			

[2] 8월 20일 공장에서 사용할 1톤 화물차를 기현자동차로부터 구입하고 전자세금계산서를 교부받았으며, 대금은 1개월 후 지급하기로 하다. (3점)

전자세금계산서				승인번호			
공급자	사업자등록번호	137-81-56538	종사업장번호		공급받는자	사업자등록번호	104-81-51358	종사업장번호	
	상호(법인명)	㈜기현자동차	성명(대표자)	최현기		상호(법인명)	㈜나라전자	성명	김나라
	사업장주소	서울 영등포구 여의로길 23				사업장주소	서울특별시 강남구 강남대로 494		
	업태	제조, 판매	종목	자동차		업태	제조, 도소매	종목	전자제품
	이메일					이메일			

작성일자	공급가액	세액	수정사유
2024.08.20	19,000,000	1,900,000	

비고

월	일	품목	규격	수량	단가	공급가액	세액	비고
8	20	화물차				19,000,000	1,900,000	

합계금액	현금	수표	어음	외상미수금	이 금액을 영수/청구 함
20,900,000				20,900,000	

[3] 10월 10일 공장 신축을 위해 (주)방배로부터 건물이 있는 토지를 취득하였으며 토지가액은 10,000,000원, 건물가액은 1,000,000원(부가세 별도)이다. 건물 취득에 대하여 전자세금계산서를 수취하고 대금은 당좌수표를 발행하여 결제하였으며 동 건물은 철거예정이다(단, 전자세금계산서 수취분에 대해서만 매입매출전표에 입력하고 분개할 것). (3점)

[4] 10월 18일 영업부서에서 사용할 소모성 물품을 일반과세자인 (주)슬라임에서 현금으로 구입하고, 다음의 현금영수증(지출증빙)을 수령하였다(단, 자산으로 처리할 것). (3점)

(주)슬라임

208-81-56451   최서우
서울 송파구 문정동 99-2 TEL : 3489-8076
홈페이지 http://www.kacpta.or.kr

현금(지출증빙)

구매 2024/10/18/14 : 06 거래번호 : 0029-0177

상품명	수량	금액
물품대	10	55,000원
	과세물품가액	50,000원
	부가세	5,000원
합계		55,000원
받은금액		55,000원

[5] 11월 2일 (주)정연에 수출관련 구매확인서에 근거하여 제품(공급가액 : 22,000,000원)을 공급하고 영세율전자세금계산서를 발급하였다. 기 수령한 계약금 3,000,000원을 제외한 대금은 외상으로 하였다. (3점)

[6] 11월 28일 영업부에서 매출 거래처 접대목적으로 제공할 물품을 (주)동양마트에서 300,000원(부가가치세 별도, 전자세금계산서 교부 받음)에 구입하고 대금은 현금으로 지급하였다. (3점)

전자세금계산서							승인번호			
공급자	등록번호	105-81-23608				공급받는자	등록번호	104-81-51358		
	상호	㈜동양마트	성명(대표자)	박동양			상호	㈜나라전자	성명(대표자)	김나라
	사업장 주소	대구시 수성구 대흥동 21					사업장 주소	서울특별시 강남구 강남대로 494		
	업태	도소매	종사업장번호				업태	제조/도소매업	종사업장번호	
	종목	식품 등					종목	전자제품		
비고						수정사유				
작성일자		2024.11.28				공급가액	300,000	세액	30,000	
월	일	품목	규격	수량	단가	공급가액	세액	비고		
11	28	음료 등				300,000	30,000			
합계금액		현금		수표		어음	외상미수금	이 금액을 **청구** 함		
330,000		330,000								

문제 4
일반전표입력 및 매입매출전표입력 메뉴에 입력된 내용 중 다음과 같은 오류가 발견되었다. 입력된 내용을 확인하여 정정하시오. (6점)

[1] 11월 10일 업무에 사용 중인 공장화물차에 대해 (주)오일정유에서 주유하면서 330,000원(부가세 포함)을 법인카드(축협카드)로 결제하였다. 회계담당자는 매입매출전표입력에서 매입세액을 공제받지 못한 것으로 처리하였다. (3점)

[2] 11월 23일 회사는 확정급여형(DB형) 퇴직연금에 가입하고, 11월 23일 처음으로 당월 분 퇴직연금 1,500,000원을 보통예금에서 지급하였다. 회사가 은행에 지급한 퇴직연금에 대해서 아래와 같이 회계처리 하였다. (3점)

| (차) 퇴직급여(판매관리비) | 1,500,000원 | (대) 보통예금 | 1,500,000원 |

문제 5   결산정리사항은 다음과 같다. 해당 메뉴에 입력하시오. (9점)

[1] 결산일 현재 당기에 계상될 감가상각비는 다음과 같다. (3점)

- 기계장치 감가상각비(생산부) : 2,000,000원
- 비품 감가상각비(영업부) : 450,000원
- 개발비 상각비 : 300,000원

[2] 당기 법인세비용은 12,500,000원이다. 기중에 납부한 중간예납세액 및 원천징수세액이 6,000,000원이 있다. (3점)

[3] 매출채권(외상매출금, 받을어음) 잔액에 대하여 보충법을 사용하여 대손충당금을 설정한다 (단, 대손설정률은 1%라고 가정한다). (3점)

문제 6   다음 사항을 조회하여 답안을 이론문제 답안작성 메뉴에 입력하시오. (9점)

[1] 1기 확정(4월~6월) 부가가치세 신고기간 중 카드로 매출된 공급대가는 얼마인가? (3점)

[2] 1기 확정(4월~6월) 부가가치세 신고기간 중 신용카드로 매입한 사업용고정자산의 금액은 얼마인가? (3점)

[3] 6월 말 차량운반구의 장부금액은 얼마인가? (3점)

제5회 실전모의고사

이론시험

다음 문제를 보고 알맞은 것을 골라 답안저장 메뉴화면에 입력하시오.(객관식 문항당 2점)

기본전제
문제에서 한국채택국제회계기준을 적용하도록 하는 전제조건이 없는 경우, 일반기업회계기준을 적용하여 회계처리한다.

01. 다음 중 재무제표의 작성과 표시의 일반원칙에 관한 내용으로 틀린 것은?
① 재무제표의 작성과 표시에 대한 책임은 경영진에게 있다.
② 재무제표는 기업의 재무상태, 경영성과, 현금흐름 및 자본변동을 공정하게 표시하여야 한다.
③ 중요하지 않은 항목이라 할지라도 성격이나 기능이 유사한 항목과 통합하여 표시할 수 없다.
④ 주식회사의 잉여금은 자본잉여금과 이익잉여금으로 구분하여 표시하여야 한다.

02. 다음 중 제조기업의 재무제표를 작성하는 순서로 가장 올바른 것은?

㉠ 제조원가명세서	㉡ 손익계산서
㉢ 이익잉여금처분계산서	㉣ 재무상태표

① ㉠ → ㉡ → ㉢ → ㉣
② ㉡ → ㉢ → ㉣ → ㉠
③ ㉢ → ㉣ → ㉠ → ㉡
④ ㉠ → ㉡ → ㉣ → ㉢

03. 다음 중 재고자산의 평가방법에 대한 설명으로 가장 옳지 않은 것은?
① 후입선출법은 실제물량 흐름과 일치하는 평가방법이다.
② 선입선출법을 적용시 기말재고는 최근에 구입한 상품의 원가로 구성된다.
③ 물가가 상승하고 있을 때 선입선출법을 적용하면 평균법에 비해 일반적으로 매출원가가 적게 계상된다.
④ 총평균법은 기초재고자산과 당기에 매입한 상품에 대해 평균 단위당 원가로 기말재고자산가액을 계산하는 것이다.

04. 다음은 (주)서초의 신제품 개발을 위한 지출 내역이다. (주)서초의 재무상태표에 계상될 개발비(무형자산)에 포함되지 않는 항목은?

> 가. 연구활동비
> 나. 생산 전 모형의 설계 및 제작비용
> 다. 개발활동에 사용할 기계장치의 취득원가
> 라. 개발활동에 사용하는 기계장치의 감가상각비
> 마. 새로운 제품에 대한 여러 대체안의 탐색, 평가비용

① 가, 라
② 다, 라
③ 가, 나, 마
④ 가, 다, 마

05. 다음 중 자본에 대한 설명으로 옳지 않은 것은?

① 자본금은 발행한 주식의 액면금액에 발행주식수를 곱하여 결정된다.
② 자본은 기업의 소유주인 주주의 몫으로 자산에서 채권자의 지분인 부채를 차감한 것이다.
③ 기타포괄손익누계액은 미실현손익의 성격을 가진 항목으로 당기순이익에 반영된다.
④ 이익잉여금은 법정적립금, 임의적립금 및 미처분이익잉여금으로 구분표시 한다.

06. 다음 중 자본조정에 해당하지 않는 항목은?

① 자기주식
② 매도가능증권평가손실
③ 주식(매수)선택권
④ 주식할인발행차금

07. 다음 중 손익계산서 작성기준에 대한 설명으로 가장 옳지 않은 것은?

① 수익은 실현주의를 기준으로 계상한다.
② 비용은 수익비용 대응의 원칙을 적용한다.
③ 수익과 비용은 순액으로 기재함을 원칙으로 한다.
④ 수익과 비용의 인식기준은 발생주의를 원칙으로 한다.

08. 다음 자료를 이용하여 상품의 매출원가를 계산하면 얼마인가?

- 총 매입액 : 1,500,000원
- 기초상품재고액 : 30,000원
- 매입시 운반비 : 50,000원
- 기말상품재고액 : 10,000원

① 1,320,000원 ② 1,350,000원
③ 1,460,000원 ④ 1,570,000원

09. 다음 중 당기제품제조원가를 계산함에 있어서 옳지 않은 설명은?

① 당기제품제조원가는 원가3요소에 기말재공품과 기초재공품을 반영하여 계산한다.
② 기말원재료가액이 기초원재료가액보다 작을 경우 직접재료비는 당기매입원재료비보다 커진다.
③ 기말재공품가액이 기초재공품가액보다 작을 경우 당기제품제조원가는 당기총제조원가보다 커진다.
④ 당기말 미지급급여가 전기말 미지급급여보다 작을 경우 당기 발생액은 당기 지급액보다 커진다.

10. 다음 자료에 의하여 당기총제조원가를 구하면?

- 당기 원재료재고증가액 : 200,000원
- 당기 원재료매입액 : 2,500,000원
- 당기 제조간접비 : 1,800,000원
- 당기 재공품재고감소액 : 150,000원
- 당기 직접노무비 : 1,200,000원

① 5,300,000원 ② 5,450,000원
③ 5,500,000원 ④ 5,600,000원

11. 다음 중 종합원가계산의 특징으로 가장 옳은 것은?

① 직접원가와 간접원가로 나누어 계산한다.
② 단일 종류의 제품을 연속적으로 대량 생산하는 경우에 적용한다.
③ 고객의 주문이나 고객이 원하는 형태의 제품을 생산할 때 사용되는 방법이다.
④ 제조간접원가는 원가대상에 직접 추적할 수 없으므로 배부기준을 정하여 배부율을 계산하여야 한다.

12. 보조부문원가의 배부방법 중 단계배부법에 대한 설명으로 틀린 것은?

① 최초 배부되는 부문의 경우 자신을 제외한 다른 모든 부문에 배부된다.
② 보조부문간의 배부순서에 따라 순차적으로 다른 보조부문과 제조부문에 배부하는 방법이다.
③ 보조부문의 배부순서에 따라 배부액이 달라질 수 있다.
④ 보조부문 상호 간의 용역수수를 완전히 고려하므로 이론적으로 가장 타당하다.

13. 다음 중 부가가치세법상 세금계산서에 대한 설명으로 가장 옳지 않은 것은?

① 원칙적으로 재화 또는 용역의 공급시기에 발급하여야 한다.
② 일정한 경우에는 재화 또는 용역의 공급시기 전에도 세금계산서를 발급할 수 있다.
③ 월합계세금계산서는 예외적으로 재화 또는 용역의 공급일이 속하는 달의 다음 달 14일까지 세금계산서를 발급할 수 있다.
④ 법인사업자는 전자세금계산서를 의무적으로 발급하여야 한다.

14. 부가가치세법상 납세지 관할 세무서장은 조기 환급신고에 따른 환급세액을 신고 기한이 지난 후 몇 일 이내에 환급해야 하는가?

① 10일　　　　　　　　　　② 15일
③ 20일　　　　　　　　　　④ 25일

15. (주)서초는 2023년 11월 20일 (주)중부에게 기계장치를 11,000,000원(부가가치세 포함)에 공급하고 어음을 교부받았다. 그런데 2024년 2월 10일 (주)중부에 부도가 발생하여 은행으로부터 부도확인을 받았다((주)중부의 재산에 대한 저당권 설정은 없음). (주)서초가 대손세액공제를 받을 수 있는 부가가치세 신고시기와 공제대상 대손세액으로 가장 올바른 것은?

	공 제 시 기	공제대상 대손세액
①	2024년 1기 예정신고	1,000,000원
②	2024년 1기 확정신고	1,100,000원
③	2024년 2기 예정신고	1,100,000원
④	2024년 2기 확정신고	1,000,000원

실무시험

(주)부천전장(회사코드 : 3415)은 자동차부품을 제조하여 판매하는 중소기업이며, 당기(제11기) 회계기간은 2024.1.1.~2024.12.31.이다. 전산세무회계 수험용 프로그램을 이용하여 다음 물음에 답하시오.

기본전제

문제에서 한국채택국제회계기준을 적용하도록 하는 전제조건이 없는 경우, 일반기업회계기준을 적용하여 회계처리한다.

문제 1 다음은 기초정보관리 및 전기분 재무제표에 대한 자료이다. 각각의 요구사항에 대하여 답하시오. (10점)

[1] 전기분원가명세서(제조)의 수선비 3,300,000원 중 450,000원은 제조부문 설비의 수선비가 아니라 영업부문 비품의 수선비이다. 전기분 재무제표 중 이와 관련된 부분(전기분 원가명세서, 전기분 손익계산서, 전기분 이익잉여금처분계산서, 전기분 재무상태표)를 모두 수정하시오. (4점)

[2] 다음은 신규 거래처이다. 거래처등록메뉴의 신용카드 탭에 추가 등록하시오. (3점)

- 거래처코드 : 99606
- 카드번호 : 9404-1004-4352-5200
- 결제계좌 : 수협은행 54-63352-5432-1
- 거래처명 : 수협카드
- 유형 : 매입
- 카드종류 : 사업용카드

[3] 다음 계정과목에 대하여 적요를 추가로 등록하시오. (3점)

- 코드 : 506(제수당)
- 대체적요 : 6. 자격수당 지급
  7. 직책수당 지급

문제 2
다음 거래 자료를 일반전표입력 메뉴에 추가 입력하시오(일반전표입력의 모든 거래는 부가가치세를 고려하지 말 것). (18점)

입력 시 유의사항
- 일반적인 적요의 입력은 생략하지만, 타계정 대체거래는 적요번호를 선택하여 입력한다.
- 채권·채무와 관련된 거래는 별도의 요구가 없는 한 반드시 기 등록되어 있는 거래처코드를 선택하는 방법으로 거래처명을 입력한다.
- 제조경비는 500번대 계정코드를, 판매비와 관리비는 800번대 계정코드를 사용한다.
- 회계처리시 계정과목은 별도제시가 없는 한 등록되어 있는 계정과목 중 가장 적절한 과목으로 한다.

[1] 7월 2일   (주)마진상사에 지급할 외상매입금 15,000,000원 중 50%는 3개월 만기 약속어음을 발행하여 지급하고 나머지는 면제받았다. (3점)

[2] 10월 1일   회사는 10월 1일 개최된 이사회에서 현금배당 80,000원의 중간배당을 결의하였다(단, 이익준비금은 고려하지 않는 것으로 한다). (3점)

[3] 11월 12일   기업이 속한 한국자동차 판매자 협회(법으로 정한 단체에 해당함)에 일반회비 250,000원과 대한적십자에 대한 기부금 500,000원을 현금으로 납부하다. (3점)

[4] 11월 28일   8월 1일에 선적하여 '미국 Ace Co.'에 수출한 제품에 대한 외상매출금을 회수하여 원화로 당사 보통예금 계좌에 입금하였다. (3점)

- 외상매출금 : $20,000   • 8월 1일 환율 : 1,100원/$ • 11월 28일 환율 : 1,070원/$

[5] 12월 2일   본사 영업부 직원 김부장씨가 출장에서 돌아와 6월 25일에 회사에서 지급한 출장비(가지급금) 500,000원에 대해 실제 사용한 교통비 및 숙박비 475,000원과 정산하고 잔액은 현금으로 회수하였다(단, 가지급금에 대한 거래처를 입력할 것). (3점)

[6] 12월 8일   회사가 보유중인 자기주식 모두를 12,000,000원에 처분하고 매각대금은 보통예금으로 입금 되었다. 처분시점의 장부가액은 13,250,000원이다(자기주식처분이익 잔액은 조회할 것). (3점)

문제 3 다음 거래 자료를 매입매출전표입력 메뉴에 입력하시오. (18점)

입력 시 유의사항

- 일반적인 적요의 입력은 생략하지만, 타계정 대체거래는 적요번호를 선택하여 입력한다.
- 별도의 요구가 없는 한 반드시 기 등록되어 있는 거래처코드를 선택하는 방법으로 거래처명을 입력한다.
- 제조경비는 500번대 계정코드를, 판매비와 관리비는 800번대 계정코드를 사용한다.
- 회계처리시 계정과목은 별도제시가 없는 한 등록되어 있는 계정과목 중 가장 적절한 과목으로 한다.
- 입력화면 하단의 분개까지 처리하고, 전자세금계산서 및 전자계산서는 전자입력으로 반영한다.

[1] 8월 17일 (주)천마에 제품을 판매하고 다음과 같이 전자세금계산서를 발급하였다. 대금은 8월 2일에 받은 계약금 1,000,000원을 제외한 나머지 금액 중 50%는 동사발행 당좌수표로 받고, 50%는 2개월 후 받기로 하였다. (3점)

전자세금계산서

					승인번호	20240817-1000-00329	
공급자	사업자등록번호	106-81-74624	종사업장번호		공급받는자	사업자등록번호	125-85-62258	종사업장번호	
	상호(법인명)	(주)부천전장	성명(대표자)	김종국		상호(법인명)	(주)천마	성 명	이천용
	사업장주소	서울 관악구 관악로 104(봉천동)				사업장주소	서울 영등포구 경인로 702		
	업 태	제조 외	종 목	자동차부품		업 태	도매	종 목	전자제품
	이메일					이메일			

작성일자	공급가액	세액	수정사유
2024.08.17	9,000,000	900,000	

비고							
월	일	품 목	규 격	수 량	단 가	공 급 가 액	세 액	비 고
8	17	Y제품		100	90,000	9,000,000	900,000	

합 계 금 액	현 금	수 표	어 음	외상미수금	이 금액을 영수/청구 함
9,900,000	5,450,000			4,450,000	

[2] 8월 20일   (주)한국테크로부터 원재료(@2,000원, 1,000개, 부가가치세 별도)를 구입하고 전자세금계산서를 발급받았다. 대금 중 1,500,000원은 약속어음을 발행(만기 : 11.20.)했으며 나머지는 자기앞수표로 지급하였다. (3점)

전자세금계산서

	승인번호	20240820-2030-00197

공급자
- 등록번호: 105-81-23608
- 상호: (주)한국테크
- 성명(대표자): 최한국
- 사업장주소: 광주시 동구 학동 21
- 업태: 제조/도소매
- 종목: 전자제품외

공급받는자
- 등록번호: 106-81-74624
- 상호: ㈜부천전장
- 성명(대표자): 김종국
- 사업장주소: 서울 관악구 관악로 104(봉천동)
- 업태: 제조/도소매업
- 종목: 자동차부품

작성일자	공급가액	세액	수정사유
2024.08.20	2,000,000	200,000	

월	일	품목	규격	수량	단가	공급가액	세액	비고
8	20	부품		1,000	2,000	2,000,000	200,000	

합계금액	현금	수표	어음	외상미수금	이 금액을 **청구** 함
2,200,000	700,000		1,500,000		

[3] 9월 3일   비사업자인 개인 최지유(720105-1254525)에게 제품을 330,000원(부가가치세 포함)에 현금으로 판매하고 주민등록번호로 전자세금계산서를 발급하였다. (3점)

[4] 10월 1일   구매확인서에 의해 수출용 제품에 대한 원재료(공급가액 30,000,000원)을 (주)봄날로부터 매입하고 영세율전자세금계산서를 발급받았다. 매입대금 중 13,000,000원은 (주)운천에서 받아 보관 중인 약속어음을 배서양도하고, 나머지 금액은 6개월 만기의 당사 발행 약속어음으로 지급하였다. (3점)

영세율전자세금계산서

	승인번호	20241001-1200-004267

공급자
- 등록번호: 122-81-21323
- 상호: (주)봄날
- 성명(대표자): 김하범
- 사업장주소: 서울 관악구 봉천동 458
- 업태: 제조/도소매
- 종목: 전자부품

공급받는자
- 등록번호: 106-81-74624
- 상호: ㈜부천전장
- 성명(대표자): 김종국
- 사업장주소: 서울 관악구 관악로 104(봉천동)
- 업태: 제조/도소매업
- 종목: 자동차부품

작성일자	공급가액	세액	수정사유
2024.10.01.	30,000,000	0	

월	일	품목	규격	수량	단가	공급가액	세액	비고
10	1	부품				30,000,000	0	

합계금액	현금	수표	어음	외상미수금	이 금액을 **청구** 함
30,000,000			30,000,000		

[5] 10월 9일 영업부 직원의 교육을 위해 도서를 구입하면서 ㈜교보문고로부터 다음과 같은 현금영수증을 발급받았다. (3점)

```
              (주)교보문고
        114-81-80641              이교문
    서울 송파구 문정동 101-2 TEL : 3289-8085
    홈페이지 http://www.kyobo.or.kr
              현금(지출증빙)
구매 2024/10/09/17 : 06   거래번호 : 0026-0107
    상품명              수량        금액
    업무처리해설서         1       80,000
    재고관리입문서         1      120,000
    급여지급지침서         1      100,000

    합   계                     300,000
    받은금액                     300,000
         현금         300,000
```

[6] 10월 20일 매출거래처 ㈜경원으로부터 외상매출금 5,500,000원을 회수하면서 약정 기일보다 10일 빠르게 회수되어 2%를 할인해 주고, (-)전자세금계산서를 발급하였다(외상매출금 회수 분개는 생략하고, (-)세금계산서 발급 부분만 매입매출전표에 입력하고 제품매출 계정에서 직접 차감하는 방식으로 분개할 것). (3점)

문제 4 일반전표입력 및 매입매출전표입력 메뉴에 입력된 내용 중 다음과 같은 오류가 발견되었다. 입력된 내용을 확인하여 정정하시오. (6점)

[1] 8월 10일 제조부서 공장건물의 유리창 교체작업을 한 후 400,000원(부가가치세 별도)을 ㈜다본다에 자기앞수표로 지급하고 전자세금계산서를 발급받았다. 본 작업은 수익적 지출에 해당하지만 자본적 지출로 잘못 처리하였다. (3점)

[2] 12월 30일 12월 30일 현재 선적이 완료되어 운송 중인 원재료 20,000,000원이 있으며, 이에 대한 전표처리가 누락되어 있음을 발견하였다. 당 원재료의 수입계약은 AmaZon과의 선적지 인도조건이며 대금은 도착 후 1개월 이내에 지급하기로 하였다. (3점)

문제 5 결산정리사항은 다음과 같다. 해당메뉴에 입력하시오. (9점)

[1] 국일은행으로부터 차입한 장기차입금 중 25,000,000원이 만기가 1년 미만으로 도래하였다. (3점)

[2] 2024년 9월 1일에 1년분(2024.9.1.~2025.8.31.)의 판매관리비인 임차료 18,000,000원을 현금으로 지급하고 비용으로 처리하였다. 월할 계산하시오. (3점)

[3] 기말 결산일 현재 현금과부족 계정의 원인을 발견하지 못하였다. (3점)

문제 6 다음 사항을 조회하여 답안을 이론문제 답안작성 메뉴에 입력하시오. (9점)

[1] 제1기 부가가치세 예정신고기간(1월~3월)의 부가가치세 매입세액 중 공제받지 못할 매입세액은 얼마인가? (3점)

[2] 1월부터 3월까지의 누적현금지급액은 얼마인가? (3점)

[3] 2024년 6월 현재 당좌자산은 2023년 말 당좌자산보다 얼마나 증감하였는가? (3점)

PART 08
기출문제연습

제106회   기출문제연습
제107회   기출문제연습
제108회   기출문제연습
제109회   기출문제연습
제110회   기출문제연습
제111회   기출문제연습

제106회 기출문제연습

이론시험

다음 문제를 보고 알맞은 것을 골라 이론문제 답안작성 메뉴에 입력하시오. (객관식 문항당 2점)

기본전제

문제에서 한국채택국제회계기준을 적용하도록 하는 전제조건이 없는 경우, 일반기업회계기준을 적용하여 회계처리한다.

01. 다음 중 회계정보의 질적특성과 관련된 설명으로 잘못된 것은?

① 유형자산을 역사적 원가로 평가하면 측정의 신뢰성은 저하되나 목적적합성은 제고된다.
② 회계정보는 기간별 비교가 가능해야 하고, 기업실체간 비교가능성도 있어야 한다.
③ 회계정보의 질적특성은 회계정보의 유용성을 판단하는 기준이 된다.
④ 회계정보가 갖추어야 할 가장 중요한 질적특성은 목적적합성과 신뢰성이다.

02. 다음 중 재무상태표가 제공할 수 있는 재무정보로 올바르지 않은 것은?

① 타인자본에 대한 정보
② 자기자본에 대한 정보
③ 자산총액에 대한 정보
④ 경영성과에 관한 정보

03. 다음 중 유형자산의 취득원가에 포함하지 않는 것은?

① 토지의 취득세
② 새로운 상품과 서비스를 소개하는데 소요되는 원가
③ 유형자산의 취득과 관련하여 불가피하게 매입한 국공채의 매입금액과 현재가치와의 차액
④ 설계와 관련하여 전문가에게 지급하는 수수료

04. 다음 중 유가증권과 관련한 내용으로 가장 옳은 것은?

① 만기보유증권은 유가증권 형태상 주식 및 채권에 적용된다.
② 매도가능증권은 만기가 1년 이상인 경우에 투자자산으로 분류하며 주식 형태만 가능하다.
③ 단기매매증권은 주식 및 채권에 적용되며 당좌자산으로 분류한다.
④ 만기보유증권은 주식에만 적용되며 투자자산으로 분류한다.

05. 다음 중 자본조정항목으로 분류할 수 없는 계정과목은?

① 감자차익
② 주식할인발행차금
③ 자기주식
④ 자기주식처분손실

06. 다음 중 수익의 측정에 대한 설명으로 옳지 않은 것은?

① 로열티수익은 관련된 계약의 경제적 실질을 반영하여 발생기준에 따라 인식한다.
② 이자수익은 원칙적으로 유효이자율을 적용하여 발생기준에 따라 인식한다.
③ 배당금수익은 배당금을 받을 권리와 금액이 확정되는 시점에 인식한다.
④ 수익은 권리의무확정주의에 따라 합리적으로 인식한다.

07. 다음 자료에 의할 때 당기의 매출원가는 얼마인가?

· 기초상품재고액	500,000원	· 기말상품재고액	1,500,000원
· 매입에누리금액	750,000원	· 총매입액	8,000,000원
· 타계정대체금액	300,000원	· 판매대행수수료	1,100,000원

① 7,050,000원
② 6,950,000원
③ 6,250,000원
④ 5,950,000원

08. ㈜연무는 2024년 12월 26일 거래처에 상품을 인도하였으나 상품 판매대금 전액이 2025년 1월 5일에 입금되어 동일자에 전액 수익으로 인식하였다. 위 회계처리가 2024년도의 재무제표에 미치는 영향으로 올바른 것은?(단, 매출원가에 대해서는 고려하지 않는다.)

① 자산의 과소계상
② 비용의 과대계상
③ 부채의 과소계상
④ 수익의 과대계상

09. 아래의 자료에서 설명하는 원가행태에 해당하는 것은?

> 조업도의 변동과 관계없이 총원가가 일정한 고정원가와 조업도의 변동에 비례하여 총원가가 변동하는 변동원가가 혼합된 원가

① 전화요금　　　　　　　② 직접재료원가
③ 감가상각비　　　　　　④ 화재보험료

10. 다음 중 개별원가계산에 대한 설명으로 옳지 않은 것은?

① 단일 종류의 제품을 연속생산, 대량생산하는 업종에 적합한 원가계산 방법이다.
② 조선업, 건설업이 개별원가계산에 적합한 업종에 해당한다.
③ 직접원가와 제조간접원가의 구분이 중요하며, 제조간접원가의 배부가 핵심과제이다.
④ 각 제조지시서별로 원가계산을 해야 하므로 많은 시간과 비용이 발생한다.

11. 다음 자료를 보고 영업외비용으로 처리해야 할 공손의 수량을 구하시오.

· 기초재공품	400개	· 기말 재공품	200개
· 당기착수량	1,000개	· 공손수량	200개
· 정상공손은 완성품 수량의 5%로 한다.			

① 50개　　　　　　　　　② 100개
③ 150원　　　　　　　　④ 200개

12. 다음 자료를 이용하여 당기 총제조원가를 구하면 얼마인가?

· 기초 재공품 원가	100,000원	· 직접재료원가	180,000원
· 기말 재공품 원가	80,000원	· 직접노무원가	320,000원
· 공장 전력비	50,000원	· 공장 임차료	200,000원

① 500,000원　　　　　　② 600,000원
③ 730,000원　　　　　　④ 750,000원

13. 다음 중 부가가치세법상 과세 대상으로 볼 수 없는 것은?

① 재화의 공급 ② 용역의 공급
③ 재화의 수입 ④ 용역의 수입

14. 다음 중 부가가치세법상 사업자등록에 관한 설명으로 잘못된 것은?

① 사업자는 사업장마다 사업개시일부터 20일 이내에 사업자등록을 신청해야 한다.
② 사업자는 사업자등록의 신청을 사업장 관할 세무서장에게만 할 수 있다.
③ 신규로 사업을 시작하려는 자는 사업개시일 이전이라도 사업자등록을 신청할 수 있다.
④ 사업자는 등록사항이 변경되면 지체 없이 사업장 관할 세무서장에게 신고하여야 한다.

15. 다음 중 부가가치세법상 간이과세에 대한 설명으로 가장 옳지 않은 것은?

① 직전 1역년의 재화·용역의 공급대가의 합계액이 8천만원 미만인 개인사업자가 간이과세자에 해당한다.
② 해당 과세기간의 공급대가의 합계액이 4천800만원 미만인 경우에는 납부세액의 납부의무가 면제된다.
③ 직전연도의 공급대가의 합계액이 4천800만원 미만인 간이과세자는 세금계산서를 발급할 수 없다.
④ 매출세액보다 매입세액이 클 경우 환급을 받을 수 있다.

실무시험

남다른패션(주)(회사코드:3421)은 스포츠의류 등의 제조업 및 도소매업을 영위하는 중소기업이며, 당기(제9기) 회계기간은 2024. 1. 1 ~ 2024. 12. 31 이다. 전산세무회계 수험용 프로그램을 이용하여 다음 물음에 답하시오.

문제 1
다음은 기초정보관리 및 전기분재무제표에 대한 자료이다. 각각의 요구사항에 대하여 답하시오. (10점)

[1] 아래의 자료를 바탕으로 다음 계정과목에 대한 적요를 추가등록하시오. (3점)

- 코드 : 0511
- 계정과목 : 복리후생비
- 현금적요 : 9. 생산직원 독감 예방접종비 지급
- 대체적요 : NO 3. 직원 휴가비 보통예금 인출

[2] 다음 자료를 보고 거래처등록 메뉴에서 신규 거래처를 등록하시오. (3점)

- 거래처구분 : 일반거래처
- 유형 : 동시
- 거래처코드 : 00450
- 거래처명 : ㈜대박
- 대표자명 : 박대박
- 사업자등록번호 : 403-81-51065
- 업태 : 제조
- 종목 : 원단
- 사업장 주소 : 경상북도 칠곡군 지천면 달서원길 16 (※ 주소 입력 시 우편번호 입력은 생략해도 무방함.)

[3] 전기분 손익계산서를 검토한 결과 다음과 같은 오류가 발견되었다. 전기분 손익계산서, 전기분 잉여금처분계산서, 전기분 재무상태표 중 관련된 부분을 수정하시오. (4점)

계정과목	틀린 금액	올바른 금액
광고선전비	3,800,000원	5,300,000원

문제 2 다음의 거래 자료를 일반전표입력 메뉴를 이용하여 입력하시오(일반전표입력의 모든 거래는 부가가치세를 고려하지 말 것). (18점)

> **입력 시 유의사항**
> - 일반적인 적요의 입력은 생략하지만, 타계정 대체거래는 적요번호를 선택하여 입력한다.
> - 채권·채무와 관련된 거래는 별도의 요구가 없는 한 반드시 기 등록되어 있는 거래처코드를 선택하는 방법으로 거래처명을 입력한다.
> - 제조경비는 500번대 계정코드를, 판매비와 관리비는 800번대 계정코드를 사용한다.
> - 회계처리시 계정과목은 별도제시가 없는 한 등록되어 있는 계정과목 중 가장 적절한 과목으로 한다.

[1] 7월 18일 ㈜괴안공구에 지급할 외상매입금 33,000,000원 중 일부는 아래의 전자어음을 발행하고 나머지는 보통예금 계좌에서 지급하였다. (3점)

전 자 어 음

(주)괴안공구 귀하   00520240718123456789

금 이천삼백만원정   23,000,000원

위의 금액을 귀하 또는 귀하의 지시인에게 지급하겠습니다.

지급기일 2024년 8월 30일   발행일 2024년 7월 18일
지 급 지 하나은행   발행지
지급장소 신중동역지점   주 소 세종특별자치시 가름로 232
                              발행인 남다른패션(주)

[2] 7월 30일 매출거래처인 ㈜지수포장의 파산으로 인해 외상매출금 1,800,000원이 회수 불가능할 것으로 판단하여 대손 처리하였다. 대손 발생일 직전 외상매출금에 대한 대손충당금 잔액은 320,000원이다. (3점)

[3] 8월 30일 사무실 이전을 위하여 형제상사와 체결한 건물 임대차계약의 잔금 지급일이 도래하여 임차보증금 5,000,000원 중 계약금 1,500,000원을 제외한 금액을 보통예금 계좌에서 지급하였다. (3점)

[4] 10월 18일　대표이사로부터 차입한 잔액 19,500,000원에 대하여 채무를 면제받았다(해당 차입금은 단기차입금으로 계상되어 있다).　(3점)

[5] 10월 25일　시장조사를 위해 호주로 출장을 다녀온 영업부 사원 누리호에게 10월 4일에 지급하였던 출장비 3,000,000원(가지급금으로 처리함) 중 실제 여비교통비로 지출한 2,850,000원에 대한 영수증과 잔액 150,000원을 현금으로 수령하였다(단, 거래처를 입력할 것).　(3점)

[6] 11월 04일　확정기여형(DC형) 퇴직연금 불입액 5,000,000원(영업부 2,000,000원, 생산부 3,000,000원)이 보통예금 계좌에서 이체되었다.　(3점)

문제 3 다음 거래 자료를 매입매출전표입력 메뉴에 입력하시오.　(18점)

입력 시 유의사항

- 일반적인 적요의 입력은 생략하지만, 타계정 대체거래는 적요번호를 선택하여 입력한다.
- 채권·채무와 관련된 거래는 별도의 요구가 없는 한 반드시 기등록된 거래처코드를 선택하는 방법으로 거래처명을 입력한다.
- 제조경비는 500번대 계정코드를, 판매비와관리비는 800번대 계정코드를 사용한다.
- 회계처리 시 계정과목은 별도의 제시가 없는 한 등록된 계정과목 중 가장 적절한 과목으로 한다.
- 입력화면 하단의 분개까지 처리하고, 전자세금계산서 및 전자계산서는 전자입력으로 반영한다.

[1] 7월 14일　미국에 소재한 HK사에 제품(공급가액 50,000,000원)을 직수출하고, 6월 30일에 수령한 계약금 10,000,000원을 제외한 대금은 외상으로 하였다.　(3점)

[2] 8월 5일　㈜동도유통에 제품을 판매하고 다음과 같이 전자세금계산서를 발급하였다. 대금 중 10,000,000원은 ㈜서도상사가 발행한 어음을 배서양도 받고, 나머지는 다음 달에 받기로 하였다.　(3점)

전자세금계산서					승인번호		20240805-15454645-58811886			
공급자	등록번호	320-87-12226	종사업장번호		공급받는자	등록번호	115-81-19867	종사업장번호		
	상호(법인명)	남다른패션㈜	성명	고길동		상호(법인명)	㈜동도유통	성명	남길도	
	사업장주소	세종특별자치시 가름로 232				사업장주소	서울시 서초구 강남대로 291			
	업태	제조,도소매,무역	종목	스포츠의류 외		업태	도소매	종목	의류	
	이메일					이메일				
						이메일				
작성일자		공급가액		세액		수정사유		비고		
2024-08-05		10,000,000원		1,000,000원		해당 없음				
월	일	품목		규격	수량	단가	공급가액		세액	비고
08	05	의류					10,000,000원		1,000,000원	
합계금액		현금		수표		어음	외상미수금		위 금액을 **(청구)** 함	
11,000,000원						10,000,000원	1,000,000원			

[3] 8월 20일   일반과세자인 함안전자로부터 영업부 직원들에게 지급할 업무용 휴대전화(유형자산) 3대를 4,840,000원(부가가치세 포함)에 구입하고, 법인 명의의 국민카드로 결제하였다. (3점)

[4] 11월 11일   ㈜더람에 의뢰한 마케팅전략특강 교육을 본사 영업부 직원(10명)들을 대상으로 실시하고, 교육훈련비 5,000,000원에 대한 전자계산서를 발급받았다. 교육훈련비는 11월 1일 지급한 계약금을 제외한 나머지를 보통예금 계좌에서 지급하였다(단, 관련 계정을 조회하여 전표 입력할 것). (3점)

[5] 11월 26일   ㈜미래상사로부터 기술연구소의 연구개발에 사용하기 위한 연구용 재료를 10,000,000원(부가가치세 별도)에 구입하면서 전자세금계산서를 발급받고, 대금은 보통예금 계좌에서 지급하였다(단, 연구용 재료와 관련하여 직접 지출한 금액은 무형자산으로 처리할 것). (3점)

[6] 12월 4일 생산부가 사용하는 업무용승용차(2,000cc)의 엔진오일과 타이어를 차차카센터에서 교환하고 전자세금계산서를 발급받았다. 교환비용 825,000원(부가가치세 포함)은 전액 보통예금 계좌에서 이체하였다(단, 교환비용은 차량유지비(제조원가)로 처리할 것). (3점)

문제 4 일반전표입력 및 매입매출전표입력 메뉴에 입력된 내용 중 다음과 같은 오류가 발견되었다. 입력된 내용을 확인하여 정정하시오. (6점)

[1] 8월 2일 보통예금 계좌에서 지급한 800,000원은 외상으로 매입하여 영업부에서 업무용으로 사용 중인 컴퓨터(거래처 : 온누리)에 대한 대금 지급액으로 확인되었다. 잘못된 항목을 올바르게 수정하시오. (3점)

[2] 11월 19일 차차운송에 현금으로 지급한 운송비 330,000원(부가가치세 포함)은 원재료를 매입하면서 지급한 것으로 회계팀 신입사원의 실수로 일반전표에 입력하였다. 운송 관련하여 별도의 전자세금계산서를 발급받았다. (3점)

문제 5 결산정리사항은 다음과 같다. 해당 메뉴에 입력하시오. (9점)

[1] 결산일 현재 재고자산을 실사하던 중 도난, 파손의 사유로 수량 부족이 발생한 제품의 원가는 2,000,000원으로 확인되었다(단, 수량 부족의 원인은 비정상적으로 발생한 것이다). (3점)

[2] 홍보용 계산기를 구매하고 전액 광고선전비(판매비와관리비)로 비용처리하였다. 결산 시 미사용한 2,500,000원에 대해 올바른 회계처리를 하시오(단, 소모품 계정을 사용하며 음수로 입력하지 말 것). (3점)

[3] 당기의 법인세등으로 계상할 금액은 10,750,000원이다(법인세 중간예납세액은 선납세금으로 계상되어 있으며, 이를 조회하여 회계처리할 것). (3점)

문제 6 다음 사항을 조회하여 답안을 이론문제 답안작성 메뉴에 입력하시오. (9점)

[1] 6월 말 현재 외상매입금 잔액이 가장 큰 거래처명과 그 금액은 얼마인가? (3점)

[2] 부가가치세 제1기 확정신고 기간(4월~6월)의 차가감하여 납부할 부가가치세액은 얼마인가? (3점)

[3] 2분기(4월~6월) 중 판매비와관리비 항목의 광고선전비 지출액이 가장 많이 발생한 월과 그 금액은 얼마인가? (3점)

제107회 기출문제연습

이론시험

다음 문제를 보고 알맞은 것을 골라 이론문제 답안작성 메뉴에 입력하시오. (객관식 문항당 2점)

> **기본전제**
> 문제에서 한국채택국제회계기준을 적용하도록 하는 전제조건이 없는 경우, 일반기업회계기준을 적용하여 회계처리한다.

01. 다음 중 재무제표에 대한 설명으로 가장 올바른 것은?
① 자산은 현재 사건의 결과로 기업이 통제하고 있고 미래경제적효익이 기업에 유입될 것으로 기대되는 자원이다.
② 부채는 과거 사건에 의하여 발생하였으며, 경제적효익이 기업으로부터 유출됨으로써 이행될 것으로 기대되는 미래의무이다.
③ 수익은 자산의 유입 또는 부채의 감소에 따라 자본의 증가를 초래하는 특정 회계기간 동안에 발생한 경제적효익의 증가로서 지분참여자에 대한 출연과 관련된 것은 제외한다.
④ 비용은 자산의 유출 또는 부채의 증가에 따라 자본의 감소를 초래하는 특정 회계기간 동안에 발생한 경제적효익의 감소로서 지분참여자에 대한 분배를 제외하며, 정상영업활동의 일환이나 그 이외의 활동에서 발생할 수 있는 차손은 포함하지 않는다.

02. 다음 중 기말재고자산의 수량 결정 방법으로 옳은 것을 모두 고른 것은?

| 가. 총평균법 | 나. 계속기록법 | 다. 선입선출법 | 라. 후입선출법 | 마. 실지재고조사법 |

① 가, 다
② 나, 마
③ 가, 나, 다
④ 다, 라, 마

03. 기업이 보유하고 있는 수표 중 현금및현금성자산으로 분류되지 아니하는 것은?
① 선일자수표
② 당좌수표
③ 타인발행수표
④ 자기앞수표

04. 다음 중 유형자산에 대한 설명으로 옳은 것은?

① 기업이 보유하고 있는 토지는 기업의 보유목적에 상관없이 모두 유형자산으로 분류된다.
② 유형자산의 취득 시 발생한 부대비용은 취득원가로 처리한다.
③ 유형자산을 취득한 후에 발생하는 모든 지출은 발생 시 당기 비용으로 처리한다.
④ 모든 유형자산은 감가상각을 한다.

05. 다음은 ㈜한국의 단기매매증권 관련 자료이다. ㈜한국의 당기 손익계산서에 반영되는 영업외손익의 금액은 얼마인가?

- A사 주식의 취득원가는 500,000원이고, 기말공정가액은 700,000원이다.
- B사 주식의 취득원가는 300,000원이고, 기말공정가액은 200,000원이다.
- 당기 중 A사로부터 현금배당금 50,000원을 받았다.
- 당기 초 250,000원에 취득한 C사 주식을 당기 중 300,000원에 처분하였다.

① 200,000원　　　② 250,000원
③ 300,000원　　　④ 400,000원

06. 다음 중 사채의 발행과 관련한 내용으로 옳은 것은?

① 사채를 할인발행한 경우 매년 액면이자는 동일하다.
② 사채를 할증발행한 경우 매년 유효이자(시장이자)는 증가한다.
③ 사채발행 시 발행가액에서 사채발행비를 차감하지 않고 사채의 차감계정으로 처리한다.
④ 사채의 할인발행 또는 할증발행 시 발행차금의 상각액 또는 환입액은 매년 감소한다.

07. 다음 중 계정과목과 자본 항목의 분류가 올바르게 연결된 것은?

① 주식발행초과금 : 이익잉여금
② 자기주식처분손실 : 자본조정
③ 자기주식 : 자본잉여금
④ 매도가능증권평가손익 : 자본조정

08. 유형자산의 자본적지출을 수익적지출로 잘못 처리했을 경우, 당기의 당기순이익과 차기의 당기순이익에 미치는 영향으로 올바른 것은?

	당기 당기순이익	차기 당기순이익
①	과대	과소
②	과소	과소
③	과소	과대
④	과대	과대

09. 다음 중 매몰원가에 해당하지 않는 것은?

① 전기승용차 구입 결정을 함에 있어 사용하던 승용차 처분 시 기존 승용차의 취득원가
② 과거 의사결정으로 발생한 원가로 향후 의사결정을 통해 회수할 수 없는 취득원가
③ 사용하고 있던 기계장치의 폐기 여부를 결정할 때, 해당 기계장치의 취득원가
④ 공장의 원재료 운반용 화물차를 판매 제품의 배송용으로 전환하여 사용할지 여부를 결정할 때, 새로운 화물차의 취득가능금액

10. 다음 중 제조원가에 관한 설명으로 옳지 않은 것은?

① 간접원가는 제조과정에서 발생하는 원가이지만 특정 제품 또는 특정 부문에 직접 추적할 수 없는 원가를 의미한다.
② 조업도의 증감에 따라 총원가가 증감하는 원가를 변동원가라 하며, 직접재료원가와 직접노무원가가 여기에 속한다.
③ 고정원가는 관련범위 내에서 조업도가 증가할수록 단위당 고정원가가 감소한다.
④ 변동원가는 관련범위 내에서 조업도가 증가할수록 단위당 변동원가가 증가한다.

11. ㈜대한은 평균법에 의한 종합원가계산을 채택하고 있다. 재료원가는 공정 초기에 모두 투입되며, 가공원가는 공정 전반에 걸쳐 고르게 투입되는 경우 완성품환산량으로 맞는 것은?

- 기초재공품 : 100개(완성도 50%)
- 당기착수수량 : 2,000개
- 당기완성수량 : 1,800개
- 기말재공품 : 300개(완성도 70%)

	재료원가 완성품환산량	가공원가 완성품환산량
①	2,100개	2,010개
②	2,100개	2,100개
③	2,100개	1,960개
④	2,100개	1,950개

12. 다음은 제조기업의 원가 관련 자료이다. 매출원가 금액으로 옳은 것은?

· 당기총제조원가	1,500,000원	· 기초재공품재고액	500,000원
· 기초제품재고액	800,000원	· 기말재공품재고액	1,300,000원
· 기말제품재고액	300,000원	· 직접재료원가	700,000원

① 700,000원　　　　　　　　　② 800,000원
③ 1,200,000원　　　　　　　　④ 2,000,000원

13. 다음 중 부가가치세법상 면세에 해당하지 않는 것은?
① 도서대여 용역
② 여성용 생리 처리 위생용품
③ 주무관청에 신고된 학원의 교육 용역
④ 개인택시운송사업의 여객운송 용역

14. 다음 중 부가가치세 신고와 납부에 대한 설명으로 옳지 않은 것은?
① 간이과세를 포기하는 경우 포기신고일이 속하는 달의 마지막 날로부터 25일 이내에 신고, 납부하여야 한다.
② 확정신고를 하는 경우 예정신고 시 신고한 과세표준은 제외하고 신고하여야 한다.
③ 신규로 사업을 시작하는 경우 사업개시일이 속하는 과세기간의 종료일로부터 25일 이내에 신고, 납부하여야 한다.
④ 폐업하는 경우 폐업일로부터 25일 이내에 신고, 납부하여야 한다.

15. 다음 중 부가가치세법상 법인사업자의 사업자등록 정정 사유가 아닌 것은?
① 사업의 종류에 변경이 있는 때
② 상호를 변경하는 때
③ 주주가 변동되었을 때
④ 사업장을 이전할 때

실무시험

세무사랑(주)(회사코드:3422)은 부동산임대업 및 전자제품의 제조업 및 도소매업을 영위하는 중소기업이며, 당기(제10기) 회계기간은 2024. 1. 1 ~ 2024. 12. 31 이다. 전산세무회계 수험용 프로그램을 이용하여 다음 물음에 답하시오.

기본전제

- 문제에서 한국채택국제회계기준을 적용하도록 하는 전제조건이 없는 경우, 일반기업회계기준을 적용하여 회계처리 한다.
- 문제의 풀이와 답안작성은 제시된 문제의 순서대로 진행한다.

문제 1 다음은 기초정보관리 및 전기분재무제표에 대한 자료이다. 각각의 요구사항에 대하여 답하시오. (10점)

[1] 다음 자료를 이용하여 [계정과목 및 적요등록] 메뉴에서 견본비(판매비및일반관리비) 계정과목의 현금적요를 추가로 등록하시오. (3점)

- 코드 : 842
- 계정과목 : 견본비
- 현금적요 : NO.2 전자제품 샘플 제작비 지급

[2] 세무사랑㈜의 기초 채권 및 채무의 올바른 잔액은 다음과 같다. 주어진 자료를 검토하여 잘못된 부분은 오류를 정정하고, 누락된 부분은 추가하여 입력하시오. (3점)

계정과목	거래처	금액
외상매출금	㈜홍금전기	30,000,000원
	㈜금강기업	10,000,000원
외상매입금	삼신산업	30,000,000원
	하나무역	26,000,000원
받을어음	㈜대호전자	25,000,000원

[3] 전기분 재무제표 중 아래의 계정과목에서 다음과 같은 오류를 발견하였다. 관련 재무제표를 적절하게 수정하시오. (4점)

계정과목	관련 부서	수정 전 잔액	수정 후 잔액
전력비	생산부	2,000,000원	4,200,000원
수도광열비	영업부	3,000,000원	1,100,000원

문제 2 다음의 거래 자료를 일반전표입력 메뉴를 이용하여 입력하시오(일반전표입력의 모든 거래는 부가가치세를 고려하지 말 것). (18점)

> **입력 시 유의사항**
> - 일반적인 적요의 입력은 생략하지만, 타계정 대체거래는 적요번호를 선택하여 입력한다.
> - 채권·채무와 관련된 거래는 별도의 요구가 없는 한 반드시 기 등록되어 있는 거래처코드를 선택하는 방법으로 거래처명을 입력한다.
> - 제조경비는 500번대 계정코드를, 판매비와 관리비는 800번대 계정코드를 사용한다.
> - 회계처리시 계정과목은 별도제시가 없는 한 등록되어 있는 계정과목 중 가장 적절한 과목으로 한다.

[1] 7월 3일 영업부 사무실로 사용하기 위하여 세무빌딩과 사무실 임대차계약을 체결하고, 보증금 6,000,000원 중 계약금 600,000원을 보통예금(우리은행) 계좌에서 이체하여 지급하였다. 잔금은 다음 달에 지급하기로 하였다. (3점)

[2] 8월 1일 하나카드의 7월분 매출대금 3,500,000원에서 가맹점수수료 2%를 차감한 금액이 당사의 보통예금 계좌로 입금되었다(단, 신용카드 매출대금은 외상매출금으로 처리하고 있다). (3점)

[3] 8월 16일 영업부 직원의 퇴직으로 인해 발생한 퇴직금은 8,800,000원이다. 당사는 모든 직원에 대해 전액 확정급여형(DB형) 퇴직연금에 가입하고 있으며, 현재 퇴직연금운용자산의 잔액은 52,000,000원이다. 단, 퇴직급여충당부채와 퇴직연금충당부채는 설정하지 않았다. (3점)

[4] 8월 23일 나라은행으로부터 차입한 대출금 20,000,000원(대출기간 : 2022.01.01.~2025.12.31.)을 조기 상환하기로 하고, 이자 200,000원과 함께 보통예금 계좌에서 이체하여 지급하다. (3점)

[5] 11월 5일 ㈜다원의 제품매출 외상대금 4,000,000원 중 3,000,000원은 동점 발행 약속어음으로 받고, 1,000,000원은 금전소비대차계약(1년 대여)으로 전환하였다. (3점)

[6] 11월 20일 사업용 중고트럭 취득과 관련된 취득세 400,000원을 현금으로 납부하였다. (3점)

문제 3 다음 거래 자료를 매입매출전표입력 메뉴에 입력하시오. (18점)

> **입력 시 유의사항**
> - 일반적인 적요의 입력은 생략하지만, 타계정 대체거래는 적요번호를 선택하여 입력한다.
> - 채권·채무와 관련된 거래는 별도의 요구가 없는 한 반드시 기등록된 거래처코드를 선택하는 방법으로 거래처명을 입력한다.
> - 제조경비는 500번대 계정코드를, 판매비와관리비는 800번대 계정코드를 사용한다.
> - 회계처리 시 계정과목은 별도의 제시가 없는 한 등록된 계정과목 중 가장 적절한 과목으로 한다.
> - 입력화면 하단의 분개까지 처리하고, 전자세금계산서 및 전자계산서는 전자입력으로 반영한다.

[1] 8월 17일 구매확인서에 의해 수출용 제품의 원재료를 ㈜직지상사로부터 매입하고 영세율 전자세금계산서를 발급받았다. 매입대금 중 10,000,000원은 외상으로 하고, 나머지 금액은 당사가 발행한 3개월 만기 약속어음으로 지급하였다. (3점)

영세율전자세금계산서

| | 승인번호 | 20240817-15454645-58811574 |

공급자				공급받는자			
등록번호	136-81-29187	종사업장번호		등록번호	123-81-95681	종사업장번호	
상호(법인명)	㈜직지상사	성명	나인세	상호(법인명)	세무사랑㈜	성명	이진우
사업장주소	서울특별시 동작구 여의대방로 35			사업장주소	울산광역시 중구 종가로 405-3		
업태	도소매	종목	전자제품	업태	제조 외	종목	전자제품 외
이메일				이메일			
				이메일			

작성일자	공급가액	세액	수정사유	비고
2024-08-17	15,000,000원	0원	해당 없음	

월	일	품목	규격	수량	단가	공급가액	세액	비고
08	17	원재료			15,000,000원	15,000,000원		

합계금액	현금	수표	어음	외상미수금	위 금액을 **(청구)** 함
15,000,000원			5,000,000원	10,000,000원	

[2] 8월 28일 제조부 직원들에게 지급할 작업복을 이진컴퍼니로부터 공급가액 1,000,000원(부가가치세 별도)에 외상으로 구입하고 종이세금계산서를 발급받았다. (3점)

[3] 9월 15일 우리카센타에서 공장용 화물트럭을 수리하고 수리대금 242,000원(부가가치세 포함)은 현금으로 결제하면서 지출증빙용 현금영수증을 받았다(단, 수리대금은 차량유지비로 처리할 것). (3점)

[4] 9월 27일   인사부가 사용할 직무역량 강화용 책을 ㈜대한도서에서 구입하면서 전자계산서를 수취하고 대금은 외상으로 하다. (3점)

전자계산서					승인번호	20240927-15454645-58811886		
공급자	등록번호	120-81-32052	종사업장번호		공급받는자	등록번호	123-81-95681	종사업장번호	
	상호(법인명)	㈜대한도서	성명	박대한		상호(법인명)	세무사랑㈜	성명	이진우
	사업장주소	인천시 남동구 서해2길				사업장주소	울산광역시 중구 종가로 405-3		
	업태	도소매	종목	도서		업태	제조	종목	전자제품
	이메일					이메일			
						이메일			

작성일자	공급가액	수정사유	비고
2024-09-27	200,000원	해당 없음	

월	일	품목	규격	수량	단가	공급가액	비고
09	27	도서(직장생활 노하우 외)			200,000원	200,000원	

합계금액	현금	수표	어음	외상미수금	위 금액을 (청구) 함
200,000원				200,000원	

[5] 9월 30일   ㈜세무렌트로부터 영업부에서 거래처 방문용으로 사용하는 승용차(배기량 2,000cc, 5인승)의 당월분 임차료에 대한 전자세금계산서를 수취하였다. 당월분 임차료는 다음 달에 결제될 예정이다. (3점)

전자세금계산서					승인번호	20240930-15454645-58811886		
공급자	등록번호	105-81-23608	종사업장번호		공급받는자	등록번호	123-81-95681	종사업장번호	
	상호(법인명)	㈜세무렌트	성명	왕임차		상호(법인명)	세무사랑㈜	성명	이진우
	사업장주소	서울시 강남구 강남대로 8				사업장주소	울산광역시 중구 종가로 405-3		
	업태	서비스	종목	임대		업태	제조	종목	전자제품
	이메일					이메일			
						이메일			

작성일자	공급가액	세액	수정사유	비고
2024-09-30	700,000원	70,000원	해당 없음	

월	일	품목	규격	수량	단가	공급가액	세액	비고
09	30	차량렌트대금(5인승)	2,000cc	1	700,000원	700,000원	70,000원	

합계금액	현금	수표	어음	외상미수금	위 금액을 (청구) 함
770,000원				770,000원	

[6] 10월 15일   우리자동차㈜에 공급한 제품 중 일부가 불량으로 판정되어 반품 처리되었으며, 수정전자세금계산서를 발행하였다. 대금은 해당 매출 관련 외상매출금과 상계하여 처리하기로 하였다(단, 음수(-)로 회계처리할 것).   (3점)

전자세금계산서				승인번호	20241015-58754645-58811367		
공급자	등록번호	123-81-95681	종사업장번호	공급받는자	등록번호	130-86-55834	종사업장번호
	상호(법인명)	세무사랑㈜	성명 이진우		상호(법인명)	우리자동차㈜	성명 신방자
	사업장주소	울산광역시 중구 종가로 405-3			사업장주소	서울특별시 강남구 논현로 340	
	업태	제조	종목 전자제품		업태	제조	종목 자동차(완성차)
	이메일				이메일		
					이메일		
작성일자	공급가액		세액	수정사유	비고		
2024-10-15	-10,000,000원		-1,000,000원	일부 반품	품질 불량으로 인한 반품		
월	일	품목	규격	수량	단가	공급가액	세액	비고
10	15	제품				-10,000,000원	-1,000,000원	
합계금액	현금	수표	어음	외상미수금	위 금액을 (청구) 함
-11,000,000원				-11,000,000원	

문제 4   일반전표입력 및 매입매출전표입력 메뉴에 입력된 내용 중 다음과 같은 오류가 발견되었다. 입력된 내용을 확인하여 정정하시오.   (6점)

[1] 7월 6일   ㈜상문의 외상매입금 3,000,000원을 보통예금 계좌에서 이체한 것이 아니라 제품을 판매하고 받은 상명상사 발행 약속어음 3,000,000원을 배서하여 지급한 것으로 밝혀졌다.   (3점)

[2] 12월 13일   영업부 사무실의 전기요금 121,000원(공급대가)을 현금 지급한 것으로 일반전표에 회계처리 하였으나, 이는 제조공장에서 발생한 전기요금으로 한국전력공사로부터 전자세금계산서를 수취한 것으로 확인되었다.   (3점)

문제 5 결산정리사항은 다음과 같다. 해당 메뉴에 입력하시오. (9점)

[1] 결산일을 기준으로 대한은행의 장기차입금 50,000,000원에 대한 상환기일이 1년 이내에 도래할 것으로 확인되었다. (3점)

[2] 무형자산인 특허권(내용연수 5년, 정액법)의 전기 말 상각후잔액은 24,000,000원이다. 특허권은 2023년 1월 10일에 취득하였으며, 매년 법정 상각범위액까지 무형자산상각비로 인식하고 있다. 특허권에 대한 당기분 무형자산상각비(판)를 계상하시오. (3점)

[3] 당기 법인세비용은 13,500,000원으로 산출되었다(단, 법인세 중간예납세액은 선납세금을 조회하여 처리할 것). (3점)

문제 6 다음 사항을 조회하여 답안을 이론문제 답안작성 메뉴에 입력하시오. (9점)

[1] 6월 30일 현재 현금및현금성자산의 전기말 현금및현금성자산 대비 증감액은 얼마인가? 단, 감소한 경우에도 음의 부호(-)를 제외하고 양수로만 입력하시오. (3점)

[2] 2024년 제1기 부가가치세 확정신고기간(2024.04.01.~2024.06.30.)의 매출액 중 세금계산서발급분 공급가액의 합계액은 얼마인가? (3점)

[3] 6월(6월 1일~6월 30일) 중 지예상사에 대한 외상매입금 결제액은 얼마인가? (3점)

제108회 기출문제연습

이론시험

다음 문제를 보고 알맞은 것을 골라 이론문제 답안작성 메뉴에 입력하시오. (객관식 문항당 2점)

기본전제
문제에서 한국채택국제회계기준을 적용하도록 하는 전제조건이 없는 경우, 일반기업회계기준을 적용하여 회계처리한다.

01. 자기주식을 취득가액보다 낮은 금액으로 처분한 경우, 다음 중 재무제표상 자기주식의 취득가액과 처분가액의 차액이 표기되는 항목으로 옳은 것은?
① 영업외비용
② 자본잉여금
③ 기타포괄손익누계액
④ 자본조정

02. ㈜전주는 ㈜천안에 제품을 판매하기로 약정하고, 계약금으로 제3자인 ㈜철원이 발행한 당좌수표 100,000원을 받았다. 다음 중 회계처리로 옳은 것은?

①	(차)	현금	100,000원	(대)	선수금	100,000원
②	(차)	당좌예금	100,000원	(대)	선수금	100,000원
③	(차)	현금	100,000원	(대)	제품매출	100,000원
④	(차)	당좌예금	100,000원	(대)	제품매출	100,000원

03. 다음 중 기말재고자산을 실제보다 과대계상한 경우 재무제표에 미치는 영향으로 잘못된 것은?
① 자산이 실제보다 과대계상된다.
② 자본총계가 실제보다 과소계상된다.
③ 매출총이익이 실제보다 과대계상된다.
④ 매출원가가 실제보다 과소계상된다.

04. 다음 중 일반기업회계기준상 무형자산의 상각에 관한 내용으로 옳지 않은 것은?

① 무형자산의 상각방법은 정액법, 체감잔액법 등 합리적인 방법을 적용할 수 있으며, 합리적인 방법을 정할 수 없는 경우에는 정액법을 적용한다.
② 내부적으로 창출한 영업권은 원가의 신뢰성 문제로 인하여 자산으로 인정되지 않는다.
③ 무형자산의 상각기간은 독점적·배타적인 권리를 부여하고 있는 관계 법령이나 계약에 정해진 경우에도 20년을 초과할 수 없다.
④ 무형자산의 잔존가치는 없는 것을 원칙으로 하나, 예외도 존재한다.

05. 다음 자료를 이용하여 단기투자자산의 합계액을 계산한 것으로 옳은 것은?

· 현금	5,000,000원	· 1년 만기 정기예금	3,000,000원	· 단기매매증권	4,000,000원
· 당좌예금	3,000,000원	· 우편환증서	50,000원	· 외상매출금	7,000,000원

① 7,000,000원
② 8,000,000원
③ 10,000,000원
④ 11,050,000원

06. 다음 중 비유동부채에 해당하는 것은 모두 몇 개인가?

가. 사채	나. 퇴직급여충당부채
다. 유동성장기부채	라. 선수금

① 1개
② 2개
③ 3개
④ 4개

07. 일반기업회계기준에 근거하여 다음의 재고자산을 평가하는 경우 재고자산평가손익은 얼마인가?

상품명	기말재고수량	취득원가	추정판매가격 (순실현가능가치)
비누	100개	75,000원	65,000원
세제	200개	50,000원	70,000원

① 재고자산평가이익 3,000,000원
② 재고자산평가이익 4,000,000원
③ 재고자산평가손실 3,000,000원
④ 재고자산평가손실 1,000,000원

08. 다음 중 수익의 인식에 대한 설명으로 가장 옳은 것은?

① 시용판매의 경우 수익의 인식은 구매자의 구매의사 표시일이다.
② 예약판매계약의 경우 수익의 인식은 자산의 건설이 완료되어 소비자에게 인도한 시점이다.
③ 할부판매의 경우 수익의 인식은 항상 소비자로부터 대금을 회수하는 시점이다.
④ 위탁판매의 경우 수익의 인식은 위탁자가 수탁자에게 제품을 인도한 시점이다.

09. 당기의 원재료 매입액은 20억원이고, 기말 원재료 재고액이 기초 원재료 재고액보다 3억원이 감소한 경우, 당기의 원재료원가는 얼마인가?

① 17억원
② 20억원
③ 23억원
④ 25억원

10. 다음 중 제조원가명세서의 구성요소로 옳은 것을 모두 고른 것은?

가. 기초재공품재고액	나. 기말원재료재고액
다. 기말제품재고액	라. 당기제품제조원가
마. 당기총제조비용	

① 가, 나
② 가, 나, 라
③ 가, 나, 다, 라
④ 가, 나, 라, 마

11. 당사는 직접노무시간을 기준으로 제조간접원가를 배부하고 있다. 당기의 제조간접원가 실제 발생액은 500,000원이고, 예정배부율은 200원/직접노무시간이다. 당기의 실제 직접노무시간이 3,000시간일 경우, 다음 중 제조간접원가 배부차이로 옳은 것은?

① 100,000원 과대배부
② 100,000원 과소배부
③ 200,000원 과대배부
④ 200,000원 과소배부

12. 다음 중 종합원가계산에 대한 설명으로 옳지 않은 것은?

① 각 공정별로 원가가 집계되므로 원가에 대한 책임소재가 명확하다.
② 일반적으로 원가를 재료원가와 가공원가로 구분하여 원가계산을 한다.
③ 기말재공품이 존재하지 않는 경우 평균법과 선입선출법의 당기완성품원가는 일치한다.
④ 모든 제품 단위가 완성되는 시점을 별도로 파악하기가 어려우므로 인위적인 기간을 정하여 원가를 산정한다.

13. 다음 중 세금계산서 발급 의무가 면제되는 경우로 틀린 것은?

① 간주임대료
② 사업상 증여
③ 구매확인서에 의하여 공급하는 재화
④ 폐업시 잔존 재화

14. 다음 중 부가가치세법상 업종별 사업장의 범위로 맞지 않는 것은?

① 제조업은 최종제품을 완성하는 장소
② 사업장을 설치하지 않은 경우 사업자의 주소 또는 거소
③ 운수업은 개인인 경우 사업에 관한 업무를 총괄하는 장소
④ 부동산매매업은 법인의 경우 부동산의 등기부상 소재지

15. 다음 중 부가가치세에 대한 설명으로 옳지 않은 것은?

① 법률상 면세 대상으로 열거된 것을 제외한 모든 재화나 용역의 소비행위에 대하여 과세한다.
② 납세의무자는 개인사업자나 영리법인으로 한정되어 있다.
③ 매출세액에서 매입세액을 차감하여 납부(환급)세액을 계산한다.
④ 납세의무자는 재화 또는 용역을 공급하는 사업자이지만, 담세자는 최종소비자가 된다.

실무시험

고성상사(주)(회사코드:3423)은 가방 등의 제조업 및 도소매업을 영위하는 중소기업이며, 당기(제9기) 회계기간은 2024. 1. 1 ~ 2024. 12. 31 이다. 전산세무회계 수험용 프로그램을 이용하여 다음 물음에 답하시오.

―― 기본전제 ――

- 문제에서 한국채택국제회계기준을 적용하도록 하는 전제조건이 없는 경우, 일반기업회계기준을 적용하여 회계처리 한다.
- 문제의 풀이와 답안작성은 제시된 문제의 순서대로 진행한다.

문제 1 다음은 기초정보관리 및 전기분재무제표에 대한 자료이다. 각각의 요구사항에 대하여 답하시오. (10점)

[1] 거래처등록 메뉴를 이용하여 다음의 신규 거래처를 추가로 등록하시오. (3점)

- 거래처코드 : 3000
- 거래처명 : ㈜나우전자
- 대표자 : 김나우
- 사업자등록번호 : 108-81-13579
- 업태 : 제조
- 종목 : 전자제품
- 유형 : 동시
- 사업장주소 : 서울특별시 서초구 명달로 104(서초동)

※ 주소 입력 시 우편번호 입력은 생략해도 무방함.

[2] 다음 자료를 이용하여 계정과목및적요등록을 하시오. (3점)

- 계정과목 : 퇴직연금운용자산
- 대체적요 1. 제조 관련 임직원 확정급여형 퇴직연금부담금 납입

[3] 전기분 재무상태표 작성 시 기업은행의 단기차입금 20,000,000원을 신한은행의 장기차입금으로 잘못 분류하였다. 전기분재무상태표 및 거래처별초기이월을 수정, 삭제 또는 추가입력하시오. (4점)

 **문제 2**   일반전표입력 메뉴를 이용하여 다음의 거래 자료를 입력하시오(일반전표입력의 모든 거래는 부가가치세를 고려하지 말 것). (18점)

| 입력 시 유의사항 |

- 일반적인 적요의 입력은 생략하지만, 타계정 대체거래는 적요번호를 선택하여 입력한다.
- 채권·채무와 관련된 거래는 별도의 요구가 없는 한 반드시 기 등록되어 있는 거래처코드를 선택하는 방법으로 거래처명을 입력한다.
- 제조경비는 500번대 계정코드를, 판매비와 관리비는 800번대 계정코드를 사용한다.
- 회계처리시 계정과목은 별도제시가 없는 한 등록되어 있는 계정과목 중 가장 적절한 과목으로 한다.

[1] 8월 1일   미국은행으로부터 2023년 10월 31일에 차입한 외화장기차입금 중 $30,000를 상환하기 위하여 보통예금 계좌에서 39,000,000원을 이체하여 지급하였다. 일자별 적용환율은 아래와 같다. (3점)

2022.10.31. (차입일)	2023.12.31. (직전연도 종료일)	2024.08.01. (상환일)
1,210/$	1,250/$	1,300/$

[2] 8월 12일   금융기관으로부터 매출거래처인 ㈜모모가방이 발행한 어음 50,000,000원이 부도처리되었다는 통보를 받았다. (3점)

[3] 8월 23일   임시주주총회에서 6월 29일 결의하고 미지급한 중간배당금 10,000,000원에 대하여 원천징수세액 1,540,000원을 제외한 금액을 보통예금 계좌에서 지급하였다. (3점)

[4] 8월 31일   제품의 제조공장에서 사용할 기계장치(공정가치 5,500,000원)를 대주주로부터 무상으로 받았다. (3점)

[5] 9월 11일   단기매매차익을 목적으로 주권상장법인인 ㈜대호전자의 주식 2,000주를 1주당 2,000원(1주당 액면금액 1,000원)에 취득하고, 증권거래수수료 10,000원을 포함한 대금을 모두 보통예금 계좌에서 지급하였다. (3점)

[6] 9월 13일   ㈜다원의 외상매출금 4,000,000원 중 1,000,000원은 현금으로 받고, 나머지 잔액은 ㈜다원이 발행한 약속어음으로 받았다. (3점)

문제 3 다음 거래 자료를 매입매출전표입력 메뉴에 입력하시오. (18점)

입력 시 유의사항

- 일반적인 적요의 입력은 생략하지만, 타계정 대체거래는 적요번호를 선택하여 입력한다.
- 채권·채무와 관련된 거래는 별도의 요구가 없는 한 반드시 기등록된 거래처코드를 선택하는 방법으로 거래처명을 입력한다.
- 제조경비는 500번대 계정코드를, 판매비와관리비는 800번대 계정코드를 사용한다.
- 회계처리 시 계정과목은 별도의 제시가 없는 한 등록된 계정과목 중 가장 적절한 과목으로 한다.
- 입력화면 하단의 분개까지 처리하고, 전자세금계산서 및 전자계산서는 전자입력으로 반영한다.

[1] 7월 13일 ㈜남양가방에 제품을 판매하고, 대금은 신용카드(비씨카드)로 결제받았다(단, 신용카드 판매액은 매출채권으로 처리할 것). (3점)

신용카드 매출전표

결제정보

카드종류	비씨카드	카드번호	1234-5050-4646-8525
거래종류	신용구매	거래일시	2024-07-13
할부개월	0	승인번호	98465213

구매정보

주문번호	511-B	과세금액	5,000,000원
구매자명	㈜남양가방	비과세금액	0원
상품명	크로스백	부가세	500,000원
		합계금액	5,500,000원

이용상점정보

판매자상호	㈜남양가방
판매자 사업자등록번호	105-81-23608
판매자 주소	서울특별시 동작구 여의대방로 28

[2] 9월 5일 특별주문제작하여 매입한 기계장치가 완성되어 특수운송전문업체인 쾌속운송을 통해 기계장치를 인도받았다. 운송비 550,000원(부가가치세 포함)을 보통예금 계좌에서 이체하여 지급하고 쾌속운송으로부터 전자세금계산서를 수취하였다. (3점)

[3] 9월 6일 정도정밀로부터 제품임가공계약에 따른 제품을 납품받고 전자세금계산서를 수취하였다. 제품임가공비용은 10,000,000원(부가가치세 별도)이며, 전액 보통예금 계좌에서 이체하여 지급하였다(단, 제품임가공비용은 외주가공비 계정으로 처리할 것). (3점)

[4] 9월 25일 제조공장 인근 육군부대에 3D프린터기를 외상으로 구입하여 기증하였고, 아래와 같은 전자세금계산서를 발급받았다. (3점)

전자세금계산서				승인번호	20240925 - 15454645 - 58811889		
공급자	등록번호	220 - 81 - 55976	종사업장번호		등록번호	128-81-32658	종사업장번호	
	상호(법인명)	㈜목포전자	성명	정찬호	상호(법인명)	고성상사㈜	성명	현정민
	사업장주소	서울특별시 서초구 명달로 101			사업장주소	서울시 중구 창경궁로5다길 13-4		
	업태	도소매	종목	전자제품	업태	제조,도소매	종목	가방 등
	이메일				이메일			
					이메일			

작성일자	공급가액	세액	수정사유	비고
2024-09-25	3,500,000원	350,000원	해당 없음	

월	일	품목	규격	수량	단가	공급가액	세액	비고
09	25	3D 프린터		1	3,500,000원	3,500,000원	350,000원	

합계금액	현금	수표	어음	외상미수금	위 금액을 (**청구**) 함
3,850,000원				3,850,000원	

[5] 10월 6일 본사 영업부에서 사용할 복합기를 구입하고, 대금은 하나카드로 결제하였다. (3점)

매출전표

단말기번호	A - 1000	전표번호	56421454
회원번호(CARD NO)			
3152-3155-****-****			
카드종류	유효기간		거래일자
하나카드	12/25		2024.10.06.
거래유형		취소시 원 거래일자	
신용구매			

결제방법	판 매 금 액	1,500,000원
일시불	부 가 가 치 세	150,000원
매입처	봉 사 료	
매입사제출	합 계 (TOTAL)	1,650,000원

전표매입사	승인번호(APPROVAL NO)
하나카드	35745842
가맹점명	가맹점번호
㈜ok사무	5864112
대표자명	사업자번호
김사무	204-81-76697
주소	
경기도 화성시 동탄대로 537, 101호	
서명(SIGNATURE)	
고성상사㈜	

[6] 12월 1일 ㈜국민가죽으로부터 고급핸드백 가방 제품의 원재료인 양가죽을 매입하고, 아래의 전자세금계산서를 수취하였다. 부가가치세는 현금으로 지급하였으며, 나머지는 외상거래이다. (3점)

전자세금계산서

승인번호			20241201 - 15454645 - 58811886			

공급자
- 등록번호: 204-81-35774
- 종사업장번호:
- 상호(법인명): ㈜국민가죽
- 성명: 김국민
- 사업장주소: 경기도 안산시 단원구 석수로 555
- 업태: 도소매
- 종목: 가죽
- 이메일:

공급받는자
- 등록번호: 128-81-32658
- 종사업장번호:
- 상호(법인명): 고성상사㈜
- 성명: 현정민
- 사업장주소: 서울시 중구 창경궁로5다길 13-4
- 업태: 제조,도소매
- 종목: 가방 등
- 이메일:
- 이메일:

작성일자	공급가액	세액	수정사유	비고
2024-12-01	2,500,000원	250,000원	해당 없음	

월	일	품목	규격	수량	단가	공급가액	세액	비고
12	01	양가죽			2,500,000원	2,500,000원	250,000원	

합계금액	현금	수표	어음	외상미수금	
2,750,000원	250,000원			2,500,000원	위 금액을 (**청구**) 함

문제 4 일반전표입력 및 매입매출전표입력 메뉴에 입력된 내용 중 다음과 같은 오류가 발견되었다. 입력된 내용을 확인하여 정정하시오. (6점)

[1] 7월 22일 제일자동차로부터 영업부의 업무용승용차(공급가액 15,000,000원, 부가가치세 별도)를 구입하여 대금은 전액 보통예금 계좌에서 지급하고 전자세금계산서를 받았다. 해당 업무용승용차의 배기량은 1,990cc이나 회계담당자는 990cc로 판단하여 부가가치세를 공제받는 것으로 회계처리하였다. (3점)

[2] 9월 15일 매출거래처 ㈜댕댕오디오의 파산선고로 인하여 외상매출금 3,000,000원을 회수불능으로 판단하고 전액 대손상각비로 대손처리하였으나, 9월 15일 파산선고 당시 외상매출금에 관한 대손충당금 잔액 1,500,000원이 남아있던 것으로 확인되었다. (3점)

문제 5 결산정리사항은 다음과 같다. 관련 메뉴를 이용하여 결산을 완료하시오. (9점)

[1] 2024년 9월 16일에 지급된 2,550,000원은 그 원인을 알 수 없어 가지급금으로 처리하였던바, 결산일인 12월 31일에 2,500,000원은 하나무역의 외상매입금을 상환한 것으로 확인되었으며 나머지 금액은 그 원인을 알 수 없어 당기 비용(영업외비용)으로 처리하기로 하였다. (3점)

[2] 결산일 현재 필립전자에 대한 외화 단기대여금($ 30,000)의 잔액은 60,000,000원이다. 결산일 현재 기준환율은 $1당 2,200원이다(단, 외화 단기대여금도 단기대여금 계정과목을 사용할 것). (3점)

[3] 대손충당금은 결산일 현재 미수금(기타 채권은 제외)에 대하여만 1%를 설정한다. 보충법에 의하여 대손충당금 설정 회계처리를 하시오(단, 대손충당금 설정에 필요한 정보는 관련 데이터를 조회하여 사용할 것). (3점)

문제 6 다음 사항을 조회하여 답안을 이론문제 답안작성 메뉴에 입력하시오. (9점)

[1] 당해연도 제1기 부가가치세 예정신고기간(1월~3월) 중 카드과세매출의 공급대가 합계액은 얼마인가? (3점)

[2] 6월의 영업외비용 총지출액은 얼마인가? (3점)

[3] 제1기 부가가치세 확정신고기간(4월~6월)의 공제받지못할매입세액은 얼마인가? (3점)

제109회 기출문제연습

이론시험

다음 문제를 보고 알맞은 것을 골라 이론문제 답안작성 메뉴에 입력하시오. (객관식 문항당 2점)

기본전제

문제에서 한국채택국제회계기준을 적용하도록 하는 전제조건이 없는 경우, 일반기업회계기준을 적용하여 회계처리한다.

01. 회계분야 중 재무회계에 대한 설명으로 적절한 것은?

① 관리자에게 경영활동에 필요한 재무정보를 제공한다.
② 국세청 등의 과세관청을 대상으로 회계정보를 작성한다.
③ 법인세, 소득세, 부가가치세 등의 세무 보고서 작성을 목적으로 한다.
④ 일반적으로 인정된 회계원칙에 따라 작성하며 주주, 투자자 등이 주된 정보이용자이다.

02. 유가증권 중 단기매매증권에 대한 설명으로 옳지 않은 것은?

① 시장성이 있어야 하고, 단기시세차익을 목적으로 하여야 한다.
② 단기매매증권은 당좌자산으로 분류된다.
③ 기말평가방법은 공정가액법이다.
④ 단기매매증권은 투자자산으로 분류된다.

03. 다음 중 재고자산의 평가에 대한 설명으로 옳지 않은 것은?

① 성격이 상이한 재고자산을 일괄 구입하는 경우에는 공정가치 비율에 따라 안분하여 취득원가를 결정한다.
② 재고자산의 취득원가에는 취득과정에서 발생한 할인, 에누리는 반영하지 않는다.
③ 저가법을 적용할 경우 시가가 취득원가보다 낮아지면 시가를 장부금액으로 한다.
④ 저가법을 적용할 경우 발생한 차액은 전부 매출원가로 회계처리한다.

04. 다음 중 유형자산의 자본적지출을 수익적지출로 잘못 처리했을 경우 당기의 자산과 자본에 미치는 영향으로 올바른 것은?

	자산	자본
①	과대	과소
②	과소	과소
③	과소	과대
④	과대	과대

05. ㈜재무는 자기주식 200주(1주당 액면가액 5,000원)를 1주당 7,000원에 매입하여 소각하였다. 소각일 현재 자본잉여금에 감차차익 200,000원을 계상하고 있는 경우 주식소각 후 재무상태표상에 계상되는 감자차손익은 얼마인가?

① 감자차손 200,000원　　② 감자차손 400,000원
③ 감자차익 200,000원　　④ 감자차익 400,000원

06. 다음 중 손익계산서에 대한 설명으로 옳지 않은 것은?

① 매출원가는 제품, 상품 등의 매출액에 대응되는 원가로서 판매된 제품이나 상품 등에 대한 제조원가 또는 매입원가이다.
② 영업외비용은 기업의 주된 영업활동이 아닌 활동으로부터 발생한 비용과 차손으로서 기부금, 잡손실 등이 이에 해당한다.
③ 손익계산서는 일정 기간의 기업의 경영성과에 대한 유용한 정보를 제공한다.
④ 수익과 비용은 각각 순액으로 보고하는 것을 원칙으로 한다.

07. ㈜서울은 ㈜제주와 제품 판매계약을 맺고 ㈜제주가 발행한 당좌수표 500,000원을 계약금으로 받아 아래와 같이 회계처리하였다. 다음 중 ㈜서울의 재무제표에 나타난 영향으로 옳은 것은?

(차) 당좌예금	500,000원	(대) 제품매출	500,000원

① 당좌자산 과소계상　　② 당좌자산 과대계상
③ 유동부채 과소계상　　④ 당기순이익 과소계상

08. ㈜한국상사의 2024년 1월 1일 자본금은 50,000,000원(발행주식 수 10,000주, 1주당 액면금액 5,000원)이다. 2024년 10월 1일 1주당 6,000원에 2,000주를 유상증자하였을 경우, 2024년 기말 자본금은 얼마인가?

① 12,000,000원 ② 50,000,000원
③ 60,000,000원 ④ 62,000,000원

09. 원가 및 비용의 분류항목 중 제조원가에 해당하는 것은 무엇인가?

① 생산공장의 전기요금 ② 영업용 사무실의 전기요금
③ 마케팅부의 교육연수비 ④ 생산공장 기계장치의 처분손실

10. 다음 중 보조부문 상호간의 용역수수관계를 고려하여 보조부문원가를 제조부문과 보조부문에 배분함으로써 보조부문간의 상호 서비스 제공을 완전히 반영하는 방법으로 옳은 것은?

① 직접배분법 ② 단계배분법
③ 상호배분법 ④ 총배분법

11. 다음의 자료에 의한 당기직접재료원가는 얼마인가?

· 기초원재료	1,200,000원	· 기초재공품	200,000원
· 당기원재료매입액	900,000원	· 기말재공품	300,000원
· 기말원재료	850,000원	· 기초제품	400,000원
· 기말제품	500,000원	· 직접노무원가	500,000원

① 1,150,000원 ② 1,250,000원
③ 1,350,000원 ④ 1,650,000원

12. ㈜성진은 직접원가를 기준으로 제조간접원가를 배부한다. 다음 자료에 의하여 계산한 제조지시서 no.1의 제조간접원가 배부액은 얼마인가?

공장전체 발생원가	제조지시서 no.1
· 총생산수량 : 10,000개 · 기계시간 : 24시간 · 직접재료원가 : 800,000원 · 직접노무원가 : 200,000원 · 제조간접원가 : 500,000원	· 총생산수량 : 5,200개 · 기계시간 : 15시간 · 직접재료원가 : 400,000원 · 직접노무원가 : 150,000원 · 제조간접원가 : (?)원

① 250,000원   ② 260,000원
③ 275,000원   ④ 312,500원

13. 다음 중 부가가치세법상 과세기간에 대한 설명으로 옳지 않은 것은?
① 간이과세자의 과세기간은 1월 1일부터 12월 31일까지이다.
② 사업자가 폐업하는 경우의 과세기간은 폐업일이 속하는 과세기간의 개시일부터 폐업일까지로 한다.
③ 일반과세자가 간이과세자로 변경되는 경우에 그 변경되는 해의 간이과세자 과세기간은 7월 1일부터 12월 31일까지이다.
④ 간이과세자가 일반과세자로 변경되는 경우에 그 변경되는 해의 간이과세자 과세기간은 1월 1일부터 12월 31일까지이다.

14. 다음 중 세금계산서의 필요적 기재사항에 해당하지 않는 것은?
① 공급연월일
② 공급하는 사업자의 등록번호와 성명 또는 명칭
③ 공급받는자의 등록번호
④ 공급가액과 부가가치세액

15. 다음 중 부가가치세법에 따른 재화 또는 용역의 공급시기에 대한 설명으로 적절하지 않은 것은?
① 위탁판매의 경우 수탁자가 공급한 때이다.
② 상품권의 경우 상품권이 판매되는 때이다.
③ 장기할부판매의 경우 대가의 각 부분을 받기로 한 때이다.
④ 내국물품을 외국으로 반출하는 경우 수출재화를 선적하는 때이다.

실무시험

정민상사(주)(회사코드:3424)은 스포츠의류 등의 제조업 및 도소매업을 영위하는 중소기업이며, 당기(제10기) 회계기간은 2024. 1. 1 ~ 2024. 12. 31 이다. 전산세무회계 수험용 프로그램을 이용하여 다음 물음에 답하시오.

---- 기본전제 ----

- 문제에서 한국채택국제회계기준을 적용하도록 하는 전제조건이 없는 경우, 일반기업회계기준을 적용하여 회계처리 한다.
- 문제의 풀이와 답안작성은 제시된 문제의 순서대로 진행한다.

문제 1 다음은 기초정보관리 및 전기분재무제표에 대한 자료이다. 각각의 요구사항에 대하여 답하시오. (10점)

[1] 다음 자료를 이용하여 거래처등록 메뉴에 등록하시오. (3점)

- 거래처코드 : 01230
- 사업자등록번호 : 107-36-25785
- 종목 : 사무기기
- 거래처명 : 태형상사
- 대표자 : 김상수
- 사업장주소 : 서울시 동작구 여의대방로10가길 1(신대방동)
- 유형 : 동시
- 업태 : 도소매

※ 주소 입력 시 우편번호 입력은 생략해도 무방함.

[2] 정민상사㈜의 전기말 거래처별 채권 및 채무의 올바른 잔액은 다음과 같다. 주어진 자료를 검토하여 잘못된 부분은 오류를 정정하고, 누락된 부분은 추가하여 입력하시오. (3점)

채권 및 채무	거래처	금 액
받을어음	㈜원수	15,000,000원
	㈜케스터	2,000,000원
단기차입금	㈜이태백	10,000,000원
	㈜빛날통신	13,000,000원
	Champ사	12,000,000원

[3] 전기분 손익계산서를 검토한 결과 다음과 같은 오류가 발견되었다. 전기분재무제표 중 관련 재무제표를 모두 적절하게 수정 또는 삭제 및 추가입력하시오. (4점)

계정과목	오류내용
보험료	제조원가 1,000,000원을 판매비와관리비로 회계처리

 **문제 2** 일반전표입력 메뉴를 이용하여 다음의 거래 자료를 입력하시오(일반전표입력의 모든 거래는 부가가치세를 고려하지 말 것). (18점)

입력 시 유의사항

- 일반적인 적요의 입력은 생략하지만, 타계정 대체거래는 적요번호를 선택하여 입력한다.
- 채권·채무와 관련된 거래는 별도의 요구가 없는 한 반드시 기 등록되어 있는 거래처코드를 선택하는 방법으로 거래처명을 입력한다.
- 제조경비는 500번대 계정코드를, 판매비와 관리비는 800번대 계정코드를 사용한다.
- 회계처리시 계정과목은 별도제시가 없는 한 등록되어 있는 계정과목 중 가장 적절한 과목으로 한다.

---

[1] 8월 20일 인근 주민센터에 판매용 제품(원가 2,000,000원, 시가 3,500,000원)을 기부하였다. (3점)

[2] 9월 2일 대주주인 전마나 씨로부터 차입한 단기차입금 20,000,000원 중 15,000,000원은 보통예금 계좌에서 이체하여 상환하고, 나머지 금액은 면제받기로 하였다. (3점)

[3] 10월 19일 ㈜용인의 외상매입금 2,500,000원에 대해 타인이 발행한 당좌수표 1,500,000원과 ㈜수원에 제품을 판매하고 받은 ㈜수원 발행 약속어음 1,000,000원을 배서하여 지급하다. (3점)

[4] 11월 6일 전월분 고용보험료를 다음과 같이 현금으로 납부하다(단, 하나의 전표로 처리하고, 회사부담금은 보험료로 처리할 것). (3점)

고용보험 납부내역

사원명	소속	직원부담금	회사부담금	합계
김정직	제조부	180,000원	221,000원	401,000원
이성실	마케팅부	90,000원	110,500원	200,500원
합계		270,000원	331,500원	601,500원

[5] 11월 11일 영업부 직원에 대한 확정기여형(DC) 퇴직연금 7,000,000원을 하나은행 보통예금 계좌에서 이체하여 납입하였다. 이 금액에는 연금운용에 대한 수수료 200,000원이 포함되어 있다. (3점)

[6] 12월 3일 일시보유목적으로 취득하였던 시장성 있는 ㈜세무의 주식 500주(1주당 장부금액 8,000원, 1주당 액면금액 5,000원, 1주당 처분금액 10,000원)를 처분하고 수수료 250,000원을 제외한 금액을 보통예금 계좌로 이체받았다. (3점)

문제 3 매입매출전표입력 메뉴를 이용하여 다음의 거래 자료를 입력하시오. (18점)

입력 시 유의사항

- 일반적인 적요의 입력은 생략하지만, 타계정 대체거래는 적요번호를 선택하여 입력한다.
- 채권·채무와 관련된 거래는 별도의 요구가 없는 한 반드시 기등록된 거래처코드를 선택하는 방법으로 거래처명을 입력한다.
- 제조경비는 500번대 계정코드를, 판매비와관리비는 800번대 계정코드를 사용한다.
- 회계처리 시 계정과목은 별도의 제시가 없는 한 등록된 계정과목 중 가장 적절한 과목으로 한다.
- 입력화면 하단의 분개까지 처리하고, 전자세금계산서 및 전자계산서는 전자입력으로 반영한다.

[1] 7월 28일 총무부 직원들의 야식으로 저팔계산업(일반과세자)에서 도시락을 주문하고, 하나카드로 결제하였다. (3점)

```
            신용카드매출전표
가 맹 점 명 : 저팔계산업
사업자번호 : 127-10-12343
대 표 자 명 : 김돈육
주     소 : 서울 마포구 상암동 332
롯 데 카 드 : 신용승인
거 래 일 시 : 2024-07-28 20:08:54
카 드 번 호 : 3256-6455-****-1324
유 효 기 간 : 12/24
가맹점번호 : 123412341
매 입 사 : 하나카드(전자서명전표)
    상품명              금액
    도시락세트         220,000
공 급 가 액 :  200,000
부 가 세 액 :   20,000
합     계 :  220,000
```

[2] 9월 3일 마산상사로부터 원재료 5,500,000원(부가가치세 포함)을 구입하고 전자세금계산서를 발급받았다. 대금은 ㈜서울에 제품을 판매하고 받은 ㈜서울 발행 약속어음 2,000,000원을 배서하여 지급하고, 잔액은 외상으로 하다. (3점)

[3] 9월 22일   공장에서 사용하던 기계장치(취득가액 50,000,000원, 처분 시점까지의 감가상각누계액 38,000,000원)를 보람테크㈜에 처분하고 아래의 전자세금계산서를 발급하였다(당기의 감가상각비는 고려하지 말고 하나의 전표로 입력할 것). (3점)

전자세금계산서

| 승인번호 | 20240922-145654645-58811657 |

공급자
- 등록번호: 680-81-32549
- 상호(법인명): 정민상사㈜
- 성명: 최정민
- 사업장주소: 경기도 수원시 권선구 평동로79번길 45
- 업태: 제조,도소매
- 종목: 전자제품

공급받는자
- 등록번호: 110-81-02129
- 상호(법인명): 보람테크㈜
- 성명: 김종대
- 사업장주소: 경기도 안산시 단원구 광덕서로 100
- 업태: 제조
- 종목: 반도체

작성일자	공급가액	세액	수정사유	비고
2024.09.22.	13,500,000	1,350,000	해당 없음	

월	일	품목	규격	수량	단가	공급가액	세액	비고
09	22	기계장치 매각				13,500,000	1,350,000	

합계금액	현금	수표	어음	외상미수금	
14,850,000	4,850,000			10,000,000	위 금액을 (**청구**) 함

[4] 10월 31일   영업부 거래처의 직원에게 선물할 목적으로 선물세트를 외상으로 구입하고 아래와 같은 전자세금계산서를 발급받았다. (3점)

전자세금계산서

| 승인번호 | 20241031-15454645-58811889 |

공급자
- 등록번호: 113-18-77299
- 상호(법인명): 손오공상사
- 성명: 황범식
- 사업장주소: 서울특별시 서초구 명달로 102
- 업태: 도매
- 종목: 잡화류

공급받는자
- 등록번호: 680-81-32549
- 상호(법인명): 정민상사㈜
- 성명: 최정민
- 사업장주소: 경기도 수원시 권선구 평동로79번길 45
- 업태: 제조,도소매
- 종목: 전자제품

작성일자	공급가액	세액	수정사유	비고
2024.10.31.	1,500,000	150,000	해당 없음	

월	일	품목	규격	수량	단가	공급가액	세액	비고
10	31	선물세트		1	1,500,000	1,500,000	150,000	

합계금액	현금	수표	어음	외상미수금	
1,650,000				1,650,000	위 금액을 (**청구**) 함

[5] 11월 4일   NICE Co.,Ltd의 해외수출을 위한 구매확인서에 따라 전자제품 100개 (@700,000원)를 납품하고 영세율전자세금계산서를 발행하였다. 대금 중 50%는 보통예금 계좌로 입금받고 잔액은 1개월 후에 받기로 하다. (3점)

[6] 12월 5일   공장 신축 목적으로 취득한 토지의 토지정지 등을 위한 토목공사를 하고 ㈜만듬건설로부터 아래의 전자세금계산서를 발급받았다. 대금 지급은 기지급한 계약금 5,500,000원을 제외하고 외상으로 하였다. (3점)

전자세금계산서

승인번호	20241205-15454645-58811886				

공급자
- 등록번호: 105-81-23608
- 상호(법인명): ㈜만듬건설   성명: 다만듬
- 사업장주소: 서울특별시 동작구 여의대방로 24가길 28
- 업태: 건설   종목: 토목공사
- 이메일:

공급받는자
- 등록번호: 680-81-32549
- 상호(법인명): 정민상사㈜   성명: 최정민
- 사업장주소: 경기도 수원시 권선구 평동로79번길 45
- 업태: 제조,도소매   종목: 전자제품
- 이메일:

작성일자	공급가액	세액	수정사유	비고
2024.12.05.	50,000,000	5,000,000	해당 없음	

월	일	품목	규격	수량	단가	공급가액	세액	비고
12	05	공장토지 토지정지 등			50,000,000	50,000,000	5,000,000	

합계금액	현금	수표	어음	외상미수금	위 금액을 (청구) 함
55,000,000		5,500,000		49,500,000	

문제 4 일반전표입력 및 매입매출전표입력 메뉴에 입력된 내용 중 다음과 같은 오류가 발견되었다. 입력된 내용을 확인하여 정정하시오. (6점)

[1] 11월 10일   공장 에어컨 수리비로 가나상사에 보통예금 계좌에서 송금한 880,000원을 수선비로 회계처리 하였으나, 해당 수선비는 10월 10일 미지급금으로 회계처리한 것을 결제한 것이다. (3점)

[2] 12월 15일   당초 제품을 $10,000에 직수출하고 선적일 당시 환율 1,000원/$을 적용하여 제품매출 10,000,000원을 외상판매한 것으로 회계처리하였으나, 수출 관련 서류 검토 결과 직수출이 아니라 내국신용장에 의한 공급으로 ㈜강서기술에 전자영세율세금계산서를 발급한 외상매출인 것으로 확인되었다. (3점)

문제 5   결산정리사항은 다음과 같다. 관련 메뉴를 이용하여 결산을 완료하시오.   (9점)

[1] 거래처 ㈜태명에 4월 1일 대여한 50,000,000원(상환회수일 2026년 3월 31일, 연 이자율 6%)에 대한 기간경과분 이자를 계상하다. 단, 이자는 월할 계산하고, 매년 3월 31일에 받기로 약정하였다. (3점)

[2] 제조공장의 창고 임차기간은 2024.04.01.~2025.03.31.으로 임차개시일에 임차료 3,600,000원을 전액 지급하고 즉시 당기 비용으로 처리하였다. 결산정리분개를 하시오. (3점)

[3] 당기 중 단기간 시세차익을 목적으로 시장성이 있는 유가증권을 75,000,000원에 취득하였다. 당기말 해당 유가증권의 시가는 73,000,000원이다. (3점)

문제 6   다음 사항을 조회하여 알맞은 답안을 이론문제 답안작성 메뉴에 입력하시오.
(9점)

[1] 2024년 상반기(1월~6월) 중 판매비및관리비의 급여 발생액이 가장 많은 월(月)과 가장 적은 월(月)의 차액은 얼마인가? (단, 양수로만 기재할 것) (3점)

[2] 일천상사에 대한 제품매출액은 3월 대비 4월에 얼마나 감소하였는가? (단, 음수로 입력하지 말 것) (3점)

[3] 2024년 제1기 예정신고기간(1월~3월) 중 ㈜서산상사에 발행한 세금계산서의 총발행매수와 공급가액은 얼마인가? (3점)

제110회 기출문제연습

이론시험

다음 문제를 보고 알맞은 것을 골라 이론문제 답안작성 메뉴에 입력하시오. (객관식 문항당 2점)

| 기본전제 |

문제에서 한국채택국제회계기준을 적용하도록 하는 전제조건이 없는 경우, 일반기업회계기준을 적용하여 회계처리한다.

01. 다음 중 재무상태표에 관한 설명으로 가장 옳은 것은?
① 일정 시점의 현재 기업이 보유하고 있는 자산과 부채 및 자본에 대한 정보를 제공하는 재무보고서이다.
② 일정 기간 동안의 기업의 수익과 비용에 대해 보고하는 보고서이다.
③ 일정 기간 동안의 현금의 유입과 유출에 대한 정보를 제공하는 보고서이다.
④ 기업의 자본변동에 관한 정보를 제공하는 재무보고서이다.

02. 다음 중 유동부채에 포함되지 않는 것은 무엇인가?
① 매입채무   ② 단기차입금
③ 유동성장기부채 ④ 임대보증금

03. 다음 중 무형자산과 관련된 설명으로 옳지 않은 것은?
① 연구프로젝트에서 발생한 지출이 연구단계와 개발단계로 구분할 수 없는 경우에는 모두 연구단계에서 발생한 것으로 본다.
② 내부적으로 창출한 브랜드, 고객목록과 같은 항목은 무형자산으로 인식할 수 있다.
③ 무형자산은 회사가 사용할 목적으로 보유하는 물리적 실체가 없는 자산이다.
④ 무형자산의 소비되는 행태를 신뢰성 있게 결정할 수 없을 경우 정액법으로 상각한다.

04. 다음 중 일반기업회계기준에 의한 수익 인식 시점에 대한 설명으로 옳지 않은 것은?
① 위탁판매의 경우에는 수탁자가 위탁품을 소비자에게 판매한 시점에 수익을 인식한다.
② 시용판매의 경우에는 상품 인도 시점에 수익을 인식한다.
③ 광고 제작 수수료의 경우에는 광고 제작의 진행률에 따라 수익을 인식한다.
④ 수강료의 경우에는 강의 시간에 걸쳐 수익으로 인식한다.

05. 재고자산의 단가 결정 방법 중 매출 시점에서 해당 재고자산의 실제 취득원가를 기록하여 매출원가로 대응시킴으로써 가장 정확하게 원가 흐름을 파악할 수 있는 재고자산의 단가 결정 방법은 무엇인가?
① 개별법　　　　　　　　　　② 선입선출법
③ 후입선출법　　　　　　　　④ 총평균법

06. 다음 중 영업이익에 영향을 주는 거래로 옳은 것은?
① 거래처에 대한 대여금의 전기분 이자를 받았다.
② 창고에 보관하고 있던 상품이 화재로 인해 소실되었다.
③ 차입금에 대한 전기분 이자를 지급하였다.
④ 일용직 직원에 대한 수당을 지급하였다.

07. 다음의 거래를 적절하게 회계처리 하였을 경우, 당기순이익의 증감액은 얼마인가? 단, 주어진 자료 외의 거래는 없다고 가정한다.

・매도가능증권 : 장부금액 5,000,000원, 결산일 공정가치 4,500,000원
・단기매매증권 : 장부금액 3,000,000원, 결산일 공정가치 3,300,000원
・투자부동산 : 장부금액 9,000,000원, 처분금액 8,800,000원

① 100,000원 감소　　　　　② 100,000원 증가
③ 400,000원 감소　　　　　④ 400,000원 증가

08. ㈜수암골의 재무상태가 다음과 같다고 가정할 때, 기말자본은 얼마인가?

기초		기말		당기 중 추가출자	이익 배당액	총수익	총비용
자산	부채	부채	자본				
900,000원	500,000원	750,000원	( )	100,000원	50,000원	1,100,000원	900,000원

① 500,000원 ② 550,000원
③ 600,000원 ④ 650,000원

09. 다음 중 원가회계에 대한 설명이 아닌 것은?

① 외부의 정보이용자들에게 유용한 정보를 제공하기 위한 정보이다.
② 원가통제에 필요한 정보를 제공하기 위함이다.
③ 제품원가계산을 위한 원가정보를 제공한다.
④ 경영계획수립과 통제를 위한 원가정보를 제공한다.

10. 다음 중 원가행태에 따라 변동원가와 고정원가로 분류할 때 이에 대한 설명으로 올바른 것은?

① 변동원가는 조업도가 증가할수록 총원가도 증가한다.
② 변동원가는 조업도가 증가할수록 단위당 원가도 증가한다.
③ 고정원가는 조업도가 증가할수록 총원가도 증가한다.
④ 고정원가는 조업도가 증가할수록 단위당 원가도 증가한다

11. 다음 중 보조부문의 원가 배분에 대한 설명으로 옳지 않은 것은?

① 보조부문의 원가 배분방법으로는 직접배분법, 단계배분법 및 상호배분법이 있으며, 어떤 방법을 사용하더라도 전체 보조부문의 원가는 차이가 없다.
② 상호배분법을 사용할 경우, 부문간 상호수수를 고려하여 계산하기 때문에 어떤 배분방법보다 정확성이 높다고 할 수 있다.
③ 단계배분법을 사용할 경우, 배분순서를 어떻게 하더라도 각 보조부문에 배분되는 금액은 차이가 없다.
④ 직접배분법을 사용할 경우, 보조부문 원가 배분액의 계산은 쉬우나 부문간 상호수수에 대해서는 전혀 고려하지 않는다.

12. 다음 중 개별원가계산과 종합원가계산에 대한 설명으로 옳지 않은 것은?
  ① 개별원가계산은 작업지시서에 의한 원가계산을 한다.
  ② 개별원가계산은 주문형 소량 생산 방식에 적합하다.
  ③ 종합원가계산은 공정별 대량 생산 방식에 적합하다.
  ④ 종합원가계산은 여러 공정에 걸쳐 생산하는 경우 적용할 수 없다.

13. 다음 중 부가가치세법상 사업자등록 정정 사유가 아닌 것은?
  ① 상호를 변경하는 경우
  ② 사업장을 이전하는 경우
  ③ 사업의 종류에 변동이 있는 경우
  ④ 증여로 인하여 사업자의 명의가 변경되는 경우

14. 다음 중 부가가치세법상 영세율에 대한 설명으로 가장 옳지 않은 것은?
  ① 수출하는 재화에 대해서는 영세율이 적용된다.
  ② 영세율은 수출산업을 지원하는 효과가 있다.
  ③ 영세율을 적용하더라도 완전면세를 기대할 수 없다.
  ④ 영세율은 소비지국과세원칙이 구현되는 제도이다.

15. 다음 중 영수증 발급 대상 사업자가 될 수 없는 업종에 해당하는 것은?
  ① 소매업
  ② 도매업
  ③ 목욕, 이발, 미용업
  ④ 입장권을 발행하여 영위하는 사업

실무시험

오영상사(주)(회사코드:3425)은 가방 등의 제조, 도소매업 및 부동산임대업을 영위하는 중소기업이며, 당기(제10기) 회계기간은 2024. 1. 1 ~ 2024. 12. 31 이다. 전산세무회계 수험용 프로그램을 이용하여 다음 물음에 답하시오.

| 기본전제 |

- 문제에서 한국채택국제회계기준을 적용하도록 하는 전제조건이 없는 경우, 일반기업회계기준을 적용하여 회계처리 한다.
- 문제의 풀이와 답안작성은 제시된 문제의 순서대로 진행한다.

문제 1 다음은 기초정보관리 및 전기분재무제표에 대한 자료이다. 각각의 요구사항에 대하여 답하시오. (10점)

[1] 다음 자료를 이용하여 거래처등록의 신용카드 탭에 추가로 입력하시오. (3점)

- 코드 : 99850
- 거래처명 : 하나카드
- 카드종류 : 사업용카드
- 유형 : 매입
- 카드번호 : 5531-8440-0622-2804

[2] 계정과목및적요등록 메뉴에서 여비교통비(판매비및일반관리비) 계정에 아래의 적요를 추가로 등록하시오. (3점)

- 현금적요 6번 : 야근 시 퇴근택시비 지급
- 대체적요 3번 : 야근 시 퇴근택시비 정산 인출

[3] 전기분 손익계산서를 검토한 결과 다음과 같은 오류가 발견되었다. 해당 오류와 연관된 재무제표를 모두 올바르게 정정하시오. (4점)

공장 생산직 사원들에게 지급한 명절 선물 세트 1,000,000원이 회계 담당 직원의 실수로 인하여 본사 사무직 사원들에게 지급한 것으로 회계처리 되어 있음을 확인한다.

문제 2
일반전표입력 메뉴를 이용하여 다음의 거래 자료를 입력하시오(일반전표입력의 모든 거래는 부가가치세를 고려하지 말 것). (18점)

> **입력 시 유의사항**
> - 일반적인 적요의 입력은 생략하지만, 타계정 대체거래는 적요번호를 선택하여 입력한다.
> - 채권·채무와 관련된 거래는 별도의 요구가 없는 한 반드시 기 등록되어 있는 거래처코드를 선택하는 방법으로 거래처명을 입력한다.
> - 제조경비는 500번대 계정코드를, 판매비와 관리비는 800번대 계정코드를 사용한다.
> - 회계처리시 계정과목은 별도제시가 없는 한 등록되어 있는 계정과목 중 가장 적절한 과목으로 한다.

[1] 7월 4일 나노컴퓨터에 지급하여야 할 외상매입금 5,000,000원과 나노컴퓨터로부터 수취하여야 할 외상매출금 3,000,000원을 상계하여 처리하고, 잔액은 당좌수표를 발행하여 지급하였다. (3점)

[2] 9월 15일 투자 목적으로 보유 중인 단기매매증권(보통주 1,000주, 1주당 액면가액 5,000원, 1주당 장부가액 9,000원)에 대하여 1주당 1,000원씩의 현금배당이 보통예금 계좌로 입금되었으며, 주식배당 20주를 수령하였다. (3점)

[3] 10월 5일 제품을 판매하고 ㈜영춘으로부터 받은 받을어음 5,000,000원을 만기 이전에 주거래은행인 토스뱅크에 할인하고, 할인료 55,000원을 차감한 나머지 금액을 보통예금 계좌로 입금받았다. 단, 어음의 할인은 매각거래에 해당한다. (3점)

[4] 10월 30일 영업부에서 대한상공회의소 회비 500,000원을 보통예금 계좌에서 지급하고 납부영수증을 수취하였다. (3점)

[5] 12월 12일 자금 조달을 위하여 발행하였던 사채(액면금액 10,000,000원, 장부가액 10,000,000원)를 9,800,000원에 조기 상환하면서 보통예금 계좌에서 지급하였다. (3점)

[6] 12월 21일 보통예금 계좌를 확인한 결과, 결산이자 500,000원에서 원천징수세액 77,000원을 차감한 금액이 입금되었음을 확인하였다(단, 원천징수세액은 자산으로 처리할 것). (3점)

문제 3 매입매출전표입력 메뉴를 이용하여 다음의 거래 자료를 입력하시오. (18점)

입력 시 유의사항

- 일반적인 적요의 입력은 생략하지만, 타계정 대체거래는 적요번호를 선택하여 입력한다.
- 채권·채무와 관련된 거래는 별도의 요구가 없는 한 반드시 기등록된 거래처코드를 선택하는 방법으로 거래처명을 입력한다.
- 제조경비는 500번대 계정코드를, 판매비와관리비는 800번대 계정코드를 사용한다.
- 회계처리 시 계정과목은 별도의 제시가 없는 한 등록된 계정과목 중 가장 적절한 과목으로 한다.
- 입력화면 하단의 분개까지 처리하고, 전자세금계산서 및 전자계산서는 전자입력으로 반영한다.

[1] 7월 11일 성심상사에 제품을 판매하고 아래의 전자세금계산서를 발급하였다. (3점)

전자세금계산서				승인번호	20240711-1000000-00009329		
공급자	등록번호	124-87-05224	종사업장번호	공급받는자	등록번호	134-86-81692	종사업장번호
	상호(법인명)	오영상사㈜	성명	김하현	상호(법인명)	성심상사	성명	황성심
	사업장주소	경기도 성남시 분당구 서판교로6번길 24			사업장주소	경기도 화성시 송산면 마도북로 40	
	업태	제조,도소매	종목	가방	업태	제조	종목	자동차특장
	이메일				이메일		
					이메일		

작성일자	공급가액	세액	수정사유	비고
2024/07/11	3,000,000	300,000	해당 없음	

월	일	품목	규격	수량	단가	공급가액	세액	비고
07	11	제품				3,000,000	300,000	

합계금액	현금	수표	어음	외상미수금	위 금액을 (영수) 함 (청구)
3,300,000	1,000,000			2,300,000	

[2] 8월 25일 본사 사무실로 사용하기 위하여 ㈜대관령으로부터 상가를 취득하고, 대금은 다음과 같이 지급하였다(단, 하나의 전표로 입력할 것). (3점)

- 총매매대금은 370,000,000원으로 토지분 매매가액 150,000,000원과 건물분 매매가액 220,000,000원(부가가치세 포함)이다.
- 총매매대금 중 계약금 37,000,000원은 계약일인 7월 25일에 미리 지급하였으며, 잔금은 8월 25일에 보통예금 계좌에서 이체하여 지급하였다.
- 건물분에 대하여 전자세금계산서를 잔금 지급일에 수취하였으며, 토지분에 대하여는 별도의 계산서를 발급받지 않았다.

[3] 9월 15일   총무부가 사용하기 위한 소모품을 골드팜㈜으로부터 총 385,000원에 구매하고 보통예금 계좌에서 이체하였으며, 지출증빙용 현금영수증을 발급받았다. 단, 소모품은 구입 즉시 비용으로 처리한다. (3점)

[4] 9월 30일   경하자동차㈜로부터 본사에서 업무용으로 사용할 승용차(5인승, 배기량 998cc, 개별소비세 과세 대상 아님)를 구입하고 아래의 전자세금계산서를 발급받았다. (3점)

전자세금계산서				승인번호	20240930-145982301203467		
공급자	등록번호	610-81-51299	종사업장번호		공급받는자	등록번호	124-87-05224	종사업장번호	
	상호(법인명)	경하자동차㈜	성명	정선달		상호(법인명)	오영상사㈜	성명	김하현
	사업장주소	울산 중구 태화동 150				사업장주소	경기도 성남시 분당구 서판교로6번길 24		
	업태	제조,도소매	종목	자동차		업태	제조,도소매	종목	가방
	이메일					이메일			
						이메일			

작성일자	공급가액	세액	수정사유	비고
2024/09/30	15,000,000	1,500,000		

월	일	품목	규격	수량	단가	공급가액	세액	비고
09	30	승용차(배기량 998cc)		1		15,000,000	1,500,000	

합계금액	현금	수표	어음	외상미수금	위 금액을 (청구) 함
16,500,000				16,500,000	

[5] 10월 17일   미국에 소재한 MIRACLE사에서 원재료 8,000,000원(부가가치세 별도)을 수입하면서 인천세관으로부터 수입전자세금계산서를 발급받고 부가가치세는 보통예금 계좌에서 지급하였다(단, 재고자산에 대한 회계처리는 생략할 것). (3점)

[6] 10월 20일   개인 소비자에게 제품을 판매하고 현금 99,000원(부가가치세 포함)을 받았다. 단, 판매와 관련하여 어떠한 증빙도 발급하지 않았다. (3점)

문제 4 일반전표입력 및 매입매출전표입력 메뉴에 입력된 내용 중 다음과 같은 오류가 발견되었다. 입력된 내용을 확인하여 정정하시오. (6점)

[1] 8월 31일 운영자금 조달을 위해 개인으로부터 차입한 부채에 대한 이자비용 362,500원을 보통예금 계좌에서 이체하고 회계처리하였으나 해당 거래는 이자비용 500,000원에서 원천징수세액 137,500원을 차감하고 지급한 것으로 이에 대한 회계처리가 누락되었다(단, 원천징수세액은 부채로 처리하고, 하나의 전표로 입력할 것). (3점)

[2] 11월 30일 제품생산공장 출입문의 잠금장치를 수리하고 영포상회에 지급한 770,000원(부가가치세 포함)을 자본적지출로 회계처리하였으나 수익적지출로 처리하는 것이 옳은 것으로 판명되었다. (3점)

문제 5 결산정리사항은 다음과 같다. 관련 메뉴를 이용하여 결산을 완료하시오. (9점)

[1] 2월 11일에 소모품 3,000,000원을 구입하고 모두 자산으로 처리하였으며, 12월 31일 현재 창고에 남은 소모품은 500,000원으로 조사되었다. 부서별 소모품 사용 비율은 영업부 25%, 생산부 75%이며, 그 사용 비율에 따라 배부한다. (3점)

[2] 기중에 현금시재 잔액이 장부금액보다 부족한 것을 발견하고 현금과부족으로 계상하였던 235,000원 중 150,000원은 영업부 업무용 자동차의 유류대금을 지급한 것으로 확인되었으나 나머지는 결산일까지 그 원인이 파악되지 않아 당기의 비용으로 대체하다. (3점)

[3] 12월 31일 결산일 현재 재고자산의 기말재고액은 다음과 같다. (3점)

원재료	재공품	제품
· 장부수량 10,000개(단가 1,000원) · 실제수량 9,500개(단가 1,000원) · 단, 수량차이는 모두 정상적으로 발생한 것이다.	8,500,000원	13,450,000원

문제 6 다음 사항을 조회하여 답안을 이론문제 답안작성 메뉴에 입력하시오. (9점)

[1] 2024년 5월 말 외상매출금과 외상매입금의 차액은 얼마인가? (단, 양수로 기재할 것)

(3점)

[2] 제1기 부가가치세 확정신고기간(4월~6월)의 영세율 적용 대상 매출액은 모두 얼마인가?

(3점)

[3] 6월에 발생한 판매비와일반관리비 중 발생액이 가장 적은 계정과목과 그 금액은 얼마인가?

(3점)

제111회 기출문제연습

이론시험

다음 문제를 보고 알맞은 것을 골라 이론문제 답안작성 메뉴에 입력하시오. (객관식 문항당 2점)

기본전제
문제에서 한국채택국제회계기준을 적용하도록 하는 전제조건이 없는 경우, 일반기업회계기준을 적용한다.

01. 다음 중 아래의 자료에서 설명하고 있는 재무정보의 질적특성에 해당하지 않는 것은?

> 재무정보가 정보이용자의 의사결정에 유용하게 활용되기 위해서는 그 정보가 의사결정의 목적과 관련이 있어야 한다.

① 예측가치 ② 피드백가치
③ 적시성   ④ 중립성

02. 다음 중 일반기업회계기준에 따른 재무상태표의 표시에 관한 설명으로 가장 적절하지 않은 것은?

① 비유동자산은 당좌자산, 유형자산, 무형자산으로 구분된다.
② 단기차입금은 유동부채로 분류된다.
③ 자산과 부채는 유동성배열법에 따라 작성된다.
④ 재고자산은 유동자산에 포함된다.

03. 다음은 재고자산 단가 결정방법에 대한 설명이다. 어느 방법에 대한 설명인가?

> • 실제의 물량 흐름에 대한 원가흐름의 가정이 대체로 유사하다.
> • 현재의 수익과 과거의 원가가 대응하여 수익·비용 대응의 원칙에 부적합하다.
> • 물가 상승 시 이익이 과대 계상된다.

① 개별법   ② 선입선출법
③ 후입선출법 ④ 총평균법

04. 다음 중 현금및현금성자산에 해당하는 항목의 총합계액은 얼마인가?

| ·선일자수표 | 500,000원 | ·배당금지급통지서 | 500,000원 |
| ·타인발행수표 | 500,000원 | ·만기 6개월 양도성예금증서 | 300,000원 |

① 1,000,000원 ② 1,300,000원
③ 1,500,000원 ④ 1,800,000원

05. 다음 중 자본에 대한 설명으로 옳지 않은 것은?

① 자본금은 발행주식수에 액면가액을 곱한 금액이다.
② 주식발행초과금과 감자차익은 자본잉여금이다.
③ 자본조정에는 주식할인발행차금, 감자차손 등이 있다.
④ 주식배당과 무상증자는 순자산의 증가가 발생한다.

06. 다음 중 손익계산서에 나타나는 계정과목으로만 짝지어진 것은?

| 가. 대손상각비 | 나. 현금 | 다. 기부금 |
| 라. 퇴직급여 | 마. 이자수익 | 바. 외상매출금 |

① 가, 나 ② 가, 다
③ 나, 바 ④ 다, 바

07. 다음은 12월 말 결산(연 1회) 법인인 ㈜한국의 기계장치 관련 자료이다. ㈜한국이 2024년 12월 31일에 계상할 감가상각비는 얼마인가? (단, 월할 상각할 것)

| ·취득일 : 2023년 7월 1일 | ·상각방법 : 정률법 | ·내용연수 : 5년 |
| ·상각률 : 45% | ·취득원가 : 10,000,000원 | ·잔존가치 : 500,000원 |

① 4,500,000원 ② 3,487,500원
③ 2,475,000원 ④ 2,250,000원

08. 다음 중 손익계산서상 표시되는 매출원가를 증가시키는 영향을 주지 않는 것은?

① 판매 이외 목적으로 사용된 재고자산의 타계정대체액
② 재고자산의 시가가 장부금액 이하로 하락하여 발생한 재고자산평가손실
③ 정상적으로 발생한 재고자산감모손실
④ 원재료 구입 시 지급한 운반비

09. 다음 중 원가에 대한 설명으로 가장 옳지 않은 것은?

① 기초원가이면서 가공원가에 해당하는 원가는 직접노무원가이다.
② 직접원가란 특정 제품의 생산에 직접적으로 사용되어 명확하게 추적할 수 있는 원가이다.
③ 변동원가는 생산량이 증가할 때마다 단위당 원가도 증가하는 원가이다.
④ 매몰원가는 과거에 발생하여 현재 의사결정에 영향을 미치지 않는 원가를 말한다.

10. 다음 중 개별원가계산의 적용이 가능한 업종은 무엇인가?

① 제분업   ② 정유업
③ 건설업   ④ 식품가공업

11. 다음 중 공손 등에 대한 설명으로 옳지 않은 것은?

① 공손은 생산과정에서 발생하는 원재료의 찌꺼기를 말한다.
② 정상공손은 효율적인 생산과정에서 발생하는 공손을 말한다.
③ 비정상공손원가는 영업외비용으로 처리한다.
④ 정상공손은 원가에 포함한다.

12. ㈜서울은 직접노무시간을 기준으로 제조간접원가를 배부하고 있다. 당해연도 초의 예상 직접노무시간은 50,000시간이고, 제조간접원가 예상액은 2,500,000원이었다. 6월의 제조간접원가 실제 발생액은 300,000원이고, 실제 직접노무시간이 5,000시간인 경우, 6월의 제조간접원가 배부차이는 얼마인가?

① 과대배부 40,000원   ② 과소배부 40,000원
③ 과대배부 50,000원   ④ 과소배부 50,000원

13. 다음 중 부가가치세법상 세부담의 역진성을 완화하기 위한 목적으로 도입한 제도는 무엇인가?

① 영세율 제도　　　　② 사업자단위과세제도
③ 면세제도　　　　　④ 대손세액공제제도

14. 다음 중 부가가치세법상 '재화의 공급으로 보지 않는 특례'에 해당하지 않는 것은?

① 담보의 제공　　　　② 제품의 외상판매
③ 조세의 물납　　　　④ 법률에 따른 수용

15. 다음 중 부가가치세법상 과세표준에 포함하지 않는것은?

① 할부판매 시의 이자상당액　　② 개별소비세
③ 매출할인액　　　　　　　　④ 대가의 일부로 받는 운송비

실무시험

㈜예은상사(주)(회사코드:3426)은 사무용기기 등의 제조업 및 도소매업을 영위하는 중소기업이며, 당기(제15기) 회계기간은 2024. 1. 1 ~ 2024. 12. 31 이다. 전산세무회계 수험용 프로그램을 이용하여 다음 물음에 답하시오.

---기본전제---

- 문제에서 한국채택국제회계기준을 적용하도록 하는 전제조건이 없는 경우, 일반기업회계기준을 적용하여 회계처리 한다.
- 문제의 풀이와 답안작성은 제시된 문제의 순서대로 진행한다.

문제 1 다음은 기초정보관리 및 전기분재무제표에 대한 자료이다. 각각의 요구사항에 대하여 답하시오. (10점)

[1] 다음 자료를 이용하여 아래의 계정과목에 대한 적요를 추가로 등록하시오. (3점)

- 계정과목 : 831. 수수료비용
- 현금적요 : (적요NO. 8) 결제 대행 수수료

[2] 당사는 여유자금 활용을 위하여 아래와 같이 신규 계좌를 개설하였다. 거래처등록 메뉴를 이용하여 해당 사항을 추가로 입력하시오. (3점)

- 코드번호 : 98005
- 거래처명 : 수협은행
- 계좌번호 : 110-146-980558
- 유형 : 정기적금

[3] 다음의 자료를 토대로 각 계정과목의 거래처별 초기이월 금액을 올바르게 정정하시오. (4점)

계정과목	거래처명	수정 전 금액	수정 후 금액
지급어음	천일상사	9,300,000원	6,500,000원
	모닝상사	5,900,000원	8,700,000원
미지급금	대명㈜	8,000,000원	4,500,000원
	㈜한울	4,400,000원	7,900,000원

문제 2
일반전표입력 메뉴를 이용하여 다음의 거래 자료를 입력하시오(일반전표입력의 모든 거래는 부가가치세를 고려하지 말 것). (18점)

| 입력 시 유의사항 |

- 일반적인 적요의 입력은 생략하지만, 타계정 대체거래는 적요번호를 선택하여 입력한다.
- 채권·채무와 관련된 거래는 별도의 요구가 없는 한 반드시 기 등록되어 있는 거래처코드를 선택하는 방법으로 거래처명을 입력한다.
- 제조경비는 500번대 계정코드를, 판매비와 관리비는 800번대 계정코드를 사용한다.
- 회계처리시 계정과목은 별도제시가 없는 한 등록되어 있는 계정과목 중 가장 적절한 과목으로 한다.

[1] 7월 10일 회사는 6월에 관리부 직원의 급여를 지급하면서 원천징수한 근로소득세 20,000원과 지방소득세 2,000원을 보통예금 계좌에서 이체하여 납부하였다. (3점)

[2] 7월 16일 ㈜홍명으로부터 원재료를 구입하기로 계약하고, 계약금 1,000,000원은 당좌수표를 발행하여 지급하였다. (3점)

[3] 8월 10일 비씨카드 7월분 결제대금 2,000,000원이 보통예금 계좌에서 인출되었다. 단, 회사는 신용카드 사용대금을 미지급금으로 처리하고 있다. (3점)

[4] 8월 20일 영업부 김시성 과장이 대구세계가구박람회 참가를 위한 출장에서 복귀하여 아래의 지출결의서와 출장비 600,000원(출장비 인출 시 전도금으로 회계처리함) 중 잔액을 현금으로 반납하였다. (3점)

지출결의서

· 왕복항공권 350,000원 　　　　· 식대 30,000원

[5] 9월 12일 제조공장의 기계장치를 우리기계에 처분하고 매각대금으로 받은 약속어음 8,000,000원의 만기가 도래하여 우리기계가 발행한 당좌수표로 회수하였다. (3점)

[6] 10월 28일   중국의 'lailai co. ltd'에 대한 제품 수출 외상매출금 30,000달러(선적일 기준 환율 : ₩1,300/$)를 회수하여 즉시 원화 보통예금 계좌로 입금하였다(단, 입금일의 기준환율은 ₩1,380/$이다).   (3점)

문제 3   다음 거래 자료를 매입매출전표입력 메뉴에 입력하시오.   (18점)

| 입력 시 유의사항 |

- 일반적인 적요의 입력은 생략하지만, 타계정 대체거래는 적요번호를 선택하여 입력한다.
- 채권·채무와 관련된 거래는 별도의 요구가 없는 한 반드시 기등록된 거래처코드를 선택하는 방법으로 거래처명을 입력한다.
- 제조경비는 500번대 계정코드를, 판매비와관리비는 800번대 계정코드를 사용한다.
- 회계처리 시 계정과목은 별도의 제시가 없는 한 등록된 계정과목 중 가장 적절한 과목으로 한다.
- 입력화면 하단의 분개까지 처리하고, 전자세금계산서 및 전자계산서는 전자입력으로 반영한다.

[1] 7월 6일   ㈜아이닉스에 제품을 판매하고 다음과 같이 전자세금계산서를 발급하였으며, 대금은 한 달 뒤에 받기로 하였다.   (3점)

전자세금계산서

	승인번호	20240706-121221589148

공급자	등록번호	142-81-05759	종사업장번호		공급받는자	등록번호	214-87-00556	종사업장번호	
	상호(법인명)	예은상사㈜	성명	한태양		상호(법인명)	㈜아이닉스	성명	이소방
	사업장주소	경기도 고양시 덕양구 통일로 101				사업장주소	서울시 용산구 한남대로 12		
	업태	제조·도소매	종목	사무용가구		업태	도매 외	종목	의약외품 외
	이메일					이메일			
						이메일			

작성일자	공급가액	세액	수정사유	비고
2024/07/06	23,000,000	2,300,000	해당 없음	

월	일	품목	규격	수량	단가	공급가액	세액	비고
7	6	사무용책상 등		1,000	23,000	23,000,000	2,300,000	

합계금액	현금	수표	어음	외상미수금	위 금액을 (청구) 함
25,300,000				25,300,000	

[2] 8월 10일   원재료 매입 거래처에 접대목적으로 당사의 제품(원가 300,000원)을 무상으로 제공하였다. 단, 해당 제품의 시가는 500,000원이다.   (3점)

[3] 9월 16일   팔팔물산에 제품을 9,000,000원(부가가치세 별도)에 판매하고 전자세금계산서를 발급하였으며, 대금으로 팔팔물산이 발행한 당좌수표를 받았다.   (3점)

[4] 9월 26일   회사 건물에 부착할 간판을 잘나가광고에서 주문 제작하였다. 대금 5,500,000원(부가가치세 포함)은 보통예금 계좌에서 송금하고 전자세금계산서를 발급받았다(단, 비품으로 처리할 것).   (3점)

[5] 10월 15일   메타가구에서 원재료(50단위, @50,000원, 부가가치세 별도)를 매입하고 아래의 전자세금계산서를 발급받았다. 대금 중 1,000,000원은 ㈜은성가구로부터 제품 판매대금으로 받아 보관 중인 ㈜은성가구 발행 약속어음을 배서양도하고 잔액은 1개월 뒤에 지급하기로 하였다.   (3점)

전자세금계산서					승인번호	20241015-154215452154		
공급자	등록번호	305-81-13428	종사업장번호		공급받는자	등록번호	142-81-05759	종사업장번호	
	상호(법인명)	메타가구	성명	윤은영		상호(법인명)	예은상사㈜	성명	한태양
	사업장주소	전북 김제시 금산면 청도7길 9				사업장주소	경기도 고양시 덕양구 통일로 101		
	업태	제조	종목	가구		업태	제조·도소매	종목	사무용가구
	이메일					이메일			
						이메일			
작성일자		공급가액		세액		수정사유	비고		
2024/10/15		2,500,000		250,000		해당 없음			
월	일	품목	규격	수량	단가	공급가액	세액	비고	
10	15	원재료	PC-5	50	50,000	2,500,000	250,000		
합계금액		현금		수표		어음	외상미수금	위 금액을 (청구) 함	
2,750,000						1,000,000	1,750,000		

[6] 12월 20일   대표이사 한태양은 본인 자녀의 대학교 입학 축하 선물로 니캉전자에서 디지털 카메라를 3,800,000원(부가가치세 별도)에 구매하면서 당사 명의로 전자세금계산서를 발급받고, 대금은 보통예금 계좌에서 지급하였다(단, 대표이사 한태양의 가지급금으로 회계처리할 것).   (3점)

문제 4
일반전표입력 및 매입매출전표입력 메뉴에 입력된 내용 중 다음과 같은 오류가 발견되었다. 입력된 내용을 확인하여 정정하시오. (6점)

[1] 8월 17일 사거리주유소에서 영업부가 사용하는 비영업용 소형승용차(800cc, 매입세액공제 가능 차량)에 경유를 주유하고 유류대 44,000원을 비씨카드(법인카드)로 결제한 건에 대하여 회계담당자는 매입세액을 공제받지 못하는 것으로 판단하였으며, 이를 매입매출전표에 카드면세로 입력하였다. (3점)

[2] 11월 12일 매출거래처 직원의 결혼축하금으로 현금 500,000원을 지급한 것으로 회계처리하였으나 이는 당사의 공장 제조부 직원의 결혼축하금인 것으로 밝혀졌다. (3점)

문제 5
결산정리사항은 다음과 같다. 관련 메뉴를 이용하여 결산을 완료하시오. (9점)

[1] 제2기 부가가치세 확정신고기간에 대한 부가세예수금은 49,387,500원, 부가세대급금은 34,046,000원이다. 부가가치세를 정리하는 회계처리를 하시오(단, 불러온 자료는 무시하고, 납부세액은 미지급세금, 환급세액은 미수금으로 회계처리할 것). (3점)

[2] 2024년 7월 1일 제조부 공장의 화재보험료 1년분(2024년 7월 1일~2025년 6월 30일) 7,200,000원을 전액 납부하고 즉시 비용으로 회계처리하였다. 이에 대한 기간 미경과분 보험료를 월할계산하여 결산정리분개를 하시오. (3점)

[3] 다음은 2024년 4월 15일 제조부에서 사용하기 위하여 취득한 화물차에 대한 자료이다. 아래 주어진 자료에 대해서만 감가상각을 하시오. (3점)

취득일	취득원가	자산코드/명	잔존가치	내용연수	상각방법
2024.04.15.	30,000,000원	[101]/포터	0원	5	정액법

문제 6 다음 사항을 조회하여 답안을 이론문제 답안작성 메뉴에 입력하시오. (9점)

[1] 4월(4월 1일~4월 30일)의 외상매출금 회수액은 얼마인가? (3점)

[2] 상반기(1월~6월) 중 제품매출액이 가장 많은 월(月)과 가장 작은 월(月)의 차액은 얼마인가? 단, 양수로 표시할 것) (3점)

[3] 제1기 부가가치세 확정신고기간(4월~6월)에 세금계산서를 받은 고정자산매입세액은 얼마인가? (3점)

해답편

- 실무시험 연습문제 해답
- 실전모의고사(이론과 실무) 해답
- 기출문제연습 해답

제1회 실무시험 연습문제 해답

문제 1

[1] • 외상매입금 : 남성산업기계 20,656,000원에서 30,656,000원으로 수정
　　　　　　　세콤전자 26,000,000원 추가입력
　• 미지급금 : ㈜고요상사 1,500,000원에서 2,500,000원으로 수정
　　　　　　㈜유앤아이 1,300,000원 추가입력
[2] 계정과목 및 적요등록 : 814.통신비 계정과목의 대체전표 적요 3번에 "사무실 인터넷 사용료 지급" 입력
[3] 전기분재무제표에서 수정
　전기분손익계산서 : 기부금 5,000,000원 추가입력
　전기분이익잉여금처분계산서 : 당기순이익 수정 (5,000,000원 감소)
　　→ 상단 F6불러오기를 하여 수정 → 미처분이익잉여금이 158,567,000원으로 변동 확인
　전기분재무상태표 : 이월이익잉여금을 158,567,000원으로 수정입력하여 대차차액이 없는지 확인

문제 2

[1] 9월 14일　일반전표입력
　　(차) 견본비(판)　　　　　　　400,000　　(대) 제 품　　　　　　　　400,000
　　　　　　　　　　　　　　　　　　　　　　(적요8. 타계정으로 대체액)

[2] 9월 30일　일반전표입력
　　(차) 부가세예수금　　　　　9,910,000　　(대) 부가세대급금　　　11,230,000
　　　　미수금　　　　　　　　1,320,000

[3] 10월 5일　일반전표입력
　　(차) 미지급금(AUTO사)　　180,000,000　　(대) 보통예금　　　　165,000,000
　　　　　　　　　　　　　　　　　　　　　　　　외환차익　　　　　15,000,000

[4] 10월 15일　일반전표입력
　　(차) 미지급금(㈜대광건설)　50,000,000　　(대) 받을어음(해피상사)　40,000,000
　　　　　　　　　　　　　　　　　　　　　　　　보통예금　　　　　10,000,000

[5] 11월 13일　일반전표입력
　　(차) 장기차입금(기업은행)　20,000,000　　(대) 보통예금　　　　20,300,000
　　　　이자비용　　　　　　　　300,000

[6] 11월 17일　일반전표입력
　　(차) 보통예금　　　　　　25,000,000　　(대) 자기주식　　　　　23,250,000
　　　　　　　　　　　　　　　　　　　　　　　　자기주식처분손실　1,500,000
　　　　　　　　　　　　　　　　　　　　　　　　자기주식처분이익　　250,000

문제 3

[1] 10월 11일　매입매출전표입력
　유형 : 52.영세, 공급가액 : 44,000,000, 부가세 : 0, 거래처 : ㈜평산기업, 전자 : 여 분개 : 혼합
　　(차) 원재료　　　　　　　44,000,000　　(대) 지급어음　　　　44,000,000

[2] 10월 19일　매입매출전표입력
　유형 : 57.카과, 공급가액 : 150,000, 세액 : 15,000, 거래처 : ㈜진진, 분개 : 혼합 또는 카드
　　(차) 수선비(제)　　　　　　　150,000　　(대) 미지급금 (신한카드)　　165,000
　　　　부가세대급금　　　　　　15,000　　　　　(또는 미지급비용)

[3] 10월 30일 매입매출전표입력
유형 : 51.과세, 공급가액 : -7,000,000, 부가세 : -700,000, 거래처 : ㈜세무, 전자 : 여, 분개 : 외상 또는 혼합
(차) 원재료(매입환출및에누리)   -7,000,000   (대) 외상매입금   -7,700,000
    부가세대급금   -700,000
• 차변 계정과목을 매입환출및에누리(원재료)계정으로 한 분개도 정답으로 인정한다.

[4] 11월 15일 매입매출전표입력
유형 : 16.수출(영세율 구분 : 1.), 공급가액 : 22,000,000, 부가세 : 0, 거래처 : Moisa사, 분개 : 외상 또는 혼합
(차) 외상매출금   22,000,000   (대) 제품매출   22,000,000

[5] 12월 12일 매입매출전표입력
유형 : 53.면세, 공급가액 : 150,000,000, 부가세 : 0, 거래처 : ㈜한국토건, 전자 : 여, 분개 : 혼합
(차) 토 지   150,000,000   (대) 당좌예금   50,000,000
                                              미지급금   100,000,000

[6] 12월 15일 매입매출전표입력
유형 : 17.카과, 공급가액 : 2,000,000, 부가세 : 200,000, 거래처 : 하나무역, 분개 : 혼합(외상, 카드)
(차) 외상매출금(비씨카드)   2,200,000   (대) 제품매출   2,000,000
                                              부가세예수금   200,000

문제 4

[1] 9월 5일 일반전표입력
수정전 : (차) 보통예금   5,500,000   (대) 선수금(㈜태산정공)   5,500,000
수정후 : (차) 보통예금   5,500,000   (대) 외상매출금(㈜태산정공) 5,500,000

[2] 10월 4일 매입매출전표입력
수정전 : 유형 : 51.과세, 공급가액 : 3,000,000, 부가세 : 300,000, 거래처 : ㈜성실, 전자 : 여, 분개 : 현금
(차) 복리후생비(판)   3,000,000   (대) 현 금   3,300,000
    부가세대급금   300,000
수정후 : 유형 : 54.불공(불공사유 : 4), 공급가액 : 3,000,000, 부가세 : 300,000, 거래처 : ㈜성실, 전자 : 여, 분개 : 혼합(현금)
(차) 기업업무추진비(판)   3,300,000   (대) 현 금   3,300,000

문제 5

[1] 12월 31일 일반전표입력
(차) 이자비용   4,500,000   (대) 미지급비용   4,500,000
100,000,000×6%×9/12=4,500,000원

[2] 12월 31일 일반전표입력
(차) 단기매매증권   6,000,000   (대) 단기매매증권평가이익   6,000,000
* 81,000,000(2022.12.31.공정가액) - 75,000,000(2022.3.20.취득가액) = 6,000,000원(평가이익)

[3] 결산자료입력 메뉴의 외상매출금과 받을어음 란에 각각 2,313,900원과 762,500원을 입력하고, 전표추가를 한다. 또는 결산자료입력 메뉴에서 상단 F8대손상각을 클릭한 후 대손율 1%를 확인하고, 하단의 결산반영 버튼을 누른다. 그리고 전표추가를 눌러 저장한다.

계정	계정잔액	1%	대손충당금 잔액	당기말 설정액
외상매출금	258,390,000원	2,583,900원	270,000원	2,313,900원
받을어음	94,250,000원	942,500원	180,000원	762,500원

또는 12월 31일   일반전표입력
(차) 대손상각비[835]   3,076,400   (대) 외상매출금 대손충당금[109]   2,313,900
                                                    받을어음 대손충당금[111]   762,500
- 실무시험의 채점은 수험생 입장에서의 자기데이터(채권 잔액)을 기준으로 채점한다.

문제 6
[1] 466,290,000원(당기 재무상태표 조회)
    720,313,000(당기 3월말) – 254,023,000(전기 말) = 466,290,000원
[2] 158,470,000원(총계정원장 제품매출 조회)
    177,250,000(1월) – 18,780,000(3월) = 158,470,000원
[3] 17,300,000원(매입매출장 조회)

제2회 실무시험 연습문제 해답

문제 1
[1] ① 법인등록번호 : 110181 – 0096550을 110181 – 0095668로 수정
    ② 종목 : 철근을 운동기구로 수정
    ③ 사업장관할세무서 : 경산세무서를 경주세무서로 수정
[2] 계정과목 및 적요등록 메뉴에서 행사비(코드 : 853) 계정과목 및 대체적요 추가 입력
[3] • 외상매출금 : ㈜대원 2,000,000원으로 수정, ㈜동백 4,500,000원으로 추가
    • 외상매입금 : 비바산업 삭제, 우송유통 43,000,000원으로 수정

문제 2
[1] 7월 3일   일반전표입력
    (차) 기계장치   15,000,000   (대) 보통예금   15,000,000
[2] 7월 5일   일반전표입력
    (차) 임차보증금(태종빌딩)   50,000,000   (대) 보통예금   45,000,000
                                                    선급금(태종빌딩)   5,000,000
[3] 7월 7일   일반전표입력
    (차) 비 품   2,250,000   (대) 미지급금(㈜수연전자)   2,000,000
                                                    보통예금   250,000
[4] 8월 6일   일반전표입력
    (차) 보통예금   6,000,000   (대) 외상매출금(㈜달리자)   10,000,000
        현 금   4,000,000
[5] 8월 19일   일반전표입력
    (차) 감가상각누계액(207)   31,500,000   (대) 기계장치   35,000,000
        유형자산처분손실   3,500,000
[6] 11월 20일   일반전표입력
    (차) 수수료비용(판)   3,000,000   (대) 보통예금   2,901,000
                                                    예수금   99,000

문제 3

[1] 8월 7일　매입매출전표입력
유형 : 57.카과, 공급가액 : 300,000, 부가세 : 30,000, 거래처 : 동보성, 분개 : 혼합
(차) 복리후생비(제)　　　　　　　300,000　　　(대) 보통예금　　　　　　　　　330,000
　　부가세대급금　　　　　　　　 30,000

[2] 10월 1일　매입매출전표입력
유형 : 22.현과, 공급가액 : 4,000,000, 부가세 : 400,000, 거래처 : ㈜재생, 분개 : 혼합
(차) 감가상각누계액(207)　　　40,000,000　　　(대) 기계장치　　　　　　　 50,000,000
　　현　금　　　　　　　　　　4,400,000　　　　 부가세예수금　　　　　　　　400,000
　　유형자산처분손실　　　　　 6,000,000

[3] 10월 11일　매입매출전표입력
유형 : 11.과세, 공급가액 : 5,000,000, 부가세 : 500,000, 거래처 : 희망상사, 전자 : 여, 분개 : 혼합
(차) 현　금　　　　　　　　　 3,500,000　　　(대) 제품매출　　　　　　　　5,000,000
　　외상매출금(희망상사)　　　 2,000,000　　　　 부가세예수금　　　　　　　　500,000

[4] 10월 30일　매입매출전표입력
유형 : 51.과세, 공급가액 : -3,000,000, 부가세 : -300,000, 거래처 : ㈜한강, 전자세금 : 여, 분개 : 혼합(외상)
(차) 원재료　　　　　　　　　-3,000,000　　　(대) 외상매입금　　　　　　 -3,300,000
　　부가세대급금　　　　　　　 -300,000

[5] 11월 10일　매입매출전표입력
유형 : 51.과세, 공급가액 : 12,000,000, 부가세 : 1,200,000, 거래처 : ㈜남서울, 전자 : 여, 분개 : 혼합
(차) 원재료　　　　　　　　　12,000,000　　　(대) 보통예금　　　　　　　 12,200,000
　　부가세대급금　　　　　　　 1,200,000　　　　 선급금　　　　　　　　　　1,000,000

[6] 11월 19일　매입매출전표입력
유형 : 16.수출(영세율구분 : 1.), 공급가액 : 22,000,000, 부가세 : 0, 거래처 : 미즈노사, 전자 : 부, 분개 : 혼합
(차) 선수금　　　　　　　　　 1,055,000　　　(대) 제품매출　　　　　　　 22,000,000
　　외상매출금　　　　　　　　20,945,000
또는
(차) 선수금　　　　　　　　　 1,055,000　　　(대) 제품매출　　　　　　　 22,000,000
　　외환차손　　　　　　　　　　 45,000
　　외상매출금　　　　　　　　20,900,000

문제 4

[1] 8월 10일　일반전표입력에서 삭제 후 매입매출전표입력
수정전 : (차) 차량유지비(판)　　　583,000　　　(대) 현　금　　　　　　　　　 583,000
수정후 : 유형 : 61.현과, 공급가액 : 530,000, 부가세 : 53,000, 거래처 : ㈜만능공업사, 분개 : 현금(혼합)
(차) 차량유지비(판)　　　　　　 530,000　　　(대) 현　금　　　　　　　　　 583,000
　　부가세대급금　　　　　　　　 53,000

[2] 12월 20일　일반전표입력
수정전 : (차) 세금과공과(판)　　　 30,000　　　(대) 현　금　　　　　　　　　　30,000
수정후 : (차) 기부금　　　　　　　 30,000　　　(대) 현　금　　　　　　　　　　30,000

문제 5

[1] 12월 31일 일반전표입력
　　(차) 매도가능증권평가이익　　　2,000,000　　(대) 매도가능증권(178)　　4,000,000
　　　　매도가능증권평가손실　　　2,000,000
[2] 12월 31일 일반전표입력
　　(차) 장기차입금(한일물산)　　　25,000,000　　(대) 유동성장기부채(한일물산)　　25,000,000
[3] 12월 31일 일반전표 입력
　　(차) 대손상각비(판)　　　2,850,430　　(대) 대손충당금(109)　　2,178,930
　　　　　　　　　　　　　　　　　　　　　　　　대손충당금(111)　　　671,500

　외상매출금 : 226,393,000×1%－85,000＝2,178,930원
　받을 어음 : 82,900,000×1%－157,500＝671,500원
　또는 결산자료입력(자동결산) 대손상각비 해당 계정에 금액 입력 후 전표추가

문제 6

[1] 700,000원, 부가가치세 신고서 4월~6월 매입세액－세금계산서수취분－일반매입－세액에서 확인
[2] 86,300,000원(월계표 조회)
[3] 484,000원(매입매출장 조회)
　　조회기간을 6월 1일과 6월 30일 입력한 후 구분 2.매출 유형 17.카과를 선택

제3회 실무시험 연습문제 해답

문제 1

[1] 기초정보등록의 거래처등록 메뉴(신용카드 탭)에 입력
[2] 계정과목및적요등록 메뉴에서 임차료(코드 : 0819)의 현금적요 및 대체적요 추가 입력
[3] ① 전기분원가명세서 : 운반비 6,600,000원으로 수정 입력하면
　　　　전기분원가명세서 당기제품제조원가 300,660,000원 → 306,600,000원으로 수정
　　② 전기분손익계산서 : 당기제품제조원가 306,600,000원으로 수정 입력하면
　　　　　　당기순이익 99,340,000원 → 93,400,000원으로 수정
　　③ 전기분잉여금처분계산서 : 당기순이익 93,400,000원으로 수정 입력하면(또는 F6. 불러오기), 미처분이익잉여금
　　　　122,340,000원 → 116,400,000원으로 수정
　　④ 전기분재무상태표 : 이월이익잉여금 116,400,000원으로 수정

문제 2

[1] 7월 20일 일반전표입력
　　(차) 미지급금(㈜섬메이)　　　5,000,000　　(대) 단기차입금(국민은행)　　5,000,000
[2] 8월 21일 일반전표입력
　　(차) 건 물　　　7,500,000　　(대) 보통예금　　7,500,000
[3] 8월 30일 일반전표입력
　　(차) 단기차입금(국민은행)　　　5,000,000　　(대) 보통예금　　5,000,000
[4] 9월 10일 일반전표입력
　　(차) 예수금　　　160,000　　(대) 미지급금(비씨카드)　　160,000

[5] 10월 22일   일반전표입력
    (차) 운반비(판)   150,000   (대) 보통예금   150,000
[6] 11월 1일   일반전표입력
    (차) 보통예금   22,000,000   (대) 사   채   20,000,000
                                              사채할증발행차금   2,000,000

문제 3

[1] 8월 3일   매입매출전표입력
    유형 : 51.과세, 공급가액 : 1,000,000, 부가세 : 100,000, 거래처 : ㈜블루, 전자 : 여, 분개 : 혼합
    (차) 광고선전비(판)   1,000,000   (대) 미지급금   1,100,000
        부가세대급금   100,000
[2] 8월 10일   매입매출전표입력
    유형 : 11.과세, 공급가액 : 50,000,000, 부가세 : 5,000,000, 거래처 : ㈜삼성상회, 전자 : 여, 분개 : 혼합
    (차) 선수금   11,000,000   (대) 제품매출   50,000,000
        받을어음   44,000,000   부가세예수금   5,000,000
[3] 11월 10일   매입매출전표입력
    유형 : 16.수출(영세율구분 1.), 공급가액 : 12,500,000, 부가세 : 0, 거래처 : ebay, 분개 : 외상 또는 혼합
    (차) 외상매출금   12,500,000   (대) 제품매출   12,500,000
[4] 11월 20일   매입매출전표입력
    유형 : 62.현면, 공급가액 : 100,000, 부가세 : 0, 거래처 : ㈜설영문고, 분개 : 현금 또는 혼합
    (차) 도서인쇄비(판)   100,000   (대) 현   금   100,000
       (또는 도서인쇄비(제))
[5] 11월 30일   매입매출전표입력
    유형 : 52.영세, 공급가액 : 10,000,000, 부가세 : 0, 거래처 : ㈜현우, 전자 : 여, 분개 : 혼합
    (차) 원재료   10,000,000   (대) 지급어음   10,000,000
[6] 12월 7일   매입매출전표입력
    유형 : 14.건별, 공급가액 : 500,000, 부가세 : 50,000, 거래처 : 생략, 분개 : 혼합
    (차) 기업업무추진비(판)   400,000   (대) 제 품(적요 : 8 타계정으로 대체) 350,000
                                              부가세예수금   50,000
    - 제품을 판매하는 것이 아닌 타 용도로 사용하면 제품계정 대변에 원가(350,000원)으로 분개하고 적요에 8번 타계정대체를 입력하여야 한다. 반면에 제품을 접대용도로 제공한 것은 간주공급 중 사업상 증여에 해당하므로 부가가치세 과세표준은 시가를 적용하여야 하므로 500,000원이며, 이 금액에 부가가치세율 10%를 적용하면 대변의 부가세예수금은 50,000원이 된다.

문제 4

[1] 8월 3일   일반전표입력
    수정전 : (차) 대손상각비(판)   1,100,000   (대) 외상매출금(㈜네오전자)   1,100,000
    수정후 : (차) 대손충당금(109)   800,000   (대) 외상매출금(㈜네오전자)   1,100,000
             대손상각비(판)   300,000
    매출처가 부도라는 것은 해당 회사가 발행한 어음이 부도가 된 경우로 어음이 부도나면 어음상 채권인 받을어음은 부도어음으로 대체하지만 다른 채권인 외상매출금도 회수불능이 되는 경우가 보통이다. 이 문제는 보유중인 어음이 부도난 것이 아니라 외상매출금이 회수불능 된 것이므로 대변에 외상매출금으로 회계처리하여야 한다.

[2] 12월 20일 매입매출전표입력
   수정전 : 유형 : 54.불공(사유 : 3), 공급가액 : 11,950,000, 부가세 : 1,195,000, 거래처 : 기아차남양주점,
           전자 : 여, 분개 : 현금
           (차) 원재료   13,145,000   (대) 현 금   13,145,000
   수정후 : 유형 : 51.과세, 공급가액 : 11,950,000, 부가세 : 1,195,000, 거래처 : 기아차 남양주점, 전자 : 여,
           분개 : 현금 또는 혼합
           (차) 차량운반구   11,950,000   (대) 현 금   13,145,000
               부가세대급금   1,195,000

문제 5
[1] 12월 31일 일반전표입력
   (차) 외상매입금(ABC Ltd.)   125,000   (대) 외화환산이익   125,000
[2] 12월 31일 일반전표입력
   (차) 임대료(904)   21,000,000   (대) 선수수익   21,000,000
[3] 12월 31일 일반전표입력
   (차) 법인세등   10,000,000   (대) 선납세금   6,000,000
                                                  미지급세금   4,000,000
   또는 결산자료입력에서 선납세금 6,000,000원, 미지급세금 4,000,000원 입력 후 전표추가

문제 6
[1] 5월, 223,800,000원(총계정원장에서 제품매출 계정 조회)
[2] 남해백화점(주), 2,200,000원(거래처원장에서 기간을 4월 30일까지로 조회)
[3] 13매, 21,750,000원(세금계산서합계표에서 1~3월로 조회한 후, 매입 탭 – 전체데이터 탭을 조회)

제4회 실무시험 연습문제 해답

문제 1
[1] 거래처에서 코드 : 1056, 거래처명 : ㈜가나전자, 우측에서 1.사업자등록번호 : 129 – 86 – 78690, 3.대표자 : 이은성,
   4.업종에서 업태 : 제조, 도소매, 종목 : 전자제품, 5.주소 : 서울특별시 서초구 신반포로47길 118 101호 입력
[2] 거래처별 초기이월 메뉴의 받을어음 거래처에서 ㈜송강산업 3,000,000원으로, ㈜강림상사는 12,800,000
   원으로 입력, 미지급금 거래처에서 ㈜더라벨 3,600,000원, ㈜통진흥업은 2,500,000원으로 입력하고 재무
   상태표 금액과 거래처 합계액이 일치하는지 확인
[3] • 전기분원가명세서 : 복리후생비 5,900,000원을 8,300,000원으로 수정입력.
   • 전기분손익계산서
     – 제품매출원가에서 당기제품제조원가 437,000,000원을 439,400,000원으로 수정입력.
     – 복리후생비 9,800,000원을 7,400,000원으로 수정입력.

문제 2
[1] 7월 7일 일반전표입력
   (차) 대손충당금(109)   5,000,000   (대) 외상매출금(㈜달라일러) 12,000,000
       대손상각비   7,000,000

[2] 7월 15일 일반전표입력
　　(차) 받을어음(㈜희망기계)　　5,000,000　　(대) 외상매출금(㈜희망기계)　　6,500,000
　　　　 보통예금　　　　　　　　1,500,000
[3] 7월 20일 일반전표입력
　　(차) 보통예금　　　　　　　11,500,000　　(대) 자기주식　　　　　　　12,000,000
　　　　 자기주식처분이익　　　　　300,000
　　　　 자기주식처분손실　　　　　200,000
[4] 8월 5일 일반전표입력
　　(차) 건 물　　　　　　　　160,000,000　　(대) 자본금　　　　　　　100,000,000
　　　　　　　　　　　　　　　　　　　　　　주식발행초과금　　　　60,000,000
[5] 11월 19일 일반전표입력
　　(차) 잡 급(판)　　　　　　　120,000　　(대) 현 금　　　　　　　　120,000
[6] 12월 5일 일반전표입력
　　(차) 퇴직급여(판)　　　　　5,300,000　　(대) 보통예금　　　　　　5,300,000

문제 3

[1] 8월 3일 매입매출전표입력
　　유형 : 53.면세, 공급가액 : 30,000, 부가세 : 0, 거래처 : ㈜에이스오피스텔, 전자 : 여, 분개 : 혼합
　　(차) 건물관리비(판)　　　　　30,000　　(대) 보통예금　　　　　　　30,000
[2] 8월 21일 매입매출전표입력
　　유형 : 11.과세, 공급가액 : 2,000,000, 부가세 : 200,000, 거래처 : ㈜한국자원, 전자 : 여, 분개 : 혼합
　　(차) 미수금(㈜한국자원)　　　2,200,000　　(대) 기계장치　　　　　　80,000,000
　　　　 감가상각누계액　　　　　77,000,000　　　　 부가세예수금　　　　　200,000
　　　　 유형자산처분손실　　　　 1,000,000
[3] 10월 15일 매입매출전표입력
　　유형 : 51.과세, 공급가액 : 3,300,000, 부가세 : 330,000 거래처 : ㈜무릉, 전자 : 여, 분개 : 혼합
　　(차) 원재료　　　　　　　　3,300,000　　(대) 외상매입금　　　　　　2,630,000
　　　　 부가세대급금　　　　　　 330,000　　　　 당좌예금　　　　　　　1,000,000
[4] 11월 30일 매입매출전표입력
　　유형 : 54.불공(불공사유 3), 공급가액 : 600,000, 부가세 : 60,000, 거래처 : ㈜렌트, 전자 : 여, 분개 : 혼합
　　(차) 임차료(판)　　　　　　　660,000　　(대) 미지급금　　　　　　　660,000
　　　　　　　　　　　　　　　　　　　　　　 또는 미지급비용
[5] 12월 12일 매입매출전표입력
　　유형 : 12.영세(영세율구분 : 3), 공급가액 : 15,000,000, 거래처 : 유성산업㈜, 전자 : 여, 분개 : 외상 또는 혼합
　　(차) 외상매출금　　　　　　15,000,000　　(대) 제품매출　　　　　　15,000,000
[6] 12월 30일 매입매출전표입력
　　유형 : 55.수입, 공급가액 : 40,000,000, 부가세 : 4,000,000, 거래처 : 인천세관, 전자 : 여, 분개 : 혼합
　　(차) 부가세대급금　　　　　4,000,000　　(대) 당좌예금　　　　　　4,000,000

문제 4

[1] 8월 10일 일반전표입력
　수정전 : (차) 보통예금　　　　253,800　　(대) 이자수익　　　　　　253,800
　수정후 : (차) 보통예금　　　　253,800　　(대) 이자수익　　　　　　300,000
　　　　　　 선납세금　　　　　　46,200

[2] 12월 10일   일반전표입력에서 삭제 후 매입매출전표입력
   수정전 : (차) 운반비(판)   110,000   (대) 현   금   110,000
   수정후 : 유형 : 51.과세, 공급가액 : 100,000, 부가가치세 : 10,000, 거래처 : 일양택배, 전자 : 여,
   분개 : 현금 또는 혼합
       (차) 원재료   100,000   (대) 현   금   110,000
           부가세대급금   10,000

문제 5

[1] 12월 31일   일반전표입력
   (차) 소모품비(판)   60,000   (대) 소모품   60,000
[2] 12월 31일   일반전표입력
   (차) 선급비용   1,200,000   (대) 보험료(제)   1,200,000
   선급비용 : 3,600,000×4/12 = 1,200,000원
[3] 12월 31일   일반전표입력
   (차) 잡손실   20,000   (대) 현금과부족   20,000

문제 6

[1] 2,377,100원
   부가가치세 신고서에서 4월~ 6월분 조회 후 납부할 세액 확인
   4,377,100 − 2,000,000 = 2,377,100원
[2] 5월, 3,425,000원(총계정원장 조회, 월별 탭)
[3] 79,444,000원(재무상태표에서 조회 : 6월말 잔액 − 5월말 잔액)

제5회 실무시험 연습문제 해답

문제 1

[1] 거래처등록 메뉴의 일반거래처에 등록 : 해당TAB에 내용입력
   • 거래처코드 : 01212   • 거래처명 : ㈜세무전자   • 유형 : 동시
   • 사업자등록번호 : 206 − 86 − 31522   • 대표자 : 김기태   • 업태 : 도소매
   • 종목 : 가전제품   • 사업장주소 : 서울시 강남구 양재대로 55길 19
[2] 1. 거래처별초기이월 메뉴 단기대여금의 ㈜가나상사 잔액을 2,200,000원에서 3,200,000원으로 수정
   2. 단기차입금 계정에 자차상사 잔액을 10,000,000원에서 10,500,000원으로 수정
[3] • 전기분손익계산서 : 상여금 5,000,000원을 3,400,000원으로 수정입력, 당기순이익 88,700,000원 확인
   • 전기분잉여금처분계산서 : 당기순이익 87,100,000원이 88,700,00원으로 상단 F6(불러오기)하여 반영, 미
     처분이익잉여금 126,600,000원 확인
   • 전기분재무상태표 : 이월이익잉여금 125,000,000원을 126,600,000원으로 수정입력

문제 2

[1] 7월 12일   일반전표입력
   (차) 도서인쇄비(판)   70,000   (대) 보통예금   70,000

[2] 7월 28일   일반전표입력
　　(차) 외상매입금(㈜해운)　　　5,800,000　　　(대) 외상매출금(㈜해운)　　　4,700,000
　　　　　　　　　　　　　　　　　　　　　　　　　　당좌예금　　　　　　　　1,100,000

[3] 7월 31일   일반전표입력
　　(차) 보통예금　　　　　　　24,000,000　　　(대) 단기매매증권　　　　　20,000,000
　　　　　　　　　　　　　　　　　　　　　　　　　　단기매매증권처분이익　　4,000,000

[4] 8월 1일   일반전표입력
　　(차) 건설중인자산　　　　　7,000,000　　　(대) 현 금　　　　　　　　7,000,000
　　또는 (출금) 건설중인자산　　7,000,000
　　※ 차입금에 대한 이자는 당기비용처리가 원칙이나 금융비용을 자본화하는 경우는 취득원가에 가산한다.

[5] 9월 30일   일반전표입력
　　(차) 부가세예수금　　　　　11,300,000　　　(대) 부가세대급금　　　　　8,000,000
　　　　　　　　　　　　　　　　　　　　　　　　　　미지급세금　　　　　　　3,300,000

[6] 12월 19일   일반전표입력
　　(차) 선급금(㈜우리공장)　　2,000,000　　　(대) 보통예금　　　　　　　2,000,000

문제 3

[1] 7월 21일   매입매출전표입력
　　유형 : 14.건별, 공급가액 : 90,000, 부가세 : 9,000, 거래처 : 이순옥, 분개 : 현금 또는 혼합
　　(차) 현 금　　　　　　　　99,000　　　(대) 제품매출　　　　　　　90,000
　　　　　　　　　　　　　　　　　　　　　　　부가세예수금　　　　　　9,000
　　또는 (입금) 제품매출　　　　90,000
　　　　　　　부가세예수금　　　9,000

[2] 9월 4일   매입매출전표입력
　　유형 : 62.현면, 공급가액 : 200,000, 부가세 : 0, 거래처 : 프리티화원, 분개 : 혼합
　　(차) 기업업무추진비(제)　　200,000　　　(대) 보통예금　　　　　　　200,000

[3] 9월 15일   매입매출전표입력
　　유형 : 51.과세, 공급가액 : 50,000,000, 부가세 : 5,000,000, 공급처 : ㈜한국, 전자 : 여, 분개 : 혼합
　　(차) 기계장치　　　　　　　50,000,000　　　(대) 미지급금　　　　　　55,000,000
　　　　부가세대급금　　　　　　5,000,000

[4] 10월 10일   매입매출전표입력
　　유형 : 11.과세, 공급가액 : 15,000,000, 부가세 : 1,500,000, 거래처 : ㈜광고, 전자 : 여, 분개 : 혼합
　　(차) 보통예금　　　　　　　16,500,000　　　(대) 제품매출　　　　　　15,000,000
　　　　　　　　　　　　　　　　　　　　　　　　　　부가세예수금　　　　　1,500,000

[5] 10월 18일   매입매출전표입력
　　유형 : 11.과세, 공급가액 : 1,000,000, 부가세 : 100,000, 거래처 : ㈜미래, 전자 : 여, 분개 : 혼합
　　(차) 감가상각누계액　　　　1,600,000　　　(대) 비 품　　　　　　　2,800,000
　　　　현 금　　　　　　　　1,100,000　　　　　부가세예수금　　　　　100,000
　　　　유형자산처분손실　　　　200,000

[6] 11월 28일   매입매출전표 입력
　　유형 : 54.불공(사유 : 6.), 공급가액 : 3,000,000, 부가세 : 300,000, 거래처 : ㈜국민개발, 전자 : 여,
　　분개 : 현금(혼합)
　　(차) 토 지　　　　　　　　3,300,000　　　(대) 현 금　　　　　　　3,300,000
　　또는 (출금) 토 지　　　　　3,300,000

문제 4

[1] 7월 10일 일반전표입력
  수정전 : (차) 세금과공과(판) 100,0000 (대) 현 금 100,000
  수정후 : (차) 예수금 100,000 (대) 현 금 100,000
    또는 (출금) 예수금 100,000

[2] 9월 27일 매입매출전표입력
  수정전 : 유형 : 51.과세, 공급가액 : 500,000, 부가세 : 50,000, 거래처 : ㈜가제트수리, 전자 : 여, 분개 : 현금
    (차) 차량유지비(판) 500,000 (대) 현 금 550,000
      부가세대급금 50,000
  수정후 : 유형 : 54.불공(사유 3.), 공급가액 : 500,000, 부가세 : 50,000, 거래처 : ㈜가제트수리, 전자 : 여, 분개 : 현금
    (차) 차량유지비(판) 550,000 (대) 현 금 550,000
    또는 (출금) 차량유지비(판) 550,000

문제 5

[1] 12월 31일 일반전표입력
  (차) 소모품비(제) 700,000 (대) 소모품 700,000
[2] 12월 31일 일반전표입력
  (차) 법인세등 7,000,000 (대) 선납세금 1,000,000
        미지급세금 6,000,000
  또는 결산자료 입력메뉴를 이용하여 금액을 입력한 후 전표추가
[3] 고정자산등록메뉴에 해당 금액을 입력하여 상각범위액 9,471,000원을 확인하여 결산자료입력 메뉴에서 감가상각비에 해당 금액 입력 후 전표추가
  또는 12월 31일 일반전표입력
  (차) 감가상각비(제) 9,471,000 (대) 감가상각누계액(기계장치) 9,471,000

문제 6

[1] 2,200,000원(매입매출장 조회)
  조회기간을 4월 1일과 6월 30일 입력한 후 구분 2.매출 유형 17.카과를 선택
[2] 2월, 22,100,000원(총계정원장 조회)
[3] 사랑상사, 63,000,000원(거래처원장에서 외상매입금 과목으로 조회)

제6회 실무시험 연습문제 해답

문제 1

[1] 계정과목및적요등록 메뉴에서 계정과목 코드 851번 선택
  • 오른쪽 상단 계정코드(명) : 차량리스료 입력
  • 성격 : 3.경비 선택
  • 현금적요 1.란 : 업무용승용차 리스료 입력
[2] 거래처등록 메뉴 일반거래처 탭에 제시한 항목과 내용을 모두 입력

[3] • 전기분재무상태표 : 재공품 1,500,000원 → 2,500,000원으로 수정
  • 전기분원가명세서 : ① 기말재공품이 2,500,000원으로 변경되었는지 확인
            ② 당기제품제조원가 81,320,000원 확인
  • 전기분손익계산서 : ① 전기분원가명세서에서 당기제품제조원가 81,320,000원 확인
            ② 당기순이익 122,880,000원 확인
  • 전기분이익잉여금처분계산서 : ① 당기순이익이 122,880,000원으로 수정되었는지 확인
              ② 미처분이익잉여금 190,770,000원 확인
  • 전기분재무상태표 : 이월이익잉여금을 전기분이익잉여금처분계산서에서 확인한 미처분이익잉여금
    190,770,000원으로 수정입력

문제 2

[1] 7월 22일 일반전표입력
  (차) 현 금 1,350,000 (대) 받을어음(㈜영동상사) 1,350,000
  또는 입금전표 받을어음(㈜영동상사) 1,350,000

[2] 8월 3일 일반전표입력
  (차) 복리후생비(제) 1,800,000 (대) 보통예금 3,000,000
    복리후생비(판) 1,200,000

[3] 9월 28일 일반전표입력
  (차) 보통예금 169,200 (대) 이자수익 200,000
    선납세금 30,800

[4] 10월 5일 일반전표입력
  (차) 원재료 3,300,000 (대) 현 금 3,300,000
  또는 출금전표 원재료 3,300,000

[5] 11월 12일 일반전표입력
  (차) 보통예금 200,000,000 (대) 자본금 100,000,000
      주식할인발행차금 20,000,000
      주식발행초과금 80,000,000

[6] 11월 16일 일반전표입력
  (차) 외상매입금(㈜한국) 1,500,000 (대) 받을어음(㈜세화) 1,500,000

문제 3

[1] 7월 15일 매입매출전표입력
  유형 : 53.면세, 공급가액 : 220,000, 부가세 : 0, 거래처 : 플라워 24, 전자 : 여, 분개 : 혼합
  (차) 기업업무추진비(판) 220,000 (대) 미지급금 220,000
  또는 기업업무추진비(제)   또는 미지급비용

[2] 8월 1일 매입매출전표입력
  유형 : 11.과세, 공급가액 : 20,000,000, 부가세 : 2,000,000, 거래처 : 명지기계사, 전자 : 여, 분개 : 혼합
  (차) 미수금 22,000,000 (대) 차량운반구 35,000,000
    감가상각누계액(209) 16,500,000 부가세예수금 2,000,000
          유형자산처분이익 1,500,000

[3] 10월 22일 매입매출전표입력
  유형 : 22.현과, 공급가액 : 500,000, 부가세 : 50,000, 거래처 : 김민국, 분개 : 현금 또는 혼합
  (차) 현 금 550,000 (대) 제품매출 500,000
          부가세예수금 50,000

[4] 12월 1일 매입매출전표입력
　　유형 : 54.불공, 공급가액 : 900,000, 부가세 : 90,000, 거래처 : ㈜자동차, 전자 : 여, 분개 : 혼합,
　　불공제사유 : 3.비영업용 소형승용자동차 구입·유지 및 임차
　　(차) 임차료(판)　　　　　　　　　　990,000　　　(대) 보통예금　　　　　　　　　　990,000
[5] 12월 9일 매입매출전표입력
　　유형 : 51.과세, 공급가액 : 4,700,000, 부가세 : 470,000, 거래처 : ㈜동국개발, 전자 : 여, 분개 : 혼합
　　(차) 임차료(제)　　　　　　　　　　4,000,000　　 (대) 당좌예금　　　　　　　　　5,170,000
　　　　전력비(제)　　　　　　　　　　 700,000
　　　　부가세대급금　　　　　　　　　 470,000
[6] 12월 30일 매입매출전표입력
　　유형 : 52.영세, 공급가액 : 50,000,000, 거래처 : ㈜한울, 전자 : 여, 분개 : 혼합
　　(차) 원재료　　　　　　　　　　　50,000,000　　 (대) 받을어음(㈜한울)　　　　　25,000,000
　　　　　　　　　　　　　　　　　　　　　　　　　　　　지급어음(㈜한울)　　　　　25,000,000

문제 4

[1] 7월 25일 일반전표입력
　　• 수정전 : (차) 기업업무추진비(판)　　300,000　　(대) 현　금　　　　　　　　　　300,000
　　• 수정후 : (차) 복리후생비(제)　　　　300,000　　(대) 현　금　　　　　　　　　　300,000
　　　　또는 출금전표 복리후생비(제)　　 300,000
[2] 11월 2일 일반전표입력
　　• 수정전 : (차) 원재료　　　　　　　　132,000　　(대) 현　금　　　　　　　　　　132,000
　　• 수정후 : 전표 삭제 후 11월 2일 매입매출전표입력
　　　　유형 : 61.현과, 공급가액 120,000, 부가세 : 12,000, 거래처 : 중앙전자, 분개 : 현금 또는 혼합
　　　　(차) 원재료　　　　　　　　　　120,000　　(대) 현　금　　　　　　　　　　132,000
　　　　　　부가세대급금　　　　　　　　 12,000

문제 5

[1] 12월 31일 일반전표입력
　　(차) 이자비용　　　　　　　　　　　150,000　　(대) 미지급비용　　　　　　　　　150,000
[2] 12월 31일 일반전표입력
　　(차) 장기차입금(㈜한미은행)　　30,000,000　　(대) 유동성장기부채(㈜한미은행)　30,000,000
[3] 12월 31일 일반전표입력
　　(차) 미수수익　　　　　　　　　　　300,000　　(대) 이자수익　　　　　　　　　　300,000

문제 6

[1] 483,358,000원
　　• 1월 말 재무상태표 조회 : 유동자산(701,000,000) − 유동부채(217,642,000) = 483,358,000원
[2] 과세표준 : 297,000,000원, 납부세액 : 7,621,000원
　　• 부가가치세 신고서 메뉴에서 1기 확정 4.1.~6.30.을 입력한 후 확인
[3] 27,000,000원(거래처원장에서 5월 말 기준 계정과목 외상매입금으로 조회)

제7회 실무시험 연습문제 해답

문제 1

[1] 계정과목및적요등록
   274.사용자설정계정과목 • 계정과목 : 선수임대료, • 성격 : 2.일반 • 대체적요 : 1, 기간미경과 임대료 계상
[2] 거래처등록 금융기관 탭 • 코드 : 98004로 입력
   • 거래처명 : 신한은행(지점을 포함하여 등록한 경우 일부 인정)
   • 유형 : 3.정기적금, • 계좌번호 : 413-920-769077
   • 계좌개설은행/지점 : 088.신한은행/마곡점, • 계좌개설일 : 2024년 11월 10일
[3] 거래처별초기이월
   받을어음 • ㈜하늘정밀 : 14,300,000원 → 13,300,000원
          • ㈜일렉코리아 : 10,700,000원 → 11,700,000원
   지급어음 • ㈜프로테크 : 15,400,000원 → 14,500,000원
          • ㈜부흥기업 : 13,500,000원 추가 입력

문제 2

[1] 7월 4일   일반전표입력
   (차) 교육훈련비(제)   500,000   (대) 예수금   16,500
                                                  보통예금   483,500
[2] 7월 11일   일반전표입력
   (차) 보험료(제)   3,000,000   (대) 보통예금   3,000,000
[3] 7월 25일   일반전표입력
   (차) 보통예금   1,500,000   (대) 배당금수익   1,500,000
[4] 8월 16일   일반전표입력
   (차) 기업업무추진비(판)   330,000   (대) 미지급금(신한카드)   330,000
                                                  또는 미지급비용
[5] 8월 25일   일반전표입력
   (차) 임금(제)   1,900,000   (대) 예수금   174,250
                                                  보통예금   1,725,750
[6] 9월 17일   일반전표입력
   (차) 기부금   2,500,000   (대) 보통예금   2,500,000

문제 3

[1] 9월 3일   매입매출전표입력
   유형 : 11.과세, 공급가액 : 6,000,000, 부가세 : 600,000, 거래처 : 해피상사, 전자 : 여   분개 : 혼합
   (차) 현   금   3,300,000   (대) 제품매출   6,000,000
       외상매출금   3,300,000   부가세예수금   600,000
[2] 9월 25일   매입매출전표입력
   유형 : 17.카과, 공급가액 : 5,000,000, 부가세 : 500,000, 거래처 : 조아무역, 분개 : 카드 또는 혼합,
   신용카드사 : 비씨카드
   (차) 외상매출금(비씨카드)   5,500,000   (대) 제품매출   5,000,000
                                                  부가세예수금   500,000

[3] 10월 15일 매입매출전표입력
유형 : 51.과세, 공급가액 : 5,000,000원, 부가세 : 500,000원, 거래처 : ㈜에스콤, 전자 : 여, 분개 : 혼합
(차) 설비장치 5,000,000 (대) 미지급금(㈜에스콤) 5,000,000
　　부가세대급금 500,000 　　현　금 500,000

[4] 10월 20일 매입매출전표입력
유형 : 55.수입, 공급가액 : 10,000,000, 부가세 : 1,000,000, 거래처 : 인천세관, 전자 : 여, 분개 : 현금 또는 혼합
(차) 부가세대급금 1,000,000 (대) 현　금 1,000,000
또는 출금전표 부가세대급금 1,000,000

[5] 11월 30일 매입매출전표입력
유형 : 53.면세, 공급가액 : 800,000, 부가세 : 0, 거래처 : ㈜리스, 전자 : 여, 분개 : 혼합
(차) 임차료(판) 800,000 (대) 미지급금(㈜리스) 800,000
　　 또는 미지급비용

[6] 12월 12일 매입매출전표입력
유형 : 16.수출, 공급가액 : 260,000,000, 부가세 : 0, 거래처 : 베스트인터내셔날, 분개 : 외상 또는 혼합,
영세율구분 : 1.직접수출(대행수출 포함)
(차) 외상매출금 260,000,000 (대) 제품매출 260,000,000

문제 4

[1] 8월 19일 매입매출전표입력
• 수정전
유형 : 57.카과, 공급가액 : 500,000, 부가세 : 50,000, 거래처 : ㈜마트, 분개 : 카드 또는 혼합, 신용카드사 : 삼성카드
(차) 소모품비(제) 500,000 (대) 미지급금(삼성카드) 550,000
　　부가세대급금 50,000
• 수정후
유형 : 57.카과, 공급가액 : 500,000, 부가세 : 50,000, 거래처 : ㈜마트, 분개 : 카드 또는 혼합, 신용카드사 : 삼성카드
(차) 소모품비(판) 500,000 (대) 미지급금(삼성카드) 550,000
　　부가세대급금 50,000 　　 또는 미지급비용

[2] 11월 19일 일반전표입력
• 수정전 :
(차) 현　금 25,000,000 (대) 외상매출금(한성공업) 25,000,000
• 수정후 :
(차) 받을어음(한성공업) 15,000,000 (대) 외상매출금(한성공업) 25,000,000
　　현　금 10,000,000

문제 5

[1] 12월 31일 일반전표입력
(차) 선급비용 3,000,000 (대) 보험료(판) 3,000,000

[2] 12월 31일 일반전표입력
(차) 현금과부족 30,000 (대) 잡이익 30,000

[3] 12월 31일 일반전표입력
   (차) 외화환산손실   300,000   (대) 외상매입금(Rose)   300,000
   • 외화환산손실 : $3,000×1,200 − 3,300,000 = 300,000원

문제 6

[1] 65,500,000원
   현금출납장 기간(1월 1일~6월 30일) 출금 누계액 확인
[2] 기린전자
   세금계산서합계표 조회기간(4월~6월) [매입], [과세기간 종료일 다음달 11일까지(전자분)]
[3] 360,000원
   • 매입매출장(조회기간 : 1월 1일~3월 31일) 구분 : 3.매입, 유형 : 57.카과
   • 또는 부가가치세신고서 조회기간 : 1월 1일~3월 31일, 41.신용카드매출수령금액합계표

제8회 실무시험 연습문제 해답

문제 1

[1] 거래처등록, 신용카드 탭
   • 코드 : 99605, • 거래처명 : 소망카드, • 유형 : 1.매출, • 가맹점번호 : 654800341 입력
[2] 계정과목및적요등록
   • 계정과목 : 인적용역비(코드 : 0855)
   • 성격 : 3.경비
   • 대체적요 : 적요NO 1, 사업소득자 용역비 지급
[3] 거래처별초기이월
   • 외상매출금 〉• ㈜부산무역 23,000,000원 → 49,000,000원으로 수정
              • ㈜영월상사 13,000,000원 → 33,000,000원으로 수정
   • 외상매입금 〉• ㈜여주기업 50,000,000원 → 51,000,000원으로 수정
              • ㈜부여산업 24,800,000원 추가입력

문제 2

[1] 9월 18일 일반전표입력
   (차) 외상매입금(㈜강남)   2,500,000   (대) 지급어음(㈜강남)   1,300,000
                                              채무면제이익   1,200,000
[2] 10월 13일 일반전표입력
   (차) 현 금   600,000   (대) 선수금(일만상사)   600,000
   또는 입금전표   선수금(일만상사)   600,000
[3] 10월 15일 일반전표입력
   (차) 상여금(판)   500,000   (대) 예수금   154,000
       상여금(제)   900,000   보통예금   1,246,000
[4] 11월 11일 일반전표입력
   (차) 미지급배당금   2,000,000   (대) 보통예금   2,000,000

[5] 12월 28일 일반전표입력
  (차) 비 품   3,000,000   (대) 미지급금(씨티카드)   3,000,000
[6] 12월 30일 일반전표입력
  (차) 퇴직연금운용자산   5,390,000   (대) 보통예금   5,500,000
       수수료비용(판)   110,000

문제 3

[1] 7월 25일 매입매출전표입력
  유형 : 12.영세, 공급가액 : 10,000,000, 부가세 : 0, 거래처 : ㈜정남, 전자 : 여, 분개 : 혼합, 영세율구분 : 3.
  내국신용장·구매확인서에 의하여 공급하는 재화
  (차) 외상매출금(㈜정남)   8,000,000   (대) 제품매출   10,000,000
       선수금(㈜정남)   2,000,000
[2] 9월 20일 매입매출전표입력
  유형 : 51.과세, 공급가액 : 1,300,000, 부가세 : 130,000, 거래처 : 주경상사, 전자 : 여, 분개 : 혼합
  (차) 원재료   1,300,000   (대) 현 금   1,000,000
       부가세대급금   130,000   지급어음(주경상사)   430,000
[3] 10월 26일 매입매출전표입력
  유형 : 53.면세, 공급가액 : 1,650,000, 거래처 : ㈜예인, 전자 : 여, 분개 : 혼합
  (차) 교육훈련비(판)   1,650,000   (대) 보통예금   1,650,000
[4] 11월 11일 매입매출전표입력
  유형 : 54.불공, 공급가액 : 88,000,000, 부가세 : 8,800,000, 거래처 : 인천세관, 전자 : 여, 분개 : 혼합
  불공제사유 : 3.
  (차) 차량운반구   8,800,000   (대) 당좌예금   8,800,000
[5] 12월 07일 매입매출전표입력
  유형 : 57.카과, 공급가액 : 400,000, 부가세 : 40,000, 거래처 : 명량, 분개 : 혼합 또는 카드,
  신용카드사 : 하나카드
  (차) 복리후생비(판)   400,000   (대) 보통예금   440,000
       부가세대급금   40,000
[6] 12월 30일 매입매출전표입력
  유형 : 22.현과, 공급가액 : 6,000,000, 부가세 : 600,000, 거래처 : 미래회계학원, 분개 : 혼합 또는 현금
  (차) 현 금   6,600,000   (대) 제품매출   6,000,000
                                                    부가세예수금   600,000

문제 4

[1] 12월 10일 매입매출전표입력
  • 수정전 :
    유형 : 51.과세, 공급가액 : 800,000, 부가세 : 80,000, 거래처 : ㈜글라스, 전자 : 여, 분개 : 혼합(현금)
    (차) 건 물   800,000   (대) 현 금   880,000
         부가세대급금   80,000
  • 수정후 :
    유형 : 51.과세, 공급가액 : 800,000, 부가세 : 80,000, 거래처 : ㈜글라스, 전자 : 여, 분개 : 혼합(현금)
    (차) 수선비(제)   800,000   (대) 현 금   880,000
         부가세대급금   80,000

[2] 12월 18일   일반전표입력
- 수정전 : 출금전표 수도광열비(판)   74,500
- 수정후 : (차) 전력비(제)   74,500   (대) 현 금   74,500
  또는 출금전표 전력비(제)   74,500

문제 5

[1] 12월 31일   일반전표입력
   (차) 여비교통비(판)   230,000   (대) 현금과부족   230,000
[2] 12월 31일   일반전표입력
   (차) 외화장기차입금(미국 K사)   1,500,000   (대) 외화환산이익   1,500,000
- 외화장기차입금 평가금액 : $30,000×1,150＝34,500,000원
- 외화환산이익 : 외화장기차입금 장부금액 － 외화장기차입금 평가금액
   36,000,000－34,500,000＝1,500,000원
[3] 결산자료입력에서
- 기말원재료 : 4,400,000원, 기말재공품 5,000,000원 기말제품 5,600,000원 입력 후 F3 전표추가

문제 6

[1] 700,000원
   매입매출장(조회기간 : 3월 1일~3월 31일) 구분 : 2.매출, 유형 : 22.현과
[2] 삼선상회, 20,800,000원
   거래처원장(기간 : 1월 1일~6월 30일) 계정과목 : 외상매출금, 대변 금액 비교
[3] 25,000원
   일계표(월계표)(조회기간 : 4월 1일~4월 30일) 5.판매비및일반관리비의 도서인쇄비의 차변 현금

제9회 실무시험 연습문제 해답

문제 1

[1] 거래처등록 일반거래처 탭・거래처코드 : 71171에 입력
- 거래처명 : ㈜천천상사,   • 유형 : 1.매출,
- 사업자등록번호 : 129-86-78690,   • 대표자 : 이부천
- 업태 : 도매,   • 종목 : 전자제품
- 주소 : 인천광역시 계양구 경명대로 1077 로얄프라자 201호(계산동)
[2] 거래처별초기이월   • 외상매출금 : ㈜목포전자 2,000,000원 추가입력
- 외상매입금 : 저팔계산업 1,200,000원 삭제 또는 0원으로 수정
- 받을어음 : ㈜대구전자 600,000원 → 300,000원으로 수정
[3] • 전기분원가명세서
   － 소모품비(530) 3,000,000원 → 5,000,000원으로 수정
   － 당기제품제조원가 305,180,000원 → 307,180,000원으로 변경 확인
- 전기분손익계산서
   － 소모품비(830) 10,000,000원 → 8,000,000원으로 수정
   － 당기제품제조원가 305,180,000원 → 307,180,000원으로 수정입력
   － 매출원가 332,530,000원 → 334,530,000원으로 변경 확인

– 당기순이익 144,970,000원 확인
- 전기분재무상태표 : 당기순이익은 변동이 없으므로 수정 불필요
- 전기분이익잉여금처분계산서 : 미처분이익잉여금 및 이월이익잉여금 변동 없으므로 수정 불필요

문제 2

[1] 7월 20일 일반전표입력

(차) 보통예금	29,000,000	(대) 매도가능증권(178.투자자산)	28,000,000
매도가능증권평가이익	4,000,000	매도가능증권처분이익	5,000,000

- 전기말 회계처리

(차) 매도가능증권(178)	4,000,000	(대) 매도가능증권평가이익	4,000,000

- 매도가능증권처분이익 : 처분가액 29,000,000 – 취득가액 24,000,000 = 5,000,000원

[2] 9월 26일 일반전표입력

(차) 수선비(제)	550,000	(대) 원재료	550,000
		(적요 8. 타계정으로 대체)	

[3] 11월 4일 일반전표입력

(차) 복리후생비(제)	20,000	(대) 현　금	20,000
또는 출금전표 복리후생비(제)	20,000		

[4] 11월 5일 일반전표입력

(차) 보통예금	500,000	(대) 대손충당금	500,000
		(109.외상매출금)	

[5] 11월 8일 일반전표입력

(차) 보통예금	10,300,000	(대) 미수금	10,300,000

[6] 11월 30일 일반전표입력

(차) 보통예금	2,300,000	(대) 외상매출금(ACE)	2,200,000
		외환차익	100,000

문제 3

[1] 10월 16일 매입매출전표입력

유형 : 54.불공, 공급가액 : 2,500,000, 부가세 : 250,000, 거래처 : ㈜한국마트, 전자 : 여, 분개 : 혼합,
불공제사유 : ②

(차) 가지급금(대표이사 신윤철)	2,750,000	(대) 미지급금(㈜한국마트)	2,750,000

[2] 10월 21일 매입매출전표입력

유형 : 11.과세, 공급가액 : 40,000,000, 부가세 : 4,000,000, 거래처 : ㈜송송유통, 전자 : 여, 분개 : 혼합

(차) 받을어음(지주상사)	10,000,000	(대) 제품매출	40,000,000
외상매출금(㈜송송유통)	34,000,000	부가세예수금	4,000,000

[3] 11월 2일 매입매출전표입력

유형 : 51.과세, 공급가액 : 3,000,000, 부가세 : 300,000, 거래처 : ㈜이에스텍, 전자 : 여, 분개 : 혼합

(차) 시설장치	3,000,000	(대) 미지급금(㈜이에스텍)	3,000,000
부가세대급금	300,000	현　금	300,000

[4] 11월 27일 매입매출전표입력

유형 : 54.불공, 공급가액 : 30,000,000, 부가세 : 3,000,000, 거래처 : ㈜철거, 전자 : 여, 분개 : 혼합,
불공사유 : ⑥

(차) 토　지	33,000,000	(대) 보통예금	15,000,000
		미지급금(㈜철거)	18,000,000

[5] 12월 1일 매입매출전표입력

유형 : 17.카과, 공급가액 : 2,400,000, 부가세 : 240,000, 거래처 : 권지우, 분개 : 혼합 또는 카드
신용카드사 : 국민카드
(차) 외상매출금(국민카드) 2,640,000 (대) 제품매출 2,400,000
부가세예수금 240,000

[6] 12월 20일 매입매출전표입력
유형 : 16.수출, 영세율구분 : ①직접수출, 공급가액 : 5,925,000, 거래처 : dongho, 분개 : 외상 또는 혼합
(차) 외상매출금(dongho) 5,925,000 (대) 제품매출 5,925,000

문제 4

[1] 8월 25일 일반전표입력
- 수정전 : (차) 세금과공과(판) 22,759,840 (대) 보통예금 22,759,840
- 수정후 : (차) 미지급세금 22,597,090 (대) 보통예금 22,759,840
   세금과공과(판) 162,750

[2] 10월 17일 일반전표 삭제 후 매입매출전표입력
- 수정전 : 일반전표입력
  (차) 상 품 2,200,000 (대) 보통예금 2,200,000
- 수정 후 : 매입매출전표입력
  유형 : 61.현과, 공급가액 : 2,000,000, 부가세 : 200,000, 거래처 : ㈜이플러스, 분개 : 혼합
  (차) 비 품 2,000,000 (대) 보통예금 2,200,000
    부가세대급금 200,000

문제 5

[1] 12월 31일 일반전표입력
(차) 외화환산손실 40,000 (대) 외상매입금(상하이) 40,000
[2] 12월 31일 일반전표입력
(차) 선급비용 1,950,000 (대) 보험료(제) 1,200,000
     보험료(판) 750,000
- 제조부문 : 2,400,000×6/12 = 1,200,000원
- 영업부문 : 1,500,000×6/12 = 750,000원
[3] 12월 31일 일반전표입력
(차) 가수금 2,550,000 (대) 외상매출금(㈜인천) 2,530,000
    잡이익 20,000

문제 6

[1] 3월 120,480,000원 − 2월 58,621,820원 = 61,858,180원
- 총계정원장(조회기간 : 1월 1일~3월 31일) 계정과목 : 제품매출(404) 조회
[2] 3,500,000원
부가가치세신고서(조회기간 : 1월 1일~3월 31일)
14. 그밖의 공제매입세액, 42. 신용카드매출수령금액 합계표 : 고정매입 금액
[3] 10,000,000원
거래처원장(조회기간 : 6월 1일~6월 30일) 계정과목 : 108.외상매출금, 거래처 : 한일상회 조회

제10회 실무시험 연습문제 해답

문제 1

[1] 기초정보관리 회사등록
- 사업자등록번호 : 134-68-81692 → 134-86-81692
- 사업장주소 : 경기도 화성시 송산면 봉가리 473-1 → 경기도 화성시 송산면 마도북로 40
- 업태 : 도소매 → 제조업
- 종목 : 자동차 → 자동차특장
- 개업연월일 : 2016년 5월 4일 → 2016년 5월 6일 입력

[2] 기초정보관리의 계정과목및적요등록
831. 수수료비용 : 현금적요No.8, 오픈마켓 결제대행 수수료

[3]
- 전기분원가명세서
  - 가스수도료 7,900,000원 → 8,450,000원으로 수정
  - 당기제품제조원가 553,935,000원 → 554,485,000원 변경 확인
- 전기분손익계산서
  - 제품매출원가 〉 당기제품제조원가 553,935,000원 → 554,485,000원으로 수정
  - 815.수도광열비 3,300,000원 → 2,750,000원으로 수정
  - 당기순이익 83,765,000원 → 83,765,000원 금액 확인
- 전기분잉여금처분계산서
  - 당기순이익 83,765,000원 확인
  - 미처분이익잉여금 합계액 121,665,000원 확인
- 전기분재무상태표
  - 이월이익잉여금 121,665,000원 확인
  - 대차 일치 여부 확인

문제 2

[1] 7월 30일 일반전표입력

(차) 보통예금	4,970,000	(대) 받을어음	5,000,000
매출채권처분손	30,000	(㈜)초코	

[2] 8월 10일 일반전표입력

(차) 예수금	270,000	(대) 현 금	540,000
세금과공과(제)	180,000		
세금과공과(판)	90,000		

또는 출금전표로 입력하여도 정답이다.

[3] 9월 26일 일반전표입력

(차) 보통예금	50,423,000	(대) 정기예금	50,000,000
선납세금	7,000	이자수익	500,000

[4] 10월 26일 일반전표입력

(차) 보통예금	60,000,000	(대) 자본금	50,000,000
		주식할인발행차금	1,000,000
		주식발행초과금	9,000,000

[5] 10월 29일 일반전표입력

(차) 원재료	50,000	(대) 현 금	50,000
또는 출금전표 원재료	50,000		

[6] 11월 8일 일반전표입력

(차) 건 물	15,000,000	(대) 보통예금	15,000,000

문제 3

[1] 9월 30일   매입매출전표입력
　　유형 : 57.카과, 공급가액 : 300,000, 부가세 : 30,000, 거래처 : ㈜다고쳐, 분개 : 카드 또는 혼합,
　　신용카드사 : 하나카드
　　(차) 수선비(제)　　　　　　　　　　300,000　　　　(대) 미지급금(하나카드)　　　　330,000
　　　　부가세대급금　　　　　　　　　 30,000

[2] 10월 11일   매입매출전표입력
　　유형 : 51.과세, 공급가액 : 6,000,000, 부가세 : 600,000, 거래처 : 아재자동차, 전자 : 여, 분개 : 혼합
　　(차) 차량운반구　　　　　　　　　6,000,000　　　　(대) 받을어음(㈜삼진)　　　　　3,300,000
　　　　부가세대급금　　　　　　　　　600,000　　　　　　미지급금(아재자동차)　　　 3,300,000

[3] 10월 15일   매입매출전표입력
　　유형 : 55.수입, 공급가액 : 5,000,000, 부가세 : 500,000, 거래처 : 인천세관, 전자 : 여, 분개 : 혼합
　　(차) 부가세대급금　　　　　　　　　500,000　　　　(대) 보통예금　　　　　　　　　 500,000

[4] 11월 4일   매입매출전표입력
　　유형 : 51.과세, 공급가액 : 1,600,000, 부가세 : 160,000, 거래처 : ㈜삼양안전, 전자 : 여, 분개 : 혼합
　　(차) 소모품　　　　　　　　　　　1,600,000　　　　(대) 미지급금　　　　　　　　　1,460,000
　　　　부가세대급금　　　　　　　　　160,000　　　　　　현　금　　　　　　　　　　　 300,000

[5] 11월 14일   매입매출전표입력
　　유형 : 11.과세, 공급가액 : 5,000,000, 부가세 : 500,000, 거래처 : 인천상사, 전자 : 여, 분개 : 혼합
　　(차) 미수금　　　　　　　　　　　5,000,000　　　　(대) 기계장치　　　　　　　　　50,000,000
　　　　현　금　　　　　　　　　　　　500,000　　　　　　부가세예수금　　　　　　　　 500,000
　　　　감가상각누계액(207)　　　　43,000,000
　　　　유형자산처분손실　　　　　　2,000,000

[6] 11월 22일   매입매출전표입력
　　유형 : 54.불공, 불공제사유 : ④, 공급가액 : 500,000, 부가세 : 50,000, 거래처 : 미래마트, 전자 : 여, 분개 : 혼합
　　(차) 기업업무추진비(판)　　　　　 550,000　　　　(대) 보통예금　　　　　　　　　　550,000

문제 4

[1] 7월 3일   일반전표입력
　　• 수정전 : (차) 기타의대손상각비　　10,000,000　　　(대) 미수금(㈜한성전자)　　 10,000,000
　　• 수정후 : (차) 대손충당금(121)　　　1,000,000　　　(대) 미수금(㈜성한전기)　　 10,000,000
　　　　　　　　기타의대손상각비　　　　9,000,000

[2] 11월 29일   일반전표입력
　　• 수정전 : (차) 단기매매증권　　　　1,010,000　　　(대) 현　금　　　　　　　　　 1,010,000
　　• 수정후 : (차) 단기매매증권　　　　1,000,000　　　(대) 현　금　　　　　　　　　 1,010,000
　　　　　　　　수수료비용(984)　　　　　10,000
　　※ 단기매매증권의 부대비용은 취득원가에 포함되지 않고, 영업외비용으로 처리해야 한다.

문제 5

[1] 12월 31일   일반전표입력
　　(차) 미수수익　　　　　　　　　　 300,000　　　　(대) 이자수익　　　　　　　　　　300,000
　　* 60,000,000×2%×3/12 = 300,000원

[2] 12월 31일   일반전표입력
   (차) 소모품비(판)   350,000   (대) 소모품   350,000
[3] 1. 12월 31일   일반전표입력
   (차) 대손상각비(835)   1,251,560   (대) 대손충당금(109)   1,251,560
   • 대손충당금(외상매출금) : 137,506,000원×1% − 123,500원 = 1,251,560원
  2. 또는 [결산자료입력] : F8대손상각 선택 후 대손율(%) 1% 입력, 외상매출금 외 채권의 대손충당금 설정액 0원 입력, 결산반영 후 F3 전표 추가

문제 6

[1] 300,000원
   • 매입매출장(조회기간 : 4월 1일~6월 30일) 구분 : 3.매입, 유형 : 54.불공, ⓪전체
   • 부가가치세신고서(조회기간 : 4월 1일~6월 30일) 공제받지못할매입세액
[2] 36매(4월~6월) − 33매(1월~3월) = 3매
   • 세금계산서합계표(조회기간 : 1월~3월, 조회기간 : 4월~6월)
[3] 40,000,000원
   • 계정별원장(기간 : 4월 1일~4월 30일) 계정과목 : 108.외상매출금 조회, 대변 합계금액 확인

제1회 실전모의고사 해답

이론시험

1. ④ (일반기업회계기준 문단 2.16) 재무제표는 재무상태표, 손익계산서, 현금흐름표, 자본변동표 및 주석으로 구분하여 작성하며, 다음의 사항을 각 재무제표의 명칭과 함께 기재한다.
   (1) 기업명   (2) 보고기간종료일 또는 회계기간   (3) 보고통화 및 금액단위
   – 회계기간은 손익계산서에 기재한다.

2. ② 현금성자산은 ㉠ 취득 당시 만기 3개월 이내 금융자산, ㉡ 이자율 변동에 따른 가치변동 위험이 없는 자산 두 가지 조건을 모두 충족해야 함으로, '배당금지급통지표'와 '타인발행 자기앞수표'만 현금 및 현금성자산에 해당된다. 따라서 배당금지급통지표 50,000원 + 타인발행 자기앞수표 100,000원 = 150,000원이 현금 및 현금성자산에 해당된다.

3. ③ 주식발행초과금은 자본잉여금이다.

4. ④ 일반기업회계기준 11.18, 무형자산을 창출하기 위한 내부 프로젝트를 연구단계와 개발단계로 구분할 수 없는 경우에는 그 프로젝트에서 발생한 지출은 모두 연구단계에서 발생한 것으로 본다.

5. ④ 2,400,000원,
   기초잔액 + 외상매입금 순매입액(외상매입금 총매입액 – 외상환출·에누리·할인) = 외상매입금 지급액 + 기말외상매입금
   X + 4,000,000원 = 5,000,000원 + 1,400,000원, ∴ X = 2,400,000원

6. ② 재고자산 외의 자산을 취득하면서 약속어음을 발행하는 경우, 비매입채무에 해당되기 때문에 약속어음의 발행은 '미지급금'으로 처리해야 한다. 또한 타인이 발행한 당좌수표는 '현금'으로 처리해야 하며, 계약금을 지급한 경우에는 '선급금'으로 처리해야 한다. 따라서 제시된 거래에 대한 회계처리는 다음과 같다.

(차) 투자부동산	7,000,000	(대) 선급금	700,000
		미지급금	3,150,000
		현　금	3,150,000

7. ④ 결의했던 현금배당을 지급하는 것은 (차변) 부채(미지급배당금)의 감소 (대변) 자산(현금)의 감소로 자본총계에 변동이 없다.

8. ① –50,000원 + 50,000원 = 0
   ㈜한강 당기 취득가액(200,000) – 공정가액(150,000) = 평가손실 50,000원 발생
   ㈜금강 당기 취득가액(150,000) – 공정가액(200,000) = 평가이익 50,000원 발생

9. ④ 준고정비에 대한 설명이다. 그래프로 표현하면 다음과 같다.

10. ② 단계배부법에 대한 설명이다.

11. ③

구분	종합원가계산	개별원가계산
원가집계	공정 및 부문별 집계	개별작업별 집계

12. ① 재료비 완성품환산량 : 1,700개 + 500개 = 2,200개
    가공비 완성품환산량 : 1,700개 + 500개 × 0.5 = 1,950개
13. ③ 〈재화의 간주공급〉 부가가치세법 제10조, 부가가치세법 시행령 제19조, 제20조
    면세사업에 전용하는 재화, 영업 외의 용도로 사용하는 개별소비세 과세대상 차량과 그 유지를 위한 재화, 판매 목적으로 다른 사업장에 반출하는 재화, 개인적 공급, 사업을 위한 증여, 폐업 시 남아있는 재화
14. ① 부가가치세법 제26조 제1항, 항공법에 따른 항공기에 의한 여객운송 용역은 과세대상이다.
15. ① 법인사업자와 직전년도 과세공급가액과 면세공급가액의 합계액이 8천만원 이상인 개인사업자는 전자세금계산서를 발급하여야 한다.

실무시험

문제 1

[1] 거래처등록 메뉴에 입력
[2] 거래처별초기이월
   단기대여금 ㈜대구 잔액을 4,540,000원에서 5,450,000원으로 수정
   선급금 ㈜천안 잔액을 8,500,000원에서 5,800,000원으로 수정
   단기차입금 ㈜부안 잔액을 13,500,000원에서 15,300,000원으로 수정
[3] • 전기분손익계산서 : 보험료(판) 5,600,000원을 4,500,000원으로 수정입력, 당기순이익 57,400,000원 확인
   • 전기분잉여금처분계산서 : 당기순이익 56,300,000원이 57,400,000원으로 불러오기(상단 F6) 하여 반영, 미처분이익잉여금 합계 133,600,000원 확인
   • 전기분재무상태표 : 선급비용 540,000원을 1,640,000원으로 수정입력,
     이월이익잉여금 132,500,000원을 133,600,000원으로 수정입력

문제 2

[1] 7월 19일 일반전표입력
   (차) 보통예금   22,000,000   (대) 외상매출금((주)대도상사)   22,000,000
[2] 8월 10일 일반전표 입력
   (차) 퇴직연금운용자산   9,800,000   (대) 보통예금   9,800,000
[3] 9월 25일 일반전표입력
   (차) 만기보유증권(투자자산) 20,100,000   (대) 당좌예금   20,000,000
                                                보통예금   100,000
[4] 10월 5일 일반전표 입력
   (차) 예수금   153,870   (대) 보통예금   153,870
[5] 11월 12일 일반전표입력
   (차) 보통예금   4,950,000   (대) 받을어음(㈜대전)   5,000,000
        매출채권처분손실   50,000
[6] 11월 15일 일반전표입력
   (차) 복리후생비(판)   1,000,000   (대) 제 품   1,000,000
                                               (적요 8. 타계정으로 대체액)

문제 3

[1] 7월 15일   매입매출전표 입력
    유형 : 11.과세, 공급가액 : 12,000,000, 부가세 : 1,200,000, 거래처 : 상원상사, 전자 : 여, 분개 : 혼합
    (차) 현   금   1,200,000   (대) 제품매출   12,000,000
         받을어음   12,000,000   부가세예수금   1,200,000

[2] 7월 25일   매입매출전표 입력
    유형 : 16.수출(영세율구분 : 1.), 공급가액 : 120,000,000, 부가세 : 0, 거래처 : 중국 라이라이, 분개 : 외상
    (차) 외상매출금   120,000,000   (대) 제품매출   120,000,000

[3] 8월 25일   매입매출전표입력
    유형 : 54.불공(사유 : ⑥), 공급가액 : 1,500,000, 부가세 : 150,000, 거래처 : 은희건축사사무소, 전자 : 여,
    분개 : 혼합
    (차) 토 지   1,650,000   (대) 보통예금   1,650,000

[4] 9월 5일   매입매출전표입력
    유형 : 61.현과, 공급가액 : 100,000, 부가세 : 10,000, 거래처 : 알뜰주유소, 분개 : 현금 또는 혼합
    (차) 차량유지비(판)   100,000   (대) 현   금   110,000
         부가세대급금   10,000

[5] 10월 2일   매입매출전표 입력
    유형 : 17.카과, 공급가액 : 1,500,000, 부가세 : 150,000, 거래처 : 약수나라, 분개 : 혼합(또는 카드)
    (차) 외상매출금(비씨카드)   1,650,000   (대) 제품매출   1,500,000
         또는 미수금   부가세예수금   150,000

[6] 11월 22일   매입매출전표 입력
    유형 : 52.영세, 공급가액 : 23,000,000, 부가세 : 0, 거래처 : ㈜부산, 전자 : 여, 분개 : 외상(혼합)
    (차) 원재료   23,000,000   (대) 외상매입금   23,000,000

문제 4

[1] 10월 24일   일반전표입력 삭제
    수정전 : (차) 소모품   55,000   (대) 현   금   55,000
    수정후 : 10월 24일   매입매출전표입력
            유형 : 61.현과, 공급가액 : 50,000, 세액 : 5,000, 거래처 : 해신컴퓨터, 분개 : 혼합(현금)
            (차) 소모품   50,000   (대) 현   금   55,000
                 부가세대급금   5,000

[2] 11월 29일   일반전표입력 수정(원천징수세액에 대해 '선납세금'으로 처리)
    수정전 : (차) 보통예금   846,000   (대) 이자수익   846,000
    수정후 : (차) 보통예금   846,000   (대) 이자수익   1,000,000
              선납세금   154,000
              대체전표 추가 입력도 정답으로 인정
            (차) 선납세금   154,000   (대) 이자수익   154,000

문제 5

[1] 12월 31일 일반전표입력
(차) 선수수익(㈜전주)   4,800,000   (대) 임대료(904)   4,800,000
임대료 : 7,200,000×(8개월÷12개월)=4,800,000원
수익은 기간경과분에 대해 월할로 구분하여 인식한다.

[2] 12월 31일 일반전표입력
(차) 외환환산손실   2,000,000   (대) 외상매출금(영국 브리티시)   2,000,000

[3] 결산자료입력 메뉴를 선택한 후 판매비와관리비란의 해당 칸에
건물 : 3,500,000원, 차량운반구 : 12,000,000원, 비품 : 3,300,000원을 입력한 후 전표추가

문제 6

[1] 21,000,000원(거래처원장에서 외상매출금 과목으로 조회)
[2] 월 : 3월 , 금액 : 9,700,000원(총계정원장에서 월별 탭, 조회기간 1월~6월로 조회)
[3] 87,000,000원 : 부가가치세신고서(기간 4월 1일 ~ 6월 30일 조회) 매출 영세율세금계산서

제2회 실전모의고사 해답

이론시험

1. ③ ① 손익계산서에 대한 설명이다.
       ② 현금흐름표에 대한 설명이다.
       ④ 자본변동표에 대한 설명이다.
2. ③ 감가상각비는 다른 자산의 제조와 관련된 경우 관련자산의 제조원가로 계상한다.(일반기업회계기준 제10장 문단10.40)
3. ② 단기매매증권을 취득할 때 발생하는 수수료는 지급수수료(영업외비용)로 처리되며,
       단기매매증권을 처분할 때 발생하는 수수료는 처분금액에서 직접 차감하여 처리한다.
4. ④ (기타비유동자산의 분류 항목 실2.41) 기타는 임차보증금, 장기선급비용, 장기선급금, 장기미수금 등을 포함한다. 이들 자산은 투자수익이 없고 다른 자산으로 분류하기 어려워 기타로 통합하여 표시한다. 다만 이들 항목이 중요한 경우에는 별도 표시한다.
    (무형자산 11.40) 무형자산은 사업상 비슷한 성격과 용도를 가진 종류별로 분류하여 표시한다. 다만, 재무제표 이용자에게 더 목적적합한 정보를 제공할 수 있다면 무형자산의 종류는 더 큰 단위로 통합하거나 더 작은 단위로 구분할 수 있다. 무형자산의 종류의 예는 다음과 같다.
    (1) 산업재산권(특허권, 실용신안권, 의장권, 상표권, 상호권 및 상품명 포함)
    (2) 라이선스와 프랜차이즈 (3) 저작권 (4) 컴퓨터소프트웨어 (5) 개발비(제조비법, 공식, 모델, 디자인 및 시작품 등의 개발) (6) 임차권리금 (7) 광업권, 어업권 등
5. ① - 재무상태표에 계상될 퇴직급여 충당부채는 20X1년 말 전 종업원이 일시에 퇴직할 경우 지급하여야 할 퇴직급여 추계액 4,000,000원이다.
       - 퇴직급여 = 기말 퇴직급여충당부채 - (기초 퇴직급여충당부채 - 퇴직금지급액)
                  = 4,000,000 - (2,000,000 - 1,000,000) = 3,000,000원
6. ④ 자기주식처분이익 : 자본잉여금
       단기매매증권처분이익, 단기매매증권평가이익, 매도가능증권처분이익 : 영업외수익

7. ② 매출총이익 : 475,000 − 180,000 = 295,000원
   순매출액 : 500,000 − 5,000 − 20,000 = 475,000원
   매출원가 : 100,000 + 200,000 − 5,000 − 5,000 − 110,000 = 180,000원
8. ④ 일반기업회계기준 14.5, 우발부채는 부채로 인식하지 아니한다. 의무를 이행하기 위해 자원이 유출될 가능성이 아주 낮지 않는 한, 우발부채를 주석에 기재한다.
9. ④ 기초제품의 계상 오류는 매출원가에 영향을 주는 것으로 당기제품제조원가에는 영향을 미치지 않는다.
10. ③ 제조원가는 직접원가와 제조간접비를 더한 것을 말한다.
11. ② 당기총제조원가 : 직접재료비 + 직접노무비 + 직접제조경비 + 제조간접비
    500,000 + 400,000 + 100,000 + 200,000 = 1,200,000원
12. ② 평균법에 의한 원가계산과 다르게 선입선출법에 의한 원가계산은 당기완성품을 전기착수분과 당기착수분을 구분하여 계산하기 때문에 복잡하지만 당기투입원가에 대한 당기완성품환산량으로 나누어 단위당 원가를 계산하기 때문에 평균법에 비해 정확하다.
13. ① 공급연월일은 임의적 기재사항 임.(부가가치세법 제32조)
14. ① 상품권 등을 현금으로 판매하고 그 후 그 상품권이 현물과 교환되는 경우의 공급시기는 재화가 실제로 인도되는 때이다.
15. ③ 재화 또는 용역의 공급과 직접 관련되지 아니하는 국고보조금과 공공보조금은 공급가액에 포함하지 아니한다.(부가가치세법 제29조)

실무시험

문제 1

[1] 전기분원가명세서 : 기업업무추진비 2,500,000원 추가입력, 당기제품제조원가 122,030,000원 확인
　　 전기분손익계산서 : 당기제품매출원가의 당기제품제조원가 수정 입력확인
　　　　　　　　　　당기순이익 33,320,000원 확인
　　 전기분잉여금처분계산서 : 당기순이익 불러오기 수정 후 미처분이익잉여금 48,320,000원 확인
　　 전기분재무상태표 : 이월이익잉여금(375.) 48,320,000원 입력(대차차액이 0원인 것을 확인)
[2] 거래처별 초기이월 수정
　　 외상매출금 ㈜한빛실업 13,500,000원을 18,000,000원으로 수정
　　　　　　　　오진기업 2,000,000원을 12,000,000원으로 수정
　　 외상매입금 지유기업 3,500,000원을 7,000,000원으로 수정
　　　　　　　　시원기업 7,000,000원을 3,500,000원으로 수정
[3] 기초정보관리의 계정과목및적요등록 메뉴에 입력

문제 2

[1] 8월 9일　일반전표 입력
　　 (차) 보통예금　　　　　　　　　50,760　　　(대) 이자수익　　　　　　　　60,000
　　　　 선납세금　　　　　　　　　 9,240
[2] 9월 7일　일반전표 입력
　　 (차) 교육훈련비(판)　　　　　1,000,000　　(대) 예수금　　　　　　　　　33,000
　　　　　　　　　　　　　　　　　　　　　　　　　　　보통예금　　　　　　　　967,000
[3] 10월 1일　일반전표 입력
　　 (차) 기부금　　　　　　　　　3,000,000　　(대) 보통예금　　　　　　　3,000,000

[4] 10월 20일　일반전표 입력
　　(차) 원재료(또는 미착품)　　2,300,000　　(대) 현　금　　2,300,000
[5] 10월 31일　일반전표 입력
　　(차) 기업업무추진비(판)　　171,000　　(대) 미지급금(비씨카드)　　171,000
　　　　　　　　　　　　　　　　　　　　또는 미지급비용
[6] 11월 17일　일반전표 입력
　　(차) 선급금(㈜광주)　　700,000　　(대) 당좌예금　　700,000

문제 3

[1] 7월 29일　매입매출전표 입력
　　유형 : 54.불공(사유 ③), 공급가액 : 20,000,000, 부가세 : 2,000,000, 거래처 : (주)울산자동차, 전자 : 여,
　　분개 : 혼합
　　(차) 차량운반구　　22,000,000　　(대) 미지급금　　22,000,000
[2] 8월 16일　매입매출전표 입력
　　유형 : 61.현과, 공급가액 : 2,000,000, 부가세 : 200,000, 거래처 : (주)순옥가구, 분개 : 현금
　　(차) 비　품　　2,000,000　　(대) 현　금　　2,200,000
　　　　부가세대급금　　200,000
[3] 9월 23일　매입매출전표 입력
　　유형 : 14.건별, 공급가액 : 80,000, 부가세 : 8,000, 거래처 : 황정숙, 분개 : 현금 또는 혼합
　　(차) 현　금　　88,000　　(대) 제품매출　　80,000
　　　　　　　　　　　　　　　　　부가세예수금　　8,000
[4] 10월 21일　매입매출전표 입력
　　유형 : 11과세, 공급가액 : 10,000,000, 부가세 1,000,000, 거래처 : 해피상사, 전자 : 여, 분개 : 혼합, 외상
　　(차) 외상매출금(해피상사)　　11,000,000　　(대) 제품매출　　10,000,000
　　　　　　　　　　　　　　　　　　　　　　　부가세예수금　　1,000,000
[5] 11월 9일　매입매출전표 입력
　　유형 : 51.과세, 공급가액 : 25,000,000, 부가세 : 2,500,000, 거래처 : ㈜천마, 전자 : 여, 분개 : 혼합
　　(차) 원재료　　25,000,000　　(대) 받을어음(㈜개포)　　10,000,000
　　　　부가세대급금　　2,500,000　　　　외상매입금(㈜천마)　　17,500,000
[6] 11월 17일　매입매출전표 입력
　　유형 : 16.수출(구분 : 1.직수출), 공급가액 : 4,600,000, 부가세 : 0, 거래처 : 엘에이상사, 분개 : 외상(혼합)
　　(차) 외상매출금　　4,600,000　　(대) 제품매출　　4,600,000

문제 4

[1] 9월 25일　일반전표입력
　　수정전 : (차) 세금과공과(판)　　9,749,000　　(대) 보통예금　　9,749,000
　　수정후 : (차) 미지급세금　　9,724,000　　(대) 보통예금　　9,749,000
　　　　　　　　세금과공과(판)　　25,000
　　6월30일자의 회계처리를 조회하여 9,724,000원을 미지급세금으로 수정하고, 가산세 25,000원은 세금과공
　　과로 회계처리 한다.

[2] 10월 5일   일반전표입력
　　수정전 : (차) 기업업무추진비(판)　　100,000　　(대) 현　금　　100,000
　　수정후 : (차) 복리후생비(제)　　100,000　　(대) 현　금　　100,000

문제 5

[1] 12월 31일   일반전표입력
　　(차) 장기차입금(우리은행)　　3,000,000　　(대) 유동성장기부채(우리은행)　　3,000,000
[2] 수동결산①. 자동결산② 중 선택
　　① 12월 31일   일반전표 입력
　　(차) 감가상각비(판)　　1,000,000　　(대) 감가상각누계액　　1,000,000
　　② 결산자료입력메뉴에 4.판매비와관리비 4).감가상각비>건물>결산반영금액란 1,000,000원 입력 후 전표추가
[3] 12월 31일 일반전표입력
　　(차) 대손상각비(판)　　1,524,900　　(대) 대손충당금(109)　　1,291,200
　　　　　　　　　　　　　　　　　　　　　　　대손충당금(111)　　233,700
　　외상매출금 : 589,120,000×1% – 4,600,000 = 1,291,200원
　　받을어음 : 75,370,000×1% – 520,000 = 233,700원
　　(또는 결산자료입력 메뉴 대손상각에 외상매출금 1,291,200원, 받을어음 233,700원을 입력 한 후 전표추가)

문제 6

[1] 부가가치세신고서 메뉴에서 4월 1일과 6월 30일 입력한 후
　　과세표준 : 345,000,000원, 납부세액 : 20,095,000원
[2] 850,000원(일계표 및 월계표에서 5월 한 달 기간으로 조회)
[3] 재무상태표 조회, 조회기간 : 3월, 유동자산합계 – 유동부채합계
　　982,776,347 – 425,845,347 = 556,931,000원

제3회 실전모의고사 해답

이론시험

1. ④　손익계정의 잔액을 자본계정(미처분이익잉여금 또는 미처리결손금)에 대체한다.
2. ①　일반기업회계기준 6.34, 옳은 설명이다.
　　② 단기매매증권, 매도가능증권은 원칙적으로 공정가치로 평가하고, 만기보유증권은 상각후원가로 평가한다.
　　③ 단기매매증권에 대한 미실현보유손익은 당기손익항목으로 처리하나, 매도가능증권에 대한 미실현보유이익은 기타포괄손익누계액으로 처리한다.
　　④ 만기가 확정된 채무증권으로서 상환금액이 확정되었거나 확정이 가능한 채무증권을 만기까지 보유할 적극적인 의도와 능력이 있는 경우에는 만기보유증권으로 분류한다.
3. ①　물가가 상승하는 경우에는 선입선출법이 매출원가를 가장 적게 계상하므로 매출총이익이 가장 크게 나타난다.

4. ④ 순매입액 = 총매입액 – 매입환출 및 에누리 – 매입할인 + 부대비용(운반비)
   1,500,000 – 100,000 – 100,000 + 100,000 = 1,400,000원
   매출원가 = 기초상품 + 당기순매입액 – 기말상품
   500,000 + 1,400,000 – 400,000 = 1,500,000원
5. ② 상표권, 저작권, 개발비, 광업권은 무형자산에 해당한다.(일반기업회계기준 문단11.40).
6. ③ 자본잉여금 : 감자차익, 주식발행초과금, 자기주식처분이익
   300,000원 + 500,000 + 300,000 = 1,100,000원
7. ③ 자산이 증가하면 이익이 증가하고, 자산이 감소하면 이익이 감소한다.
   부채가 증가하면 이익이 감소하고, 부채가 감소하면 이익이 증가한다.
   따라서 수정전 당기순이익 + 선급보험료 + 선수임대료 – 미수이자 = 수정후 당기순이익
   700,000 + 100,000 + 100,000 – 100,000 = 800,000원
8. ② 대손충당금 설정액 : 30,000,000 × 1% – 50,000 = 250,000원
9. ④ 제조활동 이외의 판매활동과 관리활동에서 발생하는 원가를 비제조원가라 한다.
10. ④ $80,000 \times \dfrac{20\%}{(30\% + 20\%)} = 32,000$원
11. ① 정상개별원가계산에 있어서 제조간접비는 '배부기준의 실제발생액 × 예정배부율'로 배부한다.
12. ③ 작업폐물이란 투입된 원재료로부터 발생하는 찌꺼기나 조각을 말하며, 판매가치가 상대적으로 작은 것을 말한다.
13. ① 기업업무추진비 및 이와 유사한 비용과 관련된 매입세액, 면세사업등에 관련된 매입세액, 사업과 직접 관련이 없는 지출과 관련된 매입세액은 공제하지 아니하는 매입세액에 해당한다.
14. ② 매출에누리는 과세표준에서 차감항목이고, 판매장려금은 과세표준에서 공제하지 않는 항목이다.
    과세표준 : 10,000,000 – 2,000,000 = 8,000,000원(부가가치세법 29④⑥)
    ∴ 8,000,000 × 10% = 800,000원
15. ③ 전단계세액공제법을 채택하고 있다.

실무시험

문제 1

[1] 계정과목 및 적요등록에서 811. 복리후생비 현금적요, 대체적요 입력
[2] 거래처별초기이월 메뉴
   1. 108.외상매출금 계정의 중급상사 잔액을 5,200,000원에서 3,200,000원으로 수정
   2. 108.외상매출금 계정의 고급상사 잔액을 1,300,000원에서 0원으로 수정 또는 삭제
   3. 251.외상매입금 계정의 하얀상사 잔액을 5,000,000원에서 10,000,000원으로 수정
[3] 1. 전기분 손익계산서에서 광고선전비 계정 3,000,000원을 추가입력 한다.
   2. 당기순이익의 변동액 39,123,000원 → 36,123,000원을 전기분 이익잉여금처분계산서에서 변동된 당기순이익(36,123,000원)을 확인하고, 미처분이익잉여금액 변동액 58,530,000원
       → 55,530,000원을 전기분 재무상태표의 이월이익잉여금으로 수정 입력한다.

문제 2

[1] 7월 7일 일반전표입력
    (차) 재해손실   32,500,000   (대) 제 품   32,500,000
                                           (적요 8.타계정으로 대체액 손익계산서 반영분)

[2] 7월 9일　일반전표입력
　　(차) 퇴직급여(판)　　　　　　6,760,000　　(대) 보통예금　　　　　　　13,520,000
　　　　퇴직급여(제)　　　　　　6,760,000
[3] 8월 1일　일반전표입력
　　(차) 받을어음(㈜형태)　　　10,000,000　　(대) 외상매출금(㈜형태)　　13,000,000
　　　　현　금　　　　　　　　　3,000,000
[4] 9월 20일　일반전표입력
　　(차) 보통예금　　　　　　　37,500,000　　(대) 외상매출금(Champ)　　36,000,000
　　　　　　　　　　　　　　　　　　　　　　　　외환차익　　　　　　　　1,500,000
[5] 10월 25일　일반전표입력
　　(차) 단기매매증권　　　　　　3,000,000　　(대) 보통예금　　　　　　　3,000,000
[6] 11월 22일　일반전표입력
　　(차) 보통예금　　　　　　　100,000,000　　(대) 자본금　　　　　　　　50,000,000
　　　　　　　　　　　　　　　　　　　　　　　　당좌예금　　　　　　　　1,000,000
　　　　　　　　　　　　　　　　　　　　　　　　주식발행초과금　　　　49,000,000

　　자본금 : 1주당 액면금액×발행주식수
　　5,000×10,000주＝50,000,000원
　　주식발행초과금＝발행금액(1주당 발행금액×발행주식수－주식발행비용)－자본금
　　(10,000×10,000주－1,000,000)－50,000,000＝49,000,000원

문제 3
[1] 7월 20일　매입매출전표 입력
　　유형 : 61.현과, 공급가액 : 30,000,000, 부가세 : 3,000,000, 거래처 : ㈜미래전자, 분개 : 혼합
　　(차) 원재료　　　　　　　　30,000,000　　(대) 보통예금　　　　　　　33,000,000
　　　　부가세대급금　　　　　　3,000,000
[2] 7월 21일　매입매출전표 입력
　　유형 : 51과세, 공급가액 : 50,000,000, 부가세 : 5,000,000, 거래처 : (주)코리아테크, 전자 : 여, 분개 : 혼합
　　(차) 원재료　　　　　　　　50,000,000　　(대) 선급금((주)코리아테크)　5,000,000
　　　　부가세대급금　　　　　　5,000,000　　　　당좌예금　　　　　　　50,000,000
[3] 9월 15일　매입매출전표 입력
　　유형 : 11.과세, 공급가액 : 1,100,000,　부가세 : 110,000, 거래처 : (주)중고유통, 전자 : 여, 분개 : 혼합
　　(차) 감가상각누계액　　　　　2,150,000　　(대) 비　품　　　　　　　　3,500,000
　　　　현　금　　　　　　　　　　600,000　　　　부가세예수금　　　　　　110,000
　　　　미수금　　　　　　　　　　610,000
　　　　유형자산처분손실　　　　　250,000
[4] 9월 23일　매입매출전표입력
　　유형 : 11.과세, 공급가액 : 10,000,000, 부가세 : 1,000,000, 거래처 : 우송유통, 전자 : 여, 분개 : 혼합
　　(차) 받을어음(비엘상사)　　　5,000,000　　(대) 제품매출　　　　　　　10,000,000
　　　　외상매출금(우송유통)　　6,000,000　　　　부가세예수금　　　　　　1,000,000

[5] 10월 15일　매입매출전표 입력
　　유형 : 57.카과, 공급가액 : 1,000,000, 부가세 : 100,000, 거래처 : ㈜다고쳐정비소, 분개 : 혼합 또는 카드
　　(차) 차량유지비(제)　　　　　1,000,000　　(대) 미지급금(현대카드)　　　1,100,000
　　　　부가세대급금　　　　　　　 100,000　　　　또는 미지급비용
[6] 11월 20일　매입매출전표 입력
　　유형 : 12.영세(구분 : 3.), 공급가액 : 11,000,000, 부가세 : 0, 거래처 : ㈜안성, 전자 : 여, 분개 : 외상
　　(차) 외상매출금(㈜안성)　　　11,000,000　　(대) 제품매출　　　　　　　11,000,000

문제 4

[1] 7월 31일　일반전표입력
　　수정전 : (차) 대손충당금(109)　　2,200,000　　(대) 외상매출금(㈜반도전자)　2,200,000
　　수정후 : (차) 대손충당금(109)　　　950,000　　(대) 외상매출금(㈜반도전자)　2,200,000
　　　　　　　　대손상각비(판)　　1,250,000
[2] 8월 22일　일반전표입력
　　수정전 : (차) 세금과공과(판)　　　500,000　　(대) 현　금　　　　　　　　500,000
　　수정후 : (차) 차량운반구　　　　　500,000　　(대) 현　금　　　　　　　　500,000

문제 5

[1] 12월 31일　일반전표입력
　　(차) 선급비용　　　　　　　3,000,000　　(대) 보험료(판)　　　　　　3,000,000
[2] 다음 ①,② 중 선택하여 입력
　　① 결산자료 입력 메뉴에서 입력 후 전표추가
　　　　생산부 – 노무비 – 퇴직급여 : 10,000,000원, 영업부 – 판매비와관리비 – 퇴직급여 : 9,000,000원
　　② 12월 31일　일반전표입력
　　(차) 퇴직급여(제)　　　　10,000,000　　(대) 퇴직급여충당부채　　　19,000,000
　　　　퇴직급여(판)　　　　 9,000,000
　　퇴직급여충당부채는 보고기간말 현재 전종업원이 일시에 퇴직할 경우 지급하여야 할 퇴직금에 상당하는 금액
　　으로 한다. (일반기업회계기준 21.8)
　　퇴직급여(제) : 22,000,000 – (20,000,000 – 8,000,000) = 10,000,000원
　　퇴직급여(판) : 19,000,000 – (17,000,000 – 7,000,000) = 9,000,000원
[3] 결산자료입력 메뉴를 선택한 후 제품매출원가란의 감가상각비 해당 칸에 각각
　　건물 : 8,500,000원,　기계장치 : 3,700,000원,　차량운반구 : 1,200,000원을 입력한 후 전표추가

문제 6

[1] 5월 총계정원장 조회(월별 탭, 조회기간 : 1월 ~ 6월) 〉 813.기업업무추진비 조회
[2] 거래처원장 조회기간 : 5월1일부터 5월31일, 계정과목 : 251.외상매입금 조회
　　우송유통의 차변 금액을 조회　18,753,000원
[3] 8매, 34,000,000원(세금계산서합계표 4~6월 조회 매출 탭 – 전체데이터 탭을 선택)

제4회 실전모의고사 해답

이론시험

1. ③ 거래식별→분개→전기→수정전시산표→기말수정분개→수정후시산표→수익·비용계정 마감→집합손익계정의 마감→자산·부채·자본계정 마감→재무제표 작성
2. ① 단기매매증권의 취득 시 발생한 부대비용은 영업외비용으로 처리한다.
3. ④ 일반기업회계기준 제6장 금융자산·금융부채, 대손충당금, 문단 6.17의 2
   상거래에서 발생한 매출채권에 대한 대손상각비는 판매비와 관리비로 처리하고, 기타 채권에서 발생한 대손상각비는 영업외비용으로 처리한다.
4. ③ 자산(현금)증가, 수익(매출)발생
5. ① 유효이자율법 적용 시 사채할증발행차금 상각액, 사채할인발행차금 상각액 모두 매년 증가한다.
6. ③ 대손충당금은 수취채권의 차감계정 성격이다.
7. ② 이익준비금 최소 적립액은 현금배당액의 10% : 10,000,000×10%×10% = 100,000원
8. ③ 상품권매출수익은 상품권을 판매 시 선수금 등으로 처리한 후, 상품권을 회수할 때(물품 등을 제공하거나 판매한 때)를 수익인식시기로 한다.
9. ④ ① 가공원가에도 포함된다.(가공원가 = 직접노무비 + 제조간접비)
   ② 직접재료비는 기초원가에 해당되고 가공원가에는 해당되지 않는다.(기초원가 = 직접재료비 + 직접노무비)
   ③ 매몰원가는 의사결정과정에 영향을 미치지 않는 원가를 말한다.
10. ② 기초제품재고액(250,000) + 당기제품제조원가 = 기말제품재고액(120,000) + 매출원가(840,000)
    ∴ 당기 제품제조원가 = 710,000원
11. ① 상호배부법은 보조부문의 용역수수관계까지 고려한 가장 정확하고 복잡한 방법이지만 어떤 방법을 선택해도 순이익은 동일한 것이다.
12. ④ 종합원가계산은 완성품환산량을 기준으로 원가를 완성품과 기말재공품에 배부하며, 개별원가계산은 작업원가표에 의해 원가를 배부한다.
13. ② 부가가치세는 전단계세액공제법을 채택하고 있다.
14. ② 부가가치세법 제10조 재화공급의 특례, 현물출자는 재화의 실질공급에 해당된다.
15. ① 상가에 부수되는 토지의 임대

실무시험

문제 1

[1] 전기분재무상태표 : 원재료 7,000,000원을 9,500,000원으로 수정 입력
전기분원가명세서 : 당기제품제조원가 확인(158,501,000원)
전기분손익계산서 : 당기제품매출원가의 당기제품제조원가 수정 입력(158,501,000원)
전기분잉여금처분계산서 : 당기순이익 수정 입력(47,874,000원)
전기분재무상태표 : 이월이익잉여금 수정 입력(49,074,000원)

[2] • 단기대여금 : ㈜세움상사 500,000원에서 5,000,000원 으로 수정
　　　　　　　　㈜사랑상사 4,800,000원 추가입력
　• 외상매입금 : ㈜미래엔상사 4,300,000원에서 2,500,000원 으로 수정
　　　　　　　　㈜아이필 2,500,000원에서 4,300,000원 으로 수정

[3] 거래처등록 메뉴에서 등록

문제 2

[1] 7월 14일 일반전표 입력

(차) 단기매매증권	3,500,000	(대) 보통예금	3,505,000
수수료비용(984)	5,000		

[2] 7월 31일 일반전표입력

(차) 대손충당금(109)	2,700,000	(대) 외상매출금((주)금호전자)	2,700,000

[3] 9월 11일 일반전표입력

(차) 보통예금	4,400,000	(대) 장기차입금(홋카이상사)	4,400,000

차입당시 환율 ￥400,000×1,100원÷100 = 4,400,000원

[4] 9월 25일 일반전표입력

(차) 토 지	1,000,000	(대) 자본금	500,000
		주식발행초과금	500,000

[5] 10월 2일 일반전표입력

(차) 받을어음((주)평화산업)	10,000,000	(대) 외상매출금(동아전자)	15,000,000
현 금	5,000,000		

[6] 11월 14일 일반전표입력

(차) 복리후생비(판)	2,500,000	(대) 미지급금(신한카드)	2,500,000

문제 3

[1] 8월 1일 매입매출전표입력

유형 : 11.과세, 공급가액 : 15,000,000, 부가세 : 1,500,000, 거래처 : ㈜진영상사, 전자 : 여, 분개 : 혼합

(차) 현 금	2,200,000	(대) 제품매출	15,000,000
외상매출금	14,300,000	부가세예수금	1,500,000

[2] 8월 20일 매입매출전표입력

유형 : 51.과세, 공급가액 : 19,000,000, 부가세 : 1,900,000, 거래처 : ㈜기현자동차, 전자 : 여, 분개 : 혼합

(차) 차량운반구	19,000,000	(대) 미지급금	20,900,000
부가세대급금	1,900,000		

[3] 10월10일 매입매출전표입력

유형 : 54.불공(사유 : ⑥), 공급가액 : 1,000,000, 부가세 : 100,000, 거래처 : ㈜방배, 전자 : 여, 분개 : 혼합

(차) 토 지	1,100,000	(대) 당좌예금	1,100,000

* 문제에서 제공된 단서에서 '공장 신축을 위해'와 '건물은 철거예정'에 의하면 건물이 있는 토지의 취득이 토지만을 사용할 목적임을 파악할 수 있다. 이 경우 건물 취득 비용은 토지의 자본적 지출로 보아 토지의 취득원가로 회계처리 하여야 한다. 그리고 토지 관련 매입세액은 부가가치세법상 매입세액 불공제로 처리된다. 또한 전자세금계산서 수취분에 대해서만 분개를 요구하였으므로 토지 10,000,000원에 대한 분개는 생략한다. 만일 분개를 한다면 일반전표입력으로 다음과 같다

(차) 토 지	10,000,000	(대) 당좌예금	10,000,000

[4] 10월 18일 매입매출전표입력

유형 : 61.현과, 공급가액 : 50,000, 부가세 : 5,000, 거래처 : ㈜슬라임, 분개 : 현금 또는 혼합

(차) 소모품	50,000	(대) 현 금	55,000
부가세대급금	5,000		

[5] 11월 2일 매입매출전표입력

유형 : 12.영세(영세율구분 : 3.), 공급가액 : 22,000,000, 부가세 : 0, 거래처 : (주)정연, 전자 : 여, 분개 : 혼합

(차) 선수금	3,000,000	(대) 제품매출	22,000,000
외상매출금	19,000,000		

[6] 11월 28일 매입매출전표입력
  유형 : 54.불공(사유 : ④), 공급가액 : 300,000, 부가세 : 30,000, 거래처 : ㈜동양마트, 전자 : 여, 분개 : 혼합
  (차) 기업업무추진비(813.)   330,000   (대) 현 금   330,000

문제 4

[1] 11월 10일 매입매출전표입력(58.매입카면을 57.매입카과로 수정)
  수정전 : 유형 : 58.카면, 거래처 : ㈜오일정유, 공급가액 : 330,000, 분개 : 카드
    (차) 차량유지비(제)   330,000   (대) 미지급금(축협카드)   330,000
  수정후 : 유형 : 57.카과, 거래처 : ㈜오일정유, 공급가액 : 300,000, 부가세 : 30,000, 분개 : 카드
    (차) 차량유지비(제)   300,000   (대) 미지급금(축협카드)   330,000
       부가세대급금   30,000

[2] 11월 23일 일반전표입력
  수정전 : (차)퇴직급여(판매관리비) 1,500,000   (대) 보통예금   1,500,000
  수정후 : (차)퇴직연금운용자산   1,500,000   (대) 보통예금   1,500,000

문제 5

[1] ① 자동결산
    1) 결산자료입력 중 감가상각비 입력란에 기계장치(제) 2,000,000원, 비품(판) 450,000원 입력
    2) 무형자산상각비 입력란에 개발비 300,000원 입력 후 전표추가
  ② 수동결산 12월 31일 일반전표입력
    (차) 감가상각비(제)   2,000,000   (대) 감가상각누계액(207)   2,000,000
    (차) 감가상각비(판)   450,000   (대) 감가상각누계액(213)   450,000
    (차) 무형자산상각비   300,000   (대) 개발비   300,000

[2] 12월 31일 일반전표입력(수동결산)
  (차) 법인세등   12,500,000   (대) 선납세금   6,000,000
                                     미지급세금   6,500,000
  또는 결산자료입력에서 법인세등란의 해당 칸에 각각 다음의 금액을 입력한 후 전표추가
  1) 선납세금 : 6,000,000원, 2) 추가계상액 : 6,500,000원

[3] 12월 31일 일반전표입력(수동결산)
  (차) 대손충당금(109)   394,000   (대) 대손충당금환입   394,000
  (차) 대손충당금(111)   120,000   (대) 대손충당금환입   120,000
  매출채권×대손설정률 – 기말 대손충당금 잔액 = 당기 설정 대손충당금
  (잔액이 △인 경우 대손충당금환입으로 처리한다.)
  외상매출금 : 330,600,000×1% – 3,700,000 = △394,000원
  받을어음 : 138,000,000×1% – 1,500,000 = △120,000원

문제 6

[1] 공급대가 : 13,200,000원
  장부관리 매입매출장 메뉴에서 4월 1일과 6월 30일 입력한 후 구분 2.매출 유형 17.카과를 선택
[2] 2,400,000원
  부가세신고서(조회기간 : 04.01~06.30) 14.그밖의공제매입세액→신용카드매출수령금액합계표→42.고정매입
[3] 재무상태표(6월) 조회 : 차량운반구 – 감가상각누계액(차량운반구)
  110,000,000 – 25,000,000 = 85,000,000원

제5회 실전모의고사 해답

이론시험

1. ③ 중요한 항목은 재무제표의 본문이나 주석에 그 내용을 가장 잘 나타낼 수 있도록 구분표시하며, 중요하지 않는 항목은 성격이나 기능이 유사한 항목과 통합하여 표시할 수 있다.
2. ① 제조기업의 재무제표 작성 시, 제조원가명세서에서 당기제품제조원가를 산출하여야 손익계산서의 매출원가를 구할 수 있다. 이에 따라 당기순손익이 결정되면 이익잉여금처분계산서 상의 미처분이익잉여금이 결정되고, 최종적으로 재무상태표가 작성된다.
3. ① 후입선출법은 실제물량 흐름과 일치하지 않는 평가방법이다.
4. ④ 보기 가와 마 : 연구단계, 보기 나 : 개발단계 : 일반기업회계기준 11.19 – 프로젝트의 연구단계에서는 미래경제적효익을 창출할 무형자산이 존재한다는 것을 입증할 수 없기 때문에 연구단계에서 발생한 지출은 무형자산으로 인식할 수 없고 발생한 기간의 비용으로 인식한다.(실11.13, 실11.4)
   보기 다 : 자산으로부터의 효익이 여러 회계기간에 걸쳐 기대되는 경우 체계적이고 합리적인 배분절차에 따라 각 회계기간에 배분하는 과정을 거쳐 인식한다.(재무회계개념체계 문단 145의 다)
5. ③ 기타포괄손익누계액은 자산을 공정가치로 평가할 때 발생하는 미실현손익의 성격을 가진 항목으로 손익계산서의 당기순이익에 반영되지 않고, 재무상태표에 반영된다.
6. ② 기타포괄손익누계액은 보고기간종료일 현재의 매도가능증권평가손익, 해외사업환산손익, 현금흐름위험회피파생상품평가손익 등의 잔액이다.(일반기업회계기준 2.32)
7. ③ 수익과 비용은 총액으로 기재함을 원칙으로 한다.
8. ④ 순매입액 = 총매입액 + 매입시 운반비
   1,500,000 + 50,000 = 1,550,000원
   상품매출원가 = 기초상품재고액 + 순매입액 – 기말재고액
   30,000 + 1,550,000 – 10,000 = 1,570,000원
9. ④ 당기말 미지급급여가 전기말 미지급급여보다 작을 경우 당기발생액은 당기지급액보다 작아진다.

급 여			
당기지급액	300	전기말미지급	150
당기말미지급	100	당기발생액	250

10. ① 당기총제조원가 = 당기 원재료비 + 당기 직접노무비 + 제조간접비
    (2,500,000 – 200,000) + 1,200,000 + 1,800,000 = 5,300,000원
11. ② ①,③,④는 개별원가계산에 대한 설명이다.
12. ④ 보조부문 상호간의 용역수수를 완전히 고려하는 방법은 상호배부법이다.
13. ③ 월합계세금계산서는 예외적으로 재화 또는 용역의 공급일이 속하는 달의 다음 달 10일까지 세금계산서를 발급할 수 있다.
14. ② 조기환급은 15일 이내에, 일반환급은 30일 이내에 한다.(부가가치세법 제59조, 시행령 제107조)
15. ④ 2024년 2기 확정신고 1,000,000원
    (부도 발생일로부터 6개월이 경과한 날이 속하는 과세기간의 확정신고기간의 매출세액에서 공제함)

실무시험

문제 1

[1] 1. 전기분 원가명세서 : 수선비 3,300,000원에서 2,850,000원으로 수정입력, 당기 제품제조원가 변경확인
　　 2. 전기분 손익계산서 : 수선비 3,200,000원에서 3,650,000원으로 수정입력,
　　　　 당기 제품제조원가 292,409,000원에서 291,959,000으로 수정입력
　　 3. 전기분 이익잉여금처분계산서 및 전기분 재무상태표는 변동 없음
[2] 거래처등록 메뉴의 신용카드 탭에 추가 입력
[3] 계정과목 및 적요등록에서 코드 506번 제수당의 대체적요에 '6.자격수당 지급'과 '7.직책수당 지급' 입력

문제 2

[1] 7월 2일　일반전표입력
　　(차) 외상매입금(㈜마진상사)　　15,000,000　　(대) 지급어음(㈜마진상사)　　7,500,000
　　　　　　　　　　　　　　　　　　　　　　　　　　 채무면제이익　　　　　　7,500,000

[2] 10월 01일　일반전표입력
　　(차) 이월이익잉여금　　　　　　80,000　　(대) 미지급배당금　　　　　　　80,000
　　　　 또는 미처분이익잉여금, 중간배당금

[3] 11월 12일　일반전표입력
　　(차) 세금과공과(판)　　　　　　250,000　　(대) 현　금　　　　　　　　　750,000
　　　　 기부금　　　　　　　　　　500,000

[4] 11월 28일　일반전표입력
　　(차) 보통예금　　　　　　　　21,400,000　　(대) 외상매출금(미국 Ace Co.)　22,000,000
　　　　 외환차손　　　　　　　　　600,000
　　외환차손 : $20,000×(1,070원/$ - 1,100원/$) = -600,000원

[5] 12월 2일　일반전표입력
　　(차) 여비교통비(판)　　　　　　475,000　　(대) 가지급금(김부장)　　　　500,000
　　　　 현　금　　　　　　　　　　25,000

[6] 12월 8일　일반전표입력
　　(차) 보통예금　　　　　　　　12,000,000　　(대) 자기주식　　　　　　　13,250,000
　　　　 자기주식처분이익　　　　　250,000
　　　　 자기주식처분손실　　　　　1,000,000

문제 3

[1] 8월 17일　매입매출전표입력
　　유형 : 11.과세, 공급가액 : 9,000,000, 부가세 : 900,000, 거래처 : ㈜천마, 전자 : 여, 분개 : 혼합
　　(차) 현　금　　　　　　　　　　4,450,000　　(대) 제품매출　　　　　　　　9,000,000
　　　　 외상매출금　　　　　　　　4,450,000　　　　부가세예수금　　　　　　900,000
　　　　 선수금　　　　　　　　　　1,000,000

[2] 8월 20일　매입매출전표입력
　　유형 : 51.과세, 공급가액 : 2,000,000, 부가세 : 200,000, 거래처 : ㈜한국테크, 전자 : 여, 분개 : 혼합
　　(차) 원재료　　　　　　　　　　2,000,000　　(대) 지급어음((주)한국테크)　1,500,000
　　　　 부가세대급금　　　　　　　200,000　　　　　현　금　　　　　　　　　700,000

[3] 9월 3일   매입매출전표입력
　　유형 : 11.과세, 공급가액 : 300,000, 부가세 : 30,000, 거래처 : 최지유, 전자 : 여, 분개 : 현금 또는 혼합
　　(차) 현　금　　　　　　　　　　330,000　　(대) 제품매출　　　　　　　　　300,000
　　　　　　　　　　　　　　　　　　　　　　　　부가세예수금　　　　　　　 30,000
[4] 10월 1일   매입매출전표입력
　　유형 : 52.영세, 공급가액 : 30,000,000, 부가세 : 0, 거래처 : ㈜봄날, 전자 : 여, 분개 : 혼합
　　(차) 원재료　　　　　　　　 30,000,000　　(대) 받을어음(㈜운천)　　　 13,000,000
　　　　　　　　　　　　　　　　　　　　　　　　지급어음(㈜봄날)　　　　 17,000,000
[5] 10월 9일   매입매출전표입력
　　유형 : 62.현면, 공급가액 : 300,000, 거래처 : ㈜교보문고, 분개 : 현금
　　(차) 도서인쇄비(판)　　　　　　300,000　　(대) 현　금　　　　　　　　　300,000
　　　　또는 교육훈련비(판)
[6] 10월 20일   매입매출전표입력
　　유형 : 11.과세, 공급가액 : -100,000, 부가세 : -10,000, 거래처 : ㈜경원, 전자 : 여, 분개 : 혼합(외상)
　　(차) 외상매출금　　　　　　　-110,000　　(대) 제품매출　　　　　　　 -100,000
　　　　　　　　　　　　　　　　　　　　　　　　부가세예수금　　　　　　　-10,000

문제 4

[1] 8월 10일 매입매출전표입력(하단 분개 수정)
　　수정전 : (차) 건　물　　　　　　400,000　　(대) 현　금　　　　　　　　　440,000
　　　　　　　　부가세대급금　　　 40,000
　　수정후 : (차) 수선비(제)　　　　400,000　　(대) 현　금　　　　　　　　　440,000
　　　　　　　　부가세대급금　　　 40,000
[2] 12월 30일 일반전표입력(분개 추가)
　　(차) 원재료(또는 미착품)　　 20,000,000　　(대) 외상매입금(AmaZon)　　 20,000,000

문제 5

[1] 12월 31일   일반전표입력
　　(차) 장기차입금(국일은행)　 25,000,000　　(대) 유동성장기부채(국일은행) 25,000,000
[2] 12월 31일   일반전표입력
　　(차) 선급비용　　　　　　　 12,000,000　　(대) 임차료(판)　　　　　　 12,000,000
　　18,000,000원×4/12=6,000,000원 (당기분 임차료)
　　당기분 임차료만 비용처리하고 나머지는 선급비용으로 자산처리하여야 한다.
[3] 12월 31일   일반전표입력
　　(차) 현금과부족　　　　　　　 370,000　　(대) 잡이익　　　　　　　　　 370,000
　　재무상태표의 현금과부족 잔액 확인 : 대변 370,000원

문제 6

[1] 부가가치세 신고서(1월~3월) 조회
　　공제받지 못할 매입세액 : 800,000원
[2] 현금출납장에서 1월~3월 기간으로 조회하여 출금란 누계액을 조회 : 70,527,200원
[3] 결산/재무제표 메뉴의 재무상태표를 선택한 후 조회기간 6월을 입력
　　2024년 당좌자산 786,213,400원-2023년 당좌자산 446,000,000원=340,213,400원

제106회 기출문제연습 해답

이론시험

1. ① 유형자산을 역사적 원가로 평가하면 일반적으로 검증가능성이 높으므로 측정의 신뢰성은 제고되나 목적적합성은 저하될 수 있다.[일반기업회계기준 재무회계개념체계 문단 52]
2. ④ 손익계산서는 일정 기간 동안 기업의 경영성과에 대한 정보를 제공하는 보고서이다. 손익계산서는 당해 회계기간의 경영성과를 나타낼 뿐만 아니라 기업의 미래현금흐름과 수익창출능력 등의 예측에 유용한 정보를 제공한다. [일반기업회계기준 문단 2.44]
3. ② 새로운 상품과 서비스를 제공하는데 소요되는 원가는 취득원가에 포함하지 않는다.
4. ③ 만기보유증권은 채권에만 적용되며, 매도가능증권은 주식과 채권에 적용이 가능하다.
5. ① 감자차익은 자본잉여금에 속한다.
   - 주식할인발행차금, 자기주식, 자기주식처분손실은 자본조정에 속한다.
6. ④ 재화의 판매, 용역의 제공, 이자, 배당금, 로열티로 분류할 수 없는 기타의 수익은 다음 조건을 모두 충족할 때 발생기준에 따라 합리적인 방법으로 인식한다.[일반기업회계기준서 문단 16.17]
   (1) 수익가득과정이 완료되었거나 실질적으로 거의 완료되었다.
   (2) 수익금액을 신뢰성 있게 측정할 수 있다.
   (3) 경제적 효익의 유입 가능성이 매우 높다.
7. ④ 500,000 + 7,250,000 – 300,000 – 1,500,000 = 5,950,000원
   - 매출원가 = 기초상품재고액 + 당기순매입액 – 타계정대체금액 – 기말상품재고액
   - 순매입액 = 총매입액 – 매입에누리금액(8,000,000 – 750,000 = 7,250,000원)

   상품(자산) (단위 : 원)

기초상품재고액	500,000	매출원가	5,950,000
총매입액	8,000,000	타계정대체금액	300,000
매입에누리금액 (증가)	(750,000)	기말상품재고액 (감소)	1,500,000
	7,750,000		7,750,000

8. ① 자산 과소계상 및 수익 과소계상
   - 다음과 같은 회계처리가 누락되어 자산(외상매출금)과 수익(상품매출)이 과소계상된다.
     (차) 외상매출금　　　xxx　　(대) 상품매출　　　xxx
9. ① 자료에서 설명하는 원가는 준변동원가로, 기본요금 및 사용량에 따른 요금이 부과되는 전화요금이 이에 해당한다.
   - 변동원가 : 직접재료원가, 직접노무원가
   - 고정원가 : 감가상각비, 화재보험료 등
   - 준변동원가 : 전력비, 전화요금, 가스요금 등
   - 준고정원가 : 생산관리자의 급여, 생산량에 따른 설비자산의 임차료 등
10. ① 단일 종류의 제품을 연속생산, 대량생산하는 업종에 적합한 원가계산 방법은 종합원가계산이다. 개별원가계산은 다품종 소량생산, 주문생산하는 업종에 적합하다.
11. ③ 150개 = 200개 – 50개
    - 영업외비용 처리 대상 공손수량 = 총공손수량 – 정상공손수량
    - 당기 완성품 수량 = 기초재공품 + 당기착수량 – 기말재공품 – 공손수량
      400개 + 1,000개 – 200개 – 200개 = 1,000개

- 정상공손수량 : 당기 완성품 수량×5%(1,000개×5% = 50개)
- 영업외비용으로 처리할 공손은 비정상공손을 말한다.

12. ④ 180,000 + 320,000 + 250,000 = 750,000원
    - 총제조원가 = 직접재료원가 + 직접노무원가 + 제조간접원가
    - 제조간접원가 : 공장 전력비 50,000원 + 공장 임차료 200,000원 = 250,000원
13. ④ 다음의 거래에 대하여 부가가치세를 과세한다.
    (1) 사업자가 행하는 재화 또는 용역의 공급, (2) 재화의 수입
14. ② 사업자는 사업자등록의 신청을 사업장 관할 세무서장이 아닌 다른 세무서장에게도 할 수 있다. 이 경우 사업장 관할 세무서장에게 사업자등록을 신청한 것으로 본다.(부가가치세법 제8조 제2항)
15. ④ 간이과세자의 경우 매입세금계산서 등 수취세액공제 및 신용카드매출전표 등 발행세액공제에 따른 금액의 합계액이 각 과세기간의 납부세액을 초과하는 경우에는 그 초과하는 부분은 없는 것으로 본다.(부가가치세법 제63조 제5항) 즉, 간이과세자는 매입세금계산서 등 수취세액공제와 신용카드매출전표 등 발행세액공제에 따른 환급은 받을 수 없다.

실무시험

문제 1

[1] 계정과목및적요등록 511.복리후생비 계정에서 입력
- 현금적요 적요 NO9. 생산직원 독감 예방접종비 지급
- 대체적요 적요 NO3. 직원 휴가비 보통예금 인출

[2] 거래처등록 메뉴의 일반거래처에 입력
- 거래처코드 : 00450, • 거래처명 : ㈜대박, • 유형 : 3.동시, • 사업자등록번호 : 403-81-51065,
- 대표자 : 박대박, • 업태 : 제조, • 종목 : 원단, • 사업장주소 : 경상북도 칠곡군 지천면 달서원길 16

[3]
(1) 전기분손익계산서 • 광고선전비(판) 3,800,000원 → 5,300,000원으로 수정
                • 당기순이익 88,020,000원 → 86,520,000원으로 변경 확인
(2) 전기분잉여금처분계산서 • 6.당기순이익 88,020,000원 → 86,520,000원으로 수정(또는 F6불러오기)
                      • Ⅰ.미처분이익잉여금 164,900,000원 → 163,400,000원으로 변경 확인
(3) 전기분재무상태표 • 이월이익잉여금 164,900,000원 → 163,400,000원으로 수정
                • 대차차액이 없음을 확인

문제 2

[1] 7월 18일 일반전표입력
(차) 외상매입금(㈜괴안공구)	33,000,000	(대) 지급어음(㈜괴안공구)	23,000,000
		보통예금	10,000,000

[2] 7월 30일 일반전표입력
(차) 대손충당금(109)	320,000	(대) 외상매출금(㈜지수포장)	1,800,000
대손상각비(판)	1,480,000		

[3] 8월 30일   일반전표입력
　　(차) 임차보증금(형제상사) 5,000,000　　(대) 선급금(형제상사)　　1,500,000
　　　　　　　　　　　　　　　　　　　　　　보통예금　　　　　　　3,500,000
[4] 10월 18일   일반전표입력
　　(차) 단기차입금(대표이사)　19,500,000　　(대) 채무면제이익　　　19,500,000
[5] 10월 25일   일반전표입력
　　(차) 여비교통비(판)　　　　 2,850,000　　(대) 가지급금(누리호)　 3,000,000
　　　　현　금　　　　　　　　　　150,000
[6] 11월 4일   일반전표입력
　　(차) 퇴직급여(판)　　　　　 2,000,000　　(대) 보통예금　　　　　 5,000,000
　　　　퇴직급여(제)　　　　　　3,000,000

문제 3

[1] 7월 14일   매입매출전표입력
　　유형: 16.수출(영세율구분:①직접수출) 공급가액: 50,000,000 거래처: HK사 분개: 혼합
　　(차) 선수금　　　　　　　 10,000,000　　(대) 제품매출　　　　　50,000,000
　　　　외상매출금　　　　　　40,000,000
[2] 8월 5일   매입매출전표입력
　　유형: 11.과세 공급가액: 10,000,000 부가세: 1,000,000 거래처: ㈜동도유통 전자: 여 분개: 혼합
　　(차) 받을어음(㈜서도상사)　10,000,000　　(대) 부가세예수금　　　 1,000,000
　　　　외상매출금　　　　　　 1,000,000　　　　제품매출　　　　　　10,000,000
[3] 8월 20일   매입매출전표입력
　　유형: 57.카과 공급가액: 4,400,000 부가세: 440,000 거래처: 함안전자 분개: 혼합 또는 카드
　　신용카드사:국민카드
　　(차) 부가세대급금　　　　　　440,000　　(대) 미지급금(국민카드)　4,840,000
　　　　비　품　　　　　　　　 4,400,000
[4] 11월 11일   매입매출전표입력
　　유형: 53.면세 공급가액: 5,000,000 거래처: ㈜더람 전자: 여 분개: 혼합
　　(차) 교육훈련비(판)　　　　 5,000,000　　(대) 선급금　　　　　　 1,000,000
　　　　　　　　　　　　　　　　　　　　　　　보통예금　　　　　　 4,000,000
[5] 11월 26일   매입매출전표입력
　　유형: 51.과세 공급가액: 10,000,000 부가세: 1,000,000 거래처: ㈜미래상사 전자: 여 분개: 혼합
　　(차) 부가세대급금　　　　　 1,000,000　　(대) 보통예금　　　　　11,000,000
　　　　개발비　　　　　　　　10,000,000
[6] 12월 4일   매입매출전표입력
　　유형: 54.불공(사유:③) 공급가액: 750,000 부가세: 75,000 거래처: 차차카센터 전자: 여 분개: 혼합
　　(차) 차량유지비(제)　　　　　825,000　　(대) 보통예금　　　　　　 825,000

문제 4

[1] 8월 2일   일반전표입력
　・수정전 : (차) 외상매입금(온누리)　800,000　(대) 보통예금　　800,000
　・수정후 : (차) 미지급금(온누리)　　800,000　(대) 보통예금　　800,000

[2] 11월 19일 일반전표 삭제 후 매입매출전표입력
- 수정전 : (차) 운반비(판)   330,000   (대) 현   금   330,000
- 수정후 : 11월 19일 매입매출전표입력
  유형: 51.과세 공급가액: 300,000 부가세: 30,000 거래처: 차차운송 전자: 여 분개: 현금 또는 혼합
  (차) 부가세대급금   30,000   (대) 현   금   330,000
      원재료   300,000

문제 5

[1] 12월 31일 일반전표입력
    (차) 재고자산감모손실   2,000,000   (대) 제   품   2,000,000
                                              (적요 8. 타계정으로 대체액)
[2] 12월 31일 일반전표입력
    (차) 소모품   2,500,000   (대) 광고선전비(판)   2,500,000
[3] 12월 31일 일반전표입력
    (차) 법인세등   10,750,000   (대) 선납세금   6,500,000
                                              미지급세금   4,250,000

또는 결산자료입력 9.법인세등에서
  1). 선납세금 결산반영금액에 6,500,000원 입력
  2). 추가계상액 결산반영금액에 4,250,000원 입력 후 F3전표추가

문제 6

[1] 다솜상사, 63,000,000원
- 거래처원장(기간 : 1월 1일~6월 30일) 외상매입금(251.) 조회
[2] 11,250,700원
- 부가가치세신고서(기간 : 4월 1일~6월 30일) 차가감하여 납부할세액(환급받을세액) 확인
[3] 6월, 5,000,000원
- 총계정원장(기간 : 4월 1일~6월 30일) 광고선전비(833.) 조회

제107회 기출문제연습 해답

이론시험

1. ③
   - 자산 : 자산은 과거의 거래나 사건의 결과로서 현재 기업실체에 의해 지배되고 미래에 경제적효익을 창출할 것으로 기대되는 자원이다.
   - 부채 : 부채는 과거의 거래나 사건의 결과로 현재 기업실체가 부담하고 있고 미래에 자원의 유출 또는 사용이 예상되는 의무이며, 기업실체가 현재 시점에서 부담하는 경제적 의무이다.
   - 비용 : 비용은 차손을 포함한다.
2. ② 계속기록법과 실지재고조사법을 통해 기말재고자산의 수량을 결정한다. 나머지는 기말재고자산의 단가 결정방법이다.
3. ① 선일자수표는 받을어음으로 처리한다.

4. ② • 기업이 보유하고 있는 토지는 보유목적에 따라 재고자산, 투자자산, 유형자산으로 분류될 수 있다.
   • 유형자산을 취득한 후에 발생하는 비용은 성격에 따라 당기 비용 또는 자산의 취득원가에 포함한다.
   • 토지와 건설중인자산은 감가상각을 하지 않는다.
5. ① 200,000원(단기매매증권평가이익 – 단기매매증권평가손실 + 배당금수익 + 단기매매증권처분이익)
   • 단기매매증권평가이익 : A주식 기말공정가액 700,000원 – 취득원가 500,000원 = 200,000원
   • 단기매매증권평가손실 : B주식 취득원가 300,000원 – 기말공정가액 200,000원 = 100,000원
   • 단기매매증권처분이익 : C주식 처분가액 300,000원 – 취득원가 250,000원 = 50,000원
6. ① 사채의 액면발행, 할인발행, 할증발행 여부와 관계없이 액면이자는 매년 동일하다.
   • 할증발행 시 유효이자는 매년 감소한다.
   • 사채발행비는 사채발행가액에서 차감한다.
   • 할인발행 또는 할증발행 시 발행차금의 상각액 및 환입액은 매년 증가한다.
7. ② • 주식발행초과금 : 자본잉여금
   • 자기주식 : 자본조정
   • 매도가능증권평가손익 : 기타포괄손익누계액
8. ③ 자본적지출을 수익적지출로 잘못 처리했을 경우 당기 비용은 과대계상되어 당기의 당기순이익은 과소계상되고, 차기의 당기순이익은 과대계상된다.
9. ④ 자산을 다른 용도로 사용하는 것은 기회원가에 해당한다. 대체 자산 취득 시 기존 자산의 취득원가는 의사결정에 영향을 주지 않는 경우 매몰원가에 해당한다.
10. ④ 변동원가는 관련범위 내에서 조업도가 증가하면 변동원가 총액이 증가하고, 단위당 변동원가는 일정하다.
11. ① • 재료원가 : 당기완성 1,800개 + 기말재공품 300개 = 2,100개
    • 가공원가 : 당기완성 1,800개 + 기말재공품 300개 × 70% = 2,010개
12. ③ 1,200,000 = 기초제품 800,000 + 당기제품제조원가 700,000 – 기말제품 300,000
    • 당기제품제조원가=기초재공품 + 당기총제조원가 – 기말재공품
      500,000 + 1,500,000 – 1,300,000 = 700,000원
13. ④ 여객운송 용역의 공급에 대하여는 부가가치세를 면제한다. 다만, 다음의 여객운송 용역은 제외한다.(부가가치세법 제26조 제1항)
    – 항공기, 고속버스, 전세버스, 택시, 특수자동차, 특종선박(特種船舶) 또는 고속철도에 의한 여객운송 용역
14. ④ 사업자는 각 과세기간에 대한 과세표준과 납부세액 또는 환급세액을 그 과세기간이 끝난 후 25일(폐업하는 경우 폐업일이 속한 달의 다음 달 25일) 이내에 납세지 관할 세무서장에게 신고하여야 한다.(부가가치세법 제49조 제1항)
15. ③ 법인사업자의 주주가 변동된 것은 사업자등록 정정 사유가 아니다.

실무시험

문제 1

[1] 계정과목 및 적요등록 메뉴에서 입력
   842. 견본비 > 현금적요 > 적요NO : 2, 전자제품 샘플 제작비 지급
[2] 거래처별초기이월 메뉴에서 수정
   • 외상매출금 : ㈜홍금전기 3,000,000원 → 30,000,000원으로 수정
   • 외상매입금 : 하나무역 12,000,000원 → 26,000,000원으로 수정
   • 받을어음 : ㈜대호전자 25,000,000원 추가 입력

[3] • 전기분원가명세서 • 전력비 수정 : 2,000,000원 → 4,200,000원
                      • 당기제품제조원가 변경 확인 : 94,300,000원 → 96,500,000원
    • 전기분손익계산서 • 당기제품제조원가 수정 : 94,300,000원 → 96,500,000원
                      • 제품매출원가 변경 확인 : 121,650,000원 → 123,850,000원
                      • 수도광열비(판) 수정 : 3,000,000원 → 1,100,000원
                      • 당기순이익 변경 확인 : 88,200,000원〉 → 87,900,000원
    • 전기분잉여금처분계산서 • F6 불러오기 당기순이익 변경 확인 88,200,000원 → 87,900,000원
                            • 미처분이익잉여금 변경 확인 : 134,800,000원 → 134,500,000원
    • 전기분재무상태표 • 이월이익잉여금 수정 : 134,800,000원 → 134,500,000원
                      • 대차 금액 일치 확인

문제 2

[1] 7월 3일 일반전표입력
    (차) 선급금(세무빌딩)   600,000   (대) 보통예금   600,000
[2] 8월 1일 일반전표입력
    (차) 보통예금   3,430,000   (대) 외상매출금(하나카드)   3,500,000
        수수료비용(판)   70,000
[3] 8월 16일 일반전표입력
    (차) 퇴직급여(판)   8,800,000   (대) 퇴직연금운용자산   8,800,000
[4] 8월 23일 일반전표입력
    (차) 장기차입금(나라은행)   20,000,000   (대) 보통예금   20,200,000
        이자비용   200,000
[6] 11월 5일 일반전표입력
    (차) 받을어음(㈜다원)   3,000,000   (대) 외상매출금(㈜다원)   4,000,000
        단기대여금(㈜다원)   1,000,000
[6] 11월 20일 일반전표입력
    (차) 차량운반구   400,000   (대) 현   금   400,000
    출금전표로 입력하여도 정답이다.

문제 3

[1] 8월 17일 매입매출전표입력
    유형: 52.영세 공급가액: 15,000,000 거래처: ㈜직지상사 전자: 여 분개: 혼합
    (차) 원재료   15,000,000   (대) 지급어음   5,000,000
                                                  외상매입금   10,000,000
[2] 8월 28일 매입매출전표
    유형: 51.과세 공급가액: 1,000,000 부가세: 100,000 거래처: 이진컴퍼니 전자: 부 분개: 혼합
    (차) 부가세대급금   100,000   (대) 미지급금   1,100,000
        복리후생비(제)   1,000,000   (또는 미지급비용)
[3] 9월 15일 매입매출전표입력
    유형: 61.현과 공급가액: 220,000 부가세: 22,000 거래처: 우리카센타 분개: 현금 또는 혼합
    (차) 부가세대급금   22,000   (대) 현   금   242,000
        차량유지비(제)   220,000

[4] 9월 27일 매입매출전표입력
　　유형: 53.면세 공급가액: 200,000 거래처: ㈜대한도서 전자: 여 분개: 혼합
　　(차) 도서인쇄비(판)　　　　200,000　　　(대) 미지급금　　　　　　200,000
　　　(또는 교육훈련비(판))　　　　　　　　　(또는 미지급비용)
[5] 9월 30일 매입매출전표입력
　　유형: 54.불공(사유:③) 공급가액: 700,000 부가세: 70,000 거래처: ㈜세무렌트 전자: 여 분개: 혼합
　　(차) 임차료(판)　　　　　770,000　　　(대) 미지급금　　　　　　770,000
　　　　　　　　　　　　　　　　　　　　　(또는 미지급비용)
[6] 10월 15일 매입매출전표입력
　　유형: 11.과세 공급가액: -10,000,000 부가세: -1,000,000 거래처: 우리자동차㈜ 전자: 여 분개: 외상 또는 혼합
　　(차) 외상매출금　　　　-11,000,000　　(대) 부가세예수금　　　　-1,000,000
　　　　　　　　　　　　　　　　　　　　　　제품매출　　　　　　-10,000,000
　　　　　　　　　　　　　　　　　　　　　　(또는 매출환입및에누리(405.))

문제 4

[1] 7월 6일 일반전표입력
　• 수정전 : (차) 외상매출금(㈜상문) 3,000,000　(대) 보통예금　　　　3,000,000
　• 수정후 : (차) 외상매출금(㈜상문) 3,000,000　(대) 받을어음(상명상사)　3,000,000
[2] 12월 13일 일반전표 삭제 후 매입매출전표입력
　• 수정전 : (차) 수도광열비(판)　　121,000　　(대) 현　금　　　　　121,000 삭제
　• 수정후 : 12월 13일 매입매출전표입력
　　　유형: 51.과세 공급가액: 110,000 부가세: 11,000 거래처: 한국전력공사 전자: 여 분개: 현금 또는 혼합
　　　(차) 부가세대급금　　　11,000　　　(대) 현　금　　　　　　121,000
　　　　　전력비(제)　　　　110,000

문제 5

[1] 12월 31일 일반전표입력
　　(차) 장기차입금(대한은행)　50,000,000　(대) 유동성장기부채(대한은행)　50,000,000
[2] 12월 31일 일반전표입력
　　(차) 무형자산상각비(판)　　6,000,000　(대) 특허권　　　　　　6,000,000
　• 특허권 취득가액 : 전기말 상각후잔액 24,000,000원×5/4＝30,000,000원
　• 무형자산상각비 : 30,000,000원×1/5＝6,000,000원
　또는 결산자료입력에서 결산반영금액란에 4. 판매비와 일반관리비＞6). 무형자산상각비
　　　특허권에 6,000,000원 입력 후 F3전표추가
[3] 12월 31일 일반전표입력
　　(차) 법인세등　　　　　13,500,000　　(대) 선납세금　　　　　6,800,000
　　　　　　　　　　　　　　　　　　　　　　미지급세금　　　　　6,700,000
　또는 결산자료입력 메뉴에서 결산반영금액란 9. 법인세등에
　　1) 선납세금 6,800,000원, 2) 추가계상액 6,700,000원 입력 후 F3전표추가

문제 6

[1] 191,786,000원 = 6월 30일 284,609,000원 - 전기말 92,823,000원
  • 재무상태표(기간 : 6월) 제출용 탭
[2] 390,180,000원 = 351,730,000 + 38,450,000
  • 부가가치세신고서(기간 : 4월 1일~6월 30일) 조회
    과세 세금계산서 발급분 공급가액 + 영세 세금계산서발급분 공급가액
[3] 40,000,000원
  • 거래처원장(기간 : 6월 1일~6월 30일) 251.외상매입금 지예상사 차변 금액

제108회 기출문제연습 해답

이론시험

1. ④ 자기주식처분손실은 자본조정 항목이다.
2. ① 계약금은 선수금으로 회계처리하고, 타인이 발행한 당좌수표를 수취한 경우에는 현금으로 회계처리한다.
3. ② 기말재고자산을 실제보다 과대계상한 경우, 매출원가가 실제보다 과소계상되고, 매출총이익 및 당기순이익은 과대계상되어 자본총계도 과대계상된다.
4. ③ 무형자산의 상각기간은 독점적·배타적인 권리를 부여하고 있는 관계 법령이나 계약에 정해진 경우를 제외하고는 20년을 초과할 수 없다.[일반기업회계기준 문단 11.26]
5. ① 7,000,000원
      = 1년 만기 정기예금 3,000,000원 + 단기매매증권 4,000,000원
    • 현금및현금성자산 : 현금, 당좌예금, 우편환증서
    • 매출채권 : 외상매출금
6. ② 2개 • 비유동부채 : 사채, 퇴직급여충당부채   • 유동부채 : 유동성장기부채, 선수금
7. ④ 재고자산평가손실 : (75,000 - 65,000) × 100개 = 1,000,000원
    재고자산평가손실 = 취득원가 - 순실현가능가치
    • 세제의 경우 평가이익에 해당하나 최초의 취득가액을 초과하는 이익은 저가법상 인식하지 않는다.
8. ① • 예약판매계약 : 공사결과를 신뢰성 있게 추정할 수 있을 때에 진행기준을 적용하여 공사수익을 인식한다.
    • 할부판매 : 이자부분을 제외한 판매가격에 해당하는 수익을 판매시점에 인식한다. 이자부분은 유효이자율법을 사용하여 가득하는 시점에 수익으로 인식한다.
    • 위탁판매 : 위탁자는 수탁자가 해당 재화를 제3자에게 판매한 시점에 수익을 인식한다.
9. ③ 당기원재료원가 : 20억원 + 3억원 = 23억원
    • 당기원재료비원가 = 기초 원재료 재고액(A) + 당기 원재료 매입액 - 기말 원재료 재고액(B)
    • 원재료 재고 감소액 = 기초 원재료 재고액(A) - 기말 원재료 재고액(B)
    • 당기원재료원가 = 당기 원재료 매입액 + 원재료 재고 감소액(A-B)
10. ④ 기말제품재고액은 재무상태표와 손익계산서에서 확인할 수 있다.
    • 기초재공품재고액, 기말원재료재고액, 당기제품제조원가, 당기총제조비용은 제조원가명세서에서 확인할 수 있다.
11. ① 600,000원 - 500,000원 = 100,000원 과대배부
    제조간접원가 예정배부액 - 실제 제조간접원가 발생액 = 과대배부
    • 제조간접원가 예정배부액 : 실제 직접노무시간 3,000시간 × 예정배부율 200원 = 600,000원

12. ③ 기초재공품이 존재하지 않는 경우에 평균법과 선입선출법의 당기완성품원가와 기말재공품원가가 일치한다.
13. ③ 구매확인서에 의하여 공급하는 재화는 영세율 적용 대상 거래이지만 세금계산서 발급의무가 있다.
14. ④ 부동산매매업은 법인의 경우 법인의 등기부상 소재지(부가가치세법 시행령 제8조 제1항)
15. ② 사업자 또는 재화를 수입하는 자로서 개인, 법인(국가·지방자치단체와 지방자치단체조합을 포함), 법인격이 없는 사단·재단 또는 그 밖의 단체는 이 법에 따라 부가가치세를 납부할 의무가 있다.(부가가치세법 제3조 제1항)

실무시험

문제 1

[1] 거래처등록> 메뉴에서 입력 : • 코드 : 3000, • 거래처명 : ㈜나우전자, • 유형 : 3.동시,
 • 사업자등록번호 : 108-81-13579, • 대표자성명 : 김나우, • 업종 : 업태-제조, 종목-전자제품,
 • 주소 : 서울특별시 서초구 명달로 104 (서초동)

[2] 계정과목 및 적요 등록 186.퇴직연금운용자산, • 적요NO : 1, • 대체적요 : 제조 관련 임직원 확정급여형 퇴직연금부담금 납입

[3] 전기분재무상태표 · 260.단기차입금 20,000,000원 추가입력
 • 장기차입금 20,000,000원 → 0원으로 수정 또는 삭제
 거래처별초기이월 · 260.단기차입금 : 기업은행 20,000,000원 추가입력
 • 장기차입금 : 신한은행 20,000,000원 → 0원으로 수정 또는 삭제
 전기분재무상태표에서 장기차입금을 삭제한 경우에는 거래처별초기이월에 자동으로 삭제되어 있다.

문제 2

[1] 8월 1일 일반전표입력
 (차) 외화장기차입금(미국은행) 37,500,000   (대) 보통예금   39,000,000
  외환차손   1,500,000

[2] 8월 12일 일반전표입력
 (차) 부도어음과수표(㈜모모가방) 50,000,000   (대) 받을어음(㈜모모가방) 50,000,000

[3] 8월 23일 일반전표입력
 (차) 미지급배당금   10,000,000   (대) 보통예금   8,460,000
                        예수금   1,540,000

[4] 8월 31일 일반전표입력
 (차) 기계장치   5,500,000   (대) 자산수증이익   5,500,000

[5] 9월 11일 일반전표입력
 (차) 단기매매증권   4,000,000   (대) 보통예금   4,010,000
  수수료비용(984)   10,000
 • 단기매매증권의 취득과 직접 관련된 거래원가는 비용(일반적인 상거래에 해당하지 않으므로 영업외비용 항목의 수수료비용)으로 처리한다.

[6] 9월 13일 일반전표입력
 (차) 현 금   1,000,000   (대) 외상매출금(㈜다원) 4,000,000
  받을어음(㈜다원)   3,000,000

문제 3

[1] 7월 13일   매입매출전표
  유형: 17.카과 공급가액: 5,000,000   부가세: 500,000   거래처: ㈜남양가방 분개: 카드 또는 혼합
  신용카드사:비씨카드
  (차) 외상매출금(비씨카드)   5,500,000   (대) 부가세예수금   500,000
                                                      제품매출   5,000,000

[2] 9월 5일   매입매출전표
  유형: 51.과세 공급가액: 500,000   부가세: 50,000   거래처: 쾌속운송 전자: 여 분개: 혼합
  (차) 부가세대급금   50,000   (대) 보통예금   550,000
      기계장치   500,000

[3] 9월 6일   매입매출전표입력
  유형: 51.과세 공급가액: 10,000,000   부가세: 1,000,000   거래처: 정도정밀 전자: 여 분개: 혼합
  (차) 부가세대급금   1,000,000   (대) 보통예금   11,000,000
      외주가공비(제)   10,000,000

[4] 9월 25일   매입매출전표입력
  유형: 54.불공(불공사유:②) 공급가액: 3,500,000 부가세: 350,000 거래처: ㈜목포전자 전자: 여 분개: 혼합
  (차) 기부금   3,850,000   (대) 미지급금   3,850,000
  • 국가 및 지방자치단체에 무상으로 공급하는 재화의 경우, 취득 당시 사업과 관련하여 취득한 재화이면 매입
    세액을 공제하고, 사업과 무관하게 취득한 재화이면 매입세액을 공제하지 아니한다.

[5] 10월 6일   매입매출전표입력
  유형: 57.카과 공급가액: 1,500,000   부가세: 150,000   거래처: ㈜ok사무 분개: 카드 또는 혼합
  신용카드사:하나카드
  (차) 부가세대급금   150,000   (대) 미지급금(하나카드)   1,650,000
      비 품   1,500,000

[6] 12월 1일   매입매출전표입력
  유형: 51.과세 공급가액: 2,500,000   부가세: 250,000   거래처: ㈜국민가죽 전자: 여 분개: 혼합
  (차) 부가세대급금   250,000   (대) 현   금   250,000
      원재료   2,500,000   외상매입금   2,500,000

문제 4

[1] 7월 22일   매입매출전표입력
  • 수정전 : 유형: 51.과세 공급가액: 15,000,000 부가세: 1,500,000 거래처: 제일자동차 전자: 여
           분개: 혼합
           (차) 부가세대급금   1,500,000   (대) 보통예금   16,500,000
               차량운반구   15,000,000
  • 수정후 : 유형: 54.불공 공급가액: 15,000,000 부가세: 1,500,000 거래처: 제일자동차 전자: 여
           분개: 혼합 불공제사유:③비영업용 소형승용자동차 구입·유지 및 임차
           (차) 차량운반구   16,500,000   (대) 보통예금   16,500,000

[2] 9월 15일   일반전표입력
  • 수정전 : (차) 대손상각비   3,000,000   (대) 외상매출금(㈜댕댕오디오)   3,000,000
  • 수정후 : (차) 대손충당금(109.)   1,500,000   (대) 외상매출금(㈜댕댕오디오)   3,000,000
              대손상각비(판)   1,500,000

문제 5

[1] 12월 31일 일반전표입력
   (차) 외상매입금(하나무역)   2,500,000   (대) 가지급금   2,550,000
       잡손실   50,000
   또는 (차) 외상매입금(하나무역)   2,500,000   (대) 가지급금   2,500,000
       (차) 잡손실   50,000   (대) 가지급금   50,000

[2] 12월 31일 일반전표입력
   (차) 단기대여금(필립전자)   6,000,000   (대) 외화환산이익   6,000,000
   • 대여일 기준환율 : 60,000,000원÷$30,000 = 2,000원/$
   • 외화환산이익 : 30,000×(결산일 기준환율 2,200원 − 대여일 기준환율 2,000원) = 6,000,000원

[3] 결산자료입력 기간 : 1월~12월 상단 F8 대손상각 보조창에서
   • 대손율(%) : 1.00% 입력, • 미수금 이외 채권 : 추가설정액 0원 입력 결산반영 후 F3 전표추가
   또는 결산자료입력 7.영업외비용 2).기타의대손상각 미수금 결산반영금액 300,000원 입력 후 F3 전표추가
   또는 12월 31일 일반전표입력
       (차) 기타의대손상각비   300,000   (대) 대손충당금(121)   300,000
   • 대손충당금(미수금) : 40,000,000×1% − 100,000 = 300,000원

문제 6

[1] 1,330,000원
   • 매입매출장 기간 : 01월 01일~03월 31일 구분 : 2.매출 유형 : 17.카과 분기계 합계 금액 확인
[2] 131,000원
   • 일계표/월계표 월계표 조회기간 : 6월~6월 8.영업외비용 차변 계 확인
[3] 3,060,000원
   • 부가가치세신고서 기간 : 4월 1일~6월 30일 16.세액(공제받지못할매입세액) 금액 확인

제109회 기출문제연습 해답

이론시험

1. ④ 일반목적의 재무제표 작성을 목적으로 하며 주주, 투자자, 채권자 등이 회계정보이용자이다.
   ① − 원가관리회계의 목적이다.
   ② − 세무회계의 정보이용자에 해당한다.
   ③ − 세무회계의 목적이다.
2. ④ 단기매매증권은 유동자산 중 당좌자산으로 분류된다.
3. ② 재고자산의 매입원가는 매입금액에 매입운임, 하역료 및 보험료 등 취득과정에서 정상적으로 발생한 부대비용을 가산한 금액이다. 매입과 관련된 할인, 에누리 및 기타 유사한 항목은 매입원가에서 차감한다.
4. ② 자본적지출을 수익적지출로 잘못 처리하게 되면, 자산은 과소계상, 비용은 과대계상되므로 자본은 과소계상하게 된다.

5. ① 감자차손 : 200주×(취득가액 7,000원 – 액면가액 5,000원) – 감자차익 200,000원 = 200,000원
   • 감자차손이 발생하면 기인식된 감자차익 200,000원을 상계하고 잔액 200,000원만 감자차손으로 인식한다.
6. ④ 수익과 비용은 각각 총액으로 보고하는 것을 원칙으로 한다.
7. ③ 선수금을 제품매출로 인식함에 따라 유동부채가 과소계상된다.
   • 올바른 회계처리 : (차) 현　금　　500,000　　　(대) 선수금　　　　500,000
   • 당좌자산의 금액은 차이가 없으나, 영업수익(제품매출)은 과대계상 하였으므로 당기순이익도 과대계상된다.
8. ③ 60,000,000원 = 기초 자본금 50,000,000원 + (2,000주×액면금액 5,000원)
9. ① • 판매비와관리비 : 영업용 사무실의 전기요금, 마케팅부의 교육연수비
   • 영업외손익 : 유형자산의 처분으로 인한 손익
10. ③ 상호배분법
11. ② 기초원재료 1,200,000 + 당기원재료매입액 900,000 – 기말원재료 850,000 = 1,250,000원
12. ③ (400,000 + 150,000)×0.5 = 275,000원
    • 제조간접원가 배부액=(직접재료원가+직접노무원가)×배부율
    • 제조간접원가 배부율 : 500,000원÷(800,000+200,000) = 0.5원/직접원가당
    • 제조간접원가 배부율=제조간접원가÷직접원가
    • 직접원가=직접재료원가+직접노무원가
13. ④ 간이과세자가 일반과세자로 변경되는 경우 : 그 변경되는 해의 1월 1일부터 6월 30일까지(부가가치세법 제5조)
14. ① 공급연월일은 임의적 기재사항이며, 작성연월일이 필요적 기재사항이다.
15. ② 상품권이 현물과 교환되어 재화가 실제로 인도되는 때를 공급시기로 본다.

실무시험

문제 1

[1] 기초정보관리 거래처등록 일반거래처에 입력
   • 코드 : 01230, • 거래처명 : 태형상사, • 유형 : 3.동시, • 사업자등록번호 : 107-36-25785,
   • 대표자성명 : 김상수, • 업태 : 도소매, • 종목 : 사무기기,
   • 사업장주소 : 서울시 동작구 여의대방로10가길 1(신대방동)
[2] 거래처별 초기이월 • 받을어음>㈜원수 10,000,000원→15,000,000원으로 수정
                    • 단기차입금>㈜이태백 10,000,000원 추가입력
                    • 단기차입금>㈜빛날통신 3,000,000원→13,000,000원으로 수정
[3] 전기분원가명세서 • 보험료(제) 1,000,000원 추가입력
                  • 당기제품제조원가에서 93,000,000원→94,000,000원 금액 변경 확인
   전기분손익계산서 • 제품매출원가에서 당기제품제조원가 93,000,000원→94,000,000원으로 수정
                  • 매출원가 금액 120,350,000원→121,350,000원 변경 확인
                  • 보험료(판) 3,000,000원→2,000,000원으로 수정
                  • 당기순이익 356,150,000원 변동 없음.
   따라서 재무상태표, 잉여금처분계산서는 변동사항 없음.

문제 2

[1] 8월 20일 일반전표입력

(차) 기부금	2,000,000	(대) 제 품	2,000,000
		(적요 8. 타계정으로 대체액)	

· 제품을 기부하였을 경우 해당 비용은 원가의 금액으로 하며, 적요는 8. 타계정으로 대체 처리한다.

[2] 9월 2일 일반전표입력

(차) 단기차입금(전마나)	20,000,000	(대) 보통예금	15,000,000
		채무면제이익	5,000,000

[3] 10월 19일 일반전표입력

(차) 외상매입금(㈜용인)	2,500,000	(대) 현 금	1,500,000
		받을어음(㈜수원)	1,000,000

[4] 11월 6일 일반전표입력

(차) 예수금	270,000	(대) 현 금	601,500
보험료(제)	221,000		
보험료(판)	110,500		

[5] 11월 11일 일반전표입력

(차) 퇴직급여(판)	6,800,000	(대) 보통예금	7,000,000
수수료비용(판)	200,000		
또는 (차) 퇴직급여충당부채	6,800,000	(대) 보통예금	7,000,000
수수료비용(판)	200,000		

[6] 12월 3일 일반전표입력

(차) 보통예금	4,750,000	(대) 단기매매증권	4,000,000
		단기매매증권처분이익	750,000

· 처분금액 : 10,000×500 - 250,000 = 4,750,000원
· 장부금액 : 8,000×500 = 4,000,000원
· 처분손익 : 4,750,000 - 4,000,000 = 750,000원(처분이익)

문제 3

[1] 7월 28일 매입매출전표입력

유형: 57.카과신용카드사:하나카드 공급가액: 200,000 부가세: 20,000 거래처: 저팔계산업 분개: 카드 또는 혼합

(차) 부가세대급금	20,000	(대) 미지급금(하나카드)	220,000
복리후생비(판)	200,000	(또는 미지급비용)	

[2] 9월 3일 매입매출전표입력

유형: 51.과세 공급가액: 5,000,000 부가세: 500,000 거래처: 마산상사 전자: 여 분개: 혼합

(차) 부가세대급금	500,000	(대) 받을어음(㈜서울)	2,000,000
원재료	5,000,000	외상매입금	3,500,000

[3] 9월 22일 매입매출전표

유형: 11.과세 공급가액: 13,500,000 부가세: 1,350,000 거래처: 보람테크㈜ 전자: 여 분개: 혼합

(차) 감가상각누계액	38,000,000	(대) 부가세예수금	1,350,000
현 금	4,850,000	기계장치	50,000,000
미수금	10,000,000	유형자산처분이익	1,500,000

[4] 10월 31일　매입매출전표입력
유형: 54.불공(불공사유:④) 공급가액: 1,500,000　부가세: 150,000　거래처: 손오공상사 전자: 여 분개: 혼합
(차) 기업업무추진비(판)　　　1,650,000　　(대) 미지급금　　　　　　　1,650,000
(또는 미지급비용)
[5] 11월 4일　매입매출전표입력
유형: 12.영세(영세율구분:③) 공급가액: 70,000,000　거래처: NICE Co.,Ltd 전자: 여 분개: 혼합
(차) 외상매출금　　　　　　35,000,000　　(대) 제품매출　　　　　　70,000,000
　　보통예금　　　　　　　35,000,000
[6] 12월 5일　매입매출전표입력
유형: 54.불공(불공사유:⑥) 공급가액: 50,000,000　부가세: 5,000,000　거래처: ㈜만듬건설 전자: 여 분개: 혼합
(차) 토　지　　　　　　　55,000,000　　(대) 선급금　　　　　　　　5,500,000
　　　　　　　　　　　　　　　　　　　　미지급금　　　　　　　49,500,000

문제 4

[1] 11월 10일　일반전표입력
　•수정전 : (차) 수선비(제)　　　　880,000　　(대) 보통예금　　　　　　　880,000
　•수정후 : (차) 미지급금(가나상사)　880,000　　(대) 보통예금　　　　　　　880,000
[2] 12월 15일　매입매출전표입력
　•수정전 : 유형: 16.수출(영세율구분:①) 공급가액: 10,000,000　거래처: ㈜강서기술 전자: 부 분개: 혼합
　　　　　(차) 외상매출금　　　　10,000,000　　(대) 제품매출　　　　　　10,000,000
　•수정후 : 유형: 12.영세(영세율구분:③) 공급가액: 10,000,000　거래처: ㈜강서기술 전자: 부 분개: 혼합
　　　　　(차) 외상매출금　　　　10,000,000　　(대) 제품매출　　　　　　10,000,000

문제 5

[1] 12월 31일　일반전표입력
(차) 미수수익　　　　　　　2,250,000　　(대) 이자수익　　　　　　　2,250,000
　•이자수익 : 50,000,000×6%×9/12 = 2,250,000원
[2] 12월 31일　일반전표입력
(차) 선급비용　　　　　　　　900,000　　(대) 임차료(제)　　　　　　　900,000
[3] 12월 31일　일반전표입력
(차) 단기매매증권평가손실　　2,000,000　　(대) 단기매매증권　　　　　2,000,000

문제 6

[1] 3,000,000원 = 3월 8,400,000 - 1월 5,400,000
　•총계정원장 기간 : 1월 1일~6월 30일 계정과목 : 801.급여 조회
[2] 8,140,000원 = 3월 13,000,000 - 4월 4,860,000
　•거래처원장　•기간 : 3월 1일~3월 31일 계정과목 : 404.제품매출 거래처 : 일천상사 조회>대변합계
　　　　　　　•기간 : 4월 1일~4월 30일 계정과목 : 404.제품매출 거래처 : 일천상사 조회>대변합계
[3] 6매, 10,320,000원
　•세금계산서합계표 매출 기간 : 1월~3월 조회

제110회 기출문제연습 해답

이론시험

1. ① 재무상태표는 일정 시점 현재 기업이 보유하고 있는 자산과 부채, 그리고 자본에 대한 정보를 제공하는 재무보고서이다.
    - 일정 기간 동안의 기업의 수익과 비용에 대해 보고하는 보고서는 손익계산서이다.
    - 일정 기간 동안의 현금의 유입과 유출의 정보를 제공하는 보고서는 현금흐름표이다.
    - 기업의 자본변동에 관한 정보를 제공하는 재무보고서는 자본변동표이다.
2. ④ 임대보증금은 비유동부채에 포함된다.
3. ② 내부적으로 창출한 브랜드, 고객목록과 같은 항목은 무형자산으로 인식할 수 없다.
4. ② 시용판매의 경우에는 소비자가 매입의사를 표시하는 시점에 수익을 인식한다.
5. ① 매출 시점에 실제 취득원가를 기록하여 매출원가로 대응시켜 원가 흐름을 가장 정확하게 파악할 수 있는 재고자산의 단가 결정 방법은 개별법이다.
6. ④ 일용직 직원에 대한 수당은 잡급(판)으로 처리한다. 이자수익은 영업외수익으로, 재해손실과 이자비용은 영업외비용으로 처리한다.
7. ② 100,000원(증가) = 300,000(단기매매증권평가이익) − 200,000(투자자산처분손실)
    - 결산일에 매도가능증권을 공정가치로 평가하여 발생하는 손익은 기타포괄손익누계액(자본)으로 회계처리하도록 규정하고 있다.
    - 단기매매증권평가이익(=공정가치 − 장부금액) : 3,300,000 − 3,000,000 = 300,000원
    - 투자자산처분손실(=처분금액 − 장부금액) : 8,800,000 − 9,000,000 = △200,000원
8. ④ 650,000원 = 400,000 + 100,000 − 50,000 + 200,000
    기말자본 = 기초자본 + 추가출자 − 이익배당액 + 당기순이익
    - 기초자본(=기초자산 − 기초부채) : 900,000 − 500,000 = 400,000원
    - 당기순이익(=총수익 − 총비용) : 1,100,000 − 900,000 = 200,000원
9. ① 외부의 정보이용자들에게 유용한 정보를 제공하는 것은 재무회계의 목적이다.
10. ① 변동원가는 조업도가 증가할수록 총원가는 증가하지만 단위당 원가는 변동이 없다. 고정원가는 조업도가 증가할 때 총원가는 일정하며 단위당 원가는 감소한다.
11. ③ 단계배분법을 사용할 경우, 배부순서에 따라 각 보조부문에 배분되는 금액은 차이가 발생한다.
12. ④ 공정별 원가계산에 적합한 것이 종합원가계산이다.
13. ④ 증여로 인하여 사업자의 명의가 변경되는 경우
    - 상속으로 인하여 사업자의 명의가 변경되는 경우는 사업자등록 정정 사유에 해당하지만 증여로 인하여 사업자의 명의가 변경되는 경우는 사업자등록 정정 사유에 해당하지 아니한다. 증여는 폐업 사유에 해당하는 것으로 증여자는 폐업신고를 하여야 하고 수증자는 신규로 사업자등록을 하여야 한다.
14. ③ 영세율은 완전면세제도이다.
15. ② 도매업

실무시험

문제 1

[1] 거래처등록의 신용카드 탭에 입력
- 코드 : 99850, • 거래처명 : 하나카드, • 유형 : 2.매입,
- 카드번호 : 5531-8440-0622-2804, • 카드종류 : 3.사업용카드

[2] 계정과목및적요등록의 812.여비교통비에 입력
- 현금적요 NO.6, 야근 시 퇴근택시비 지급
- 대체적요 NO.3, 야근 시 퇴근택시비 정산 인출

[3] • 전기분원가명세서 수정　• 511.복리후생비 9,000,000원>10,000,000원
　　　　　　　　　　　　• 당기제품제조원가 94,200,000원>95,200,000원
　• 전기분손익계산서 수정　• 당기제품제조원가 94,200,000원>95,200,000원
　　　　　　　　　　　　• 455.제품매출원가 131,550,000원>132,550,000원
　　　　　　　　　　　　• 811.복리후생비 30,000,000원>29,000,000원
　　　　　　　　　　　　• 당기순이익 61,390,000원 확인
　• 전기분이익잉여금처분계산서는 미처분이익잉여금이나 이월이익잉여금에 변동이 없으므로 정정 불필요
　• 전기분재무상태표는 당기순이익에 변동이 없으므로 정정 불필요

문제 2

[1] 7월 4일　일반전표입력
　(차) 외상매입금(나노컴퓨터)　5,000,000　(대) 외상매출금(나노컴퓨터)　3,000,000
　　　　　　　　　　　　　　　　　　　　　　 당좌예금　　　　　　　　　2,000,000

[2] 9월 15일　일반전표입력
　(차) 보통예금　　　　　　　　1,000,000　(대) 배당금수익　　　　　　　1,000,000

[3] 10월 5일　일반전표입력
　(차) 보통예금　　　　　　　　4,945,000　(대) 받을어음(㈜영춘)　　　　5,000,000
　　　매출채권처분손실　　　　　　55,000

[4] 10월 30일　일반전표입력
　(차) 세금과공과(판)　　　　　　500,000　(대) 보통예금　　　　　　　　　500,000

[5] 12월 12일　일반전표입력
　(차) 사　채　　　　　　　　10,000,000　(대) 보통예금　　　　　　　　9,800,000
　　　　　　　　　　　　　　　　　　　　　　 사채상환이익　　　　　　　　200,000

[6] 12월 21일　일반전표입력
　(차) 보통예금　　　　　　　　　423,000　(대) 이자수익　　　　　　　　　500,000
　　　선납세금　　　　　　　　　　77,000

문제 3

[1] 7월 11일　매입매출전표입력
　유형: 11.과세　공급가액: 3,000,000　부가세: 300,000　거래처: 성심상사　전자: 여　분개: 혼합
　(차) 외상매출금　　　　　　　2,300,000　(대) 부가세예수금　　　　　　　300,000
　　　현　금　　　　　　　　　1,000,000　　　 제품매출　　　　　　　　3,000,000

[2] 8월 25일　매입매출전표입력
　유형: 51.과세　공급가액: 200,000,000　부가세: 20,000,000　거래처: ㈜대관령　전자: 여　분개: 혼합
　(차) 부가세대급금　　　　　　20,000,000　(대) 선급금　　　　　　　　37,000,000
　　　토　지　　　　　　　　 150,000,000　　　 보통예금　　　　　　　333,000,000
　　　건　물　　　　　　　　 200,000,000

[3] 9월 15일　매입매출전표입력
　유형: 61.현과　공급가액: 350,000　부가세: 35,000　거래처: 골드팜㈜　분개: 혼합
　(차) 부가세대급금　　　　　　　35,000　(대) 보통예금　　　　　　　　　385,000
　　　소모품비(판)　　　　　　　350,000

※ 이 문제는 기출문제를 수정하여 현금영수증이 부가가치세 별도 표시라고 하였으므로 소모품은 과세 재화에 해당하게 되어 유형을 61.현과로 하여야 한다. 만일 소모품이 부가가치세가 과세되지 않는 면세재화라면 유형을 62.현면으로 하고 공급가액에 385,000원을 입력하여야 한다.

[4] 9월 30일   매입매출전표입력
유형: 51.과세 공급가액: 15,000,000 부가세: 1,500,000 거래처: 경하자동차㈜ 전자: 여 분개: 혼합
(차) 부가세대급금   1,500,000   (대) 미지급금   16,500,000
    차량운반구   15,000,000
※ 개별소비세 과세 대상 차량이 아닌 승용차는 매입세액 공제 대상이다.

[5] 10월 17일   매입매출전표입력
유형: 55.수입 공급가액: 8,000,000 부가세: 800,000 거래처: 인천세관 전자: 여 분개: 혼합
(차) 부가세대급금   800,000   (대) 보통예금   800,000

[6] 10월 20일   매입매출전표입력
유형: 14.건별 공급가액: 90,000 부가세: 9,000 분개: 현금 또는 혼합
(차) 현   금   99,000   (대) 부가세예수금   9,000
                                                    제품매출   90,000

문제 4

[1] 8월 31일   일반전표입력
• 수정전 : (차) 이자비용   362,500   (대) 보통예금   362,500
• 수정후 : (차) 이자비용   500,000   (대) 보통예금   362,500
                                                    예수금   137,500

[2] 11월 30일   매입매출전표입력
• 수정전 : 유형: 51.과세 공급가액: 700,000 부가세: 70,000 거래처: 영포상회 전자: 여 분개: 혼합
          (차) 부가세대급금   70,000   (대) 보통예금   770,000
              건   물   700,000
• 수정후 : 유형: 51.과세 공급가액: 700,000 부가세: 70,000 거래처: 영포상회 전자: 여 분개: 혼합
          (차) 부가세대급금   70,000   (대) 보통예금   770,000
              수선비(제)   700,000

문제 5

[1] 12월 31일   일반전표입력
(차) 소모품비(제)   1,875,000   (대) 소모품   2,500,000
    소모품비(판)   625,000
• 소모품비(판) : (3,000,000 − 500,000) × 25% = 625,000원
• 소모품비(제) : (3,000,000 − 500,000) × 75% = 1,875,000원

[2] 12월 31일   일반전표입력
(차) 차량유지비(판)   150,000   (대) 현금과부족   235,000
    잡손실   85,000

[3] 결산자료입력에서 기말재고 입력
원재료 9,500,000원, 재공품 8,500,000원, 제품 13,450,000원 입력 후 F3전표추가
• 원재료 : 9,500개 × 1,000원 = 9,500,000원(정상적인 수량차이는 원가에 포함한다.)

문제 6

[1] 40,465,000원 = 외상매출금 107,700,000원 – 외상매입금 67,235,000원
- 재무상태표(기간 : 2024년 05월) 조회

[2] 48,450,000원 = 12.영세 38,450,000원 + 16.수출 10,000,000원
  1. 매입매출장(기간 : 2024년 4월 1일~2024년 6월 30일, 구분 : 2.매출) 조회
     - 유형 : 12.영세(⓪ 전체) 분기계 합계 금액 확인
     - 유형 : 16.수출 분기계 합계 금액 확인
  2. 부가가치세신고서(조회기간 : 2024년 4월 1일~2024년 6월 30일)
     과세표준및매출세액〉영세〉・세금계산서발급분 금액 〉 12.영세
     - 기타 금액 〉 16.수출

[3] 도서인쇄비, 10,000원
- 일계표(월계표)(기간 : 2024년 6월~2024년 6월) 조회

제111회 기출문제연습 해답

이론시험

1. ④ 회계정보의 질적 특성 중 목적 적합성에 관련된 설명이며, 예측가치, 피드백가치, 적시성이 이에 해당한다. 중립성은 표현의 충실성, 검증가능성과 함께 신뢰성에 해당하는 질적 특성이다.
   - 재무정보가 정보이용자의 의사결정에 유용하기 위해서는 그 정보가 의사결정 목적과 관련되어야 한다. 즉, 목적적합성 있는 정보는 정보이용자가 기업실체의 과거, 현재 또는 미래 사건의 결과에 대한 예측을 하는 데 도움이 되거나 또는 그 사건의 결과에 대한 정보이용자의 당초 기대치(예측치)를 확인 또는 수정할 수 있게 함으로써 의사결정에 차이를 가져올 수 있는 정보를 말한다. 여기서 사건이란 기업실체의 재무상태와 경영성과 등에 영향을 미치는 거래와 외부적 요인을 의미한다. 이러한 목적적합성은 재무정보가 의사결정 시점에 이용가능하도록 적시에 제공될 때 유효하게 확보될 수 있다.[일반기업회계기준 재무회계개념체계 문단 41]

2. ① 당좌자산은 유동자산으로 구분된다.

3. ② 원가흐름 가정 중 선입선출법은 먼저 입고된 자산이 먼저 출고된 것으로 가정하는 방법으로 입고 일자가 빠른 재고자산의 원가를 출고 수량에 먼저 적용한다. 선입선출법은 실제 물량 흐름에 대한 원가흐름의 가정이 유사하다는 장점이 있으나, 수익·비용 대응의 원칙에 부적합하고, 물가 상승 시 이익이 과대 계상되는 단점이 있다.

4. ① 1,000,000원 = 배당금지급통지서 500,000원 + 타인발행수표 500,000원
   - 현금성자산에 해당하는 것은 배당금지급통지서, 타인발행수표이다.

5. ④ 주식배당과 무상증자는 순자산의 증가가 발생하지 않는다.

6. ② 대손상각비, 기부금, 퇴직급여, 이자수익이 손익계산서에 나타나는 계정과목이다. 현금, 외상매출금은 재무상태표에 나타나는 자산 계정과목이다.

7. ② (10,000,000 – 2,250,000) × 45% = 3,487,500원
   - 정률법의 감가상각비 = (취득원가 – 감가상각누계액) × 정률
   - 2023년 12월 31일 감가상각비 : 10,000,000 × 45% × 6/12 = 2,250,000원

8. ① 기업의 정상적인 영업활동의 결과로써 재고자산은 제조와 판매를 통해 매출원가로 대체된다. 그러나 재고자산이 외부 판매 이외의 용도로 사용될 경우 '타계정대체'라 하며 이때는 매출원가가 증가하지 않는다.

9. ③ 변동원가는 생산량이 증가할 경우 총원가는 증가하지만, 단위당 원가는 일정하다.

10. ③ • 정유업, 제분업, 식품가공업은 종합원가계산의 적용이 가능한 업종으로 개별원가계산은 적합하지 않다.
11. ① 생산과정에서 나오는 원재료의 찌꺼기는 작업폐물이다.
12. ④ 과소배부 50,000원 = 실제발생액 300,000원 - 예정배부액 250,000원
    • 예정배부율 : 제조간접원가 예상액 ÷ 예상 직접노무시간
                2,500,000 ÷ 50,000시간 = 50원/시간
    • 예정배부액 : 6월 실제 직접노무시간 × 예정배부율
                5,000시간 × 50 = 250,000원(제조간접원가 장부계상액)
13. ③
14. ② 제품의 외상판매는 재화의 공급에 해당한다.
    • 재화의 공급으로 보지 않는 특례
      - 사업의 양도(사업양수 시 양수자 대리납부의 경우 재화의 공급으로 인정)
      - 담보의 제공·조세의 물납·법률에 따른 공매·경매
      - 법률에 따른 수용·신탁재산의 이전
15. ③ 매출할인액은 과세표준에서 제외한다.

실무시험

문제 1
[1] 계정과목및적요등록에서 831.수수료비용의 현금적요NO.8, 결제 대행 수수료 입력
[2] 거래처등록의 금융기관 탭에서 입력
   • 거래처코드 : 98005, • 거래처명 : 수협은행, • 유형 : 3.정기적금, • 계좌번호 : 110-146-980558
[3] 거래처별초기이월에서 수정
   • 지급어음 • 천일상사 9,300,000원 → 6,500,000원으로 수정
            • 모닝상사 5,900,000원 → 8,700,000원으로 수정
   • 미지급금 • 대명㈜ 8,000,000원 → 4,500,000원으로 수정
            • ㈜한울 4,400,000원 → 7,900,000원으로 수정

문제 2
[1] 7월 10일 일반전표입력
    (차) 예수금   22,000   (대) 보통예금   22,000
[2] 7월 16일 일반전표입력
    (차) 선급금(㈜홍명)   1,000,000   (대) 당좌예금   1,000,000
[3] 8월 10일 일반전표입력
    (차) 미지급금(비씨카드) 2,000,000   (대) 보통예금   2,000,000
[4] 8월 20일 일반전표입력
    (차) 여비교통비(판)   380,000   (대) 전도금   600,000
        현 금   220,000
[5] 9월 12일 일반전표입력
    (차) 현 금   8,000,000   (대) 미수금(우리기계) 8,000,000
[6] 10월 28일 일반전표입력
    (차) 보통예금   41,400,000   (대) 외상매출금(lailai co. ltd.) 39,000,000
                                          외환차익   2,400,000

문제 3

[1] 7월 6일 매입매출전표입력
   유형: 11.과세 공급가액: 23,000,000 부가세: 2,300,000 거래처: ㈜아이닉스 전자: 여 분개: 외상 또는 혼합
   (차) 외상매출금   25,300,000   (대) 부가세예수금   2,300,000
                                              제품매출   23,000,000

[2] 8월 10일 매입매출전표
   유형: 14.건별, 공급가액: 500,000, 부가세: 50,000, 거래처: 없음, 전자: 부, 분개: 혼합
   (차) 기업업무추진비(제)   350,000   (대) 부가세예수금   50,000
                                              제 품   300,000
                                              (적요 8. 타계정으로 대체액)

[3] 9월 16일 매입매출전표입력
   유형: 11.과세 공급가액: 9,000,000 부가세: 900,000 거래처: 팔팔물산 전자: 여 분개: 현금 또는 혼합
   (차) 현 금   9,900,000   (대) 부가세예수금   900,000
                                              제품매출   9,000,000

[4] 9월 26일 매입매출전표입력
   유형: 51.과세 공급가액: 5,000,000 부가세: 500,000 거래처: 잘나가광고 전자: 여 분개: 혼합
   (차) 부가세대급금   500,000   (대) 보통예금   5,500,000
       비 품   5,000,000

[5] 10월 15일 매입매출전표입력
   유형: 51.과세 공급가액: 2,500,000 부가세: 250,000 거래처: 메타가구 전자: 여 분개: 혼합
   (차) 부가세대급금   250,000   (대) 받을어음(㈜은성가구)   1,000,000
       원재료   2,500,000   외상매입금   1,750,000

[6] 12월 20일 매입매출전표입력
   유형: 54.불공(불공사유:②), 공급가액: 3,800,000, 부가세: 380,000, 거래처: 니캉전자, 전자: 여, 분개: 혼합
   (차) 가지급금(한태양)   4,180,000   (대) 보통예금   4,180,000

문제 4

[1] 8월 17일 매입매출전표입력
   • 수정전 : 유형: 58.카면(신용카드사:비씨카드), 공급가액: 44,000, 거래처: 사거리주유소, 분개: 카드 또는
            혼합
            (차) 차량유지비(판)   44,000   (대) 미지급금(비씨카드)   44,000
   • 수정후 : 유형: 57.카과(신용카드사:비씨카드), 공급가액: 40,000, 부가세: 4,000, 거래처: 사거리주유소,
            분개:카드(또는 혼합)
            (차) 부가세대급금   4,000   (대) 미지급금(비씨카드)   44,000
                차량유지비(판)   40,000   (또는 미지급비용)

[2] 11월 12일 일반전표입력
   • 수정전 : (차) 기업업무추진비(판)   500,000   (대) 현 금   500,000
   • 수정후 : (차) 복리후생비(제)   500,000   (대) 현 금   500,000
       또는 출금전표 복리후생비(제) 500,000

문제 5

[1] 12월 31일   일반전표입력
   (차) 부가세예수금   49,387,500   (대) 부가세대급금   34,046,000
                                                   미지급세금   15,341,500

[2] 12월 31일   일반전표입력
   (차) 선급비용   3,600,000   (대) 보험료(제)   3,600,000

[3] ①, ②, ③ 중 하나를 선택하여 입력한다.
   ① 결산자료입력 상단 F7감가상각 실행 차량운반구(제조) 결산반영금액 입력 후 F3전표추가
   ② 결산자료입력에서 입력
      2. 매출원가, 2). 일반감가상각비>차량운반구 결산반영금액 입력 후 F3전표추가
   ③ 12월 31일   일반전표입력
      (차) 감가상각비(제)   4,500,000   (대) 감가상각누계액(209)   4,500,000
   • 분개의 금액은 4,250,000원 또는 4,290,410원 모두 정답

문제 6

[1] 40,000,000원
   • 계정별원장(기간 : 4월 1일~4월 30일, 계정과목 : 108.외상매출금) 조회 대변 월계금액 확인
[2] 117,630,000원=6월 매출액 147,150,000원－2월 매출액 29,520,000원
   • 총계정원장 [월별] 탭(기간 : 01월 01일~06월 30일, 계정과목 : 404.제품매출) 조회 대변 금액 확인
[3] 6,372,000원
   • 부가가치세신고서(기간 : 4월 1일~6월 30일) 11.고정자산매입(세금계산서수취분) 세액란 금액 확인

저자약력

이슬기

약력
숙명여자대학교 경제학과 졸업
서강대학교 경제대학원 경제학 석사

제49회 세무사 합격
세무사이슬기사무소 대표
(현) 세무법인세방 대표세무사
인천재능대학교 회계경영과 시간강사
인천재능대학교 회계경영과 겸임교수
루터대학교 겸임교수
인천세무서 국세심사위원
인천세무서 납세자보호위원

저서
ANT 전산회계1급 (나눔에이엔티)
ANT 전산세무2급 (나눔에이엔티)

윤정훈

약력
세무사(CTA)
(현) 세무사 윤정훈 세무회계사무소 대표
    서울지방세무사회 감리위원
    동국대학교 강사
    국민일보 쿠키뉴스 교육센터 강의
    (주)이젠아카데미 DX 강의
    소상공인 기업체 강의(핵심직무)
    장애인단체 강의중
    주경야독경영아카데미 강의중
(전) 산동회계법인(컨설팅)
    코스코인재개발원 전임교수
    노량진 피닉스고시학원 세무회계 강의

저서
세무회계뱅크 (나눔출판사)
SMART 전산회계1급 (나눔출판사)
SMART 전산회계2급 (나눔출판사)
실전세무회계 3급 (나눔출판사)
실전세무회계 2급 (나눔출판사)
실전세무회계 (나눔출판사)
왕초보기초회계원기 (주경야독출판사)
기업회계 3급 (주경야독출판사)
기업회계 2급 (주경야독출판사)

ANT 전산회계1급 (2024)

16판 인쇄	2024년 2월 7일
저 자	이슬기 윤정훈
발 행 인	이윤근
발 행 처	나눔에이엔티(www.nanumant.com)
주 소	서울시 성북구 보문로35길 39
전 화	02-924-6545
팩 스	02-924-6548
등 록	제307-2009-58호
I S B N	978-89-6891-423-2 (13320)
정 가	25,000원

나눔에이엔티는 정확하고 신속한 지식과 정보를 독자분들께 제공하고자 최선의 노력을 다하고 있습니다. 그럼에도 불구하고 모든 경우에 완벽성을 갖출 수 없기에 본 서의 수록내용은 특정사안에 대한 구체적인 의견제시가 될 수 없으며, 적용결과에 대하여 당사가 책임지지 않으니 필요한 경우 전문가와 상담하시기 바랍니다.
이 책은 저작권법에 의해 보호를 받는 저작물이므로 당사의 서면허락 없이는 어떠한 형태로도 무단 전재와 복제를 금합니다.

※ 파본은 구입하신 서점이나 출판사에서 교환해 드립니다.